资治通鉴
简史
中国历史精神

资治通鉴

简史

中国历史精神 1

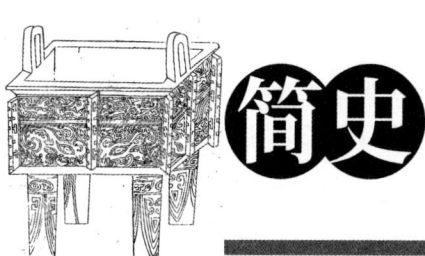

雷子 ◎ 编著

天津出版传媒集团

天津人民美术出版社

图书在版编目（CIP）数据

资治通鉴简史：中国历史精神. 1 / 雷子编著. --天津：天津人民美术出版社，2021.12
 ISBN 978-7-5729-0353-3

Ⅰ. ①资… Ⅱ. ①雷… Ⅲ. ①中国历史－古代史－编年体②《资治通鉴》－通俗读物 Ⅳ. ①K204.3-49

中国版本图书馆CIP数据核字(2021)第262908号

资治通鉴简史：中国历史精神（1-4册）
ZIZHITONGJIAN JIANSHI:ZHONGGUO LISHI JINGSHEN(1-4CE)

出 版 人：	杨惠东
责任编辑：	刁子勇
助理编辑：	孙　悦
技术编辑：	何国起　姚德旺
出版发行：	天津人民美术出版社
社　　址：	天津市和平区马场道150号
邮　　编：	300050
电　　话：	(022)58352900
网　　址：	http://www.tjrm.cn
经　　销：	全国新华书店
印　　刷：	大厂回族自治县德诚印务有限公司
开　　本：	787毫米×1092毫米　1/16
版　　次：	2021年12月第1版　第1次印刷
印　　张：	47.25
定　　价：	168.00元

版权所有　侵权必究

前言

读历史,能提高我们对社会的分析能力,让我们清楚地判断历史发展的趋势,帮助我们把握时代的脉搏,启迪我们生命的智慧,让我们获得精神的安定和事业的成功。所以唐太宗说:以史为鉴,可以知兴替。

在中国史学中,有这样一部史书:历史上对其称誉极高,认为除《史记》外,没有任何一部史学名著可与之媲美。宋末史学大家胡三省高度评价说:"为人君不读此书,则欲治天下而不知自治之源,厌恶混乱而不知防乱之术;为人臣不读此书,则上不知如何事君,下不知如何安民;为人子不读此书,则谋身必至于辱没先人,做事不足以垂示后人。"

所以,这部书被称为"帝王之书""将相之书""治要之书",自成书之后被历代帝王将相、文人骚客、各界要人及企事业领导们引为经典,争读不止。毛泽东一生读此书十七遍,他曾对吴晗说:"这部书写得好。叙事有章法,历代兴衰治乱,本末毕具,读这部书,我们可以熟悉历史事件,从中吸取经验教训。"柏杨也曾说:"细读此书,可以了解中国,了解中国人,了解中国政治,以及展望中国前途。"

这部书就是北宋史学家司马光主编的《资治通鉴》,它是我国第一部编年体通史。其书以各朝各代治乱兴衰为线索,在记录历史的

同时，分析帝王将相的品德善恶、治国理念及政策得失，总结王朝更替的经验教训。明鉴的同时，又不乏文学之美与哲理光辉，其中无数惊世醒人的历史故事与振聋发聩的名言警句，使人过目难忘，品味不尽。怡养性情，修身培德，借鉴经验，增加智慧，了解文化风俗，掌握历史兴亡规律，可以说，《资治通鉴》是一部经典智慧书。

今天，面对这部三百多万字的历史巨著，我们该怎么去读？怎么读才能快速而深刻地领悟其中的真谛呢？我们不妨以古人为师，以专家为师，听听他们如何讲《资治通鉴》。在这点上，明朝大政治家、改革家、内阁首辅张居正，就是我们读《资治通鉴》最好的导师。

张居正学识渊博，熟读经史子集，在任两朝帝师期间，为皇家子弟们量身定做了通俗历史读本《资治通鉴直解》，内容以《资治通鉴》

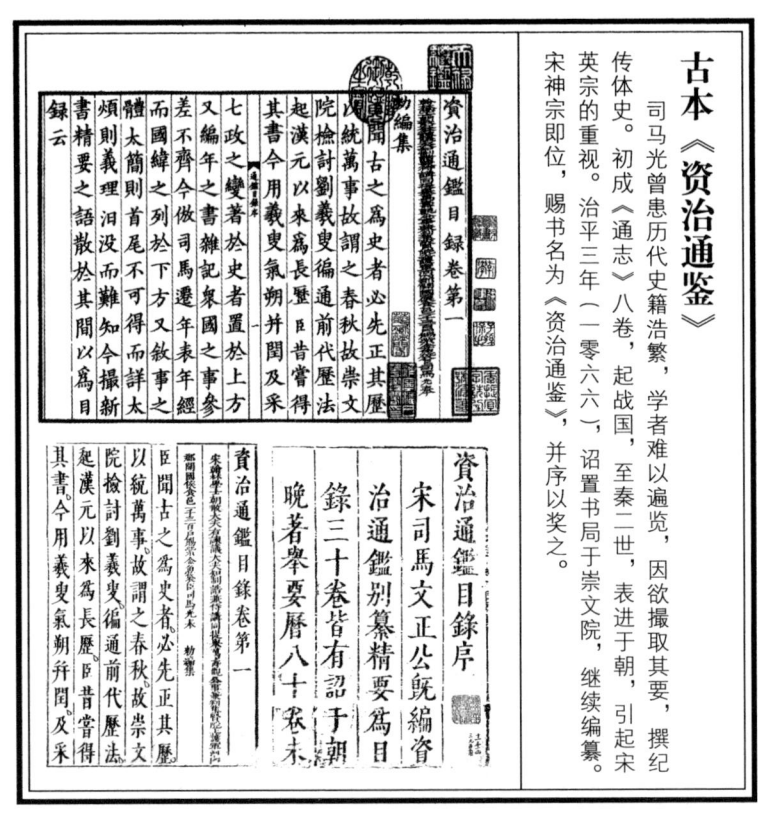

古本《资治通鉴》

司马光曾患历代史籍浩繁，学者难以遍览，因欲撮取其要，撰纪传体史。初成《通志》八卷，起战国，至秦二世，表进于朝，引起宋英宗的重视。治平三年（一零六六），诏置书局于崇文院，继续编纂。宋神宗即位，赐书名为《资治通鉴》，并序以奖之。

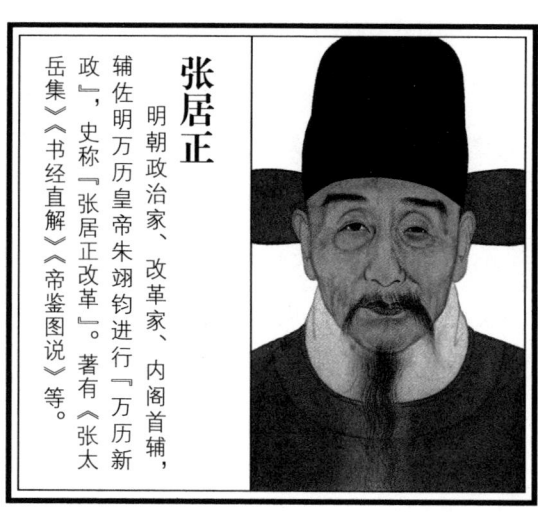

张居正 明朝政治家、改革家、内阁首辅，辅佐明万历皇帝朱翊钧进行"万历新政"，史称"张居正改革"。著有《张太岳集》《书经直解》《帝鉴图说》等。

为主，又以其他史书作为补充，如《史记》《通鉴外纪》《续资治通鉴》《宋元通鉴》等，将中国史以重要事件加以讲解，不仅通俗易懂，篇幅简短而精练，还融入张居正对历代王朝兴衰的高度总结，对历史教训的独特见解。毫不夸张地说，张居正是解析《资治通鉴》的权威，是讲述《资治通鉴》的专家，是政治实践中的集大成者。这也是张居正为何能成为中国历史上非常著名的读书人，能从社会基层，靠个人奋斗攀上权力巅峰，并成为游刃有余的政坛高手和大名鼎鼎的改革家，实现自己伟大的抱负。这一切，要归功于他"以史为鉴"，归功于他参悟一生的《资治通鉴》。

为此，我们特别打造了这套《资治通鉴简史：中国历史精神》。本书在张居正给万历皇帝讲解的版本基础上，进行重新编写，与其他版本又有着明显的不同：一、上起三皇五帝，下至北宋灭亡；二、选材更加精练，主题更加鲜明，能帮助读者快速了解历史兴亡规律，特别适合现代人快读；三、对历史上特别重要的人物及事件，加入新的点评，以适应现代读者需要；四、对原书每段史材，添加标题，提纲挈领，让读者快速了解故事主题；五、增加历史年表，让读者准确掌握历代王朝及帝王在位时间，增强宏观意识；六、对晦涩难懂的词句进行译注，让读者阅读无障碍；七、插入历代名家精美白描图，增加欣赏性、趣味性及时代美感；八、突出中国文化及历史精神，让读者全面了解中国传统政治、社会、学术、教育、经济、军事、舆论等核心精神及价值取向，这也是我们古人非常看重的"经史同参""义理结合"的高度体现，即"六经皆史""史皆六经"的妙用。

不一样的《资治通鉴》，不一样的阅读体验。让我们跟随张居正，快乐阅读中国历史兴亡书，从《资治通鉴简史：中国历史精神》中，参悟华夏民族的大智慧。由于作者水平所限，不当之处，恳请读者批评指正。

雷 子

于北京天通苑

2021年7月28日

目录

三皇五帝纪

太昊伏羲氏

网鱼兽，养六畜……〇〇四

画八卦，造文字，作甲历……〇〇五

制婚礼，别男女，法治道……〇〇七

作大乐，造琴瑟，和天下……〇〇八

炎帝神农氏

造农具，教耕种，尝百草……〇一〇

开市兴商，以德治国……〇一一

黄帝有熊氏

立法度，振武威，安天下……〇一四

占天象，定名分，划九州……〇一四

帝尧

帝尧之心，时念百姓……〇一六

射杀凶兽，为民除害……〇一八

至公无私，禅位大舜……〇一八

帝舜

孝悌乡里，名扬天下……〇二〇

治国之道，举贤除恶……〇二一

量才治国，禅位大禹……〇二三

夏纪

大禹
- 大公无私，三过家门而不入 …… 〇二六
- 举行贡法，丈量国土 …… 〇二七
- 建国号，改正朔，听民言 …… 〇二八
- 以德为政，爱民怜民 …… 〇二九
- 重划九州，制定尊卑 …… 〇三〇
- 疏远仪狄，断绝旨酒 …… 〇三一
- 巡视天下，典章法度 …… 〇三一

夏启
- 朝享诸侯，征伐有扈 …… 〇三二

太康
- 太康失国 …… 〇三三

帝相
- 后羿专政，寒浞窃位 …… 〇三五

少康
- 少康复国 …… 〇三六

夏桀
- 夏桀无道，酒池肉林 …… 〇三八

商纪

成汤
- 治国用贤，伊尹为相 …… 〇四一
- 好生之德，天下归心 …… 〇四二
- 成汤伐桀，鸣条之战 …… 〇四三
- 宽仁治国，轻徭薄税 …… 〇四四
- 天罚我身，勿伤万民 …… 〇四五

太甲
- 伊尹放太甲，改过而返政 …… 〇四六

太戊
- 修德可以镇妖 …… 〇四八

盘庚

盘庚迁都，利国利民……〇四九

武丁

傅说为相，武丁中兴……〇五〇
反身修德，以致太平……〇五一

武乙

不修德政，与天神对赌……〇五三

帝纣

才高自满，饰非拒谏……〇五四
远离贤臣，唯听妇言……〇五五
穷奢极欲，酒池肉林……〇五六
严刑峻法，违逆于天……〇五七

周纪（西周）

文王

周族始祖——后稷……〇六〇
复兴之业，实自公刘……〇六二
顺亲让国，泰伯第一……〇六三
文王求贤，纣王败德……〇六五
文王仁德，天下归心……〇六六

武王

观兵盟津，兴师伐纣……〇六七
牧野之战，临阵倒戈……〇六九
伯夷叔齐，叩马而谏……〇七〇
武王即位，安抚天下……〇七二

成王

分封建国，共治天下……〇七四
改正朔，求治道……〇七五
建都洛邑，偃武修文……〇七六
周公辅政，爱民为先……〇七八
三叔、武庚之乱……〇八〇
天子无戏言……〇八一
周公亦惧流言……〇八二
成王亲政，营建东都……〇八三
成王临朝，周公归政……〇八四
制定货币，导利于民……〇八五
为君之道，亲民爱民……〇八六

康王
召公之治……087

昭王
劳民伤财,死于非命……089

穆王
穆王西巡,几亡其国……090
征伐刑狱,不可不慎……091

厉王
厉王好利,诸侯离心……092
国人暴动,周召共和……093

宣王
周召辅政,宣王中兴……094
宣王晚年,不听忠言……095
左儒九次谏言:从道不从君……095

幽王
王德不修,上天警之……097
奸佞得志,众心不服……098
废太子,宠褒姒,烽火戏诸侯……098

周纪(东周)

平王
平王迁都,王室益微……102
孔子成《春秋》,乱臣贼子惧……103

釐王
管仲相齐,桓公称霸……105

襄王
齐桓公尊王攘夷……107

定王

庄王称霸，楚子问鼎……一〇八

灵王

晋公称霸，魏绛献策……一〇九

敬王

伍子胥破楚，申包胥复国……一一〇

孔子相鲁，谤誉相随……一一二

元王

勾践伐吴，卧薪尝胆……一一六

勾践北上，称霸诸侯……一一七

贞定王

田氏篡齐……一一八

威烈王

三家分晋……一二〇

尹铎治晋阳，培养国本……一二一

士为知己死，豫让报恩……一二二

魏文侯尊贤敬士……一二三

任座评说魏文侯……一二四

李克：观人识人之法……一二五

李克：宰相之才……一二六

吴起拜将……一二八

安王

国宝在君德，不在险阻……一二九

吴起自负有功……一三〇

子思论人才之长短……一三一

子思论君臣之道……一三二

齐威王烹杀阿邑大夫……一三四

显王

孟子传道，仁义为本……一三六

魏王以珠玉为宝，齐王以贤臣为宝……一三五

赧王

千金买马骨，屈身待贤才……一三八

蔺相如完璧归赵……一四〇

燕昭王厚信乐毅……一四一

李牧示弱破匈奴……一四二

秦 纪

始皇帝

- 吞并六国，始称皇帝……………………一四五
- 废除封建，推行郡县………………………一四六
- 巡行，封禅，求仙…………………………一四七
- 伐匈奴，修万里长城………………………一四九
- 焚烧诗书，控制言论………………………一四九
- 修建阿房宫…………………………………一五〇
- 坑杀儒生，疏远扶苏………………………一五一

二世皇帝

- 陈胜、吴广起义……………………………一五三
- 奇异之人刘邦………………………………一五四
- 高祖斩白蛇…………………………………一五七
- 万人敌——霸王项羽………………………一五八

三皇五帝纪

三皇五帝年表（？—约前 2208 年）

帝　号	姓　名	在位时间
伏　羲	凤　姓	不详
神　农	姜　姓	不详
黄　帝	姬轩辕	约前 2698 年—约前 2598 年
少　昊	姬　挚	约前 2598 年—约前 2515 年
颛　顼	姬　顼	约前 2515 年—约前 2437 年
帝　喾	姬　喾	约前 2437 年—约前 2367 年
唐　尧	伊祁放勋	约前 2357 年—约前 2258 年
虞　舜	姚重华	约前 2255 年—约前 2208 年

　　三皇五帝，是"三皇"与"五帝"的合称，为远古传说时代。晋代史学家皇甫谧认为，三皇是伏羲、神农、黄帝，五帝为少昊、颛顼、帝喾、帝尧、帝舜。三皇五帝，并不是真正的帝王，是指新石器时期出现的为人类做出卓越贡献的部落首领或部落联盟首领，后人追尊他们为"皇"或"帝"。道教则把他们奉为神灵，以各种美丽的神话传说来宣扬他们的伟大业绩。近年来，考古界在甘肃省秦安县（古史中记载的伏羲出生地）东北 45 公里处，发现并发掘了"大地湾遗址"，总面积达 270 万平方米，共出土陶鼎、陶碗、陶罐、陶盘、玉石、骨、角等器物近万件，规模较大且最具中国风格的"宫殿式建筑"房址 241 座，灶址 104 个，窑址 35 个，墓葬 70 座，壕沟 7 条等，测定年代约为前 7800 年—前 4800 年，证明了古史中"伏羲时代"的存在。

太昊伏羲氏（太昊，伏羲氏的帝号，氏是区别族名，所以称太昊伏羲氏）、炎帝神农氏、黄帝有熊氏、少昊、颛顼（zhuān xū）、帝喾（kù）、帝尧、帝舜，这几位君王，对华夏有大德大功，所以被后人称为三皇五帝（少昊、颛顼、帝喾因史料太少，本书略去）。史学家记载他们的事迹流传于后世。其实，在他们之前还有一些帝王，但因为年代久远，又多为传说而不可考证，所以这里就从太昊伏羲氏这些帝王开始说起。

太昊伏羲氏

史学家说，大凡帝王之所以成为帝王，都是上天注定的，所以会有一些奇异的兆头发生在他们身上。当初太昊出生的时候，他的母亲居住在华胥（今陕西省蓝田县）的一个小洲上。偶然看到一个巨人的足迹，她踏着那足迹，身体有不一样的感觉，天上又有虹光环绕她的身边，因此就怀孕了，在成纪（今甘肃省天水市秦安县）生下太昊。其后以木德（根据五行学说，比如周是土德，秦是水德，汉是火德等）继承天意而称王。因为在五行中木生风，所以就以风为姓；又因为他有圣人的德行，像日月一样光照大地，所以就称他"太昊"。

伏羲

相传伏羲人首蛇身，与女娲相婚，生儿育女。他根据天地万物的变化，发明创造了占卜八卦，创造文字，结束了『结绳记事』的历史。

网鱼兽,养六畜

在上古的时候,社会文明没有开化,民性愚钝质朴,虽说人是万物之灵,但其实和禽兽一样笨拙迟钝。所以,那时候的人往往只知道母亲是谁,只知道异性相吸,而行为举止不讲礼仪。躺在那里就张着嘴巴鼾睡,起来后就舒缓自得,行坐比较随性,没有什么思虑忧愁。饿的时候才去寻找食物,只要吃饱了,吃剩下的食物会丢掉,根本不知道规划生活。吃的不过是地上草木,喝的不过是禽兽的血,御寒则取禽兽的皮革遮蔽身体罢了,不知耕田凿井、布帛丝麻的好处。

到了太昊天下称王的时候,才教民做网具捕捉禽兽与鱼,用这些来供作自己的饮食,这给民众带来了极大方便,因此以伏羲为氏。又因为他能畜养马、牛、羊、豕、鸡、犬等六畜,用来宰杀食用,还能将其作为牺牲去祭享天地神灵,所以又叫庖羲氏。

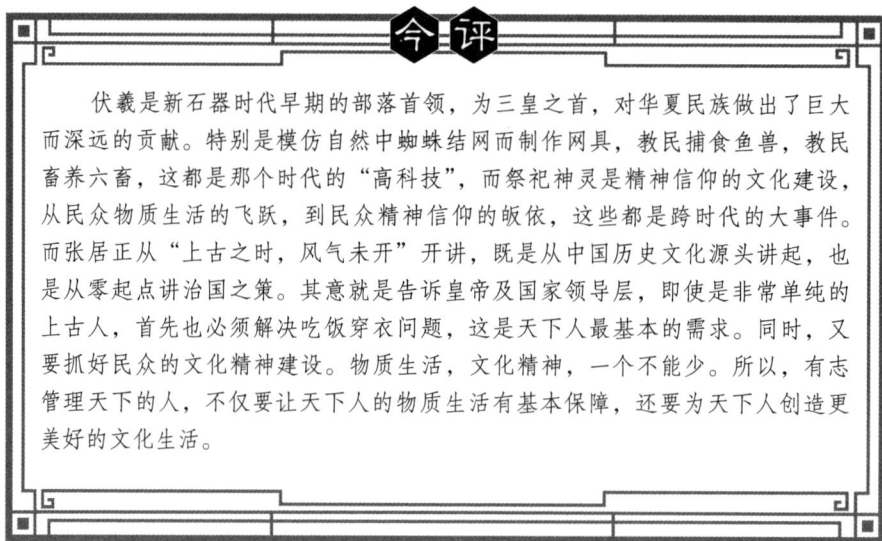

今评

伏羲是新石器时代早期的部落首领,为三皇之首,对华夏民族做出了巨大而深远的贡献。特别是模仿自然中蜘蛛结网而制作网具,教民捕食鱼兽,教民畜养六畜,这都是那个时代的"高科技",而祭祀神灵是精神信仰的文化建设,从民众物质生活的飞跃,到民众精神信仰的皈依,这些都是跨时代的大事件。而张居正从"上古之时,风气未开"开讲,既是从中国历史文化源头讲起,也是从零起点讲治国之策。其意就是告诉皇帝及国家领导层,即使是非常单纯的上古人,首先也必须解决吃饭穿衣问题,这是天下人最基本的需求。同时,又要抓好民众的文化精神建设。物质生活,文化精神,一个不能少。所以,有志管理天下的人,不仅要让天下人的物质生活有基本保障,还要为天下人创造更美好的文化生活。

画八卦，造文字，作甲历

帝太昊伏羲氏是成纪人，以木德继承天意而称王天下，在宛丘（今河南省周口市淮阳区）建都。其德应合天地之德，所以天授以鸟兽留下足迹，而鸟兽的形色看起来鲜亮发光而与众不同，他就根据鸟兽留下的印记而创造文字。地应以河图洛书（河图，黄河中涌出的龙马。洛书，洛水中出的灵龟。传说二物背上都有自然奇偶之数），图上写的奇偶之数看起来交错排列，数字清楚呈现。伏羲氏用鸟兽之相关足迹、图书之数，并结合自己的方法加以总结。于是又仰头看天观察日月星辰之象，低头于地观察刚柔高深的法则，中间观察人与万物的变化，会合了"天、地、人"三才的道理，创始画出八个卦来（即乾、坤、震、巽、坎、离、艮、兑，分别代表了天、地、雷、风、水、火、山、泽，预测天地变化之术，推演阴阳刚柔之理）。每卦有三爻（yáo），以象天、地、人。因为不能充分诠释其中的真理，又重增三爻为六爻，一卦变成八卦，八卦变成六十四卦，以发现神明幽微的德行，以区别万物感应之情，定天下的吉凶祸福，并以此来指导民众所做的事务。

今评

伏羲观看天上日月星辰的变化，了解地上多种生物的生活规律，察看大自然中鸟兽活动及其留下的印迹，受到了深刻的启发，于是仿照各种印迹创造出了八卦。伏羲八卦由八种卦象组成，即乾、坤、震、巽、坎、离、艮、兑，这八个卦象分别象征天、地、雷、风、水、火、山、泽。伏羲八卦为先天八卦，后来又经历代先贤进一步整理，至周文王时再次演绎、归纳、汇集，变为后天六十四卦、三百八十四爻，形成了博大精深、影响深远的《易经》学说，为中国上古文化"六经"之首，是中国文化的源头。所以，《易经》不仅是一部讲述占卜的上古书，更是一部深刻的人生哲理书，是中国传统思想文化中自然科学与人文实践的理论根源，是古代劳动人民思想、智慧的结晶，被誉为"大道之源"，对中国几千年来的文化、政治、经济、军事、科学、医学、美学等领域，都产生了极其巨大、深远的影响。

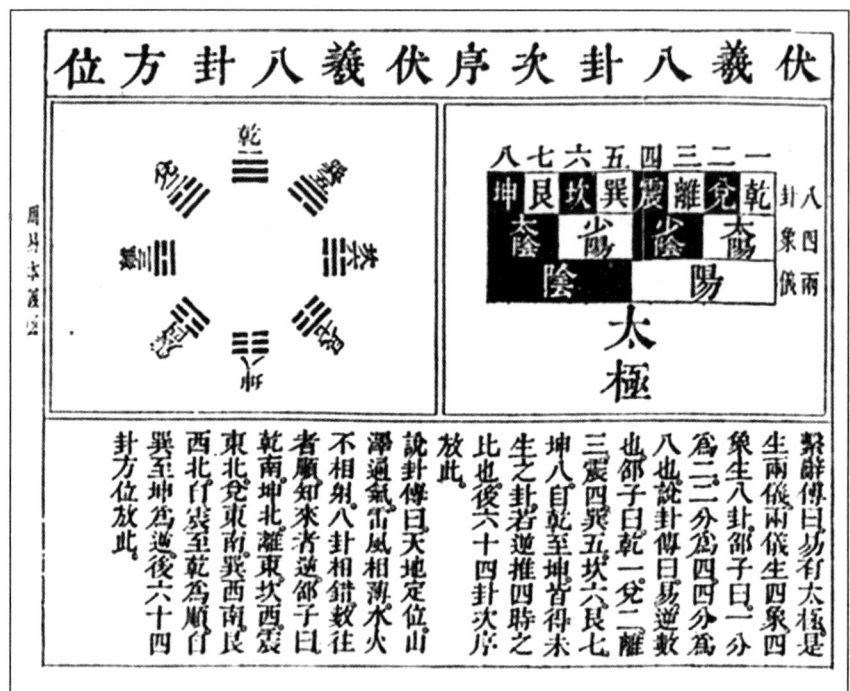

古籍中的伏羲八卦图

伏羲八卦图是当时远古人在生产力非常落后、对自然认知度不够的情况下，为了人类生存和发展的需要而创立的古代预测文化的一种表现形式，这种表现形式通过后人总结提高以后，对后世的影响极大。

　　此前未有文字，只是结绳记事（大事打个大结，小事打个小结），于是又教民写字为信，以记久远之事，凡大小政事，都有文字记载了，代替了政事用结绳的做法。其造书之法有六样：一是象形，二是假借，三是指事，四是会意，五是转注，六是谐声。采用这六书制字，使天下的义理，都包含于文字之中，天下的文字，都不出这六书之列。又作甲历（用甲、乙、丙、丁、戊、己、庚、辛、壬、癸十天干，与子、丑、寅、卯、辰、巳、午、未、申、酉、戌、亥十二地支相配，以纪年月日。十干以甲为首，所以称甲历），以明天道、授人时。伏羲氏这个人，就是文字的始祖啊。

制婚礼，别男女，法治道

上古之世，男女混杂在一起，伏羲氏开始制定嫁娶之礼。

当时还没有币帛作礼物，用两张兽皮行礼就可以了。将人赋予姓氏，使不同的族类有了区别，将姓氏告诉媒人，让二姓通婚，以此让人们遵守夫妻之道，懂得男女有别，男女之间就不会轻慢乱来了。

又任命共工做上相，命柏皇做下相，朱襄、昊英两人常居左右。栗陆驻北方，管北方的事；赫胥居南方，管南方的事；昆吾居西方，管西方的事；葛天居东方，管东方的事。阴康居下位辅佐。这几个人都是贤臣，分别打理天下的事务。

这样，政府建立起来了，并行使功能，从而天下大治。

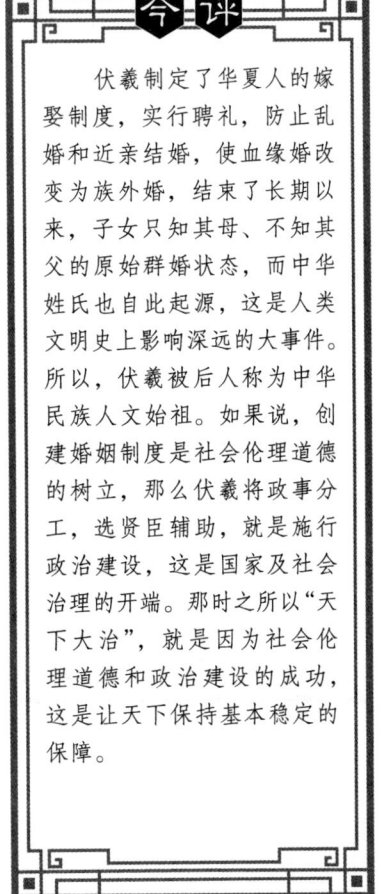

今评

伏羲制定了华夏人的嫁娶制度，实行聘礼，防止乱婚和近亲结婚，使血缘婚改变为族外婚，结束了长期以来，子女只知其母、不知其父的原始群婚状态，而中华姓氏也自此起源，这是人类文明史上影响深远的大事件。所以，伏羲被后人称为中华民族人文始祖。如果说，创建婚姻制度是社会伦理道德的树立，那么伏羲将政事分工，选贤臣辅助，就是施行政治建设，这是国家及社会治理的开端。那时之所以"天下大治"，就是因为社会伦理道德和政治建设的成功，这是让天下保持基本稳定的保障。

伏羲是上古时代神圣的君主，也必须依赖贤臣辅佐治理而后才能使天下大治，这是有志于治理天下者所当遵循的法则。

作大乐，造琴瑟，和天下

伏羲知道天地有自然之音，人君可以用来和平天下，于是始作大乐。歌扶徕之曲，咏网罟（gǔ）之歌（扶徕、网罟，古歌曲名，带领民众集体劳动时歌唱，有指挥和兴发的作用），慰藉辛劳，以安定天下之人，名字叫作《立基》，这是人们歌颂太平世界最早的表现方式。

又见得桐、桑二木，其材都能发出美声，于是就砍来桐木制成琴，用蚕丝绳为弦，弦有二十七条，唤作离徽（离，是大琴名。徽，是琴上十三个星，弹时以"节"拍）。在郊庙朝廷演奏，用以感动神明，使其降临福吉；合和上下，使其欢欣交通。又绞丝作绳，牵扯在桑木上制成瑟，有三十六弦，以供人敲打它，以收敛身心，调养性情，使各人得其本性端正，而声乐音律艺术就是从这时开始的。

这些神圣的发明创造，实在是天地太和机密的外泄，从而让他成为万世乐律之祖。传说伏羲在位一百一十五年，直到他去世。

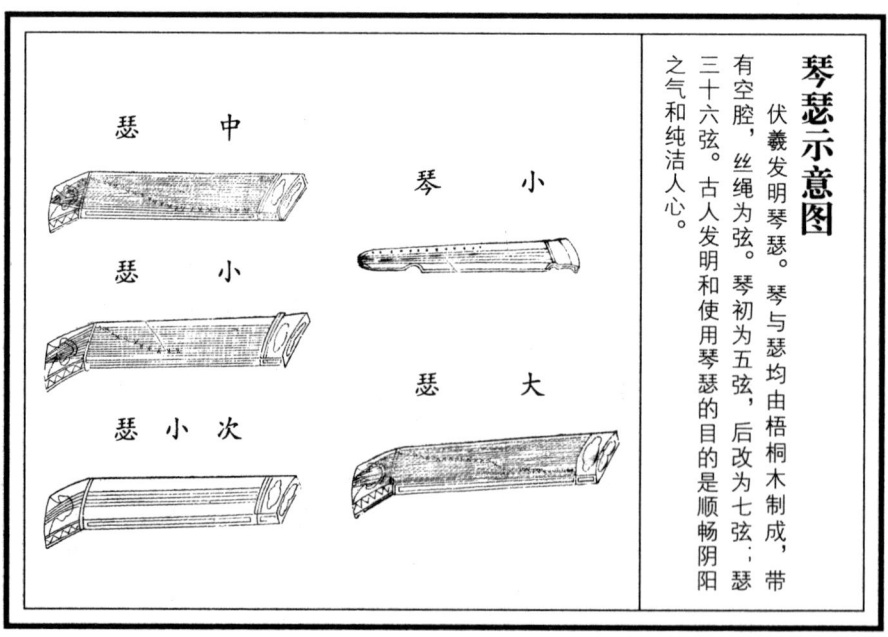

琴瑟示意图

伏羲发明琴瑟。琴与瑟均由梧桐木制成，带有空腔，丝绳为弦。琴初为五弦，后改为七弦；瑟三十六弦。古人发明和使用琴瑟的目的是顺畅阴阳之气和纯洁人心。

宋·郑绩·抚琴图

在中国传统文化中,"琴棋书画"历来被视为文人雅士修身养性的必由之径。古琴的历史非常悠久,在数千年的历史长河中,古琴融合了人们智慧的结晶。古琴是一种浓缩了中国传统文化内涵的艺术形式,是传统高雅艺术的典型代表。

炎帝神农氏

当初少典国的君主,娶有蟜氏(族名)的女子为妻,名字叫女登。生二子,长子名叫石年,即炎帝,因为养育在姜水(今陕西宝鸡附近)地方,所以以姜为姓。类推伏羲氏以木德王天下的用意,在他继君位之后,取木能生火之义,以火为德而王天下。因火性炎热,所以称为炎帝。

炎帝虽生在姜水,但他的先祖起初本在烈山(有今安徽省淮北市烈山区或今湖北省随州市北郊厉山镇等多种说法,皆因古人经常迁徙而居),所以称为烈山氏,亦称为连山氏。其祖上曾建国在伊地,后来又建国在耆(qí)地,合此两处而称之,所以又称为伊耆氏。

造农具，教耕种，尝百草

炎帝神农氏以火德治天下，在陈地建都，后又迁都到曲阜（今山东曲阜）。开始种植五谷、尝百草。原来古人都是采草木的果实，捕取鸟兽的肉为食，而不知道耕种稼穑之事。到炎帝时因天有春夏秋冬四时，生长收藏，各有其候，又相度地势，高下燥湿各有所宜，于是斫削树木做个耜（sì，远古时代翻土的农器，如现代的铁锹），又把木揉弯曲了，做耜之把柄，叫作耒（lěi，形如木叉，上有曲柄，下面是犁头，用以松土，是犁的前身），教百姓们用这器具去耕田种谷，于是务农之事，由此兴起来了。

上古民有疾病，不知道用药石医治。至炎帝开始将各样草木的滋味，件件都用口尝过，因审察其性，有的寒凉，有的温暖，有的平和，有的大热。又辨别那药味中，可以为主治病的，借名为君；可随着别药治病的，借名为臣；可帮助别药的，借名为佐；可引导别药的，借名为使。将其聚合起来，以为治病之法。炎帝因为尝辨药味，曾经于一日之内，遇着七十样毒药，但他有神圣之术，竟把那毒性一一化解了，使自己没有被害。又恐人不知道这等法则，就

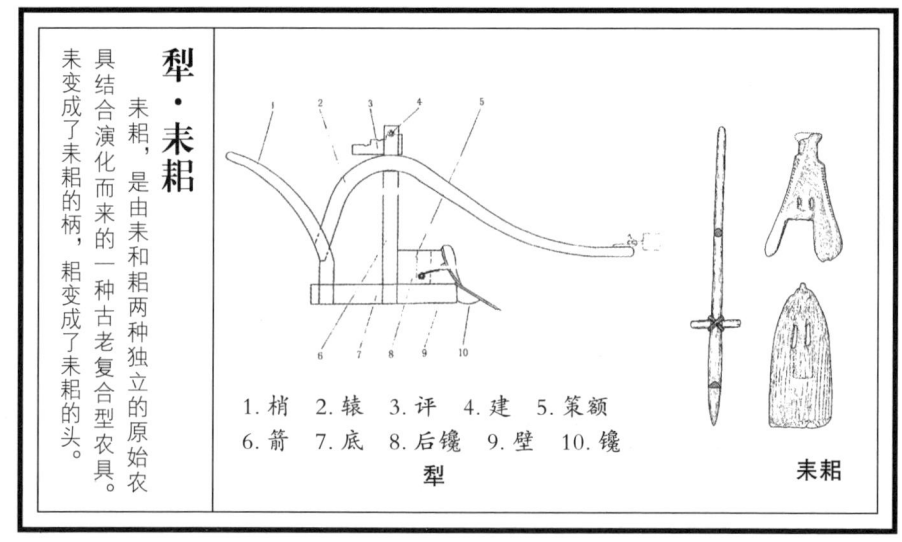

犁·耒耜

耒耜，是由耒和耜两种独立的原始农具结合演化而来的一种古老复合型农具。耒变成了耒耜的柄，耜变成了耒耜的头。

1. 梢 2. 辕 3. 评 4. 建 5. 策额
6. 箭 7. 底 8. 后镵 9. 壁 10. 镵

犁　　　　　　　　　　　耒耜

作治病的方书（相传《神农本草经》在此基础上编撰），以疗治百姓的疾病，而医药治病之道，自此开始流传。

炎帝又审察地上的水泉，有味道甘甜而养人者，有味道苦涩而损人者，使人知道避了那苦涩处，就那甘甜处。避苦就甘，则便于取水饮用，而民之居处才得安稳；耕种以为食，则民才能自食其力，免于饥饿；而又知医药以治病，则民得终其天年，而无有夭折之患，天下人皆以为方便。

因炎帝开创并教民耕种务农之事，以养活天下的人，这事从来无人想到，是他独自制造出来，如通神的一般，所以后人称他为神农氏。

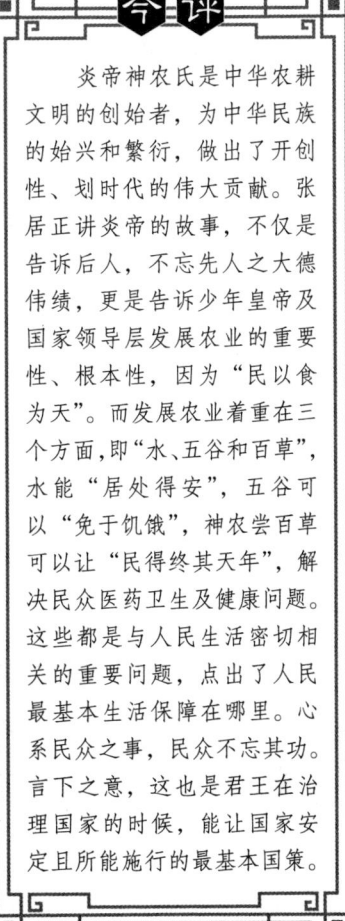

今评

炎帝神农氏是中华农耕文明的创始者，为中华民族的始兴和繁衍，做出了开创性、划时代的伟大贡献。张居正讲炎帝的故事，不仅是告诉后人，不忘先人之大德伟绩，更是告诉少年皇帝及国家领导层发展农业的重要性、根本性，因为"民以食为天"。而发展农业着重在三个方面，即"水、五谷和百草"，水能"居处得安"，五谷可以"免于饥饿"，神农尝百草可以让"民得终其天年"，解决民众医药卫生及健康问题。这些都是与人民生活密切相关的重要问题，点出了人民最基本生活保障在哪里。心系民众之事，民众不忘其功。言下之意，这也是君王在治理国家的时候，能让国家安定且所能施行的最基本国策。

开市兴商，以德治国

炎帝神农氏在位之时，民风质朴厚重，诚实敬慎。百姓之间很少有争斗，而财用自然充足；朝廷上未有诏令，而百姓自然顺从。他以德化民，虽威厉而不用刑杀，法度省简而不烦琐。

上古时，居民没有市场交易。到神农时，才教人布列店房于国都之中，每日中午开市一遭，招致天下之人民，收聚天下的货物。如农民有米谷，工人有各样器皿，都拿来交换买卖了，方才退去。人人各得其所欲，甚为方便。这是后世商贾兴起的原因。

神农氏以火德王天下，当时适有火瑞，于是以"火"设置官名，如春官名大火，夏官名鹑火，秋官名西火，冬官名北火，中官名中火，以此类推。

炎帝神农氏之世时，诸侯中有夙（sù）沙氏背叛，不奉行神农的命令。夙沙氏有个贤臣叫作箕文，谏诤于他，反被他杀了。夙沙氏无道如此，神农也不去征伐他，只是更加修正自己的德政，想以此来感化他。于是，夙沙氏的百姓，都厌恶夙沙氏的无道，而仰慕神农的德化，于是就攻杀其君主夙沙氏，而以其地来归神农。

于是南边至交趾，即今安南国（今越南）地方，北边至幽都（今北京地区）地方，东边至旸谷（东海边日出的地方），西边至三危（今甘肃敦煌地区），没有不服从神农教化的。

传说炎帝在位一百余年，因巡狩在长沙的茶乡（今湖南省炎陵县）去世。

今评

这里主要谈炎帝两个方面的功绩：一是以德治天下，不用刑罚。效果是天下民众"莫不服从"。一是教人从商，与民便利。效果是"人人各得其所欲，甚为方便"。张居正其实是在告诉少年皇帝及国家领导层："德治天下"和商业活动的繁荣，能让天下归心和人民富足。这是国家稳定、人民富强的最有力的两个办法。而以德治国的核心是：政者，正也。就是说在上位的人要以身作则，要一身正气，要克己守礼，成为大家的楷模，久之感化民众，并成为社会良好风气。炎帝就是这样做的，所以他能成为彪炳千秋的君王，我们要以炎帝为榜样。

黄帝有熊氏

黄帝姓公孙，名轩辕，是有熊（国名，今河南新郑地区。黄帝以国为氏，故称黄帝有熊氏）国君之子。他生下来就神圣灵异，不可窥测，到年纪长大，越发聪明过人，天命人心已有所归了。

黄帝

黄帝在位期间，播百谷草木，大力发展生产，始制衣冠、建舟车、制韵律、创医学等

此时，炎帝神农氏部落的后代子孙衰弱，管不得天下，各国诸侯互相侵凌攻伐。炎帝（部落首领通称炎帝，传位八代至榆罔，成为新一代首领，非炎帝神农氏）不能征讨，反去侵凌那诸侯。而那时的诸侯中，有名叫蚩尤的，更为刚强暴虐，国人深受其害。轩辕不忍见天下之乱，因此内修德政，外振兵威，征伐炎帝而胜之，又擒获蚩尤于涿鹿（今山西省运城市蚩尤村）地方。于是，四方诸侯，怀德畏威，都来归附轩辕，共同推尊轩辕代替炎帝为天子，是为黄帝。

今评

炎帝神农氏时，以德治国，拒绝用武力，也能让天下归心。但是到了后世，特别是面对天下乱局时，仅仅用德治就不行了。即使用武力，"后代子孙衰弱"，武力不强，也没什么效果。黄帝统一天下的法则是，有文德，武力也强大，让人"怀德畏威"，所以"都来归附"。这段历史告诉我们：一定要懂得文武兼治、刚柔相济之道，强调军事力量的重要性。即在"有德"的同时，也要有强大的武力做后备，这样才能长治久安。

立法度，振武威，安天下

黄帝即位之元年，既立为天子，于是创立治天下的法度。天下诸侯，若有不顺从法度的，即用兵征讨之。其所管的地方，东边到于海（今渤海和黄海一带），西边到于崆峒山（今甘肃省平凉市西），南边到于江（今长江一带），北边驱逐虏人薰鬻（yù，上古时北方少数民族，或是后来的匈奴），使之远遁，于是建都在北方涿鹿（今河北省张家口市涿鹿县）的一处山坳。虽然建都于此，却常常迁移不定，或在这里住，或在那里住，所到之处无城郭，只以众兵周围摆列，如营垒一般护卫着。

黄帝以土德为祥瑞，举用风后、力牧、大山、稽、常先、大鸿（六位贤臣名）。得了这六个贤人为辅佐之臣，于是治道通乎天地。上无日月星辰失度之变，下无山崩川竭水旱之灾，虽神明也感动而降吉祥，如河图献瑞之类的事情。

> **今评**
>
> 君主不仅要有德，要提倡文治，还要有武备思想。但是，武备只能是防身之术，是辅国安邦的基石，切不可滥用武力。"若有不顺从法度的"，或者遭遇外敌入侵，或者百姓惨遭暴政，需要除暴安民时，才是用武力的条件，才能启动防御战，进兵杀敌、以暴制暴。否则，就是穷兵黩武，是违背天道。所以法度的建立、战争的开启，要符合"治道通乎天地"，而天地以仁爱万物、和谐有序为怀，这是制定法度的来源和准则。

占天象，定名分，划九州

黄帝既受河图之祥瑞，又仰观于上天，见日月星辰之气象，于是建设灵台（观察天文星象、妖祥灾异的高台建筑），设立五官，有的占日，有的占月，有的占风，从此才有星官之书。

当初伏羲作甲历，起于甲寅，以记载岁月昼夜方位而已。后来黄帝又命大挠（大臣名）根据金木水火土五行之情，按北斗星之柄所指的方向，开始作甲子，亦用干支相配以名日，而定之以纳音（与六十甲子相配合，按金、火、木、水、土五行之序旋转为宫，称为纳音），如甲子、乙丑属金，丙寅、丁卯属火之类。命容成（大臣名）造日历以定四时，即今大统历（明代历法）便是。

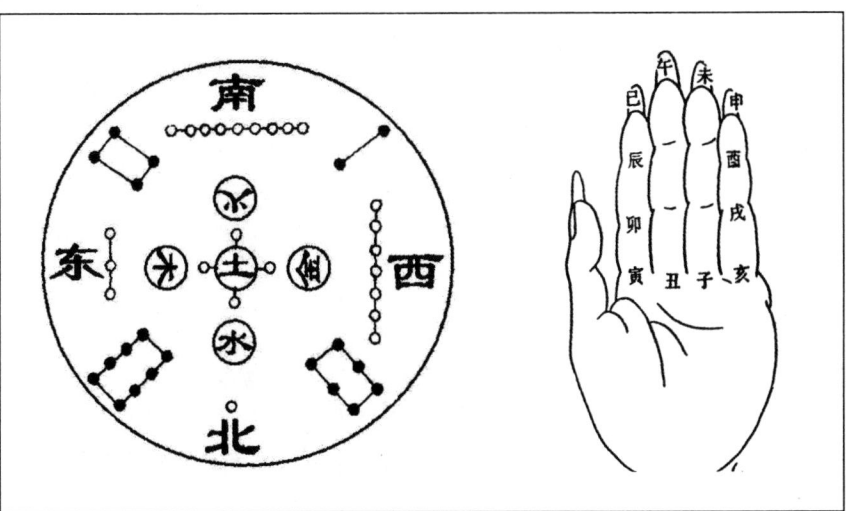

五行掌诀·洛书与五行相配图

　　五行是华夏民族创造的哲学思想，多用于哲学、中医学和占卜方面。五行学说是华夏文明重要组成部分。古代先民认为，天下万物皆由五类元素组成，分别是金、木、水、火、土，彼此之间存在相生相克的关系。在中国，五行有悠久的历史渊源。

　　黄帝又命隶首（大臣名）作百十千万之算数，即今九章算法便是。又命伶伦（大臣名）取昆仑山北部山谷的竹子，截而吹之，造为六律六吕以正五音。又命车区（大臣名）占星气以验灾祥。仍命容成兼管这些事。又染五彩文章，以区别贵贱，如旗帜车服之类，各有等级。又作舟船行在水中，作车辆行在陆路，开通道路，方便交通。

　　黄帝俯察各地，划分九州四野，百里之国近万个。又规划八家做一井，一井为邻，三邻做一朋，三朋做一里，五里做一邑，十邑做一都，十都做一师，十师做一州。设左右大监之官，使他监管万国，如今总督巡抚（今省、市长）一般。又举行封禅之礼（封为祭天，禅为祭地，专指古代帝王在太平盛世时祭祀天地的大型典礼）以祭天地，作咸池（乐名，言其德像池水周遍）之乐以和神人。当时远方四夷之国，都来进贡。

黄帝生二十五子，得姓者有一十四人。正妃所生二子，长子名玄嚣（xiāo），次子名昌意，当初都为诸侯。等到黄帝没有了，人以为飞仙而去，于是玄嚣以长子嗣立，为少昊金天氏。

黄帝是中华文明史上影响特别巨大的伟人，司马迁在《史记》中列为五帝之首。黄帝时代，炎帝神农氏后代衰落，各部落互相侵伐征战，天下百姓苦不堪言。于是，黄帝习武练兵，收服炎帝（神农氏后裔），大败蚩尤等部落，统一华夏，成为天下人的共主。奠定天下后，划九州，分疆界，设官职，造车船，制衣裳，推历法，作音乐等，使民众得到繁衍生息，可谓国家富裕、人民安乐。所以孔子说："黄帝活着的时候，人民受其恩惠利益一百年；黄帝去世后，人民敬服他的神灵一百年；之后，人民还遵循他的教诲一百年。"

帝尧是帝喾的次子，黄帝的玄孙。挚因为是长子而继承喾位，封尧为唐侯。之后挚荒淫无度，他死后诸侯尊尧为天子。

帝尧之心，时念百姓

帝尧继挚位，始称元年。尧以仁德统领天下，身边的人没有不依就他的，远处的人都瞻望他。帝尧虽富有四海，但能恭俭而不矜肆；虽贵为天子，能敬谨而不怠缓。所戴的是黄冕（黄色的礼帽），穿的是黑衣，乘的是红色车，驾的是白马，所住的宫室上面是茅草覆盖的，不用剪裁修饰。

帝尧之心，时常念着天下，特别关照失所的穷民。假如有一民无食而饥，帝尧就说是他不能足其食以饥之也。一民无衣而寒，帝尧就说是他不能足其衣以寒之也。一民犯法而有罪，也说是自己平日不能教化他，使他陷于有罪也。把这几件百姓的事，都任以为自己的责任，所以百姓仰戴他如日月一般，亲爱他如父母一般。

仁昭而惠泽极其显著，义立而法制无所废弛。德之所以施行者博大，而教化之所以推及者广远。当时的人民，不待封爵赏赐而能自愿相劝行善，不待刑律处罚而能自愿顺从他治理。《尚书》所谓"黎民于变时雍"者，就是指这件事。

尧帝

尧测出了春分、夏至、秋分、冬至。尧还设置谏言之鼓，让天下百姓尽其言；立诽谤之木，让百姓攻击他的过错。

射杀凶兽，为民除害

当尧即位之初，天上出现多个太阳，把下面的禾稼都烤焦了。又有叫作大风的怪物，坏人屋舍，吃人的凶兽、巨型野猪、长蛇，都出来害民。帝尧就让后羿去射日，又将吃人的凶兽、巨型野猪、长蛇等一应害人之物全部都驱除了。天下子民因此得以安生，欣喜欢悦地都来归服。

原来有人说尧承帝挚之后，是因为朝政荒乱，戾气充塞，才导致天象见异，物怪并兴，后来施行了治国措施，帝德广运，万邦协和，是上苍的恩赐。这是史官的误传，其实不足信。

尧时大发水灾，民众受害。尧让群臣推举善治水的人。人们推举鲧。但是鲧经常违背命令，又危害本族利益，尧感觉他不可用。但急于救民，又因大家强力推举，才让他试试看。鲧不知顺水之性，白白浪费人力物力去筑堤障塞，治水九年都不能成功，尧于是就不让他治水了。

至公无私，禅位大舜

尧的儿子丹朱，喜欢和人争论，动不动就打官司，不能像尧一样有德，难以君临天下。

尧在位已七十年，渐觉衰老，要求贤圣有德的人托以天下，群臣一起举荐虞舜。舜为人，极其贤孝聪明，尧也经常听说。尧准备把天下传给他，先看看他是怎么治家的，于是将娥皇、女英二女嫁给舜为妻。舜则以德化导二女，二女都恪执妇道，不会以贵骄身份对待夫与子，也没有怠慢公婆。尧又用一些难事试舜，舜不仅处理得很好，还立了功。尧才相信舜真的是贤圣，于是就将权力交给他，让他登帝位，代行天子之事。

舜摄位二十八年，尧才去世。舜仍然要让位于尧的儿子丹朱。于是，他躲在河南的一个地方。但是帝尧先前对其有付托，天下蒙舜德泽已久，都一心爱戴，所以诸侯朝觐者，想通过狱讼求公平决断的人，都不归附丹朱，而都拥戴舜。舜见天命人心都归向自己，于是才即天子之位。

舜帝

相传因四岳推举，尧命他摄政。四岳，有说为一人，也有说为四方诸侯，至今无定论。

今评

尧是中国远古时期的圣王，被后世屡屡称颂，其中，最为人们称道的是他不传子而传贤，禅位于舜，不以天子之位为私有。尧在位后期，常常为继任者而忧心。他认为自己的儿子丹朱为凶顽之人，不可继承大统，因此与四岳商议，请他们推荐天下贤才。四岳于是推荐了舜，说这个人有孝行，有才干，家庭关系处理得好，邻里关系处理得也好，并且能感化乡人，使他们改恶从善，威望极高。尧于是用各种各样的方法考察舜。经过三年考察，尧认为舜是个合格的接班人，于是决定将帝位禅让于舜。舜登上天子之位后，尧退居避位，二十八年后去世，百姓悲哀，如丧父母。丧三年，四方还不举乐，以思尧的德行。

帝舜

帝舜，是黄帝第八代孙。始初黄帝生昌意，昌意生帝颛顼，帝颛顼生穷蝉，穷蝉生康敬，康敬生句芒，句芒生蛴牛，蛴牛生瞽（gǔ，盲人）叟，瞽叟生舜，姓姚氏。

孝悌乡里，名扬天下

舜的生母早故，瞽叟又娶后妻，生个儿子，名叫象。舜之父母与其弟象，都是下等极愚的人，不可用道理去开化。瞽叟曾偏听后妻与少子象之言，三个人想要谋杀舜。舜知道了设法躲避，方才得免。然而未尝以此怀怨，只尽自家孝悌的道理，事其父母，待其弟，愈加恭敬和顺。舜只知道当尽为子为兄的义务，而父母之不慈，与其弟之不善，根本都不去计较。

舜虽是黄帝之后，至其祖父时家境已经衰微，身无爵禄，穷居田间，不免用耕稼陶渔之事去赡养父母。而他的至圣之德，见到的人无不为其感动。舜曾经耕田于历山，那历山的人都彼此逊让其所耕的田界；舜曾经取鱼于雷泽，那雷泽之人都彼此逊让其所居的屋地；舜曾烧造瓦器于河滨，那河滨的人都学他一般信实，做出来的器皿，各个完美中用，没有粗糙质劣的。凡舜所住的地方，人便都来归依他，成一个聚落，及至二年，日渐加多，就如一个县治，及至三年，愈加聚集，就如一个城市，其为人就能有这样大的凝聚力。

虞舜孝行感天图

中国传统孝文化历经了古时期的萌芽、西周的兴盛、春秋战国的转化、汉代的政治化、魏晋南北朝的深化、宋明时期的极端化直至近代的变革。

舜才二十岁时，人们就都听闻他的孝名。至三十岁时，帝尧因其子丹朱不肖，访求有德之人，可以代己位者，大家众口一词，都荐举舜。

尧乃使人召舜，舜既来到，乃委任他为司徒之官（负责管理民众教化等事情），使之修明君臣、父子、夫妇、长幼、朋友这五典。舜就充分发挥了五典对人的教化功能，让天下人都受益匪浅。又让他总理国政，统领众职。舜则及时以修举庶务，把事情管理得井井有条。又让他兼管四岳，接见四方诸侯。舜则能以宾礼来接待那来朝的诸侯，各个都对其顺服。又因洪水为患，使舜到山林中察看水情。正赶上猛风雷雨，人们因此都惊惧失常，只有舜显得神气自如，不迷乱。

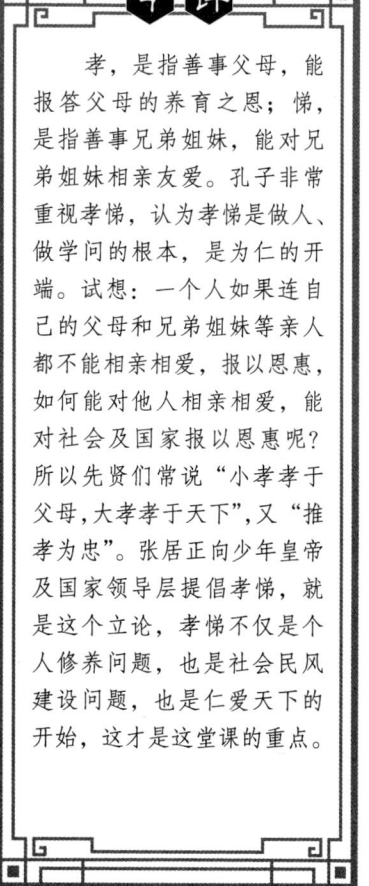

今评

孝，是指善事父母，能报答父母的养育之恩；悌，是指善事兄弟姐妹，能对兄弟姐妹相亲友爱。孔子非常重视孝悌，认为孝悌是做人、做学问的根本，是为仁的开端。试想：一个人如果连自己的父母和兄弟姐妹等亲人都不能相亲相爱，报以恩惠，如何能对他人相亲相爱，能对社会及国家报以恩惠呢？所以先贤们常说"小孝孝于父母，大孝孝于天下"，又"推孝为忠"。张居正向少年皇帝及国家领导层提倡孝悌，就是这个立论，孝悌不仅是个人修养问题，也是社会民风建设问题，也是仁爱天下的开始，这才是这堂课的重点。

尧欲传舜天子之位，然而犹不敢轻易，且先察试其才能。尧历历试舜，见其才德器量，无所不宜如此，然后才决意托付舜以大位。

治国之道，举贤除恶

当尧考察舜的时候，高阳氏有才子八人：苍舒、隤敳（tuí ái）、梼戭（táo yǎn）、大临、龙降、庭坚、仲容、叔达。这八个人都平和纯朴，天下之人称为"八恺"。高辛氏有才子八人：伯奋、仲堪、叔献、季仲、伯虎、仲熊、叔豹、季狸。这八个人，都有善良之德，天下之人称为"八元"。

"八恺""八元"，帝尧未及举用他们。舜于是荐举"八恺"给帝尧，使他们为司空之官，主土地之事。又荐举"八元"，使他们为司徒之官，对天下进行广泛的伦理道德教育。

那时帝鸿氏有一个不成器的儿子叫浑沌，少皞氏有一个不成器的儿子叫穷奇，颛顼氏有一个不成器的儿子叫梼杌（táo wù），缙云氏有一个不成器的儿子叫饕餮（tāo tiè）。浑沌、穷奇、梼杌、饕餮，被称为"四凶"。尧未及除去他们，到了舜时，都被一一除去了，被赶到了边远之地，这就是《书经》上所载共工、兜、三苗、鲧四个人。

舜在羽山杀鲧。知鲧有贤子名禹，又举而用之，使他继其父以治水，而功绩果成。不以其父之恶而弃用他的儿子，这真是一个善举。

> 舜为天下举贤去凶，有功德于民甚多，所以摄位之后，到二十八年，帝尧崩时，舜虽避位于河南，以让尧之子丹朱，而天下同心归之。凡来朝觐的、讴歌圣德的、求决狱讼的，都不肯归尧之子，而只归舜。舜以人心归己，最终不得辞，遂继帝尧而登天子之位。

量才治国，禅位大禹

舜既即天子之位，国号称有虞氏，以为治天下惟在任人，任人当量才擢用。于是，使禹做司空之官，管治水土；弃做后稷，管教稼穑；契做司徒，掌管教化；皋陶做士师，掌刑法；垂做共工，掌百工之事；益做虞官，掌山泽草木鸟兽；伯夷做秩宗，掌郊庙社稷之礼；夔主作乐，以和神人；龙做纳言（谏言之官），以宣上命，遂下情。古称舜时有九官，都是圣贤之佐，就是指这九个人。

九官既命，各称其职，所以事事做得停当，而舜也得到了广泛的拥护。天下大治，于是就按照功德作乐，以奏于祭祀燕飨（也作"燕享"，古代帝王饮宴群臣、国宾），名叫《九韶之乐》。韶字解作继字，意思是继尧成功，所以称为韶。乐有九奏，所以叫《九韶》。

舜的儿子叫作商均，亦如丹朱一样不肖，不可以治天下，群臣之中，可传天下，无过禹者，于是荐举于天，使代己即位。舜在位五十年，往南方巡狩，遂崩于苍梧（今湖南省宁远县境）地方，寿一百一十岁。禹不敢受舜之禅，还欲商均继立，避到阳城。其时天下之朝觐讼狱者，都不归顺商均，都去归顺禹。禹知天命人心不可终辞，遂继舜即天子之位。

今评

这一段，张居正说的是用人，主题是"治天下惟在任人"。治国必先求贤才，且懂得放权与考察监督，让人才各司其职，放手让他们去做。这样，才能"无为而治""垂衫而天下治"。舜就是这样有名的圣君，正是因为他能识人、会用人，才使得天下大治，轻轻松松地就把国家治理好了。国君有着绝对的统治力，于是放权就显得尤为重要，所以张居正向少年皇帝及国家管理层特别强调这点。我们应该看到这其中的奥妙。

三代以前，君天下者，禅继无常，而天命人心，惟归有德。自禹以后，父子相传，遂为定制。然朝代之长短，亦系乎德之盛衰。则创业垂统，与继体守成之君，欲为传世无穷之计，皆不可不以德为根本也。

夏纪

夏朝年表(约前2205年—约前1766年)

帝 号	姓 名	在位时间
禹	姒文命	约前2205年—约前2198年
启	姒启	约前2198年—约前2189年
太康	姒太康	约前2189年—约前2160年
仲康	姒仲康	约前2160年—约前2147年
相	姒相	约前2147年—约前2145年
后羿	姒羿	约前2145年—约前2138年
寒浞	姒浞	约前2138年—约前2079年
少康	姒少康	约前2079年—约前2058年
杼	姒予	约前2058年—约前2041年
槐	姒槐	约前2041年—约前2015年
芒	姒芒	约前2015年—约前1997年
泄	姒泄	约前1997年—约前1981年
不降	姒不降	约前1981年—约前1922年
扃	姒扃	约前1922年—约前1901年

续　表

帝　号	姓　名	在位时间
廑	姒廑、姒胤甲	约前 1901 年—约前 1880 年
孔甲	姒孔甲	约前 1880 年—约前 1849 年
皋	姒皋、姒孔皋	约前 1849 年—约前 1838 年
发	姒发	约前 1838 年—约前 1819 年
癸（桀）	姒桀、姒癸	约前 1819 年—约前 1766 年

夏朝是中国史书中记载的第一个世袭制朝代，开创中国近四千年世袭的先河，因此中国历史上的"家天下"，从夏朝的建立开始。夏朝代表着生产力水平的提高、人类文明的进步，所以后人常以"华夏"自称，使之成为中国的代名词。

夏，是禹有天下之号。

史臣记，夏禹王乃黄帝第五代玄孙，姓姒氏。起初黄帝生昌意，昌意生颛顼，颛顼生鲧，鲧生禹。

夏王禹

禹作为夏朝的第一位天子，后人称为夏禹，成为上古传说时代与伏羲、黄帝比肩的贤圣帝王。他最卓著的功绩，就是历来被传颂的治理滔天洪水，又划定九州，奠定夏朝，后人尊称为大禹。

大公无私，三过家门而不入

尧之时，洪水滔天。尧使鲧治水无功，劳民伤财。舜既摄位，就在羽山杀死鲧。又以禹圣智过人，就举荐他继父亲鲧的职位，以最终完成治水的事业。

禹为人勤谨，才又敏捷，无有所为，件件速成。其德不违于理，其仁慈爱可亲，其言诚实可信。他的声音，洪亮中节，可以为乐中之律吕。他的身体，长短有则，可以为量物丈尺。其圣人之质，本于天成如此。

禹痛惜父鲧治水无功而受诛，于是不辞劳苦，用尽心思在治水上，要为国为民建立功业。他在外十三年之久，即使经过家门，也不肯到家里一看。其子启才生数日，呱呱而泣，禹也顾不上他。他为国为民无私，居然忘家如此。

> **今评**
>
> 张居正谈大禹治水，仅仅是向少年皇帝赞誉大禹吗？当然不是，赞誉中还有启迪。张居正特别强调大禹倾力治水缘由：因为父亲鲧治水无功而受诛，所以他立志治水，因为大公无私，三过家门而不入，不仅要完成君命，为民建功，还要雪洗先父之耻。此为孝子及公职人员之诚心和本分。同时，张居正也是告诉少年皇帝及领导层，要善于反省、总结历史教训，要正确认识先辈的错误，对于先皇及以往的施政失当的地方，要及时改正，这也是圣贤君子的修养和境界。所以曾子教人"吾日三省吾身"。有志天下及各界领导者，尤其要注重。

他治水时，在平地上行，则乘车；在水中行，则乘船；在泥地里行，则乘橇，橇是用木板制成的，其形如箕，在泥地上就不会侧滑；在山上行，则乘樏(jú，古人制成的登山工具，其形如锥，长半寸，安在脚下，上山很方便)。他的一举一动，都合乎法则，一切都有一定的规矩，做法很恰当。

当时的天下虽有冀、兖、青、徐、荆、扬、豫、梁、雍九州，但被洪水冲积淹没，疆界不甚分明。至此，水土既平，就分别划出九州,通了九州的道路,阻遏九州之泽,遍历九州的山。看那下湿之地,宜种稻子,命伯益与百姓稻子,使种于下湿的水田。水土初平,五谷难得,命后稷教人播种五谷,让百姓获得粮食。播种虽同,所收未免多少不一,有不够吃的,则调转那有余的给予补充,平均分给诸侯,让人人都不会挨饿。

大禹平水土,教农耕之术,不惟终君之命,又且盖父之衍,泽博九州,功被万世,此所以为有夏一代之圣王。

举行贡法,丈量国土

禹平了水土后,就开始施行贡法(纳贡之法,古代臣下或属国把所得物品按一定比例贡献给帝王),看看各地出产什么,以便给天子纳贡。如兖州贡丝、青州贡盐、扬州贡金之类。又因道路未通,为了考察山川的便利就伐木搭桥。前些时候因水灾,到这时节,水都退了去,水灾平息,九州之内很多地方,人都可以居住。禹乃使章亥(人名)

夏禹 大禹因治水之功,被后人尊为圣王,享国家祭祀。

从极东向极西丈量,得二亿二万三千五百里零七十一步。又使坚亥(人名)步算,从极南向极北丈量,得二亿三千五百里零七十五步。除四海之外、荒服偏远的地方不计外,其在四海之内,国家所统治的疆域,东西二万八千里,南北二万六千里。

按《汉书·地理志》记载,三代之前,中国疆域,东西计九千里,南北一万三千里。今章亥所算,面积就这样大,其实不如《汉志》所记载的大。

尧以禹治水功大,赐以玄玉之圭(黑玉造成的圭,名贵之物),以酬其劳绩,而以其成功告于上帝焉。及尧禅位于舜,舜既即帝位,乃命禹以司空之官,职责是总理国政,让他统领百官,治理天下。

当时,舜的儿子商均不成器,所以不可以君临天下。舜于是荐禹于天,让他替代自己。后舜巡狩,死于苍梧(今湖南省宁远县境)之野,禹就让位商均,自己躲在阳城(今山西省阳城县)。但是天下朝见他、找他讼狱的、讴歌他的人络绎不绝,皆不归商均而归禹,禹以人心天命难违,于是登天子之位。

建国号,改正朔,听民言

禹继舜即位改元,因所封之国在夏,遂定天下之号为夏。前此因为舜时以正月为岁首,时令上就没有再变了。因为水德王天下,水是黑色,所以以黑为风尚。祭祀的牺牲,毛色用黑色,凡章服旗帜之类,都用黑色,一切都从其所尚。禹既治定功成,

大禹
禹的功绩不仅在于治水、发展国家生产、让人民安居乐业,更重要的是创造了「国家」这一新型的社会政治形态。

作一代之乐,叫作《大夏》。夏是广大的意思,有能广大尧舜之德的意思。

禹又恐天下道理事务不能周知,民情利病不能上达,于是将钟、鼓、磬、铎、鼗(táo,拨浪鼓)五样乐器挂在外面,以待四方之士。各刻字在其架上说:有来教诲寡人以道德者,则击鼓;晓谕以义理者,则撞钟;告以事务者,则振铎;语以忧患者,则敲磬;有狱讼求决断者,则摇鼗。

禹在里面听得哪一件乐器声响,便知是哪一项人求见,就让他进见,一一说清楚。当时每一饭时,可能会起身十次,洗一次澡时,会出去三次,接见咨访的次数非常多,没有时间爱惜自身,更不会因为享乐劳天下之民。

即使圣如大禹,犹不以成功自满,且多方求言,勤于听纳,此智之所以为大,也因此促成了夏的大业。

以德为政,爱民怜民

大禹出外巡行,路上遇见一个犯罪的人,心中不忍,便下车来问其犯罪缘由,因而伤痛垂泣。左右的人问说:"这犯罪之人所为不顺道理,正当加以刑罚,君王何故痛惜他?"

禹说:"我想尧舜为君之时,能以德化人,天下的人都体着尧舜的心为心,守礼安分,自不犯刑法。今我为君,不能以德化人,百姓们各以其心为心,不顺道理,所以犯罪,则犯罪者虽是百姓,其实由我之不德所以致之。故我所以伤痛者,痛我之德衰于尧舜也。"

重划九州,制定尊卑

当初,舜为天子时,把天下地方分为冀、兖、青、徐、荆、扬、豫、梁、雍、幽、并、营十二州。至禹时,将并、幽二州复合于冀州,营州复合于青州,仍前为九州。九州既定,于是将天下所贡方物之中,取其铜之美者,铸成九个大鼎,以象征九州。又把九州山川所有怪物,都铸在鼎上,使民识其形象而躲避之,以不受伤害。

上古人不知乘车,至黄帝时,才开始造车,至少皋时,用牛拉车,至禹时,有臣叫作奚仲,又加以马,禹就命奚仲为车正之官,专管车驾之事。又制为旗帜斿旐(yóu zhào,斿旐是古代旗帜上的装饰,泛指画有蛟龙龟蛇的旗子)等物,设于车上,自天子以至诸侯大夫,各有不同,于是尊卑等级,皆有分别。这样就有了尊卑等级名分,民众又容易分辨出来。

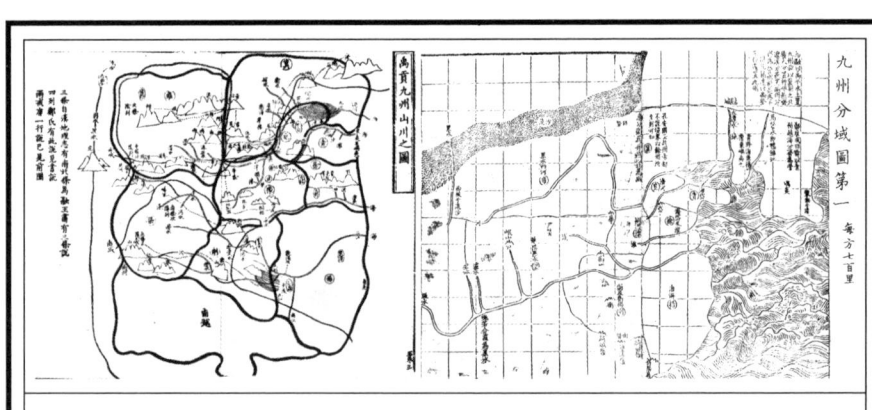

禹贡九州图

现有流传下来的文献中,具体的"九州"只见于战国,而未见于春秋,所以"九州"的提法可能最早出现在战国初期。

疏远仪狄，断绝旨酒

古时，只有醴（lǐ）酒酪浆（醴，是谷物发酵的甜酒。酪，是将牛马乳造成酒浆），至禹时有个人叫作仪狄，开始用曲糵（niè）造酒，其味甚美，与醴酪不同。禹饮其酒，觉得甘美，特别喜欢。又恐因此妨了政事，就疏远仪狄，断绝旨酒，再不饮它。说道："酒之可好如此，后世人君，必有以酒之故，流连迷乱，而亡其国者。"

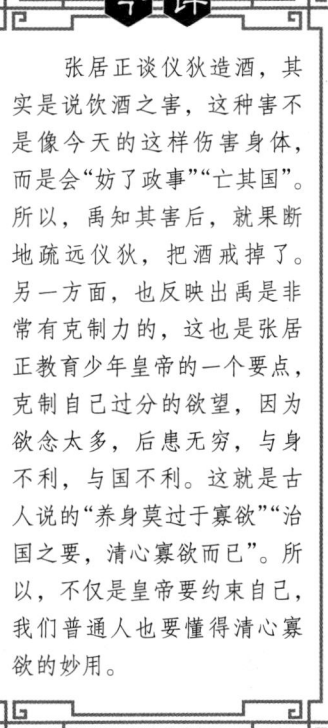

今评

张居正谈仪狄造酒，其实是说饮酒之害，这种害不是像今天的这样伤害身体，而是会"妨了政事""亡其国"。所以，禹知其害后，就果断地疏远仪狄，把酒戒掉了。另一方面，也反映出禹是非常有克制力的，这也是张居正教育少年皇帝的一个要点，克制自己过分的欲望，因为欲念太多，后患无穷，与身不利，与国不利。这就是古人说的"养身莫过于寡欲""治国之要，清心寡欲而已"。所以，不仅是皇帝要约束自己，我们普通人也要懂得清心寡欲的妙用。

仪狄制造酒，本为祭祀神灵，但也可能因它亡国，对酒过于嗜好，这样的祸患肯定会到来。圣人看事情，会看到它的害处在哪里，所以才对其厌恶并提前预防。后来，禹之子孙桀这个人，就是因酒池而亡国的，禹所担忧的事情，很快就发生了！

巡视天下，典章法度

禹为天子，遵虞舜五载巡狩之制，曾往南方巡狩，大会诸侯于涂山地方。禹之功德既足以感动人心，又接着那唐虞极盛之后，所以诸侯们无远无近，都来朝见。一时执玉帛（诸侯见天子所执之礼）而聚集于涂山的，有万国之多。

当巡狩渡江之时，忽有一黄龙顶船，情势危急，船上的人都恐惧失色，独禹不怕，仰面向天叹说："我受天之命，尽心力以勤劳万民，万民既安，我的任务就完成了。至于人生在世，就是客中寄住的一般，死了便是回还到家里一般。生乃是暂时，死乃是常道也。纵是龙能覆舟为害，我何惧焉！"当时禹看那龙，只如蝘蜓（yǎn tíng，古书上指壁虎）小虫一样，颜色略不变动。须臾间，那龙亦低头拖尾而去，恰似闻禹之言，而委顺驯扰，不敢为害也。

禹又曾朝会群臣于会稽地方，诸侯皆依期而至，惟有防风氏（诸侯之国）恃其勇力，没恭听王命，迟到了。禹将其诛杀，以儆诸侯。

禹以为创业之君，不立下一代的典章法度，则后王何所遵守？于是以其治天下之大经大法，名为谟训（谋略和训诲），留与子孙，使世守之。以后禹之子孙，传世近五百年，实赖此维持。

禹年老即位，所以在位只九年，寿一百岁。禹崩后，益（禹的贤相，禹想传位益）不敢当禹之禅，避在箕山，让位于启。然天下臣民思禹之德，而知启之贤，皆不归益而归启，启乃即天子位。

夏启

朝享诸侯，征伐有扈

夏启王即位之元年，四方诸侯来朝拜，启于是在钧台（今河南禹州境）以朝享诸侯。那时，诸侯中有个有扈氏，所作所为野蛮无理，常常擅作威势，轻侮五行，凡所行事，都背了五常之理，有违天道，并且暴殄天物；又恣行怠慢，废弃三正（建子、建丑、建寅三个月，即夏历十一月、十二月、正月），不奉夏朝为正统，是一个狂悖异常的人。

启于是命六乡之卿（古时每乡设卿一人，六乡有六卿，平时无事时，掌其乡之政教禁令，有事就出征），率六军亲去征讨，最后将其剿灭。启在位九年后去世，子太康继位。

孟子说启是个贤人，能敬承继禹之道，其传颂的德行一定很多。这里只说享诸侯、征有扈两件事，这是作史的人未加详考。

孟子说启是个贤人。什么是贤人？这段话从两个方面说明启是个贤人：一是能获得多数诸侯拥戴；二是能打黑除恶，剿灭无道的诸侯。张居正也是从这些方面引导少年皇帝：作为国君，是否能得到诸侯的拥护，和诸侯建立和谐的关系？而获得拥戴、和谐的关系是建立在什么基础上的？是怀柔政策还是武力征伐？张居正意在灵活运用。即使贤人明君，也可能得不到天下所有人拥戴。得不到所有人称赞，甚至有一小部分人批评反对，是否就不算一个贤人呢？不是。对那些残暴、无道、欺压百姓的诸侯，不妨亲自带兵将其剿灭，也不失贤人的身份，因为"唯仁人，能爱人，亦能恶人"。

太康失国

太康即帝位，不守先祖大禹的谋略和教训，懈怠、荒淫、逸乐，全不忧念国家的政事，只喜好去打猎，罗取禽兽，最远的到洛水边，去了一百日都不能回还。

后来，因为百姓造反，太康被有穷国（诸侯国，今山东德州一带）之君后羿阻拒于洛水以北,不许归国,太康就自弃其国,其弟五人,知社稷危亡之不可救,母子兄弟之不可保,于是将皇祖之训作歌,以此埋怨太康,这就是《夏书》中所载的《五子之歌》。

太康既失了国,不得返归,计其在位三十年,后羿就立太康之弟仲康为天子。尝观《五子之歌》(《五子之歌》记录在《尚书·夏书》里,是对中国最早的帝王亡国的叹息,体现了中国最早、最原始的政治思想,即"民惟邦本,本固邦宁"。)有记载:"内作色荒,外作禽荒,甘酒嗜音,峻宇雕墙,有一于此,未或不亡。"

太康一犯荒逸之戒,很快就失国了。祖宗之良训,哪能不遵守呢?

太康失国

后羿选择太康出去田猎的这天,领兵拦截了太康的归路,张开大弓于十里之外将太康射杀。

帝相

仲康在位十四年而崩,其子相继位,是为帝相。

后羿专政,寒浞窃位

帝相既立为天子,虽无失德,然大权已归后羿掌管,帝相权力微弱。后来被后羿赶逐,迁居于商丘地方,依靠夏国同姓诸侯斟灌与斟鄩氏居住。自此失国,不能为政于天下了。

有穷后羿,因夏民与其离心,代夏专政。既逐帝相,遂篡其位。依恃善射,不理民事,专好田猎,沉溺于女色与打猎禽兽。当时,有武罗伯、熊、龙、圉(yǔ),四人都是贤臣,羿乃废弃了武罗伯,将熊幽囚,将龙、圉削发为奴隶,惟信用寒浞(zhuó)。寒浞原是伯明氏(诸侯国,今山东省潍坊市一带)后寒的逸侈子弟,为伯明氏所弃,羿收之使为相。

寒浞要固宠窃位,在内则行谄媚于羿的宫人,对外施贿赂于羿的左右,对下用智术愚弄百姓,以收人心。专以田猎之事娱乐后羿,使其没时间顾及他事。内外的人,被寒浞诱惑,都归服他。羿犹不知改悔,将归自田猎之所,寒浞使家众逄蒙等杀而烹煮之。将他的肉与其子食,其子不忍食,又杀其子于有穷之国门。夏有旧臣伯靡,素有兴复夏室之志,因见祸害相寻,乃奔于有鬲氏(诸侯国,今山东德州附近),以图后举。浞复篡羿自立了。

寒浞既立,不改有穷国号,就收了羿的妻室,生下二子,一个叫作浇,一个叫作豷(yì)。此时帝相尚在商丘,及浇年长,寒浞让他统兵灭斟灌及斟鄩氏，遂弑帝相。相后，有仍氏女，叫作后缗（mín），怀孕不久，自穴洞中逃出，逃到有仍国（诸侯国，今山东省济宁市南），后来生少康。帝相在位二十七年，最后被刺杀至死。

> 夏自太康荒淫逸乐败德，取怨于人民，遂致后羿与寒浞，乱贼之臣相继作乱，达数十年，国家名存实亡。若非禹之功德深远，民不能忘，则夏朝将从此灭亡，这难道不是后来万世要引以为戒的吗？

少康

少康复国

少康之母是帝相之后，乃是有仍国君之女。

起初后羿篡国，逐帝相于外，羿之臣寒浞杀了后羿，并灭了夏。那时少康方在相后的怀妊中，相后避乱，逃归其母家有仍之国，而生少康。所以少康长大，就做了有仍国掌管畜牧的长官。

寒浞之子名浇者，知道相后生了孤子，使其臣椒寻求少康所在，要杀害他。少康又逃避于有虞之国，做了有虞国（诸侯国，今河南商丘虞城东）掌管饮食的官员。那虞君名思，知道他是帝相之遗子，大禹之玄孙，就把两个女儿嫁给他，使他居于纶邑（地名），给予他田一成，计有十里；众一旅，计五百人。

少康管此一成之田，一旅之众，即能布其德惠，就有复兴的打算，以收复夏氏之众，而抚绥其所遗之臣。于是夏之旧臣有名靡者，自有鬲氏之国，收召灌、郡二国之遗民，举兵攻灭寒浞，最后立少康为君了。

少康即位之元年，使其臣女艾领兵，攻灭寒浇于过（诸侯国，今山东莱州附近），使其子季杼攻灭寒豷（yì）于戈（诸侯国，今河南省太康县附近）。寒浞父子皆已诛灭，乃归于夏之旧都，而即天子之位。于是，有夏之道复兴，诸侯都来朝觐。

自太康以来，日就微灭，至此然后中兴也。少康在位二十年乃崩，子杼相继而立。

太康荒于逸游，虽继承大禹、帝启全盛之势，而亦至于失国。少康能布其德，虽遭后羿、寒浞篡灭之后，而亦得以复兴。所以盛衰之机，惟在人君能不能修德而已。

夏桀

夏自孔甲（姒姓，名孔甲）之后，传子帝皋，帝皋传帝发，帝发传履癸（夏桀，名履癸），是为桀。

夏桀（中）

夏桀武艺超群，能空手杀虎豹，但却荒淫无度，是历史上著名的暴君。

夏桀无道，酒池肉林

自孔甲以来，德政衰微，诸侯已多背叛。至于桀，尤为无道，其所为暴戾顽狠，贪虐荒淫，残害天下百姓。天下百姓都恐慌怨愤，担心会祸及自己。不但诸侯背叛，而万民也对他离心了。

桀有臂力，能伸直铁打的钩索。他恃其勇力，用兵征伐有施氏（诸侯国，今山东省蒙阴县一带）之国，有施氏进献一美女，叫作妹喜，得免于祸。桀宠爱妹喜的美色，但凡她的言语，无不听从，因要取她欢喜，遂造为倾宫瑶台，极其华丽，竭尽了百姓的财力。又将各样禽兽之肉，堆积如山，炙干为脯（肉干），悬挂如林，凿个大池注酒，池中可以行船，积下酒糟为堤，长达十里。又召集众人来饮，约以鼓声为号，击鼓一通，齐到池边低头就饮，如牛饮水一般。当时同饮者有三千多人，妹喜观之欢笑，以此为乐。

当时，很多人得益于殷成汤修德，诸侯畏服。桀忌恨成汤强盛，起九夷之师攻打他，九夷都违命不至。汤有贤臣伊尹，见桀无道已极，天命人心已去，乃辅相成汤，率师伐桀，为民除害。桀与汤战不胜，逃奔于三朡（zōng）之国（诸侯国，今山东省定陶县北），汤又从而伐之，放逐于南巢地方，被囚禁而死。

想那桀的始祖大禹，不求华丽的宫室、漂亮的衣服，为了让万民不那么竭力辛苦，虽然自己喜欢饮酒，但还是疏远造酒之仪狄，其仁爱勤俭、创业艰难到这个地步。而桀不念祖德，荒淫暴虐，举祖宗四百年之天下，一旦而覆亡之，岂不深可痛惜啊！

商 纪

商朝年表（约前1766年—约前1122年）

帝 号	姓 名	在位时间
汤	子 汤	约前1766年—约前1754年
外 丙	子 胜	约前1754年—约前1752年
仲 壬	子 庸	约前1752年—约前1748年
伊 尹	己 挚	约前1748年—约前1741年
太 甲	子 至	约前1741年—约前1721年
沃 丁	子 绚	约前1721年—约前1692年
太 庚	子 辩	约前1692年—约前1667年
小 甲	子 高	约前1667年—约前1650年
雍 己	子 密	约前1650年—约前1638年
太 戊	子 伷	约前1638年—约前1563年
仲 丁	子 庄	约前1563年—约前1550年
外 壬	子 发	约前1550年—约前1535年
河亶甲	子 整	约前1535年—约前1526年
祖 乙	子 滕	约前1526年—约前1507年
祖 辛	子 旦	约前1507年—约前1491年

续表

帝　号	姓　名	在位时间
沃　甲	子　踰	约前 1491 年—约前 1466 年
祖　丁	子　新	约前 1466 年—约前 1434 年
南　庚	子　更	约前 1434 年—约前 1409 年
阳　甲	子　和	约前 1409 年—约前 1402 年
盘　庚	子　旬	约前 1402 年—约前 1374 年
小　辛	子　颂	约前 1374 年—约前 1353 年
小　乙	子　敛	约前 1353 年—约前 1325 年
武　丁	子　昭	约前 1325 年—约前 1266 年
祖　庚	子　跃	约前 1266 年—约前 1259 年
祖　甲	子　载	约前 1259 年—约前 1226 年
廪　辛	子　先	约前 1226 年—约前 1220 年
庚　丁	子　嚣	约前 1220 年—约前 1199 年
武　乙	子　瞿	约前 1199 年—约前 1195 年
太　丁	子　托	约前 1195 年—约前 1182 年
帝　乙	子　羡	约前 1182 年—约前 1155 年
帝辛／纣	子　纣	约前 1155 年—约前 1122 年

　　商朝是中国历史上的第二个朝代，是中国第一个有直接文字记载的王朝。商汤开"以武力夺得天下"的先例，这是我国政治史上的第一次大改革，史称"汤武革命"，打破了天子不可变的定律。他领导部族和其他同盟部族，运用战争的暴力手段一举推翻腐朽的夏王朝，建立起新的统治秩序。商汤推翻暴政、替天行道的行为，推动了历史的发展，因此也得到历史的肯定和赞扬。

商，是地名，以其始封于此，遂以为有天下之号。

史臣说，成汤是五帝时黄帝的后裔，姓子氏。起初黄帝的曾孙帝喾，有个次妃叫作简狄，偶见飞的燕子坠下一个卵来，拾而吞之，遂感而怀孕。后乃生契，辅佐唐尧、虞舜二帝，为司徒之官，职责专一教民，教得百姓都相亲，五品都逊顺。帝舜赞美之，乃封他以商丘（今河南商丘）之地，而赐姓子氏。其后契生昭明，传十世而至天乙，是为成汤。

成汤

汤又名履，古书中说：「汤有七名。」见于记载的有：汤、成汤、武汤、商汤、天乙、天乙汤。甲骨文中称作唐、成、大乙、天乙。

治国用贤，伊尹为相

那时，有个贤人叫作伊尹（商朝开国元勋，杰出的政治家、思想家，中华厨祖。辅佐商汤打败夏桀。商朝建立后，任宰相。历事成汤、外丙、仲壬、太甲、沃丁五代君主，辅政五十余年，因忠国爱民，大公无私，敢于任事，勇于承担，后人推崇，被孟子称为"圣之任者"），乐尧舜之道，不肯出来做官，隐居于有莘（shēn，有莘国，位于今河南杞县，一说山东曹县）地方，以耕田为业。

汤闻其贤，三次使人以币帛为礼征聘他。伊尹感汤诚意恳切，遂委质为臣。见夏桀无道，残害得百姓苦极了，因说汤以伐夏救民之事。汤不忍伐夏，就举进伊尹于桀，劝他悔过迁善。桀却执迷不悟，不用伊尹之言，于是，伊尹复归而辅佐汤。

伊尹是贤能之人，假如桀能用的话，桀可能会化暴虐为宽仁，夏道就可复兴了。但是桀不能用伊尹，所以最终灭亡。可见天下不患无贤，最怕有贤才而人君不能用。桀不能用伊尹而亡，汤能用之而王，贤人之为国重轻，就是这样的。

好生之德，天下归心

夏桀无道，不受忠言，当时有个贤臣叫作关龙逄，直言谏诤，桀发怒而诛杀了他。于是，举朝文武再无一人敢言他的过错。此时，殷成汤为诸侯，悲悯龙逄以忠谏受祸，使人吊丧而哭之。桀闻听后大怒，遂将成汤拘囚于夏台之狱（夏王朝监狱，又称钧台，位于今河南禹州）中，过了很久才释放。

是时，天上发生日食，众星陨落，地上伊洛（伊洛，指伊水和洛水，今洛阳地区）干枯，泰山地震。桀有贤臣名费昌者，推知夏朝必亡，成汤必兴，便离开桀而归附汤。

汤一日出行于野外，见有人四面张着罗网，捕取禽兽，口里又祷祝说："凡一切禽兽，上而从天上坠者，下而从地上出者，中而从东西南北四方来者，愿都入吾网中。"汤闻其言，心中不忍，说道："鸟兽虽然微贱，也是生命，为何一网都要打尽，残害不仁如此呢？"于是，使人将那网解去三面，只存一面，又替他更祝说："凡禽兽之欲左者左，欲右者右，欲高者高，欲下者下，任从你飞走自在，各遂其生，只是舍命不顾的，乃入我网中。"

汤之不忍于害物如此，则其不忍于害民可知。所以，那时汉南地方的诸侯听闻汤这件事，都称颂说："汤好生之德，可谓是极致了。即使是禽兽也受其恩泽，何况是人呢？"所以有四十余国皆归顺他了。

> **今评**
>
> 明君会用什么样的方式对待众生？张居正从两个方面的反映去阐述：一是昏君戕害贤臣，二是会出现"两日斗、众星陨、伊洛竭、泰山崩"，这是天理不容、天怒人怨的事。所以，君子要替天行道，推翻暴政。因为上天有怜爱之心，哪怕是一只小小的鸟兽，都要对其施与仁慈，更不用说对贤臣和天下子民了；君王仁爱，能让多国归顺。同样的道理，一个人要有仁爱之心，也会获得良好的人际关系。

成汤伐桀，鸣条之战

夏桀无道，所行暴戾，残害万姓。

伊尹见民不聊生，百姓苦不堪言，就劝汤率师伐桀，以除暴救民。那时，夏有贤臣费昌，奔归于汤，汤就任用他为戎车之御（负责指挥战车），与桀战于鸣条之野（今山西夏县西附近的郊外）。桀众离心，其兵大败，逃奔于南巢（有巢氏后裔所建方国，今安徽省巢湖市东北一带），汤也不再追杀他。当时，诸侯因汤此举顺天应人，都来会集，要尊汤为天子。汤不肯当，仍退就诸侯之位，说道："我之所以伐桀，本为百姓除害而已，若是天子之尊，惟有道德者，才可以居其位而行其治，这不是我所能担任的。"

如此辞让于众诸侯者，有三次。诸侯以有道者，莫过于汤，天子之位非汤莫能居，都一心推戴汤为君，不肯听其让。汤既数次辞让不得，然后即天子之位，定都于亳，即今河南归德府（今商丘地区）地方。

宽仁治国，轻徭薄税

成汤之元年，既即天子之位，全部推翻夏桀所行之事，以宽仁治百姓，除去夏桀的邪僻暴虐，凡民之所喜者，如轻徭役、薄税敛等事，汤都一一施行。远近之民，莫不归顺他，没有人再思念夏朝了。

成汤于是改夏之正朔。自夏以前，都以建寅之月为岁首之正月。汤既革除了夏命，乃以建丑之月为正月（今十二月，这月初昏戌时，北斗柄指着丑方，故说建丑之月）。其所用的颜色，以白色为风尚。凡祭郊庙之牺牲，都用白色；凡旗帜车服之类，一切都以白为号；其服饰则戴㕍冠，而丧服之衣，都以白色为贵。

伊尹

伊尹有"烹调之圣"之美称。"伊尹汤液"为人传颂千年而不衰。所以，他不仅为一代名相，还是一名超级大厨。

成汤既为天子，初设置两个辅相之臣，以伊尹为右相，仲虺（huǐ）为左相。

宰相上辅君德，下统百官，其职甚重，而当时人才，莫贤于二臣，所以举而任之。

天罚我身，勿伤万民

成汤之时，曾七年少雨，天下大旱。太史（占卜天文的巫师）奏说："天灾流行，气运厄数，必须杀个人祈祷（商代民众非常迷信鬼神，有重大灾祸必杀人祭天祈祷，以表诚意。此风俗如战国西门豹治邺时，民众遇水灾以儿童祭祀河伯之事），乃可得雨。"

成汤说："我所以求雨者，正为救济生民也，又岂忍杀人来祈祷呢？若一定要杀人，那就让我去。"遂斋戒身心，剪去头发，断了指甲，只乘素车白马，身上披着白茅草，就如祭祀的牺牲模样，出祷于桑林之野，祝天说道："我不能事天，以致天怒，非常不明事理。但天只当降罚我一身，不以我一人不明事理的缘故，降此灾异，以伤害万民之命。"

成汤又以六件事自责，说道："天降此灾难，必是我招致，或是我所出政令，不能守节秉义吗？或是安民无道，让他们失其职业吗？或是我所居的宫室，过于崇高吗？或是宫闱中妇女过于繁盛吗？或是苞苴（jū，包裹鱼肉的蒲包，用芦草编制）之贿赂官员，得行其道了吗？或

今评

商代的人是非常相信天命的。可是，在成汤求雨时，听太史说需要杀人祭天以表诚意，就果断站了出来要求自己代替百姓，其仁爱之心和勇于担当的精神影响古今。张居正就是告诉少年皇帝及国家领导层：天予善人。心怀百姓，勇于牺牲，这样做才符合天道，才能化害为利，救护万民。谁说天意难违？只要在上之人心怀仁爱，懂得担当，就连上天都会敬服。这也是中国文化精神。因为"天下兴亡，责任在我""仁者，必以智辅之，以勇行之"。勇于担当精神，不仅是个人的良好素养，也能让一个国家或团队产生巨大的凝聚力。

是造言生事的逸人，猖獗而害政吗？要是有一件这样的事，愿以我身自当其罚。"

成汤当时为此言，一念至诚，感动上天，话犹未了，大雨即降，四方数千里，处处雨水充足，感应之速，至于如此。当那大旱时，万民穷困，无可赈济，成汤又发庄山所生之金，铸造钱币，送给民间行使，以救民之命。因此虽有七年之旱，而民不甚病，到后来雨降年丰，天下欢乐，成汤遂作一代之乐，名叫《大濩》（huò，周代乐舞之一，相传为成汤时作），以其能救护万民，使他们复得其所也。

成汤在位一共十三年，寿一百岁。太子名叫太丁，先已早丧。至汤崩之后，次子外丙立二年而崩，又次子仲壬立四年而崩。于是太丁之子太甲，以嫡孙继立，遂为商之贤君，而享国长久焉。

> 即此观之，可见水旱灾异，虽盛世也会有的，但为君者须当遇灾知惧，既诚心以责己，又设法以救民，才可转灾为祥，转危为安，成汤就是这样的。假使忽视天变而不畏，看到民穷而不恤，国家祸乱，怕是不能避免了。

太甲

伊尹放太甲，改过而返政

成汤之孙太甲，即天子之位，不能修明君德，把成汤立下的规矩法度，都颠覆坏乱了。

伊尹，原是成汤佐命之臣，见太甲所作所为违背祖训，恐至于亡国，而自己也不能尽辅政大臣的责任。于是，自亳放太甲于桐宫（地名，汤墓所在，位于今河南省商丘市虞城县），使他居守在成汤的陵墓反省，或生愧悔之心，且以今日之放也是奉成汤之意。

伊尹乃暂且监管国事，以朝诸侯，欲待太甲之改过，而后以国政返归。太甲在桐住了三年，果知怨悔前日的不是，痛加省改，去其不仁者而处于仁，去其不义者而迁于义，可以为天下君了。于是，伊尹奉天子的冠冕朝服，往桐宫迎太甲来，还居亳都，仍做天子。

伊氏家谱中的伊尹像

伊尹历事成汤、外丙、仲壬、太甲和沃丁五代君主，辅政五十余年，为商朝兴盛立下汗马功劳。

太甲复位之后，增修仁义，整顿典刑，诸侯之背叛者再次归附。而又施恩德，以保爱百姓，其间有鳏（guān）寡（鳏，年老无妻者。寡，年老无夫者）可怜者，更加体恤，不肯凌侮。自此商道复兴，称太甲为太宗。太甲在位三十三年，崩，子沃丁即位。

太甲当初因为失德，几乎败亡，既而能改过图强，犹为明主，可见无过维圣，而改过则贤，善始不难，而克终为贵。

太戊

修德可以镇妖

太戊即位之初,亳都忽然有一异物。有桑、谷两木共生于朝堂之中,生了七日,即长得大如合抱。太戊见之而惧,问于宰相伊陟(伊尹之子,商王太戊时大臣,任宰相)。

伊陟对说:"此木妖也,惟修德可以胜之,妖必不能胜德。它不会无故发生,肯定有所昭示,难道意思是我们的国君,在政事方面有缺失的地方需要改正吗?"

太戊听从了伊陟之言,于是修举先王成汤之政,讲明国家养老之礼,早朝晚罢,励精图治;问疾吊丧,通达民情。没过多久,桑、谷二木就枯死了。此妖不胜德也就明验了。前此雍己(太戊之兄,他继承君位期间,昏庸无能,荒废政事,导致商朝衰落,引起很多诸侯不满,以致不来朝贡)之世,诸侯有不来朝拜者。及大戊修德二年,远方蛮夷,皆来贡献,经过几处的外交翻译,发现到达中国的竟有七十六国。

当时,又有贤臣叫作巫咸及臣扈等,共同辅佐朝政。前此商道

> **今评**
>
> 修德仅仅是提升自身的魅力吗?不是,对国君来说,修德能赶走一切歪门邪祟。所以,"早朝晚罢,励精图治;问疾吊丧,通达民情",这些都是国君修德的行为。说能镇妖,其实是说邪不干正,人间正气镇鬼神。其实,世间哪有妖,所谓的妖可能就是被无德暴君逼出来的乱民反臣及歪风邪气罢了。天下太平、公义、融和了,所谓的"妖"也会随之化为乌有。不知我们后人,能理解这段话的真意否?

没落衰弱，至此又复中兴。然太戊恭敬戒惧，不敢荒废懈怠，贪图安逸，是有德之君，所以商人推崇他，庙号尊为中宗。计在位七十五年而崩，后传之子是为仲丁。

野木就不应该生于朝堂，所以太戊见之而惧，然一闻伊陟之言，反身修德而妖怪自灭，西夷来宾。可见人君遇有灾变之事，不必徒为忧惧，但能省躬修德，尽人事以应之，自可转灾为祥，化凶为吉，天理之必然啊！

商自仲丁以来，继嗣不定，子弟争立，乱者九世，至盘庚继立之时，商道已渐衰了。

盘庚迁都，利国利民

商代初兴时，本建都于亳（今河南商丘），至仲丁始迁于嚣（xiāo，今郑州商城遗址）。嚣有河水决口之患，河亶甲（商朝第十三任君主）又迁于相（地名，今河南安阳内黄县境内）。相又有河水决口之害，祖乙又迁于耿（今山西河津一带）。至盘庚时，耿都又有河决之害。盘庚以累世迁都，都是靠近大河，所以常遭水患，乃欲自耿迁都于殷（今河南安阳西北小屯村）。那时群臣庶民，居耿已久，又贪恋这河滨之地，土沃物饶，都恋着旧土，不乐迁移。

盘庚不忍臣民被水淹埋，乃作书以告谕臣民，将迁都之利、不迁都之害，反复辩论，极其恳至，即今《书经》上所载《盘庚》三篇便是。于是，臣民渐渐晓悟，终听盘庚之命，遂迁于殷，自此子孙相继，二百余年，无复水患，全是盘庚之功呀。

盘庚不但能迁新都，又能行成汤之善政，举九世衰乱之政。于是商道重兴，诸侯来朝，在位凡二十九年而崩，弟小辛继立。

盘庚传小辛，小辛传小乙。小乙自为太子时，曾出居民间，备知小民生事之艰难。所以他为君，也能怜恤小民。只是承小辛中衰之后，无扶衰拨乱之才，当时商道又不强盛，享国在位二十八年而崩，子武丁继立。

武丁

── 傅说为相，武丁中兴 ──

武丁既继立，有志中兴之业，恭敬沉默，想那治天下的道理，因为小乙丧而守孝，三年并没有发出一言语号令，既了丧(古人有守丧礼三年的习俗，丧礼满，除去丧服，正常生活)，还不肯言语，唯恭敬默言、思念孝道而已。

他的至诚感动天地，忽然梦见上天赐

百孝图之一

古人为双亲守孝，一般在坟前搭草庐而居，为其守孝三年。

他一个好辅政大臣，醒来惊异，就想那梦中所见的形象，使人描绘出来，把这画图广求于天下。到傅岩（古地名，位于今山西省平陆县东）地方，有个人叫傅说，正在那里舂（chōng）土筑墙（古代筑墙之法，必用板夹在两边，中间填土，用木桩捣实，又叫版筑），其容貌宛然与画图相似。武丁聘他来见，果然是个贤人，就命他做宰相。

傅说既做宰相，因进谏武丁，条陈天下之事，如宪天、法祖、从谏、典学等事，一一切于治道，详见《书经》上《说命》三篇。君臣之间，志同道合，朝廷政事无不修举，而商道再次中兴。

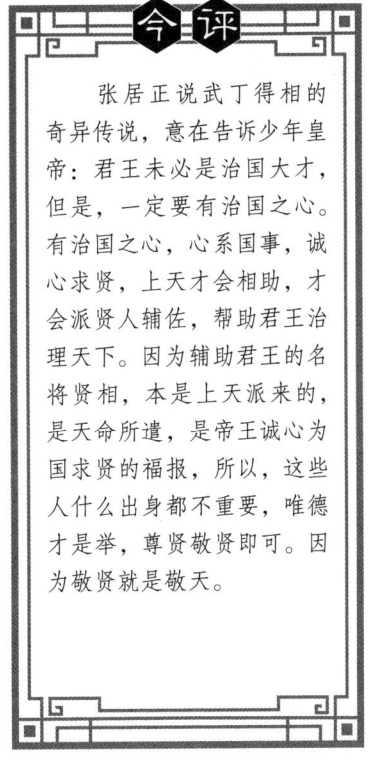

今评

张居正说武丁得相的奇异传说，意在告诉少年皇帝：君王未必是治国大才，但是，一定要有治国之心。有治国之心，心系国事，诚心求贤，上天才会相助，才会派贤人辅佐，帮助君王治理天下。因为辅助君王的名将贤相，本是上天派来的，是天命所遣，是帝王诚心为国求贤的福报，所以，这些人什么出身都不重要，唯德才是举，尊贤敬贤即可。因为敬贤就是敬天。

看这武丁得傅说事甚奇。天生一代之圣君，必与之以一代之贤佐，明君良臣相逢，其机会不是偶然的。况武丁求贤图治之心，如彼其切，精神所通，天实鉴之，得到良才的辅佐，也就不足为怪了。

反身修德，以至太平

武丁祭祀于成汤之庙，忽然有一野鸡飞落在祭祀鼎耳上，不停鸣叫，其征兆不祥。武丁和群臣非常恐惧，因为玷污祭祀，会有异相天灾发生。于是，贤臣祖己（商代薛侯仲虺的后裔，薛国贵族，武丁时的贤臣）乃作书训王，说道："大王所负职责，在于一心为民，不可谀谄在上的鬼神，轻侮在下的人民。违背于此，还想得到祖宗和上天的赐福和庇护吗？"即《书经》上《高宗肜（róng）日》篇所记载。

武丁感此祭祀异相，深刻接纳祖己之训，于是反己自责，侧身修行，以思先王勤政爱民之道。旧史记其有兴灭国、继绝世、举逸民、明养老之礼等事。

如此者三年，不但中国治安，当时远方蛮夷编发之国，言语与中国不通，须经过几番外交翻译然后得达者，也都慕义来朝贡拜，共有六国。自此，朝廷的章服多用雉羽为文饰，即感飞雉之异而反身修德以至太平的缘故。

惟鬼方（南夷国名，其俗多巫祝信鬼神，故称鬼方）之国，依恃其险阻扰害中国，武丁用兵征伐三年，方且胜之。从此内外无患，殷道衰而复兴，号称高宗，为殷家一代之贤君，在位五十九年而崩，子祖庚继立。

今评

祖己训武丁，是中国历史上一件大事，也是中国思想史上的一件大事，是中国人由尚鬼神向重民事思想转变的历史明证。特别是在非常崇尚鬼神的殷商时代，祖己又作为大臣，他的"训武丁"思想言论，对殷商王族来说，简直是对上天的亵渎、对其祖宗的忤逆、对天子的蔑视不敬，在民众中产生了重大影响。当然，这也说明了贤臣祖己在商王朝中享有极高的地位和威望。祖己之后，中国有了信鬼神和重民事两种思想的辩论。所以发展到春秋时，才形成了孔子的"敬鬼神而远之""获罪于天，无所祷也""尽人事，知天命"的人本主义思想。

武乙

不修德政,与天神对赌

商自武丁中兴之后,历祖庚至武乙,都不修德政,商道慢慢衰落。武乙之时,东方诸夷渐加繁盛,分迁散处于海岱(今山东省渤海至泰山之间的地带)之地。

武乙当此夷狄强盛之时,不知自强修德,却是放纵无道,把木雕成人形,叫作天神,与之对局而赌博,使人代为行筹。若是偶人输了,就将其砍碎,恰似杀戮那天神一般。又将皮革为囊,里面盛着生血,高悬于空中,仰而射之,叫作射天。其慢神亵天如此。

武乙在位五年,出猎于河渭之间,着暴雷劈死,上天对他的降罚也很明显。

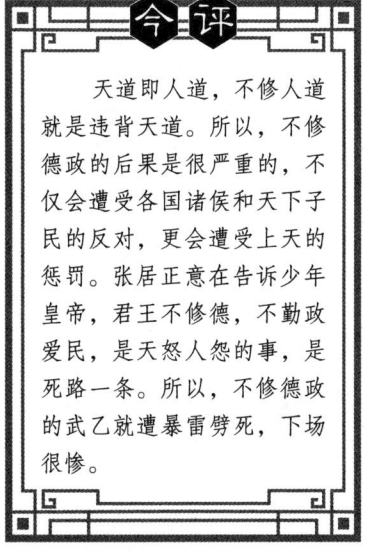

今评

天道即人道,不修人道就是违背天道。所以,不修德政的后果是很严重的,不仅会遭受各国诸侯和天下子民的反对,更会遭受上天的惩罚。张居正意在告诉少年皇帝,君王不修德,不勤政爱民,是天怒人怨的事,是死路一条。所以,不修德政的武乙就遭暴雷劈死,下场很惨。

帝纣

才高自满，饰非拒谏

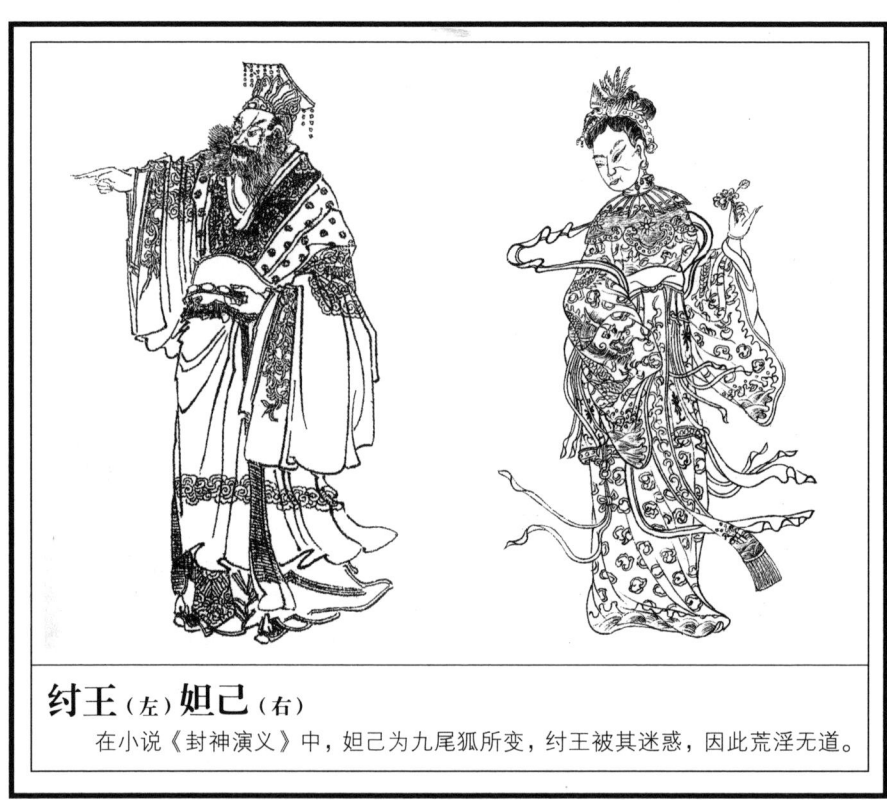

纣王（左）**妲己**（右）
在小说《封神演义》中，妲己为九尾狐所变，纣王被其迷惑，因此荒淫无道。

纣，是帝乙的少子，他的母亲是帝乙的皇后，有贤德。帝乙有三子，长子叫微子启，次子叫仲衍，三子叫纣。帝乙的皇后以微子贤德，欲舍己子纣而立微子。大臣都谏言，认为立子以嫡后所出，才是遵循常理，所以帝乙遂以纣为嗣。

纣为人资质明辨，行事敏捷果断，但凡听到看见的就都晓得，非常聪敏有才。其才能气力过于常人，能亲手捉获禽兽；其智力足以拒人之谏，使人不敢言；其巧言足以饰己非，不见有过。纣恃其强干，依仗小智，以为天下人都不如他聪明，都比不上他的才智。

> 观此一段，则纣本是强敏有才之人，假如能勉于为善，岂不足为有道之主？奈何不善用其才智，而用之以拒谏饰非，究其病根，全在以天下皆出己下。尧舜这些圣贤，天下岂有能过之者，尚且每事咨询，未尝自用，又真心求谏，唯恐出差错，故能成其盛治。纣小有才智，遂以为天下都不如己，所以做出许多不好的事来，以致亡国，都是因为一念自满之心所致啊！所以仲虺之告成汤，说："志自满，九族乃离。"又说："能自得师者王，谓人莫己若者亡。"此言不虚啊！

远离贤臣，唯听妇言

当初，纣用象牙做箸（筷子），其贤臣箕子（殷商名臣，纣王的叔父。与微子、比干，并称"殷末三仁"。孔子赞说："微子去之，箕子为之奴，比干谏而死，殷有三仁焉。"商灭后，箕子带领族人迁移到朝鲜半岛北部，与当地土著建立了"箕氏侯国"，史称"箕子朝鲜"）闻听后，叹说："物之可好无穷尽，而人之侈心无节制，其源一开，末流无所不至。手里既持着象牙筷子，岂肯用泥土烧造的器具去盛饭？其势必用犀角玉石的杯碗，方才与象牙筷子相称。既用玉杯象筷，又岂肯食豆叶之羹，衣毛布之服，而住于茅草小屋之下？其势必至于以锦绣为衣，九重为宫，筑高台，起大屋，方才与象牙筷、玉石杯相称。件件都要华美，事事都要相称，则用度越来越奢侈，而其贪欲没有节制，虽尽天下之财，都不够其花费。他日征求远方珍怪之物，修治车马宫室之渐，都自此筷子而开始，所以我深虑其所终啊！"

纣一箸之侈看似不足惜，而箕子则见始知终，形之忧叹如此。其后，纣果然作瑶台琼室、酒池肉林，竭万民的财力。可见人君，当崇尚俭德，事事朴素，不可少有萌奢侈之心，以开启无穷之害也。

此时，纣欲伐有苏氏国（诸侯国，位于今河南省武陟县）。有苏氏恐惧，乃寻求一绝色美女名叫妲己，进献于纣。纣非常宠爱，她但有言语，无不听从。所喜好的人，纣便为她贵显之，不问有功；所憎恶的人，纣便为她诛杀之，不问有罪。因此导致国家刑政紊乱，人心怨愤，商的灭亡已定了。

其后，周武王伐纣数其罪说："今商王纣，惟妇人之言是用。"又说："作奇技淫巧来取悦妇人。"

纣王的违背常理、逆天之行，罪状固然很多，而其荒淫昏乱的缘由，被妲己所迷惑也有很大关系。女宠美色之亡人国如此，一定要引以为戒啊！

穷奢极欲，酒池肉林

纣好荒淫，不喜闻其祖成汤《大濩》之乐，而使师延（乐官之名）作为朝歌（地名，今河南淇县境）北鄙之音（萧杀战伐之音。南主生育，北主肃杀，故称北鄙之音）、《北里》之舞（粗俗的舞蹈）、靡靡之乐（颓靡的乐曲）。乐以养性情，好淫乐者，其性情没有不荒淫的，而施之于政事，也少有不乱者。所以说，淫是亡国之声。

纣又起造鹿台，以琼为室，以玉为门，其大三里，其高千尺，造了七年，方才成就。其营建之侈如此。什一取民之税，商之定制，纣却横征暴敛,厚取民间的赋税,积财货充实于鹿台,积米粟堆满于粮仓。人情莫不欲富,而纣则靡费天下之财,如火燎焚,悉为灰烬;人情莫不欲安,而纣则疲苦万民之力,终岁勤动,不得休息,其征役无轻如此。又收畜狗马奇异之物,充满宫室,甚至以人为猛兽之食,不但竭民财力,而且视人命如草芥。鹿台虽已壮丽,纣还是不满足,又扩建沙丘苑台(又称沙丘平台、沙丘宫,其遗址位于今河北邢台地区),聚乐大戏,注酒为池,悬肉为林,令男女裸体相逐于其间,观以为乐。宫禁本清肃之地,纣却开设九市交易(皇宫内开设买卖货物的场所),与外面集市店铺一般,饮酒以百二十日为一夜,称为长夜之饮,其荒淫无度如此。自是百姓困苦,嗷嗷怨望,有去暴归仁之念。

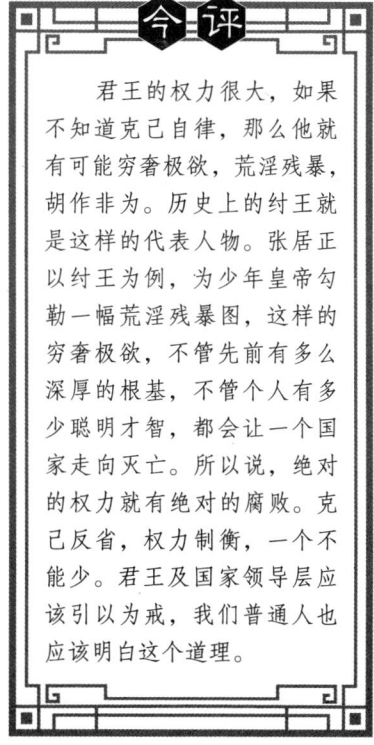

今评

君王的权力很大,如果不知道克己自律,那么他就有可能穷奢极欲,荒淫残暴,胡作非为。历史上的纣王就是这样的代表人物。张居正以纣王为例,为少年皇帝勾勒一幅荒淫残暴图,这样的穷奢极欲,不管先前有多么深厚的根基,不管个人有多少聪明才智,都会让一个国家走向灭亡。所以说,绝对的权力就有绝对的腐败。克己反省,权力制衡,一个不能少。君王及国家领导层应该引以为戒,我们普通人也应该明白这个道理。

孟子说:"乐民之乐者,民亦乐其乐。"纣只管适一己之快乐,不顾百姓之怨恨,终至众叛亲离,国亡身丧,虽有台池鸟兽,岂能独乐呢?此万世所当鉴戒也。

严刑峻法,违逆于天

纣既无道,天下离心,当时诸侯多有背叛不来朝拜者。

妲己说道:"这诸侯们离叛,皆是因为朝廷的刑罚太轻,诛杀太薄，威严不立，所以人不惧怕。"纣听从妲己之言，因而为严刑峻法，把铜铁铸成熨斗，用火烧热了，使人将手举起来，人手登时烧烂。又以铸铜为柱，把脂油涂抹在上面，在炭火之上烧热，命有罪的人在上边行走，铜柱既滑又热，如何行得，就都堕在火里烧死。当时，纣与妲己观看，见人手烂与烧死的，以为大乐，还开心地给这个取名为炮烙（luò）之刑。

尝观尧、舜见刑犯而反省，大禹下车泣罪，古之帝王，惟务修德，不务立威者，所以体天地生物之心，而立生民之命也。纣乃听妲己之言，肆意造炮烙之酷刑，反以为乐，非常残忍啊！最后身穿宝衣，自焚而死。天可主持公道，善恶报应分明！

苏妲己置造虿盆

虿盆，又名万蛇坑，为商纣王与苏妲己发明。纣王为了实验此刑法的效果，就曾将七十二名宫女扔进虿盆之中。

纣王敲骨剖孕妇

纣王不仅荒淫无道，而且还十分残忍，是历史上有名的暴君、昏君。

周纪(西周)

西周年表(约前1122年—前771年)

称 谓	姓 名	在位时间
周武王	姬发	约前1122年—约前1116年
周成王	姬诵	约前1116年—约前1079年
周康王	姬钊	约前1079年—约前1053年
周昭王	姬瑕	约前1053年—约前1002年
周穆王	姬满	约前1002年—约前947年
周共王	姬繄(yī)扈	约前947年—约前935年
周懿王	姬囏	约前935年—约前910年
周孝王	姬辟方	约前910年—约前895年
周夷王	姬燮	约前895年—约前879年
周厉王	姬胡	约前879年—约前842年
共和	周定公姬鼻 召穆公姬虎	前841年—前828年
周宣王	姬静	前827年—前782年
周幽王	姬宫涅(shēng)	前781年—前771年

周朝分为"西周"与"东周"两个时期。西周由周武王姬发创建，定都镐京。成王时营建东都成周洛邑，后来平王东迁，定都洛邑，此后这段时期称为东周。史书常将西周和东周合称为两周，其中东周时期又称"春秋战国"。西周在周成王、周康王统治期间，社会安定，百姓和睦，"刑错四十余年不用"，史称"成康之治"。西周是我国远古社会的鼎盛时期，社会生产力比商代更加提高，农业繁盛，礼乐文化也进一步发展。

周是国号。周至武王始受命为天子，然其创造王业，实由于文王，故并记之。

周文王

旧传《周易》为其所演。除此之外，还创周礼，被后世儒家所推崇。孔子更是称文王为「三代之英」。

太公姜尚

姜子牙直到七十岁时还是一无是处，闲居在家。

周族始祖——后稷

史臣叙说，周之始祖，即尧时后稷之官，名弃者也。他的母亲是有邰国（位于今陕西省武功县）君的女儿，姓姜，名原，为帝喾高辛氏第一妃。一日，姜因为跟随帝喾出去祭祀郊禖之神（又称高禖神，古帝王求子所祭之神，传说高禖神是中华民族的远古始祖——女娲）以祈子嗣。忽见路上有个巨人的足迹，心里欣然喜悦，以足践踏之，遂觉身上感动，如此怀孕。满足十月之期，忽生一子。不由男女配合，履迹而生，乃上天所赐也。

姜原本不知，反倒认为是不祥之兆，不肯乳养他。丢弃之于狭隘路口，那牛马走来过去的，都回避，不敢践踏；又移而弃之于山林无人之处，刚好碰见有许多人入山伐木，看见了，移将出来；又举而弃之于沟渠之中，寒冰之上，那飞的鸟雀，都下来把羽翼庇护他。

姜原惊异，以为神灵，乃取回乳养，长大成人。因当初欲弃之，就取名叫作弃。

弃为小儿时，已屹然有大人的志气，寻常戏耍，只好种植麻子菽豆，可见是出于天性。及长而成人，遂好耕田务农，视地土高下所宜，辨五谷种类，凡地之宜谷处，便去稼穑种植，种的五谷茂盛，收获得多，百姓都纷纷效法他。

当尧之时，洪水为灾，黎民阻饥。尧闻他善于耕稼，乃举为农师，让他教百姓们稼穑，天下都得其利。尧以其有功，封之于邰，使他回母家居住，所以称为后稷。

后稷虽是帝喾之后，却因生赐姓，别为姬氏。后稷卒，子不窋立。不窋末年，夏后氏政衰，不务民事，不窋失其官，窜居戎狄之间。传子鞠，至孙公刘，而旧业复振焉。

周自后稷以来，历唐虞、夏、商，为诸侯者千余年，至于文王、武王有天下，子孙为天子的时长八百余年，享国最为长久。其创造基业，实起于稼穑。到后来，他家子孙虽富有天下，犹以此为念。观《七月》之诗，与《无逸》之书，都是说农耕艰难的事。所以国

运绵远，天命悠长。可见农事是王业的根基，而有天下者，都当时时以祖宗创业之艰难为念，才可以啊！

复兴之业，实自公刘

周自后稷以来，世代为农官。到了公刘时，虽然承其祖不窋失农官之后，窜居戎狄之间，仍然能守其旧职，复修后稷耕种之业，以教百姓。百姓感怀其德，多迁徙而往归之，以互相保护守卫。后来，周朝能兴旺起来，就是从公刘得民开始的。

公刘卒，子庆节立，迁国于豳（bīn，地名，今陕西彬县附近）地。庆节卒，子皇仆立。皇仆卒，子差弗立。差弗卒，子毁隃立。毁隃卒，子公非立。公非卒，子高圉（yǔ）立。高圉卒，子亚圉立。亚圉卒，子公叔祖立。公叔祖卒，子古公亶父立。古公亶父复修其先世后稷、公刘之业，积累其德，力行仁义，国人皆爱戴他。薰鬻（古匈奴族别名）戎狄，恃强来侵伐，古公亶父国小力弱，势不能敌，遂去豳，渡漆、沮二水，逾过梁山（今陕西咸阳北），住止于岐山（今陕西宝鸡境）之下。

豳人见古公之去，不忍相离，举一国之众，都扶着那衰老的，携着那幼弱的，尽归古公于岐山下。不但豳人来归，其他旁国闻知古公之贤，亦多有归附者。

公刘、古公在戎狄之间，不断迁徙流离，势甚微弱，乃能得民以根基、有周之事业如此，则民心之归，唯在有德，不在于国家的大小强弱。

顺亲让国，泰伯第一

周古公亶父之妃太姜,生三子,长子是太伯(又称泰伯,吴国第一代君主,东吴文化的宗祖,因孝亲而三让天下。所以孔子说:"泰伯,其可谓至德也已矣,三以天下让,民无得而称焉。"司马迁著《史记》时,将他列为"吴太伯世家第一",以推崇表彰之),次子是虞仲,少子是季历。季历娶太任。这太姜、太任都有贤德。太任生子名

周文王

武则天称制时自称武家为姬昌后代，追尊周文王为始祖文皇帝。

昌,当生昌之时,有赤雀衔丹书入社,这是圣王的祥瑞之兆,可以预示周道即将昌盛。

太伯、虞仲知道古公的意思,欲立季历而因以传昌,他两人顺亲之意,遂逃避在荆蛮地方(居住在今江苏无锡一带),文身截发,毁形自废,让与季历。

等到古公去世,季历辞免不得,遂立为君,称为王季。王季修明古公遗下的法治,笃行仁义,四方诸侯皆顺从他。王季去世后子昌立,是为西伯,这就是文王。周家八百年王业,自文王始。而那个太伯、虞仲之让,王季之受,这一切好像都有天意,谁也违背不了。

文王求贤，纣王败德

周文王既立为西伯,修其先祖后稷、公刘之业,遵古公、王季之法,

敬老慈幼，礼下贤者，至于日中时刻，都没有空吃饭，以待天下贤士，因此天下士都去投奔他。

当时，有两个贤人，叫作伯夷、叔齐（中国文化中"抱节守志"的典范人物。其"兄弟让国，扣马谏伐，耻食周粟，饿死首阳"的高洁义行，被司马迁撰写《史记》时，列为"伯夷列传第一"），是孤竹君之二子，兄弟让国，隐居不仕，闻文王是个圣君，兄弟相与说："吾闻今西伯善养老者，何不往归之？"又有太颠、闳夭、散宜生、鬻（yù）熊、辛甲，都是一时贤人，也都往归而为之臣焉。国家之兴替，关系到贤臣的去留，当时商纣无道，天下贤士都弃商而归周。想得天下英才，但不是一个好君王，这样怎么能得到贤士呢？

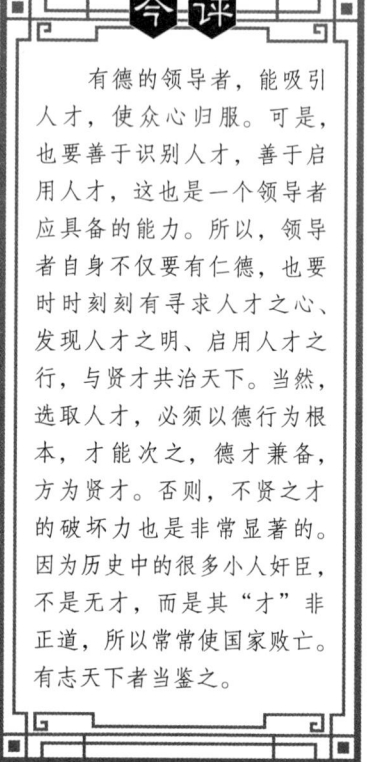

今评

有德的领导者，能吸引人才，使众心归服。可是，也要善于识别人才，善于启用人才，这也是一个领导者应具备的能力。所以，领导者自身不仅要有仁德，也要时时刻刻有寻求人才之心、发现人才之明、启用人才之行，与贤才共治天下。当然，选取人才，必须以德行为根本，才能次之，德才兼备，方为贤才。否则，不贤之才的破坏力也是非常显著的。因为历史中的很多小人奸臣，不是无才，而是其"才"非正道，所以常常使国家败亡。有志天下者当鉴之。

吕望（即姜尚，因受封于吕，又称吕望。周朝政治家、军事家、韬略家，开国元勋，中国兵学奠基人。辅佐武王灭商后，封齐侯，定都营丘，成为齐文化的创始人）当商之末年，已八十余岁，老不遇时，钓于渭水。一日，西伯出去打猎，遇于渭水之上，与他谈论，知他有王佐之才，乃载之后车以归，尊为太公，以师礼事之。

后来，纣杀九侯、鄂侯，西伯知此二人无辜，闻而叹息。当时有个谗臣崇侯虎，对纣说道："西伯在背后毁谤。"纣闻之大怒，乃拘囚西伯于羑里（今河南省汤阴县境内）狱中，将欲杀之。西伯之臣闳夭等，日夜忧惧，设计救主，不令西伯知道。私自求有莘氏（古诸侯国，位于今陕西省合阳县）之美女、骊戎之文马（各样毛色的马）、有熊之九驷（马四匹为驷，

子牙谏主隐磻溪（左）**渭水文王聘子牙**（右）

据说72岁的姜子牙隐居到渭水，经常用直线无弯折的金属线钓鱼，目的是希望能遇见明主。终于有一天，周文王出巡到渭水边时发现了姜子牙，并对其重用。

九驷是三十六匹），及诸般珍奇玩好之物，托纣之幸臣名费仲者，进献于纣，以赎回西伯。纣果然大悦，说道："只这美女一件，就可以释西伯之罪，何况又有许多好物。"于是赦西伯，放他归国，又赐他弓矢斧钺，凡天下诸侯有罪的，都许西伯直接征伐。

西伯既归本国，越发修德行善，如发政施仁善遇人民、泽及去世久远的亡人等。诸侯见西伯有如此仁德，都倾心归服，凡有不平的事，都去西伯处听取裁决。

人心已是去商归周了。然史所谓"阴行善者"，是说文王积德行仁，不求人知，而人心自然感愧，非如后世所谓阴谋夺国者也。孔子说，文王"三分天下有其二，以服事殷"。其深知文王之心者啊！

文王仁德，天下归心

文王为西伯，修德行仁，四方诸侯，但有争讼不平的事，都来取决于他。

那时有虞、芮二国的人，相与争地土疆界，久而不决，乃适周以求公平。及入周之境，见其国中耕田的相与让畔，行路的相与让长，两国之人未见西伯，心各惭愧，相向说："周人之俗，怡怡相让如此，我等争竞之事，乃其所深耻而不为者，何以往啊！见了西伯，只自取羞辱，我等小人，不可以履君子之庭。"遂相与还国，皆让其田而不取，以其所争为闲田而退。汉南诸侯闻之，来归顺文王的有四十余国。

那个时候，三分天下，文王有其二。诸侯以文王之德，天与人归，宜受天命而为君，因以此年为文王受命之年。计文王受命凡九年，寿九十七而崩。太子发嗣立，是为武王。

当时，纣为天子，文王为西伯，乃虞、芮之国人，不请纣王公平判断而求文王公正解决，汉南之国，不归附于纣而归附于周，为什么呢？这是因为纣唯暴虐是作，文王视民如伤，仁与暴之分，而民心之去留，都是由这些去判断的，拥有天下的君王，可以深思其中的道理。

武王既继立为西伯，仍尊用文王之旧臣，以太公望为师，周公旦为辅佐。周公旦，乃武王的亲弟。又有召公奭（shì）、毕公高等人，许多贤臣都左右扶助武王，以率修文王之统绪功业，而成其未竟之志。

武王

观兵盟津，兴师伐纣

纣为暴虐，天下离心。当武王观兵孟津（今河南洛阳一带）之时，天下的诸侯不待期约，而来聚会的有八百国，都说纣恶已满，宜兴兵讨伐，以诛暴救民。

武王见此时纣虽无道，他家祖宗德泽积累甚厚，天命尚未绝他，纣的左右尚有几个贤臣，足以系属民心，遂对那众诸侯说："你们不晓得天命尚不可也。"乃收兵回去。

此时，纣若知天下人怨他，惧而修德，改其所为，则武王亦必终守臣节，戴之以为君。纣却长恶不悔，暴虐如故。

武王归周以后，又过了二年，闻听纣王暴虐，日甚一日，王子比干与箕子，这两人是纣的伯叔，都直言极谏他，纣不但不听，反把王子比干杀了，剖开其心，还把箕子囚了，降为奴隶。于是，纣的庶兄微子，知道纣之必不可谏，恐一旦国家灭亡，宗祀覆绝，而自己身为殷王长子，乃抱着宗庙中的乐器，奔归于周，希望保存祖宗祭祀。此时，殷家众叛亲离，人民对其已经绝望了。

于是，武王开始遍告诸侯，说："如今商王杀戮贤臣，流毒海内，百姓如在水火之中，天命诛之，不可不伐。"乃率诸侯兴兵伐纣，以除暴救民。

妲己设计害比干

比干忠君爱国，敢于直谏，成为『亘古忠臣』，但却遭遇纣王剖心，结局非常悲惨。

妲己設計害比干

古来国家兴亡，视天命的去留。天命去留，视人心的叛服。人心叛服，视贤才的用舍。使比干、箕子、微子尚在，武王必不伐纣，商亦必不亡。及其既诛，然后东伐，贤才之为国重轻如此，人君为宗社计者，所以要思量爱惜啊！

牧野之战，临阵倒戈

武王继位十一年十二月戊午日，率师伐纣，渡过盟津。

那时诸侯厌恶纣王暴虐，都领兵来会。于是，武王合诸侯之师，陈列于商朝郊外牧野（今河南汲县境）地方。帝纣闻知武王来伐，亦发兵七十万人以拒敌武王。武王使师尚父（即太公吕望）与勇力之士百人，先驱挑战，随后以大众驰击帝纣之师。

纣兵虽多，都怨纣暴虐，希望他速败，无有战心。武王攻击纣师，纣师皆回戈反走，不来迎战，以避开武王。武王遂乘此势率众急驰，纣兵都崩摧叛散。

纣见大众离叛，自知难免败局，于是退回，登鹿台之上，把平素所积珍珠宝玉，披在身上，自焚于火中而死。武王乃使人斩纣头悬挂于太白（旗名）之旗，以泄万民之恨。诸侯以武王有除暴救民之功、代天理物之德，都尊武王为天子，而继商统领天下了。

> **今评**
>
> 纣王无道的后果是：人际关系彻底崩塌，遭遇危机时众叛亲离，孤家寡人面对罹难。此时，再多的财富也会失去，再贵重的生命也会不保，再大的基业也会易主。得道多助，失道寡助！这是天道，也是人道。这段历史对古代帝王有很强的警示作用。当然，对于我们今天的普通人来说，也有很强的教育意义。

纣尝筑鹿台以聚珍宝，今日却衣之以死；尝为炮烙之刑以残民命，今日竟致自焚，岂非万世贪暴之戒啊！纣既焚死，武王不必复斩其头，考之《周书·武成篇》不载，想无此事，或是作史者传闻的讹误。

伯夷叔齐，叩马而谏

当初，武王兴兵伐纣之时，文王去世，尚未下葬。于是伯夷、叔齐二人叩着武王的马，谏他说道："父死未葬，就兴动干戈，可以谓之孝吗？纣虽无道，君主也，以臣弑君，可以谓之仁吗？"武王左右的人，听他这等说话，觉得两个太失礼了，遂欲杀之。太公吕望阻止说道："此二人乃忠义之士，不可以杀。"扶他们而去。

等到武王克商而定天下，天下之人全都归顺了周。但是，伯夷、叔齐自以商家臣子，耻于在周为仕，食其俸禄，兄弟二人毅然退隐于首阳山（今山西蒲州地方），采薇而食之，穷饿而死。

首阳山夷齐阻兵

伯夷、叔齐劝谏失败后，隐居首阳山，最终不食周粟而死，成为中华民族有气节的榜样。

当此之时，天命人心皆去殷而归周，则纣王乃天下之独夫，而武王为天下之共主也。而夷、齐乃独非其所为者，君臣大义凛不可犯，孔子称伯夷、叔齐饿于首阳之下，民到今称之，其言武王，则谓其尽美而未尽善，也是此意。后世为君，当以桀、纣为鉴，而为臣者当以夷、齐为法。

采薇图

伯夷、叔齐的美德,自古以来就被人们广为传颂,司马迁还把《伯夷叔齐列传》放在《史记》人物列传之首,可见他对伯夷、叔齐两人崇高道德的肯定。

今评

伯夷、叔齐,被孟子称为"圣之清者",被司马迁列入《史记·伯夷列传第一》的人物,其"抱节守志,不食周粟",宁可饿死,也要坚守自己的做人底线,追求自己的人生价值,是有骨气的人,有节操的义士,其清廉高洁之风,受万世国人敬仰。这就是中国精神。通过这段历史,也让我们深刻明白:伯夷、叔齐劝谏君王,不是为了谋官,而是为了忠义之道。对谏者来说,尽己则忠,守义则廉。忠义清廉,是自己践行的"道",即使牺牲性命,也不违背此"道"。所以,自古明君都是求贤纳谏,不会轻看谏言者。而暴主昏君则反之。

武王即位，安抚天下

武王即位之元年，以殷邦初定，人心尚未安集，恐复为乱，乃封纣子武庚于殷之旧都，而使其弟管叔鲜、蔡叔度辅助治理而监视之，以存殷民之后，安定人心。

先是纣把箕子囚了为奴，那无罪的百姓，也多被囚系，又将贤人商容（商末著名贤人，深受殷民爱戴，经常犯颜进谏，惹怒了纣王，因而被废黜）废弃不用。至此，武王命召公释放箕子之囚，命毕公释放百姓之囚，表彰商容的乡里家门，以示武王释放无辜，优待贤者。

囚奴正士图

纣王要囚禁箕子，箕子披发装疯才躲过一劫。

纣王时，厚赋税以实鹿台之财，盈钜桥（商纣王用于存储粮食的仓库）之粟，不恤百姓的困苦。至此，武王命南宫括分散鹿台的财货，发放钜桥的米粟，以赈济贫穷孤弱的百姓。凡是那贫贱的人，都使他各得其所。又以历代相传的九鼎宝玉，是国家的重器，恐遭战乱损失，于是命南宫括、史佚陈重新审察，以慎典守。又哀伤比干直谏而死，命闳夭封筑其墓以表忠臣。又以武功告成，当修祀礼，乃命主管祭祀官员，于军中对阵亡将士举行追悼、祭祀仪式。然后，罢兵西归，复还镐京。

周武王鹿台散财

周武王有着广阔的心胸和长远的眼光，从鹿台散财体现得淋漓尽致。

武王又追思古代先贤大圣，功德在人，不可无后。乃褒封神农氏之后于焦，即今河南陕州（今三门峡市陕州区）；黄帝之后于祝，即今山东淄川县（今山东省济南市长清区一带）；帝尧之后于蓟，即今直隶蓟州（今北京市广安门一带）；帝舜之后于陈，即今河南陈州（今河南省周口市淮阳区）；大禹之后于杞，即今河南杞县是也。以上都是记武王即位的新政，一一反商之暴虐，行己之宽仁，所以《书经》上说："武王反商政，政犹旧。"

孔子说："武王兴灭国，继绝世，举逸民，天下之民归心焉。"就是指此事。其能培周家八百年之基业，是有缘由的啊！

分封建国，共治天下

武王克商之初，既封圣贤之后，于是又分封功臣谋士，以师尚父吕望为开国元勋，乃封于营丘（今山东省淄博市临淄区一带）之地，国号称为齐。以周公旦、召公奭、毕公高皆佐命之臣，于是封周公旦于曲阜（今山东省曲阜市），国号鲁，封召公奭于北燕（今北京市房山区琉璃河镇一带），封毕公高于毕（今陕西咸阳北）。一时左右战功之臣，无不分土赐爵者。

当时，武王有同母弟数人，又忠实于亲情，分封弟叔鲜于管，封弟叔度于蔡，封弟叔振铎于曹，封弟叔武于郕，封弟叔处于霍。若康叔封、若聃季载，皆以年少未受封。

是时，大统初集，武王兼制天下，乃建立七十一国，计兄弟之国，凡十有五人，同姓之国，凡四十人。周之子孙，除暴戾昏愚者不与封国，其不狂惑者，皆得建为诸侯。

周天子分封列国

直到春秋战国时，适应中央集权的郡县制逐渐取代分封制，秦始皇统一中国后，分封制被完全废除。

武王既封功臣，又封同姓，则为藩为翰，辅佐拥戴之人很多。

周之所以享国长久者，虽其守之以仁所致，不也是封建之功吗？

改正朔，求治道

武王既胜殷而有天下，以为创业之初，当定为一代之制度。于是始改正朔，殷家以建丑之月（十二月）为正月，今则以建子之月（十一月）为正月。又易服色，殷家色尚白，服用冠，今则色尚赤（红），服用冕。

然武王不但变殷代制度而已，又以殷亡为鉴。于是，虚心屈己，访问殷之贤臣箕子，询问纣王所以亡天下的缘故，又问他说："我伐纣，对还是不对？"武王之伐纣，本为除暴救民，岂有不是处，但箕子原是纣的臣子，不忍心说殷之恶，所以没有回答。武王也自念以臣伐君，不免有惭愧之意，乃不复穷问殷事，而遂问箕子以上天使民安定和一些伦理道理，目的是获得图治之道。

箕子以天道不可以不传，乃列举人君治天下的大法，如天降夏禹的九畴（chóu，九畴，指传说中天帝赐给禹治理天下的九类大法，即《洛书》），一一告诉武王，因作《洪范》之书，即今《周书》上所载的便是。然而，

周武王问道箕子

周武王问道箕子，箕子留下《洪范九畴》，带殷商旧臣五千人东去朝鲜。

箕子只肯传治道于武王，却不肯做周的臣民。武王因此曲成其志，乃封箕子于朝鲜国（今朝鲜半岛北部），让他在偏远的地方做了一个诸侯，也不强求他做周臣了。

其余诸侯，各以次第受封，武王各颁赐他们祭祀酒具，以为宗庙祭器所用，又分殷家所遗的器物与诸侯，以为世守之宝。如分鲁以夏后之璜（上古非常贵重的玉璧）、封父之繁弱（上古非常贵重的良弓），分卫以大吕（上古非常贵重的名钟）之类。封赏既行，于是诸侯各就其国。惟周公仍留成周，辅佐武王，终身没有至鲁国。

> 此时，天下初定，周公以元圣至亲，不得不留辅王室。武王一即位，而改正朔，易服色，行封赏，其规模固已宏远。至若访道于箕子，而万世之治法以明；委政于周公，而八百年之王业以定，此尤武王治天下之急务，有不专恃于法制者。所以为人君者，要以重道任贤为急务啊！

建都洛伊，偃武修文

武王灭商而有天下，但是旧都偏在一方，四方诸侯朝贡不便，于是对周公说："自那洛水之岸，连接于伊水，这地方平坦，无有险阻，原是有夏氏所居。我就这里四面观看，南望三涂崖口，北望山岳城邑，回顾大河长川，前瞻伊水洛水，其山川形势阔大，居天下正中，四方道理均平，乃是天作之室，不可舍去。我将营建周京于此洛邑（今河南洛阳），以待诸侯朝贡吧。"

武王又以天下既定，宜偃武修文，以开太平，乃纵马于华山之阳，放牛于桃林之野，偃武干戈，罢散兵旅，用牲血涂衅鼓旗甲兵，收藏在府库中，示天下不复用武，以与万民休息。于是周家誉满天下，不但中国诸侯相率来朝贡，那九州之外蛮夷戎狄，以前与中国隔绝的，如今都越山航海而来，各奉其地方所产的货物，将来贡献。遂定为朝廷常例，使世世守之以为职业，不敢忘记。

武王崩，享年九十三岁，其子成王继位。

这是史臣记武王克商后，定都、偃武、怀柔四夷的事。周家八百年治平之规模，就这样定了。然武王虽营洛邑，而仍居丰镐（今陕西西安境），未尝弃根本而不顾也。虽偃兵甲，而犹寓兵于农，四时讲武，未尝废武备而不修也。虽通道蛮夷而以抚安中国为本，未尝邀功于荒服之外也。虽使四夷各修职贡，而惟责以土地之所有，未尝靡敝中国以事外夷，而求难得之货也。图治者要借鉴啊！

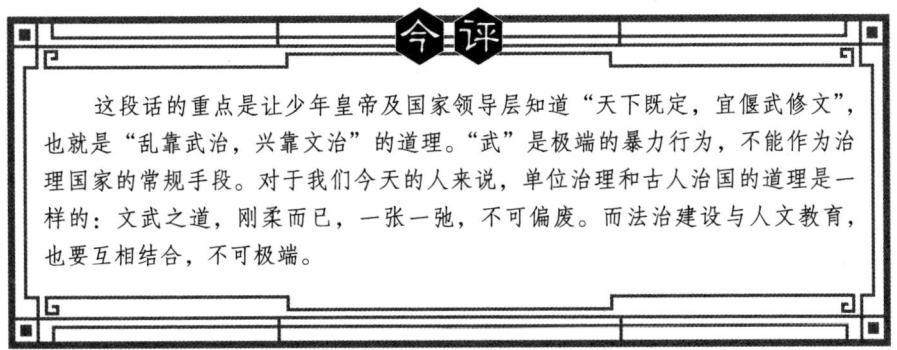

这段话的重点是让少年皇帝及国家领导层知道"天下既定，宜偃武修文"，也就是"乱靠武治，兴靠文治"的道理。"武"是极端的暴力行为，不能作为治理国家的常规手段。对于我们今天的人来说，单位治理和古人治国的道理是一样的：文武之道，刚柔而已，一张一弛，不可偏废。而法治建设与人文教育，也要互相结合，不可极端。

成王

——周公辅政，爱民为先——

成王即位之元年，周公位居冢宰（也称太宰，为六卿之首，相当于宰相），总理百官。以周家初定天下，而武王新丧，成王年幼，恐天下人心未服，或至离叛，并且自己为王室至亲，又受武王付托，不得不把天下安危任在一身。于是，权且摄行政事，代王当国，南面背着御屏，辅佐成王临朝，以见诸侯而裁决政务。

及至成王将行冠礼（古人二十岁举行冠礼，又称成人礼），周公命太史官雍作颂以戒于王，说道："王今君临天下，既冠为成人了。一日万机，凡事固须兢兢业业以图之。然尤当近于民，而爱养百姓，视如赤子。远小人，而屏斥谗邪，防止他们误了政事。亲近有大义的人，他们论说政事，务求合理。及时耕种，爱惜农功，不能误了耕作。凡贤而有德者则任之在位，能而有才者则使之在职。王能如此，则君道很快就能实现，而天命祖业亦可常保，王要永远铭记啊！"成王冠礼既成，周公乃引领成王朝会于祖庙，并接见诸侯。

——三叔、武庚之乱——

那时，管叔、蔡叔、霍叔三人心怀忌嫉，私下说他们与周公同是弟兄，周公如何得居朝专政，他们三人却在外监殷，遂生怨望，造为流言，说道："周公欺成王年幼，将谋篡夺之事。"以此言蛊惑朝廷，动摇周公，使他不得安于其位。当时，有个奄国的君主，正是纣子武庚之党，遂劝武庚说："武王既崩，今王年尚幼，周公见疑，此正是殷家复兴之时。机不可失，请举兵以图大事。"武庚本纣之遗孽，一直怀不轨之心，听得奄君这等引诱，即与管叔、蔡叔一起叛乱。

这是有违王法、必受诛讨的事。周公于是作《大诰》，告知众诸侯臣民，奉王命兴兵以征讨之，说道："今武庚不安定，敢放肆叛逆，虽是天降威于殷，使其有速亡之祸，然而也由武庚知我国有三叔瑕疵间隙，流言动众，民心因之不安的缘故，所以乘机生变，不可不举兵往正其罪，以安天下啊。"

周公

周公被尊为"元圣"和"儒学先驱"。

观史臣所记，可见周公摄政时，唯愿辅佐国家，成就君德，其鞠躬尽瘁如此。乃有至亲如三叔者，倡乱以危社稷，假如成王不察而信之，则周公不得安其位，而周之王业将倾覆了。所赖成王虽在幼冲之年，却能深鉴周公之忠，而不为所惑，洞烛三叔武庚之诈，而天讨爰行，所以能安定人心于反侧之际，奠定国运如泰山之安定。其为周代守成之明主，恰当啊！

周公亦惧流言

起初，周公遭流言之变时，不知这言语起于何人，所以退居东都以避之。如此二年，才知道兴造流言，罪由二叔，乃奉王命讨武庚、管叔，一同诛之。平定叛乱后，将蔡叔安置于郭邻地方，革去霍叔的封爵，降为庶人。又东定奄国，南伐淮夷，诸为恶者皆已正法，然后人心始定，国家始安宁。

在流言初起之时，成王也怀疑周公有不利于王室之心。等到他打开金縢柜（用金属制的带子将收藏书契的柜子封存）时，见册文上有周公请以身代武王的话（指武王重疾时，周公祈祷上天，愿代其受之的言语），成王才感悟，知周公之忠。于是执书而泣，亲自出郊迎周公归国。

周公既诛纣子武庚，又以成汤之祀不可绝，乃封纣之庶兄微子启以代殷后，使奉其祭祀，建国号为宋（位于今河南商丘），使他仍用殷之礼乐，如使用殷人的乘车仪式、尚白色之类，以存一王之法，与周朝平等。因为他们是先王之后，所以用宾礼对待之，而不以其臣子的身份相待。

> **今评**
>
> 周公是世人公认的贤臣，位高权重，但也会陷入流言危机，最后是成王在册文上见到周公祈祷上天，愿代武王受之灾难的言语，才消除疑虑，可见流言的危害之大。这里，张居正是告诉少年皇帝流言之害，其次就是消除流言的两个关键点：一是打击流言的源头，一是像成王这样对遭受流言之人充分信任，这样就能彻底消除流言。

周公以成王之叔父，有大功于国家，其心忠于王室，岂待开金縢而后知？设若此时王心不悟，流言得行，则周之社稷，岂不危哉！以是知成王虽贤，尚不及汉昭帝能辨之早也。

天子无戏言

成王即位之五年，偶有一日，他与少弟叔虞在宫苑中闲游，将桐树叶剪削成诸侯所执的珪（古代帝王或诸侯在举行典礼时拿的一种玉器），与叔虞戏说："我把这珪封你为侯。"这是成王兄弟友爱戏耍的话。那时，有臣史佚在旁，就请命官择日行册封礼。成王说："我与他只是游戏，这怎么能是真的呢？"

史佚对说："天子口中无戏言，一言既出，史官就记在书册上，行之于政事之间，有大礼以成之，有大乐以歌之，如何戏得？今王之言既出，则亦因而封之，以践其言方可。"

成王遂封叔虞于唐尧之旧都，号为唐侯。

成王自此一言不敢轻易，一事不敢苟且，竟成周家明主，固是史佚匡救之功，而王也可谓善于从谏了。

周公制礼作乐

成王六年，适逢诸侯来朝之年。周公辅佐成王朝见诸侯于明堂（朝会诸侯以出政令的场所），自九州万国之君，以至九夷八蛮之长，内外尊卑，皆各有定位。

此时，功成治定，礼乐可兴，于是周公制为一代之礼，作为一代之乐，用之于朝廷邦国，以昭太平。又制定丈、尺、斗、斛等量器的规式，颁布于诸侯，以立民信。于是礼乐备，制度同，天下之人皆大悦服，无有不尊其政令的。周公所作的乐，名叫《酌》，言成王能斟酌先王的治道，而合乎时宜。又作乐，名叫《武》，以形容武

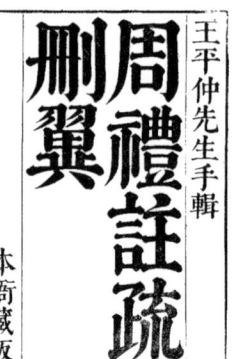

周公·古版《周礼》

《周礼》是儒家经典,十三经之一。是古代华夏民族礼乐文化的理论形态,对礼法、礼仪做了最权威的记载和解释,对历代礼制的影响最为深远。

王伐纣的武功。今《周颂》之诗所载《酌》《武》二篇,就是这个乐歌。

当此之时,礼备乐和,民安国泰,周家虽新造之邦,成王虽幼年之主,而天下帖然安之,诸侯宗周,维持至于数百年而不废,周公辅相之功很大。

今评

周公制礼作乐,是中国文化史上的大事件。特别是制礼。中国最初的礼,是祈求鬼神的宗教仪式。周公在此基础上,融入人本思想,并以宗法血缘为纽带,将个人与家族、家族与国家、伦理与政治、人与社会、人与自然等有机地融为一体,分别制定上下、尊卑、长幼、男女、内外、亲疏之间各自不同的礼仪规范,形成一套有序的、和谐的、互动的社会制度,对后世中国产生了巨大的影响。所以中国古代社会被称为"礼治社会",周公被儒家推崇备至,汉代以前将周公、孔子并称"圣人"。

成王亲政，营建东都

成王即位之七年，定鼎（夏禹以来有天下者相传的九鼎，代表国家名器）于洛邑（今河南洛阳）。

初时，武王承先世之旧封，自丰迁镐，定都于镐京，叫作宗周，以其为天下所宗也。镐京在西方，是为西都。其后有天下，又以洛邑居四方正中，可为朝会诸侯之所，叫作成周。以周道成于此的原故。

营建成周，东居于洛邑，而武王没有实现就驾崩了。因此成王欲承武王遗志，就迁都洛邑。商议既同，乃占卜之于龟，其卜兆之辞，说居此地后，当传三十世，历七百年。然而后来传了三十七君，历八百余年，乃过于所卜。

> 周家深仁厚泽，历世相继，固结人心，以保天命，非天数所能拘定也。周家营洛，居易无固，日夜兢兢业业，若天命之不克保，而享国最久。秦据关中之固，金城千里，自以为子孙帝王万世之业，而二世以亡。由此观之，绵延国运者，在德不在险，很显然了。

成王临朝，周公归政

成王即位七年，二月，欲完成武王居洛邑的心愿，使召公先往，察看所居之地。察看既定，至三月，周公到洛邑，兴工营筑，所筑之城名为王城，表其为天子之居，非他城可比。那时，镐京在西，所以以洛为东都。王城之广，方一千七百二十丈，其外城方十七里，南面连着洛水，北首依着郏山，其形胜如此，乃天下所汇聚之处。城外郊区，其地方六百里，接连西土岐周之地，通共为千里，遵古王畿千里之制也。内分为百县，每县分为四都，每都之中，又各有城，随地广狭，以为城之多寡，而不限以一定之数。其营建洛邑之意，以此地居天下正中，四方诸侯朝贡者，道里基本平均，皆不至远涉，乃武王之本意也。

这洛邑在瀍（chán）水之西，周公又于瀍水之东，营造一城，通名成周。奉成王居于洛邑，以莅中国，抚四方，而迁徙殷家所遗顽固不化之民，将管纳于成周，使近而容易管理。安排好这二城，周公复还归于西都。

此时，成王年纪渐长，阅历既熟，能主断天下的政务了。十二月，周公于是将朝政归于成王，成王临朝，亲决庶政，周公辞了摄政之任，成为一般的臣子。

至此，武王托付之重，成王倚重之隆，皆可以说是无亏欠了。天下后世，莫不仰武王、成王知人之哲，而美周公笃信之忠，好啊！成王年幼时，周公恐天下有变，即摄行天子之事。及至成王稍长，周公乃归政成王，退就臣位。然而犹以王业初定，人心未安，不忍遽去，留而辅佐之。其时，召公奭为周太保，自以盛满难居，不乐在位，意欲告老而归。周公乃作书一篇以留召公，名叫《君奭》，中间反复言说，大臣当辅君德以延天命，固人臣不可求去。后来，召公既辅佐成王，又辅佐康王，就是有悟于周公之言啊！

制定货币，导利于民

古时称钱为泉，以其形如泉字，又以其通行不滞，有水泉之流

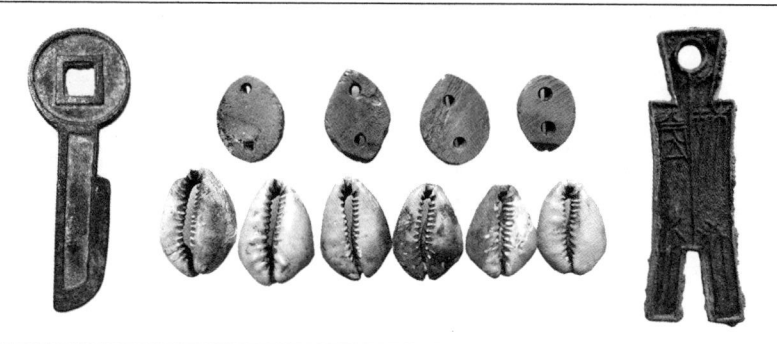

西周时期的钱币

西周春秋之间,社会冶铁业的产生、铁器的使用、商业的发展,促进了货币的流通,金属铸币开始逐步代替贝币和各种实物货币。

的意思。比照虞、夏、商之时通行的货币而改定,金类便有三等。上等是黄金,中等是白金,下等是赤金。金之外又有钱、有布、有刀、有龟、有贝,这几样财宝通行天下,民众都认为便利。到了周时,这方面的法制都完备,则以商通货,以贾易物。

当时,太公望乃设立九府,各有收贮财货的职掌之官,为均匀通融之术,使上不病国,下不病民。钱之形圆,而其孔则方,分量轻重,以铢起算。布帛宽二尺二寸为幅,长四丈为匹。周家理财之制,大概如此。然也各有取义,金为天地间的宝气,所以货宝于金。刀能断物,其用最利,所以货利于刀。泉流而不竭,所以货流于泉。布则无所不遍,所以布于布。帛可以束,所以束于帛。

当时之制为钱币,不徒有圆融之法,又多取流通之义如此。无非欲导利于民,散财于下,而后世乃专之以为己私,敛而不散,就不是先王设法命名之本意了。

为君之道，亲民爱民

成王尝问他的臣史佚，说："人君修何德，而后能使天下之民亲爱其主？"

史佚回答说："人君要民众亲己，在于先自尽其道，先亲民而已。如知民事之不可缓迟，则使之以时，凡有兴作，无妨农功；知民情之不可违背，则敬顺所欲，而好恶利病，不违背其愿；知民生之不可伤害，则至诚保爱，而生养安全，无不尽心；知民心之不可欺骗，则颁布政令，务着实举行，而不爽其言。人君虽尊居百姓之上，唯恐民心易失，天命难保，夙夜忧勤惕厉，就如临不测之渊，恐致失坠，行薄冰之上，恐致倾陷的一般。诚能如此，则上无失政，下皆得所，而天下之民，自然亲爱人君如父母了。"

成王对史佚之言深有体味，说道："崇高之位，人们只见其可乐，但如你所言，真的让人害怕啊！"

史佚对说："天地之间，四海之内，人虽至众，而好仁、恶暴，心无不同。人君若抚育得其道而善，人们就会心悦诚服地称臣。若抚育失其道而不善，则众叛亲离而仇之，有何恩情可言呢？昔时桀为暴虐，而成汤宽仁，则夏之民即仇桀而归成汤。纣为无道，而武王有德，则商之民即仇纣而归武王。所以，民心之叛服，天命之去留，只在仁与暴之间，如此而已，怎能可以不惧怕啊！"

成王敬纳其言，常佩服之。成王在位三十七年而崩，太子钊立，是为康王。

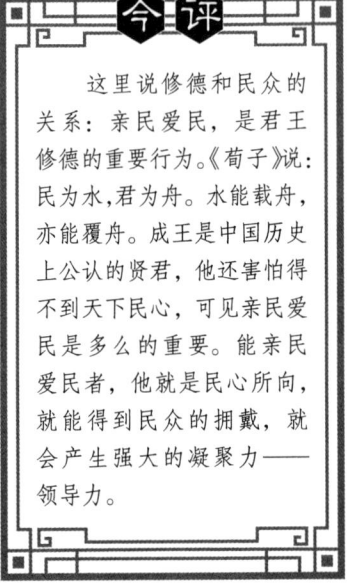

今评

这里说修德和民众的关系：亲民爱民，是君王修德的重要行为。《荀子》说：民为水，君为舟。水能载舟，亦能覆舟。成王是中国历史上公认的贤君，他还害怕得不到天下民心，可见亲民爱民是多么的重要。能亲民爱民者，他就是民心所向，就能得到民众的拥戴，就会产生强大的凝聚力——领导力。

成王之时，周公既陈《无逸》之篇，史佚又进"渊水"之戒，所以成王自幼年为君，以至享国之久，时时不忘敬天勤民之念，夙夜不怠，以至天下太平，民和睦而颂声作，故诗人美之，大意是说：成王不敢康宁，夙夜基命，存心仁厚。光明辉煌，竭虑殚精，国家太平。后世称守成明主，必说成王，岂无原因啊！

康王

召公之治

周康王即位之初，四方诸侯皆来朝觐。康王作诰文以训诫各诸侯，这就是周书所载《康王之诰》，因此诸侯莫不服从。至十二年，康王开始治理殷商遗留的不服从王命的顽民，命毕公（文王姬昌第十五子，武王姬发异母弟，武王灭商后，受封毕地，所以称毕公。成王临终时，遗命他与召公辅佐康王）维护并整顿这些人。维护则不至于激乱，整顿则不至于容奸，即《周书》所载的《毕命》篇所讲的。

今评

成康之治，是中国历史上记载最早的太平盛世。成王、康王相继在位年间，继承文王、武王的业绩，对内推行、巩固"封土建国""以礼治国""明德慎罚"以及崇尚教化、实施惠民、务从节俭等政治主张及礼法制度；对外不断攻伐淮夷、东夷、鬼方等国，用武力巩固疆土，安定天下。所以当时呈现农业生产蓬勃发展、人民生活飞速改善、四方异族纷纷来贺等升平景象，以至发展到"路不拾遗，夜不闭户"的社会良好风气。成康之时，不仅是周代最为强盛、社会最为安定的阶段，也是推行实施"周公礼乐"和"周典"最完美的阶段，所以后世史家屡屡称赞"成康之际，天下安宁，刑错四十余年不用"。

周康王

周成王至周康王时期，天下安定，史称"成康之治"。

成王之时，自陕以西，归召公治理。召公治西方，加意抚恤，非常得百姓欢心。凡有公事该处理时，官员请百姓们来官府中听候处分，召公说："我先君文王勤于政事，没时间吃饭，怀保小民，视之如伤，今我一身自图安逸，却让百姓们舍其农业，奔走道路，岂是我先君文王爱民之意？"于是召公亲自巡行于穷乡下邑，问民疾苦，凡百姓有争讼不决的事，就在那陇陌阡亩之间，替他处断，自家也不居官府，就休息在田间棠梨树下，其心只是怕劳扰着百姓。每到蚕桑耕种的时候，就禁止词讼，把狱中轻罪的犯人都放出去，让他务农桑的本业，恐致失时。其拳拳于爱民如此。因此，上自侯伯，下至庶人，各得其所，没有失职的。

召公在世时，有这等恩德及民，所以去世后，百姓们非常怀念他。看见他平日所尝栖止的棠树，也不忍砍伐，因作《甘棠》之诗歌咏之，即《诗经》上所载的"蔽芾甘棠，勿剪勿伐"诗句。

此时，周道方兴隆，诸侯奉，都来朝会于丰宫。自成王以来，至于康王，两朝相继，海内安定，太平无事，民不犯法，因此刑罚废置而不用者，四十余年，天下真是一片泰和的景象。

康王在位计二十有六年而崩，子瑕立，是为昭王。

昭王

劳民伤财，死于非命

昭王既立，政治不能自强，周道渐渐衰微。

那时，月有光芒五色，贯入大中紫微垣（星官名，北天中宫位置，传说天帝居处之地）。又井水涌溢而出。月光、水都是阴象，紫微垣乃帝座所在，古人认为：月光五色，井水上溢，皆是阴气太盛，而紫微为月光所贯，是阴气侵犯至尊之位，此皆不祥之兆。

而昭王不悟，犹巡狩南方。到达楚地，回时过汉水，汉水边的人厌恶昭王巡游劳扰，乃为王造船，不用钉灰合缝，只用胶粘了。

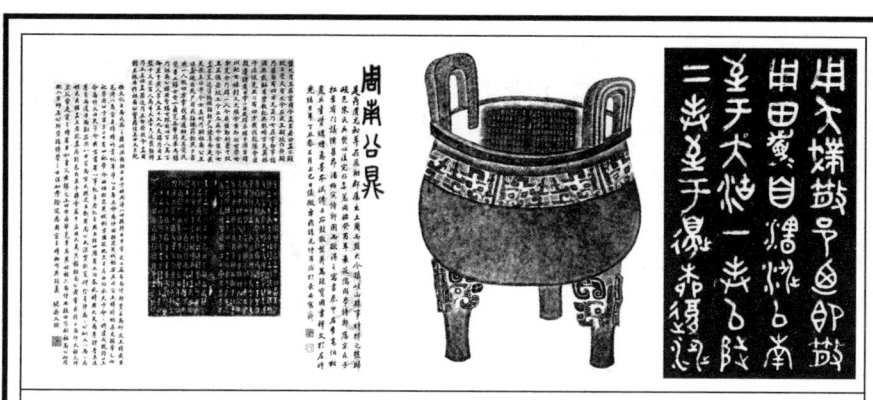

周南公鼎及铭文

西周初期青铜器，为南公之孙孟所造，故又称"孟鼎"。

昭王不知，直接乘此船过水，到中流时，那胶被水浸开，其船解裂，昭王与其臣祭公都溺水而死。祭公，是王畿内的诸侯，伴驾同行，所以一起遇难了。

其后，周家以溺死为讳，竟不能讨汉地人之罪，而王室自此日下。昭王在位五十一年崩，子满立，是为穆王。

穆王

穆王西巡，几亡其国

穆王既立之后，不以昭王为鉴，还是专以周游天下为乐，因此不少诸侯都背叛了他。东方徐夷作乱，率九种之夷来攻打宗周，其兵西至河上。穆王畏他侵逼，乃分命东方诸侯徐子管领东夷以防其乱。

徐子姓嬴，所管之地四周五百里，徐子见自己国势强大，而穆王又荒乱，遂阴有不轨之志，假行仁义，以收拾人心。曾因开通沟渠，偶得个朱色的弓箭，自以为天降兴王之瑞，就僭号自称偃王，因此诸侯从陆地来朝拜徐国的有三十六国。

那时，穆王正在西边巡狩，乐极忘归。忽闻徐子僭称王号，恐他夺了天下，于是命其臣造父御八骏马，急忙回还，起兵伐徐，以救偃王之乱。后来幸运胜之，周虽然不亡，但局势已经比较危险了。

昭王、穆王，才承文、武、成、康四王之后，以天命则未改，以人心则未离。但德政一衰，诸侯即叛，昭王南征，而遂丧其身，穆王西巡，而几亡其国。由此观之，为人君者，岂可矜崇高之势，恃祖宗之业，以为天下莫敢有谋我者，有恃无恐啊！

征伐刑狱，不可不慎

后三十五年，穆王又将西征犬戎之国，责他贡物。

当时，京都附近诸侯有祭公谋父者，是王的卿士，建议说先王耀德不观兵，犬戎本是荒蛮之国，只有继位时的一次朝见，其国不在贡献之列，征讨它没理由。

但是穆王不听，发兵征之，结果只获得了四匹白狼、四只白鹿回来。本来就是荒远的属国，不值得征讨。失了威严就没有震慑力了，所以武力也不能让人屈服。仅仅因为一张来历不明的弓箭，就失了人心，所以人君对征伐诸侯要谨慎行事。

后五十年，穆王又命司寇（掌管司法和纠察的长官）吕侯，作祥刑之书以告四方，即今《书经》上《吕刑》篇。穆王在位五十五年崩，子繄扈立，是为共王。

《吕刑》专训赎刑，穆王巡游征伐，财匮民劳，晚年荒政，为此一切权宜之术，都以敛民之财。然而其篇中，反复晓告，曲尽典狱情状。所以刑，凶器也，而谓之祥，其哀矜恻怛之意可以想象。此孔子整理《书经》时所以收取也。可见人君之于刑狱，不可不慎啊！

厉王

厉王好利，诸侯离心

周自昭王以来，历穆王、共王、懿王、孝王，都不修德政，周道日渐衰败。到了夷王之时，王室日益微弱，诸侯日益强大，朝见之礼不明。夷王开始以天子之尊，下殿堂而见诸侯，这不是威仪啊！于是，朝政不纲，四夷背叛，荒服之国，皆不来朝。夷王不思增修德政，乃命虢公率六师以伐太原，到达俞泉地方，仅获马千匹而已。夷王在位十六年而崩，年六十，子胡立，是为厉王。

厉王即位之元年，因见他父亲夷王懦弱，诸侯背叛，想改变局面，以显示威强。但是，他为人暴虐无道，好利不仁，所以周道越加衰落。东方淮夷入境寇掠，厉王命虢仲为将，领兵征之，但不能攻克，原因是王既无道，兵不用命，所以师出而无功。那时，有个臣叫夷公的，专务谋利，以谄媚于王，厉王反而喜欢信任他。

大夫芮良夫谏说："利，乃百物之所生，天地之所载，当与天下人共之，不可自己专享。若专利于自己，则害及于人就多了。所以，一个人专利，犹且称他为盗，为其夺人之利，与盗贼无异了。何况王者为天下之主，当布利于天下，若行专利之事，则民心不服，能归顺就是稀罕事了。大王若不将这夷公疏远了，周之王业，必至败坏。"

王不听，后来诸侯果然都离心，不来朝享，正是讨厌其好利而不好义的原因。

《大学·平天下章》有记载："小人之使为国家，灾害并至，虽有善者，无如之何矣。"讲的就是厉王啊！

国人暴动，周召共和

厉王奢侈傲慢，暴虐其民，遭国人唾骂。

召公谏诤厉王，说道："今日百姓因为王的虐害，苦不聊生，所以毁谤之言天天都能听到，王不能不改啊！"

厉王不听召公之言，反恼怒百姓毁谤他，于是寻得卫国中一个降神的巫师，着他监视国中的人，说这巫神通广大，但有造言兴谤的他就知道，奏闻于王，拿来杀了。自此，国人不敢声言，在道路上彼此以目相视，虽然口上不说，但心里还是非常怨恨。

厉王不知民怨越来越大，还以为自己的办法好，告召公说："我今日设此二法，果然能止息谤言了。"

召公对说："王以刑杀止谤，就如筑堤堵水一般。水势大了，强去堵截，冲决愈甚；民心怨了，强去禁制，为祸愈深。大凡人的言语，都从心上发将出来。心里念虑已成，自然要发于言语之间，如何止得他不说？纵能止得百姓的口，岂能止得他心里的怨恨？王今日用刑杀以塞百姓之口，执迷以成己之过，恐怕民怨日增，祸乱将作，深为社稷担忧啊！"

王不听谏言。于是，国人莫敢出言，而王之暴虐愈甚。百姓忍他不过，到此后三年，就一起开始作乱，乘其无备而攻之。王避祸，逃走于彘（zhì，地名，今山西省平阳县境），不敢回京。周、召是天子京都内之地，那时王之卿士有食邑于周、召的人，也称作周公、召公。二公一同为相，见得国有大变，而太子静年幼，未能治国，于是同心协力，共理国事，以定祸乱，故号称共和（公元前841年，此年以后中国历史大事，每年都有详细记载），待太子长大而后立之。厉王最后在彘地去世，在位十七年，连同共和为三十七年。

盛明之世，颂声四作，足以自安了。而乃悬挂诽谤之令，昏乱之世，怨声沸腾，可以为戒。而乃为止谤之刑，此兴亡治乱之所以悬殊，而有国家者之不可不鉴啊！

宣王

周召辅政，宣王中兴

宣王名静，是厉王之子。厉王奔彘，静年尚幼，周公、召公共摄国事。等到厉王崩，静也长大了，周、召二相就共立他为王。

宣王既立，周公、召公辅王内修政事，外攘夷狄，效仿文王、武王、成王、康王之遗风。

当时，淮上之夷人叛乱，王命召公虎率师讨平之，又委任申伯、仲山甫，内则辅养君德，外则统领诸侯，入则主管政本，出则经营四方。由此顺抚天下的人民，更补朝政的阙失，宣布天王的德教，搜举隐遗的贤士，一时纪纲振肃，中外清明，海内之人，皆欣然仰德向风，诸侯也都复尊周室，而修朝贡之礼。

所以贤臣尹吉甫作诗以美之，即今《诗经》上《崧高》《烝民》

诸篇是已。宣王有志拨乱反正，而又能推心任用众多贤臣，因此他赫然中兴。

宣王晚年，不听忠言

宣王晚年，不怎么重视农事。

其臣虢文公谏说："民之大事，唯在于农，农业为国家根本命脉，上可以供神之祭祀，下可以足民之财用，所以我先王后稷在虞舜朝廷之时，特为九官之首，有大功于生民，传至子孙，以此积功累仁，而有天下。今王欲修先王之道，而乃弃其大功，上匮缺了神灵的祭祀，下困乏了生命的财用，先伤国本，将何以求福用民呢？"王终究不听。

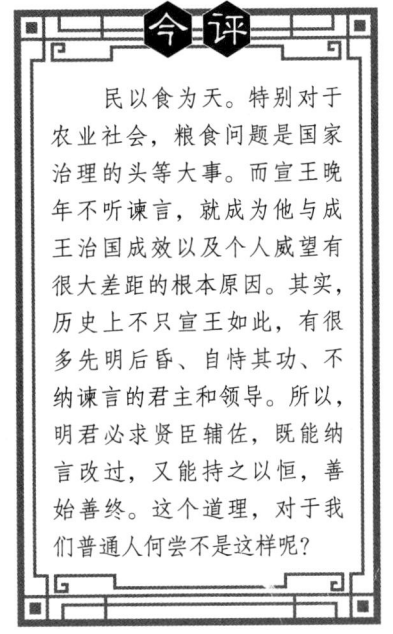

今评

民以食为天。特别对于农业社会，粮食问题是国家治理的头等大事。而宣王晚年不听谏言，就成为他与成王治国成效以及个人威望有很大差距的根本原因。其实，历史上不只宣王如此，有很多先明后昏、自恃其功、不纳谏言的君主和领导。所以，明君必求贤臣辅佐，既能纳言改过，又能持之以恒，善始善终。这个道理，对于我们普通人何尝不是这样呢？

宣王，贤君也，仍忽视躬耕之大事，而不用贤臣之忠言，此中兴之治，所以终不能及成周之盛时，而诗人因之美刺并作也。岂不深可惜啊！

左儒九次谏言：从道不从君

初时，宣王要杀其臣大夫杜伯，杜伯本无可杀之罪，是王用刑差错了。

那时，杜伯有个朋友叫作左儒，进谏于宣王，说杜伯不当杀，凡九次往复谏言之，王都不准，并且还怪责左儒，说："我欲杀杜伯，而你力救之，不知顺上之意，是你见外疏远于君而独自私厚其友。"

左儒对说："君臣朋友，都是人之大伦，臣岂敢违背君父，而私厚朋友，但看道理对不对罢了。若君上所为合道理，而朋友为逆，则顺从其君以诛友。此非从君，乃从道也。若朋友所为合道理，而君上为非，则率从其友以违君，此非违君，乃违其非道也。"

宣王发怒说："你改换了这言语，顺从我则生，不然则死。"

左儒对说："为士者只论是非，不顾生死。如其非义，岂可枉义以就死；如其合义，岂肯违义以求生。今王枉杀杜伯，是王的大过失，而王不自知，所以臣能尽言，指明君上之过失，而辩理杜伯之无罪，岂敢变易言语以避死呢？"

宣王终不听左儒之言，杀了杜伯，左儒也与他一起赴死了。

杀杜伯在四十三年，后三年而王崩，子宫涅立，是为幽王。

人君以从谏为盛德，以改过为美事，然往往不能者，其缘故有二：一是不晓得自家的不是，而疑其臣之偏私；二是不肯认自家的不是，而耻其臣之面诤，如讳疾而忌医，宁灭其身而不悟。宣王只这一念之差，以致二士不得其死，未免为中兴之累，前面许多功业，都不得为全美。后世论治者不称宣王为明君，而称左儒为义士，过归于上，名归于下，岂不非常可惜啊！

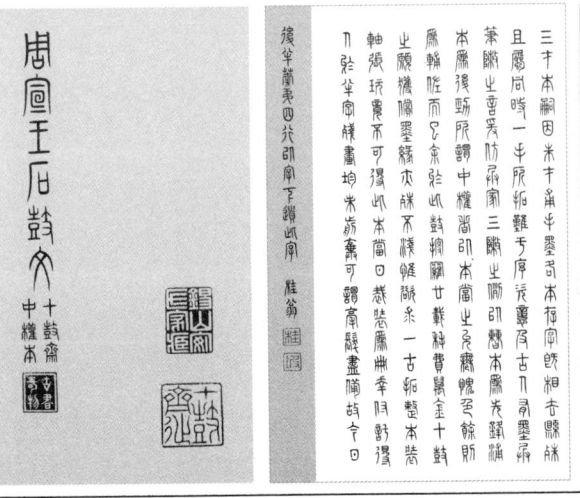

周宣王石鼓文

古人对《周宣王石鼓文》有"盖讽宣王畋猎之所作也"之论断。

幽王

王德不修，上天警之

幽王之二年，镐京及三川（指泾水、渭水、洛水，连接周朝都城）一带发生地震。

当时，周大夫伯阳父说："周将亡啊！在昔日有夏，伊、洛二水涸竭，而夏国灭亡。在昔日有商，河水涸竭，而商家沦丧。今观我周之德，就像夏商的末年。地震，则泉源必至堵塞，源塞，则川流必至涸竭，河竭而水泉不润，则山必枯朽而崩，山崩川竭，亡之兆也。由今纪之，国家将亡，不过十年。数起于一终于十，此数为一纪。上天所弃，谁能违之。"是岁三川竭，岐山崩。

后来，至十一年，幽王果然为犬戎所灭，平王东迁，而王室更加衰微，伯阳父之言，在此应验了。

奸佞得志，众心不服

幽王之时，奸臣虢石父，既与褒姒同谋，犯上废了申后、太子，其为人又投机取巧，善能阿谀奉承而贪好货利。王不察其奸，反用以为卿相，专管国事。

国人见这等奸佞得志，众心不服，所以皆有怨恨，朝廷的政治，为他所坏，多有偏邪。以前宣王时，诸侯宗周，中兴王室，至此诸侯多有背叛，王室开始骚动不安了。

> 宣王用召公、周公、申伯、仲山甫、尹吉甫诸贤，相与左右，才能中兴，而幽王以虢石父用事，遂致骚动。所谓众君子成之而不足，一小人败之而有余者也。用人之际不可不慎啊！

废太子，宠褒姒，烽火戏诸侯

幽王既废太子宜臼（jiù），立褒姒之子伯服为太子，又恐宜臼尚在，日后或为伯服之患，欲杀宜臼以斩草除根。

当时，宜臼出奔于他母舅家申侯之国（位于今陕西省眉县东北），幽王使人就申侯处讨要宜臼。申侯不肯送出。于是，幽王怒，举兵伐之。申侯与鄫（zēng）国之人，串通西夷犬戎同征幽王。

当初，幽王曾戏举烽火，召诸侯以致褒姒之笑，诸侯由此怨叛，不奉王令。至此，幽王因有夷戎之乱，复举烽火以召诸侯。诸侯因前番哄骗了他们，所以无一人来救。幽王在位一十三年，遂被犬戎杀害于骊山（今陕西省西安市临潼区城南）之下，连褒姒也掠夺去了。当时，郑桓公名伯友者，为周司徒之官，也为乱兵所杀。犬戎遂入周室，尽取其所积累的珍货财宝而归去。

诸侯思念文、武、成、康之德，不忍其绝国。于是，就在申国立旧太子宜臼，是为平王，以奉周家之祭祀。

今评

以上三段事迹，是周幽王败国亡身的历史教训。作为反面教材，张居正从三个方面来启发少年皇帝：一是王德不修，违背天道；二是用人不当，奸臣当道；三是生活不检，好色无信。幽王修德不够，用人不当，生活不检，导致丢了性命，丧失江山。这对今天的人们也有一定的借鉴：一个有作为的人，一定要从培养德行、顺应天道开始，到亲近贤人、远离小人，再到远离声色、取信于民，都要一丝不苟，认真对待，内外兼修。否则，哪怕是有帝王那样的事业基础，也会败亡的。

褒姒（左）**周幽王**（右）

公元前779年，周幽王攻打褒国，褒国兵败，献出褒姒乞降。周幽王得到褒姒后，对她很是宠爱。

周纪（东周）

东周年表（前770年—前256年）

称谓	姓名	在位时间
周平王	姬宜臼	前770年—前720年
周携王	姬余臣	前770年—前750年
周桓王	姬林	前719年—前697年
周庄王	姬佗	前696年—前682年
周釐王	姬胡齐	前681年—前677年
周惠王	姬阆	前676年—前652年
周襄王	姬郑	前651年—前619年
周顷王	姬壬臣	前618年—前613年
周匡王	姬班	前612年—前607年
周定王	姬瑜	前606年—前586年
周简王	姬夷	前585年—前572年

续表

称谓	姓名	在位时间
周灵王	姬泄心	前571年—前545年
周景王	姬贵	前544年—前520年
周敬王	姬匄	前519年—前477年
周元王	姬仁	前476年—前469年
周贞定王	姬介	前468年—前441年
周考王	姬嵬	前440年—前426年
周威烈王	姬午	前425年—前402年
周安王	姬骄	前401年—前376年
周烈王	姬喜	前375年—前369年
周显王	姬扁	前368年—前321年
周慎靓王	姬定	前320年—前315年
周赧（nǎn）王	姬延	前314年—前256年

东周分为春秋和战国这两个历史阶段。春秋时代是东周的前半期，诸侯争相称霸；韩赵魏三家联手灭智氏家族后，三家分晋，各诸侯相互征伐，称为战国时代。

在春秋时期，虽然周王室的地位和权威下降，但是，大部分诸侯国还是将周王室视为天下共主的。到了战国这一阶段，东周王室的地位发生了明显改变，因为战国七雄全部称王，周王室作为天下共主的权威已经是荡然无存了。东周王室到了战国末期被秦国彻底消灭。

平王

平王迁都，王室益微

这一段是史臣记春秋之始。此时，幽王既为犬戎所杀，于是平王因犬戎势力渐强，丰镐旧都离他又近，恐被再次侵暴，不可久居，遂弃而避之，东迁都于洛邑。自迁都洛邑后，王室日渐微弱，天子的号令，不复行于诸侯。天下诸侯不听命于天子，而听命于大国之为方伯者，政令都由他出。

于是，齐、楚、秦、晋四国渐渐强大，各雄踞一方。齐是太公吕望之后，周初辅佐武王为尚父，其后到桓公称霸。楚是黄帝之后，周初鬻（yù）熊是文王之师，成王时封其子熊绎于楚地，姓芈（mǐ），其后到庄王时称霸。秦是虞舜的大臣伯益之后，姓嬴，周孝王时有个叫非子的善养马，孝王就将一个小地方给他，让他成了附庸之国，邑居在秦地，其后到缪（mù，通"穆"字）公时称霸。晋是唐叔虞之后，叔虞是武王子、成王弟。成王戏剪桐叶为珪给叔虞，史佚官就请封之在唐尧，因为南面有晋

今评

平王东迁是中国历史上的重要事件，也是周朝国势的转折点。因平王是由串通犬戎的申侯拥立，间接犯了弑君弑父之罪，可谓名位不正，所以很多诸侯对平王不满。而且，此时的平王也无力自保，须依赖诸侯国保护，所以周天子为天下共主的地位名存实亡，最终形成春秋争霸的局面。当然，张居正也在提醒少年皇帝：多难兴邦。有为之君当奋发图强，迎难而上，重振祖业。同时，国家名器，不可轻易授人，特别是在君弱臣强时，不可滥于放权。权力使用不谨慎，过于放权，就是养虎为患。

水，所以国号为晋，其后到文公称霸天下。这四国更历春秋之世，二百四十二年间互相征伐，周天子不能控制了。

> 平王避犬戎之难，周室东迁，而王纲不振如此。正如人家偶然被小人侵犯欺侮，不能发愤自立，便抛弃了祖宗数百年的家业，避居别处。所以气势日益消逝，就是自家平日管下的人，也不听命，其强悍的人各自专擅，主人无可奈何。春秋之势，何以异此。因此有国家者，当以修德为本，揽权为要，不可失去权力，徒苟且目前，只能白白地看着由盛到衰了。

孔子成《春秋》，乱臣贼子惧

《春秋》是鲁国的史书。古代列国都有史书，以记事记言，其名各不相同，而鲁国之史名为"春秋"。

周平王四十九年，就是鲁隐公元年。鲁公，是周公与伯禽的后代。此时周已东迁，天子势力很弱，在诸侯间已经没有什么赏罚之权，臣子比君父权力还大，夷狄侵犯中国，周的王法渐渐废了。孔子见得周道之衰，就是从这时开始的。

而鲁隐公为周公之后，不能继其先世之功，以匡复王室，心甚伤之。于是，因鲁国原有史书，名叫"春秋"，孔子就修成一书，时间上就起于鲁隐公元年（前722年）。书中所载事迹，虽因鲁史的旧文，而书法之间，则往往自创新意，以褒贬寓赏罚。有功的，天子不能赏，孔子则用一字褒他，以寓赏功之意，如大夫而贤，则书其字（称字，不称名），如此类推。有罪的，天子不能罚，孔子则用一字贬他，以寓罚罪之意（如"郑伯克段于鄢"，郑伯是郑庄公，"公"爵；"克"指打败、杀死敌人；段是他的亲弟弟共叔段；鄢是地名。因郑庄公对待亲弟弟如待敌人，先放纵、引诱段作恶，然后设计击之。所以孔子将郑庄公降为"伯"爵，书"郑伯克段于鄢"，以罚其罪）。如对大恶的诸侯或大夫，就直接冠其恶名（如"齐崔杼弑其君光"，崔杼是齐国大夫，"弑"是臣杀君、子杀父母的犯上行为，是乱臣贼子，所以直接恶其名，称齐崔杼"弑"其君）。使一王之法，虽不正于朝廷之上，而犹正于史册之间，乱臣贼子虽能逃当时之典刑，而不能逃后世之公论，这是圣人拨乱反正的体现。

所以，孟子说"孔子成《春秋》而乱臣贼子惧"，就是这个道理。然而有天下者，不能自操其赏罚，以致让无位之圣人，为之寄赏罚于史书，也是让人沉痛深思的。

平王在位五十一年崩，太子先卒，太子之子名林继立，是为桓王。

孔子·古本《春秋》

对于孔子作《春秋》一事，《孟子》《史记》《汉书》均有记载。孔子以《春秋》为六艺之一而教弟子，鲜明地体现了孔子的思想倾向，表明《春秋》确系孔子政治理想的寄托。

釐王

管仲相齐，桓公称霸

周釐王三年，齐桓公初霸诸侯。

那时，周室衰微，夷狄强盛，桓公开始约会列国诸侯，立盟誓，以尊周攘夷为大事，而齐国最强大，所以齐桓公被推举为盟会之主（诸侯长，盟主）。

桓公以国事委任贤臣管仲。管仲（齐国著名的政治家、经济学家、军事家，法家先驱人物。辅佐齐桓公改革内政，富国强兵，尊王攘夷，九合诸侯，成为春秋五霸之首。对春秋战国及后世影响极大，被人称为"一代贤相"，孔子誉之"管仲相桓公，霸诸侯，一匡天下，人民到今受其恩惠。如果没有管仲，我们至今披发左衽啊"）为政，大约以富国强兵为主，于是制定一些规章制度，让士农工商四样人，各自单独居住一处，不相混杂。其耳之所闻，目之所见，都是他本等职业，则心专而艺精。

管仲

后人尊称为管子，誉为"法家先驱""圣人之师""华夏文明保护者""华夏第一相"。

管仲欲修明军政，恐怕诸侯们都晓得，也做准备，便不可以得志于天下。于是，他将国家划分为二十一乡，每乡各立一长，率领二千人，其中大小相统，五家为保，十保相连，有罪同坐，只当作治国的政令，其实这里面暗藏着军法。遇有征伐时，则二十一乡之长，各将所属以听调遣，不待临时分派大家，而兵马自足，军政治理得都很好。

齐地邻近滨海，可以煮盐生利，这是重要的事。管仲命令民众以冬月煮盐，取而积之，至春天农事方兴，煮盐有禁令，这时就能高价把盐卖出去，获得高额利润。齐国因此富强超过列国，所以能为诸侯盟主。

煮盐图

古人并不将天然盐看作是盐，而是称之为卤。古代人工最早采制的盐，可能是海盐。古籍记载，炎帝（一说神农氏）时的宿沙氏开创用海水煮盐，史称「宿沙作煮盐」。

由此，桓公越加专任管仲，加以尊称，号称仲父，国中政事无大无小，都听管仲处置，故管仲得以展尽其才，一切都顺心如意。所以桓公九次会合诸侯，也没有借军威，就能使诸侯听命，以成其霸业者，都是管仲辅相的结果。

管仲，霸者之佐，桓公能信用之，遂成霸业如此。若使为帝王者，而能任帝王之佐，则其功业所就，岂小小啊！

襄王

齐桓公尊王攘夷

周襄王之时，齐桓公主盟称霸，在葵丘（今河南省商丘市民权县）大会诸侯。

盟书以申明天子之禁，让诸侯各修其职，以尊周室，这就是《孟子》上所载"五命"里的内容。襄王嘉奖齐桓公能主夏盟，尊周攘夷，乃使宰孔（人名，周室冢宰，为六卿之首）将祭文王、武王的祭肉赐予桓公。宗庙祭肉只有同姓的尊长才能获得，今以祭肉赐桓公，以示对其特别尊重。

周襄王又以桓公年老，命他受赐之时，不必下拜。桓公对说："王虽命我不下拜，然朝使下临，就如瞻仰天子一般，天威不远，近在咫尺之间，何敢不下拜吗？"于是拜赐于堂下，而登受于堂上，一切遵礼而行。

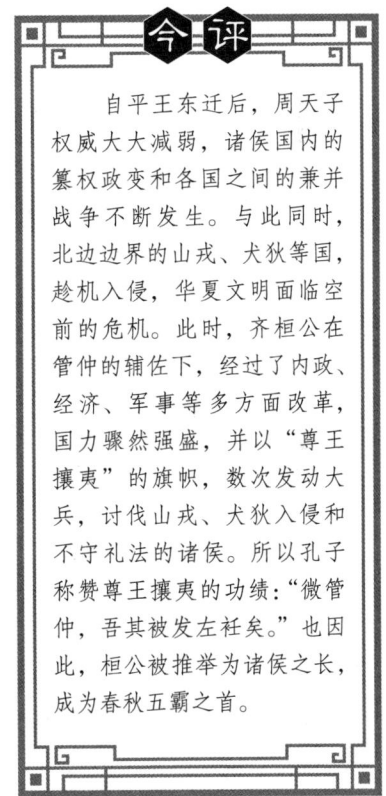

今评

自平王东迁后，周天子权威大大减弱，诸侯国内的篡权政变和各国之间的兼并战争不断发生。与此同时，北边边界的山戎、犬狄等国，趁机入侵，华夏文明面临空前的危机。此时，齐桓公在管仲的辅佐下，经过了内政、经济、军事等多方面改革，国力骤然强盛，并以"尊王攘夷"的旗帜，数次发动大兵，讨伐山戎、犬狄入侵和不守礼法的诸侯。所以孔子称赞尊王攘夷的功绩："微管仲，吾其被发左衽矣。"也因此，桓公被推举为诸侯之长，成为春秋五霸之首。

当时周室衰微，诸侯强大，而齐桓公独能坚守臣节，以尊天子，此所以诸侯宾服，而为五霸之首。

定王

庄王称霸，楚子问鼎

周定王之时，楚庄王熊侣逐渐强大，主持诸侯的盟会。

楚国初封时，本来是子爵（周代爵位有公、侯、伯、子、男五等，子爵为第四等），至夷王之世，楚子熊渠吞并小国，自大称王号。其后，厉王暴虐，熊渠恐被征伐，于是去了王号。至平王东迁之后，王室微弱，楚子熊通无所忌惮，于是自立为武王。周家诸侯超越本分自称为王，是从楚国开始的。

定王三年，楚讨伐陆浑（地名，在今河南嵩县地方），就到周家郊外，大陈其兵以示威强。定王因楚兵路过周境，就使大夫王孙满迎接慰劳。楚子问九鼎（夏时所铸的九鼎，历代相传，象征国家名器）之大小轻重，意欲以兵威逼周家而取此鼎。

王孙满对说："主导天下人在于有德，足以受天命，不在于是否拥有鼎。夏德衰而商德盛，所以鼎始移于商。商德衰而周德盛，所以鼎始移于周。如今周德虽已渐衰，但文、武、成、康的威望还在，天命尚未改移，鼎之大小就不要过问了。"王孙满此言，是强烈拒楚之意，也有批评楚子无礼之意。

于是楚子羞惧，退兵而去，不敢有取鼎之意。

当此时，周家至弱，楚国至强，然王孙满一言，即足以折其不轨之心如此。使为周王者，能修德自强，则楚岂敢复为僭王之举啊！惜乎周之不能也。

晋公称霸，魏绛献策

周灵王三年，晋悼公方为诸侯盟主，以尊周攘夷为事。于是戎狄慕名而来，欲求通好。

当时诸戎中，有无终国（位于今河北省玉田县城西北一带）君主嘉父，派使其臣孟乐来到晋国，持着他国中所出的虎豹之皮，托晋之贤臣魏绛献与悼公，以求和诸戎。魏绛劝悼公从其所请。

悼公说："戎狄无亲，难以恩情结好，不如伐之，不可与他和。"

魏绛对说："今君主才取威定霸，诸侯刚刚服于晋，陈、郑第一次来通和，正看我的德义何如。我若修德招怀远近，他便都来亲睦；我若灭德逞威，他便离心改变，不肯服从。君主不可失此机会，杜绝戎狄就等于放弃诸侯。"

因此，又详陈和戎的利益有五："戎狄聚居处，贵货财，轻土地，他们的土地可交易而得，是一利；边境不惊扰，民安田野，农夫成功，是二利；戎狄事晋，四邻震动，诸侯威怀，是三利；以德抚戎，师徒不勤苦，甲兵不劳顿，是四利；远人既至，近者也安，是五利。"

晋悼公闻言，欣然听从，就使魏绛盟约诸戎，与之讲和。自此，戎狄归顺，诸侯宾服，王室得安，晋国也强大起来。到周灵王十年，郑人因感晋悼公有存郑之德，遂谢晋以编钟、乐鼓、女乐等。前面魏绛所谓"我德则睦"得到了验证。

晋悼公思魏绛之功，因赐之乐曲，说道："你教寡人和诸戎狄通好，这使得我们得到天下普遍的拥护。到今九年之中，虽然戎狄怀柔，诸侯辑睦，如音乐之和，无所不谐，这都是你的功劳。我岂可独享此乐，请与子共乐之。"

周灵王二十一年（公元前551年），孔子生。天生圣人，万世道统所系，所以作史者，谨慎书之。

灵王在位二十八年崩，子贵继立，是为周景王。

敬王

伍子胥破楚，申包胥复国

初时，有个叫伍员（字子胥，春秋末期军事家）的楚臣，与申包胥（春秋时期楚国大夫，中国忠臣义士典范人物）为朋友，这二人都是楚国人。伍员之父伍奢，因进谏于楚平王，为平王所杀，欲并杀其二子。而其次子伍员，逃奔于吴，将逃之时，与申包胥相别。

伍员说："我必要覆亡楚国。"这是因父仇当报，而不能用君臣之大义去评价他。

申包胥说："我必要兴复楚国。"这是因知臣节当尽，而不敢徇其朋友之私情。

伍员既到吴国，吴王听用其谋，就劝吴王伐楚。及破楚而入其国都，那时楚平王已死，其子昭王逃避于外，伍员遂掘平王之墓，取其尸而鞭之。

　　申包胥欲兴复楚国，思量唯有秦兵强盛可以敌吴，乃往秦国借兵救楚。

　　一开始，秦伯不欲救楚，使他且就宾馆中安歇。包胥自念国破君奔，不忍去馆住宿，只依立于秦庭墙下而哭，日夜不绝声，饮食不入口，这样子有七日。秦哀公见他这等忠义，为之感动，而歌《无衣》之诗，以示出兵之意，乃许他借兵以救楚。申包胥带领秦兵，回到楚地，与吴师战而败之。吴师始去，昭王复归其国。申包胥复楚之言，也是说到做到。

今评

伍子胥为父族报仇，不惜带吴兵灭父母之邦。对于伍子胥这样的行为，我们不敢随意评价是非对错，因为按当时人的观念，杀父之仇不共戴天。并且制造这起冤案、妄杀伍家数百口人的就是国家最高领导人——国君。张居正在这里也不是在赞扬伍子胥的报仇行为，而是向少年皇帝说明"国以一人亡，以一人兴"的深刻道理。所以，为君王者一言一行都要慎重，一定要修身培德，尊重贤臣，远离奸臣，切不可因为自己的私欲贪念而枉杀忠臣义士。否则，天理难容啊！那么，在当今的现实中，是不是很多事业团队也是"以一人亡，以一人兴"呢？为领导者当记啊！

楚君信听费无忌之谗说，而屈杀伍奢之忠，放纵子常之贪利，而结蔡侯之怨，因此才引起吴师伐楚。其受祸之惨，有不可言者。假如没有申包胥，那么当时楚国就灭亡了。国以一人亡，以一人兴，信啊！此用人者所当鉴也。

孔子相鲁，谤誉相随

周敬王三十四年，孔子（中国著名的思想家、教育家、政治家，儒家文化创始人，中国上古文化集大成者，与弟子周游列国十四年，传播"仁"学，有弟子三千，其中贤者七十二，是当时天下最有影响力的学者。晚年回到鲁国整理、修订六经，即《诗》《书》《礼》《乐》《易》《春秋》。对中国及东亚文化影响特别巨大，被后世尊为"中国文化圣人""万世师表"）任鲁国司寇（掌管国家刑狱和纠察）之官，而权摄鲁国相事，欲以文、武、周公之道，施行于鲁，从而正纪纲，明教化，反其弊政。

此时，鲁国法度废弛已久，人皆习惯于因循守旧、得过且过，一旦见孔子这等振作起来，有些不适应，反而作诗歌以诽谤之，说道："麑（ní，鹿皮）裘而鞞（bǐng，刀鞘装饰），投之无戾，鞞之麑裘，投之无邮。"这鹿皮裘与刀鞘，都暗指孔子身上的服佩。意思是说，那服鹿裘而佩刀之人，深为民害，我欲投而去之，只是他无罪可指，无过可乘罢了。其反复言之者，厌恶之深而急欲去之也。

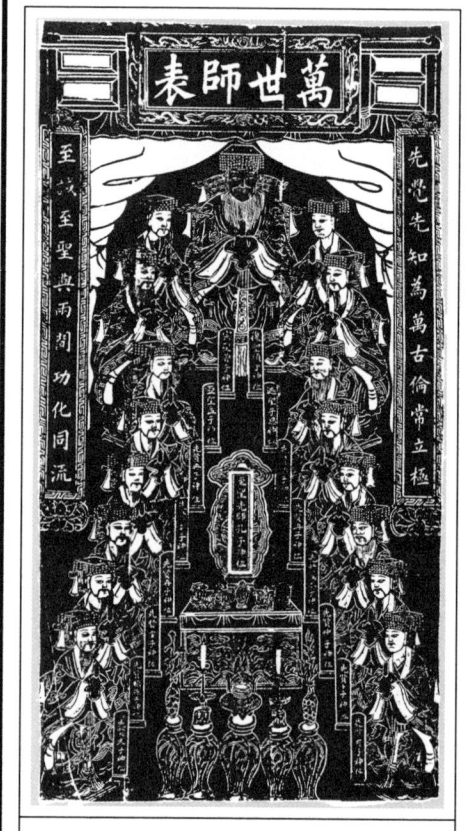

孔子及弟子神位图

孔子相传有弟子三千，其中贤人七十二。孔子去世后，其弟子及其再传弟子把孔子及其弟子的言行语录和思想记录下来，整理编成儒家经典《论语》。

可是常人之情，难与虑始；圣人之心，大公至正。虽然有此诽谤之言，孔子也不去理会他们，只管依着道理法度去实行。

及到三月以后，政事成就，教化大行，鲁国之人无不受其恩惠。于是，向前造谣诽谤之人，也都心悦诚服了，又作诗歌以称颂之，说道："衮衣章甫，实获我所，章甫衮衣，惠我无私。"这衮衣章甫，指孔子身上的衣服礼帽。说这冠礼帽而服衮服的人，果然能安辑我百姓，使我人人各得其所。他从前所行的政事，都是施恩惠于我，而非有所私心。其言之不一者，盖喜之甚，而爱之切也。

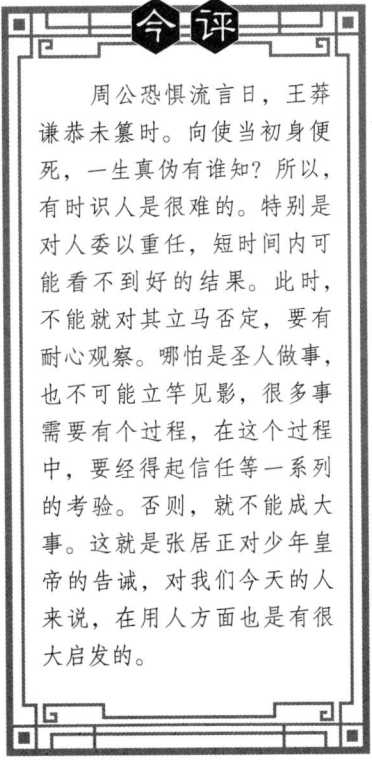

今评

周公恐惧流言日，王莽谦恭未篡时。向使当初身便死，一生真伪有谁知？所以，有时识人是很难的。特别是对人委以重任，短时间内可能看不到好的结果。此时，不能就对其立马否定，要有耐心观察。哪怕是圣人做事，也不可能立竿见影，很多事需要有个过程，在这个过程中，要经得起信任等一系列的考验。否则，就不能成大事。这就是张居正对少年皇帝的告诫，对我们今天的人来说，在用人方面也是有很大启发的。

孔子以至圣之德，行帝王之道，其初犹不免招谤如此。可见成大事者，不和于众，而为人君者，欲用非常之人，则不可避免于群议。

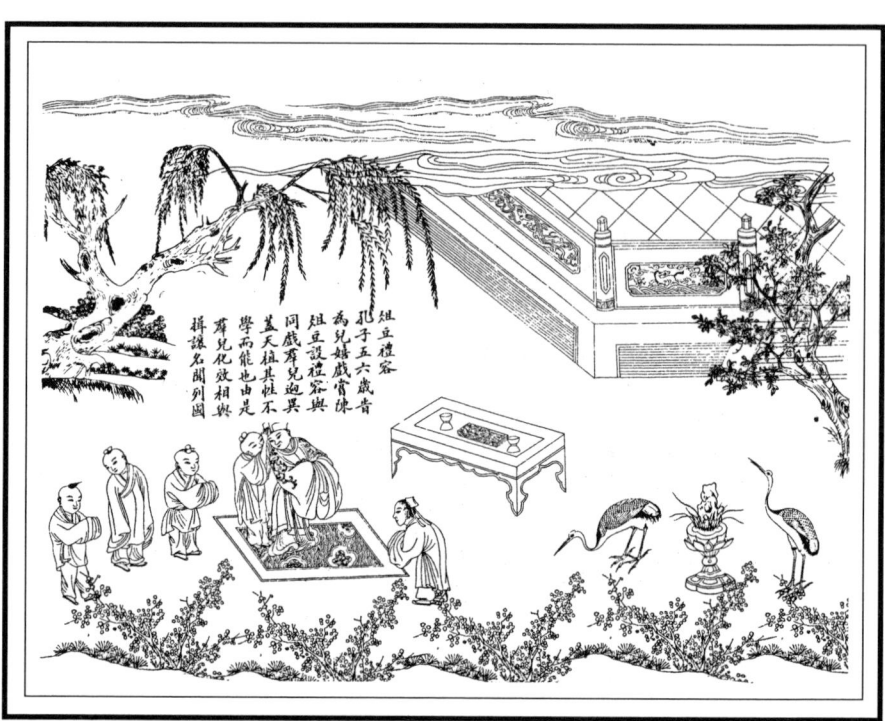

俎豆礼容
孔子五六岁时
为儿嬉戏常与
俎豆设礼容
同戏齐儿迎异
学而能其性不
盖天祖其性由是
尊儿化效相与
揖让名闻列国

闻韶忘味
齐人闻孔子为政
惧将害用慧挑针
遗女乐八十人来
纹长舞衣乐三
十驷以遗鲁君怠
于政事孔子遂不
居行以形去鲁退
周礼论脩壞退行

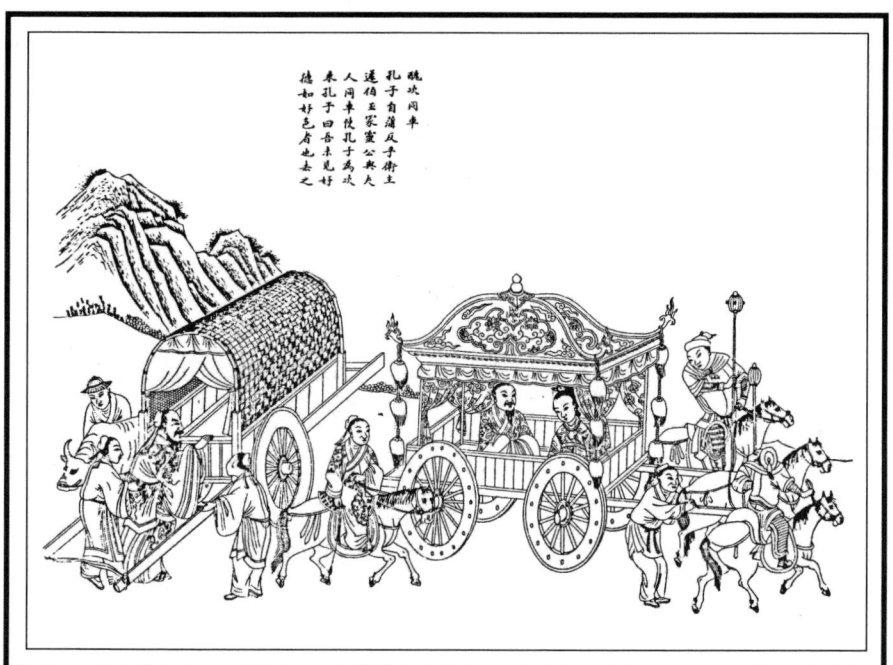

圣迹图（部分）

《圣迹图》是宣扬孔子行迹的书。所取题材十分经典，多源自《论语》《史记》这两本书。

元王

勾践伐吴，卧薪尝胆

元王三年，越王勾践举兵伐吴，遂灭其国。

当时，勾践曾与吴王夫差交战而落败，国破家亡，只收得些残军败卒，屯聚于会稽山（今浙江绍兴东南）上，使其大夫文种到吴王军中讲和，愿举国臣服于吴，求赦免死罪。那时，吴王自恃兵力强盛，足以制伏勾践，不思后患，就许他讲和而去。

勾践幸得归国，外虽事吴，内实用范蠡（lí，春秋末期政治家、军事家、经济学家。曾献策扶助越王勾践复国，兴越灭吴，后归隐。曾三次经商成巨富，三散家财。被后人尊称为"商圣"。因晚年隐居宋国陶地，

范蠡

范蠡为中国早期商业理论家，楚学开拓者之一。被后人尊称为"商圣"，是"南阳五圣"之一。

所以又称"陶朱公"）、文种等人建议，勤苦其身，焦劳其心，日夜思报吴仇，乃将胆置于居处，睡卧时便仰视之，饮食时便取尝之，示不敢忘其苦也。于是，亲身耕作，夫人自织，就是自家的衣食，也不敢以劳民。至于士有贤能的，则屈身卑下之，以结贤者的心。宾客从四方来的，

则厚礼接待之,以接宾客的心。又经常爱养百姓,赈济其贫穷,吊问其死丧,身与之同劳苦,以结百姓的心。

十年生聚,十年教训,如此谋了二十余年,其民生长可用,乃用之以伐吴,杀了吴王夫差,卒灭吴国,一雪会稽之耻。

> 吴王以胜而骄,故灭;越王以败而惧,故兴。由此观之,胜亦可败,败亦可胜,只在此心矜骄畏惧之间而已。古语说:"生于忧患,死于安乐。"又说:"有以无故而失守,有以多难而兴邦。"岂不信啊!

勾践北上,称霸诸侯

吴王夫差既败,收其残兵,屯聚于姑苏（今江苏苏州）之山,因使其大夫王孙雄求和于越,自称为臣,说道:"孤臣昔年尝举兵伐越,冒犯君王,得罪于会稽。那时君王使大夫文种来讲和,孤臣不敢背逆命令,遂与君王讲和以归。今孤臣不道,得罪于君王,致君王举兵来伐,欲诛孤臣之罪。孤臣生死,唯命是听。也希望如会稽之事,得赦免孤臣之罪,愿举国而为臣妾,幸君王怜而许之。"

勾践闻吴人请和之辞,甚是卑下屈辱,心中不忍,要许他和。

大夫范蠡谏说:"不可以。先年会稽之事,越为吴所败,是上天以越赐吴,而吴不取,这是逆天之行为。今日,吴为越所败,是上天又以吴赐越也,越岂可违天而不取吗?并且君王二十年来,所以早朝晚罢、卧薪尝胆、苦身焦思者,就是为报吴仇,雪会稽之耻。今日若许他讲和,是谋之二十余年,而弃之一朝,殆养虎以贻患也。且顺天者存,逆天者亡,天固与之,人若弃而不取,必反招殃祸,不可许也。"勾践用范蠡之言,不与吴和,进兵逼之,吴王自杀而死。

勾践既已平吴，乃举兵北向渡淮，号令齐国、晋国诸侯，会盟于徐州（今山东滕州南）地方，又致贡献之礼给周天子。周元王在其逼迫下，也使人赐勾践周室祭肉，又命他为诸侯之长。此时，越兵横行于长江、淮河，诸侯都遣人贺之，勾践于是成了天下霸主。

元王在位九年而崩，子介立，是为贞定王。

吴本太伯之后，于周为同姓，一旦为越所灭，周天子不唯不能正其罪，反从而给他祭肉表示尊重，王室衰弱，可谓到了极致。

贞定王

田氏篡齐

当初，齐桓公之世，陈国有公子完，得罪于陈宣公，恐见诛杀而奔齐。齐桓公爱其才，使他为工正（官名，主管工匠制造）之官，掌管百工。

陈本虞舜之后代，周武王封之于陈国，为诸侯，以继舜后，因以陈为姓。至陈完奔齐，又改姓为田，子孙蕃盛众多。后来，齐有崔杼（又称崔武子，齐国权臣，执政二十多年，当国秉政，骄横异常，先后立庄公、景公，在朝大肆杀戮，使齐国政局动荡。因杀齐庄公被太史书曰"崔杼弑其君"）、庆封暴乱，公室卑弱，诸侯大夫自相争夺，只有田氏最强，宗国之大权遂归田氏。

田氏欲邀买人心，以固其权位，乃多行私恩小惠，以结百姓之心。每放米谷借与百姓时，都用自家的大斗斛（量具）出与他，到百姓将米谷还官，及各项纳粮时，却只用官家的小斗斛收入，这是借国家之物，以收买人心，其奸计如此。百姓见齐君贪虐，而又以田氏有恩，皆感恩戴德。于是，田氏益强，那时齐国内多篡弑之祸，凡立君皆由田氏主张。

有田恒者，号成子，田完之六世孙，因齐简公宠任阚止（字子我，任齐国左相）而心怀不平，就杀阚止，并害简公，乃立平公而专其政。田恒死，其子名盘，号襄子，为齐宣公辅相。后来见晋之三卿韩、赵、魏迫胁其君，与他同恶，乃通使者与之结好，以为外援。又尽用其兄弟及族人，做各都邑的大夫，于是齐国之中，处处都有田氏的人，而齐之地尽为田氏占有。至其孙田和，遂灭齐而自立为诸侯。

即此可见人君威福之柄，一日不可下移。而欲常操其柄，又在人君正身修德，约己爱民，使主威常尊，而民心爱戴，则奸邪之臣，不得以行其窃夺之谋，而社稷永安。观田氏篡齐之事，岂不是千古之永鉴啊！

威烈王

三家分晋

魏斯、赵籍、韩虔，这三人都是晋之强臣。

春秋时，晋国有范氏、中行氏、智氏及韩、魏、赵，是为六卿。到后来范氏、中行氏、智氏三家都为韩、魏、赵所灭，权势日渐重大，遂三分晋国（司马光《资治通鉴》以"三家分晋"开篇，以哀叹天子势微，权臣强横，礼崩乐坏，天下大乱，由此开始）之地，以威势逼胁周天子，求封为诸侯。

天子微弱，其罪不能讨伐纠正，遂因而任命之，与列国之君同等待遇。

> 周自平王东迁以来，王室卑微，诸侯强大，礼乐征伐之权不出于天子。可是当时，体貌犹存，名分固在，因此诸侯彼此吞灭者有之，尚未有以臣代君，以大夫而遂为诸侯者。至于三家分晋，割地自强，胁迫天子以请封，而天子不敢不从，则冠履倒置，纪纲崩坏。所以宋代大儒朱熹修《纲目》以继《春秋》之后，始于威烈王，特书"初命"二字，正是说从前未有此事，所以垂戒万世也。

尹铎治晋阳，培养国本

初时，赵籍之祖赵简子，名叫鞅，使其家臣尹铎治晋阳（今山西太原）地方。

尹铎请问说："今往晋阳，将欲使我多取百姓的赋税，如抽取蚕茧之丝，至于尽绝而后已吗？或是使我爱养百姓，培植邦本，作为保障国家之基础？"尹铎此问，志在保障，不肯为茧丝。

简子说："保障啊！"正是欲他固结民心，藏富于民，不要剥取民财。

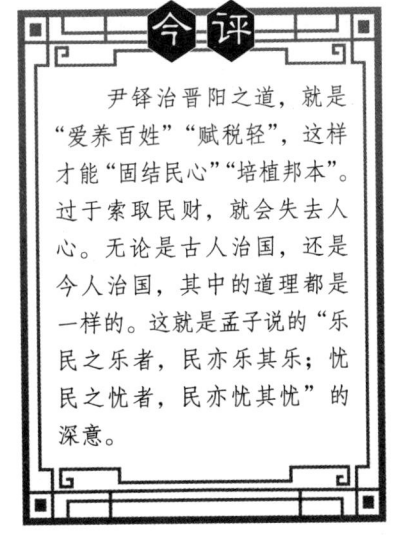

今评

尹铎治晋阳之道，就是"爱养百姓""赋税轻"，这样才能"固结民心""培植邦本"。过于索取民财，就会失去人心。无论是古人治国，还是今人治国，其中的道理都是一样的。这就是孟子说的"乐民之乐者，民亦乐其乐；忧民之忧者，民亦忧其忧"的深意。

尹铎至晋阳，减损百姓的户数，户口少，则赋税就轻，民力自然宽舒，正所以行其保障之言也。

后来赵简子之子赵无恤，为智氏（智伯）所攻打，最终托身于晋阳以免其难，只因能存心爱民，所以后嗣遂蒙受其利如此。何况治天下者，岂可不以爱民为先，以聚敛为戒啊！

士为知己死：豫让报恩

赵襄子既杀了智伯，恨他前日攻围狠毒，将他的头用漆漆了，做成盛尿的净壶，以泄其恨，这样做的确有些过分。智伯之臣，名叫豫让，平日深受智伯的恩待，所以要替智伯报仇，谋杀赵襄子。

一日，赵襄子使刑徒之人入宫涂饰厕房的墙壁。豫让就假扮成个刑徒，身中藏一把短刀，同众刑徒混入宫中涂厕，等待赵襄子上厕之时，就要行刺。赵襄子将去厕中，忽然心里惊动，疑有非常，把这涂厕的人，逐一搜检，搜出豫让身中凶器来。左右之人就要杀他。赵襄子说："他为主报仇，乃是忠义之士，不要杀他，我但谨慎防护躲避他便是了。"乃释放了他。

豫让报仇之志不已，又恐人认得他的模样，乃用生漆涂在身上，遍身发起癞疮，又吞食木炭，使其声哑，把容貌声音尽皆改变，装作个乞丐，在街市上乞讨。他自家的妻子也认他不得了，只有一个朋友，认得是豫让，怜其苦处，为之涕泣，因劝他说："以你这等才能，若替赵襄子做个臣，必得亲近贵幸，得近之后，那时乘机下手，岂不容易，何故受这等苦楚？"

豫让说："不可！若依着你这等言语去干，虽是容易，然既已委

豫让刺杀赵襄子图

世人感叹豫让的气节，佩服他的忠义精神，求仁得仁，为报知遇之恩，在所不辞，感天动地。

着形质为人臣子，而又包藏祸心以图之，是为臣而有二心也。人臣怀二心以事君上，罪不可赦，我岂可犯此大不义乎？我自知所为的事，费力难成，然不肯舍难而就易者，将以明君臣之义，使天下后世之为人臣而怀二心者，闻我之事而羞愧，岂可先怀二心以事人啊！此所以宁处其难，而不为其易也。"

后来赵襄子出外，豫让又埋伏于其所经由的桥下，欲待其过而起刺之。赵襄子将到桥边时，马忽然惊跳，知道有人，使人搜寻，又拿得豫让，遂将其杀死。

> 豫让感智伯之知遇之恩，虽智伯已死无后，而必欲为之报仇，至杀其身而后已，真可谓义士。由此可见，人君出入起居，必时时警备，以防意外之事。所以上而天象之昭垂，下而人情之动语，内而心神意气之惨舒，外而舆马旗器之变异，莫不随事精察，烛于几微，而不少怠忽，真诚保其身以保国家。有国者且如此，何况有天下者！

魏文侯尊贤敬士

魏斯是晋大夫魏桓子之孙，为文侯。文侯初即位，尊贤敬士，与图治理。当时，卜子夏（孔子著名弟子，被列入"孔门十哲""七十二贤"。孔子去世后，他来到魏国的西河讲学。门徒众多，名满天下，当时的名流李克、吴起、田子方、李悝、段干木、公羊高等都是他的学生，连魏文侯都尊他为师，史称"西河设教"）、田子方、段干木三人，都是贤德有才的人，文侯乃招致子夏、子方，尊以师礼。而段干木隐居不出，文侯每过其门，则一改肃容，虽在车中，不敢安坐，必屈身而凭其车上横木，他就是这样尊贤敬士。

魏文侯尊贤敬士

用人首先用德，德又首先重其忠，这自古以来就是人们秉持的用人之道。

四方贤士闻文侯尊贤之名，很多人来投奔他。文侯不但能尊贤礼人，而且不失信于臣下。

一日，他与群臣饮酒欢乐，天又下雨，忽然传命掌驾者要往田野中去。左右止文侯说："今日饮酒欢乐，天又有雨难行，可以暂止，君命驾何往啊？"文侯说道："我曾与虞人（掌管田猎之官）有约，今日会猎（围取禽兽），即使天下雨，饮酒虽乐，岂可失信于他，而不与一见！"于是，坚持到田猎所在，亲命虞人以雨罢猎。其重信而不荒于玩乐，不忽于微贱如此，因此魏在三晋中最强。

任座评说魏文侯

文侯一日问于群臣说："人莫难于自知，我为人主，不知是什么样的主呢？"时群臣众口一词，都称文侯说："是仁德之君。"

独有任座对说："不是这样，人君必至公无私，方可称为仁君。今主君得中山（国名，魏文侯使其臣乐羊举兵伐中山之地，战胜取之，以中山之地封其子)之地，不以功封其弟，而以亲封其子，是薄于待弟，而私厚其子，仁者不如是也，何得为仁君啊！"

文侯见任座当面羞辱他，不觉发怒，任座恐惧，就出来等着被治罪。文侯又问于翟璜说："我是何样的主？"翟璜对说："我君真仁君也。"文侯说："你何以知寡人为仁君？"

翟璜对说："臣闻上有仁圣之君，则下有耿直之臣。任座之言，直而不阿，必有仁君在上，所以能优容之，因此知君之为仁君也。"文侯闻翟璜之言，其心乃悦，因使翟璜召任座转来，亲自下堂迎之，以为上客，而礼遇之。

文侯始因任座之直言，则不免于怒，继悟于翟璜之善对，遂迎之致敬以有礼焉。所谓"善说而能分析"就是这样，所以文侯也是贤君啊！

李克：观人识人之法

魏文侯欲立辅相，乃召其臣李克与他商量，说道："先生平日曾有言说：'凡人家贫，则思量得个贤妻，共营家计；国乱，则思量得个良相，共理国事。'如今魏国初立，正是要求良相之时，我今所置立的辅相，不是魏成便是翟璜（二人都是魏国贤臣），这二子何如，还是何人可用？"

李克不敢擅自拟定，但告文侯以观人之法，使他自择，对说："凡欲观人者，当于其平居时，看他所亲近的是什么样人；于其富足时，看他能散财以济人之急否；于其显达时，看他所荐举的是什么样人；于其穷困时，看他能有所持守不肯妄为否；于其贫难时，看他能有所辞却不肯苟取否。把这五条参详考验，就足以定二子之高下了。"

此时，魏成分禄养贤，所荐的都是贤士，正合着那"富视其所与、达视其所举"的两件，李克之论，也是暗荐他。

文侯既闻此言，便自理会了，遂告李克说："先生请归就舍馆，我的相有人啦。"其后果以魏成为相，而文侯所以称为贤君者，也是得魏成辅相的功劳最多。

李克所言五事，为万世人主择相的标准。

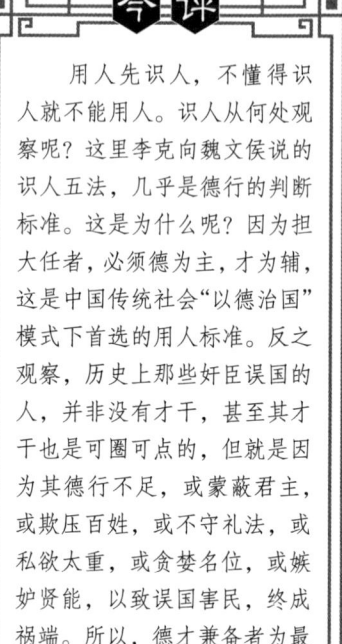

今评

用人先识人，不懂得识人就不能用人。识人从何处观察呢？这里李克向魏文侯说的识人五法，几乎是德行的判断标准。这是为什么呢？因为担大任者，必须德为主，才为辅，这是中国传统社会"以德治国"模式下首选的用人标准。反之观察，历史上那些奸臣误国的人，并非没有才干，甚至其才干也是可圈可点的，但就是因为其德行不足，或蒙蔽君主，或欺压百姓，或不守礼法，或私欲太重，或贪婪名位，或嫉妒贤能，以致误国害民，终成祸端。所以，德才兼备者为最佳人选，其次德为先、才为后，这是选择重任时的历史经验。

李克：宰相之才

李克与魏文侯论相而出，翟璜问李克说："君召先生卜择辅相，最后用了谁？"李克虽不见文侯说出姓名，然以所言五者定之，料得必是魏成了，遂对他说："是魏成。"

翟璜自负有功，不在魏成之下，忿然作色说："我与魏成同仕于魏，自揣颇为尽心，且以我所荐举的人才言之，如西河郡守吴起，是我所荐也，起守西河（郡名，在今山西汾州）而秦兵不敢东向。邺是大邑，近在内地，无可使治者，君以为忧，我荐西门豹，而邺（邑名，在今河北省临漳县）遂大治。君欲伐中山，无人为将，我荐乐羊，终究取了中山。中山既得，无人可守，我又荐先生以守之。君之公子未有师傅，我又荐屈侯鲋以为之傅。凡此都是我的功绩，在人耳目之所共见而可记者也。我何不如魏成，而乃用魏成为相呢？"

李克说："荐贤都是为了国家，而人才则有不同。魏成食禄虽有千钟之富，然未尝私积于家，都把来赒给贫乏，礼聘贤士，大率十分之中，有九分用在外面，只有一分自家用度，其厚于养士，而俭于自用如此，是以天下贤士皆归之。于东方得卜子夏、田子方、段干木，而荐之于君，这三个贤人道高德厚，君皆以师礼待之。子所进的五人，君皆以臣礼使之。以师礼待之者，赖以进德修业，以端出治之本，其功甚大，三人不为少。以臣礼供职的人，不过使各治一郡，供一职而已，虽五人不为多也，你怎么能与魏成相比呢？"

翟璜听李克说得有理，自知失言，乃再拜谢罪说："璜乃鄙陋之人，方才的言语，失于应对，这是我见识不到处，愿终身为弟子，请教于先生，以长我之见识，让我不再这样鄙陋了。"

人臣事君之忠，莫大于荐贤为国，而为宰相的人，尤当宽容而有气量，绝妒忌之私心，开公正之言路，使天下贤者皆集于朝廷，以共理国事，乃为称职。观李克向者五言，定相之说，与折服翟璜之语，可谓知人臣忠君之大，而人主择任宰相之道，在此可见了。

吴起拜将

吴起为将,能抚恤士卒,他穿的衣服、吃的饮食,与士卒中最下等的一般。念士卒有风霜之苦,他睡卧也不设席褥;念士卒有奔走之劳,他行时也不骑坐车马;途中余下粮食,他亲自收裹,不肯劳动下人。虽身为大将,而能与士卒同受劳苦,不分贵贱如此。

士卒中曾有生毒疮的,吴起亲用口替他吸去脓血,使他容易痊愈。那士卒之母,闻说此事,悲声痛哭。旁人说:"你的儿子是个小兵,今以将军之贵,亲替你儿子吮脓疮,你只该欢喜感戴,为何啼哭呢?"

吴起

吴起一生"与诸侯大战七十六,全胜六十四",与孙武并称"孙吴"。

其母对说:"我之所以哭者,哭我子之将死也。当年其父生毒疮,吴公也曾吮之,其父感激吴公的恩德,不顾性命,替他出力报效,临阵时舍死向前,不肯退步,遂力战而死。如今吴公又吮其子,料他感恩效死,亦如其父。妾不知他死在何处,所以哭之。"吴起之为将如此,此所以战无不胜,而用兵即使是司马穰苴(ráng jū,春秋时齐国名将)也不能超过他。

为将者,以恩结士卒之心,士卒且竭忠尽命,若人君驭将而能推心置腹,假之以事权,待之以恩信,则为将者感奋图报,又当何如啊!

安王

——国宝在君德,不在险阻——

周安王之十五年,魏文侯去世,太子击嗣立,是为武侯。

武侯一日泛舟于西河,顺流而下,当河之中流,观魏国的形势,回顾其臣吴起,叹说:"美啊!这山河之险固,乃天造地设以壮我国家的,岂不是魏国之宝?"

吴起恐武侯只恃了这险阻,不去修德,遂正言以对说:"国家之所宝,只在君德,不在险阻。何以言之?昔虞舜时有三苗氏,其国在荆扬之间,左有洞庭(湖名),右有彭蠡

今评

山河之固不如人心之固,这是受历史检验的真理。皇帝坐江山也好,普通人做事情也好,人心所向才是最重要的。说白了,任何事业的成功和固守,最重要的是获取了人心,否则,就会有失败和崩盘的危险。当然,这里是对君王阐述"人和"的重要性,在人和之外,也要重视天时和地利的作用,因为任何事务,都不能过于简单化、理想化。这就是历史的复杂性和真实性。

(今鄱阳湖),非不险固。他却恃此而贪玩逆命,德义不修,后来舜命禹征灭了他,并将其国瓜分。夏王桀居于城,左有河济(二水名),右有泰华(西岳华山),伊阙(地名,位于今河南洛阳南,因两山相对如阙门,故称伊阙)在其南,羊肠(山名)在其北,四面山河,非常险固。他却恃此而为暴虐,修政不仁,后来商汤举兵伐之,于是将桀流放南巢。商王纣都于朝歌,左有孟门,右有太行,常山在其北,大河在其南,四面山河,非常险固。他却恃此而为暴虐,修政不德,后来周武王举兵伐之,将纣杀死在

牧野。这等看来，果然只在君德，不在险阻。人君有德，则人心爱戴，虽无险也自固；若君不修德，失了人心，且莫说外面诸侯来伐，就是今日这眼前的人，同在舟中者，都是君之敌国，匹夫匹妇都能胜，虽有险阻，无所用之，没什么可怕的！"

于是，武侯闻言而悟，称道他说得好，可见武侯是能受善言的君王。

《易》称王公设险以守其国。山川险阻，亦有国者之所不废，但必有德以固结人心，然后其险可守，非谓险可弃而不用也。宋家失燕云十六州之地，终为胡虏所乘，由此看来险又如何可弃啊！若能修德以守险，不仅能使国家根本牢固，国势也将尊贵起来。

吴起自负有功

魏武侯设立辅相，让田文担任。

吴起自负有功，不得为相，心中不乐，对田文说："君主所以用子为相者，必以子之功多于我也。你我比比功绩如何？"田文说："可以。"

吴起遂问田文说："若统领三军，出去征战，能使士卒踊跃，舍死向前，每战必胜，而敌国惧怕，不敢谋我，这样本事，你比我如何？"田文说："我不如你。"

吴起又问说："若内而统领百官，使大小称职，亲附万民，使上下同心，充实府库，使财用不乏，这样本事，你比我如何？"田文说："我也不如你。"

吴起又问说："秦兵强盛，又与我西河接境，若守住西河，一面能使秦人恐惧，不敢东来犯我，而韩、赵二国，也都畏我之强，卑词厚礼，相率宾服，这样本事，你比我如何？"田文说："我也不如你。"

吴起说："这三件事，子都在我之下，今君主用子为相，位反居我之上，这是何故？"田文对说："虽然这三件功绩，我不如你，若论主上幼小，国家危疑，大臣们不肯亲附，百姓们不肯信从，当这时候，若能托孤寄命，主张国事，使臣民莫不信服，这等大事，不知将付托于子呢，还是付托于我呢？"

吴起默然沉思许久，才服了田文，说道："这样重任，须是你才当得，非我所能，我君用子为相，果然没错。"

即此可见富国强兵、效劳任职之事，凡是有才华的人，皆可以勉而能。大臣处难为之际，而不动声色，措社稷于泰山之安，则非其德望器度，素能镇服人心者，不足以与于此。人君择相者，一定要以此为鉴啊！

子思论人才之长短

周安王之二十五年，子思住在卫国。一日，他对卫侯说："君之臣有苟变（人名，卫国大臣）者，其人甚有才能，可为五百乘（五百辆战车）的大将，宜即时用他。"

卫侯说："苟变是有才，我也知道他可用。只因他往日居官，征收百姓的赋税，乃取百姓的二枚鸡蛋而食之，其操守似欠廉洁，以此之缘故，我所以一向不曾用他。"

子思说："天下无全才，有所长，或有所短，岂可一一责备。圣人之用人，随才器使，就如大匠之用木一般，但取其所长，不必较其所短。故杞、梓二木，材之最美者也，假使二木有数人合抱的大材，中间却有数尺朽坏，在良工必不因数尺之朽，而并弃其连抱之材。今日，君主处列国争战之世，正要选用谋勇爪牙之士，我们以吃两个鸡蛋的小节，轻弃了守城的大将，给敌国留下人才。此人不可让邻国知道，否则大家都想得到这个人。"

卫侯听得子思之言甚是有理，起身再拜说："寡人承教，已经谨听受用了。"

大抵天下不是没有人才，而是缺少全才之人，所以最可贵的是人君能各用其所长。周公有云："无求备于一人。"孔子亦云："及其使人也器之。"用人者宜留意这条。

子思

子思是中国著名的思想家，孔子嫡孙，曾子的弟子。孔子的思想学说由曾子传子思，子思的门人再传孟子。所以后人把子思、孟子称为"思孟学派"。因子思上承曾子，下启孟子，在孔孟"道统"中占重要地位，因此尊曾子为"宗圣"，尊子思为"述圣"，尊孟子为"亚圣"，与"复圣"颜回，史称四配，同享孔庙祭祀。

子思论君臣之道

卫侯一日在朝堂上，与群臣论事，他所言的计策，哪怕是错误的，而卫国群臣们，都顺应卫侯的意思，在他面前齐声说好，如出于一人之口，没有人敢说他不对。

此时，子思在卫，慨叹说道："以我看卫国之君臣，就是古人所讲的'君不君、臣不臣'。为君者，审察事之是非而不执己见，使事无差错，才是明君。若不管是非，只喜人称赞，以致误事，其昏暗不明得很。这就是所说的'君不君'。为臣者度量理之所在，而不肯逢迎，使君无过举，才是忠臣。若不顾道理，只阿谀其君，以求自容，甚至是谄佞不忠。这就是所谓的'臣不臣'。君虽暗，而有忠臣以救其过，臣虽谄，而有明君明辨其奸也是可以的。君暗臣谄，以居于百姓之上，则所行之事，必有悖民心，就没有人为百姓主持公道！使知所改图，才可以免祸。若如此不改，则过错日益累积，百姓日益离心，卫之国将败亡。我怎么可以不说？"

子思于是告于卫侯说："君之国事，越来越不像话。君说出的言语，自家便以为是，而下面的卿大夫，没有人敢于指出你的是非；卿大夫说出的言语，自家便以为是，而下面的士庶人，也没有敢于指出他们的是非。君臣既皆自以为是贤者，而群下之人，又同声以称谀其贤。称谀其贤，则顺意而有荣宠之福；救正其失，就会因为意见不同而遭受黜罚之祸。如此则上下相蒙，君臣都没有悔悟自新的机会，善又从哪里来呢？《诗经》上说：'具曰予圣，谁知乌之雌雄？'是说人人都认为自己是圣人，但是没有人辨别真假，就像乌鸦之雌雄相似而难辨一样。这是诗人伤时之言，难道是这样说君臣吗？君主一定要改掉他的好谀之心，而求忠直来加持自我。喜欢阿谀之言是人之常情，但其祸就在于此，那么听言者就不认为顺己是高兴的事了！"

史臣记子思之告卫侯，所以这里也就告诉后世了。

齐威王烹杀阿邑大夫

齐威王初即位之时,不理政务,凡事废弛,国势衰弱。到了三年以后,忽然奋发图治。

一日,召即墨大夫来,当面对他说:"自从你到即墨地方,我左右的人,都说你做官不好,毁谤之言,日日闻于吾耳。及至我使人到你即墨境内查看,却见得田地开辟,没有荒芜的;人民富足,没有贫苦的;官事修举,没有废坠的。你东方一带,甚是宁静,全与那毁谤的言语相反。这是你以正自守,不结纳吾左右以求扶助也。贤能如此,岂可不赏。"乃加封万户以旌奖之。

又召阿邑大夫来,当面责备他:"自从你治阿以来,我左右的人,都说你是好官,称誉之言,日日闻于我耳。及至我使人到阿邑境内察看,却见得田地荒芜,人民穷饿。前时赵国攻鄄,在你邻近地方,你也不去救援;卫国取了薛陵,你尚然不知,全与那称誉你的言语相反。这是你不干实事,专用厚币结交我左右以求名誉也。罪过如此,岂可不诛。"于是当日就烹了阿邑大夫,并惩罚左右尝称誉其贤者。

从此以后,齐之群臣,人人震悚恐惧,不比前时。凡在外做官的,及左右进言的,无敢心怀狡诈、文过饰非,大家都尽其真情。所以齐国大治,而于天下诸侯,最为强盛也。

> 即此见人君之为治,不在多术。赏一人当其功,则千万人以劝;刑一人当其罪,则千万人以惩。只要觉察一毁誉,而毁誉之言,就不敢进言了。

魏王以珠玉为宝，齐王以贤臣为宝

周显王十四年，齐威王、魏惠王相与约会田猎于汶上的南城。相见间，惠王问说："你齐国中有什么宝贝？"威王说："没有什么宝贝。"

于是惠王自夸说："寡人之国，虽然狭小，尚有内径一寸的大珠，其光明可以照车前后各十二乘者，共有十枚。以齐国之大，何独无宝？"惠王所宝，在于珠玉玩好，此等物，何足为国之轻重而宝之，太没见识了。

威王对说："寡人之所以为宝者，与王不同。您以珠玉为宝，吾则以贤才为宝。我齐国之臣，有檀子者，使他守南城地方，则楚人近我南边的，不敢来侵伐为寇，那泗水上十二个小国诸侯，都来朝于齐。吾之所宝檀子其一也。又有盼（pǎn）子者，使他守高唐地方，则赵人近我西边的，不敢东来取鱼于河，恐惊动我境上。吾之所宝盼子其一也。又有黔夫者，使他守徐州地方，则燕人近我北边的，畏我兵出北门，赵人畏我兵出西门，都去祭告祈祷于神，求免齐之侵伐，两国界上

今评

对一个君王来说，什么才是最重要的？这里，张居正用一个小故事向少年皇帝生动地阐述"唯人才是宝"的深刻道理。所以治国之要，首在求取贤才，如齐桓公得管仲而称霸诸侯，刘备礼诸葛亮而三分天下。所以，有人才则国家兴旺，有人才则单位兴旺。同时，选用人才需要注意的是：扬长避短，人尽其才。晏子说，"橘生淮南则为橘，橘生淮北则为枳"。如果用错地方，人才可能会成为一个庸才。用人者不可不辨啊！

的百姓，从而徙居于徐州者，凡七千余家。吾之所宝黔夫其一也。又有种首者，使他主管国中的盗贼，他令行禁止，盗贼都变为良民，就是道路上偶有遗失的物件，人也不敢拾取，况有偷窃劫夺呢？吾之所宝，种首其一也。王所宝的珠，前后止照得十二乘，若论我这四个臣，保国安民，抵抗敌人，其威名所及，将远照千里之外，何止十二乘啊！这个比王之所宝何如？"

于是惠王自知失言，默然有惭色。

齐威王不以内径一寸之珠为宝，而以贤臣为宝，此与《大学》所引《楚书》"惟善以为宝"意思正同，也可谓知所重者，此所以为战国之贤君也。

孟子传道，仁义为本

周显王三十三年，邹邑（鲁国地名，今山东济宁邹城）中有个贤人，叫做孟轲，他传受孔子之道，所学以仁义为主，论治以尧舜为法，而战国诸侯皆不能用，所以孟轲隐居不见。及魏惠王卑礼厚币，招聘贤者，乃自邹至魏，见魏惠王。

惠王见了孟轲，尊而称之说："自邹至魏，路程千里，叟（对年高者的尊称）今不以千里为远，来到我国，岂是无缘无故，或者也要施展平生的抱负，使我财富兵强，于国有利吗？"孟子对说："君何必言利，治国之道，只是尽仁义。"

然而孟子之言仁义，不是从今说起。

初时，孟子从孔子之孙子思受业，尝问子思说："抚养百姓之道，何者为先？"子思说："先要利民。"

孟子又问说："君子所以教民，只是仁义便了，何必说利？"子思答说："我所谓利，正从仁义中来。假如上不仁，则必残害其民，而下民不得其所；上不义，则必以智术御民，而下民仿效，乐为诈伪。上下如此，必至危亡，其为不利莫大。所以《易经》上说：'利者，义之和也。'言物惟有利，则各得其所，不相侵害，乃为义之和洽。又说：'利用安身，以崇德也。'言施用利而身安，乃所以为崇德之资。这两句都是说仁义之利，乃利之大者，而非如富国强兵之小利也。"即子思、孟子之所授受，见孟子之言仁义，乃其平生学问，原是如此。

孟子

孟子是中国著名的思想家、政治家、教育家，是孔子之后、荀子之前的儒家学派的代表人物。弘扬仁政学说、义利之辩，主张性善论，提倡"民贵君轻"思想，对后世中国思想影响巨大，与孔子并称"孔孟"。

人君欲用贤者之道，不要使他舍弃所学而从我啊！

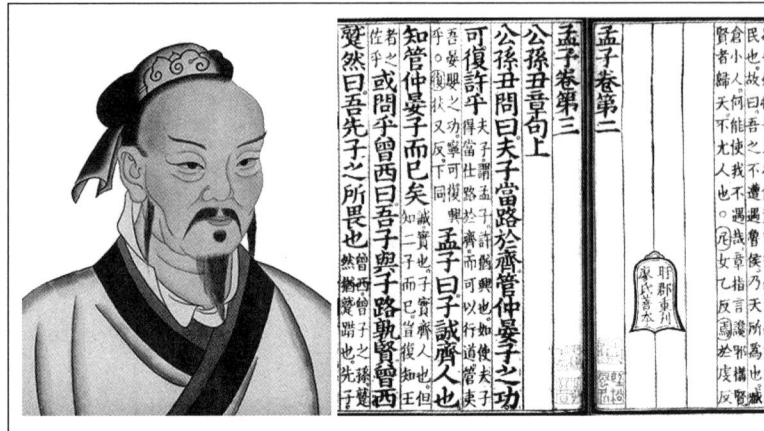

孟子·古版《孟子》

《孟子》是儒家的经典著作,战国中期孟子及其弟子万章、公孙丑等著,被南宋朱熹列为"四书"之一。书中记载有孟子及其弟子的政治、教育、哲学、伦理等思想观点和政治活动。

赧王

千金买马骨,屈身待贤才

周赧王之三年,燕国人因燕王哙为齐所杀,乃共立其太子名平者,是为昭王。

昭王当破败后,虽即君位,国势甚衰弱,欲收拾人心,以图兴复。百姓有死亡的则去吊恤,有孤苦的则去慰问。自己奉行节俭,而常常急于济人,与百姓们同受甘苦。又自卑其身,拿出厚礼去招致四方的贤士。尝与其臣郭隗商议说:"齐人因我燕国有子之祸乱,而袭破我燕国，乃我之深仇。我今日承此破败之后，极知国小力弱，不足以报复齐仇。然若得贤士与之共谋国事，转弱为强，以洗雪我先王之耻，实在是我的愿望。先生替我访求四方有才德之士，可与共谋国事者，我情愿屈身以师事之。"

郭隗对说："闻得古时曾有人君，将千金的重价，使人去寻买日行千里的良马。及到一个地方，那千里马已死，这使臣就用五百金买那马的骨头回来。其君大怒说：'我着你寻千里马，你买这马骨回来何用？'使臣对说：'这正是求马之术。以良马之骨，犹不惜重价而买之，何况活马呢？四方之人，听得我君好马如此，则凡有良马者，必将献于君，岂待求啊！'不出一年，果然有三匹千里马来到，此买马骨之所致也。今王若欲四方贤士来归，可用此术以招致之，就把我郭隗当作个贤士，尊敬起来，如那买马骨的一般。四方之人，听得我君这等敬贤好士，莫不愿为王臣，凡才德过于我者，皆将闻风而至，岂以千里为远啊！"

昭王就依他说，特为郭隗改造一所宫馆，以师礼敬事他。于是四方之士，闻知昭王好贤，都争先来到。如乐毅自魏国来，剧辛自赵国来。而乐毅尤有才智，昭王用为亚卿（如今日副总理）之官，任以国政，后来果赖其力，破齐而复燕，乃昭王之好士所致也。

燕昭以丧败之遗，而得一二策士之效，遂能转弱为强，兴复其国如此，何况处全盛之势，而能尽用天下之贤者啊！

蔺相如与和氏璧

赵惠文王得楚人卞和氏之璧,秦昭王闻知,欲得之,使人与赵说,愿以十五座城池与赵换此璧。赵王畏秦之强,不敢不给,又恐其得璧之后,不肯给城,因与其臣蔺相如商议:是给他好呢,还是不给他好呢?

相如对说:"秦王以城求璧,王若不给,是我的理亏了;给了他璧,他若不给我城,是他的理亏了。宁可使他理屈,不可使我的理屈,还是给他为好。王若怕他失信,臣愿亲将此璧送至秦国。秦若不把城池给赵,臣请全璧而归,决不白送了他。"

赵王依相如说,就使他奉璧到秦。秦王得璧到手,果然无以城偿赵之意。相如料知其意,乃设计哄秦王,取回此璧,密遣一使者将这璧藏在身边,预先送回赵国,却自家单身待命于秦,任从秦王

蔺相如进献和氏璧图
和氏璧现已失传,但历史上诸多记载证明确有此物。

如何处置。

秦王见相如有智谋，不辱君命，也不忍杀，反以礼相待，遣而归之。相如归赵，赵王嘉其能全国之宝，增主之威，就用他为上大夫。

相如之完璧，不是爱惜此宝，但欲因此折服秦王，使之不敢有加于赵。以一智计之士，犹足为国之重轻，况于贤人君子呢！

燕昭王厚信乐毅

乐毅（战国后期杰出的军事家、战略家，辅佐燕昭王振兴燕国。公元前284年，他率军攻打齐国，连下七十余城，创造了中国古代战争史上以弱胜强的著名战例。后因受燕惠王的猜忌，无奈投奔赵国）既败齐兵，入其国都，乘胜长驱，齐城没有不被降伏的，独有莒（今山东省日照市莒县一带）与即墨（位于今山东省青岛市即墨区）二城为齐坚守，燕兵围了三年，尚未服降。

乐毅既拥兵在外日久，有人在燕昭王面前谗谮他说道："乐毅有过人的智谋，攻无不克，看他前日伐齐，呼吸之间，就克了七十余城，今未克者仅莒与即墨而已。以他的智力，岂不能拔此两城，却乃攻围三年而不下者，他的意思，欲自为齐王，恐人心一时未服，故顿兵在此，久仗威力，渐收人心，待那齐国百姓都归向他了，然后据有齐地，南面而为王，不是有意为燕之王！"

昭王平素信任乐毅，知道乐毅是忠臣，绝无此心。乃设酒大会群臣，引出那谗谮的人，当众臣面前，数他罪过，即时斩了，就遣相国大臣，立乐毅为齐王。乐毅见昭王这等推心任他，不为谗言所间，愈加感激，曲命惶恐，不敢承受，但敬拜奉书，以死自誓，期于捐躯报主，不敢辜负也。

由此齐国臣民，见他君不负臣，臣不负君，都服燕之义；各国诸侯，见他臣不疑君，君不疑臣，都畏燕之信，无敢复有设为计谋，离间其君臣者。向非昭王知臣之深，信臣之笃，乐毅虽贤，恐不能自保了。

李牧示弱破匈奴

赵王用其臣李牧（赵国名将、军事家，与白起、王翦、廉颇并称"战国四大名将"。战国末期，李牧是赵国赖以支撑危局的唯一良将，素有"李牧死，赵国亡"之称）为将，率兵伐燕，遂取了燕家武遂、方城之地。

这李牧乃是赵国一个好将官，他曾统兵在代雁门（赵国边疆）地方，防备匈奴，赵王知其贤而重任之。凡边上一应军务，及举用将吏，都许他以便宜行事，不从中节制他。关市上的租税钱粮，都上纳在他幕府中，以供士卒的费用。

李牧就用这钱粮，每日杀牛市酒，犒赏军士，使军士每天时时演武学射，谨慎留心墩台上传报的烽火（边疆上所烧烟火以传报警急），多置军中探听的人，都布置停当了，就吩咐众军士说："今后胡虏要来犯边，你们就急忙撤入城堡，收敛保聚，只使他野无所掠便了，却不许轻与之战。有敢违我的将令，擅自出去捉拿虏人的，定行斩首。"

于是，军士们都遵依着李牧的约束。但有匈奴进犯边境就举起烽火，递相传报，没有疏漏，各城堡都预先知道了，便入城坚守，不与他战。如此数年，虽不曾斩获首级，自己的人马也无所损伤。这正是李牧的计策，佯输示弱以诱敌。

匈奴见他如此，都说李牧怯懦，不敢和他厮杀，意气渐骄。边上士卒，日受赏赐，又不用着他蓄养的气力精锐了，都情愿出去与匈奴一战。李牧知士卒气势正盛，于是出其不意，举兵而攻匈奴，杀了他十余万人，遂灭匈奴各部，那单于（匈奴国君主）畏惧奔走，从此十余年，再不敢犯赵国的边地。

李牧不耻小败，不求小胜，蓄威养锐，以乘敌人之懈怠，所以能一举而成大功，的确是良将。然而也由赵王任之专，信之笃，所以其计得行。若一有费用，便从中阻之，一不出战，便从中促之，未展谋略，先见掣肘，虽良如李牧，亦安能为啊！所以说，"将有才能而君不掣肘者胜"，就是这个道理。

秦朝年表（前221年—前206年）

称 谓	姓 名	年 号	在位时间
始皇帝	嬴政	始皇	前246年—前210年
秦二世	嬴胡亥	二世	前209年—前207年

　　秦朝顺应历史发展潮流，结束分裂，完成统一，对中国历史产生了深远影响。秦朝结束了春秋战国几百年的分裂割据局面，建立起统一的多民族的中央集权国家，使统一思想深入人心。开创的一系列巩固中央集权的制度和措施，对后世政权影响巨大。而统一度量衡、货币、文字等措施，又促进了社会经济、文化的发展。这一切，秦始皇功不可没。可是，大秦帝国为什么二世而崩、短命而亡呢？这又是历代中国人关心和研究的历史课题。

　　秦，国名。初周孝王时，始封非子于秦，为伯爵。平王东迁，秦襄公始尽有岐雍之地，至孝公越来越强大，最后称霸诸侯。到了始皇兼并六国，自立为帝，仍以秦为国号。

始皇帝

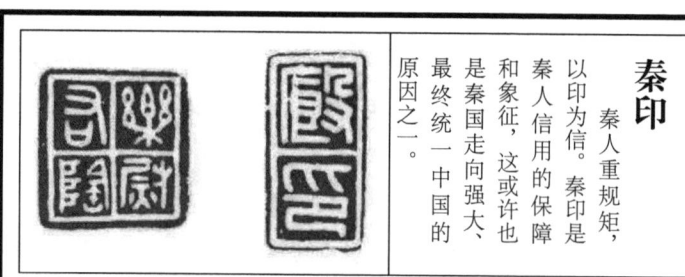

秦印　秦人重规矩，以印为信。秦印是秦人信用的保障和象征，这或许也是秦国走向强大、最终统一中国的原因之一。

吞并六国,始称皇帝

秦王政既灭齐、楚、燕、赵、韩、魏之国,尽并天下之地,自以为其德之盛,可以兼乎古之三皇,其功之高,则过于古之五帝,自开天辟地以来,只有他一个,于是兼三皇五帝之号而自称为皇帝。凡传命于群臣的言语,叫作制。凡出令于天下的说话,叫作诏。

又谓古人死而有谥(shì,谥法,是古代帝王或大夫去世后,其大臣或部下根据他一生的德行而评价的称号,如武王因武功开国故称武,幽王因昏暗不明故称幽,以此类推),是子议其父,臣议其君也。自今以后,不用古人追谥之法,只以世代相传,如我是一代创始之君,就称为始皇帝,到第二世,就称为二世皇帝,第三世就称为三世皇帝,从此数将去,直至于万世,传之无穷。秦始皇之意如此。

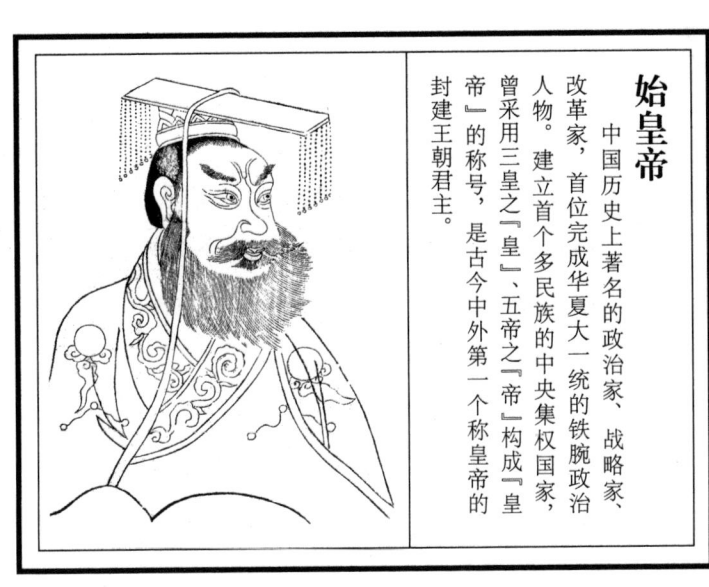

始皇帝 中国历史上著名的政治家、战略家、改革家,首位完成华夏大一统的铁腕政治人物。建立首个多民族的中央集权国家,曾采用三皇之『皇』、五帝之『帝』构成『皇帝』的称号,是古今中外第一个称皇帝的封建王朝君主。

> 天位至重，天命不常，有德则兴，无德则亡。是以自古圣帝明王，兢兢业业，尧之命舜，舜之命禹，都说四海困穷，天禄永终，虽一身犹不敢保，怎能期待国运之长远呢？始皇以武力并六国，天下之人方且敢怒而不敢言，乃傲然自谓兼三皇、过五帝，而欲传之万世，岂不荒谬啊！这就是秦之所以速亡的原因。

废除分封，推行郡县

秦始皇既定天下，丞相王绾（wǎn）等奏说："天下之地，唯燕、齐、荆三国离京师很远，若不立个国王，则无以镇服人心，恐生他变。请以皇帝所生诸子，分封为王，以守其地。"秦始皇将王绾所言，发下与群臣会议。

那时，群臣都以王绾之言为是。独有廷尉（主管天下律令及刑狱的官职）李斯（秦朝著名政治家、文学家、书法家。法家代表人物，反对分封制，主张禁私学，废《诗》《书》、六国史记及"百家语"。始皇帝驾崩后，与赵高矫诏，迫杀扶苏、蒙恬、蒙毅，立胡亥为帝。后被赵高诬为谋反，腰斩于咸阳市，夷三族）议说："周家文王、武王初定天下，要建立宗藩，以夹辅王室，所分封子弟，及同姓为公、侯、伯、子、男甚众。到后来族属疏远，不念同姓之亲，反举兵相攻击，如仇人一般。周天子衰弱，所有的事都禁止他不得，天下大乱，以至于亡。诸侯王之害如此。今海内幸赖陛下神圣威灵，削平六国，归于一统，不如把天下都分为郡县，设流官以治之。其皇帝诸子及功臣，不必封为侯王，只以公家赋税钱粮重加赏赐，甚是富足，其势容易把控。以天下共奉一人，则人无异心，此国家安宁长久的办法。若重置诸侯，则一统之势，复成分裂，各私其土，各擅其兵，他日又有列国分争之祸，甚为不便。"

始皇采取李斯之议，说道："天下共苦战斗不息，只因有诸侯王。

今赖宗庙之灵，天下初定，若又建国立王，是从新树起兵端也，而求天下之宁息，岂不难啊！廷尉说的甚是。"

于是，遂分天下为三十六郡，每郡各置郡守一人总管郡事（如今省长）；又置郡尉一人专管兵马，与郡守体统相似（地方武官，主管军政）；又置监临之官，以御史为之，监察诸郡之事（如今省检察院）。大小官员都由朝廷任命罢免，不得世守其土，而古来帝王分封诸侯之法，自此尽废了。

又恐民间私藏兵器，挟以为乱，乃收而聚之咸阳（秦代国都），把铜铁都销熔了，铸作极大的钟器，及金人十二座，各重十二万斤，置在宫庭中，使天下人民无兵器，则不敢为乱。这都是秦始皇自以为的保守之计。

其心以为侯王不立，则天下无乱人。孰知后来并起而亡秦者，乃出于里巷田野之匹夫。又以为兵器尽销，则天下无乱具。孰知后来豪杰一呼，斩木亦可以为兵，揭竿亦可以为旗。可见人君之欲安天下者，惟在乎仁义之固结，而不在于法制之把持也。

巡行，封禅，求仙

秦始皇之既立为帝，巡行天下，先已巡陇西北地。至二十八年，又东行郡县，登邹峄山（今山东济宁境），立碑刻铭于其上，称颂自家的功业。又登泰山之阳，到达山顶，也立碑于其上，称颂自家的盛德。乃从山北阴道下来，封禅而祭于梁父山（位于今山东省泰安市徂徕山南麓），并且游东海。

当时，有方士（古代自称能访仙炼丹以求长生不老的人）徐市等，欺诳始皇说："今东海中有蓬莱、方丈、瀛洲，三座神山，都是仙人之所居，其中有长生不死之药。请得斋戒，与童男童女共入海求之。"始皇误信其言，遂遣徐市发童男女数千人，入海求神仙，直到始皇去世也没有消息，终为方士所欺。

始皇东游之后，又渡淮水南，巡行楚地，浮于大江，至洞庭湘山祠，突然遇着大风，几不能渡。始皇问于博士说："这上面的祠宇，称是湘君祠，湘君是前代何神？"博士对说："昔黄帝有二女，一个叫娥皇，一个叫女英，为虞舜之妻，后来葬于此地，所称湘君即其神也。"

始皇以渡江遭逢危险，疑是山神阻之，因此大怒，遣刑徒三千人，斩伐那湘山的树木，尽赤其山，以泄其愤。

李斯碑

在雄伟的泰山极顶，秦始皇命李斯书写铭文一篇刻于泰山之巅。二世胡亥也曾到达泰山封禅，在他父皇刻石的下方，刻上了他的诏书及随行人员的名字。两次泰山刻石，共计222字，均为李斯所书，被誉为"天下名碑之最"。

这一段前面是始皇侈心于封禅，后面见始皇惑志于神仙，史臣详记其事，所以深着其骄泰之失，垂万世之鉴戒也。

伐匈奴，修万里长城

始皇三十三年，又巡行北地边境。以前，曾遣燕人卢生入海求神仙，至是卢生从海上回来，奏上他所录的图书（符谶之书），说道："亡秦者胡也。"始皇疑胡是胡虏，乃遣将军蒙恬发兵三十万人，北伐匈奴，以除胡虏之患，尽取黄河以南的土地，分作四十四县，今宁夏地方是也。

又大起丁夫，营筑长城，自西至东，随其地形之高下，远近都堵截了，以控制那北边上险阻要塞之处。这城西起陕西临洮（今甘肃境），东至辽东（山海关）地方，接连一万余里，兵威震动于匈奴。然而，匈奴自此虽远遁，边患宁息，而中国之民力则疲惫也。

按图书所言，胡乃胡亥，是秦二世皇帝之名，秦至二世而亡，故征见于图书如此。始皇不务修德爱民，以延国运，乃劳民动众，伸威于万里之外，一旦祸起萧墙，土崩瓦解，虽有城池险阻，谁与守之啊！

焚烧诗书，控制言论

秦始皇三十四年，丞相李斯奏说："向时列国诸侯并起争战，得士者强，失士者弱，所以诸侯每争以厚礼招四方游学之士，以为谋臣。那时候，不得不如此。到今日天下已定，法度号令出于一人，百姓们当家，则专务农业，为士的要通世事，则专学律令，天下要务，不过如此。今日，很多儒生却不师今时之法，而学古人之说，妄论时事，惑乱黎民，批评朝廷法教之制，每闻朝廷有命令颁布下来，便各以其所学评论可否，入则非于其心，出则议于里巷，骄傲自夸以取名，矫情立异以为高，倡率众无知小民以造谣诽谤。士风如此，不行禁止，时间久了，则威福之柄，不在朝廷，而皇上权威下降，社会中结党成风，不可不为之忧虑。臣请于史官之所记载，非本朝典故，全部烧毁之。不是文学博士官所职掌的，天下有私自擅藏诗书及百家诸子之言者，全部让他献给本地郡守官府处烧毁。若有两人对谈诗书者，便是违背圣旨，当街杀死以正法。凡引古非今者，为大不道之罪，当加以族诛（株连全族人）。可存留的唯医药、卜筮（shì，预测吉凶，用龟甲称卜，用蓍草称筮，合称卜筮）、栽种之书，是日用不可缺少的。若欲明习律令，便以通律令的官吏为师。如此，则天下无异议，而朋党不兴，主威常尊。彼游学之徒，安所用之。"

于是，始皇以李斯所奏为当，降旨准行，而坑儒焚书自此开始。

修建阿（ē）房宫

秦始皇以为咸阳都城中人多，而秦之先王所建的宫廷狭小杂乱，于是营建朝宫于渭水之南上林苑中。

先起前面一座殿，叫作阿房殿。这殿的规制，自东至西，横阔五百步，自南至北，入深五十丈，上面坐得一万人，下面竖立得五丈高的旗，只这一座殿，其高大深阔如此，其他可知。周围四边，俱做可驰走的阁道，自殿下直至南山，就南山顶上竖立阙门，其北首砌一条复道，直跨过渭水，接着咸阳都城。以为天上有阁道六星，渡过天河，接着室宿，故把渭水当作天河，而跨河营造，如在天上一般，其侈靡如此。这宫室中所用造作徒刑之人，多至七十余万，其工程之大可知。又分作阿房宫，其劳民伤财如此。

清·晏止安·阿房宫图

阿房宫被誉为『天下第一宫』，是中国历史上第一个统一的多民族中央集权制国家——秦帝国修建的新朝宫，与万里长城、秦始皇陵、秦直道并称为『秦始皇的四大工程』。

自古帝王皆以民力为重，不忍轻用，知民心之向背，乃天命去留所系也。始皇竭天下之财力，以营宫室，极其壮丽，自谓可乐。而民心离叛，覆灭随之，竟为项羽所焚，悉成煨烬，可鉴！

坑杀儒生，疏远扶苏

秦始皇焚烧诗书之后，时有儒生侯生、卢生这两人，相与讥议始皇所为的不合道理，又恐得罪受诛，因逃去躲避。

始皇闻之大怒，说道："儒士卢生等，朕尝尊敬加礼他，待之甚厚，今乃背德忘恩，反诽谤我。这诸生每聚居于咸阳，我使人访察他，或造为妖言以煽惑百姓，罪不小呀。"

于是，使御史立案审问诸生。那诸生受刑不过，各个相互讦告，攀扯连累，凡犯诽谤之禁者，四百六十余人，皆坑杀于咸阳地方。

始皇长子名扶苏者，谏言始皇说："今此诸生，都是诵习孔子之言，取法孔子之行，学好的人。主上今日皆以重法惩治他们，臣恐天下人心，从此疑畏不安，非国家之福。"始皇不听扶苏之言，反越加嗔怒，因此遣扶苏往边境上去做蒙恬（秦国名将，曾收复河套地区，开发宁夏，修筑长城，防御匈奴等）的监军，在上郡（位于今陕西省绥德县，地处陕北黄土高原丘陵沟壑区）地方，以疏远他。

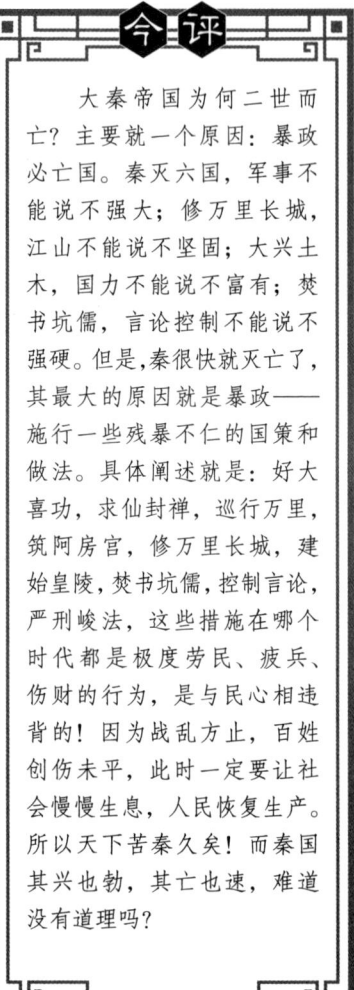

今评

大秦帝国为何二世而亡？主要就一个原因：暴政必亡国。秦灭六国，军事不能说不强大；修万里长城，江山不能说不坚固；大兴土木，国力不能说不富有；焚书坑儒，言论控制不能说不强硬。但是，秦很快就灭亡了，其最大的原因就是暴政——施行一些残暴不仁的国策和做法。具体阐述就是：好大喜功，求仙封禅，巡行万里，筑阿房宫，修万里长城，建始皇陵，焚书坑儒，控制言论，严刑峻法，这些措施在哪个时代都是极度劳民、疲兵、伤财的行为，是与民心相违背的！因为战乱方止，百姓创伤未平，此时一定要让社会慢慢生息，人民恢复生产。所以天下苦秦久矣！而秦国其兴也勃，其亡也速，难道没有道理吗？

自古帝王之治天下，未有不以崇儒重道为先务者，始皇乃独反其道，致使诗书悉为灰烬，衣冠尽被屠戮，为罪可胜言吗？其二世而亡，是有原因的。

二世皇帝

陈胜、吴广起义

秦二世皇帝即位之年，秋天，阳城（今河南周口地区）人陈胜，阳夏（今河南太康境）人吴广，相与起兵于蕲县（今安徽宿州）以叛秦。

因秦虐用其民，刑法严峻，差役繁多，只为筑长城、征匈奴这两件事，把天下百姓坑死在边境上的，不知其数。初时，征发天下富裕大户住在里闾（lú）之右的，去当军守边。到后来大户已尽，并那贫民下户住里闾之左（秦时以军事管理人民，二十五家为一闾，闾里民居，富强的住右边，贫弱的住左边）的，也都发遣守边。因此天下人苦极了，都有离叛之心。

此时，发楚地闾左百姓戍守渔阳的有九百人，行到大泽乡，暂时在那里屯驻休息。陈胜、吴广两人做管军的头目。适遇多日暴雨，道路阻滞行不得。陈胜、吴广两个计算路程到渔阳时，已是违了期限，论罪当死，遂起心谋反，召其同行的徒众，告之说道："你们都误了限期，论军法该处斩，此一去定然是死了。然做好汉的，不死便罢，既拼一死，不如大家反了，舍命干一件大事，以成功名却不是好？那王侯将相岂有种类生成，也是人人做得的。你们若肯依随我举大事，则王侯将相之贵，可以立致，空死何为？"那九百人既苦当军之劳，又怕到边上死了，就都依从了陈胜、吴广之言，齐心造反。

陈胜、吴广又恐自己名号卑微，不足以鼓动人心，思量秦公子扶苏，原是秦始皇的长子，为二世所杀，天下多未知其真死，项燕是楚国的名将，为秦兵所杀，楚人至今怜他，又有说他逃在别处，不曾死的，今若假这两人的名目起兵，天下必多闻风而应者。于是遂诈称为扶苏、项燕，筑台说誓，告天起兵，号称大楚。陈胜自家做了将军，把吴广封作都尉。

当初，始皇把天下的兵器都销毁了，陈胜、吴广初起事时，都是空手，或斫木头，或用锄柄，就杀将起来。所向皆无不克，引兵攻破陈县，入而据之。于是天下百姓，多杀其官吏，以应楚而攻秦，故秦之亡自陈胜、吴广始也。

秦发兵戍边，本为防胡，然天下之乱，乃不在于胡虏，而反在于戍卒。秦之销兵，本为止乱，然以斩木揭竿之人，遂能乱天下而不可制。可见保邦之道，安民为本。若能布德施惠，轻徭薄赋，使民皆爱戴其上，而不生离叛之心，则虽有陈胜、吴广之雄，亦何所借以生乱啊！秦不知此，而以无道失天下，一夫作难而四海土崩。《书经》上说"可畏非民"，诚可畏也。

奇异之人刘邦

汉高祖姓刘名邦，字季，是沛县（今江苏省徐州市沛县）人。他生得相貌异常，鼻准高大。他的额生得高耸广阔，如龙额一般。左腿上有七十二个黑子。他为人慈而爱人，喜好施与人财物，无所吝惜，意气豁达，有大度量，不理论家常营生置产的事情，以为一身一家

汉高祖

刘邦年轻的时候不务正业,但因他性格豁达大度,因此结交了很多朋友,比如萧何、曹参和周勃等,从而有力量搏取天下,成为大汉开明君主。

之事,都是小事,非大丈夫之所屑为也。天厌秦乱,笃生真主,所以其容貌志气,自与寻常人不同。因常应当差役,到秦都咸阳里,适遇始皇帝出行,放人观看。

高祖也混在众人中观看,见秦始皇车驾威仪,盛大华美显赫,于是长叹一声,说:"大丈夫生在天地间,当如此。"

高帝在民间时,便有许多奇异的事。当初,秦始皇既定天下,常占四方的云气,说道:"东南方光景非常,乃是天子之气。"恐有异人出于其下,于是亲自出去东游,到这所在,要当了这天子之气,以镇压销伏之。

那时,汉高祖尚在微贱,听得这说话,便自家惊疑说:"这天子之气,莫非应在我身上。"恐有人踪迹他,遂逃躲于芒、砀(即芒砀

高祖（左）**项王**（右）
在秦末农民起义到楚汉战争这一段历史上，刘邦和项羽这两个主角展开了一场争夺统治权的斗争，为中国历史涂抹了浓重的一笔。

山，位于豫、皖、苏、鲁四省结合部的河南省永城市芒山镇）地方山谷草泽之中，以全身远害。高祖去时，也不与妻子说知，其妻吕后常同着人去跟寻，便寻着他。

高祖心里疑怪，问他说："你为何就寻得着？"吕后对说："你这躲避的去处，上头常有异样的云气。我认着这云气，跟寻将来，便寻着了。"那时沛郡中所有的少年子弟，听得这话后，知道高祖不是凡人，多归心而依附之者，所以高祖起兵之时，四方之人皆响应乐从。

秦为无道，天下将亡，群雄并起争逐，故豪杰见之而生心。如使上无失政，下无叛民，虽有豪杰，乐为使用，其谁敢萌异志啊！所以人君之修德镇服人心，将祸乱扼杀萌芽中。高祖本宽仁大度，知人善任，故天人协应，天命归于汉，不专恃此灵异征兆而已。

高祖斩白蛇

高祖一日饮酒醉了,夜间由捷径小路回家,大泽中有一条大蛇,拦在路上,人不敢行。高祖乘着酒醉,就拔剑斩断那条蛇,行将过去。随着他在后面行的人,来到死蛇所在,见一年老妇人,夜间哭着说:"我的儿子是白帝子,化而为蛇,在这道路上,今被赤帝子斩了,以此悲痛。"老妇人说了这话,就忽然不见。

西方属金,金之色白,秦都西雍,祠白帝,所以白帝子应在秦皇帝。唐尧崇尚赤色,汉是唐尧之后,所以赤帝子应在汉高祖。赤帝子斩白帝子者,乃汉代秦之兆。当时同行之人,闻见此事,以为怪异,传与高祖。高祖听说,知天命在己,有此异兆,心中独自欢喜自负。而跟随高祖之人,也以此知他不是凡人,日加敬惮之。

高祖斩白蛇

高祖"斩白蛇起义",不外乎是为自己营造神秘色彩,扩大影响力。

自古帝王之兴,往往有非常之兆,其迹似怪,而其道理则明。

天命之去暴归仁,无从可见,所以假之物事,露其气运,以示神器有归,使人心知向,而举大事者不疑也。

万人敌——霸王项羽

秦二世时,陈涉首倡义师,豪杰并起。有项梁者,本是下相县(今江苏宿迁)人,乃楚将项燕之子。楚亡,项燕战死,项梁逃在民间,因杀了人,恐为仇家所害,与他侄儿项籍躲避在吴中会稽(古代郡名,郡治在吴县,位于今江苏苏州城区)地方。这项籍就是项羽,后来为西楚霸王。

项籍少小时,项梁曾教他学习书写不成,弃去,学使刀剑,又不成。项梁恼怒,责怪他每事都不得成就。项籍说:"那书写不过略识几个字,记得人的姓名便了。至于刀剑,纵使会使,也只敌得一个人,此何足学。我所学的,必是敌得过万人才好。"于是,项梁知其才略不凡,乃教籍以为将用兵之法。项籍身长八尺有余,又多气力,能举得千百斤的重鼎,其才能器局,远过于常人。

那时会稽的太守,叫作殷通,闻陈涉等起兵攻秦,欲发兵与他联合,知道项梁是将家子,召他为将领兵。项梁想要自家起事,不肯为人使用,乃使项籍跟随进府,就座上拔剑斩了殷通之首。项梁就带了他的官印,号令府中人。一时府里门下的吏卒,大惊扰乱,只项籍独自一人就杀了门下近一百人,一府中都恐惧畏伏,莫敢与

今评

秦灭亡的种子,其实从始皇帝时就开始种下了。所以这里张居正没有直接叙述二世皇帝,而是讲一讲秦二世时期的乱局和"搅局"人——陈胜、吴广、刘邦、项羽。陈胜、吴广乃一介草民,因戍边延期被逼无奈揭竿而起,刘邦、项羽因天下大乱而趁机举兵,自此群雄并起,共诛暴秦,拉开了轰轰烈烈的序幕。秦始皇当年积六世之余烈,一统天下。然后缴毁民间刀枪弓箭,迁六国权贵于咸阳,以严刑峻法防天下之民,凭山川险要为都城,而陈吴赤手空拳,振臂一呼,斫木为兵,揭竿为旗则天下大乱,各地豪杰蜂拥而起,天下民心之向背难道不是很清楚吗?秦之暴政及国策,难道不需要反思和借鉴吗?

项羽

项羽是中国军事思想"兵形势"代表人物,堪称中国历史上最强武将之一,古人对其有"羽之神勇,千古无二"的评价。

他相斗,尽服从了。

项梁乃起吴中兵,又使人招募所属下县,共得精兵八千人。项梁自家做了会稽太守,着项籍做副将,巡行抚定所属县份,领兵渡江,西出击秦。项籍这时才二十四岁。

史称项籍有拔山之力,盖世之气,亦一时之英雄。然德不足而力有余,岂足为天下生灵之主啊!此所以终不能成大事。

资治通鉴简史
中国历史精神

资治通鉴简史

中国历史精神 ‹2

简史

雷子 ◎ 编著

天津出版传媒集团

天津人民美术出版社

图书在版编目（CIP）数据

资治通鉴简史：中国历史精神. 2 / 雷子编著. -- 天津：天津人民美术出版社，2021.12
ISBN 978-7-5729-0353-3

Ⅰ. ①资… Ⅱ. ①雷… Ⅲ. ①中国历史－古代史－编年体②《资治通鉴》－通俗读物 Ⅳ. ①K204.3-49

中国版本图书馆CIP数据核字(2021)第260226号

资治通鉴简史：中国历史精神（1－4册）
ZIZHITONGJIAN JIANSHI:ZHONGGUO LISHI JINGSHEN(1－4CE)

出 版 人：杨惠东
责任编辑：刁子勇
助理编辑：孙　悦
技术编辑：何国起　姚德旺
出版发行：天津人民美术出版社
社　　址：天津市和平区马场道150号
邮　　编：300050
电　　话：(022)58352900
网　　址：http://www.tjrm.cn
经　　销：全国新华书店
印　　刷：大厂回族自治县德诚印务有限公司
开　　本：787毫米×1092毫米　1/16
版　　次：2021年12月第1版　第1次印刷
印　　张：47.25
定　　价：168.00元

版权所有　侵权必究

读历史,能提高我们对社会的分析能力,让我们清楚地判断历史发展的趋势,帮助我们把握时代的脉搏,启迪我们生命的智慧,让我们获得精神的安定和事业的成功。所以唐太宗说:以史为鉴,可以知兴替。

在中国史学中,有这样一部史书:历史上对其称誉极高,认为除《史记》外,没有任何一部史学名著可与之媲美。宋末史学大家胡三省高度评价说:"为人君不读此书,则欲治天下而不知自治之源,厌恶混乱而不知防乱之术;为人臣不读此书,则上不知如何事君,下不知如何安民;为人子不读此书,则谋身必至于辱没先人,做事不足以垂示后人。"

所以,这部书被称为"帝王之书""将相之书""治要之书",自成书之后被历代帝王将相、文人骚客、各界要人及企事业领导们引为经典,争读不止。毛泽东一生读此书十七遍,他曾对吴晗说:"这部书写得好。叙事有章法,历代兴衰治乱,本末毕具,读这部书,我们可以熟悉历史事件,从中吸取经验教训。"柏杨也曾说:"细读此书,可以了解中国,了解中国人,了解中国政治,以及展望中国前途。"

这部书就是北宋史学家司马光主编的《资治通鉴》,它是我国第一部编年体通史。其书以各朝各代治乱兴衰为线索,在记录历史的

同时，分析帝王将相的品德善恶、治国理念及政策得失，总结王朝更替的经验教训。明鉴的同时，又不乏文学之美与哲理光辉，其中无数惊世醒人的历史故事与振聋发聩的名言警句，使人过目难忘，品味不尽。怡养性情，修身培德，借鉴经验，增加智慧，了解文化风俗，掌握历史兴亡规律，可以说，《资治通鉴》是一部经典智慧书。

今天，面对这部三百多万字的历史巨著，我们该怎么去读？怎么读才能快速而深刻地领悟其中的真谛呢？我们不妨以古人为师，以专家为师，听听他们如何讲《资治通鉴》。在这点上，明朝大政治家、改革家、内阁首辅张居正，就是我们读《资治通鉴》最好的导师。

张居正学识渊博，熟读经史子集，在任两朝帝师期间，为皇家子弟们量身定做了通俗历史读本《资治通鉴直解》，内容以《资治通鉴》

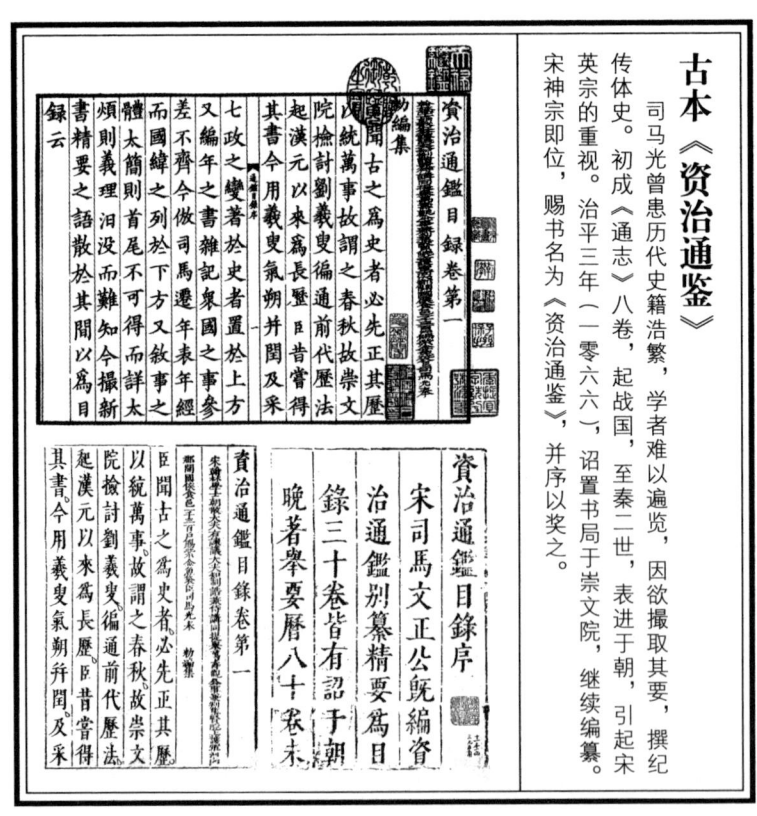

古本《资治通鉴》

司马光曾患历代史籍浩繁，学者难以遍览，因欲撮取其要，撰纪传体史。初成《通志》八卷，起战国，至秦二世，表进于朝，引起宋英宗的重视。治平三年（一零六六），诏置书局于崇文院，继续编纂。宋神宗即位，赐书名为《资治通鉴》，并序以奖之。

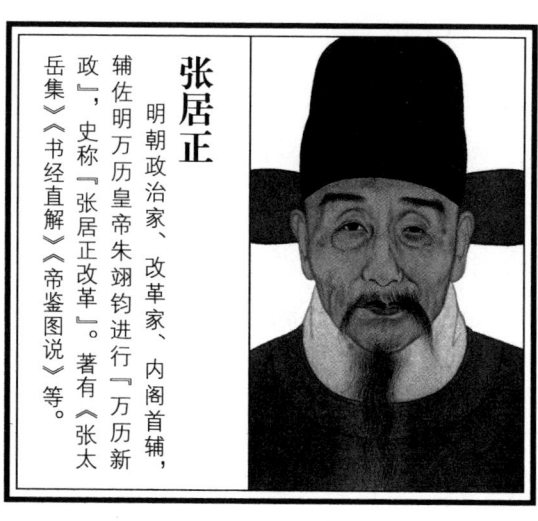

张居正

明朝政治家、改革家、内阁首辅,辅佐明万历皇帝朱翊钧进行「万历新政」,史称「张居正改革」。著有《张太岳集》《书经直解》《帝鉴图说》等。

为主,又以其他史书作为补充,如《史记》《通鉴外纪》《续资治通鉴》《宋元通鉴》等,将中国史以重要事件加以讲解,不仅通俗易懂,篇幅简短而精练,还融入张居正对历代王朝兴衰的高度总结,对历史教训的独特见解。毫不夸张地说,张居正是解析《资治通鉴》的权威,是讲述《资治通鉴》的专家,是政治实践中的集大成者。这也是张居正为何能成为中国历史上非常著名的读书人,能从社会基层,靠个人奋斗攀上权力巅峰,并成为游刃有余的政坛高手和大名鼎鼎的改革家,实现自己伟大的抱负。这一切,要归功于他"以史为鉴",归功于他参悟一生的《资治通鉴》。

为此,我们特别打造了这套《资治通鉴简史:中国历史精神》。本书在张居正给万历皇帝讲解的版本基础上,进行重新编写,与其他版本又有着明显的不同:一、上起三皇五帝,下至北宋灭亡;二、选材更加精练,主题更加鲜明,能帮助读者快速了解历史兴亡规律,特别适合现代人快读;三、对历史上特别重要的人物及事件,加入新的点评,以适应现代读者需要;四、对原书每段史材,添加标题,提纲挈领,让读者快速了解故事主题;五、增加历史年

表，让读者准确掌握历代王朝及帝王在位时间，增强宏观意识；六、对晦涩难懂的词句进行译注，让读者阅读无障碍；七、插入历代名家精美白描图，增加欣赏性、趣味性及时代美感；八、突出中国文化及历史精神，让读者全面了解中国传统政治、社会、学术、教育、经济、军事、舆论等核心精神及价值取向，这也是我们古人非常看重的"经史同参""义理结合"的高度体现，即"六经皆史""史皆六经"的妙用。

  不一样的《资治通鉴》，不一样的阅读体验。让我们跟随张居正，快乐阅读中国历史兴亡书，从《资治通鉴简史：中国历史精神》中，参悟华夏民族的大智慧。由于作者水平所限，不当之处，恳请读者批评指正。

雷 子
于北京天通苑
2021年7月28日

目录

汉纪（西汉）

高帝

- 沛公入关，宽大为怀 ……004
- 萧何功高，志虑高远 ……005
- 樊哙忠谏，张良进言 ……006
- 沛公权宜，约法三章 ……007
- 项羽背约失信，萧何进献良言 ……009
- 萧何追韩信 ……010
- 出师有名：沛公为义帝发丧 ……012
- 陈平行反间之计 ……013
- 高祖何以取天下，项羽何以失天下 ……015
- 张良功成身退 ……016
- 萧何：运筹帷幄，决胜千里 ……017
- 张良献策：先封旧怨雍齿 ……018
- 叔孙通修定礼乐 ……020
- 周昌口吃而强谏 ……021
- 陆贾：马上得天下，不能马上治天下 ……022
- 高帝欲废太子，叔孙通舍死进谏 ……024
- 高祖知人善任，托付后世 ……025
- 开创大略，盖棺论定 ……026

惠帝

- 宰相 ……026
- 萧规曹随 ……028
- 王陵守正，陈平多智，周勃安刘 ……029
- 陈平无计，陆贾献策 ……031
- 周勃平诸吕 ……031

文帝

- 早立太子，以安国本 ……033
- 进陈平，退周勃 ……034

001

贾谊才高，时势不与……………………………〇三五
文帝下诏，听言纳谏……………………………〇三七
文帝明仁，袁盎敢谏……………………………〇三八
治国重本，亲耕农田……………………………〇三九
免除租税，民利国富……………………………〇四一
法贵公正，不以君怒而偏之……………………〇四二
文帝夜半问鬼神…………………………………〇四三
晓母舅自尽………………………………………〇四四
废除肉刑…………………………………………〇四四
休养生息，清净无为……………………………〇四六
国有灾伤，下诏自责……………………………〇四七
谦俭厚德，盛世之治……………………………

景帝

天子无戏言………………………………………〇五〇
穆生明智远识……………………………………〇五一

武帝

天人三策之一：治道兴废，天命还是人事……〇五二
天人三策之一：国家兴亡，在于君心…………〇五四
天人三策之一：王道推行，在于教化…………〇五五
天人三策之一：革去旧弊，从新更化…………〇五六
天人三策之二：先教化后刑罚，兴太学以养人才………〇五七
天人三策之二：三王之教，同与不同，变与不变………〇五九
天人三策之三：罢百家，尊六经，大一统………〇六〇
田蚡为相，富贵骄奢……………………………〇六一
汲黯爱民，私开官仓……………………………〇六二
直臣汲黯，面净武帝……………………………〇六四
武帝好鬼神之事…………………………………〇六六
武帝识人，卫青为将……………………………〇六六
公孙弘为相………………………………………〇六八
武帝封禅，劳民动众……………………………〇六八
武帝用人，不拘一格……………………………〇七〇
苏武牧羊…………………………………………〇七一
父子间隙，奸人乘之……………………………〇七二
巫蛊之乱，太子自杀……………………………〇七四
武帝晚年，省过改过……………………………〇七五
武帝下罪己诏……………………………………〇七六
太子年幼，托孤霍光……………………………〇七七

昭帝

苏武归汉…………………………………………〇七八
废除弊政，与民生息……………………………〇八〇
昭帝明察诈书……………………………………〇八一

宣帝

宣帝中兴，政通人和 … 082
举察人才，核实贤才 … 083
循吏楷模：龚遂治渤海 … 085
魏相言兵谏宣帝 … 087
魏相辅政之才 … 088
知才，试才，用才 … 090
匈奴来降 … 091
麒麟阁十一贤臣 … 092

元帝

元帝节俭治国 … 093
薛广德直谏 … 094

成帝

王莽谦恭未篡时 … 095
忠臣朱云死谏 … 096

哀帝

诛杀忠臣，宠信逸诡 … 098

平帝

刘秀起兵举事 … 099
刘玄称帝 … 101
邓禹追随刘秀 … 102
刘秀安人心，烧毁诽谤信 … 104
更始疑忌，耿弇谏言 … 104

汉纪（东汉）

光武帝

耿纯劝进，光武谦退 … 108
光武称帝 … 109
阴识有谦德 … 110
光武信冯异 … 111
君臣不忘患难中 … 112
鲍永刚正执法 … 113
光武不喜珠玉音乐 … 114
郅恽拒光武入城 … 115
强项令董宣 … 116
不纳西域，受降匈奴 … 118
休兵养民，弱能制强 … 120
天不可欺，拒绝封禅 … 121
光武勤学不倦 … 123

· 003 ·

明帝

敬老尊贤之礼 …… 一二四
崇尚儒学 …… 一二五
贤德马皇后 …… 一二六
佛法传中国 …… 一二六
永平之治 …… 一二八

章帝

章帝宠厚外戚 …… 一二九
上行而下效 …… 一三〇
为政之道，宽严相济 …… 一三一

和帝

逐外戚，重宦官 …… 一三三

顺帝

张纲上书，弹劾梁冀 …… 一三四

桓帝

崔寔作《政论》，讥切时事 …… 一三五

献帝

刘关张结义 …… 一三九
关羽刺颜良 …… 一四一
三请诸葛亮 …… 一四二
蒋干见周瑜 …… 一四四

汉纪（蜀汉）

昭烈帝

诸葛亮治蜀，严刑峻法 …… 一四六
孔明识蒋琬 …… 一四八

后主

诸葛亮作《出师表》 …… 一四九

晋纪

武帝
- 武帝矫枉过正，尽除州郡兵马 …… 一五五
- 有纳谏之名，无纳谏之实 …… 一五六

惠帝
- 华乱之始 …… 一五八
- 晋国权贵与《钱神论》 …… 一五九
- 王戎误国 …… 一六〇

怀帝
- 石勒杀王衍 …… 一六二
- 晋室东渡，贤人王导 …… 一六三

元帝
- 闻鸡起舞 …… 一六五
- 陶侃之志 …… 一六六

明帝
- 陶侃勤敏务实，王衍虚谈浮夸 …… 一六八

穆帝
- 魏晋清谈之祸 …… 一六九

孝武帝
- 谢安举贤，淝水之战 …… 一七〇
- 孝武帝崇佛，不务政事 …… 一七三

宋纪（南朝）

武帝
- 刘裕专权，恭帝让位 …… 一七五

文帝
- 文帝治国，百姓称赞 …… 一七六
- 北魏太武帝治军，刚断有余，宽仁不足 …… 一七七

孝武帝
- 孝武帝骄奢无度 …… 一七八

· 005 ·

齐纪

明帝

拓跋宏迁都洛阳……一八〇

梁纪

武帝

梁武帝笃信佛教……一八四
大德有亏，小行何补……一八五
宽纵过度，终成祸乱……一八七

陈纪

后主

南朝文风，华而不实……一八九
隋主伐陈，胜算有四……一九一

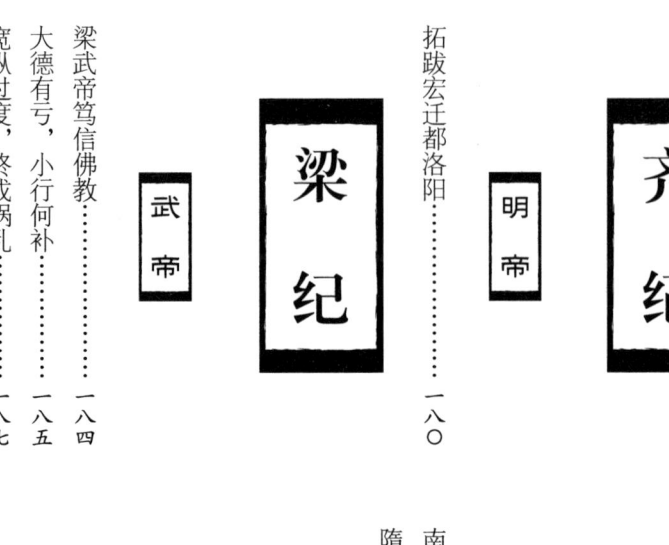

西汉至宋
齐梁陈

汉纪（西汉）

西汉年表（前206年—公元8年）

帝　号	姓　名	年　号	在位时间
汉高帝	刘　邦	无	前206年—前195年
汉惠帝	刘　盈	无	前194年—前188年
汉高后	吕　雉	无	前187年—前180年
汉文帝	刘　恒	无	前179年—前157年
汉景帝	刘　启	无	前156年—前141年
汉武帝	刘　彻	建元 元光 元朔 元狩 元鼎 元封 太初 天汉 太始 征和 后元	前140年—前87年

续表

帝号	姓名	年号	在位时间
汉昭帝	刘弗陵	始元 元凤 元平	前86年—前74年
汉宣帝	刘询	本始 地节 元康 神爵 五凤 甘露 黄龙	前73年—前49年
汉元帝	刘奭	初元 永光 建昭 竟宁	前48年—前33年
汉成帝	刘骜	建始 河平 阳朔 鸿嘉 永始 元延 绥和	前32年—前7年
汉哀帝	刘欣	建平 太初元将 元寿	前6年—前1年
汉平帝	刘衎	元始	1年—5年
汉少帝	孺子刘婴	居摄 初始	6年—8年

注：9年—23年，为王莽建立的新朝；23年—25年，为更始帝刘玄建立的汉。

西汉王朝的统治者注重农业发展,特别开国初期实行"与民休息"的政策,人民丰衣足食,安居乐业,并进行一系列的政治经济改革,因此,西汉总体上政治一直比较稳定。在汉代统治的四百余年的历史中,中国一度成为强盛、富饶的大帝国。

汉,是有天下之号,高祖初为汉王,后即帝位,遂仍旧号。这一篇书,载汉家一代的事迹,所以称为"汉纪"。

太祖高皇帝,姓刘氏,名邦,字季,沛县人。初以泗上亭长起兵,诛暴秦,灭项籍(羽),而有天下。在位八年,以其功德高厚,为汉家一代之始祖,故庙号高祖。

沛公入关,宽大为怀

史臣记,汉高祖初为沛公时,奉楚怀王之命,举兵伐秦,以冬十月,先诸将入关破秦,到霸上(今陕西西安东南白鹿原附近)地方。

是时,秦王子婴即位才四十六日,见人心离叛,事势陷入困厄,无法挽回,于是驾素车,乘白马,颈项上系着玉玺带,将传国的宝玺与发兵的兵符及使臣所持的节都封了,献上沛公,投降于轵道亭(秦代大道名)之旁。

汉高祖

汉高祖被后人称为中国历史上杰出的政治家、卓越的战略家和指挥家。

当时,跟随的诸将劝沛公说:"秦为无道,天下怨恨久了。今日既破了秦关,得了秦王,正该杀了他,以泄天下之忿。"沛公说:"不可。当初楚怀王命将伐秦,不遣别人,乃独遣我,就是以我宽大能容人的缘故。且用兵之道,不杀投降的人。今子婴已降,又从而杀之,不祥,也不是怀王当初派我来的本意。"

于是,将秦王交付将官看管收押,等待怀王之命后再作处置。

这是沛公之仁。其后项羽入关,遂杀子婴、坑降卒、烧秦宫室,秦人以此怀沛公之恩,而怨项羽之虐。则楚汉成败之机,已决定于此时。

萧何功高,志虑高远

沛公既入关破秦,遂引兵西入京城咸阳。诸将每贪秦财物,都争先走去府库中,将金帛财物取而分之。唯有萧何独自先入秦丞相府里,急忙收拾那地图册籍等,其他财物一无所取。

因此,沛公按这图籍,得以备知天下形势险阻,及户口或多或少,殷实贫乏的去处。所以后来用兵,晓得某处可攻、某处可守,均派粮差,知道某处户口殷实,某处户口贫乏,皆赖萧何收藏图籍之功。

萧何

萧何,西汉政治家,"汉初三杰"之一,对刘邦战胜项羽、建立汉朝起了重要作用。西汉建立后担任相国,史称"萧相国",名列功臣第一。他采摭秦朝六法,制定实施《九章律》。主张无为而治,采用黄老之术,休养生息。刘邦死后,辅佐汉惠帝。

即此可见萧何志虑高远，远出于寻常人。汉高祖所以能成帝业，萧何之力居多。史称其为一代宗臣，是切实可信的啊！

樊哙忠谏，张良进言

沛公既破秦入咸阳，见秦家宫室雄丽，一应供具帏帐等物，极其齐整，凡狗马珍宝之类及侍奉的宫人美女，各有千数之多。沛公见了这等富贵，不免动心，便要留在那里住下。

其臣樊哙恐他溺于奢侈享乐，误了大事，进谏说："请问沛公，此一来，要并有天下，成帝王之业呢，还只是图些享用，做个富家翁而已呢？若只要做个富家翁，便留在这里住也罢；若是要并天下而为帝王，则当鉴秦之所以亡，而反其道所为才是。凡此奢靡华丽之物，皆秦国剥削民财民力所为，秦人因此失了人心，以至亡国，今日岂可复效其所为而用啊！愿急引军回驻霸上去，不可留住于此地。"

张良圯上受书

"运筹于帷幄之中，决胜于千里之外"的汉代开国谋臣张良，并非体魄雄伟、英气非凡的人物。他身居乱世，胸怀国亡家败的悲愤，投身于倥偬的兵戎生涯，为刘邦击败项羽以及汉朝的建立立下了不可磨灭的功劳。

沛公一时不能听樊哙之言。张良（西汉开国功臣，杰出谋臣，与韩信、萧何并称为"汉初三杰"。精通黄老之道及《太公兵法》，深明韬略，足智多谋。功成名就后，不恋权位，跟随赤松子云游四海，飘然世外）又谏说："秦家只因所为无道，残虐其民，所以沛公得以除暴救民为名，而至于此。既要替天下人除去残贼，吊民伐罪，哀怜百姓的困苦，当如丧礼一般。今方入秦，就安享其奢靡之乐，全无哀痛之心，则与秦的荒淫和夏桀无异，而公之所为又和秦无异，就是古人所说的'助桀为虐'的人呀，不是吊民伐罪的军队！且忠直之言耳里听着虽不顺意，然而却有益于行事。譬如良药，口里吃着其味虽苦，可是却能去病。今樊哙之言，乃是忠言，不可不听也。"沛公就听张良、樊哙之言，还军霸上。

帝王的举动，乃天下所观看瞻望，若动有可议，谁肯归戴？汉高祖初入秦宫，遂动心于富贵，几乎误了大事。听张良、樊哙之言，遂整军霸上，以待诸侯之至。此等举动何等光明正大，所以秦民因此信他果然为除害而来，而敌国谋臣也以此知其志不在小。视彼项羽收其宝货、美女以东，而秦民遂大失所望，胜负岂待分辨啊！可是，假使没有张良、樊哙之言，则汉高祖未免有错误的行为。所以史臣记此一段，以见二臣能谏之忠、汉高祖从谏之善，这就是转祸为福的转折点。

沛公权宜，约法三章

沛公既破秦入关，这年冬十一月将还军霸上。于是，召集关中年老的百姓和地方上的好汉，对他们说："秦家暴虐无道，法令琐碎，你这父老人等被害很久。那秦家的法度好生利害，但凡诽谤君上政令的，便诛及三族，有两人对说《诗》《书》的，便杀于市曹（市内商业集中之处，古代常于此处决人犯），法度如此暴戾。起初，众诸侯相约，但有能先入关破秦的，便封为秦王。我今日先入关破秦，当王关中，与你众百姓做主。如今先与你父老们相约，我的法度没有许多，只是三条：杀人的，偿命；伤人与做盗贼的，各问以应得罪名。除此之外，秦家那琐碎的法度，一切都废弃，你众官吏百姓都照旧，各安分守职，不必迁动。我这一来，只要为你们除害，不是来侵暴百姓的，你们休得惧怕。我如今暂且收了军马，还屯霸上，等待众诸侯都到了时，面定前日称王关中的约束规章。"于是，使人与秦家原设的官吏，循行各县、乡、村邑里，分投晓谕，使那未到的小民也知道这意思。

于是，秦中百姓无不欢喜，争持牛、羊、酒、食献与沛公，犒飨军士。沛公又辞让不受，说道："今仓库中粮食尽多，不至乏绝，不要破费了百姓的钱米。"那百姓们听了这话，更加欢喜感戴，反倒怕沛公不能做秦王。

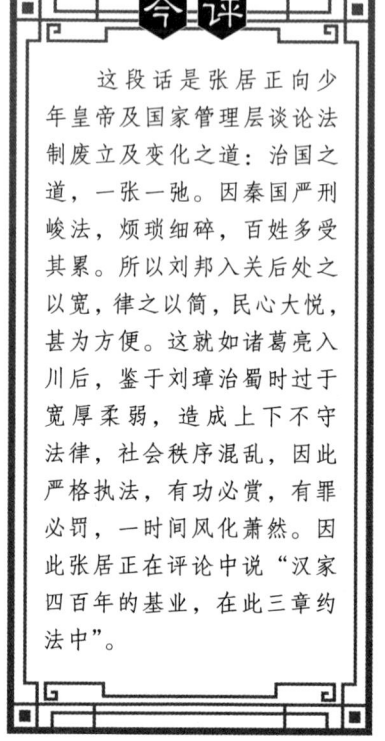

今评

这段话是张居正向少年皇帝及国家管理层谈论法制废立及变化之道：治国之道，一张一弛。因秦国严刑峻法，烦琐细碎，百姓多受其苦。所以刘邦入关后处之以宽，律之以简，民心大悦，甚为方便。这就如诸葛亮入川后，鉴于刘璋治蜀时过于宽厚柔弱，造成上下不守法律，社会秩序混乱，因此严格执法，有功必赏，有罪必罚，一时间风化萧然。因此张居正在评论中说"汉家四百年的基业，在此三章约法中"。

汉高祖初入关时，便深得民心如此，秦为无道，百姓苦不堪言。而高祖代之以宽，如大旱之得时雨，有不欢欣而仰戴的吗？《尚书》记载："抚我则后，虐我则仇。"所以秦之严刑而多杀者，有如驱人民归附汉。汉家四百年的基业，在此三章约法中。

项羽背约失信，萧何进献良言

当初，楚怀王与众诸侯相约，但有能先入关破秦者，便封他做秦王。其后高祖独先破秦，当为秦王。项羽后到，却倚他兵力强盛，背约失信，不肯让高祖做秦王，乃三分秦地，把秦家三个降将章邯、司马欣、董翳都封为王，镇守秦地，却将高祖封在汉中四川地方，叫作汉王。

汉王因此抱怨项羽处事不公，负约爽信，发怒欲举兵而攻之。其时，周勃、灌婴、樊哙三个都是武将，没有远见卓识，不能审度时势，只管劝高祖举兵攻项羽。

独有萧何进谏，说道："楚强汉弱，力势不敌，今日若攻楚，必致败亡。汉中地方虽是偏僻，还能生存而为王，不强过兵败而死吗？大凡成大事的，要忍小忿。古昔帝王有能审己量力，暂屈居一人之下，终能创业垂统，伸于万乘之上者，如殷汤事桀、周武事纣就是如此。往事如此，可以效法。臣愿大王权且退一步，去汉中地方布德施惠，抚养百姓，招致四方贤人，收用巴蜀士卒。待君之根本已固，兵食已足，那时再举兵回来，平定三秦，收复关中地方，天下大事从此可图也。今日不忍一朝之忿，而欲轻生以攻楚，难道不荒谬吗？"

汉王听了这话，感觉萧何的见识远大，说得有理，便依从他言，去到汉中权为汉王，而以萧何为丞相，与图国事。

其后高祖到汉中，果能任用三杰，还定三秦，遂灭楚而有天下，就是因为萧何"养民致贤"的谏言。

萧何追韩信

汉王既用萧何之言,就去往汉中,行到南郑(今陕西省汉中市南郑县)地方。诸将及军士多是东方丰、沛(二地位于今江苏徐州地区)等处的人,离家日久,各个思量东归,唱的都是思乡的歌,多有在半路里就逃去了的。那时,韩信做治粟都尉(主管军粮等事),见汉王不能用他,也随众人去了。

萧何平日晓得韩信才略可任大事,猛听得说韩信也走了,心里太着急,不及奏知汉王,就自家去追赶他。军中不知萧何是追韩信,只说萧何也逃去。有人告于汉王说:"丞相萧何也逃走了。"汉王大为恼怒,见失了辅佐,就如失了左右两手一般。住一二日间,萧何回来参见汉王。

汉王又怒又喜,问说:"你如何也撇了我逃去?"萧何对说:"臣不是逃走,乃是追赶韩信(西汉开国功臣,中国历史上杰出的军事家,与萧何、张良并列为'汉初三杰'。韩信统兵挂帅以来,出陈仓,定三秦,擒魏,破代,灭赵,降燕,伐齐,

清·方薰·萧何月下追韩信

"成也萧何,败也萧何"是一句成语,为民间对西汉建国功臣韩信一生的经典概括。"成也萧何"是指韩信成为大将军是萧何推荐的,"败也萧何"是指韩信被杀是萧何出的计策。不论是成功还是败亡都是由于同一个人。

直至垓下全歼楚军，无一败绩，留下了大量的战术典故：明修栈道、暗度陈仓、临晋设疑、夏阳偷渡、木罂渡军、背水为营、拔帜易帜、沈沙决水、半渡而击、四面楚歌、十面埋伏等，被后人尊为'战神''兵仙'）来。"汉王骂说："我手下管兵的将领，逃去了十数人，

韩信

韩信指挥的陈仓之战、安邑之战、井陉之战、潍水之战和垓下之战等一系列重要战役都是战争史上的杰作，韩信卓越的军事韬略和用兵智谋为后世兵家所推崇。

不曾见你去追赶，为何单独去追一韩信，你这是支吾（搪塞）欺骗我的话！"

　　萧何对说："诸将都是庸才，便去他十来个有何难得。至如韩信，智勇才略天下无双。大王若只是想在汉中做王，却也用不着韩信；若是要东向争取天下，则除了韩信，无可与谋此大事者。所以臣一闻其逃，不及奏知，急去赶将回来，唯恐失去此人了。但不知如今大王的意思何如。是要王汉中，还是要争天下？"

　　汉王说："项羽违约，封我于汉中，我非常不快。我的意思是想东向而争天下，岂能郁郁久居此处！"于是，用萧何之言，就让人去呼唤韩信来，拜为大将。

　　萧何说："大王平素待人傲慢无礼，如今要拜一个大将，把取天下的大事托付与他，却是如此轻易，恰似呼唤小儿一般，这等待人无礼，人如何肯用命？此韩信所以不乐而去了。王若真个要他做大将，须选择个好日子，大王在家斋戒致敬，筑立坛场，备具礼仪，方才成个拜大将的道理，韩信才肯尽力为用。"于是汉王听许，一一都依着萧何的言语。

那时，诸将听说汉王将举行拜将的特殊大礼，却不知所拜的是谁，都暗地欢喜，人人自负说："这大将莫非是我做？"等到拜大将时，乃是韩信，一军之人，无不惊讶。

韩信在先未遇时，曾乞食于漂母，受辱于胯下，众人素来轻贱他。只有萧何知道他是个豪杰，举荐于高祖。一旦加之以殊礼，拜之为大将，所以人人以为惊讶。其后，韩信果然能定三秦，举燕赵，破楚灭项，助成帝业。

可见：非常之功，非常人所能任；而非常之才，也非常人所能知。韩信以一逃亡小卒，若不遇汉高祖英雄之主、萧何知人之相，则将终身困穷而已。所以欲图大事、建大功的人，岂可以名誉资格求天下之豪杰啊！

出师有名：沛公为义帝发丧

汉王既用萧何之计，用韩信为大将，引兵还定三秦，出关，下河内，遂南渡平阴津，到达洛阳新城地方。

那时，项羽方杀了义帝，自立为西楚霸王，于是新城乡有个三老（古代掌教化的乡官）叫作董公，拦着路献计策与汉王，说道："臣闻取天下在有仁义之德，顺此德的便昌盛，逆此德的便灭亡。兵之胜负，在德之顺逆。若出兵而无名，大事如何得成？所以说明其为贼，敌乃可服。必须仗天下之大义，立个名号，显得那敌人是贼，我为天下声其罪而讨之，则顺在于我，逆在于彼，不待交兵，而胜负已分了。今项羽大逆无道，放杀其主，这正是天下之贼也。我的勇力虽不如他，然以仁义临之，仁不在勇，义不在力，顺逆一分，强弱都不论了。

今大王正宜率三军，全部披戴孝服，以此哀吊义帝，遍告诸侯，而讨伐项羽弑君之罪，则兵出有名，大事可成。"

于是，汉王用其计，为义帝亲自发丧成服，并遍告诸侯，说道："当初，天下诸侯共立楚怀王以为义帝，奉他做主，我与项羽都是义帝的臣子。今日，项羽乃放逐义帝于江南而杀之，此所谓乱臣贼子，人人得而诛之者也。寡人今日亲自为义帝发丧，使军士们都穿着缟素孝服，尽发关中兵马，收集三河士卒，南浮江汉而下，愿随着诸侯王讨伐那楚国弑义帝的篡贼，以报君父之仇，明君臣大义。"

从此，汉王举动名正言顺，理直气壮，而汉兵之出，始堂堂于天地间。项羽虽强，岂能与之为敌啊！此不独能摧服群雄，而正人心以培国运，实基于此，都是因为董公之言给予的启发。

陈平行反间之计

汉王自睢水战败，退守荥阳（位于今河南省郑州市西），与项羽相持日久，不能取胜。

因此，谋于陈平说："如今天下纷纷争斗，不得休息，不知何时才得灭楚，平定天下，你有什么奇计可施吗？"

陈平对说："汉所以不

陈平

陈平的谋略能力与张良媲美，深受刘邦器重，为汉朝立下盖世奇功。

能胜楚者，只因项王身边，还有心腹得力的大臣帮助他的原因。臣料定项王手下骨鲠忠直之臣，其实也不多，如范增、钟离昧、龙且、周殷等辈，不过数人而已。大王若肯不吝数万斤黄金抛舍出来，去施行反间之术，离间他们君臣，使他们自相猜疑，必至分崩离心。项王为人心多疑忌，好听谗言，一闻反间之语，必然君臣生疑，内里自相诛杀。那时，汉王乘机举兵攻之，必破楚。"

汉王说："此计甚好！"立即捐出黄金四万斤与陈平，任他随便使用，也不稽查他出入使用的账目。

于是，陈平把这黄金去收买项王的左右，广行反间于楚，到处传播，说："钟离昧等人为项王大将，运筹出力，功劳很多。然而到今日，不得分土受封，枉受许多勤苦。因此心怀怨望，要与汉家联结为一，共灭项氏，把楚地分了，各自为王。"这是陈平反间之计，要去激怒项王。

项王听得这话，果然心疑钟离昧等人，只道他们真有反意。自此，凡有计谋都不信用，已中陈平之计了。项羽败亡，实于此开始。

西楚霸王项羽和虞姬

西楚霸王项羽和刘邦为了争夺帝位，进行了长达四年的战争。最后项羽在乌江（今安徽和县东部的乌江镇）兵败，自知大势已去，在突围前夕，不得不和虞姬诀别，最后自刎身亡。

此虽是陈平诡计，也本是项王怀疑嫉妒、听信谗言，才能致此。假使项王君臣相互信任，不听谗言，如燕昭王之于乐毅，魏文侯之于乐羊，则虽有陈平之智，能安然施行吗？古语有云："木必先腐而后虫生之，人必先疑而后谗入之。"用人者不可不鉴啊！

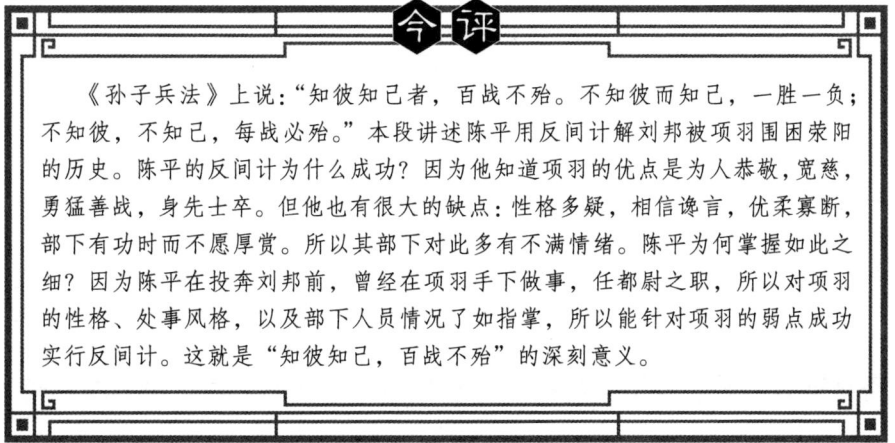

《孙子兵法》上说："知彼知己者，百战不殆。不知彼而知己，一胜一负；不知彼，不知己，每战必殆。"本段讲述陈平用反间计解刘邦被项羽围困荥阳的历史。陈平的反间计为什么成功？因为他知道项羽的优点是为人恭敬，宽慈，勇猛善战，身先士卒。但他也有很大的缺点：性格多疑，相信谗言，优柔寡断，部下有功时而不愿厚赏。所以其部下对此多有不满情绪。陈平为何掌握如此之细？因为陈平在投奔刘邦前，曾经在项羽手下做事，任都尉之职，所以对项羽的性格、处事风格，以及部下人员情况了如指掌，所以能针对项羽的弱点成功实行反间计。这就是"知彼知己，百战不殆"的深刻意义。

高祖何以取天下，项羽何以失天下

高祖既灭项羽，即帝位。

一日，置酒宴群臣于洛阳之南宫，因问群臣说："众诸侯及诸将，在我面前不要隐讳，各陈你们所见，且说我所以得天下者何故，项羽所以失天下者何故？"

内中（指皇宫中内侍官员）高起、王陵二人齐对说："陛下天性怠慢轻侮人；项羽仁而爱人，待人有礼。然而，人所以肯尽力于陛下者，以陛下能不吝爵赏。使人攻城略地，既得了，就封那有功之人，与天下同享其利。因此人人尽力，以图功赏，所以能得天下也。项羽则不然，妒贤嫉能，有功者不但不赏，反忌其能而害之，贤者疑而不用。因此人人怨望，不肯替他出力，此项羽所以失天下也。"

高祖说："公等说的虽是，然但知其一，未知其二。我所以取天下者，全在能用人的缘故。运筹划策不出帏幄之中，而能料敌制胜于千里之外，这样智谋，我不如张子房；镇守国家，安抚百姓，供给军饷不致乏绝，这样才干，我不如萧何；统百万之兵，用之有法，战则必胜，攻则必取，这样勇略，我不如韩信。这三个人都是一时豪杰，非常之才。我让张子房常在左右，运筹划策为我谋臣；让萧何镇守关中，供给粮饷；让韩信做大将，领兵征讨。得此三人之力，所以能取天下也。项羽只有一个谋臣范增，而每事猜疑，不能信用，是无一人之助,此所以被我擒获也。"群臣闻高帝之言,无不欣悦敬服。

用人者常富足，而虚怀者然后能用人。若论勇猛善战，汉高祖不及项羽太多，之所以胜项羽，就是因为能用人。而所以能用人者，由于他自谓不如人也。以匹夫取天下，天下莫不归服，而犹自谓不如其臣，此正是汉高祖的过人之处。

——张良功成身退

张良为人素多疾病，自从高祖入关之初，便学修养之术，导引运气（道家运气之术），不食五谷。及至辅佐高祖平定天下之后，一日，自家称说："我本是韩国之人，父祖以来，五世为韩相国，世受国恩。不幸宗国为秦所灭，我不爱惜万金之产，悉以家财募求力士，椎击始皇于博浪沙中，为韩报仇。那时，虽误中副车，不曾伤得始皇，然以秦皇之强而我椎击之，威加万乘，义复强仇，天下之人谁不震动！其后，遇着真主龙典，我只凭三寸之舌运谋画计，终究灭了强秦，赞成汉业。天子待我以师礼，封我以万户，位为列侯，布衣荣遇，至此已极。我平生只要报仇雪恨，济世安民，今已心满意足了，此外更复何求！唯愿遗弃了人间功名、富贵之事，随着赤松子（上古仙人之号，张良假托之词）同游于方外了。"

张良（右）

汉高祖刘邦曾在洛阳南宫评价他说："夫运筹策帷帐之中，决胜千里之外，吾不如子房。"

张良有大功于汉，高祖才会尊礼之。是因为天下安定，他才去学修养之术吗？张良以五世相韩的缘故，立志复不共戴天之仇，其辅佐汉，也是仕韩，韩仇既报，遂浩然有归隐之心。所以后人评论说：张良始终为韩。又说：留侯君臣义重。这是真知张良之心啊！

萧何：运筹帷幄，决胜千里

高帝既定天下，论功行封，群臣争功，难分高下。

至即位之次年，才剖分符券（封功臣的铁券，两块相合，一块赐予功臣，一块藏在内府存验，所以又叫剖符），封诸功臣等为通侯。以萧何之功最高，先封为酇侯，食邑八千户，比诸功臣独多。

诸功臣心里不服，都说："臣等亲自披着坚甲，执着利兵，去攻城陷阵，多者百余战，少者也有数十合，受了许多辛苦，才挣得个功次。萧何并未曾有汗马战斗的功劳，只以文墨议论为事，今论功行赏，乃反居臣等之上，为什么啊？"

高帝要折服群臣之心，于是设个比喻，他说："诸君晓得田猎之事吗？打猎之时，赶杀兽兔者固然在于猎犬；若解放那猎犬，发现其踪迹而指示野兽所在，使之追杀者，则由于人。所以杀兽者，狗，而指使狗者，人。狗之功，肯定不会超过人的。今诸君只靠勇力厮杀，虽有攻城略地、斩将夺旗之功，不过如猎犬能追得走兽。至如萧何，则居中调度，运谋画策，使诸将各效其能，就与打猎者发现踪迹，指示狗一般，其首功必然是人。诸君之功，岂能与萧何相比啊？"

群臣闻听高帝此言，乃自知其功不如萧何，不敢再有争论者，而萧何遂巍然为一代功臣之冠了。

萧何能用人，诸将则为人所用，所以用人者功虽大而无迹，为人所用者功虽小而易见，非高帝取喻于田猎，何以服天下之心啊！此为万世论功者之准则。

张良献策：先封旧怨雍齿

高祖既定天下，论功行赏，已先封萧何、曹参等有大功的二十余人为侯。其余诸将，因各人开报功次，查算多少，议论不决，未得行封。

高祖一日在洛阳南宫中，从阁上望见外面诸将们，时常有三三两两，在洛水边沙地上空阔无人之处，并排坐着说话。高祖心生疑虑，问左右说："这将官们时常在那背地里说些什么？"

留侯张良对说："陛下起自布衣，不凭借尺土，用此辈众人之力，攻城略地，取有天下。今日既为天子，当替天行道，赏必当功，罚必当罪，不以私喜怒与其间，方才人心悦服。今所封的虽是有功，然都是平日亲厚的人，其余皆未得封；所诛杀的大率是素有仇怨的人，未必尽当其罪。众将每因此心怀疑惧，恐未必得封，而或横被诛杀，所以相聚谋为反叛。"

高祖听得张良之言，甚以为忧，遂问张良说："今人心危疑如此，有何解决办法？"

张良对说："请问主上平素所憎恶，群臣又皆知主上厌恶他的，第一是谁？"

高祖说："这诸将中雍齿与我旧有怨隙，我曾让他守丰邑，他叛我降魏，又屡次窘逼困辱我，我心里极恨他，只欲杀之而后快。但因他复降之后，屡立战功，所以不忍心。这是群臣所共知者。"

张良说："既如此，宜急先封了雍齿，诸将见主上记功不记仇，虽一时未及尽封，他们也都自安心，不复疑惧。"高帝听用其言，即置酒会群臣，封雍齿为什方（今四川什邡）侯，一面催促丞相、御史快速考定群臣的功次，以行封爵。

诸将们饮宴既毕，都欢喜相告说："雍齿素与主上有怨，今日尚且以功得封为侯，至公如此，何况我等无雍齿之怨，岂没我之功，而不加官晋爵吗？迟早一定有处分，我们就不必忧虑了。"

> **今评**
>
> 天下大事作于细，天下大事起于微。这段历史，意在告诫我们：要留心观察身边的小事，要妥当处理一些小事。否则，小事情可能转变为大危机。同时，遭遇危机时，要果断快速地将其扼杀在萌芽状态；即使有足够的的力量应对，也不能任性而为，要注意处理的方式和最佳效果。必要的时候，还要能舍得利益，做出一定的牺牲，用最小的代价平息危机。

汉高祖初定天下，而诸将们猜忌怀疑。假使驾驭失宜，变生事故，为患一定非小。所幸急听张良之策，一封雍齿而众心遂安，较之反谋既成，而后勒兵扑灭者，利害劳逸可以预见啊！由此可见，从开始就能消除隐患，可谓智慧啊！这也是高祖一统天下的原因。

叔孙通修定礼乐

高帝平定天下之后，因秦时所制的礼仪法令甚是烦琐，于是一切除去不用，凡一切事务从简从易。但当此之时，初罢战争，朝廷之中皆武夫壮士，不知尊卑体统。群臣饮宴中间彼此争功，至有酒醉狂叫，拔剑击柱。高帝看见，心里也是非常厌恶。

于是，博士叔孙通因奏说："臣闻听世乱思得猛士，太平必用文儒。若要攻城略地，进取天下，诚非文儒所能；若要讲明礼度，保守成业，则非文儒不可。今上下之分不明，人心怠慢放肆，不知礼法，岂是长久之道。臣愿征召鲁国的诸儒生，与臣门下的弟子数十人，共起立一代朝仪，使人知尊卑上下之等，则体统立而朝廷尊之。"高帝说："这古礼只恐如今难行。"

叔孙通对说："昔五帝生不同时，所作的乐也各不同。如少昊作《大渊》之乐，颛顼作《六茎》之乐，帝喾作《六英》之乐，尧作《大章》，舜作《大韶》，这便是五帝异乐。三王生各异世，所行的礼也各不同。如夏则尚忠，商则尚质，周则尚文，这便是三王不同礼。礼、乐这两件，但随时势人情而为之节文。或太过，则节损之；或不及，则文饰之。缘情而立，并非强迫人做难行之事。臣愿博采古先的礼仪与秦时的礼仪，古为今用，相结合而成朝廷礼仪，不必拘定古礼。"

于是高帝许可，说："你可试做来与我看，务从简便，使人容易得知，又须度量我所能行即可。"

汉家因秦之正朔，以十月为岁首，行朝贺礼，高帝即用叔孙通之言，新定朝仪。至七年冬十月，新起长乐宫，工完，正当诸侯群臣都来朝贺之时，遂举行叔孙通所制的朝仪。上自诸侯王公大臣，下至六百石（汉时第八等官员俸禄之数）品官，都以次序引入殿廷中，行朝贺礼，莫不肃敬有序，人人都依着他的仪注行。朝贺礼毕，又置法酒于殿上，诸侯群臣侍坐的，都俯身低首，不敢仰视，各照尊卑的品级，以次序起来奉酒祝寿，不得失礼。从开始朝会到酒宴结束，并没有一人喧哗失礼的。

于是，高祖喜而叹说："我在位七年，今日方知做皇帝尊贵如此。"于是，拜叔孙通为太常，使他专掌礼仪之事。

孔子说："能以礼让为国乎，何有？"人而无礼，大乱之道。但俗儒不理解制礼的本意，喜好是古而非今，务为高远迂阔之论，遂使人主苦其难而厌之。叔孙通谓礼乐，因时势人情而为之节文，可谓知礼乐之本了。然其所制，皆就高帝之所能行者而为之，故真意虽存在，而礼文颇简略，所以后世讥讪为粗野。

周昌口吃而强谏

高帝初立吕后之子为太子，至即位之十年，戚夫人方有宠，生个儿子，封为赵王，名叫如意。高帝非常宠爱他，常嫌太子慈仁而柔弱，无英明之资，恐不可为天下主。欲废之，而改立赵王为太子。

以无罪而易太子，这是高帝差错处。当时诸大臣皆执大义谏争，高帝溺于戚姬之爱，不能自断，谏者虽多，都未见听从。

有御史大夫周昌，平素刚直敢言，经常在大庭广众中吵得很厉害。高帝因问他太子所以不可易之缘故，要他说将来。周昌为人口吃，说话迟难,心里又非常恼怒,越发气急,说不出来,因对说:"臣口口……吃不能言,然心里必必……知其不可,陛下若欲废太子,臣必必……不敢奉诏。"

高帝见周昌口吃如此,不觉欣然而笑,而废立之意,也为之中止。

> 高帝溺爱宠姬,欲易太子,几乎动摇国本,肯定是过分了。然能容周昌诸臣之强谏,终割一己之私情,以从天下之公议,非其明达大度而能之吗?所以史臣称:"从善如不及,纳谏如转环。"就是这样的。

陆贾:马上得天下,不能马上治天下

高帝既定天下,其臣陆贾(西汉思想家、政治家、外交家,汉代第一位力倡儒学的人,他针对汉初时代特点和政治需要,以儒家为根本,融会黄老之道及法家思想,提出"行仁义,法先圣,礼法结合,无为而治",为汉初治国思想奠定了一个基本模式)时常在高帝面前,称述古时诗书上的言论。

高帝平时不喜诗书,因骂陆贾道:"我东征西战,只在马上得了天下,要那诗书何用!"陆贾对说:"世乱用武,世治用文。这天下虽是马上得来,如今还可以马上治之否?昔者汤放桀、武王伐纣,初皆用武

陆贾

楚汉相争,以幕僚的身份追随刘邦,因能言善辩常成功游说各路诸侯,深得刘邦赏识,被誉为"有口辩士"。

而以逆取天下。既得天下之后，便立纲陈纪，制礼作乐，用文以顺守之，所以能奠定大业，传之永世。可见文武并用，乃长治久安之道也，安可弃诗书而不事啊！"

高帝以陆贾之言为是，因命之说："既是如此，你试替我做一篇书，论秦所以失天下者如何，我所以得天下者如何，及自古以来成败之国，备述其缘故，朕将仔细观看。"

陆生于是略述古今兴亡事迹，著为一书，阐述为道治国事等一十二篇。每奏一篇，高帝就称善采纳，因为陆贾所说的这些道理，他以前从未听说过，遂为其书取名《新语》。不知陆贾所述，也都是诗书（《诗经》《书经》）中的道理，不是创新的说法。

今评

这段历史告诫我们：马上得天下，不能马上治天下。打天下靠的是武功和暴力，靠的是枪杆子里出政权，要推翻旧政府和旧秩序。治理天下时，如果还延续这个思维，就会出现问题。所以，这里阐述的核心是，在天下太平时，就要提倡"文治"，要建立新秩序和法则，要让老百姓休养生息，要发展农业、商业、工业等社会经济，要推广文化教育等措施，并且这个"文治天下"的有效性，在中华历史长河里被屡屡印证，这是毋庸置疑的。

高帝虽不事诗书，然其雄才大智，实旷世之英主；其创造大业，规模宏远，亦自有与《诗经》《尚书》暗合者。而当时号为儒生者，皆迂阔俗儒，所言多糟粕，泥古而难通。所以高帝见了就谩骂，甚至溺冠以辱之。唯陆贾通达时宜，不作高论，迁就流俗，所以高帝悦之。然贾亦非真儒，其所著书，不过战国纵横之余论，其于帝王经纶天下之大经大法，实未有闻也。若以高帝之英明雄略，能留心于学问，而又得豪杰真儒以辅佐之，则其功业又岂止这些！

高帝欲废太子，叔孙通舍死进谏

高帝每常欲废太子而立赵王，自破了黥布回来，疾病渐加，思为身后之计，越发要改立太子。虽亲信如张良者谏他，亦不肯听从。

此时，太子之位岌岌可危。于是太子太傅叔孙通舍死进谏，说道："古时，晋献公有太子申生甚贤，到后来宠爱骊姬，生少子奚齐，献公信骊姬之谗，遂废太子申生，而立奚齐为太子。其后献公死，奚齐为其臣里克所杀，晋国大乱者数十年。近时，秦始皇也只因不早定长子扶苏为太子，却使他监兵于外，以致身死之后，奸臣赵高得以诈称遗诏，杀扶苏而立少子胡亥，自取灭亡，宗庙绝祀，此乃陛下所亲见的，可为明鉴。今太子德性仁孝，未有过失，天下皆闻知之，一旦无故见废，臣恐人心不服，变故必生，而奚齐、胡亥之祸将复见于他日了。陛下若必欲废嫡子而立少子，臣愿先伏身受诛，以颈血污地，不忍见其乱也。"

高帝说道："我不是真要废太子，特戏言。"叔孙通对说："太子是天下的根本，根本一摇，天下为之震动，奈何把天下来作戏言！"高帝闻叔孙通此言，心里感动，又当时大臣谏争者多，高帝知群臣之心皆不附赵王，恐立了生变，乃止不立，而太子遂安，实叔孙通强谏之力的缘故。

叔孙通先时事秦，常常对上阿谀屈从；及其事汉，乃能以死力争，而定太子之位。可见人臣之忠佞，有些也是由帝王决定的。语曰："主圣臣直。"岂不信啊！

高祖知人善任，托付后世宰相

高祖与群臣一起艰难开创基业，群臣的优劣，知得最真，都能任用恰当。及至末年有疾，吕后恐有不测，国事付托，贵于得人，乃从容问说："见今萧何一时称为贤相，倘若陛下到百岁后，那时萧何或又不在了，谁人可以替他？"

高祖说："曹参好。"吕后又问："曹参之下，还有谁可以为相？"

高祖说："王陵亦可，但其性太直，不知通变，当兼用陈平以帮助之。陈平为人多智谋，然机变不测难以独任。若用陈平，又须兼用周勃。周勃持重谨厚，虽少文采，然沉毅有力量，若国家一旦有事，能戡乱靖难以安定我刘氏之社稷的，必是此人。可使周勃为太尉之官，管领兵马以备缓急之用。"

吕后又问这四人之外，还有谁好。高祖说："自此以后，人才固难预拟，恐那时你也年高去世，不得知。"高祖与吕后商议之言如此。

> 大抵宰相须德才兼全，守正而又能达变者，乃称其职。汉初宰相，唯萧何德才皆优，为一代宗臣。曹参之才虽不及何，而能谨守成法，无所变更，抑其次也。此外如王陵之正直，陈平之智谋，周勃之厚重，则各有所长，不能兼备。唯高帝知人善任，因材而用，所以终孝惠、孝文之世，戡定祸乱，致治升平，皆此数人之力。可见人才难得，为君者诚得德才兼全之人而用之固善，如不得其人，则舍短取长，并用相济，亦足以建功立事，此人主择相之法也。

开创大略，盖棺论定

这一段是史臣总叙高祖的事实。说高祖始初以马上得天下，不事诗书，未尝修习文学之事。然其天性聪明洞达，遇事好与人谋划，闻人之言，即便听从。即使是下层监门小军那样卑贱的人，才一见面就如故旧一般。待之有恩，人心无不感悦。初时见百姓们苦秦苛法，乃顺民之心，与秦父老约法三章，曰：杀人者死，伤人及盗抵罪。及天下既定，以三章之约不足以惩奸，乃命萧何次第律令，作律九章；又命韩信申明军法；命张苍定立各项法度章程；命叔孙通创立各项礼仪。又大封功臣，与他剖符立誓，为山河带砺之盟（黄河细得像条衣带，泰山小得像块磨刀石。比喻时间久远，任何动荡也决不变心），以丹书之于铁券之上，盛之以金匮石室而藏之宗庙之中。这都是高祖立国规模，其大者如此。虽在位不久，其于法制品节之详，犹有未能一一整齐处，然其大纲已正一代之规模体统，亦可谓宏大广远而不可及。汉之所以垂四百年之基业者，自此开始。

班彪，是汉光武时人。曾作《王命论》一篇，明帝王之兴，皆天所命，不可以智力强求，以警惧当时之称王僭号、窥窃神器者。其论中一段说道："人只见汉高祖起自布衣，遂有天下，不知他乃天所命的，非是容易。在高祖之兴有五件过人处。第一件，他是帝尧之苗裔，唐尧之后有刘累，事夏孔甲，为御龙氏，传至高祖仍姓刘。是高祖乃帝尧后代子孙，非凡族也。第二件，他体貌多奇异，隆准龙颜，左股有七十二黑子，生来就与寻常人不同。第三件，他神武有征应。初起时，当径斩白蛇；入关时，五星聚东井。及所居上有云气，龙虎成五彩，了解的才知道他非凡人。第四件，他有宽明仁恕之德，人心都归向他。第五件，他认对的人，又善于任使，各当其才。"

"既有这五件，又加以诚于好谋，明于听受。见人之善，求之若不及；用人之善，视之若己出。其从谏，如水之顺流无少逆拂；其趣时，如响之应声无少迟误。在荥阳时，先误听郦生计，欲立六国后，张良发八难，极言其不可。那时高祖方食，即吐哺骂郦生，不用其言，而纳子房之策，其见事疾捷如此。在陈留时，郦食其求见，高祖方洗足，不为礼。郦生说：'今欲灭无道秦，不宜以倨傲接见长者。'高祖便自家认不是，停止洗足而揖谢之，拜之上坐，其屈己下士如此。起初，高祖以家在关东，欲定都洛阳，一闻戍卒娄敬之言，说洛阳不如关中，即日车驾西都长安，更无一丝怀恋故土的意思，其果断刚决如此。起初溺爱赵王，欲立为太子，换了惠帝，张良因请起商山四皓来，与太子游。高祖素闻这四人的大名，见了大惊，以为太子能招致贤人，必然可以付托天下，遂定立惠帝，而遣赵王之国，其为宗社远图，而不牵于私爱如此。韩信是个小卒，高祖举之于行伍之间，而拜为大将；陈平自楚逃来，高祖拔之于亡命之中，使之近卫：其用人不疑如此。所以，那时英雄之人都为他用，各尽其力；贤智之士都为他谋，各献其策。五年之间遂成帝业，绝非偶然。"

这是班彪《王命论》中，称述高祖许多好处，以见其兴王之缘由。然所谓苗裔、体貌、征应，虽帝王之一验，而非其根本原因。其中最紧要的，只是宽明仁恕，知人善任，用人如己，从谏如流，数语得以尽之。这几件，不独是开创之大略，守成业而保天命者，也应当取为法则。

惠帝

孝惠皇帝，名盈，乃高祖之长子，在位七年，谥曰孝惠。汉家世世称孝，谓能世守先业之故也。

萧规曹随

惠帝即位之初，曹参即代萧何为丞相，凡事都遵依着萧何的成规执行，无所改变。惠帝见曹参如此，心里疑怪，道他为相国，天下这许多事，为何都不理会？

曹参因问帝说："陛下自家看聪明圣武，比高帝如何？"

惠帝说："朕怎敢上比先帝？"

曹参又问："陛下看臣才能，比前任的萧何如何？"

惠帝说："卿似不如萧何。"

曹参因说："陛下这话说得是，陛下果然不如高帝，臣果然不如萧何。以高帝之圣武，萧何之贤能，共起布衣，平定天下。东征西伐，经历过多少人情事变；熟思审处，立下法令以贻后人。既已明白停当，无可改变，今日但安享其成，陛下垂衣拱手于上，臣等奉法守职于下，一一都遵依着前面的实行，不至失坠就好了，何用多事而使纷乱变

曹参

曹参，西汉开国功臣，军事家，政治家，汉朝第二位相国，史称"曹相国"。汉惠帝即位，继任萧何为相国，秉承"萧规曹随，休养生息"，为文景之治奠定了良好的物质和理论基础。

得更容易呢？"

于是，惠帝乃以曹参之言为然，更不疑怪他。曹参为相国三年，海内治安，百姓乐业，民间做成歌谣说道："萧何为法，较若画一。"言萧何定的法度，清晰明白，甚是齐整。"曹参代之，守而勿失。"言曹参代萧何为丞相，谨守他的法度，无所偏差失坠。"载其清净，民以宁壹。"言他能守法勿失，清净不扰，而民亦有所遵守，都安宁而齐一了。

> **今评**
>
> 这段历史，看上去是在讲萧规曹随的故事，但实际上是在讲国家政策的连续性和重要性。任何时代，国家的政策朝令夕改，也可能会出现很多问题。从大的方面来说，会导致政府失去人民的信任；从小的方面来说，会导致社会失序。而经过多年战乱的西汉初年，老百姓其实需要休养生息，国策不宜随意更改。并且从国家大战略看，曹参确实不如萧何。曹参能提倡"萧规曹随"，可见有自知之明，其眼光高远，不愧为一代名臣。

那时候，天下安定，又适逢高帝、萧何开国之初，纪纲法度，事事齐整，为曹参者，只宜安静守法，与民休息，审时度势，不得不然也。若承平日久，人心怠玩，法度废弛，则又当修举振作一番，乃为久安长治之道。若不审于时势之宜，因循偷惰，旷日废职，而借口于曹参之安静，则将至于颓靡废坠而不可救。此又为君为臣者之所当知。

王陵守正，陈平多智，周勃安刘

惠帝既崩，吕太后临朝称制，改建元年。这年冬天，意欲立她娘家的子弟为王，恐大臣不肯听从，因试问右丞相王陵。

王陵对说："之前高帝与群臣杀白马而立盟誓说：'后来若有不是刘家的子孙得立为王者，便是乱臣贼子，天下共兴兵诛之。'高帝之约如此，今封吕氏为王，岂不背约？臣窃以为不可。"

吕太后听王陵这等说话，心中不喜，又问左丞相陈平与太尉周勃。这两人知吕后之意已定，徒然分辩无益，就故意应承她，说道："高帝定天下，王刘氏子弟；今太后临朝称制，王吕氏子弟。各封同姓，有何不可？"吕太后见二人听从，甚喜。

朝罢，王陵因怪责陈平、周勃说道："在先与高帝喋血为盟时曾说：'非刘氏而王者，天下共击之。'那时，你们难道不在吗？今高帝去世未久，口血未干，言犹在耳，何忍就背了盟约，阿顺太后的意思，欲王诸吕？且你们纵然阿意取容于此时，他日何面目见高帝于地下？"

陈平、绛侯对说："当这时节，据理守法、面折廷争，我两人不如你；到后来用计策，诛僭乱，保全社稷而安定刘氏，那时节恐你又不如我等了。"王陵知他二人自有算计，对吕后非奉承之言，于是也就不再言语了。

三子所言，正变不同，要其心忠于刘氏则一而已。然王陵之守正、陈平之多智、周勃之安刘，高帝在前已都看定了。当诸吕擅权之时，若不得此三人，则汉之社稷岂不危啊！故人主欲为子孙长久之计者，唯在贻之以贤臣而已。

陈平无计，陆贾献策

当初，吕太后欲立诸吕为王，陈平不得已，权且依顺。及诸吕既王之后，遂擅权用事，气焰日盛，有图危刘氏之心。陈平心里忧虑，自度力不能制他，恐一旦乱起，宗社不安，祸及其身，每退朝闲居时，独自一个坐着寻思，拿不出安稳社稷的办法。

那时，太中大夫（主管朝廷论议的长官）陆贾是个极有见识的人，一日去候见陈平，只见陈平正在那里坐着思想。陆贾也不待通报，直接走到里面坐着，因问陈平说："丞相这等深思，岂非患诸吕之难制吗？今有一个计策献与丞相。因言国家文武之权在将相两人。方天下太平无事，人之所注意者在于相；及至有事之时，人之所注意者在于将。国家之有将相如左右手一般，若为将与为相的彼此和调，同心共济，则文武之士便都和豫而归附，没有观望怀疑之心。士既归附，则上下同心，气势自壮。那时，天下即使有变动，我这里将相协和，事权归一，呼吸转移，号令措置都在我掌握之中了。今丞相当国，太尉周勃为将典兵，只怕太尉不与丞相同心，便有掣肘。为今之计，莫若先致私交，与太尉相好，这便是将相调和了。纵是诸吕有他谋逆，你二人同心合力，制之何难？"

于是，陈平听用陆贾计策，交欢于周勃。两人深相结纳，文武之士都齐心归附。吕氏诸人知道朝廷有人，也畏惧而不敢动，反谋之心从此衰退。其后，刘氏拥护者纷纷站出来，诸吕就戮，最终还是倚仗太尉之力，由陆贾领头发起的。这个陆贾真是有智慧啊！

周勃平诸吕

汉时，兵制有南北军，北军专主巡行视察京师之职。

吕太后既没，吕禄、吕产没有倚靠，自知地位来源不正，恐祸及己，欲要谋为叛逆，又怕绛侯周勃、朱虚侯刘章等都是有本事的，恐一动便为所制，因此迟疑犹豫而不决。绛侯周勃于是先发制人，设计令吕禄等平素相厚的人郦寄，哄骗吕禄说道："你如今握着重兵，大臣们都心里怀疑，恐一旦祸起，不如解去将印，把兵权付与太尉，则人心自安，吕氏可以长保富贵了。"

吕禄信其言，遂解将印授与周勃。周勃既得了兵权，始入军门，遂下令说道："各位军士，如今要向刘家，还是要向吕家？若是要向吕家的，便袒（脱袖露肩）其右肩；向刘家的，袒其左肩。"于是一军中人都是左袒。

周勃见军人皆为汉室，无有二心，遂率领北军，分头差人将吕后家的人尽数擒拿，不论男女长幼全部斩杀，从此吕氏之祸始息。

> **今评**
>
> 诸吕为什么那么容易平定？除了太尉周勃、朱虚侯刘章之武力和计谋外，还有哪些隐含的关键因素呢？一、刘氏宗亲犬牙交错，封王封侯，控制地方政权及要塞；二、"人皆为汉，无有二心"，秦灭汉兴，天下太平多年，休养生息，民受其利，人心思定，这也是"平诸吕"的关键。人心所向，再大的危机也能排除。正所谓：得民心者得天下，这是历代国家统治者都必须重视的问题啊！

汉之社稷始安，皆陈平之谋，周勃之力也。然使吕太后当时不立诸吕为王，不使之掌握兵权，干预朝政，则其祸也未必至于此。

因为吕后对族人太放纵宠爱，所以才造成很大的祸患，这是千古都要鉴戒的啊！

文帝

太宗孝文皇帝，名恒，高祖第四子。初封为代王，大臣既诛诸吕，迎而立之。在位二十三年，谥号孝文，庙号太宗。

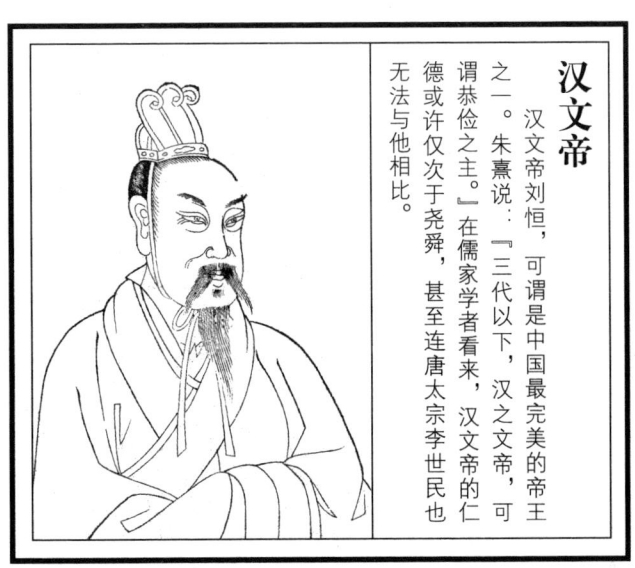

汉文帝

汉文帝刘恒，可谓是中国最完美的帝王之一。朱熹说："三代以下，汉之文帝，可谓恭俭之主。"在儒家学者看来，汉文帝的仁德或许仅次于尧舜，甚至连唐太宗李世民也无法与他相比。

早立太子，以安国本

文帝即位之元年，诸大臣官员以初诛诸吕、人心未定为由，劝文帝早立太子，以安人心，说道："太子是天下之本，宗庙社稷所系，故须预先建立，正其位号，这不是私其子，将使祖宗之祀有托，百神有主，天下苍生有依，乃所以重宗庙社稷而不忘天下也。且如古者殷自契相土，至汤有天下；周自后稷公刘，至文武有天下。以世相继，治安皆千余岁，享国长久，是太子早建而国本早定的缘故。今皇子启年最长，其德性纯厚而慈仁，又最贤。立嫡、立长、立贤，于理为顺，就请立以为太子。足以上奉宗社之灵，下慰苍生之望。"

初时文帝不听，后来才许可。按《史记》记载，文帝当群臣请立太子时，坚不肯从，曰："我不欲以天下私其子。"其后群臣上请，至再至三，然后听许。

此文帝谦让之德，后来的人很少有人做到的。但此时初诛诸吕，人心未定，若不早正国本，则无以系属人心而奠安国祚。何况自古以继嗣不定，而祸乱国家者很多。如秦始皇不早立扶苏，致有赵高之谋、胡亥之乱，而国随以亡。此近事之可鉴者也。然则有司之急切请于文帝，岂不是有谀词之嫌疑啊！

进陈平，退周勃

文帝即位之初，留心治道，对国家的政事一一都讲求明白。

一日临朝时，忽然问右丞相周勃说："如今一年之间，天下决断过的狱囚共有多少？"周勃对说："不知道。"帝又问："一年之间，国家用度的钱粮数目共有多少？"勃又对说："不知道。"周勃见连问两事，俱不能对，心上惶恐，不由得流汗沾湿了背脊。

帝又问左丞相陈平，陈平对说："这两件事，各有该管的衙门。陛下若问决狱，便该责成掌刑的廷尉（主管刑法的官）；若问钱粮出入，便该责成治粟内史（主管钱谷的官）。此二者皆不是臣的职责。"帝遂问说："卿所管的，却是何事？"

陈平对说："陛下不以臣为不肖，使待罪宰相。宰相之职，上则辅佐天子，使其君为圣君，辅佐天子治理国事，使寒暑有常，顺序四时，使气候不差；下遂万物之宜，使飞走动植各得其所。外则镇抚四夷诸侯，使四夷都来朝贡，诸侯无不服从；内则爱养百姓，使民皆安土乐业，亲附其上，表率百官，使卿大夫各尽其职，分理朝廷的政务。此皆宰相之事，臣所知也。若那刑狱钱谷，则自有主者，非臣所知。"文帝听说，称陈平所言有理。

于是，绛侯周勃自知其才能不及陈平，乃称病不出，请解相印，致仕而归。文帝允其所辞，以陈平一人专为宰相。

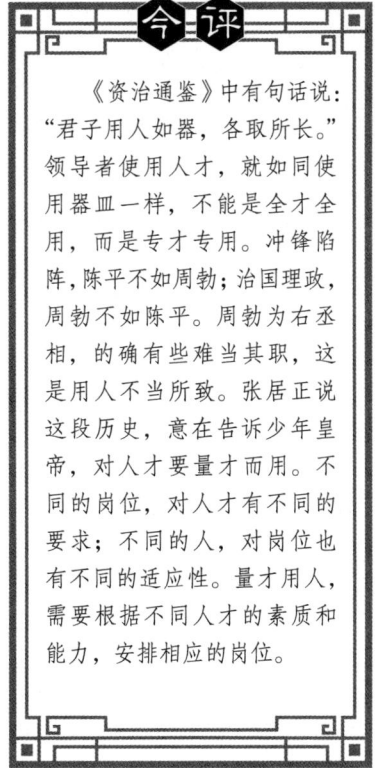

今评

《资治通鉴》中有句话说："君子用人如器，各取所长。"领导者使用人才，就如同使用器皿一样，不能是全才全用，而是专才专用。冲锋陷阵，陈平不如周勃；治国理政，周勃不如陈平。周勃为右丞相，的确有些难当其职，这是用人不当所致。张居正说这段历史，意在告诉少年皇帝，对人才要量才而用。不同的岗位，对人才有不同的要求；不同的人，对岗位也有不同的适应性。量才用人，需要根据不同人才的素质和能力，安排相应的岗位。

宰相之事，陈平虽未必能尽然其所言，则可谓深识治体者。宰相得人，则一人大贤，群贤汇集，民安物阜，外宁内定，人主所以垂拱无为，而天下自治。所以古语说："相道得而万国理。"这就是明主重视择相的原因。

贾谊才高，时势不与

文帝初立，闻知河南郡（今河南省洛阳市一带）太守吴公政治和平，为天下第一，就召他入为廷尉（国家最高司法长官，主管诏狱和修订律令等事宜）。

吴公在河南时，他所属洛阳县有个秀才，叫作贾谊，甚是博学，吴公爱之。及为廷尉，就荐举于朝，说他可大用，文帝因召贾谊来授以博士官职。那时贾生年少，才二十余岁。文帝爱其文辞博洽、学识通明，知是个经济之才，要大用他，只这一年内便超迁做太中大夫。汉朝博士官俸禄六百石，太中大夫俸禄千石，是不拘常格，超升五级了。

贾生见文帝这等拔用他，一心报效，知无不言。汉家因秦法以十月为岁首，今请改正朔，用正月；汉家火德，服色尚赤色，今说是土德，请改尚黄色；汉家左右丞相、太尉等官，废置不常，今请定职官之名；汉家用叔孙通礼，《房中》《安世》乐，与古不同，今请兴礼乐之事。整顿这几件，以立汉家一代的制度，革去秦时鄙陋之习。于是文帝谦让说："这议论固然好，但我一时没有时间改革此事，暂且等待之。"

贾谊

西汉初年著名政论家、文学家，世称贾生。师从荀子学生张苍，少有才学，名动天下。然不幸英年早逝，年仅三十三岁。其最为人称道的政论作品《过秦论》《治安策》和《论积贮疏》，说理透辟，逻辑严密，气势恢宏，言辞犀利，对后代政论及散文影响极大。

此时天下初定，百姓未安，文帝承高惠吕氏之后，凡事默默亲躬，务与天下休息，不欲以多事扰民，所以虽爱贾谊之辩博，也没有听他的。文帝此人，可谓知为治之本。

文帝下诏，听言纳谏

文帝二年初，既尝诏群臣极言过失，犹恐群臣不肯尽言，又下诏说："古者圣王之治天下，莫不以听言纳谏为最急迫之事。朝里面竖着进善之旌（jīng），使凡以善言来告者，都立于旌旗之下，以待诏问；又立诽谤之木，许人以朝廷之过失，写在木上，以图省改。之所以这样做，无非欲明目达聪，通治道而开言路。以前秦代无道，但有尽忠直谏者，就说他诽谤朝廷、妖言惑众，加之以重罪，著为法律，到今日还是因循未改，此群臣之所以畏威怀罪，不肯尽言，而上有过失，也无从听闻。何以能招来天下贤良与直言敢谏之士？自今以后，除去了这一条律令，使人人得以尽言，无所忌讳。"

诽谤妖言之禁，秦皇行之，而立见其亡；汉文除之，为一代贤君称首。历观往古，莫不如此。可见兴亡治乱之技，在言路通塞之间罢了。为人君者，宜以文帝为榜样。

文帝明仁，袁盎敢谏

当初，高帝宠幸戚夫人，欲立其子赵王为太子。高帝崩后，吕氏用鸩酒毒杀赵王，将戚夫人砍断手足，挖眼摘耳，投入厕所中，取名曰人彘（zhì，指吕后害戚夫人的事），言其人而似猪形也。

文帝所爱幸的慎夫人，在禁中尝与皇后同席而坐。一日从帝游幸上林苑，郎署官也照常并设两座。此时，有中郎（即省中之郎，为帝王近侍官）袁盎随从在旁，乃撤去了慎夫人的坐席，不让她与皇后并坐。

慎夫人怒，文帝亦怒。袁盎说："臣闻尊卑有序，则上下相安，自然和好。今陛下既已立了皇后，慎夫人虽爱幸，论名分，她是妾。嫡庶同席而坐，岂不失尊卑之序了吗？且陛下独不见吕后人彘这事了吗？彼时，吕后处戚夫人，虽极为毒恶，也因高帝宠幸戚夫人太过，以致吕后愤恨不平，遂遭惨祸。今日正主妾之分，明尊卑之礼，乃所以保全慎夫人，使宫闱和睦，永承宠眷也。"

文帝喜袁盎说得有理，于是召慎夫人来，以盎所言告之。慎夫人始悟盎的撤座，原是好意，因此赐盎黄金五十斤。

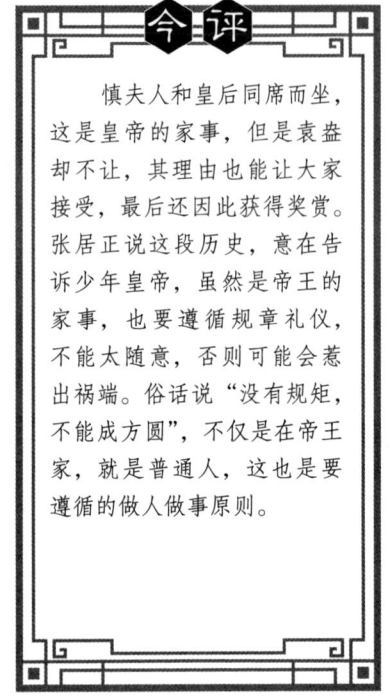

今评

慎夫人和皇后同席而坐，这是皇帝的家事，但是袁盎却不让，其理由也能让大家接受，最后还因此获得奖赏。张居正说这段历史，意在告诉少年皇帝，虽然是帝王的家事，也要遵循规章礼仪，不能太随意，否则可能会惹出祸端。俗话说"没有规矩，不能成方圆"，不仅是在帝王家，就是普通人，这也是要遵循的做人做事原则。

万化之原，始于闺门，而齐家之道，在正名分。名分正则家齐，家齐而国可治。为人君者，最宜留意于此。

治国重本，亲耕农田

文帝即位以来，躬行节俭，休养百姓。那时去战国未远，民多游食，不务农业。

贾谊上疏劝文帝说道："管仲有言：'仓廪充实，则民有赖而知礼节；衣食给足，则民有耻而知荣辱。'礼义生于富足，民不足而可治者，自古及今未曾听说过。汉兴以来，将近四十年了，此时官府公储及民间私蓄尚是空虚，所幸近年谷物丰收，天下无事，未有兵荒。

然世之有饥荒与丰穰，乃天行之数，不可预算。就是夏禹、商汤，圣王治世，也曾被水旱来。如今岂能必得年年丰稔？脱或不幸，风雨失调，有二三千里地方干旱之灾，颗粒无收。那时要赈济这许多饥民，何处取给？又或猝然边上有事，调动数十万军马，把守截杀，这许多粮饷又何处取给？积蓄存贮，所以备灾变，这是天下的大命脉，安危所系。若积粟既多，财用有余，天下的事哪一件干不得？以攻则必取，以守则必固，以战则必胜。以之安抚敌人，降附远夷，又何招而不至？可见治国之道，先于足食。只要钱粮充足，则事事可为。然而欲足食，必先重农。今蓄积所以不充，只为民不务农之缘故。必须设法劝民，驱使他尽归于农，使各自出力耕作，以为衣食之资，不复去做商贾工匠，徒靠手艺远出谋生。那末技游食之民都转农耕，改变其业，各守本等的农务，则蓄积自然充足，而民亦安土乐业，不轻去其乡。这是当今的急务。"

于是，文帝感悟贾生所言极是。这年春，正月丁亥日，就下诏开籍田，仿古时天子亲耕以供宗庙祭祀的意思。文帝亲自到籍田中，扶着耕犁，行三推之礼，以倡率天下人民，百姓闻知，说："天子至尊，尚且亲耕，何况我等小民，可不尽力？"

不烦教令，不假刑威，而民争趋于农，由于文帝以自身先之。当时民力凋敝，一变而为富庶之俗。至其末年，太仓之粟，陈粮上压陈粮，充溢露积于外。贾生之言得到了验证。

免除租税，民利国富

文帝二年正月，既纳贾生之言，亲耕籍田，给天下人做表率。

这年九月，遂下诏说："百姓的职业有为耕农的、有为商贾的，朕看来唯农事乃是天下的大根本。民生于食，食出于农，这是百姓们所赖以生养，而不可一日废者也。那商贾之事次之。而今百姓不专力于本，而乃从事于末，为商贾者多，为耕农者少，五谷何由生？日食何由给？所以民生不遂。朕为此，所以亲率群臣首耕籍田，以身劝率天下之民，使皆力于农事，庶本业不废，而民生有

汉籍田版画

天子下地耕田早在西周时期便有这个礼制，称为籍田礼。但一度被荒废搁置了。汉文帝重新施行籍田礼，并命令他子孙后代也要如此。

资。然民尽力以耕田最是劳苦，而又不能不取其租，若不体恤，反不如那做商贾的，得以坐享其利了，朕很同情他们。今国家租税固然有定额，然而朕每事节省，也自够用度。今年的钱粮且只让百姓们交纳一半，其余一半税赋免除，以养天下之民。"

文帝即位之初，国用浩繁，又屡岁下诏蠲免租税，宜其用之不足。而史称当时太仓之粟，红腐而不可食，京师之钱，贯朽而不可校，府库充溢，海内富庶。至于武帝用桑弘羊等，言利析秋毫，取利尽锱铢，宜其用之有余。而动见匮乏，最终致海内虚耗。可见，这是其用之有节、不节之缘故。可见富国者，不以厚敛为得计，当以节用为先务。

法贵公正,不以君怒而偏之

文帝时,张释之为廷尉。一日圣驾出行,从中渭桥过。有一人在桥下奔走,惊了驾辇的马,文帝使兵骑拿获,发与廷尉问罪。

释之审问后,拟冲突仪仗罪名,应该纳金赎罪。奏上,文帝怒,说:"此人亲惊我马,幸得马还调良温顺,不曾失事。假若是不驯熟的马,吃他这一惊,奔逸起来,岂不至败车而伤我吗?情重如此,而廷尉仅仅是罚金,处罚太轻了!"

释之对说:"法者,高帝所定,布之天下,与天下人共守之。天子不敢以喜怒为重轻,人臣亦不敢承上意以出入。今犯跸(bì,帝王驾出清道)之罪,论律只该罚金,而欲更为加重,法规可由人随意增减,而百姓不以为信了。且当犯跸之时,上若立遣人杀之,法虽不当,与臣无关。今既发下廷尉,付之法司,臣居法司之官,只知守法而已,岂敢随上意来判其轻重呢?朝廷之设廷尉,正要详审刑狱,使情法得中,轻重平允。若廷尉之法一偏,则天下从而效尤,必将任情用法,故为轻重,受冤之人不止一犯跸者,民安所错其手足呢?"

文帝闻言而悟,说:"廷尉问拟得是。"允其所奏。

后来,又有人偷盗高帝庙中神座前供奉的玉环,吏卒捕获那为盗之人,送到廷尉问拟罪名。释之奏说:"此人盗宗庙服御物,依律该处斩。"文帝大怒说:"这人无理,乃敢盗我先帝的

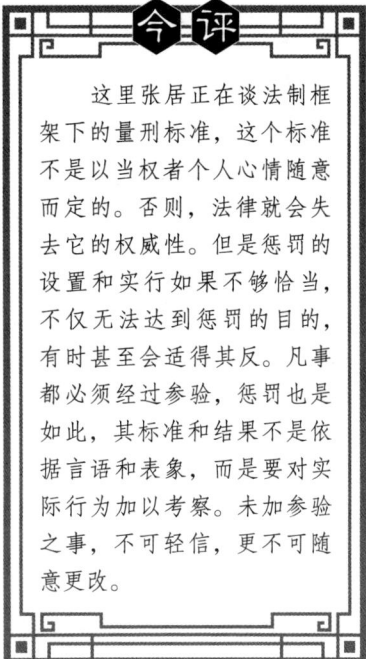

今评

这里张居正在谈法制框架下的量刑标准,这个标准不是以当权者个人心情随意而定的。否则,法律就会失去它的权威性。但是惩罚的设置和实行如果不够恰当,不仅无法达到惩罚的目的,有时甚至会适得其反。凡事都必须经过参验,惩罚也是如此,其标准和结果不是依据言语和表象,而是要对实际行为加以考察。未加参验之事,不可轻信,更不可随意更改。

庙器，朕欲将他全家处死，诛灭其宗族。你却只照常法奏拟，何以重宗庙而慰先灵！不是朕所以敬奉宗庙的本意。"

释之于是免冠顿首，说："窃盗之罪，不至于死。今以盗宗庙器问拟死罪，已是最严厉的处罚了，岂可复加。今人盗宗庙一器便诛及宗族，假设或有无知愚民，盗取高帝陵墓上一抔土（不敢斥言发掘陵墓，所以只说取长陵一抔土），此时陛下愤山陵之侵损，必欲重处此人，又当万倍于盗庙器的人，不知更有何法，比族诛更严酷了呢？"于是文帝感悟，乃禀明于母亲薄太后，而听许之，终从张释之所拟。

释之为朝廷持法，而不徇人主之喜怒，文帝能容释之之持法，而不任一己之喜怒，皆古今美事，可以为后世法，故史臣记之如此。

文帝夜半问鬼神

文帝爱贾谊之才，欲任以公卿之位。

其时大臣周勃、灌婴等，嫌贾谊多事，常在文帝面前说其坏话，说道："洛阳贾生，年少初学，未更世事，恃他有些才华，便要专擅事权，纷更变乱高帝的成法，此人不可大用。"文帝从此遂疏远之，不复用其所言，而出为长沙王太傅，欲老练其才而后用之。

后来，文帝忽又思谊，遣使召来，既至入见。此时祭祀才罢，文帝坐在宣室（皇宫殿名）中，饮祭酒受胙（zuò，祭肉），因此想起鬼神一事。问及鬼神的来历，贾谊于是详论鬼神及其所以然之缘故，谈论之久，阐述之明，至于夜半。文帝闻听，喜而不厌，促席向前，听其议论。既退叹说："我许久不见贾生，自以学问进益，胜过他了，今听其言，还是不如啊！"于是拜为梁王（文帝次子，帝甚爱之，所以用贾谊为其师）太傅。

帝当天下初定之时，诸吕方平之后，清净无为，与民休息，是有其原因的。谊以多事承之，是以不见任用。至其通达国体，辩博有辞，帝未尝不爱其才，而叹服之。用人取善，一举两得呀。

晓母舅自尽

文帝十年，将军薄昭为薄太后之弟，文帝的母舅，尝恃宠而骄，擅杀朝廷差遣的使臣，法该抵死。文帝以母后之故，不忍心让他在刑场被砍头，于是使公卿大臣都到他家饮酒，与之诀别。欲令薄昭自家引罪，晓得该死，寻个自尽便了。

薄昭自恃为外戚，还望文帝赦他，却不肯就死。文帝又使群臣都穿了孝服，往他家哭之。薄昭然后知帝意必不肯赦，乃不得已而自杀。

看文帝处这件事，甚是刚断，又且从容。内不伤母后之意，外又伸朝廷之法，可谓得情法之中了。然犹有未尽者，恨不能防之于早。古语说："婴儿之患，常伤于饱；贵臣之患，常伤于宠。"所以人君之待外戚，其裁制压抑之，乃所以保全之策也。文帝不早为薄昭置贤师傅，而使之典兵干政，至于骄而犯法，恩不能庇，后悔有什么用呢？后世人主爱厚外戚，而欲长保其富贵者，当鉴于此。

废除肉刑

齐太仓令淳于意犯罪当肉刑（割体断趾之刑），被提至长安，关押在诏狱（奉皇帝命令拘捕犯人的监狱）。

淳于意无子，只生五女。其少女缇（tí）萦，哀伤父亲陷于刑罪，无与辩理，乃随父到长安，上书奏说："妾父在齐中做官，齐中之人都称他清廉平恕。今日不幸而误陷于罪，坐法当肉刑。妾伤那已死之人，不可再生，受刑身毁，不能再续，纵有悔悟之心，要更改前非，从新行好，而形体已毁，自新无路，岂不可惜？国法有赎罪条例，而妾父做官素清廉，又无以为赎罪之资，妾情愿收没入官为奴，以赎父刑罪，使得以改过自新。"

文帝看过缇萦所奏，悲怜其情意之苦，又有感于其言，而知肉刑之惨刻如此。于是，下诏除去肉刑之法，以笞（用荆条抽打犯人脊背或臀腿的刑罚）代之。

文帝除肉刑，可谓至仁，及其用法，虽亲无赦，似又有不专于仁者，为什么呢？立法贵宽，不可无好生之意；而行法贵断，不可有姑息之心。仁义并行，宽猛互用，治天下之大法就是这样。

休养生息，清净无为

文帝承高帝、惠帝、吕氏之后，知百姓们方离了战争之苦，要在休养生息，不可以多事扰民，一切务在安静。即躬行清净无为之道，以身化民，无所作为，不尚词说。

那时为将相的，如周勃、灌婴、张苍等，都是高帝时开国的功臣，少文饰，多质朴。又亲见秦家以暴虐致乱亡，心里厌恶秦政，以为惩戒。凡百官议论，务在宽大仁厚。人有过失，务为包容，不肯对人明说出来，恐羞辱了他，其宽厚如此。

因此，教化自朝廷，风行于天下，那百姓们都变为忠厚，兴于礼让。旧时进本告状，揭发别人阴私，那样偷薄的风俗尽改变了。

所以当时吏安其官，民乐其业；钱粮蓄积，每岁增加；民间户口，日渐繁衍生息。下之风流笃厚，而无薄恶；上之法网疏阔，而无烦琐苛刻。凡人犯罪，有可轻可重，疑而未决的，便都饶了他，不必一一深求，尽入于法。

因此，那时刑罚大省，甚至有一年，天下有司所决断的轻重狱囚，只有四百而已。民不犯法，刑无所用，有刑法置而不用之风焉。

汉文帝

汉文帝通过「无为而治」的思想确保了政治稳定，恢复了经济发展，缓和了中央和地方的关系。

> 前代唯周成王、康王时，刑错不用，今文帝几乎就是这样的。与成、康比隆，而其本则暗自修德，待人宽厚。汉家四百年之命脉，就是这样培育起来的。

国有灾伤，下诏自责

文帝十七年，改为后元年。因连年灾伤，下诏说道："近来数年，五谷不收，今又有水旱疾疫之灾，百姓困苦，朕甚忧虑。然天变不虚生，必有所致的原因。但我愚暗不明，不晓得过失所在，想是朕之政令有所缺失，而行事或有过失差错？或是上而不能顺天之道，下而不能尽地之利，明而人事乖戾失和，幽而鬼神懈怠废弃祭祀？为何有此灾变呢？朕又思想，莫不是百官的俸禄或缺，以致搜刮百姓；无用之兴作或多，以致滥费民财？不然，何其民食之寡乏如此呢？料度如今的田地，比古时不见减少；算计如今的人民，比古时不见增多。若以户口较量田地之数，不但比古时不少，还觉得如今田地尚宽广有余，应该民食充足，如此忧患不足者，其过错原因又在何处呢？莫非古时致力于农本者多，用度有节，如今百姓们每每从事于商贾末艺，以妨害农功者太盛吗？或是造为酒浆，以靡费米谷者太多？又或是豢养六畜，而食人之食者太众？凡此小大的事理，我反复思之，未得其当，所以特诏下御史大夫，可与丞相、列侯、吏二千石以上及博士等官，大家商议。但有可以消弭灾变，佐助百姓之急者，各任你们意见，为国家深远思虑，明白开陈，不要有任何隐瞒和避讳。"

今评

汉文帝作为一代明君，遇见不良现象和是非时，首先要反思自己的言行举止，包括检讨国家的大政方针。这是难能可贵的。而这种自我的反思和检讨，又是无条件的，是为君者大德的具体体现。其实，学会自我检讨和反思，应该是我们每个人的必备修养。所以孟子说："爱人不亲，反其仁；治人不治，反其智；礼人不答，反其敬——行有不得者皆反求诸己，其身正而天下归之。"这就是中国人的行为准则。

天灾流行,虽明君在上,不能必无。唯文帝不推脱责任于他人和环境,而反躬自责,博求所以弭灾之道,此所以虽有灾变,不为民害也。当此时,百姓殷富,户口蕃息,天下太平。

谦俭厚德,盛世之治

班固,是汉朝史臣,尝作《汉书》,于《文帝本纪》之末,赞美他许多好处,说道:"文帝即位以来,通计二十三年,所居的宫室、所游的苑囿、所乘坐摆列的车马、所服御的衣裳器物,一一都遵守先世之旧,无所增加。若这苑囿地土等项,虽是旧时所有,或有不便于民的,便都从宽减省,以从民便,宁可使百姓得些便益,不肯厚于自奉,以妨碍人民。一日,要在骊山上造一露顶高台,叫工匠来估计那所费的价值,说该用百金。百金是一千六百两。文帝说:'这百金资财,在民间中等人家,可抵十家的产业。今日我承继着先帝的宫室,常恐享用过分,玷辱了这去处,又要那台何用?岂可兴此无益之工,而破费民间十家之产?'因此,就停止了营建,其爱惜财用如此。

今评

汉文帝是中国历史上赫赫有名的贤君。他为人孝悌仁爱,节俭宽容,做事低调谨慎,特别是他的仁爱思想,深刻影响了他的执政路线,即位后继续采取与民休息的政策,"重农"却不"抑商",允许民间自由贸易,放手社会力量发展经济,减少政府管控措施,即现在所说的"小政府,大社会"。公元前178年和公元前168年,两次下诏将田赋税"十五税一"按减半收取,即"三十税一"。公元前167年,下诏免除全国的田赋税(国家主体税),这项免税政策一共执行了13年,到景帝三年才停止,这在中国历史上是绝无仅有的,不仅极大减轻了百姓负担,改善了民生,而且极大激发了百姓从事农业生产的热情,促进了经济的大发展,开创了中国有名的盛世——文景之治。

文帝自家所尚的袍服，只用黑色粗厚的缎匹。只取耐穿，不尚华采。当时有个慎夫人，是文帝所宠爱的。她穿的也是朴素的衣服，长不拖地；用的帷幕帐幔，也都不用文绣。自家敦尚朴素，以为百姓们倡率，使天下风俗都化为俭朴，其寻常服御如此。生前预造陵寝在霸水上，叫作霸陵。这霸陵里面摆设的，都是瓦器，不用金银铜锡等物装饰。依着那山势便做葬处，不复筑土为坟，劳费民力，其山陵制度如此。"

"南越王赵佗恃其强大，自称南越武帝，占据着海南地方，抗拒中国。文帝不行诛讨，乃召其宗族兄弟，对他加官晋爵，并加以赏赐，以恩德怀服其心。其后赵佗感激，就去了帝号，自称藩臣，终身不敢背汉。先年曾与匈奴单于和亲，约以长城为界，不相侵犯，后来匈奴背约，时常入边抢掠。文帝也不与他计较，只让各边将士提备防守，驱逐出边境便罢，不曾发兵深入，唯恐损伤了百姓生命，多费了兵马钱粮，其制御夷狄如此。"

"吴王濞称病不朝，已有反谋，文帝道他年老，于是赐他几杖，免其来朝，并不曾揭发他的奸诈。群臣袁盎、晁错、贾谊等或上疏谏诤，或因事论说，虽常触犯忌讳，过于切直，文帝也都宽容，假借纳用其言，并不曾恨怪他。将军张武曾受人馈送的金钱，事后发觉，文帝只说他家贫，反赏赐他财物，使他心里惭愧，自知省改，并不曾播扬他的过失，其优待臣下如此。"

吴王濞

刘濞是刘邦的侄子，是西汉前期发动吴楚七国之乱的罪魁祸首，才能一般，但对汉室江山怀有异心。

"那时，行出来的政事，说出来的议论，一心要休养生息，以德化民，不用刑罚。因此四海之内财力丰富，户口繁衍生息，人人兴起于礼义，乐为善而耻犯法，遂致风俗淳厚，刑罚减省。一岁中总计天下有司决断的轻重狱囚罪犯，不过数百人，有古时刑错不用之风，其真可谓仁德之君啊！"

这是班固总论文帝之德，而以一"仁"字称之。然尝考文帝之为君，见事极其明察，行法极其刚断，而史臣只以仁称之者，其明察而不失之苛细，果断而不伤于刻薄，皆有慈爱恻怛之意行乎其间，所以能固结人心，培养国脉。汉家四百年之天下，皆基于此，后世人主宜以文帝为法。

景帝名启，是文帝之子，在位十六年。

汉景帝 在位期间休养生息，平定七国之乱，不仅承接「文景之治」，还奠定了「汉武盛世」的基础。

天子无戏言

景帝与梁孝王，同是窦太后所生，非常相爱友好。景帝即位之三年，梁孝王自本国来朝，那时景帝未曾册立太子。一日与梁王宴饮于宫中，因酒酣，从容与梁王说："朕千秋万岁之后，把天下传与王。"梁

梁孝王（左）

梁孝王爱才，并营造宫室苑囿，招揽天下人才。当时，辞赋家枚乘、邹阳和司马相如等都招揽在门下，形成极具影响的文学群体。

王起来辞谢。虽晓得景帝此言，未可便为定准，但心里也自家暗喜。窦太后听说，也信以为然。

那时，有詹事（官名，主管皇后、太子家中之事）窦婴，是窦太后的从侄，在宫中侍宴，恐此言一出，或开争乱之端，乃斟上一杯酒，捧进与景帝谏说："今之天下，非主上之天下，乃高祖所传之天下也。既承继高祖的基业，便须遵守祖训，彼父终子继，世世相传，不用兄弟继立，此高祖之约也。主上虽友爱梁王，何得违背祖训，而擅与之以天下啊！"

太后正喜间，忽被窦婴从中间阻断，因此憎恶窦婴，除了他的门籍，不许再入朝参。梁王因此自负他后日有天下之分，越发骄纵，车服宫室都僭拟天子，又暗杀朝廷议臣袁盎等，几取杀身亡国之祸，都是景帝一言之误啊！

大抵事有定分，则人无争心，况以天下相传，苟无一定之约，

而得以私爱行于其间，很少有不曾引起纷争而致乱的。汉家父子相传之约，也有见于此。景帝溺爱轻许，以骄梁王之心，及其罪状彰露，乃从而穷治之，使母子兄弟之爱，几于不终。所以史佚说："天子无戏言。"岂不可信啊！

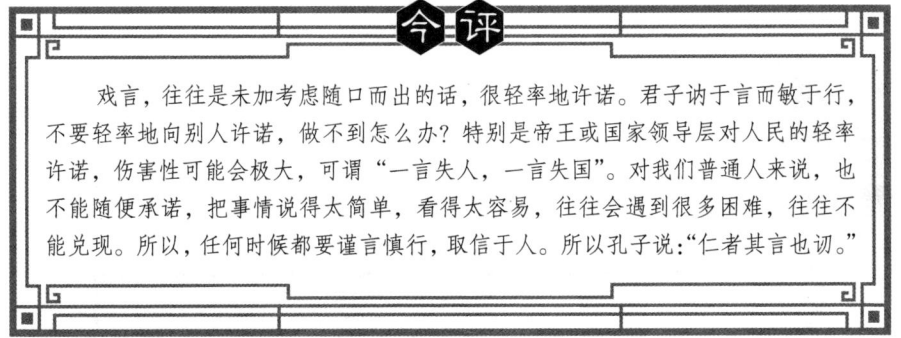

> **今评**
>
> 戏言，往往是未加考虑随口而出的话，很轻率地许诺。君子讷于言而敏于行，不要轻率地向别人许诺，做不到怎么办？特别是帝王或国家领导层对人民的轻率许诺，伤害性可能会极大，可谓"一言失人，一言失国"。对我们普通人来说，也不能随便承诺，把事情说得太简单，看得太容易，往往会遇到很多困难，往往不能兑现。所以，任何时候都要谨言慎行，取信于人。所以孔子说："仁者其言也讱。"

穆生明智远识

当初，高帝有异母弟刘交，封于楚，后谥为元王。元王甚贤，雅好书史。少时曾与鲁人申公、穆生、白生这三人共拜一儒者浮丘伯为师，从而受业，讲习《诗经》。

后来，刘交从高帝征伐有功，封为楚王，就用这三人做楚国中大夫之官，甚加敬礼，时常置酒筵宴他三人。因穆生性不好酒，不能多饮，每置酒时，特为穆生别设一样甜酒与他饮，此后遂以为常规。到元王子夷王名郢客，孙王名戊，三世继立，都依着这旧规行，每宴必设甜酒。

王戊即位之后，渐渐骄慢。一日宴会，忘记设甜酒了。穆生宴罢退去，便说道："我如今就该告休长往。甜酒不设，虽是小节，然因此见王的意思已懈怠了，我辈不在意，日后轻视，何所不至？我若不去，必且得罪，他日楚人将钳我之颈（犯罪囚奴，以铁钳其颈），驱役于市上，做囚奴而后已。到那时求去也迟了。"遂称病辞谢而去。

其后，王戊与七国谋反，申公谏正，王戊发怒，遂将申公罚在市上，穿着红色囚服舂米，然后知穆生之超然远瞻，真是智士。后之礼贤者，当以王戊为戒，慎毋始勤终怠，而使君子有去志啊！

武帝名彻，是景帝之子，在位五十四年，庙号世宗。

汉武帝

有史学家认为，在中国历史上能被称千古一帝的只有三个帝王，一个是秦始皇，一个是唐太宗，还有一个就是汉武帝。

天人三策之一：治道兴废，天命还是人事

至武帝即位之初，特起一年号（前代天子即位，只纪元年、二年、三年，原昭无年号），叫作"建元"。自此以后，每朝都有年号，实始于此。

建元元年，冬十月，下诏有司，让荐举各地方上所有德行贤良、

操守方正、能直言极谏的士人，都到宫阙之下。武帝亲自发一策题试问，他说："古今治道，兴废不同，果是天命，抑由人事？"

那时，独有广川县（今河北景县）人董仲舒（西汉著名思想家、教育家、政治家，《公羊春秋》博士，其学说以儒家为核心，吸收道法及阴阳家等精华，形成汉儒经世致用的"外王"特征。其"天人三策"对汉代政治贡献巨大，特别是"罢黜百家，独尊六经""兴太学""大一统"等文化、教育、政治思想，影响中国后世社会近两千年。所以后人称他为"汉代第一大儒"）

董仲舒

董仲舒提出"罢黜百家，独尊儒术"的主张，被汉武帝所采纳，使儒学成为中国社会正统思想，影响长达两千多年。

对的策好，说道："臣观天人一体，此感彼应，毫发不爽。有道的，天便眷佑他；无道的，天便弃绝他。其相与之际，甚是可畏。然天心仁爱，人君若不是非常无道，必不可悔改的，天还留意于他，屡出灾异，以示警惧，要他省改，无不欲扶持而全安之。所以乱者可治，废者可兴，其事只在人君夙夜强勉，以承天意而已。能强勉于学问，读书穷理，以明此道，则闻见日渐广博，而智虑越发开明；能强勉于修为，反躬实践，以行此道，则君德日渐崇起，而功用自然宏大。强勉之有益如此。且这道理，顺之则治，逆之则乱，乃是人君所到那治平大道的路头。具体言之，就是仁、义、礼、乐四者也。"

"自古圣王，只以此四者之道，教化天下，传及子孙。所以身虽已没，而子孙长久安宁，至数百岁。如夏家四百，商家六百，周家八百，这都是礼乐教化的功效。此道常在人心，历世不忘，是以享国长久，非天命之有所私厚也。然则仁、义、礼、乐之道，岂不是万世人君之所当务求的吗？尝观春秋、战国以来，申不害、韩非、苏秦、张仪之说，盈满天下。至秦代而焚书坑儒，三代之礼乐教化，荡然无复存在。汉高不事诗书，文帝又修清净无为，是以王道废缺，礼乐不兴。"

仲舒此策，词若迂缓，而意实醇正。汉家经学，自此兴起，不能说不是他的功劳。

天人三策之一：国家兴亡，在于君心

董仲舒对策又说："国家之盛衰，只看人君所行的政事如何。前代长久隆盛的，莫过于周。及传至厉王、幽王，周道遂衰。其实道未尝亡，只是厉、幽肆行暴虐，不肯率由先王之道罢了。至于宣王，思昔先王之德，奋发有为，兴其废滞，补其敝坏，以昭明文武之功业，周家治道遂灿然中兴。此乃夙夜不怠，力行善政之所致啊！"

"由此观之，人君欲国家长盛而不衰者，岂可不以兴道致治为务啊！然治道不可外求，全在人君之一心。诚使为人君者，先能自正其心，虚明光大，不为一毫私意所蔽，则行出来的政事、发出来的号令，必皆合天理、当人心，而可以正朝廷风气了。朝廷正，则必能进贤退不肖，使群臣皆奉公守法，竭力效忠，可以正百官了。百官正，则礼乐教化四方不违，以正万民，以正四方，无远无近，荡荡平平，自无一人一处之不归于正的人。君德既正，天心自然协助，至大中和，无有邪气于乎其间，是以阴阳均调，而风雨及时，众生和乐，而万民增生。凡世间诸福之物可致之祥，莫不备至，而王道大成。天与人本同一气，人事正，则正气应之，善祥之所由集也；人事不正，则邪气应之，灾异之所由来也。然其本，则在人君之一心而已。所以古语说：'君心为万化之原，至诚赞天地之化育。'大意如此。"

> 董仲舒对武帝三策，其正心一言，实万世帝王为治之本。人君果能体悟而行之，则二帝三王之盛，岂难致啊！

天人三策之一：王道推行，在于教化

董仲舒对策又说："王道固在正心，然后以正朝廷、百官、万民、四方，而诸福皆至。可是也有圣人在下，势位卑贱，而不得致治的。如今日陛下，贵为天子，富有四海，所居的是可致之位，所操的是可致之势，且有圣德，又是能致之资质。即位之初，观其施为，高出世主一等，而恩泽又深厚，智识明达，而意思又美好，怜爱百姓，而好慕贤士，可谓不世出之主。然而，阴阳或未必调，风雨或未必时，诸福之物或未必至，这是何故？只为教化不立，而万民不正，所以太平之业，犹未致也。常人之情，见利则趋，就如水之趋下一般。水性趋下，必须堤防障御；人情趋利，若不把教化来做个堤防，怎能拦得住？古时王者，晓得这道理，所以居南面而治天下，莫不以教化所系者大，而专力于此。在京师中，则立太学以教于国；在各郡国，则设庠序（地方学校）以化于邑。这太学与庠序里面，都设师儒之官，取民之俊秀者而教之。用仁去影响他，用义去磨砺他，用礼去节制他。所以民都兴于仁义礼乐，不用严刑重罚，而民自不犯法禁。由此，上之教化素行，而下之习俗淳美，就是这个原因啊！"

由此观之，欲致诸福，在行王道；欲行王道，必先教化。治天下者，当知所务。

汉车马出行图

汉代车骑的级别既反映了等级高低的不同，也反映了一个人权力的大小差别。

天人三策之一：革去旧弊，从新更化

董仲舒对策又说："王道之先务，固在于教化。何况秦废教化而任威刑，汉承其后，不可不变。自古圣王承继乱世之后，必须鉴其失而矫其弊。把那乱世所行的事，一切扫除革去，乃可以新天下之耳目，建太平之事业。譬如弹琴瑟的，若弦不调和到那极处，必须解下这弦来，从新安上，方才弹得；若为政的，前面的行事，如今若坏到极处，必须从新更改，修正一番，方才治得。所以，汉家自高帝得天下以来，历惠帝、文帝、景帝，都要天下治平，而至今不可善治者，其失只在于时当更化，而不能更化，仍然崇尚秦代旧习的缘故。古人有言：'临着渊水，羡慕那游鱼，徒羡何益？不如退去结网来打取这鱼。'如今临政治民，愿治功成就，徒愿何益？不如革去旧弊，从新更化。结网则可以得鱼，更化则可以善治。既能善治，则阴阳调、风雨时、群生和、万物殖。天灾人害日渐消去，嘉祥美福日益招来，此国家之所以兴，非独天命，皆人事所致也。"

这是仲舒第一策，劝武帝更改秦法，图新治理的意思。然继治世者其道同，继乱世者其道异。武帝承秦之乱，风俗凋敝，所以仲舒陈更化之言。若承继治世、守祖宗之鸿业，则又当率旧章、遵成宪，而不可随意改变。

天人三策之二：先教化后刑罚，兴太学以养人才

当初，董仲舒所对，头一篇策，既已称旨，武帝又出一策题问他说："殷人执五刑以惩奸恶，然周之成康不用刑而天下治，秦人用严刑而天下乱，所以不同者，是何缘故？"

于是，董仲舒又对说："臣闻圣王之治天下，以学校教化为首先要务。其率教而有德者，则与之爵禄以养其德；不率教而陷于恶者，则用刑罚以威其恶。其教化素行，而德刑并用如此。所以，那时的百姓，都晓得礼义，而耻于为恶，以犯其上之法。殷人之所以能胜奸恶者，以教化为先，而用刑以辅之，非专恃五刑之效果。周武王遭纣之乱，不得已行大义，伐纣而并诛其党，以除天下之残贼。这就是刑乱国用重典，不得不如此。"

"及天下既平,周公即制礼作乐,修明教化之具,以润色太平。驯至成、康二王之时,治道隆盛,刑措不用,牢狱中空虚,没有囚系者四十余年。亦本于教化之所渐染,仁义之所周流,化行于上而俗美于下的缘故。岂是刑威所能达到的?教化之功,一至于此。今陛下并有天下,四海八荒,莫不服从,虽三代盛时,无以为过。然而,教化之功,未加于百姓,不能与三王并隆者,只是陛下之心,未曾加意于此。昔曾子尝说:'人能于所闻的道理,尊信而不疑,则德日进于高明;于所知的道理,力行而不懈,则业日积于光大。可见高明光大,不在乎其他,只在一心加意尊行之间而已。'今陛下发策,追慕成、康刑措之隆,其于三王之教化,亦既闻而知之。臣愿陛下就把这个治道,立实心于内,而极力以行之,不为慕古之空言,则教化修明、风俗淳美,太平之业可以轻易获得,又与三王有何不同呢?"

"治天下之道,莫要于用贤。而贤才之在天下,又贵于素养。若平时不能培养那为士的,一旦求其有用,正如美玉未曾雕琢,便要求其文采,岂可得吗?所以欲求贤,必先养士。三代之时,内设太学以教于国,外设庠序(地方学校)以化于乡邑。然庠序之教,止于一方,人才尚少。若论养士之大者,莫如太学。太学聚天下贤士而教之,是贤才所由进用的门路。若从这里加意培养,时常考试询问他,以尽其才能,成其德业,则英俊之士宜可得了。既遍得天下的贤人而用之,由此以天下之才,治天下之事,则三代的盛治可以易致,而尧、舜的盛名,也可以到达了。"

这是仲舒第二策,劝武帝先教化而后刑罚,兴太学以养人才,可谓得王道之要务。至于"尊所闻""行所知"二语,尤为紧切。天下事,非知之难,唯行之难。武帝所慕者成周之治,而所行者亡秦之政，欲与上古同等兴盛，的确很遥远！所以仲舒此言，真深中武帝之病，而后世人主有志于慕古者，毋若武帝之空言啊！

天人三策之三：三王之教，同与不同，变与不变

仲舒既对了第二策，武帝又出一策题问他说："三王之教，所尚不同，莫非是道有异吗？"

于是，仲舒又对说："这道是古今天下所共同的，使行之万世，岂有弊病？其有弊病，乃是后来人肆意妄行，失了这道的缘故啊！如夏禹开国之初，崇尚忠厚，到后来风俗变得都骄纵了，所以殷汤继之，不得不改尚敬畏。敬畏之久，又变得太质朴了，所以周文王、武王继之，不得不改尚礼文。因文以救敬之弊，敬以救忠之弊，矫偏归正，损益就中，事当如此。"

"至于道，则岂有异啊！这道之大原，是从天出，自然而然。天至今不变，则道亦不变，自古圣王不过顺天道而推行之。所以禹承继舜，舜承继尧，这三个圣人，以圣继圣，递相传授，守着一个道理，无有弊病。既无弊病，何用救正？所以尧、舜、禹之间，不闻有损益厘革的事，正以其道之同的缘故。这等看来，可见圣人承继治世之后，其道则同。如夏继虞，虞继唐。承继乱世之后，其道则变。如周继殷，殷继夏。"

"今日汉继秦大乱之后，周家所尚的仪文，已流荡刻薄到极处了。所以今日，正该渐渐减损周家的仪文，崇尚夏家的忠厚，以救正其弊，然后教化可行，而风俗可易。此乃继乱世之道，不得不如此。大抵世变之日趋于文，如江河之日趋于下。在周末世，孔子已叹其过于文，而欲从先进，何况汉世呢？"

董仲舒此言，真救时之论啊，抑非专指汉世为然。自汉以来，虚文日盛，实意渐漓，司教化之责者，宜再三读此言。

天人三策之三：罢百家，尊六经，大一统

董仲舒又对策说："《春秋》之义,天下诸侯皆统于天子,承其制度,无敢违异,叫作大一统。这是天地之常经,古今之通义,不可一日不明此道理。如今学术分裂,民无所适从；师之所传,各为一道；人之所持,各为一说。六经之外,将有百家,方术各异,指意不同。纷纷然争立门户,此是彼非,各欲行其所学。所以,为人上者,被诸家的议论说乱了,也无以主张国是而成一统之治,此大乱之道的源头。愚臣以为,天下所当诵习者,只是孔子所删述的六经,其余诸家不在六艺（即《易》《书》《诗》《春秋》《礼》《乐》六经）之科、孔子之术的,如申不害、韩非为刑名家,苏秦、张仪为纵横家,如此等类,多是邪说,应该禁止,勿使并进。凡师之所以为教,弟子所以为学,有司所以荐举,朝

今评

武帝的三度策问和董仲舒的三次对策,被称为"天人三策"。"天人三策"主要是说,君主受命于天,就要奉行天道。天道就是使国家走向大治的途径,而儒家的仁义礼乐,是推行天道的具体方法。国家的治乱关键在于国君。国君首要的是用人,用人得当,方法正确,国家就会大治。反之,国家就会大乱。国家兴办学校,培养治国人才。先行教化,再施刑罚。另外,统一意识形态,罢黜申不害、韩非、苏秦、张仪为代表的法术及纵横之言,复兴中国上古"六经"学问,即"罢黜百家,独尊六经",建立国家大一统思想等。董仲舒的"天人三策"被武帝采用后,对中国历史产生了重大影响。

廷所以取人,都只以孔子六艺为主。然后统纪可一,而法度可明,百姓们才能有方向,明白对错,知道跟从。"

汉家承秦之后,士人学习申不害、韩非、苏秦、张仪之术者,天下皆是。所以董仲舒第三策篇终,讲禁绝之,使圣道不杂于功利,六经不晦于异端,这是他所以被称为醇儒的缘故。自此以后,百家渐息,而孔子之六艺(中国上古文化),如日中天。若仲舒者,不独有功于汉,也是有功于万世!

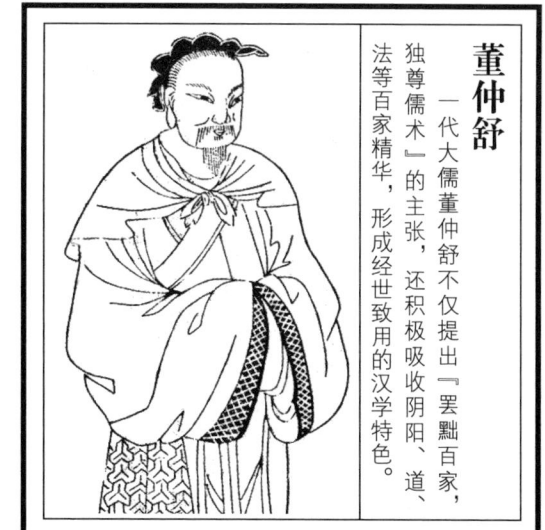

董仲舒
一代大儒董仲舒不仅提出「罢黜百家,独尊儒术」的主张,还积极吸收阴阳、道、法等百家精华,形成经世致用的汉学特色。

田蚡为相,富贵骄奢

田蚡是皇太后之弟,武帝的母舅,初封为武安侯。汉初丞相皆以列侯为之,武帝即位之六年,以武安侯田蚡为丞相。

田蚡恃其贵戚,习为骄侈。营造第宅,必穷极壮丽,比别人家的房屋独为华美,论甲乙次第,他为诸第之最;买置田园,都拣择上等肥美之地,极其肥沃,以为奉养游观之所;时常遣人购买各郡县中货物,往来道路,络绎不绝。又贪而好利,多受四方贿赂馈赠之物,所以其家蓄积的金银宝玉,与妇女、狗马、声乐、玩好之物极多，不可计算。其奢侈如此。

田蚡又以太后之缘故，得以出入宫禁，时常入宫奏事。武帝便与他坐了说话，留连许多时候才出，但有所言，无不听从。蚡所荐举的人，不拘资格，或从草野中，直接与他做食二千石俸的大官，渐渐使主上的威福之柄都下移了，武帝因此也渐渐看不惯他。一日，因见他选的官太多，就责问他说："你自家选的官吏尽了不曾？我如今也要选些官吏！"责怪他专权擅威，不知有朝廷。

田蚡又曾讨要少府（主管皇室私财和生活事务的官员）办公的官地，造房屋。武帝发怒说："你这等求讨再无厌足，何不把国家藏兵器的武库都占了去罢！"极言他不可，以折其骄纵之心。田蚡自此后，方才惧怕，稍稍退抑。

这一段见武帝之刚明，能制抑外戚，使之不敢为非。然推究本原，失在用他做丞相、掌国政。彼富贵骄奢之人，识见短浅，一旦操握权柄，岂能不为非作歹？昔文帝时，后弟窦广国有贤行，文帝欲用之为相，后竟以外戚之缘故，遂舍弃之而用申屠嘉，所以窦氏得长保其富贵，而朝廷也不至于寡恩。文帝的防微杜渐，和武帝相比就高远了。

汲黯爱民，私开官仓

东海郡的太守，姓汲，名黯。武帝闻其在地方，守己爱民，廉能卓越，遂升他做主爵都尉之官（负责诸侯国各王及其子孙封爵夺爵等事宜）。汉时主爵都尉，列于九卿。汲黯以太守而为九卿，因其贤而超迁之故。

史臣因叙汲黯之为人之道。起初，汲黯做谒者之官（传达皇帝命令的官员),主引奏赞礼之事,常在朝廷左右,以严厉正直为武帝所敬惮。曾因河内郡失火,延烧了千余人家,武帝使汲黯持节往那里验看火灾。汲黯还朝复命说道:"这是百姓人家不谨慎,偶然失火,房屋连接,因而延烧,非关天灾,不足忧也。臣经过河南地方,见贫民遭水旱之灾,饥饿流离者,至万有余家,甚者或父子相杀而食之。灾变至此,深为可忧。臣目击百姓困苦,宜行赈济,若待奏闻朝廷,恐缓不及事。谨从权宜,则自持节发仓中米粟以赈济之。然未奉明旨,擅自做主行事,臣之罪大了。今请纳还使节,退而伏受矫诏之罪。"武帝听说,喜悦汲黯能及时宣布主恩,全活民命,反以为贤而宽恕之。

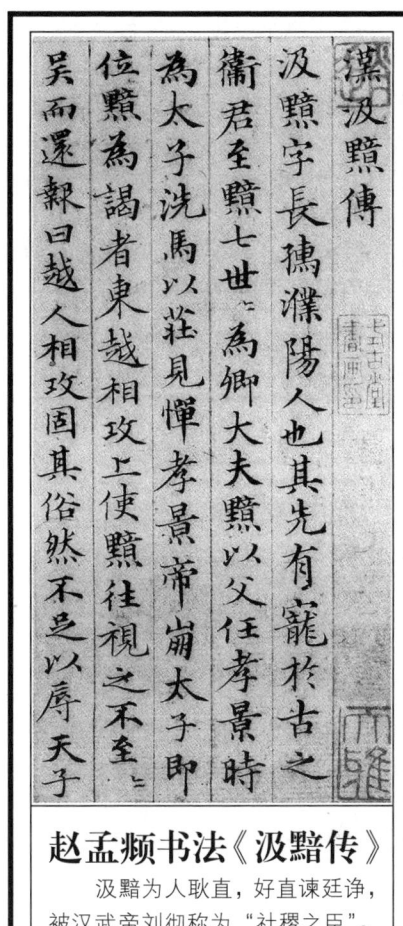

赵孟頫书法《汲黯传》

汲黯为人耿直,好直谏廷诤,被汉武帝刘彻称为"社稷之臣"。

按《春秋》之义,大夫巡视天下,有可以利国家者,可以专权。今水旱为灾,人民相食,汲黯即以便宜发粟,救万姓之命,消不测之变,可谓得《春秋》之义。然非遇明哲之君,鲜不以专擅而得罪者。而武帝却能嘉其功而恕其罪,不拘责之以文法,其雄才大度,于此可见。

所以观汲黯之事，可为人臣任事者之法；观武帝之赦汲黯，可为人君任人者之法。

直臣汲黯，面诤武帝

汲黯在东海郡做太守时，凡临治官事，统理百姓，只好清净简默，与民相安。其治务在顺着那人情事理之自然，无所作为，不欲多事纷扰。一切设施措置，只是引用大体，不拘那琐屑事例。其为官如此。

然而汲黯为人，生性倨傲，少有礼文。但闻人有过失，便当面挫折他，不能含容在心里，必说出而后快。那时，武帝方招致天下文学儒臣，会聚在殿廷，讲图治理。武帝是个好名之君，每与群臣议论，必高谈仁义，远慕唐尧虞舜。动则说我要如此、我要如此，其实不能躬行。汲黯当众人面前，唐突对说："古者帝王之治天下，皆以正心诚意、无私寡欲为本。今陛下心里，声、色、货、利种种私欲，纷扰于内，外面却要行仁义。这等样，却怎么学得那尧舜圣君，而成唐虞之治呢？"

武帝因汲黯当众羞辱他，心不能忍，默然不语，发怒变色，因此罢朝。公卿大臣以黯触犯忌讳，祸且不测，都替他惊恐。武帝平素却知道他为人，退去宫中，对左右说："汲黯为人为何刚直太甚，一至于此！"

及群臣朝退，有人戒责汲黯，说他言语太直，面斥主上，非事君之礼。汲黯说道："天子置公卿辅弼之臣，凡事正欲其直言尽谏，以共成君德。岂是要依阿从谀，顺承意旨，陷主上于不义呢？且已在其位，做朝廷的官，须是守正直道，方为称职。若唯务自爱其身，沉默避祸，自己一身虽是全了，却不玷辱了朝廷官职？"

汲黯之面诤，虽若伤于太激，而其刚正耿直之节，则有大过人者，所以武帝因此也多有听取。他平日多病，一日因有疾，同僚官庄助替他请假调理。上因问庄助说："你评论汲黯之为人如何？"

庄助对说："汲黯之为人，可大受而不可以小知。若使他寻常任职居官，其才能也不见有过人处。若让他辅佐少主，当危疑之际，正色立朝，城守深固（有操守，临大节而不可夺），一切祸福利害都动摇他不得。人欲招之，未必能来；欲麾之，也不能去。其操守坚定，确然不移，就是孟贲、夏育（古代有名的勇士）那样勇力，也不能夺其志而易其守。此汲黯之所长也。"武帝说："此论公正。古有社稷之臣，为国家所倚赖，国在与在，国亡与亡。至如汲黯之忠直，近于古之社稷大臣。"

今评

直臣的面诤，是让君王难受的事，这是人性。但是，人非圣贤，孰能无过？君王的一言一行有所偏差，可能影响国家和人民的利益。所以中国先贤在设计治国之道、长治久安时，要求人君必须有纳谏之德，这是明君的基本条件。而忠臣的职责之一就是向君王直言谏诤，对人主的错误指明或进行批评，所以就发展出一套系统、完备的谏官制度。这是中国传统政治的智慧。这样的忠直之臣越多，国家政策越不容易出错误，天下才能清明，人民才能安乐。君王需要直臣的面诤，我们普通个人也需要有这样的诤友。

武帝能容汲黯之刚直，且称为社稷臣，可谓有知人之明。然而立朝未多久，即调出京城到淮阳任职，不能尽其用，则亦何贵于能知呢？《大学》说："见贤而不能举，举而不能先，慢也。"所讲的正是武帝。

武帝好鬼神之事

武帝元光二年，此时即位已八年，颇好祈祷鬼神之事。有个方士李少君，平日会使些妖术惑人，闻武帝好鬼神，乃奉献祭灶祈福不老延年的方术。武帝非常尊信他。

少君说道："祭灶，则可以召致鬼物，点化丹砂便成黄金。把这金炼成灵丹服食之，使人添寿，而东海蓬莱山中的仙人，也可与相见。既见了仙人，因而行封禅之礼，则仙道可成，而长生不死。"又说他曾游海上，见安期生（传说中的仙人）。于是武帝羡慕其术，始亲自祭灶烧炼黄金，又遣方士入海，求蓬莱仙人安期生之类。那海上燕齐等处，妖言怪术的人，见武帝好神仙，都欲欺哄朝廷，希图富贵，多更迭而来，争谈神仙之事。

大抵人主之心，不可轻有所好。所好一见，则小人即以其术投之，逢迎煽惑，无所不至。武帝只为好鬼神、信方术、求长生，而方士邪人遂乘其间。自少君以祀灶之说进，其后少翁、栾大、公孙卿之属纷纷求售。虽其术后皆无验，并以诬罔被诛，而君德为之亏损，海内为之虚耗，末年痛悔，也没有办法改变。可见人主之于好尚，不可不谨啊！

武帝识人，卫青为将

武帝元光六年，匈奴入犯上谷（今河北省张家口市怀来县）地方，官吏百姓们都被其杀戮抢掠。武帝乃遣四个将军，分路出去。车骑将军卫青出上谷、骑将军公孙敖出代郡（今河北蔚县一带）、轻车将军公孙贺出云中（今山西大同境）、骁骑将军李广出雁门（今山西代县），各领一万人马，往塞外征剿胡虏。

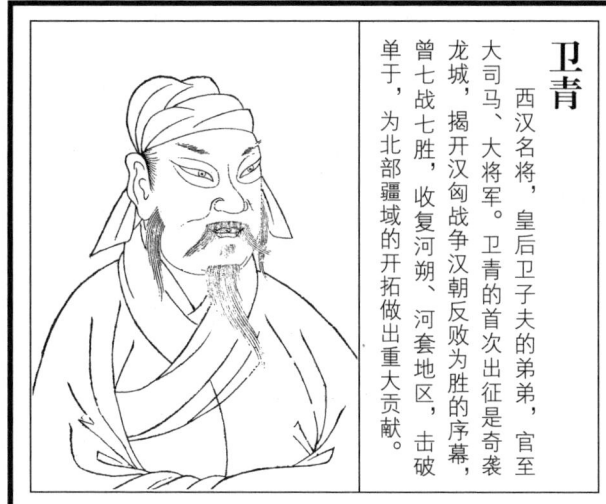

卫青

西汉名将，皇后卫子夫的弟弟，官至大司马、大将军。卫青的首次出征是奇袭龙城，揭开汉匈战争汉朝反败为胜的序幕，曾七战七胜，收复河朔、河套地区，击破单于，为北部疆域的开拓做出重大贡献。

独有卫青从上谷出去，直到龙城地方，斩获首级并俘虏共七百人，得胜回来。那公孙贺虽不曾败，也无所得。公孙敖与李广都被胡虏杀败了，公孙敖折了七千余军，李广被虏人捉去，全军尽没，单身逃回。因此，只有卫青赐爵为关内侯，封赏其功。

卫青本是平阳侯家人，出身微贱。然而他平日会骑射，才力过人。一旦贵显，又能接遇士大夫以礼，极其谦谨；抚士卒以恩，致其体恤。那众士卒们都喜欢替他出力，真是将帅之材。所以每次出塞，便有功绩。当时，武帝识他于微贱之中，拔用他为将，不待左右荐引，不拘寻常资格，天下由此都服武帝能知人。

才有可用，虽奴隶不弃，真知独断，迥出常情，此可为用人之法。

然四将出塞，劳师远征，丧卒几二万，获虏仅七百，得不偿失，此可为穷兵黩武之戒。

公孙弘为相

武帝元朔五年，以御史大夫公孙弘为丞相。

汉初，丞相必以列侯为之，今公孙弘起自儒臣，原无封爵，武帝却封他为平津侯，此后遂为故事。凡拜相者，必封侯，实自公孙弘开始。

此时，武帝方欲制礼作乐，开边拓境，兴起功业。公孙弘自以遭遇异常，责任隆重，恐他识见有限，不足以谋国事、称上意。于是，就丞相府东边，立个客馆，另开一阁门，以延见天下之贤人，与之参决谋议。其所得俸禄，多以此供给宾客。

天下之事，非一人所能周知，所以人君以之谋于宰相，而宰相又必以之谋于士大夫。集众思以广忠益，尽群议以开聪明，这才是大臣公忠体国之道。公孙弘之开阁延贤，或许有得于此。但史称公孙弘心胸狭窄、易忌，有间隙必报，如出董仲舒，徙汲黯。则其所举者，未必都是贤人，而其所谋者，未必都是正论。有志相天下者，唯法公孙弘之延贤，而戒其报怨，就可以了。

武帝封禅，劳民动众

元封元年正月，武帝信方士公孙卿之言，车驾亲到河南缑氏县（今登封县北）地方，登中岳太室山，行祭礼。

那些随从官员在山下的，都说刚才听得似有呼万岁者三声，这是各官员争相附会，以希武帝之好意，原非实事。武帝却便信了，就诏祠官加增太室山的祭礼给三百户,以奉祠事。遂往东去巡行海上,以礼祀八方之神。公孙卿持节候神人无验,因诳说,见神人长数丈,尚有足迹在地,甚大。群臣都附和他,也说适间见一老父牵狗,口称要见天子,忽然不见。

武帝以众人的言语与公孙卿相合,就信以为诸臣所见者必是仙人,因留住海上,守候仙人来。久之终无所见,于是回到泰山,加土于山上,筑坛于山下,祭天地诸神,行封禅礼。那封禅的去处,夜间若有光明,昼间又有白云,从所封处腾出,这也是群臣附会欺诳,以此为应验。

武帝回还,群臣庆贺,奉觞上寿,都称颂天子的功德。世俗传说秦始皇封禅,沮风雨不得上。今武帝既上封泰山,无风雨,正合方士所谓有封禅则不死,可上接蓬莱神仙者。而海上方士乘机进言,蓬莱山诸神仙就可立见一般。于是武帝愈加迷信,心下欣喜,觊望得遇神仙,复往海上等待瞻望。又要亲自渡海,去求蓬莱山仙人所居之处。以万乘之尊,而亲蹈风波不测之险,放纵自轻,如何临天下?

当时,有个侍臣(侍奉帝王的廷臣)东方朔(西汉著名文学家,性格诙谐,言辞敏捷,滑稽多智,常在汉武帝面前谈笑取乐,曾言政治得失,上陈"农战强国"之策,武帝没有采用),婉词谏说:"神仙只在人心,心静便得,急躁便不得。陛下但回宫去,澄神息虑,静以待之,仙人将自至,何必

东方朔

东方朔性格诙谐,言词敏捷,滑稽多智,常在汉武帝面前谈笑取乐。武帝将其当俳优看待,不得重用。

远求蓬莱？"

武帝这才不再停留，而其心犹未忘，遂去傍海而行。北至碣石，巡辽西，历北边，至九原，经过许多地方，自正月出去，到五月才回甘泉宫。此巡行超过一万八千里，其远如此，千乘万骑，劳费又不可知。

武帝用人，不拘一格

武帝好大喜功，内兴制作，外征伐四夷，纷纷多事，尝欲求文武异才而用之。及在位日久，一时名臣文武之士或以年老物故，或以罪累见诛。看看凋落殆尽，不够任使，乃于元封五年夏四月下诏，说道："自古圣帝明王，未有不待贤臣而建功业者。所以人主欲建非常的大功，必得那非常的大才而任用之，然后功名可立。但要用此非常之人，却不可以寻常尺度去论他。譬如养马一般，有一样马，乘之即奔，立则踶人，虽则不甚驯良，却有绝力，能一日而致千里。有一样人，赋性豪荡，不拘小节，往往为流俗所讥刺。虽则不甚谨厚，却有异才，干得事，能立功名。不受驾御之马，人但见其奔逸不循轨辙，便以为弃物；放荡不羁之士，人但见其落拓不循规矩，便以为弃人。殊不知，只要自家会驾御他，若御得其道，则马之不受驾御者，不害其能千里也，士之放荡不羁者，不害其为有用也。如今天下的人，岂没有智勇殊绝之士？苦为绳墨所拘，罪累见废，而伏于下位，遗于草野。这不就和千里之马，困于槽枥（喂牲口用的食器）者一样吗？其令州郡等官，察吏民中，但有俊茂之才，超出等类，可以为将为相，及奉使远方绝国，不辱君命的人，即使有些轻微的过失，不必苛责，都举荐将来，以备朝廷任使。"

武帝雄才大略，锐意有为，其用人往往不拘常格。如公孙弘以海滨牧豕之人，数年而至宰相；卫青、霍去病以侯家仆隶而为大将军；卜式、桑弘羊、孔仅，发于商贾；张汤、赵禹，出于刀笔小吏。武帝驱策而使之，全得其用，卒以鞭挞四夷，威加海内，亦可谓得用人之术。

苏武牧羊

武帝天汉元年，因匈奴遣使来通好，遂遣中郎将苏武与张胜、常惠等，往使匈奴以答其礼。及到了匈奴国中，那虏王单于（匈奴君主）却转加骄慢，不以礼相待。又使汉家先降顺的一个使臣，叫作卫律，呼召苏武，以兵威逼胁他，要他降顺。苏武抵死不从。

典属国燕子卿

苏武

苏武持节奉命出使匈奴，被扣留后，匈奴贵族多次威胁利诱，欲劝其投降，并将其迁至北海放牧。但苏武忠贞不屈，留居匈奴十九年，方获释归汉。

卫律乃将好言语哄他说道：“我先年也为出差到此，只因惧罪不敢还朝，归顺了匈奴。幸蒙单于的大恩，就封我为丁灵王，统领着数万之众，马畜满山，其富贵如此。苏君你若是今日降顺了，明日也就是这等富贵，何等受用？若不降，必遭杀戮，空把这个身子糜烂在草地里，有谁知道？死而无名，虽死何益？不如降顺的好。"卫律虽把这话去动他，苏武也只不答应。

卫律又恐吓他说道："你如今不早听吾计，到后面祸迫时，要再见我面，不可得了。"于是苏武大骂卫律说道："你本是汉家的臣子，忘恩失义，叛主背亲，为降虏于蛮夷，以苟全性命，偷取富贵，乃不忠不孝不义之贼也。这等的人，我要见你怎的！"卫律见苏武志节甚坚，知其终不可胁，乃将苏武的言语回报单于。

单于大怒，乃因闭苏武，放在个大窖里，绝不与他饮食，要饿死他。苏武手中只是持着那使节，恰遇天下雪，就取雪和节上的旃（zhān）毛并吞之，聊以充饥，挨到数日不死。匈奴见饿不死他，都非常惊怪，以为神灵，不敢加害。又迁徙苏武于北海（今西伯利亚南部贝加尔湖一带）之上，把一群公羊着他牧放。与他说："待这公羊下羔儿时，才放你归国。"

公羊岂能生子？匈奴此言，所以示其终不得归国之意。又分别将同行官属常惠等，各安置他处，不得相近。如此拘囚困苦者，凡十九年，而苏武持节牧羊，终不肯屈服。

死生在前，不足以动其心，而艰苦久历，也不能以变其节，古所谓"不辱君命，临大节而不可夺"的人，大概就是说苏武这样的人吧？

父子间隙，奸人乘之

征和二年，是武帝在位第五十年。武帝早年无子，至二十九岁时，才生一子，名据，立为太子。初生时，武帝以得子迟，甚怜爱之。及太子长成，生性仁恕温谨，武帝却嫌他才能短少，不似自己这般雄才大略。从此，太子之母卫皇后与太子的恩宠渐渐衰减。

他母子心下疑虑，恐遭废黜，常不自安。武帝知道他这意思，一日对皇后之弟大将军卫青说："我汉家自高祖以来，凡事都只是草草创立，未得完美。又加以四夷侵凌中国，扰害边境，我若因循守旧，不变更制度，兴起礼乐，则后世子孙何以观法？坐视四夷为患，不出师征伐，任其侵凌，无所惩创，则天下何由安宁？我因为此缘故，内修外攘，纷纷多事，不得不劳动百姓。若使后世子孙又复如我所为，纷扰不已，便与当时秦家一般。秦家只因征伐不已，百姓劳扰，遂至于亡国。我身后子孙若复如此，是蹈其覆辙了。今日太子敦厚简重，性好安静，必能保守天下。天下多事之后，要求个谨守成法之主，还有超过太子的人吗？闻听他母子心下不安，你可将我这意思，去晓谕他们知道，让他们安心，不要再生疑虑啊！"于是，大将军顿首拜谢。

太子平日见武帝南北征伐，用兵于四夷，天下劳扰，往往进谏。

武帝笑说："如今四夷侵凌，必须征伐。劳动一番，才保得百年无事。我今日亲身干了这劳苦事，经营停当，却把安逸太平之福遗下与你，使你坐享其成，不是很好吗？"

武帝此言，与所以晓谕卫青者，其意相符。其谓身当其劳，而遗后世以安者，也是本心。但人主于父子之间，不可轻露爱憎之端，此端一露，则奸人遂得而乘之。武帝只为嫌太子才能少，不类己。此念一萌，其后江充遂有所观望，以行其逸谋。而巫蛊之祸起，太子最终被诬而死，不能自明。所以人主于子，爱憎之际，可要谨慎啊！

巫蛊之乱，太子自杀

武帝末年，宫禁不严，妃嫔宫人都与外边巫师妇人交往，雕刻木人，祷祀祈福。其后，宫人有彼此妒忌者，就说有人在背后咒诅主上。武帝信之，多所诛杀，遂成巫蛊之狱。

佞臣江充因而诬陷皇太子，说太子也在宫中行咒诅之术。太子愤恨不能自明，因发兵捕斩江充。长安城中，因传说太子谋反。太子惧罪，走出湖县地方，自缢（上吊）而死。由此，武帝穷治巫蛊之狱，无辜被诬者甚众。其后法司审问，通通没有指实，多有冤枉的。

武帝由此想起太子当初，也是被江充诬赖，无处分辩，逼迫至此，仓促惧罪，原无反意，心里渐渐明白，知太子之冤。恰好此时，有高祖庙寝殿里一个郎官，叫作田千秋，上呈事关重大的紧急情况的奏书替太子申冤，说道："今律法上，儿子盗弄父亲的兵器，罪止于笞刑。在平民也是如此，何况天子之子？纵是擅发武库兵，过误而杀人，何罪之有？乃加以谋反之名，使之抱痛而死，岂不冤枉啊？"

于是，武帝乃大感悟，立即召田千秋面见，说道："父子间的事，乃人所难言者。自从太子死后，谁人与他一言？今日你独自明言太子没有他意，这是太祖高皇帝在天之灵，不忍太子冤死，所以使你来指教我的。你是祖宗贻我的忠良之臣，便当为我的辅佐。"于是，拜田千秋为大鸿胪（掌管诸侯及藩国事务的官员），列于九卿。把江充的家族，尽数诛戮，以泄神人之愤。

武帝哀怜太子无罪而死，乃别建一宫，叫作思子宫。又于湖县筑一台，叫作归来望思之台。言己望而思之，希望太子之魂归来。天下人闻而悲伤之。

那些谗佞之臣，反复倾险，以非为是，无中生有，虽明智通达之人，也往往为其所迷惑。如伊戾（宋国太监）之害宋太子痤，费无极（楚国奸臣）之害楚太子建，江充之害戾太子。其意唯起于希宠避罪，而其祸乃至于戕害骨肉，倾覆国家。然楚、宋昏暗之君，被迷惑固然容易。以武帝之刚明，亦遭其惨毒而不能察，虽纳千秋之说，灭谗臣之族，明太子之冤，但是已经太晚了。大舜至仁，犹害怕谗言之流行；孔子大圣，亦厌恶利口之亡国，何况其他人呢！后世人主，不可不戒啊！不可不察啊！

武帝晚年，省过改过

武帝征和四年，在位五十余年。一旦觉悟前非，乃自家悔恨，说道："朕即位以来，所行的事，多狂妄悖谬。如严刑、厚敛、征讨、土木、祷祀等项，致使天下的人忧愁困苦，不能聊生。朕深思既往之失，追悔不及。自今以后，凡政事有伤害百姓的，滥费财赋的，尽行停止。"

于是，大鸿胪田千秋进说："今日方术之士，言神仙者很多。然而，求之数十年，绝无效验，其不足信明。臣请将那方士们，都罢斥遣去，勿令左道迷惑百姓。"武帝说："鸿胪说的是。"于是，全部罢遣诸方士之候求神仙者。

自此之后，上每对群臣，自叹："当年愚昧迷惑，被方士们欺诳，妄意求仙。到今日看来，天下岂有长生不死的人？凡所言的，都是妖妄呀。人但能节饮食，服药饵，培养元气，即可减少疾病而已，岂真有神仙不死者？"

武帝痛悔既往之非，一切更改，汉业赖此遂以不坠，值得称道。然而此时武帝行年已老，海内虚耗已极，而后知悔过，不就晚了吗？虽幸而不至于乱亡，但是也很危险呀！因此人君之图治，必朝乾夕惕，无怠无荒。假如举动一有不当，即如古帝王之从谏不违，改过不吝，就可免于他日之悔吗？

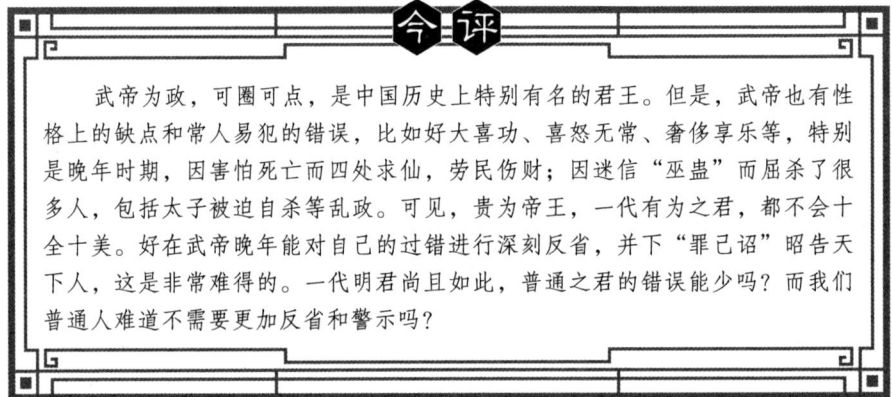

今评

武帝为政，可圈可点，是中国历史上特别有名的君王。但是，武帝也有性格上的缺点和常人易犯的错误，比如好大喜功、喜怒无常、奢侈享乐等，特别是晚年时期，因害怕死亡而四处求仙，劳民伤财；因迷信"巫蛊"而屈杀了很多人，包括太子被迫自杀等乱政。可见，贵为帝王，一代有为之君，都不会十全十美。好在武帝晚年能对自己的过错进行深刻反省，并下"罪己诏"昭告天下人，这是非常难得的。一代明君尚且如此，普通之君的错误能少吗？而我们普通人难道不需要更加反省和警示吗？

武帝下罪己诏

武帝好大喜功，极意兴作。内则求神仙，治宫室；外则征伐四夷，招徕西域诸国，把国家的钱粮都消耗了，百姓困苦，不得安生。到晚年，深悔他往日所为的不是，乃下诏书说道："朕前此纷纷多事，以致天下不安，方悔之无及。今有司官桑弘羊等，又奏请发兵募民，远去西域数千里外，开垦田亩，屯种于轮台（西域中地名，今新疆轮台县）地方，要就这荒远去处，筑墩台，开道路。若依他所请，未免又征调百姓，扰动劳苦，不得休息，非所以安天下之民。朕心哀伤，何忍闻此？

为今之计，天下既以虚耗，务在严禁官员苛刻暴虐，停止那不时擅兴的科派，使百姓们尽力于本等农业。纵是一时马少，只当修举旧例，让百姓们领养，免其杂差，其所派养马匹，但以补足旧额所缺之数，不致消乏武备便了，不必又别生事端，以致劳民动众。"

这是武帝悔过的话。自此之后，更不复出军征讨四夷，乃封丞相田千秋为富民侯，以明今日任用的本意，只要休息爱养天下之民，使之殷富而已。

于是，又以赵过为搜粟都尉（武帝时设置的一种军职，专管征集军粮之事）。这赵过能行古代田之法，每田一亩，分作干沟三条，沟阔一尺，深一尺，叫作田沟。就在这田沟里栽种，待禾苗长时，却将土爬平了，以培其根，所以收成翻倍增多。又恐怕地力或薄，不能年年收成，他这田沟亩，每年更换一处，所以叫作代田。其用以起土、去草、耕耘的田器都有便利巧法，以教导百姓们依他使用，不费大力。用力虽少，得谷更多。百姓们都以为方便，从而在天下各地推广。

> 武帝能用赵过，真有意于富民的君王。武帝悔心一萌，而善政立见，虽曰已晚，然所以补海内之虚耗，固汉家四百年之人心，而不为亡秦之续者，赖有此罢了。人主不能无过，而贵于改过，怎么能不信呢？

太子年幼，托孤霍光

武帝后元元年，戾太子既死。有个宠幸的赵婕妤住在钩弋宫，就号为钩弋夫人。她生得一子，名叫弗陵，怀身十四月才生。此时年方数岁，形体壮大，异于常人。又资性聪明，多智识。武帝以其类己,奇异而钟爱之。心里要立他为太子,只为他年纪幼小,其母钩弋夫人又方少年,恐怕后来或致母后干预朝政,又有吕氏之祸,因此犹豫不决,思量要求个托孤寄命的好大臣,以后事付托之。

遍察群臣中,唯有奉车都尉(主管皇帝出行事务的官员)霍光,平日侍从左右,小心谨慎,忠诚笃厚,堪以担当大事。于是使黄门待诏的画工,画周公背负着成王朝见诸侯的图,赐予霍光。

霍光

霍光常被人与伊尹相提并论,以"行伊霍之事"代指权臣摄政废立皇帝。

默示以托孤之意,要他将来辅佐少主,而行周公之事。其后,霍光果能拥立昭帝,尽忠辅政,折燕王之逆谋,汉业赖以不坠,武帝之付托可谓找对人了。

昭帝

昭帝名弗陵,是武帝之少子,在位十三年。

苏武归汉

初时,苏武既被匈奴迁徙在北海上牧羊,他自以汉朝的臣子,当时持节奉使而来,今日虽被匈奴这等屈辱困苦,他一心只在中国,不肯改变。手里持着汉节牧羊，睡时也持着，起来也持着，到后来时间久了，汉节上悬的璎旄都脱落了，他还不肯抛弃，就是表其始终一节，无二心也。

等到匈奴国壶衍鞮（dī）单于，年少新立，又因国内骨肉乖离，经常恐惧汉兵袭击他。于是，卫律替单于谋与汉家求和亲，愿两国通好，不再侵扰边界。汉家遣使者至匈奴往答之，就与他讨要先差苏武等一班使臣。匈奴不肯放还，诈说苏武已死了。

于是，苏武的副使常惠，乃乘夜私见使臣，设一个计，教他对单于说："我汉天子前日在上林苑中打猎，射得一只雁，那雁脚上系着一卷帛书，书上明写着苏武等如今现在某泽中，你如何却说是死了？"

使臣就依常惠的言语责问单于，单于不知是计，忽听得雁能传书，有这等异事，乃相视大惊，只得从实谢罪，与使者说："苏武等确实在某泽中。"于是放出苏武等人，送他们回还汉国。

苏武拘留匈奴一十九年，当初奉命出使时，年方少壮，等到还朝之日，须发都已经尽白了，其忠义之节，久而不变如此。后来，汉朝拜他为典属国（负责藩属国及少数民族往来事务的官员），赐钱二百万，公田二顷，又图画其像于麒麟阁上，所以表扬忠义，而劝励万世之为人臣者。

> 苏武在匈奴十九年，身居北海无人之境，其心岂望后来尚有还朝之日，能跻身麒麟阁，标名青史吗？但以人臣事君，有死无二，义当如此。即使当时丧身异域，埋名千古，而其心终不肯变，这才是真实的忠心，无所为而为之者也。为人臣者，当以此为法。

废除弊政，与民生息

武帝之时，国家多事，财用不足，乃搜括天下的商税。凡民间一应商贩买卖的事，都是官府管领，征收其利，无有遗漏。就是卖酒的小生意，也要经由官府，上纳税课，谓之榷酤（què gū，政府所实行的酒专卖制度）。以人君之尊，而与民争利如此，这是武帝的弊政。

昭帝六年春，因天下举到贤良文学之士，乃下诏问他民间所苦的何事。那贤良文学等，都说官家自卖盐铁酒，极不便于民，请罢其法。是年秋，始罢监卖酒的官，听民间自行造卖，从贤良文学之议也。

初武帝时，甲兵、土木纷纷并起，徭役繁重，赋敛增多。至其末年，把海内的财力虚耗殆尽，户口人丁也减少了一半，天下大乱了。及霍光辅佐昭帝，采纳吏民之说，晓得当时政务的切要，只在休息养民一事。于是，轻其徭役，以宽舒民力；薄其赋敛，以渐蓄民财。务与百姓休息，不复去劳扰他。如此数年，海内安静无事，与匈奴相结和亲，不开边衅。于是百姓家皆有蓄积，安生乐业。当初文、景二帝富庶之业，至此才稍稍复见。

所以武帝之后，汉之所以不亡者，大抵霍光辅佐之力。武帝劳扰其民，而天下几亡；昭帝一休息之，而天下复安。由此可见人君之政，莫先于养民，不但为一时救乱之宜，而实万世为君者之所当记念。

昭帝明察诈书

昭帝即位第七年，改年号为元凤。那时，左将军上官桀的儿子上官安，是霍光的女婿，他生得一女，即霍光的外孙。上官安央托霍光将这女儿纳入后宫，希望做昭帝的后妃。霍光嫌她年纪忒小，配不得昭帝，不肯依从，这是霍光知礼守正的好处。上官安又去央托昭帝之姊盖国长公主，替他引进，纳入后宫，先做婕妤，一月之后，就立作皇后，年龄才六岁。

于是，上官桀、安父子深恨霍光，而感长公主之恩。又知燕王旦原是帝兄，不得立为天子，心里也怨恨霍光，遂与燕王暗地交通，相联合排陷霍光。于是使人假充作燕王差来的人，上本劾奏霍光，说霍光擅添幕府的校尉，谋为不轨等事。趁着霍光告假休息的这一日上本，他却与公主入内宫哄着昭帝准奏，共同执政，罢退霍光。这是上官桀等欺昭帝年幼，未能辨察，所以相与设谋，共害忠良。

霍光既被劾，待罪于外，不敢入朝。然而昭帝虽幼年，却天性聪明，问左右说："大将军何在？怎么不见他来朝？"上官桀就对说："因燕王劾奏他罪恶，所以不敢入。"昭帝即时使人宣霍光入朝。霍光见昭帝，取了冠帽，叩头请罪。

昭帝说："将军戴起冠帽，朕知这本是假的，将军你有何罪？将军选调校尉未及十日，燕王离京师数千里，他怎么便得知？可见是假。"此时，昭帝年才十四岁，就能明察如此，尚书官（主管文书的官员）及左右人等，莫不惊骇。那上本的人，果然惧罪逃去。

其后上官桀的党类，但有诬陷霍光的，昭帝便发怒说："大将军是忠臣，先帝付托他辅佐朕身，敢有再诋毁他的，定坐以重罪！"自此，上官桀等惧怕，不敢复言，而霍光始得以安意尽忠。

以大臣辅少主，政自己出，谗谤易生，而又每事奉公守正，尤为奸邪小人所不悦。故周公辅成王，则有管蔡流言之变；霍光辅昭帝，则有桀安诈书之谋。幸赖成王终悟周公之忠，而昭帝则能立辨上官桀之诈，所以谗谤不行，忠勤得尽。若为二君者，少有不察，则不唯二臣不安其位，而周、汉之社稷也危险了，岂可不畏啊！

宣帝

宣帝初名病己，后改名询，是武帝曾孙，戾太子之孙，史皇孙之子。在位二十五年，庙号中宗。按古代宗庙之礼，祖有功而宗有德。凡建庙称宗者，世世享祀，亲自祭祀不避远祖。西汉十一帝，自高祖开基之后，唯文帝称太宗，武帝称世宗，宣帝称中宗而已。都以功德茂盛，所以特建庙号，非若后世之一概称宗者也。

宣帝中兴，政通人和

当初，宣帝本是戾太子之孙，戾太子既得罪自杀，子孙皆从坐。宣帝时在襁褓，所以得全。后来流落民间，依着母家史皇亲存活。及昭帝崩无嗣，霍光访求于民间，迎立为帝。

宣帝一向生长在外，起于民间而登大位，所以尽晓得外面的事情及百姓生活艰难的情状。及霍光既薨（hōng，去世，古时称诸侯或有爵位有德行的大官去世的专用词），宣帝始亲大政。即励精图治，每五日一临朝，亲决政事。自丞相以下，各衙门官有事，都着他当面奏闻，一一敷陈其事，听他说某事当如何举行，某事当如何处置。到后来又考验功能，看他说的某事，曾否举行，处置的某事，是否停当，一一都核实考成，不使有欺罔之弊。那时，官皆久任，不轻易迁转。侍中、尚书这样的官，尤为亲近切要。凡积有年劳，应该迁转，或有奇才异能，任得国家大事的，都只厚加赏赐，或赏以金帛，或增其禄秩，至于荫及其子孙，自家却仍居此官，终不改易。

又善立法制，凡各衙门事务，出入都有关防，完否都有稽查，重要机构和职位处理周密，无一些疏漏。每事都立个科条，定个规则，与人遵守，品式备具，无一缺略。行之既久，上下相安，百官都奉法守职，莫敢有怀苟且徇私之意，以虚文敷衍搪塞责任者。汉之治功，至此称为极盛。

> 大抵民不安其生，由于官不称其职；官不称其职，由于人君不亲政事，而群臣苟且徇私以搪塞责任也。宣帝有见于此，所以既试功能以考验之，又立法制以维持之，而当时遂有吏称民安之效。所以皋陶之告舜，必曰"率作兴事"，又曰"屡省乃成"。此真是人君图治之要务也。

举察人才，核实贤才

宣帝长于民间，知百姓的困苦。只因有司官不职，那郡守、国相，为各县官的表率，刺史（汉时分天下为十二州，每州设刺史一员，督察州内所属的郡国）又是监临官，这三样外官，所系尤重。所以每遇举用及罢除刺史与郡守、国相，必引来面见，访问地方事情，问民疾苦。试看他所用以治民者，其道何如。既亲问了，又恐他说得虽好，而所行未必皆然，等他到任之后，又详细考察他所行的政事何如。若言行不相顾，徒有虚名而无实政的，都一一体访得实。人不能欺，其综核之精如此。

宣帝尝叹说："百姓每所以能安其田里，而无叹息愁恨之心者，以有司官刑政公平，狱讼得正理。我以一人之身，而居万民之上，天下事情，岂能一一周知？天下人民，岂能各个都得照顾？全赖那郡国太守、国相等官员替我分忧。如一郡之中，得一好太守，则一郡之民自安；一国之中，得一好国相，则一国之民自安。不能不重视。又以为太守乃一郡吏民之纲领，若数数更易置换，则不唯送旧迎新，劳费百姓，且人无固志，凡事苟且，下人亦皆有欺玩之意，上下不能相安。必须行久任之法，百姓每知他将来在地方日久，民情吏弊，凡事都欺瞒他不得，才肯服从他的教化，以令则行，以禁则止，而上下相安。"

宣帝之意如此，所以当时做守相二千石官的，通通要久任。若是历任未久，就有贤能功绩，也不随便迁转他。但先降敕书（皇帝任官封爵和告诫臣僚的文书）奖励，或就彼加升官级，或赏赐金帛，或有赐爵至关内侯（小侯，无封国，但食租税于关内的）的，仍令他在任管事。到做得年深了，遇朝里公卿有缺，即选那前日所表彰的好守相，提拔重用。如黄霸（西汉名臣，官至丞相）以太守升为太子太傅，赵广汉（西汉名臣，因疾恶如仇、执法严正而闻名）以太守升为京兆尹。宣帝之留心守相如此，所以那时做官的，人人勉励，都实心替国家干事，百姓都得以安生乐业。汉家一代循良之吏，唯此时最盛，而天下太平，号称中兴之治。

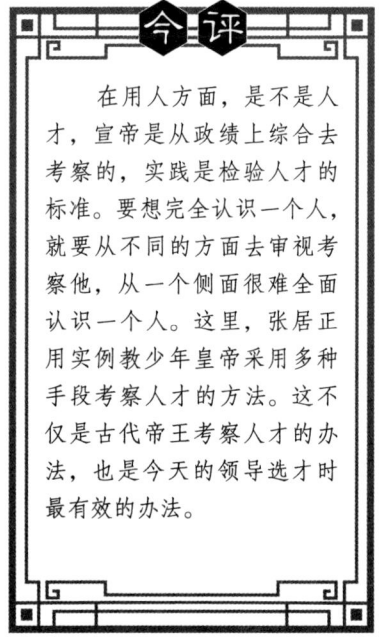

今评

在用人方面，是不是人才，宣帝是从政绩上综合去考察的，实践是检验人才的标准。要想完全认识一个人，就要从不同的方面去审视考察他，从一个侧面很难全面认识一个人。这里，张居正用实例教少年皇帝采用多种手段考察人才的方法。这不仅是古代帝王考察人才的办法，也是今天的领导选才时最有效的办法。

武帝时，民穷盗起，没有多少称职的官吏。至宣帝时，守法循理的官吏并出，是治民之才独产于宣帝之世吗？武帝东征西伐，不体恤其民，而宣帝则知民事之艰难。武帝尊用酷吏，而宣帝则褒赏循吏。武帝于吏之巧文避法者不能察，而宣帝则综核名实。此是他治效之功所以异也。然而人主欲追求宣帝之治者，却不知他的为政要务啊！

循吏楷模：龚遂治渤海

宣帝地节四年，召渤海郡太守龚遂（西汉名臣。在任期间，平定盗贼，鼓励农桑，勤政爱民，注重教化，政绩非常显著。被后世称为天下循吏楷模）到京，将大用之。

先年，渤海及左右邻郡，连岁饥荒，有司不恤其民，盗贼处处生发，二千石官都不能治理好。宣帝忧之，命公卿大臣，各选举有才略堪做这郡太守者。那时丞相、御史都说龚遂可用，于是宣帝就拜他为渤海太守，召来面见。问他说："如今渤海郡盗贼甚多，我用你为太守，你有何方法，能使盗贼止息？"

龚遂

龚遂是中国历史上有名的循吏，注重儒家教化，为人忠厚宽仁，刚毅有大节。

龚遂对说："盗贼之起，非出本心，其初都是陛下的赤子，只为这渤海郡在东海边，地方遥远，不得被君恩感化。又遇着岁荒，其民困于饥寒，有司官不加怜恤，那饥寒困苦的，无可告诉，不得已失身于盗贼，为一时苟活之计，致使陛下的赤子，偷弄陛下之兵于海湾中，以鼠窃狗偷为事，非真有他志也。今陛下命臣为太守，责臣以除盗，不知想让臣以兵剿而胜之呢，还是以德抚而安之呢？"宣帝说："我选用贤良太守，正要抚安百姓，但不知抚安之道如何？"

龚遂对说："臣闻治乱民，如解那结住的绳索一般，不可太急。绳子结了，须慢慢地理他，然后可解。百姓方乱，须慢慢地处他，然后可安。若急之，则愈加扰乱。臣愿丞相、御史且莫拘束臣以文治之法，勿责效于旦夕之间，但凡可以安民的，许臣得一切以便宜行事，或许盗贼可教化、民众可安定也。"宣帝见他说得有理，就依他所奏，仍赏他黄金以宠其行。

龚遂既受命，就驾乘驿马疾行到渤海郡界上。郡中闻有新太守到，发军马来迎接。龚遂一个也不用，都发放回去，一面行文书，告诫所属各县，把捕盗的官吏尽行散遣。只晓谕百姓们说："只要手里执着锄头镰刀并各样农器的，便是好百姓，官府不必问他；唯有执着刀枪弓弩的，才是盗贼，方许拿问。"于是，龚遂坐着一辆车子，独自行到府中，也不要人马防护，这是示百姓以不疑也。

那做盗贼的，闻得新太守言行如此，都即时解散，丢弃了刀枪弓弩，去持着钩锄田器，各安生理，变为良民，不须剿捕，都平静了。龚遂又开官仓，把有司蓄积的米谷，借与贫民为资。又选用郡中的好官，慰问安抚，使他们无失所养。龚遂又见渤海是古齐地，齐俗奢侈，好做工商末技，不事田作，所以民穷盗起，乃躬行俭约，以倡率百姓，劝他务农田，治蚕桑，以为衣食之资。郡中百姓，但有带持刀与剑的，就教他卖了剑去买牛，卖了刀去买犊。且告诫他们说："你这一口剑，就是一头牛，一口刀，就是一个犊。你为何将这牛与犊带在身上，有何用处？今变卖了去耕田，务农本等生活，却不是好？"又亲自巡行在农田中，不断劝勉那务农的人，使他及时耕作。

自此百姓感化，不敢为非，郡中渐渐都有蓄积，衣食足，礼义兴，狱讼止息，无复有为盗贼的。龚遂之治渤海，其功绩显著如此，宣帝征召他为水衡都尉，就是这个原因。

> 渤海之盗，前守以一郡之兵，制之而不足；龚遂以咫尺之书，散之而有余。可见弭盗之方，不在逐捕，而在抚循。然渤海之盗，起于年岁饥荒，百姓穷迫，故龚遂得以安抚解散之。若强暴无赖之徒，不因饥寒，无所逼迫，而横行郡邑，劫掠人民，若以龚遂之法治之，那就行不通了。遇到这等的，必须先用威以剿除之，后用恩以安抚之，而后可治。

魏相言兵谏宣帝

宣帝因匈奴偶有侵扰西域屯田的军士，遂与将军赵充国等商议，要兴兵伐他。

丞相魏相（西汉名相，政治家。任相期间，整顿吏治，抑制豪强，选贤任能，平昭冤狱，宽省赋税，奖励百姓开荒种田，使国家富裕，人民安乐，所以后世多称颂之）恐劳民动众，上书谏说："臣闻武不可黩，兵贵有名。彼因敌国之暴乱，乃出兵讨之，以救其乱，而诛其暴，这叫作义兵，兵出于义，则人心归服，可以为王；因敌国先来加兵于我，不得已，出兵以御之，这叫作应兵，兵出于应，则士气奋厉，可以取胜；若争恨小故，不忍其愤怒之心，而必出兵以报之，这叫作忿兵，兵出于忿，则轻举妄动，必至于伤败；若利敌人之土地货宝，而出兵以夺之，这叫作贪兵，兵出于贪，则见利忘害，必至于覆破；若自恃其国家之大，仗其民人之众，而大兴师旅，欲以示威于敌国，这叫作骄兵，兵出于骄，则士卒苦其劳，敌国乘其敝，可能灭亡还不止。可见兵有顺逆，则事有成败，不可不慎也。近年以来，匈奴常通和好，未见有侵犯我边境，纵是争些屯田小事，亦不足介意。今闻朝廷之议，欲因匈奴衰弱，遂兴兵深入其地，愚臣不知此兵是出何名者也。以义兵，则匈奴之暴未着；以应兵，则边境之警未闻。其无乃近于骄忿之兵吗？且今年天下所奏刑狱的起数，计子弟杀父兄、妻杀夫的，凡二百二十二人。愚臣以为此非小可的变故，风俗败坏至此，深为可忧。今左右群臣皆不忧此，乃欲发兵报细微的小忿于远征匈奴，臣恐下伤人民之命，上干阴阳之和，外寇未平，内变先作。如孔子所说'吾恐季孙之忧，不在颛臾，而在萧墙之内也'，怎么不害怕呢？"

于是宣帝为之触动，就从魏相之言，弃了屯田的地界与匈奴，不复争焉。

自古帝王制御夷狄之道，莫急于自治其内。若朝廷之上，纪纲振肃，邦国之间，风俗醇美，内地太平，根本牢固，虽有夷狄外患，亦不足忧。若内治不修，百姓不安，虽无夷狄外患，亦为可虑。魏相不以匈奴为患，而唯以风俗为忧，深见远虑，休兵保民，真可谓贤相。

魏相辅政之才

宣帝时，以魏相为丞相。魏相为人有治才，通达国体，他见得古今异宜，帝王迭兴，都有个立国规模。为后世子孙者，只当遵守他祖宗的法度，不宜远慕上古，徒务虚名而无实用。

汉自高帝至今六世，中间阅历事变已多，一切因革损益，详尽完备。在今日为君为臣的，只该讲求旧法，补偏救弊，自足以致太平，不必远有所慕。所以他平日只喜观汉家的故事，及先朝贤臣所条陈便民切要的章奏，把国家的事体，一一都讲究得熟了。及为丞相时，所条奏的，都是汉兴以来，一切便国宜民已行的故事，及文帝、武帝时贤臣贾谊、晁错、董仲舒等所上的章奏，一一奏请施行。既不务虚名而慕古，也不出意见而喜新，但求以利国利民而已。

他又见得天下太平，朝廷易生骄逸，那四方非常之事，足为警戒的，恐有司未必尽报，朝廷无由得知。于是，告诫丞相府官员，但凡出去各地方勘事转来复命的，及给假回籍，从他家里回到衙门的，都让他陈说各地方所见异常的事。或有悖逆盗贼及风雨不调、水旱疾疫、灾变的事，各处有司官未及上闻，魏相先都知道了，就立即奏过宣帝。因此有司不敢隐匿，四方民情疾苦得以上闻。

他与御史大夫丙吉（西汉名臣，官居宰相，与魏相共同辅佐宣帝，时称贤相）都是宣帝所任用者，魏相性严明，丙吉性宽厚，然两人一心，尽忠于上，共辅朝政，彼此相济，绝无猜忌嫌疑之意，宣帝都敬重之。

汉宣帝及魏相

《汉书》评价汉宣帝时，称赞他「黜陟有序众职修理，公卿多称其位，海内光于礼上」。

这一段,是叙魏相之贤。观其好观汉家故事,见他深识治体;观其奏白四方事情,见他留心民情;观其与丙吉宽严不同,而能同心共济,又都能公忠体国,克己忘私。此魏相之所以为贤也,后之为臣者宜以之为法。

知才,试才,用才

宣帝时,有个文学贤臣萧望之,宣帝知其才,亲自提升他,三年间,超迁至少府卿(九卿官,管内府钱粮)。以他经术精通,持守端重,又咨访他国家大事,他能援古证今,论议有余,其才干,他日可以为丞相。但未知其丞相之才何如,欲详悉试验他,然后大用。所以又降望之为左冯翊(郡守,汉时把京畿内分作京兆、左冯翊、右扶风三郡。这三郡,因辅翼京师,又称三辅),把这繁难的地方着他做,以观其治民之才何如。

这本是宣帝的美意,但望之以为,从京城少府卿到出去治郡,似与降调一般。因此望之心怀疑虑,恐有不合上意处,故有此调任,就立即称病乞休。宣帝闻之,乃使侍中金安世到望之家,宣谕他说道:"朕凡简用大臣,都先使他经历治民,以考其功劳和才能,而后用之。你前日虽曾做平原太守,但不多时,历任日浅,功绩未曾表见,故今复试之于三辅,欲以详考其治民之才,非他有所闻而左迁之也。"于是望之才安,就去赴任管事。望之为冯翊三年,果能称职,累迁至御史大夫。

这一节,见宣帝不轻于任相如此。宰相上佐天子,处分天下事,非德才并茂、文学政事兼优者,不足以胜其任。故宣帝虽知望之之才,而犹必试之于三辅,可谓慎且重啊!

匈奴来降

自汉兴以来,匈奴强盛,常与中国抗衡。至宣帝时,匈奴衰乱,呼韩邪单于与郅支单于争立,被郅支杀败,恐不能自保,乃谋事汉,以求中国之助。甘露二年,单于亲领人马,到五原郡的边塞,叩请边吏,说他愿奉国内珍宝来朝汉天子,比于藩臣。宣帝许之,先命公卿大臣议定他朝见的礼仪。

那时,丞相御史议说:"先王之礼,先中国而后夷狄。今待匈奴首领宜如诸侯王之礼,但其位次须在诸侯王之下。"独太子太傅萧望之议说:"匈奴本是汉之敌国,政教所不加。今虽来朝,宜待以不臣之礼,位次在诸侯王上。"宣帝采用望之之议,令单于位在诸侯王上。当朝拜谒时,赞礼者只称臣而不称名,以客礼待之也。

自古边境之安危,常视胡运之盛衰。汉兴以来,德莫盛于文帝,威莫强于武帝,然不能使匈奴之臣服也。至宣帝时,乃称臣纳款,稽首来朝。虽由宣帝贤明、中国治安,然亦适当匈奴国运之衰,故宣帝待以不臣之礼,以示非威德之所能致。天子之谦德也。自是终西汉之世,匈奴感恩归义,朝贡不绝,边境无事者数十年,岂非其礼让恩信,有以深结其心之故啊!

麒麟阁十一贤臣

是时，匈奴呼韩邪单于入朝，宣帝见塞外戎狄都来宾服，因此思想起一时辅佐的贤臣，为吾之股肱，运谋宣力，内修外攘，以至有今日。追念他的好处，不可泯灭，宴表而扬之，以明示四夷，永垂来世。乃使画工图画其人于未央宫中麒麟阁上，模仿他的形容体貌，签署他的官爵姓名。

第一个是霍光，独不书其名，上面只写说大司马、大将军、博陆侯，姓霍氏。因他曾受武帝顾托，拥立昭帝，其后又定策迎立宣帝，辅佐三朝，

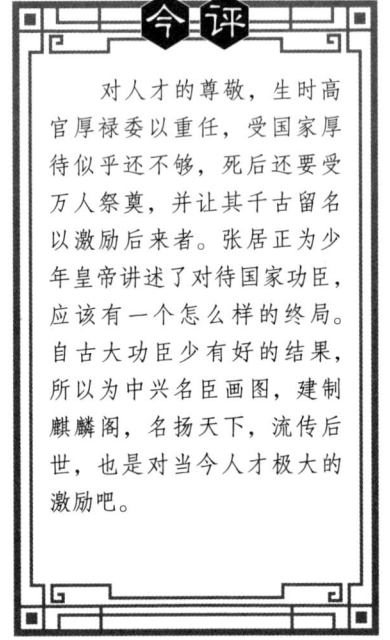

今评

对人才的尊敬，生时高官厚禄委以重任，受国家厚待似乎还不够，死后还要受万人祭奠，并让其千古留名以激励后来者。张居正为少年皇帝讲述了对待国家功臣，应该有一个怎么样的终局。自古大功臣少有好的结果，所以为中兴名臣画图，建制麒麟阁，名扬天下，流传后世，也是对当今人才极大的激励吧。

功德卓勋，所以尊重之，而不称名。其次是车骑将军富平侯张安世、前将军龙额侯韩增、后将军营平侯赵充国，都有定策宿卫，及征讨戎狄之功。丞相高平侯魏相、丞相博阳侯丙吉，有同心辅政之功。太仆建平侯杜延年、宗正刘德、少府梁丘贺、太子太傅萧望之，也都各随职业，尽忠效劳。典属国苏武，曾在匈奴中，持节一十九年，为戎狄所敬重。这十一个人，都有大功德于社稷，当世的人，都知其名，以此用图画表而扬之。

这中兴的辅佐，就比着周宣王时方叔、召虎、仲山甫三人一般。宣王是周家中兴之贤君，方叔、召虎、仲山甫，都是中兴之名臣，今所图画的十一人，亦可与他并美而无愧于心了。宣帝此举，一以

不忘诸臣之功,见得宾服之有自;一以明示来朝之夷,见得中国之有人;一以流传于天下后世,见得当时君臣相与之盛,且以为后来辅佐者之劝。其意可谓精微。

元帝名奭（shì），是宣帝之子,在位十六年。

元帝节俭治国

王吉、贡禹两人当宣帝时致仕回家。元帝素闻这两人都通经术,且操行廉洁,心里非常敬重他们。即位之初,特差使臣怀抱诏书,去招他们来京。

此时,两人都已年老,王吉在路上病故,只有贡禹到京。元帝除授他做谏大夫,常虚心问他以政事。贡禹奏说:"为政莫先于爱民,而爱民必先于节用。古时人君躬行节俭,宫室有限,服用朴素,宫女不过数人,御马不过数匹,所自奉的甚简。故其取民之财,每十分则税他一分,其用民之力,每一岁只使他三日,此外再无别项科差役烦扰百姓。所以,当时的百姓家家富给,人人充足。后世宫室大

张居正作为帝师,对少年皇帝的教诲是方方面面的,其中"节俭"也是他所重视和提倡的。从"历览前贤国与家,成由勤俭败由奢"到"勤俭持家久,诗书济世长",无一不在证明着国家的富强、家庭的富裕,勤俭节约起着决定作用。对于国家管理层,特别是节用一事,不仅可以培养德行,控制不合理的欲望,也是爱民的具体行为。因为,天下财物有定量,你用度少了,百姓自然就宽裕了;你占有的资源多了,老百姓拥有的资源自然就少了。所以自古圣贤明君,多能做到清心、寡欲、节用。

广，服用太侈，宫人与御马太多，而百姓太困。臣愚以为今朝廷用度，欲尽如上古之制固难，然也须略仿古制以自节制，减损服侍，凡事皆务从省约以利贫民，也许可得节用爱人之意。"

元帝喜他说得有理，遂下诏命诸离宫别馆，车驾不到的去处，不必修理。又命太仆衙门减去食谷的马，水衡衙门省去食肉的兽。其他如革服官、省卫卒、弃宜春之苑、罢角抵之戏，这都是采用贡禹的言语，其所利于民者很多。

元帝之于汉，虽为中材之主，而节俭一事，则实后世之所当法则。

薛广德直谏

永光元年秋，元帝当酎（zhòu）祭（酎，是新熟的醇酒。汉家常以正月造酒，酝酿到八月间，才取以荐宗庙，叫作酎祭）宗庙，从长安城西便门出去，要就水路乘楼船以行。御史大夫薛广德拦着车驾，除下冠帽，叩头说道："车驾该从桥上去，不可乘船。"元帝未及听从，且让他戴了冠帽起来。广德一时急切奏说："陛下若不听臣，必要乘船，臣就自家刎死，把颈血来秽污了车轮。陛下不得洁净，难以入庙行礼。"

元帝见他言语憨厚而刚直，心下不喜。于是，光禄大夫张猛进前劝解说："臣闻自古以来，主上明圣，臣下乃敢直言。以主圣，则能宽容听纳，人臣得以尽言而无所忌讳的缘故。今论事理，乘船则风波危险，就桥则道路安稳，圣主举动务为安稳之图，不履危险之地。今广德恃圣主在上，言语虽欠婉曲，然意在爱君，不欲其乘危，似可听从。"元帝的意思这才回转，向张猛说："晓悟人的言语，都似你说得这等从容明白，岂不是好！何用急迫至于自刎，如薛广德所言呢？"于是从桥而行。

酎祭非无故而出，乘船亦未必皆危。而广德谏之，其迫切如此，以人主一身宗社生灵所系，不可顷刻而忘慎重也。又如逸游田猎，登高临深，车驰马骤，轻万乘之尊而忘不测之虑者啊！此忠臣之爱君，所以不惜尽言，而圣主之所必察。

成帝

孝成皇帝，名骜，是元帝之子。在位二十六年。

王莽谦恭未篡时

永始元年，那五侯家子弟，恃着朝廷的恩宠，门户方盛。乘此时，争尚侈靡，都以车马驺从、声乐、女色、乐乐、游宴为事，一个要胜似一个。独有王曼早故了，不曾得封。王曼的儿子王莽是个极奸诈的人。他既孤贫，心里贪慕着五侯家的富贵，却故意矫情立异，以求名誉。乃自家屈体贬损，装作个恭谨节俭的模样，勤劳其身，从师问学，博通经传，外面结交英俊的贤士，内里承事伯叔诸父，都委曲

五侯图

成帝的母舅王谭、王商、王立、王根、王凤五人，成帝一日都封为列侯，故称五侯。

而有礼意。

　　此时，他的伯父王凤为大司马，秉朝政。王凤病时王莽假意侍奉，极其恭谨。王凤感他这孝顺，临死时，把他付托与太后及成帝，要抬举他。因此成帝常记在心上，数年后，就封王莽做新都侯。王莽得计，愈加矫饰，爵位越发尊重，他节操越发谦谨，家中但有财物，就拿来施与宾客，专干那恤孤济贫的事，自家更无蓄积。当时人都被他瞒过了，人人称颂他的好处，王莽的虚名日益隆盛，一时遍布中外，倾压其诸父之上。后来竟代王根为大司马，专擅朝政，遂篡汉室。外戚之家习为侈靡，志在车马声色，此其常态。至于折节为恭俭以收众心，此其大奸不可测也。

> 故王莽初时，以此欺哄其伯叔宾客，以致声名，取爵位。爵位既极，又以此欺哄天下的人，而倾夺汉室，此所谓渐不可长者。向使成帝于诸舅，止厚其恩赉，勿令秉政，使他无可希觊，虽有王莽之奸，又怎能做到？善处外戚者，不可不深思了。

忠臣朱云死谏

　　当时，王氏专权乱政，朝臣多趋附之。有安昌侯张禹以经学为帝师，乃成帝所尊信者。他也惧怕王家威势，遂曲意袒护，与他结好以自保富贵，其负国之罪太大了。有原任槐里（县名，今陕西省兴平市东南）县令朱云（西汉名臣，经学博士。其为人狂直刚烈，不惧权威，多次上书抨击朝廷大臣）为人刚直敢言，厌恶张禹如此，乃上书求面见天子言事。

　　公卿都侍立在前，朱云向前直说："如今朝廷大臣，各个尸位素餐，空享朝廷的爵禄，无有肯尽忠于上者，臣窃愤恨之，愿赐内府斩马剑与臣，先斩断一个佞臣的头，以警其余。"成帝问："佞臣是谁？"朱云对说："是安昌侯张禹。"成帝大怒说："小臣无礼，居下谤上，当大廷中侮辱我师傅，其罪该死不赦！"值班御史就拿朱云下殿。朱云攀扯殿前栏杆死不肯放，御史又拿得急，把栏杆扯断了。朱云乃大叫说："昔桀杀关龙逄，纣杀比干，臣今也以直言被杀，得从二臣游于地下，同为忠义之鬼，臣很满足了！但不知圣朝后日如何！"御史遂拿朱云出去，罪且不测。

左将军辛庆忌取去冠帽，叩头于殿下说道："此臣从来狂直。使他说的是，则不可诛；纵使说的不是，然其心只是为国，也当优容宽恕。"于是，成帝怒意方解，朱云才得免死。到后来修理栏杆，成帝吩咐说："这栏杆不必改换，只把那坏了的修补起来，留个遗迹，使人知道是朱云所折，以表彰直言之臣。"

奸臣擅权，其初犹有忌惮之心，只因邪佞小人惧怕威势，贪图富贵，群臣阿附，结成一党。以至于有忠臣义士，间或有发愤直言者，又不蒙听纳而反以得罪，则奸臣之势遂成，而人主孤立于上。所以，为君者最要优容狂直之言，以潜消蔽塞之祸。今成帝宽恕朱云，且留槛以表彰，可是却不能疏张禹之宠，抑王氏之权，而汉之天下竟为王氏所篡，岂不深可痛惜啊！

哀帝

哀帝名欣,定陶恭王之子也。成帝无嗣,召而立之,在位六年。

——诛杀忠臣,宠信谗谄——

哀帝在藩府时,见得成帝之时,外戚擅政,威福下移,权胜私门,禄去公室,皆以主威不立的缘故。及即位之后,屡次诛杀大臣,欲以尊强主威,仿效以前武帝、宣帝的行事。其志未尝不锐,但他又宠信谗谄之人。如侍中董贤等,皆以得宠而至三公。憎疾忠直之士,如丞相王嘉等,皆以直言蒙祸。以此举动,岂能使人心悦服?虽杀之而不畏。

所以,汉家基业从此遂衰,不可复振,王莽因此得篡而代之。

董贤

董贤常与汉哀帝同卧同坐,哀帝对其十分宠爱。

济弱者不于威,而建威者在于德。哀帝承元、成之后,国势已弱,奸臣擅命,诚能正身修德,信任忠贤,秉至公以明赏罚,操威福以驭海内,则奸邪无敢肆其志而主威立。不知出此,而徒欲假诛杀以振之,尚可得吗?其致国家倾危,是必然的事。

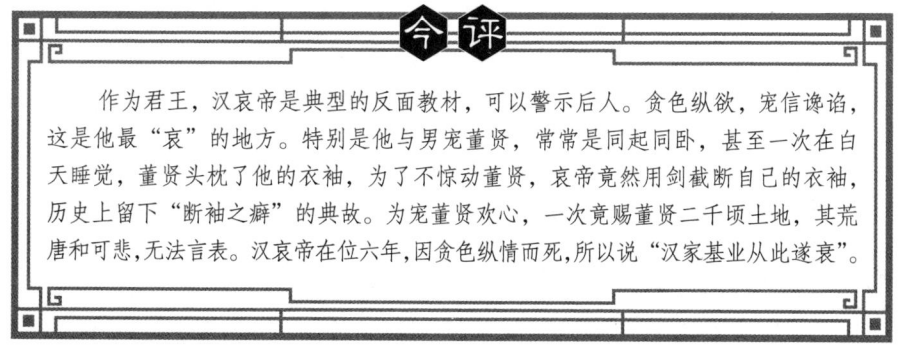

今 评

作为君王,汉哀帝是典型的反面教材,可以警示后人。贪色纵欲,宠信谗谄,这是他最"哀"的地方。特别是他与男宠董贤,常常是同起同卧,甚至一次在白天睡觉,董贤头枕了他的衣袖,为了不惊动董贤,哀帝竟然用剑截断自己的衣袖,历史上留下"断袖之癖"的典故。为宠董贤欢心,一次竟赐董贤二千顷土地,其荒唐和可悲,无法言表。汉哀帝在位六年,因贪色纵情而死,所以说"汉家基业从此遂衰"。

平帝

孝平皇帝,名衎,中山王之子。哀帝崩,无子,大臣迎而立之,在位五年,王莽弑之。

刘秀起兵举事

王莽既篡汉祚,暴虐无道,至其末年,天下叛之,盗贼并起。一伙在江夏新市地方,王匡、王凤为首,叫作新市兵;一伙在江夏平林地方,陈牧为首,叫作平林兵;一伙在荆州地方,王常为首,叫作下江兵。

这时节,天下人心皆复思刘氏,于是光武皇帝乘时起兵,以兴复汉室。

当初,景帝第六子名发,封于长沙(今湖南长沙),谥为定王。定王四世孙名钦，为南顿（今河南项城）县令，生三子：长子名缜，次子名仲，少子名秀。秀即光武皇帝。刘缜为人生性刚毅，慷慨有豁达大节，不治产业。光武状貌生得异常，鼻准隆高，额上有骨耸起，性却勤于稼穑，喜治产业，人常讥议戏笑他，比他作高祖的兄刘仲一般。刘仲只知治生，无远大之志，所以为高祖所笑。

光武岂是这样人？乃身处乱世，韬光养晦如此。那时宛县人李守，好习天文符命的书，预先知道兴废。当王莽篡汉时，私对他儿子李通说："看图谶上，刘家气运还当中兴，我李家当为他的辅佐。"及至新市、平林兵起，迫近南阳，郡中骚动。李通有个同祖兄弟叫作李轶，对李通说："今四方扰乱，汉当复兴。汉家宗室在南阳郡（今河南南阳）的，只有舂陵乡刘伯升兄弟，散财结客，泛爱容众，可与他共图大事，兴复汉室也。"李通心下常记得他父亲的言语，便笑说："这是我的本心。"

此时，光武在宛县，李通就着李轶去迎接他来，与他相约结定谋议，回到舂陵地方，同起义兵。于是，刘缜亲自发动舂陵子弟为兵，那各家子弟心下怕惧的，都逃躲了，不肯从他。等到见光武穿着大红、戴着大帽，都惊异说道："他平生谨厚，不肯胡为。如今也做这等事，想是大事可成，但从他去不妨。"子弟们才稍稍自安，出来应募，共得子弟七八千人。一面去召集各伙在山泽的，与下江将帅王常，及新市、平林的兵马，会合一处，以助声势。于是，王常、王凤、陈牧等诸部齐心，南阳子弟锐气益壮。

今评

光武帝刘秀，为什么能成功举事？"济大事者，以人心为本"，说的是人心的归属对王业起到至关重要的作用。"人心所归，惟道与义。"这是儒家一贯的观点，如之前所说：周幽王为博美人一笑，烽火戏诸侯，无视民心，西周亡国；秦始皇大兴土木，焚书坑儒，罔顾民意，秦朝覆灭……都是因为无道而失去人心。所以，人心归附是国家的立国之本，而只有关心民众利益和满足民众期待的道义力量，才能真正地聚合民心，收服民意。

南阳之人，刘縯以豪侠率之而亡匿，光武以谨厚倡之而服从，可见此时众心之所属，已在光武。济大事者，以人心为本，此汉室之所以复兴的缘故。

刘玄称帝

王莽之末，汉兵并起，共立刘玄为天子，号更始皇帝。汉兵既大破王莽兵于昆阳，乘胜长驱，于是更始遣其大将军申屠建攻打武关，欲入关中。

那时人心思汉，三辅地方豪杰有邓晔、于匡，两人共起义兵为汉兵内应，开武关迎纳汉兵。关中各县的大户，也都起兵自称汉将，愿助汉兵共诛王莽。而长安旁近去处的义兵也四面齐至，会于长安城下。

九月戊申日，汉兵攻破宣平门入城，举火焚烧宫室，延及掖廷宫、承明殿。

王莽走去宣室前殿避火，不知死在旦夕，尚且为魇（yǎn）镇之术，乃移席随北斗柄所指而坐，对群臣说："天生德于我，使我受命为天子，汉兵其奈我何？"其欺天罔人如此。至庚戌日平明，兵火愈迫，群臣扶王莽往太液池中的高台，欲阻水以避之。

汉兵遂围其台。至太阳落时，众兵上台，斩了王莽的首级。

此时，更始帝定都于宛县，申屠建于是传送王莽首级至宛县。百姓们都怨恨王莽，共取其头掷击之，或切食其舌。

> 自古乱臣贼子受祸之惨，未有如王莽者。汉家德泽尚在人心，王莽乃乘其孤寡，逞其奸诈，一旦夺而有之，是以人心共愤，义兵四合，不久而遭屠戮之祸，此可以为万世篡贼者之戒。

邓禹追随刘秀

南阳人邓禹，从小时就认得光武非常人，与他结识。光武初起南阳，邓禹未及随从。及光武领兵抚定河北，邓禹闻知，乃策马慌忙追赶，渡河到邺县地方才赶上了。光武见他远来，问他说："我奉诏书，以便宜行事，能直接封爵除官。你今日远来，莫非要官做吗？"邓禹对说："不是要做官，只愿明公威德加于四海，禹随侍左右，也得少效尺寸之劳。干些功业，他日书在竹帛上，流芳千载，不枉了平生所学！"

邓禹

东汉开国元勋，军事家，云台二十八将第一位，被刘秀"恃之以为萧何"。

光武喜笑，就留他同宿。邓禹因乘间劝光武说道："如今山东未安，盗贼群起，赤眉、青犊（当时诸贼的名号）之类动则啸聚数万人。更始既是常才，不能自家听断，而委政于下。他手下的诸将，又都自庸人暴起，所志不过图些财帛，争用威力以凌人，只求朝夕快意而已。何曾有个忠良明智之士，深虑远谋，欲上以尊君，下以安民呢？君臣如此，其亡可立而待。明公素有盛德大功，为天下所归服；又军令整肃，赏罚明信，举动自与凡人不同。今能平定天下者，非公而谁？为今之计，莫如礼贤下士，延纳天下的英雄，除残去暴，取悦天下的人心，复立高帝之业，以救万民之命，却不是好？且以明公之才图取天下，天下不难定也。何必屈身于更始，虚用其力于无成之地呢？"

光武听了大喜，因命邓禹常宿歇帐中，与他私定计议。每任用诸将，多访问于禹。凡禹所荐的，一一都当其才，其知人如此。尝观萧何之劝高帝，有养民致贤人一言，高帝用之以成帝业。今邓禹亦劝光武以延揽英雄，取悦民心，其意正与之合。萧何有发踪指示之功，而邓禹亦能举用诸将，各当其才。此其所以为佐命之元功，而与萧何并称也。

那时天下郡国，多为盗贼所据。光武一日阅视天下地图，指示邓禹说道："天下郡国这等广大，如今才收复了河北数郡，是十分中才得了一分，怎能瞬间便得各处平定？你前日见我时，就说以我去图虑天下，指日可定，莫不忒看得容易了，此是何故？"

邓禹对说："自汉室中衰，盗贼并起，四海之内，纷纷扰乱，只以劫掠为事，无有能替百姓们做主者。这时人心思想要得个圣明之君，以为依归，就如初生的孩儿要得个慈母，靠他乳哺一般。自古以来，兴王之君，只看他德之厚薄如何，不在地之大小。若是德厚，人心归之，虽无尺土，亦可以成大业；如其德薄，人心离散，虽有天下，也必至于亡。今日只宜论德，何必论地？"

前此邓禹曾劝光武延揽英雄，取悦民心，这就是修德的事，所谓天下不足定者此也。中兴诸将，识见未有能及此者，故邓禹战伐之功，虽不加于诸将，而独为一代元勋，岂非以其能识天下之要务啊！

刘秀安人心，烧毁诽谤信

更始二年五月，光武既连破王郎之兵，王郎战败逃走，王霸追击斩之。

光武率军入邯郸，收王郎遗下的文书，捡得当时河北官吏百姓每与王郎往来交通及诽毁光武的言语，有数千纸。光武通通不查看，即时聚会诸将，对众烧毁，说道："这书信，我若查他的姓名，未免人心疑惧。不如尽行烧毁，泯其形迹，使反侧之徒得以自安。"

帝王以天下为度，不修私怨，不计旧恶。何况当时祸乱初平，人心未定，若再究其交通之罪，则将人人自危，而益生动摇之变故。所以光武之烧文书，一则能容人过，见他度量广大；一则务安人心，可见他智虑深远。此所以能有天下也。

更始疑忌，耿弇（yǎn）谏言

光武既诛了王郎，更始见他威名日盛，有疑忌之意。遂遣使者到河北，封他为萧王，就命他罢了兵，与将士们都回京师，欲借此以收其兵权。那时，光武的意思犹豫未决，欲从更

耿弇

耿弇将围点打援、声东击西、引蛇出洞等战术发挥到了极致，受历代军界推崇。

建威大将军好畤侯耿弇

始之命，罢兵回去，又恐失了河北地方，人心离散，汉室难以兴复。

于是，耿弇（东汉开国元勋、军事家，"云台二十八将"之一）进谏说道："当王莽篡汉时，政令烦苛，百姓们怨苦王莽，复思汉家，所以一闻汉兵之起，莫不争先归顺，望其能除暴救民也。今更始本是庸才，不可以为天下之主，又不能领导群下。诸将们都专权擅令，不知有朝廷。后妃之家，恃宠使势，不循法度，纵横于京师。甚至掳掠人家财帛子女，放恣无忌，与盗贼一般。其暴虐害人，有甚于王莽者，所以平民百姓，困苦无聊，都搥胸呼冤，反想起王莽之朝，以为不如彼时之为安。百姓离心如此，以此知更始决然成不得大事。虽欲辅之，又有什么用？明公先破王莽百万之众于昆阳，今又平定了河北，功名已著，天下归心。若仗大义以行征伐，谁不响应？只消传一道檄文，分投告谕，而天下可定了。天下至重，公本汉之宗室，可乘时自取，勿令异姓得之，绝了汉家的宗祀。"

光武感悟，乃托辞说："河北地方尚未平定，未可罢兵回朝。"不赴更始之召。当初，更始杀了光武之兄刘縯。光武一向隐忍，屈己而为之臣，至此见得天命人心，不在更始，乃与他分为两家，各自行事，不复用其命令。不久更始果然败亡，而光武遂自河北即帝位。

大抵天下大器，非庸才所能当，而人心已离，天命必去，不待成败之既形，而智者能预见得了。观王莽已篡而诛，更始已立而败，其故皆由于失人心。而光武之德，为人心所归，卒能兴复汉业。孟子说："得天下有道，得其民也；得其民有道，得其心也。"不可不信啊！

汉纪（东汉）

东汉年表（25年—220年）

帝　号	姓　名	年　号	在位时间
汉光武帝	刘　秀	建　武 建武中元	25年—57年
汉明帝	刘　庄	永　平	58年—75年
汉章帝	刘　炟	建　初 元　和 章　和	76年—88年
汉和帝	刘　肇	永　元 元　兴	89年—105年
汉殇帝	刘　隆	延　平	106年
汉安帝	刘　祜	永　初 元　初 永　宁 建　光 延　光	107年—125年
汉顺帝	刘　保	永　建 阳　嘉 永　和 汉　安 建　康	126年—144年

续表

帝 号	姓 名	年 号	在位时间
汉冲帝	刘炳	永嘉	145年
汉质帝	刘缵	本初	146年
汉桓帝	刘志	建和 和平 元嘉 永兴 永寿 延熹 永康	147年—167年
汉灵帝	刘宏	建宁 熹平 光和 中平	168年—189年
汉少帝	刘辩	光熹 昭宁	189年
汉献帝	刘协	初平 兴平 建安 延康	189年—220年

  东汉王朝由汉光武帝刘秀建立，他推翻了王莽所建立起的新王朝，重新恢复由刘氏统治的汉王朝，史家称此朝为东汉。东汉王朝在统治上沿用了许多西汉的方针与政策，而且在一些方面做了调整与改革，使之更加适于当时的社会状况。在东汉前期，政权进一步加强与地方势力的融合，使国家趋于稳定，在经济、文化、科学技术等方面都超过了西汉的水平。

光武帝

世祖光武皇帝，是景帝七世孙。举兵诛王莽，兴复汉室，为中兴一代之始祖，故庙号世祖皇帝。

汉光武帝

他是中国历史上有作为的帝王之一。他从一名翩翩儒生、沉静的没落贵族，到一代"中兴之君"。史学家称他是中国历史上学历最高、最会打仗、最会用人的皇帝。

耿纯劝进，光武谦退

光武此时为萧王，剿平群盗回到中山（今河北定州）地方。诸将马武等料定更始必败，又见光武功德日盛，因劝光武即帝位，称尊号。名号既正，就可以声罪讨贼。光武谦让，不肯听从。又行到南平棘地方，诸将再三劝进，光武尚不肯从。

于是，耿纯（东汉开国元勋，"云台二十八将"之一）进前说道："如今众将士们都是各处地方的人，所以抛舍了亲戚，离别乡土，来从大王于战阵矢石之间，冒死而不顾者，他的算计也只指望大王一旦立为天子，他们就都是佐命之臣。如攀着龙鳞，附着凤翼，乘此机会立些功业，以成就平生的志气，也不枉相从这一场。如今天时机已至，而迟留不决；众心共戴，而违逆不从。不早正天子的位号，臣恐众将士们失了指望，差了计算，各个都灰心解体，思量回去了，何故久抛了乡土亲戚，空自在这里受许多辛苦，为着什么？将见大众一散，难以再合，大王手下的谋臣猛将，如果都散去了，却与谁共取天下呢？"

光武于是深自感悟，说道："你这话也说得有理，待我仔细思量，再作决定。"

当此时，光武所以逊避而不敢当者，以有更始在。然更始虽在，不过徒拥虚名罢了。

光武称帝

光武因诸将耿纯等劝即帝位，心里尚犹豫未决。行到鄗县（今河北省高邑县），以将军冯异镇守孟津，必探听得长安中的消息，就使人去召他来，密问他四方动静如何。

冯异对说："更始政事荒乱，必然败亡。汉家宗祀无托，大王既汉家宗室，且又功德隆盛，今宗庙之忧，在于大王，不可拘小节而忘大计。宜勉从众议，早正位号，以奉宗庙之统，以安亿兆之心。"

正商议间，适有个书生姓强名华，自关中奉个谶（chèn）书（写将来要应验的预言、预兆的书），叫作《赤伏符》，来见光武。那谶书上说道："刘秀发兵捕不道"，刘秀是光武的姓名，这句是说，光武起兵，剿灭那无道之人；"四夷云集龙斗野"，这句是说，四方兵起如云之聚，群雄战争，如龙斗于田野一般；"四七之际火为主"，四七，是二十八，自汉高祖开国，至光武起兵，凡二百二十八年，所以叫四七；"汉以火德王天下"，汉以火德为主，这句是说，汉家天下，中间虽遭一难，到二百二十八年之间，又有真主中兴，还是汉家做主。看这符谶，都是光武受命、汉家复兴之兆，于是群臣以光武名应图书，又再三劝进。

六月，光武即皇帝位于鄗县之南，改年号作建武元年，大赦天下。

阴识有谦德

建武二年，光武以天下初定，念诸将征伐之功，乃尽封众功臣邓禹、吴汉等为列侯。那时，功臣里面有个阴乡侯，叫作阴识，是后宫贵人阴丽华的兄长。前此已受封了，他有军功，又该加封。

阴识乃叩头辞让说道："臣妹在后宫，臣既附托于掖庭（后宫）为亲属，若再加爵邑之赏，人不说陛下是赏功，只说是偏厚亲戚，有所私于臣，恐不可以昭示天下，使人心服。"光武因他说得有理，就准其辞免。

外戚之家，不患不富贵，但患富贵太过，盛满难居耳。观前汉吕氏、霍氏及王莽家，皆以亲戚滥封，满门贵盛，终致祸败，大则乱国，小则破家。阴识之辞让，岂非有鉴于前车之覆辙吗？光武从之，亦所以爱厚而保全他们。

> **今评**
>
> 西汉为什么亡国？主要原因就是外戚权重。而作为皇亲国戚又是开国功臣的阴识，能够拒绝封赏，是值得赞赏的，这也说明阴识眼光高远，是一个顾全大局的人。张居正总结这段故事的目的，还有另外一层深意：对于国家治理，要懂得权力制衡，要善于总结和借鉴历史兴亡的规律。赏罚虽不能徇私，尤其是外戚之家，不担心他们不富贵，而担心他们富贵太过。因过则必骄，骄则必乱。为了他们长保富贵，有时也可以少赏一点。所以，深通此道的光武帝，"因他说得有理，就准其辞免"。

光武信冯异

征西将军冯异（东汉开国名将、军事家，"云台二十八将"之一），既代邓禹镇守关中（今陕西地区），剿除群盗，安集百姓。出入三年，光武一意委任他。关中有个上林苑，原是车驾游幸的去处，冯异屯兵在里面，百姓归附得多，便成一个大都会。

那时，朝中有人奏他说："冯异在关中，专制一方，威权太重，百姓们的心都归服他，号他作咸阳王。关中地方只知有冯异，不知有朝廷。其得人心如此，势不可测，须用提防。"这正是谗邪小人离间冯异的话。

冯异

冯异原为新朝颍川郡掾，后归顺刘秀，随之征战，平定关中，协助刘秀建立东汉。

光武心里却信得冯异是忠诚为国的人，不因人言而生猜忌，就把这章奏寄去与冯异看。冯异见了惶惧不自安，即上书表白心事，自陈谢罪。光武在手诏上批答说："将军于我国家，义虽有君臣之分，恩则犹父子之亲。将军忠义，朝廷备知。纵有人言，岂能离间？何嫌何疑，而怀恐惧之意啊！"这是光武安慰冯异的意思，所以保全功臣就可以了。

韩信、彭越俱有开国之功，然高祖一闻疑似之言，便加诛戮，而光武乃能保全如此。虽冯异之谦让不伐，自与韩、彭不同，而光武之以礼御臣，比高祖做得好很多。

君臣不忘患难中

冯异镇守关中年久，思慕朝廷，就自长安入朝。

光武见了冯异，因指示与公卿说："此人是我起兵时主簿（掌管文书的佐吏），相从最久。关中连经更始、赤眉之乱，盗贼纷起，道路不通，如荆棘一般。他能替我削平僭乱，去除荆棘，以定关中，收复我祖宗的旧都，其功很大。"

朝罢，又特赐他珍宝、钱帛等物，传旨与他说："先年，我在河北为王郎所追，仓促困饿之时，你于芜蒌亭进我豆粥，到滹（hū）沱河又进我麦饭，幸得免于艰危，致有今日。你这厚情，久未酬报，今特以此物相报。"光武之赐冯异，不专为一饭之德，追念其相从于患难的情谊。

冯异叩头谢恩，对说："臣闻昔齐桓公与其弟子纠争国，此时管仲臣事子纠，将兵堵截桓公，不使入齐，并射中桓公的带钩。及桓公既立，求管仲于鲁。鲁人把管仲缚在囚车里，解送与齐桓公，桓公知他是贤人，亲解其缚，用以为相。其后，管仲相桓公霸诸侯，齐国富强。乃告桓公说：'愿吾君无以今日逸乐，忘却前日射钩之危；臣无以今日显荣，忘却前日槛车之辱。君臣上下，常念念如在患难之中而后可。'管仲与桓公以此交相警戒，而齐国卒赖其福。臣昔为郡吏，替王莽坚守父城，偶出行至巾车乡，被汉兵拿获，承蒙陛下圣恩，赦而不诛，以有今日。臣今也愿国家不要忘了河北困辱之难，而常兢业以图存；小臣也不敢忘了巾车赦罪之恩，而必感激以图报，或许可以无愧于齐之君臣。"

光武留冯异住京师十余日，命他与妻子仍回长安镇守。

自古有国家者，每能忧勤于艰难多事之秋，而不能共享于宴安无事之日。唯逸能思危，安能虑始者，然后可以持盈戒满，永保天命。故管仲之警桓公以射钩，冯异之动光武以河北之困，其意一也。然桓公究以骄侈不终，而光武之恭俭忧勤三十年如一日，其贤于桓公太多了。

鲍永刚正执法

光武亲率群臣送殡出城。有赵王名良，随驾送殡，回来入夏城门，与中郎将（官名，主宿卫侍从之事）张邯争路。赵王怒，喝令张邯退回车子，让他先入，又怪责守城门官，不该先放张邯进城。城门官既叩头谢罪，赵王仍着他当马前走行数十步以辱之。

那时，司隶校尉（监察京城及周边地方的检察官）鲍永（东汉名臣，其为人刚正不阿，有义节，以打击豪强而著称），是个刚正执法的人，就劾奏说："赵王良位在侯王，本是国家的藩臣，乃不尊朝廷，折辱天子之命官，无藩臣之礼，大不敬！"

赵王是光武之叔，贵戚尊重，而

今评

良好的民风和官风，往往得益于执法者刚正严明，这也正是国家所需要的。但在实际操作过程中，王公贵族、皇亲国戚及一些为官者，恰恰是影响法律刚正严明的最大破坏者，他们往往依靠手中的权力及社会关系网，将大事化小、小事化了，腐蚀社会风气。所以孔子说："政者，正也。"又说："子帅以正，孰敢不正？"那么，明君是怎么做的？他会经常戒谕皇亲外戚及那些位高权重之人，先让他们严守法律，维护和支持执法者。这就是张居正总结这段历史的真正含义。

鲍永却敢据法劾奏，朝廷之上因此都肃然敬畏，不敢犯法。鲍永又举扶风人鲍恢做都官从事。都官从事，是司隶的属官，专访察百官之过失。鲍恢为人也刚直敢为，百官但有犯法，即行举奏，就是权贵势要人家，能抗拒有司的，他亦依法纠举，无所畏避。

光武常戒谕皇亲外戚家说："你们各人且当敛手以避那鲍永、鲍恢二人，不要犯法让他劾奏。"

身为人臣必能为君执法，而后朝廷之势尊；人主必能容其臣执法，而后朝廷之法行。今鲍永劾奏亲王，鲍恢攻击权贵，光武不唯能容，且常举之以戒贵戚，此岂待贵戚之厚，不若一臣吗？容二臣者，所以正法也；正法者，所以才尊朝廷。使当时于执法之臣，一犯贵近，即从而加罪之，则人臣孰肯以身守法，而朝廷又安有肃然之治啊！史称光武明慎政体，总揽权纲，观于此越加相信。

光武不喜珠玉音乐

光武即位十三年，外国有以良马来献者，其马一日能行千里。又献宝剑，其价可值百金。光武虽以他国之美意而接受，可是未尝以为珍宝。即以剑赐骑士悬带，以马驾鼓车，都不留自用。光武为人，素性不喜听音乐，手里也不曾持着珠玉为玩，其简淡俭约如此。

人君好尚虽微，关系甚大。凡珠玉狗马音乐等事，一有所溺爱，都足以妨政害治，给人民增添祸乱。汉武帝喜好大宛之宝马、南越

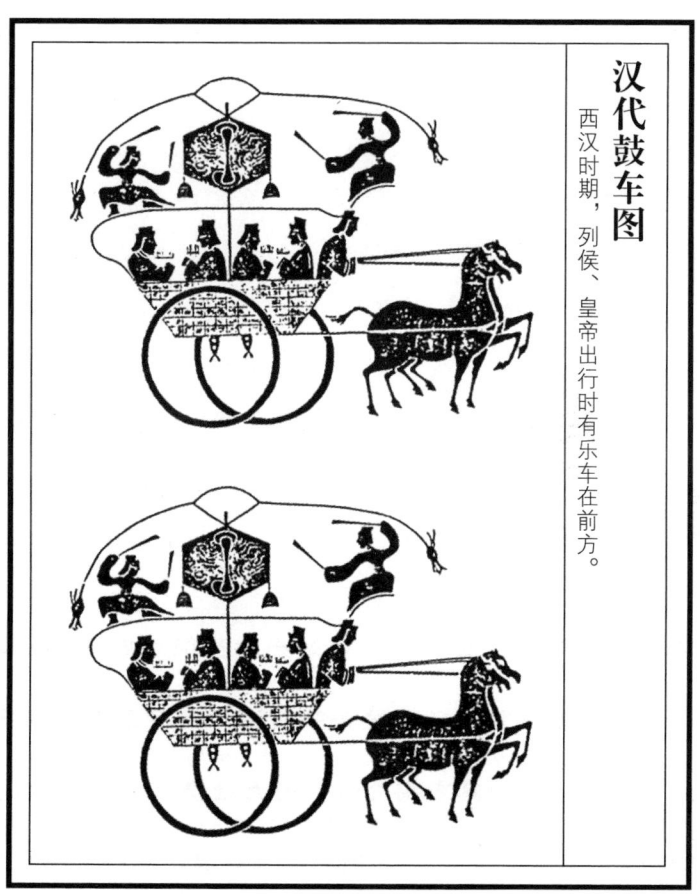

汉代鼓车图

西汉时期，列侯、皇帝出行时有乐车在前方。

之珠玑玳瑁，而穷兵远讨，坏了多少生灵。唐明皇喜好《霓裳羽衣》之曲，终日流连，废却政事，天下几乎败亡。故古之圣王，抵璧于山，投珠于渊，不畜珍禽奇兽，不近淫声乱色，所以防其渐渐败政也。若光武者，诚可为万世之法。

郅恽拒光武入城

光武一日曾出去打猎，到夜深方回。那时，城门已闭，光武至上东门，有个守门的小官，姓郅名恽（东汉名臣，精通《诗经》《春秋》，以为官清廉、执法严正、不畏强权而称名于世），闭门不开，不放车驾进入。

光武只道他不认得，让左右随从的人，见面于门间，使他识认。郅恽对说："这等深夜，火光辽远，怎么辨得真伪？"终不开门。光武不得已，转从东中门进入回官。

至次日早，郅恽又上书谏说："昔日周文王不敢以出游打猎为乐，使那万民只供正经的赋税，未尝无故滥用。且陛下以万乘之尊，远猎山林，昼日不足，以夜继之。陛下纵然自轻，如何对得起社稷宗庙付托之重呢？臣未见其可矣！"书奏，光武深嘉其言，赏郅恽布百匹，反将那守东中门的官，降为参封（县名）县尉，罪其门禁之不严也。

当郅恽拒关时，他岂不认得是光武？但京城门禁，最宜严谨，深夜启闭，当备非常。所以虽天子之诏，且不敢奉，何况其他呢？光武之赏郅恽，诚悔其夜猎之过，而为社稷宗庙自爱重也。且郅恽以忤旨蒙赏，东中门官以顺旨被罚，唯论事之当否，不徇情之喜怒。赏罚如此，不是明主，谁能做到！

强项令董宣

光武时，陈留人董宣（东汉初年天下闻名的"强项令"。他为官清正廉洁，执法秉公，不畏权势，为时人称颂。他的事迹被写进《后汉书·酷吏列传》，流传至今），做京城洛阳县令。光武之姊湖阳公主，有家奴白日行凶杀人，因藏躲在公主家里，官府拿他不得。

一日，公主出来游行，那家奴跟随在车上。董宣探知，先往夏

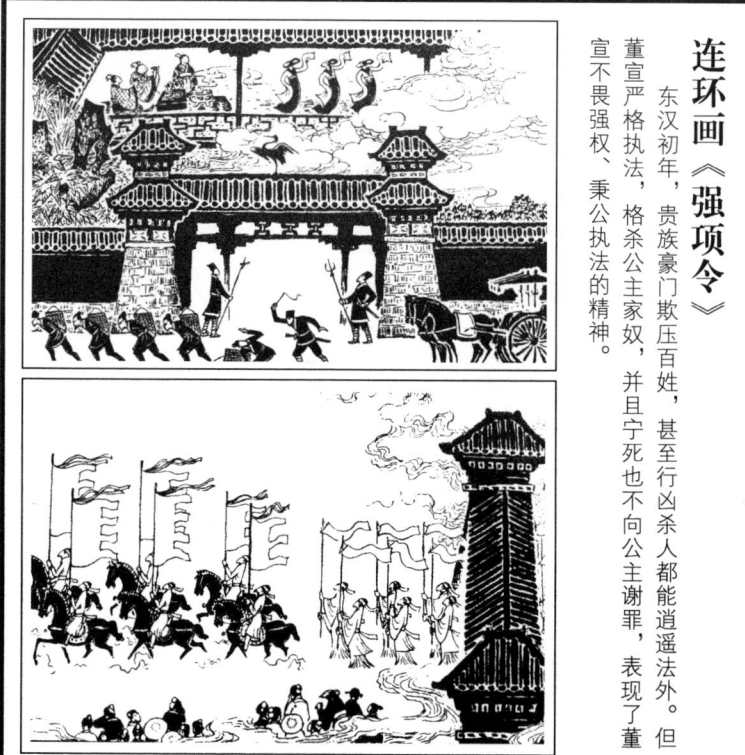

连环画《强项令》

东汉初年,贵族豪门欺压百姓,甚至行凶杀人都能逍遥法外。但董宣严格执法,格杀公主家奴,并且宁死也不向公主谢罪,表现了董宣不畏强权、秉公执法的精神。

门亭等候他。公主车到,就拦住了车,叩着马,不放过去,以刀画地,大声数责公主的过失,说她不该纵容家人,窝藏罪犯,就喝奴下车,亲手击杀之。

公主即时回宫告诉光武。光武大怒,唤董宣来要棰杀他。董宣叩头请说:"愿容臣一言而后死。"光武问说:"你要说什么?"董宣对说:"陛下圣德中兴,当以法度治天下。若纵家奴杀人,不使偿命,是无法度了。家奴犯法,尚不能治,将何以治天下呢?臣不须棰杖,请得自杀。"说完就以头撞柱,流血满面。光武见他说得有理,急令小黄门持定他,不要他撞死,只让他与公主叩头谢罪便罢。

董宣不从,光武使人将他头按下,董宣两手撑地,终不肯低头一叩。公主见光武有容董宣之意,从旁谮说:"文叔(刘秀的字)做白衣庶人时，曾藏亡命的、匿死罪的，官吏畏文叔之威，也不敢上门拿人。如今做了天子，其威反不能行于一县令，而任其杀家奴吗？"光武笑说："做天子却与白衣人不同。"布衣任侠使气，犹或可以妄为，天子则法度所自出，若任意容私，是自家先坏了法度了，又何以正朝廷，而正万民？

光武喜董宣如此耿直，以其强了头项而不屈，遂称他作"强项令"。传旨让这强项令且出，既饶了，又赐钱三十万，以奖励之。董宣把钱尽分与手下诸吏，彰君之恩，欲诸吏皆效其所为，不畏强权也。董宣既受知于上，因此能搏击豪强，无所畏避，京师中莫不震惧，无敢倚势以犯法者。光武这一事，与戒贵戚避二鲍的意同。

> 亲王至尊，一与朝臣争道，则司隶得以劾其罪；公主至贵，一纵家奴杀人，则县令得以数其失。而为司隶与县令者，又或以见称或以受赏。然则国法安有不行，人心又怎么能安定呢？故终光武之世，宗藩贵戚皆知循礼守法，保其禄位，就是自然的事了。

不纳西域，受降匈奴

光武二十一年，莎车（西域强国，位于今新疆塔里木盆地一带）王恃其强大，要兼并西域诸国。诸国自度弱小，敌他不过，恐为所并，都忧愁惧怕，要借大汉的兵力以为帮助。于是，车师、鄯善、焉耆（西域国名）等十八国，一时都遣其嗣子入侍汉庭，以为人质。情愿请朝廷都护官（总领属西域之官）一员，出去镇抚西域诸国，使莎车不能侵害。

光武自思中原祸乱方才平定，北边匈奴尚未归服，兵戈始息，防御尚多，何况又远及西域？于是将那各国侍子都发遣回去，仍厚加赏赐，以答其来意。至于都护之请，则搁置而不行，恐劳费兵力也。西域诸国，武帝频年遣使出兵，靡费中原，以求其通而不得，今诸国自来纳款、质爱子、求都护，而光武不许。

光武初年，匈奴中有个日逐王名比，是呼韩邪单于（西汉后期匈奴国王，曾率部归顺汉朝。后来北归，重新统一匈奴。元帝时，迎娶王昭君为妻，实现汉匈和亲）之孙，管领匈奴南边八个部落。这日逐王自以不能立为单于，常怀怨恨，欲与单于相争。至建武二十四年，那八个部落的头领，共议立比为呼韩邪单于，仍袭他祖公的名号。以他祖公呼韩邪尝依汉得安之事，如今也要自附于汉，以求汉朝之助。于是，率众到五原郡塞上，自请称臣内属，愿永为汉之藩篱，替汉朝堵截北匈奴。

光武将这事情，下与公卿会议。那时会议的都说："若受了匈奴之降，须用金帛赏他，万一他国内有难，又须出兵去救他。今天下初定，中原空虚，岂可复费中原之力，与夷狄做主？且夷狄狡诈，真伪难知，不可许也。"

独有五官中郎将耿国议说："昔孝宣帝受呼韩邪之降，边境无事者数十年。自中兴以来，匈奴骄慢，屡为边患。今幸他国内分离，他的孙子又来纳款，宜如孝宣帝时故事受他，就使他近塞居住。东边捍卫着鲜卑，北边抗拒着匈奴，以夷狄而御夷狄，最为中国之利。且以倡率勉励诸四夷，都效他这般归顺，又乘边境无事之时，得把那沿边诸郡被匈奴残破的，渐渐修复，却不是好？"光武以耿国之说为是，

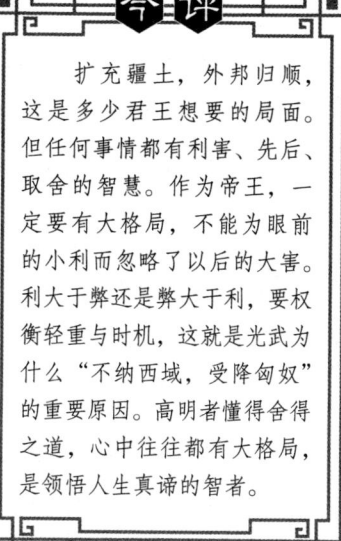

今评

扩充疆土，外邦归顺，这是多少君王想要的局面。但任何事情都有利害、先后、取舍的智慧。作为帝王，一定要有大格局，不能为眼前的小利而忽略了以后的大害。利大于弊还是弊大于利，要权衡轻重与时机，这就是光武为什么"不纳西域，受降匈奴"的重要原因。高明者懂得舍得之道，心中往往都有大格局，是领悟人生真谛的智者。

遂从其计，立日逐王为单于，号作南匈奴。于是匈奴遂一分为二了。

尝观西域诸国，各请内属，光武不受，今南匈奴请降，而光武受之，为什么呢？先时中原初定，匈奴方强，却西域之请，而专意北虏，所以安中原也。至此时，匈奴有分争之衅，而我得以乘其敝，所以受南匈奴之降，以共制北虏，也所以安中原也。且西夷北虏，其势不同：西域之去来，不足为汉朝之轻重；而北虏之分合，则有关于边境之安危。因此制御之策，不同如此。其后南北匈奴互相攻击，而汉朝安然，累世无兵革之警，其效用昭然可见。

休兵养民，弱能制强

光武二十七年，北匈奴屡被南匈奴抄掠，不能自安，也要与汉家和亲。那时，汉朝有两个猛将，叫作臧宫、马武，齐上本说道："匈奴之性，唯知贪利，没有礼法与信义。穷迫时，则稽首投降；及安乐时，又侵犯为寇。不可以恩信结得。今闻虏中地面，人畜遭瘟疫多死，又有大旱蝗虫之灾，数千里尽成空地，一无所收，疲困乏力，抵不上我中国的一郡。此天亡匈奴之时。今若乘此时，遣将临边，悬厚赏之格，以告谕东胡、西羌诸国，使他左右夹攻，则北虏亡灭之期，不出数年。岂可舍而不诛，以养寇遗患呢？"

光武下诏答他说道："黄石公（秦时道士，曾作《素书》，授于张良）书上说：'天下之事，柔者能制刚，弱者能制强。舍近而谋远者，徒劳而无功；舍远而谋近者，安逸而有终。所以说，务广辟其土地者，必致荒乱；

务广施其德泽者，乃能强盛。'这几句都是黄石公的格言，大抵厌恶刚强而戒远图，有国家者之所当念也。今我国内自无善政，天降灾变，也连年不息。方自忧之不暇，怎能又欲穷兵远讨，从事于边外呢？假如时势可为，就是用天下一半之力，以灭此大寇，岂不是我的至愿！苟非其时，不如且休息民力，保守中国，以遵黄石公守弱谋近之戒，就可以了。"

自此以后，诸将知光武有休兵之意，莫敢再言兵事者。

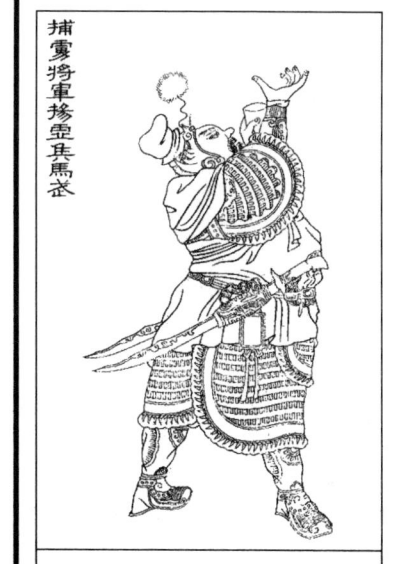

马武

传说中的马武疾恶如仇，重情重义，勇猛刚强，质朴可爱，为后人屡屡称颂。

帝王之制御夷狄，于其来降，则以恩抚之，至其有侵犯之衅，亦不过预修武备，固守边疆，使之不能为大害而已。若忿其难驯，乘其衰敝，遂欲发兵深入其地，将见虏未必灭，而中国之疲耗，已不可胜言。光武引黄石公之说，以却臧、马二将之请，何其识明而虑远啊！

天不可欺，拒绝封禅

自秦汉以来，相传古者帝王在位年久，天下太平，则于东岳泰山上，行封禅祭天之礼，以告成功，而延福祚。自史书所记，曾封禅泰山者，有七十二君，这都是世俗夸诞之言，非圣帝明王兢业守位之道。

光武即位之建武三十年，车驾出去巡狩东方。此时天下无事，群臣因而献谀说道："自古帝王都曾封禅，今陛下即位三十年，功德茂盛，礼当封禅泰山，好趁此东巡而行之。"

光武不许，说道："封禅泰山，是因天下太平而告成功。今我即位虽三十年，当战伐疮痍之后，无德于民，百姓未免愁苦，怨气满腹。若说太平，我将谁欺，敢要欺天吗？天如何欺瞒得？孔子说：'曾谓泰山不如林放乎？'言林放尚能知礼之本，泰山必不享非礼之祭。今日何必务此虚名，载在史书上，徒污辱那七十二代圣君所编的图录，以取天下后世讥笑啊！"于是，群臣乃不敢复言封禅之事。

今评

光武拒绝封禅，不敢自诩功绩之大，说明光武帝很谦虚，不看虚名，是个非常务实的皇帝，这一点值得我们学习。一个好皇帝或好的领导者，会把名看得淡一些，德看得重一些，把更多的精力投入体察民情、集中民智上来，真正地知民、爱民、为民，真正做到权为民所用，情为民所系，利为民所谋。对于普通人来说，虽然"雁过留声，人过留名"，但要树立正确的名利观，才能掌控自己的人生。如在工作中通过埋头苦干、脚踏实地取得实名，必将获得赞扬。若不能实至名归，就是天意了，又有何忧？

封禅之礼，不见于圣经，唯秦始皇尝为之。至于汉武帝信方士保佑祈祷之说，登泰山，禅梁父，而侈心日盛，最终海内虚耗，汉业几乎倾亡。自古圣王兢兢业业，日慎一日，然后能永保天命。三代以后，唯汉文帝功德最盛，然观其临终遗诏说："朕在位二十余年，嗣守先帝洪业，常恐其不克终。"是其心未尝敢一日奢侈然后自我放

纵。而天下后世称文帝之德者不衰，又何必封禅以夸世俗啊！

光武勤学不倦

光武每日天明时，便出来临朝，直到日西时，才罢朝回宫，其勤政如此。罢朝之后，又时常引见公卿大臣及宿卫的郎将，与他们讲论经书中的义理，直到夜半才去歇息，其勤学如此。

皇太子见光武这等劳苦，恐用过了精神，每乘空进谏说："陛下励精图治，固有大禹、成汤之明，而形神过劳，恐失了黄帝、老子所以养性之福，愿且颐养爱惜自家的精神，使常安闲自在，何必这等朝夕勤苦？"

光武说："我自喜欢与群臣讲论，考求经典，启发志意，以此为乐，不觉疲倦。"其勤劳出于天性如此。

光武值衰乱，起于民间，百战而有天下，用征伐以成大业。及天下既定，便偃武修文，功臣退奉朝请，文吏进而用事，以武取之，以文守之，其文武并用如此。又且明慎政体，悉得其枢要，总揽权纲，无失其操柄，量其时之所宜，度吾力之所能，务在可行，不为迂阔，凡所举动，一无过差，故能恢复先祖英烈，于高祖有光，而身致太平，成建武之盛治也。光武就是如此为君，规模宏远，而做事精密，此所以能振炎运于中衰，而垂东汉二百年之统也！

明帝

孝明皇帝,名庄,是光武之子。在位十八年,庙号显宗。

汉明帝

汉明帝是一个非常勤政的皇帝,史载其"乙更尽乃寐,先五更起,率常如此",控制官吏严格,对待百姓仁厚,称得上是有为之君。

敬老尊贤之礼

明帝即位之二年冬十月,车驾临幸太学,初行先王养老之礼。

古时养老,于公卿中选年高有德的,号作三老。又选年高更经历世事的,号作五更。天子以父师之礼事之,迎之以安车,授之以几杖,又亲自割牲、执酱、执爵,供奉他饮食。所以敬老尊贤,帝王之盛节。

自秦汉以来,此礼久废,至明帝才开始举行。以其贤臣李躬(东汉著名教育家,明帝的启蒙老师)为三老,师傅桓荣(东汉初年名儒,《尚书》博士,明帝的老师。主管太学多年,弟子遍天下,对东汉经学传播有很大贡献)为五更,而主管太学,凡一应迎送供奉的仪节,都照依古礼。行礼既毕,又引桓荣及其门下弟子,同上讲堂,明帝亲自与诸弟子辩论经义。诸弟子各手执经书，在帝座前质问疑难处，明帝一一与他讲解。此时，大礼初行，人所创见，冠带缙绅（缙，是插，绅，是大带。原意是插笏于带，旧时官宦的装束，转用为官宦的代称）之人，罗列在桥门外，观礼听讲者极多，其崇尚教化而感动人心如此。

自古帝王莫不以礼乐教化为急务，然三代而下，尊师重傅，好学崇儒，未有如明帝之甚者。固是他天性过人，又为太子时，曾受经于桓荣者十余年，所以道理讲明得多，慨然有慕古之志，至降天子之尊，宾礼老更，而不以为厌。故永平之治，粲然可观，岂非务学之效啊！

崇尚儒学

明帝崇尚儒学，自皇太子、诸王侯，及大臣的子弟、功臣的子孙，莫不教他从师受经，欲其通于学问，以为他日治天下国家之大用。

又以贵戚之家，多不知书，往往溺于骄奢以失富贵，乃为皇亲樊氏、郭氏、阴氏、马氏四家诸年幼子弟，立个学馆于南宫，号"四姓小侯"。置五经之师，求选经术精通、行能高洁的人任之，与小侯们讲授学业。下至期门、羽林（都是禁军的名号）之士，虽是一介武夫，也都让他习通《孝经》章句，其崇尚儒学如此。

那时声教远被，匈奴君长也慕中国文明之化，遣子来入太学，而学校之盛至此到达顶峰。自是礼乐修，明儒辈出，济济洋洋，几同三代，至于东汉之衰，而余风未绝，是崇儒劝学最好的验证。

贤德马皇后

明帝永平三年，册立后宫贵人马氏为皇后。

皇后乃功臣马援的少女，光武时，选入太子宫，上事皇太后，下接同列，曲尽道理，其贞淑之德，在后宫为第一。所以明帝以母后之命，立为皇后。既正中宫之位，尊贵已极，越发谦虚严谨、整齐严肃，无一毫奢侈放纵的意思。平日无他嗜好，只喜好诵读书史。寻常穿的袍服，不尚华美，只是粗厚的丝棉之类，裙裳下边，不加装饰。

每月朔望之日（初一、十五），众妃嫔公主都来朝谒，望见皇后袍服疏粗，只道是上等华服、奇丽之物，及到近处视看，就笑道："这样粗衣，岂是皇后所服的？"马后不好自说是节俭，只权词解说："这丝帛虽粗，却耐得浣洗，好染颜色，所以用以为衣服，岂可以为朴陋呢？"大抵宫闱服饰虽微，而社会风化关系甚大。

自皇后安于俭朴，则六宫妃主必不敢以华靡相高，而凡乡里人家亦莫不收敛。民间传闻，以为宫中尚且如此，哪还有人会奢华呢？由是奇异之物将无所用，淫巧之工自不肯为，天下物力必然滋养生殖。其所以助成德政者，岂小补啊！此马后之贤，所以为东汉首称也。

佛法传中国

这一段，记佛法入中国的缘由。当初，明帝闻西域天竺国（西域国名，是我国对古代印度的称谓）有神，名叫佛。佛字，即觉字，言众生迷失了本性，能觉悟的就是佛。明帝因此就遣使臣往天竺国去，求其道术，始得佛书。及其弟子为沙门(僧人)的，同到中国来，从此中国始有佛法。

这佛书上所说的，大略以虚无为主，言天地万物都是幻妄。崇尚与人为善，常持斋素；不仅有超逸的处世态度，也有无私无畏的精神；主张心性和谐思想和众生平等思想。

又善为宏阔高大之言，以见佛力神通，无边无量，古今世界，唯我独尊，使人一意信向他，以劝化引诱那世俗愚蒙的人，同归于善。就中有深得这道术的，号为高僧。于是，中国开始传其道术，图其形象以奉事之，而铸像建寺，皆从此起。当时王公贵人，独有明帝的兄长楚王英最先喜好，敬奉其道，然而他后来竟以谋反受诛，则佛法之不足信亦明了。

> 大抵古圣相传，只是此心，祸福之机，唯心所造。一念之善，福不求而自至；一念之恶，祸欲避而不能。自人类以来，未有改易此道者也。研究观看佛氏之说，其意也只是劝人为善，禁人为恶。其言之精粹而近理者，则中国圣人如尧、舜、禹、汤、文、武、周公、孔子，已经说尽。初与圣道无异，而其流弊，乃至欲弃父母、离妻子、灭人伦、废本业，以求所谓佛者，此大乱之道也。世人往往惑于其说，至于耗费财力，兴建塔庙，以广福田；毁坏身体，捐弃骨肉，图生净土。可是世间几人成佛？几人为仙？岂如尧、舜、周、孔之道，明白正大，近足以正心修身，得天人之佑助，远足以平治天下，变今世今生于康宁，岂不简易而切实？这是学道者所当明辨的。

永平之治

菩萨像、释迦牟尼佛像 佛教与基督教、伊斯兰教并称世界三大宗教。佛教广泛传播于亚洲及世界各地。

明帝在位凡十八年，所行的事，都只遵守着光武立下的制度规模，无所更改。以光武圣德中兴，一切制度都熟思审处，至明至备，为子孙者，只当谨守成宪，不可妄意更改。又鉴于王氏五侯之祸，凡后妃贵戚人家，只是优之以恩礼，并不得就封为侯爵，也不许他们干预朝政。

光武之女馆陶公主，尝为其子求做郎官，入备宿卫，明帝不许，但赐钱一千万，又对群臣说："天上太微垣星座居中位，有二十五个星，叫作郎位星，可见这郎官职位虽卑微，然上应列宿，非同小可。出补外任，便是县令，宰制百里，一方生灵之命寄托于他，苟非其人，百姓们便受其祸，岂可容易与人？所以不敢轻许。"

公车官（掌管奏章之官）以每月反支日（历书上禁忌的日子）有禁忌，不接受奏章。明帝闻听后责怪说："百姓们抛弃了农活桑田，远到京城宫廷，进本陈诉，指望即日替他奏闻，若复拘以禁忌，耽误了他的生活，岂是朝廷宣达下情的意思？"从此便除了这禁忌，虽忌讳日，也受奏章。

明帝之留心政务，就是如此。所以那时官无滥授，而皆得其人；民无废时，而皆乐其业。永平之治，内自京师，外达四海，无不畏服。民间户口日见繁盛。谨守法度，裁抑外家，慎重郎官，通达奏章，以至于官吏称职，国泰民安，这是明帝高明的地方。

章帝名炟，是明帝之子。在位十三年，庙号肃宗。

汉章帝

章帝时期，思想活跃，政治清明，经济繁荣，带同汉明帝统治时期合称「明章之治」。两度派班超出使西域，使得西域地区重新归顺汉朝。

为政之道，宽严相济

明帝性喜苛察，官员崇尚严厉以称其意。至章帝即位之初，此时承永平（明帝年号）年间故事，吏治还尚严峻，尚书官决断众事，处罚犯罪，大体务近于重，不肯从轻。

尚书陈宠（东汉法学家、藏书家，兼通儒家经义，为官不徇私情，执法公正，常断疑难之案）以皇帝新即位，宜改正前朝苛刻之俗，乃上本说道："臣闻先王之政，赏必当功，而不至于差错；刑必当罪，而不至于滥及。这二者都不可过。然与其不得已而过，则宁可赏有差错，不可刑有滥及。过于赏，犹不失为忠厚之心，而过于刑，则遂至误伤生灵性命。故赏可过，刑不可过也。以前朝廷断狱，每过于严明者，以法度久弛，奸邪未平，故特用重刑以惩治之，所谓政宽民慢，则纠之以猛者耳。今奸邪既平，必宜轻省刑罚，而济之以宽，然后政治才得中道，人无冤情。岂可复循前朝之政，而以猛济猛啊？为政者，譬如弹琴瑟一般，弹琴瑟之弦，应该缓急适宜、大小相调才好。若大弦太紧，则各弦都要以紧配应，那小弦微细，必至断绝。然则为政者，上边严密，则下边如何从容？上边急促，则下边必然扰乱，其弊端就是这样。今陛下宜发扬先王宽仁之道，清除近世烦琐苛严之法。将笞刑、杖刑等刑罚一一轻减其数，以济活百姓们的性命。推广好生之德，以奉顺上天之心，救今日苛严之政莫急于此。"

章帝观看陈宠所奏，深表赞扬并接纳。于是，除罪大恶极者处以酷刑外，每事务从宽厚处理，而汉之刑法自此称平和。

人君之治天下，以宽仁为本，而其仁爱天下，尤以刑狱为要。

汉家法网，既伤于严密，而永平之间，有司又承望上旨，争以酷刻为事。观楚王英一狱，株连者至数千人，则当时之刑，冤枉泛滥可见。

所以章帝承其后，不得不济之以宽。

上行而下效

　　章帝的母亲马太后，天性俭朴，内外从化，永平、建初之间，助成朝廷美业，天下称其贤。至建初二年，太后的兄长卫尉马廖（东汉伏波将军马援长子，马皇后长兄），恐其富贵既极，不能久持，盛美之业难以克终，乃上一疏，劝成德政，说道："夫政出于朝廷，风行于郡国，或美或恶，改变移易，都有个本源，不可不慎也。古书说道：'昔日吴王阖闾喜好击剑的武士，以其善斗也。此风一倡，那百姓们都去学剑，往往为剑刃所伤，身上多有伤疤。楚灵王喜好细腰的女子，以其善舞也。此风一倡，那宫中妇人，或减食以求腰细而多至于饿死。'上有好者，下必有甚焉者也。今京师中也有俗语说道：'京城之好尚，乃四方所观法。若城中喜用高髻（jì，盘在头顶或脑后的发结），则四方之髻必至于一尺，比城中又高；城中喜画阔眉，则四方之眉必至于半额，比城中又阔；城中喜着大袖的衣服，则四方之袖必至于用全匹丝帛为之，比城中又大。'这样言语虽似戏言，其实上行下效，理势必然，切于事理，非空说虚谈。今日诚能常持俭朴，不变初心，则德政可成，美业可终。"

　　太后闻其言，深加听纳，所以终太后之世二十余年，俭朴如一日。诸舅（汉代对外戚诸侯们的称呼）战战兢兢，不敢有一点逾越法度，对朝廷政治教化大有裨益，而外戚之家恩宠也得保全。若马廖者，可谓识明而虑远的人。

章帝宠厚外戚

章帝八年，有中郎将窦宪，是窦皇后的亲兄。那时章帝宠厚外戚，把窦宪兄弟都提升贵近之职，亲幸无比。因此窦宪就倚恃皇后的声势，以贱价强买沁水公主的庄田。公主畏其势，不敢与他论价，章帝也被他瞒了，只说是两平交易，到后来这事发觉，才知他倚势强买。

章帝大怒，召窦宪入宫，切责他说道："昔赵高欺秦二世皇帝，当面指鹿为马，蒙蔽主上行私，而秦所以亡。如今你自家想前日欺谩着朝廷，强夺公主家庄田，比赵高指鹿为马之事相差几何？仔细思量起来，使人十分惊怕。想你所依恃的，不过说你是皇亲外戚，不好对你依法处置罢了。不知王法无亲，若将我祖宗的法度行起来，便弃舍了你一个窦宪，也只当孤鸟腐鼠一般，有何介意！"窦宪闻帝之言，才感到惶惧。皇后乃脱了冠服，替他再三谢罪，许久才得解释，姑饶了他。

看章帝这件事，可谓能裁抑贵戚。可是终究不能治罪，而继续宠任如以前，则为窦宪者又将有何惧怕呢？所以，以后窦氏专权愈甚，

> **今 评**
>
> 张居正不止一次提到外戚致祸，而且大都是因"宠"致祸，所以外戚致祸的根源还是在于皇帝本人，从某种程度上说是自取其祸。帝王应以国家治理为要务，而治道首先是公平正义。不能因为是外戚至亲而过于宠信，这是张居正对少年皇帝的谆谆告诫。这犹如我们对待子女，因为至亲，就容易宠爱，因为宠爱，就容易溺爱，就会对他们过于放纵，甚至有错误也看不到，所以往往会出不肖子。治理国家，教育子女，道理都是如此。

势倾天下,几致大祸,实章帝之姑息养乱啊!古人论君德,以刚断为上。若章帝者,就是因为短于刚德所累啊!

孝和皇帝,名肇,是章帝第四子。在位十七年。

——逐外戚,重宦官——

和帝永元四年,此时国舅车骑将军窦宪,既将兵出塞,北破胡虏,成功而归,拜大将军,封武阳侯,威名益盛。他家父子兄弟都做显官,有权势。如叔窦霸为城门校尉,窦褒为将作大匠,窦嘉为少府,弟窦笃封郾(yǎn)侯,位特进,窦景封汝阳侯,为执金吾,窦环封夏阳侯,为光禄勋。其余为侍中等官的,尚不计其数。一门亲属,权贵显赫,充满朝廷。而窦宪兄弟,倚宫闱之势,挟征伐之功劳,专擅朝权,肆无忌惮,遂生逆谋。

和帝心里思量要处治他,但当时在朝大小官员都是党附窦宪的,没有可与商议此事者。独有个中常侍内官郑众,他平日却谨慎明敏,有心计,多智策。和帝就与他密定谋议,诛戮窦宪,把他朋谋为恶的人尽数拿了。只缘他是太后的亲兄,恐伤母心,不欲明正典刑。先收其大将军印信,发遣就国,使人到国中,勒令自尽,而窦氏就此败落了。

和帝此举,制外戚,收威权,似有孝文诛薄昭、宣帝除霍氏之风。可惜当时不与忠臣智士图谋,而独使中常侍参帷幄之议。所以贵戚虽除，而宦官之势遂盛，及至十常侍，专权乱政，而汉终因此而亡。

上失其道，大柄下移，以乱救乱，不败不止，有天下者不可不戒啊！

孝顺皇帝，名保，是安帝长子。在位十九年。

张纲上书，弹劾梁冀

汉时分天下为十二州，每州设一个刺史，以督察郡守、国相、县令等官。

后来，刺史多非其人，举劾不得其当，奸豪横行，盗贼并起，到顺帝汉安元年八月，又选侍中杜乔、周举，守光禄大夫周栩、冯羡、栾巴、张纲、郭遵、刘班这八个人，都是素有风力的，让他们分投出去，巡行州郡，督察官吏。有贤能循良的，便表彰他，有忠实勤敏的，便显扬他，都荐来升用。其贪污暴虐、罪状显著的，若是刺史二千石这等大官，使臣虽不敢擅处，许他差人驰驿到京劾奏，请旨黜免。其余六品以下县令等官，听从拿问，直接处置，然后奏闻，就是如今抚按官一般。

于是，杜乔等七人各领了圣旨，前往所属地方去察访，独有张纲（东汉名臣，"东汉八俊"之一，张良七世孙。为官忠义清廉，不畏权贵，爱民如子，深受百姓爱戴。其去世时，张婴等五百人背负黄土，一步一泪，堆成张纲之坟。当地百姓如丧父母，痛哭高呼：千年万载，何时才能复见此君？）不去，却将所乘的车轮埋在雒阳县公馆里面，以示不行。说道："朝廷要我等访察奸贪，搏击豪强，必将那大奸臣恶处治得几个，然后人才知畏法。如今贵戚纵横，专权擅政，朝纲不振，时事日非，就如豺狼猛兽占据要路，放着这样人不能驱逐，却远去四方搜寻那贪官污吏，而问此区区狐狸之辈，岂不是荒唐啊！"

于是劾奏："皇后之兄大将军梁冀，及冀弟河南尹梁不疑，俱以外戚之缘故，深受国恩，身处国家重任，朝廷倚以取平，乃不务循理守法，而专肆贪赃枉法，招权纳贿，纵恣无极，阴行刺杀，枉害忠良，他们心里全不知有朝廷。谨开列梁氏兄弟欺上无君的事迹一十五件，都是举朝臣子所切齿痛恨者，愿陛下察之。"

书既奏进，一时京师臣民以张纲所言皆人所不敢言者，无不震动恐惧。然当是时，皇后宠眷方盛，诸梁姻族满朝，顺帝心里虽然知道张纲的言语切直，而内牵于宫闱，外怵于邪党，毕竟不能从也。

人主总揽朝纲，威福在己，放任自己宠幸之私心，而至于掣肘如此，令人叹息。最终养成其祸，以致桓帝之世，梁氏终以专权受诛，中外亲族无老少，皆杀于市，资产三十余万尽没入官，也是今日之宠幸误之啊！待外戚者不可不戒啊！

桓帝是章帝第六子，河间王开之孙，名志，在位二十一年。

崔寔（shí）作《政论》，讥切时事

东汉自和帝以后，君威下移，国纪不张，外戚宦官，擅权用事。桓帝元嘉元年十一月，下诏让百官举天下独立特行之士。涿郡

以崔寔（东汉名臣、农学家、文学家，著名政论家）应诏，荐举将来。崔寔进京应诏，自称有疾，不能对策，退而作论一篇，讥切时事，叫作《政论》，说道："自古人君，谁不欲常治而无乱，可是天下所以不治者，常由人君承继先世，坐享太平，为日已久，遂生骄逸，风俗渐以敝坏，而上不悟，政事渐以衰废，而上不知，因循守旧，只顾眼前，旷费时日，衰颓怠惰，不务求所以因时达变、振衰起敝的道理，以至于乱亡而不可救。"

"为天下者，其治道有二端，不是宽，便是严。唯至德之世，无宽严之名，自非上德之人，则宽不如严，往往严的便治，宽的便乱。天下人心，全在这纪纲法度，以维持其涣散。而继世之后，多优游姑息，养成祸乱，所以常要励精图志，振作精神，以严治之，而后不至于乱。怎见得是如此呢？但看本朝孝宣皇帝，明于君人之道，审于为政之理，综核名实，责任考成。有功的必赏，而卑贱不遗；有罪的必罚，而贵势不免。故严刑峻法，警惕人心，内外违法奸人，震慑破胆，都有所惩罚，不敢为非，而海内清肃，天下宁静。如今算计他的明白效验，比于文帝之清净无为、与民休息者，反似过之，这便是严之则治。"

"及元帝即位，多行宽政，优游姑息，或知其贤而不能用，或知其恶而不能去。嬖宠用事，贵戚擅权，遂致纪纲败坏，威福下移，人主操柄，始为奸臣所夺。至于王莽，遂篡汉室，究其祸源，实由于此。这便是宽之则乱。严莫如宣帝，而天下愈治；宽莫如元帝，而天下愈乱。由是观之，政道之得失，不必远求，近观二帝，亦可为明鉴。"

"昔周之衰，齐桓公、晋文公以兵威纠合诸侯，背离文王、武王之道太远。然孔子作《春秋》，常褒称齐桓公，赞美晋文公，又叹管仲之功，以为民到于今受其赐。孔子岂不知美文武之道哉？亦以周道既衰，王纲不振，夷狄内侵，诸侯莫制，而齐桓、晋文能尊周室，攘夷狄，以明上下之分，故孔子犹有取焉。诚心达于权宜之计，拯救时代弊端的道理啊。"

"所以圣人能与世推移，因时立政。而世俗之士，每苦于拘泥古代，不识变通，以为上古结绳之约，可复用之以治乱秦之绪，虞舜干戚之舞，可复用之以解平城之围，岂不是迂腐啊！然而当衰乱之世，而唯欲德教之是用，宽政之是行者，何以与此不同？今以养身做比喻，屈伸俯仰，如熊之经，如鸟之伸（熊之经，鸟之伸，为五禽戏养生法），以调其形，这虽是延寿之术，却不是治伤寒的方法；一呼一吸，吐故纳新，以调其气，这虽是养生之道，却不是接骨的药膏。若不问其病势之

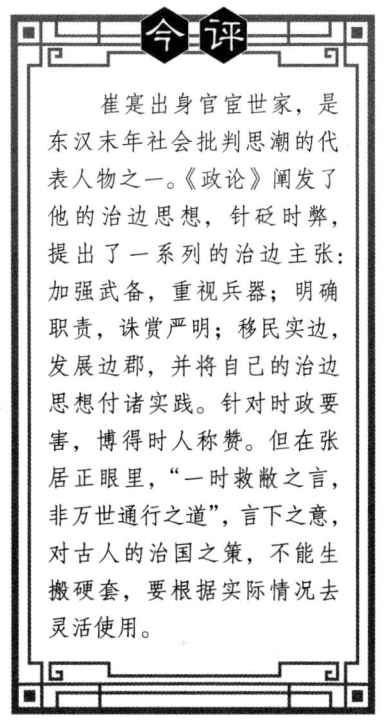

今评

崔寔出身官宦世家，是东汉末年社会批判思潮的代表人物之一。《政论》阐发了他的治边思想，针砭时弊，提出了一系列的治边主张：加强武备，重视兵器；明确职责，诛赏严明；移民实边，发展边郡，并将自己的治边思想付诸实践。针对时政要害，博得时人称赞。但在张居正眼里，"一时救敝之言，非万世通行之道"，言下之意，对古人的治国之策，不能生搬硬套，要根据实际情况去灵活使用。

所急，但以此为良方，而一概用之，这是错误的。那为国之道，也如养身一般。当身子和平的时节，常常用梁肉以致养，若突然有疾病，少不得用药石以攻之。这两件都各有所宜。"

"为政者之有刑罚，即治衰乱的药石；德教，是养太平的梁肉。梁肉虽不可以一日缺，而以之治病，则非所宜。药石虽可以疗病，而平居不可以常服。若用德教去除残贼，则过于姑息，是犹以梁肉治病，病不可除；用刑罚去治太平，则伤于惨刻，是犹以药石养生，反伤其生。所以善养身者，贵识攻补之宜；善为政者，贵审宽严之用。知用宽而不知用严者，犹知有补而不知有攻也。岂是通达权宜、拯救弊端之理啊！"

"并且自古及今，天运人事，互相循环，历代帝王，起初立法无有不善的，到后来不免有弊端。如今正承百王之敝，又遇着天运厄塞的时节，自和帝、安帝、顺帝，数世以来，朝政不纲，主威下降，权幸之臣，有罪不坐，奸猾之民，犯法不诛。多以施恩宽恕，唯事姑息，就似乘车的一般。这纪纲法度，庆赏刑威，是人君驾驭天下的马嚼子和马缰绳。今国政废弛于上，人心纵恣于下，如驭马的人，失了缰绳和嚼子，驾车的马，脱了衔口，以致四马横奔，无可控制。纵是大路，也成倾险，势必倾覆。到这时节，方将约绳控马，缠束车辕和横木以救之，尚恐不及，又何暇鸾和相鸣，清节奏，雍容如平日啊！"

"今日正当纪纲废坠、上下侵凌之时，必须为政用严，方可救济，若再从宽纵，将至于长恶容奸，国势衰替而不可复振。昔文帝之世，号称治平，人见他除去古时肉刑，只说是一切从宽，不知那时肉刑虽除，然罪该斩截右趾的，该斩左趾及割鼻的，改为笞五百、笞三百，笞数既多，往往至死。名虽轻刑，其实很多人被打死，将使人不敢轻易犯法，以全其命。所以文帝之治平，看以宽，实则严。今欲致文帝之治，却不法其严，而法其宽，岂是善学文帝啊？"

那时山阳郡人，姓仲长名统者，见了崔寔这书，喜其识达时务，叹息说道："凡为人主的，宜将这书全写一通，置于座旁，时常反省浏览，也许不蹈衰世之风，而可保治平之盛也。"

按崔寔论治，主于尚严，固一时救敝之言，非万世通行之道。但后世之论治者，不明于宽严二字之义，所以其论各有所偏，而不能无弊。所谓宽不是纵弛的称谓，包容敦厚大度，赦过失之误，除烦琐苛严，这个叫作宽。严不是暴戾的称谓，严厉明白，振奋神精，振兴纪纲，整齐法度，这个叫作严。宽中有严，严中有宽，如春生秋杀，相代而成岁功，雨露雪霜，并效而行化育。二者缺一不可，所以《中庸》论圣德，以发强刚毅、宽裕温柔并言，这是尧舜以来相传的治体。世儒不知此义，才说要宽，便因循姑息而流于纵弛；才说要严，便严刑峻法而伤于暴戾。而人之常情，每乐放纵而惮约束，于是又创为宁可过于宽、不可过于严之说，是谓天道可使阳过乎阴，昼多于夜，春夏长于秋冬，将何以成岁功而行化育呢？昔周公之告成王曰："敦大成裕，明作有功。"必须如此而后无弊端，论治者详细审明于此。

献帝名协，是灵帝次子，强臣董卓废少帝辩而立之，在位三十一年。

刘关张结义

这一段是记刘先主的事迹。说先主姓刘名备，涿郡（今河北涿州）人，乃汉景帝子中山靖王刘胜的后代子孙，流落在民间。他生有异相，手臂垂下过膝，自家回顾，便看见其耳。平日有大志，要安定天下，简默沉静，无多言语，心有喜怒，不发露在颜色上。当初曾与辽西人公孙瓒，同拜涿郡卢植（东汉末年著名经学家。师从大儒马融等人，为郑玄、管宁、华歆的同门师兄）为师。

东汉之末，董卓擅权，天下大乱，豪杰并起。此时，公孙瓒为降虏校尉，屯军在右北平，先主既与他有旧情，就去投他，公孙瓒

桃园三结义

"桃园三结义"是小说《三国演义》中的一个情节,但历史上是否真有其事,至今也没有一个定论。

收留他做平原(今山东德州)国相。先主少时与河东解县(今山西运城)人关羽、涿郡人张飞相好,结拜为兄弟。

先主既为平原相,就让关羽、张飞做别部司马,分管其众。先主与这两人情投意合,就是睡卧时,也不相离。同在一个床榻上,其恩爱如至亲兄弟一般。他二人也一心尽忠于先主,却不以兄弟结义之情,失了上下相临之礼。平居时虽是这等忘形相爱,若是公庭聚会,在大庭广众之中,便终日侍立在旁,不少怠倦,出去时跟随着来往,一步不离,虽在艰难险阻之中,未尝辞避,其忠义如此。今世俗相传桃园结义,就是由此而来。

先主本帝室之胄,而有英雄之姿,关羽、张飞皆万人之敌,而负忠义之气,然又情投意合,誓同死生,上下一心,至诚无间,此所以能跨有荆、益,而兴蜀汉之业也。

关羽刺颜良

初时,曹操曾破刘先主于徐州,擒获关羽以归。曹操见关羽英雄出众,每壮其为人,礼待之甚厚,要重用他。但察他心神动静,还眷恋旧主,似未肯久留为用,以其将张辽素与他相好,乃使往见之,以试探其意如何。

关羽叹息,从实对张辽说:"我极知曹公待我甚厚,非不感激,奈我先受刘将军厚恩,与他发过誓盟,愿同生死,不可负背他,更事别主。我终不留于此,但曹公之恩,我岂能忘怀,须要立些功效,以报答曹公,方才辞去。"

张辽把关羽的言语回报曹操,曹操见关羽这等忠义,越发敬重他。

关羽

清朝雍正三年(一七二五年),朝廷颁令,以关帝庙为武庙,并入祀典,文武百官、各省县百姓按祭孔之太牢祭仪进行春秋两祀。从此,关羽成为国家祭祀的主神,达到了与文圣孔子并驾齐驱的地位。

及袁绍遣大将颜良来攻曹操，其锋甚锐，关羽替曹操迎敌，单刀匹马，刺杀颜良于万众之中，既以此报曹操的恩，遂写一封书，拜辞曹操。那时，闻刘先主正在袁绍军中，就直接奔寻去了。曹操的左右人等，多欲领兵追赶，曹操止他说："人各有主，他也是各恋其主，终强留他不得，不必追也。"俗说关公千里独行，便是这件事。

当时刘先主兵破势穷，寄身河北，其视曹操之势，安危成败，相去何如。然关羽宁为故主死，而不肯为曹氏留，艰险不避，始终一心。此所以忠义贯于古今，精灵充于宇宙，而后世有叛君事仇，自托于去就之智者，视此可以深愧。

三请诸葛亮

献帝建安十二年，此时天下扰乱，曹操挟天子以令诸侯，孙权借父兄之业，据有江东。刘先主新败于曹兵，往荆州依刘表。这里有个贤士，姓诸葛名亮（蜀汉丞相，杰出的政治家、军事家、散文家、发明家，其代表作有《出师表》《诫子书》等。诸葛亮一生鞠躬尽瘁，死而后已，是中国传统文化中忠臣与智者的代表人物，被誉为儒家"五君子"之一），他本是琅琊郡（山东省临沂市沂南县）人，寓居在荆州襄阳县隆中地方。他常自比作管仲、乐毅。管仲，是齐桓公的谋臣，能九合诸侯，一匡天下。乐毅，是燕昭王的谋臣，能复燕国，报齐仇。诸葛亮自负有王佐之才，若遇着齐桓、燕昭这等君，知而用之，也能匡济天下，兴复汉室，做得这两人的事业，故以此自比。

当时，众人没有人知他的。见他自比管仲、乐毅，都不相信许可，只有颍川郡（今河南省许昌市长葛县）徐庶与崔州平，这两人认得他是奇才，干得管仲、乐毅的事，非是浪说。及先主在荆州时，访问这地方的贤士襄阳人司马徽（东汉末年隐士，精通奇门、兵法、经学，有"水镜先生"之称），徽对说："那儒生俗士们，徒事章句，岂能通达世故？要求通达世故的，须是英俊豪杰，非常之人才可。这里自有伏龙、凤雏，两个俊杰。"先主问是谁，司马徽对说："诸葛孔明乃伏龙，庞士元乃凤雏。"孔明是诸葛亮的字，士元是庞统的字。其后徐庶来见先主于新野县中，先主深器重他，徐庶也说："诸葛孔明是个卧龙，虽在潜藏，实能变化，将军可要见此人否？"先主说："既如此，你可与他同来。"徐庶说："这人只可到他家里就见，怎么呼唤得他来，将军还该枉驾去求见他才是。"

先主依徐庶的言语，便亲自到诸葛亮家里，连去三次，才得相见，就与先主谋据荆、益二州，结好孙权，同拒曹操，以次平定天下。后来行事，一一如其所言，真可谓识时务之俊杰。

观此，可见孔明在草庐中，都把那天下的事，先在心上经营筹划得停当了，所以蜀汉四十年之业，与孔明相为始终。有孔明，则日兴，无孔明，则日废，是汉室不可无孔明也。然遇先主，则建三分鼎足之业，不遇先主，将终为南阳之耕夫，是孔明不可无先主也。其相辅相成如此。而又必本于相知，主能知臣，然后信之而不疑，

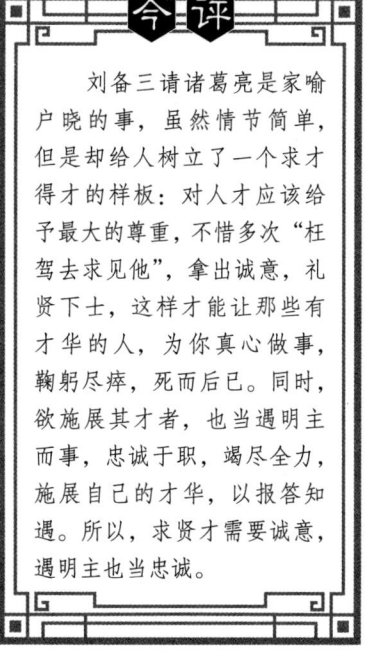

今评

刘备三请诸葛亮是家喻户晓的事，虽然情节简单，但是却给人树立了一个求才得才的样板：对人才应该给予最大的尊重，不惜多次"枉驾去求见他"，拿出诚意，礼贤下士，这样才能让那些有才华的人，为你真心做事，鞠躬尽瘁，死而后已。同时，欲施展其才者，也当遇明主而事，忠诚于职，竭尽全力，施展自己的才华，以报答知遇。所以，求贤需要诚意，遇明主也当忠诚。

任之而不贰,虽亲密如关羽、张飞,不能间离其交。臣能知主,故感激而驰驱,尽瘁以图报,虽富强如曹操、孙权,不能移其志。唯相知,故相得;唯相得,故相成。此三代而下,言君臣之契合、鱼水之投机者,必称先主、孔明,而至于今,也传为美谈。

蒋干见周瑜

孙权的大将周瑜（东汉末年名将,有姿貌,精音律,江东有"曲有误,周郎顾"之语）,既破曹操之兵于赤壁,曹操大惧,他帐下有个宾客,姓蒋名干,是周瑜的旧交,乃密遣他往见周瑜,说他来降。蒋干于是穿布袍,戴葛巾,只托作故人自来相访,使吴人不疑。

周瑜已知他来意了,出营相迎,立便呼蒋干的表字说道:"子翼好生受苦,远涉江湖,不避风波之险,莫非是替曹氏做说客吗？"因延入蒋干,与他遍观营寨中的军马,又行看仓库钱粮,及刀兵器械等物,以示其严整,夸其富贵。既一一看了,就请他回到帐中饮宴。因对蒋干说:"君臣相遇,自古为难,丈夫处世,幸遇知己之主,外面虽托为君臣之分,内里情意相结,实与骨肉之恩一般。以言则必用,以计则必从,上下一体,休戚利害,无不同之。遇主如此,自当感恩图报,有死无二,莫说常人离间不得,便是苏秦、张仪那样舌辩能言的人此时再生,也岂能反移其意呢？"

周瑜此言,所以拒绝蒋干。蒋干既被周瑜说破,只得笑应,终不敢露出一言而去。回报曹操,盛称周瑜识量宏雅,志趣甚高,君臣义重,非言辞所能离间。

周瑜能报恩于知己，尽心于所事，不以祸福动其心，是人臣之大节。之所以使周瑜如此，与孙权言行计从，骨肉之恩，有以结之，关系密切。吴之君臣如此，最后成鼎足之业，也就很容易了。用人者当深思！

汉纪（蜀汉）

蜀汉年表（221年—263年）

帝　号	姓　名	年　号	在位时间
汉昭烈帝	刘备	章武	221年—223年
汉后主	刘禅	建兴 延熙 景耀 炎兴	223年—263年

刘备在成都称帝，国号"汉"，史称"蜀汉"，简称"蜀"，亦称"季汉"。在今四川东部、重庆以及云南、贵州北部和陕西汉中一带，鼎盛时期占据荆州、益州。后来被司马家族掌控的曹魏所灭。

昭烈帝

昭烈帝即刘先主，名备，在位三年。此时天下三分，曹操据中原，为魏。孙权据江东，为吴。先主在益州蜀地，闻曹操子曹丕篡汉，遂即位于蜀。纲目以其本帝室之胄，而仗大义以讨汉贼，功虽未成，名义甚正，所以以接汉家正统。

——诸葛亮治蜀，严刑峻法——

诸葛亮辅佐先主治蜀，颇尚严刑峻法，蜀人法度久废，骤然见严峻，多有怨叹者。

诸葛亮像

诸葛亮一生「鞠躬尽瘁，死而后已」，是中国传统文化中忠臣与智者的代表人物之一。

蜀郡太守法正谏说："昔日汉高祖破秦入关，与秦民相约，法令只有三章，尽除烦苛，秦民以此感恩归服。今日君假借威力，跨据一州，才有了蜀地，未垂恩惠，抚恤百姓，而先以严急，何以使蜀人知德呢？且我兵初至蜀地为客，蜀地士人为主，以客临主，凡事且宜将就，以相降下身份方可。今蜀人当兵戈之后，正望我能抚恤他，愿且轻缓刑罚，宽弛禁令，以慰安蜀人仰望之心。"

诸葛亮答说："治有时宜，不可执一。你说高祖入关，崇尚宽大，只知这一件道理，不知又有一件道理。如今与高祖时不同，当初，秦始皇暴虐无道，其政苛刻，其民怨苦，所以戍卒一呼，天下响应，如土崩坏，不可收拾。由此秦是以苛急失了天下，高祖承其后，便当反其所为，用宽弘以济大业。今蜀主刘璋，昏暗懦弱，每事姑息，德政废而不举，威刑儿戏而不肃，蜀地人士不畏法度，专权恣意，各行其私，君反受制于臣，臣不听命于君，上下之道，日渐陵替。虽以爵位宠荣他，然官太冒滥，到那极处，无复可加，他反看得轻贱了，不以为荣；虽以恩泽随顺他，然赏太容易，到那尽处，无复可施，他反骄慢怨望起来，不以为恩。刑赏者，人主之操柄，失其操柄，何以为国，所以致敝，实由于此。所以刘璋本是以宽纵坏了国家，我今承其后，就当反其所为，用严峻以救之。彰明法纪，示以威严，使刑当其罪，不可幸免，然后察其情理，或宽恕赦免，或表彰赏赐，他才知得是恩泽而不敢骄慢；爱惜爵赏，都有个限制，使赏当其功，不可妄想得到，然后量其勤劳，或序迁，或超升，他才知得是宠荣，而不敢轻贱。可见，有威严然后有荣恩，有恩威然后有上下。荣恩并济，上下有节，则操柄在我，不至下移，纪纲正而名分尊，为治之要，于此显著。"

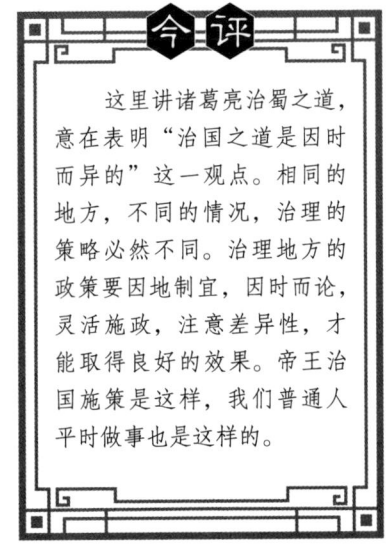

今评

这里讲诸葛亮治蜀之道，意在表明"治国之道是因时而异的"这一观点。相同的地方，不同的情况，治理的策略必然不同。治理地方的政策要因地制宜，因时而论，灵活施政，注意差异性，才能取得良好的效果。帝王治国施策是这样，我们普通人平时做事也是这样的。

诸葛孔明此言，真是识时务知政体者，所以行之，则有本原。水至平，而邪者取法；鉴至明，而丑者忘怒。孔明开诚心，布公道，集众思，广忠益。既有此平明之心，所以其用法虽严，却能使廖立（蜀汉谋臣，因罪被诸葛亮废为平民，闻听诸葛亮病逝却潸然落泪）垂泣，李平（即李严，蜀汉重臣，因罪被诸葛亮废为平民，闻听诸葛亮病逝却郁郁而死）致死，贤愚全忘其身，而人心无不服也，真可为万世相天下者之法。

孔明识蒋琬

刘先主用零陵郡（今湖广永州）人蒋琬做广都县长。

先主曾一日因出行游观,忽然到广都县(今四川省成都市双流县),看见他县中众事都废阁不治,那时蒋琬又正值沉醉,先主大怒,怪他好酒废事,将加刑罚。

诸葛亮素知蒋琬之才,就请于先主说道:"蒋琬志量远大,他日可当重任,乃是社稷的伟器,却不是治百里为县令之才。且其为政,专以安民为本,但民得安便了,不去修饰虚文,以求名誉,愿主公重加察查,未可以其事之不治,而遽罪之。"

先主平素敬信诸葛亮,乃因其言,不加蒋琬以罪,仓促之间,姑且罢免其官而已。后来蒋琬果然能继诸葛亮为相,镇抚中外,汉之社稷赖之。

可见人才大小,各有所宜。若以大才而小任,则不尽其用,或因小过而轻弃,则终泯其能。假使蒋琬不遇孔明,将不免于罪戮,岂不深可惜啊!所以用人者,当因才授任,舍短取长,勿以一切律人,也勿以一过失弃人,然后贤才无遗滞之忧,而职事有各称之效。治一国尚且如此,而况于治天下呢?

后主名禅,昭烈之子,在位四十一年。蜀汉先后共四十四年,而为魏所并。

诸葛亮作《出师表》

汉后主建兴五年,丞相诸葛亮出军汉中,欲伐魏以图中原,临行时上表说道:"先帝与臣,本图恢复中原,削平僭乱,重兴汉室,这事业未曾做得一半,便中道崩殂(指刘备去世)了。如今天下三分,北有曹魏,东有孙吴,未能混一,我只得益州一隅之地,又当百姓疲敝,强不如魏,富不如吴,他这二方都思量吞并我,这是何等危迫存亡不能自保之际。然内而左右侍从之臣,不懈其志,外而忠义志节之士,不顾其身,以图转危为安,易亡为存者,是因先帝平日优礼贤士大夫,深得其心,至今犹追想其恩遇之隆,图报无由,以陛下是先帝亲子,都要就陛下身上,效些功劳,以报答先帝之殊恩,所以内外同心才有如此。"

"今陛下当思基业之重,时势之艰,内外旧臣所以报效之意,正该信任不疑,凡一切宫府的事,都与他谋议,务开广圣听,以光显先帝遗下的恩德,益成其所未成。且以恢弘志士之气,使他无所疑虑,尽心竭力,智者为之谋,勇者为之死,才不负贤士大夫仰望的本意。岂可妄以爱憎,自处菲薄,引喻不当,违忤正言,以闭塞忠谏之路!且国家之兴衰,系于君子小人之进退,这二者相为消长,不可并立。能亲信贤臣,斥远小人,用舍停当,则政事自然修举,此先汉高祖、文、景、武、宣诸帝所以兴隆也;若亲近小人,疏远贤臣,用舍颠倒,则政事必然昏乱,此后汉桓、灵二帝所以倾颓也。"

"追思桓、灵之时,如单超、曹节等,专权擅政,浊乱海内,本是小人所当疏远者,他反尊信之,唯言是听。如李固、陈蕃等,刚方正直,忠于国家,本是贤臣所当亲信者,他反诛戮之。又立为党禁,残害善良,以致群小得志,窃弄朝权,董卓乱之于前,李傕、郭汜乱之于后,曹操、孙权等遂乘时窃据,把天下都败坏了,深可叹恨啊!先帝在时,每与臣论此事,未尝不叹息痛恨于桓、灵二帝也。今不可不以为鉴戒啊!

"臣本是布衣贫贱之士,遭世之乱,隐居南阳(一说今河南南阳,一说今湖北襄阳），以耕田为业，但求苟活性命于乱世而已，并不求声名闻达于诸侯，以希图富贵。不意先帝偶闻臣名，不以臣为卑贱鄙陋，乃轻自枉屈，三次访臣于草庐之中，必求相见。及一见，即问臣以当世之事，情投意合，言听计从，臣因此受知感激，遂许身先帝，愿与尽力驱驰。不久，曹操南破荆州，先帝仓皇逃避，几至倾覆，臣于此时，受委任于败军之际，奉使命于危难之间，往说孙权，共拒曹操，驱驰艰险，不敢自爱，幸而竟济大难，以报先帝知遇之恩。自此以来，二十有一年了。"

"臣事先帝既久，先帝察臣益深，知臣平素谨慎，任事不苟，故临崩顾命，特把讨贼兴汉的大事，付托与臣，非轻授也。臣自受命以来，夙夜忧惧，恐才小力弱，有负委任，不见功效，以伤先帝知人之明。所以勉强奋厉，不敢惮劳，五月渡泸（今四川泸州，春夏有瘴气，人不敢渡），当炎暑，冒瘴气，提军深入塞外不毛之地（蛮夷中不生草木之地），七擒孟获，遂平南夷，收其地所出金漆牛马等物以给军资。今南方已定，兵甲已足，正当乘此时，奖劝率励三军之众，北伐曹魏，平定中原，庶竭臣驽钝之力，攘除奸凶之徒，兴复汉室，仍还洛阳旧都，此臣所以报答先帝之恩遇，而尽心于陛下之职分，当如此也。"

"至于宫中府中，一切事务，刑赏与夺，斟酌停当，损其太过，益其不及，归于平明，进尽忠言，献可替否，匡辅主德，这乃是侍中郭攸之、费祎，侍郎董允等的责任。三人任其内，以辅佐主治民；臣任其外，以讨贼兴复。各当专责，以佐其成。臣愿陛下专托臣以讨贼兴复之效，若不能诛灭曹魏，兴复汉室，是臣上负先帝，罪何可辞，则当治臣之罪，以告先帝之灵。若郭攸之、费祎、董允等，不能尽忠斟酌，慢弃职业，是其仰负陛下，争夺利益，推脱责任，也当责诸臣之慢，以明察其失职之由。然而有言而不尽，其过在臣，尽言而不听，其过在君，陛下也宜反省自己，以咨诹善道，察纳雅言，无塞忠谏之路，深追先帝遗诏，所以付托于臣，及简拔郭攸之、费祎、董允等人的意思，使皆得以尽其职，此又是臣之期望于陛下者也。臣不胜受恩，感激之至。今当远离，临表涕零，不知所言。"

表既上，于是率师前往汉中伐魏。

观孔明此表，拳拳忠爱之意溢于言外。后儒谓其言与《伊训》《说命》相表里，良不为过。至论君子小人之用舍，关乎先汉后汉之兴亡，于君德治道，尤为切要。其后孔明既没，蒋琬、董允亦相继以亡，而黄皓、陈祗等用事，遂亡其国。然后知孔明之言，深中后主之病，实万世之借鉴。

晋纪

晋朝年表（265年—420年）

帝　号	姓　名	年　号	在位时间
晋武帝	司马炎	泰始 咸宁 太康 太熙	265年—290年
晋惠帝	司马衷	永熙 永平 元康 永康 永宁 太安 永安 建武 永安 永兴 光熙	290年—306年
晋怀帝	司马炽	永嘉	307年—313年
晋愍帝	司马邺	建兴	313年—316年
晋元帝	司马睿	建武 大兴 永昌	317年—322年

续表

帝　号	姓　名	年　号	在位时间
晋明帝	司马绍	永昌 太宁	322年—325年
晋成帝	司马衍	太宁 咸和 咸康	326年—342年
晋康帝	司马岳	建元	343年—344年
晋穆帝	司马聃	永和 升平	345年—361年
晋哀帝	司马丕	隆和 兴宁	362年—365年
晋废帝	司马奕	太和	366年—371年
晋简文帝	司马昱	咸安	371年—372年
晋孝武帝	司马曜	宁康 太元	373年—396年
晋安帝	司马德宗	隆安 元兴 义熙	397年—418年
晋恭帝	司马德文	元熙	419年—420年

　　随着三国时代的终结，晋朝重新统一中国，缔造了短暂的繁荣。但不久，胡人部落就控制了北方、中原的大部分地区，开始了五胡乱华。这时，晋朝的控制范围缩减到淮河以南，终结了晋朝早期的繁荣。此后，晋朝皇室后裔司马睿在南方建立起东晋，与北方的五胡十六国并存，这一历史时期又称东晋十六国。

世祖武皇帝，姓司马，名炎。其祖懿，父昭，世执魏政，至炎遂篡魏平吴而有天下。初封晋王，故国号晋，在位二十五年。

晋武帝

晋武帝前期能厉行节俭，虚心纳谏，用人唯贤，进行了一系列的政治改革，而后期则热衷于安逸享乐，以致荒淫无度，君臣赛富。所以，前明后暗是对晋武帝最公正的评价。

武帝矫枉过正，尽除州郡兵马

晋武帝太康元年，此时吴国既平，天下混一，武帝便说太平无事了，因思汉末董卓、曹操等，皆以州兵强盛，挟制朝廷，欲矫正其弊端。乃下诏说道："汉家初置刺史，只让他督察郡县官吏，到东汉末年，四海分裂，各州刺史把郡县的职事都自专制，内既亲理民事，外又统领兵马，各据一方，朝廷不能制，遂致乱亡。如今天下僭乱尽平，合为一家，岂可复蹈其弊，正该收藏干戈，偃武修文。凡刺史分职，只主督察官吏，如汉家故事。尽除去州郡兵马，大郡只置武吏百人，小郡五十人，刺史都不得管领。"

于是，交州牧（交州的最高官员）陶璜上言："交州（今广东雷州、廉州及越南一带地方）与广州东西数千里，与诸夷接界，此二州兵马恐不该减损，以示单薄虚弱，而生蛮夷之心。"

那时仆射山涛也说："不独交、广二州，天下州郡的兵马，乃是国家的武备，若无武备，万一盗贼窃发，何以制之？恐乱由此起，都不该裁革。"

武帝不听，终究全部都革了。

武帝除州郡兵马后才过三十余年，内则诸王相残，外则五胡纭扰，盗贼纷纷，乘时并起，这州郡中兵马既撤，都无准备，虽有武吏百数十人，当得何事？看着那盗贼横行，莫能擒捕制御，天下由此大乱，果如山涛所言。到后来诸州刺史又复兼领兵马，而州镇之权又越发偏重，海内分裂又甚于东汉之末，仅及百五十余年而晋亡。由此可知，武帝贻谋不善之所致啊！古语云："天下虽安，忘战必危。"又云："人无远虑，必有近忧。"晋武就是这样啊！

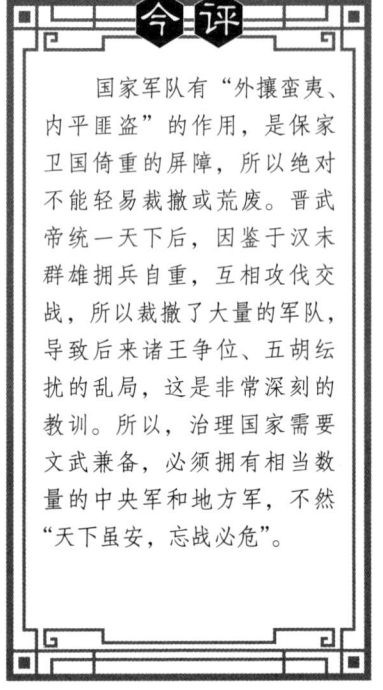

今评

国家军队有"外攘蛮夷、内平匪盗"的作用，是保家卫国倚重的屏障，所以绝对不能轻易裁撤或荒废。晋武帝统一天下后，因鉴于汉末群雄拥兵自重，互相攻伐交战，所以裁撤了大量的军队，导致后来诸王争位、五胡纭扰的乱局，这是非常深刻的教训。所以，治理国家需要文武兼备，必须拥有相当数量的中央军和地方军，不然"天下虽安，忘战必危"。

有纳谏之名，无纳谏之实

太康三年，晋武帝亲祀南郊。

礼毕，从容访问司隶校尉刘毅说："卿试看朕可比汉朝哪一个皇帝？"武帝自负是开创之君，或比得高祖、光武，次也不出文、景、明、章之下。刘毅平生鲁直，适见武帝平吴之后，怠于政事，任用外戚杨骏，来往宴请拜见,公然贿赂,就对说:"陛下可比汉家桓帝、灵帝。"

武帝惊骇说:"这两个昏乱亡国之君,朕虽不德,何至如此?"刘毅对说:"臣非妄言,有所指证。昔桓帝、灵帝自家把朝廷的官爵卖与人做,得钱以入官库,为国家的公用;今陛下却被那贵戚权臣把朝廷的官爵卖与人做,得钱以入私门,为他的私用。这等看来,还似不如桓、灵。"

武帝于是大笑,说:"桓、灵之世,君昏政乱,在朝都是面谀的人,几曾闻有这等言语!今刘毅面折朕过,是朕有直臣。主明则臣直,岂不远过于桓、灵之世吗?"

刘毅(上)

刘毅带兵时指挥部队纪律严明,史称"号令严整,所过墟邑,百姓安悦",算得上是带兵有方的一代名将。

尝观晋史,武帝恭俭明达,足称贤主,虽其末年任用匪人,岂可遽以桓、灵二帝为比?刘毅此言,指斥太甚,常情所不堪,而武帝却能优容,略无怒色,传之当时,益见其盛德,载在史册,至今为美谈。此后世人主之所当法。然于卖官一事,竟置而不问,至终也未见其疏离杨骏,抑私门,又岂能使他们恐惧而不敢为呢?徒有纳谏之虚名,而无用谏之实意,虽美何益!此又后世人主之所当戒。

惠帝

孝惠皇帝，名衷，是武帝第二子，在位十七年。

一 王戎误国

惠帝七年九月，升尚书右仆射王戎（西晋时期名士，崇尚道家，与嵇康、阮籍、山涛、向秀、刘伶、阮咸并称"竹林七贤"）为司徒，居三公之任。那时，贾后专政于内，贾谧等擅权于外，王戎虽为三公，只随波逐流，与时上下，以图容身保位而已，并不曾直言正色有所匡救，把府事都委与僚属管理，常轻身出去遨游放荡，无复拘简。其性又贪婪鄙吝，所置园庄田产遍于天下，每自家执着牙筹（象牙或骨、角制成的计数算筹），日夜算计账目，常如不足。家中有一种好李，卖于他人，恐人得了这种，分夺其利，临卖时常钻破李核，使人再种不得，其贪吝至于如此。三公以荐贤为职，他凡所称赏荐拔的，专一采取虚名，不论实行。

有阮咸之子阮瞻，尝拜见王戎。王戎问他说："历代圣人，崇尚名教，要人遵守礼法；老子、庄周却发明自然无为之教，只要任意率真，不以礼法自拘束。这两样教门，其旨意有什么不一样呢？"此时，放达之士祖述老、庄，而礼法之士每深嫉之，两家各争是非，所以王戎发问及此，有混同儒、老之意。

那阮瞻正是个尚老庄的人，会得王戎的意思，乃含糊答说："这两家道理得无相同。"王戎甚喜其言，叹美良久，就举他做三公府中的掾属（辅治的官吏，人员由主官自选，不由朝廷任命）。当时人见他因这"将无同"三字便得了美官，遂号他作"三语掾"，其轻于取人又如此。

自魏晋以来，士大夫推尚老、庄玄学，崇奖浮薄之徒，其自处则抑名教而贵玄虚，其取人则采虚名而略实行。至于惠帝之时，其风益盛，其习愈靡，以不拘名分者为旷达，不修职务者为高雅。败坏丧容之仪，放纵耳目之欲，则谓之率真；托言虚无之论，违背哀乐之情，则谓之遗世忘俗。废时失事，败礼伤化，无所不至，甚至以国家之治乱兴亡，高举而委之天命自然之数焉。至五胡乱华，中原板荡，王戎诸人，不但得罪于名教，抑且倾覆人民国家，诚万世之所当鉴戒也。

晋国权贵与《钱神论》

晋惠帝昏愚，政在臣下。权势贵戚之家，皆交通贿赂，凡事非钱不行。

于是南阳人鲁褒作《钱神论》以讥笑之。其文说道："铜钱之为物虽微，而其形体外圆内方，有乾坤之象，世人亲爱之如亲兄一般，以钱孔四方，遂字之曰'孔方'。这物虽无道德而极其尊，人皆贵重之；虽无权势而极其热，人皆趋附之。它能排进天子的金门，直入公卿的紫闼。事之危急的，有了钱去营求，则危者可安也；人之该死的，有了钱去营求，则死者可活

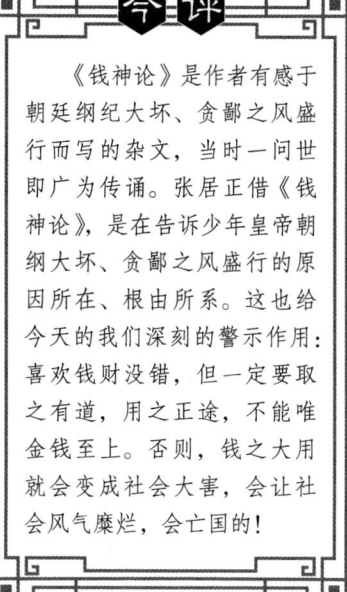

今评

《钱神论》是作者有感于朝廷纲纪大坏、贪鄙之风盛行而写的杂文，当时一问世即广为传诵。张居正借《钱神论》，是在告诉少年皇帝朝纲大坏、贪鄙之风盛行的原因所在、根由所系。这也给今天的我们深刻的警示作用：喜欢钱财没错，但一定要取之有道，用之正途，不能唯金钱至上。否则，钱之大用就会变成社会大害，会让社会风气糜烂，会亡国的！

也。虽是尊贵的人，要摆布他也不难，只有了钱，则贵者亦可贱；虽是生活的人，要杀害他也不难，只有了钱，则生者亦可杀。愤怒争讼的事，不论是非，若非钱则必不取胜；幽晦淹滞的人，不论贤否，若非钱则必不超拔。怨恨仇

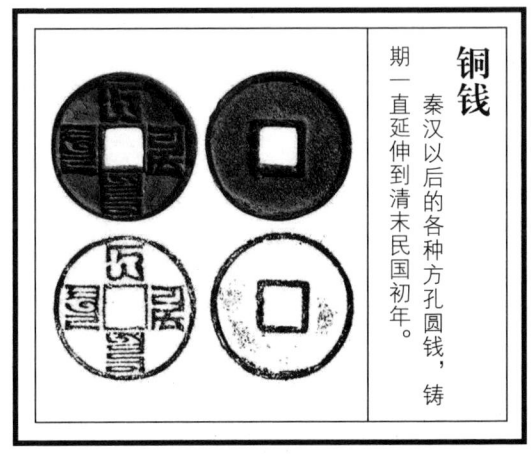

铜钱 秦汉以后的各种方孔圆钱，铸期一直延伸到清末民国初年。

雠，非钱则不能和解；令名美誉，非钱则不能自发。钱之功用，其大如此。如今洛阳城中，穿朱衣、当要路的贵人，都爱我孔方家兄，无有止极。执它之手，怀抱它终始，不肯相离。其爱钱如此。大抵凡今之人，也不管什么道理，也不知什么法度，唯知有钱而已，此钱之所以为神也。"

自古观人国者，但见纪纲整肃，上下清白，便知其国之兴盛；但见权势恣横，贿赂公行，便知其国之衰败。古人有云："国家之败，由官不正也。官之失德，宠赂成规也。"今观鲁褒《钱神论》之说，晋代当朝权贵，唯钱是爱，而钱得以移其贵贱死生之权，则其国事可知，一定会亡国！

华乱之始

当初，惠帝弟成都王颖镇守邺（古地名，在今河北省临漳县西南一带）时，

奏荐匈奴降人居晋阳的，有左贤王（匈奴贵族封号，在匈奴官制中，地位最高，仅次于单于）刘渊可用，以他为冠军（将军的官号）将军，监五部军事，领兵在邺。渊有子名聪，生性骁勇，远过常人，又博涉经史书籍，善作文辞，有气力，弯弓三百斤，才兼文武。弱冠（二十岁）时，游于京师，凡有名的士大夫都与他交游。成都王颖又以聪为积弩（将军的官号）将军，父子都被重用。

渊的从祖右贤王（匈奴贵族封号，在匈奴官制中，仅次于左贤王）刘宣对他族人说："我匈奴本与汉家约为兄弟，何等尊宠。其后呼韩邪单于降汉，自汉亡以来，徙居塞内，曾为单于的，如今空有名号，实无尺寸之地，其余王侯都无封爵，下与平民同编户籍，以供差役，其屈辱如此。今吾部落虽衰，犹不减二万，足以自奋，岂可束手受制于人，听其役使？人生倏忽之间，过了百年，与草木同朽了！吾观左贤王英姿武略，超绝一世，天若无意兴起我匈奴，必不虚生此人，既生此人，便是天意有在。今晋室诸王自相屠杀，骨肉相残，内难既作，海内纷纷，盗贼并起，就似鼎中沸汤一般。天下祸乱乃英雄的资本，我等当同心协力，推戴左贤王，兴复呼韩邪的故业，正在此时，岂可坐失机会而甘心于人下啊！"遂相与谋议，共推刘渊为大单于（匈奴国王），使其亲信到邺告之。

渊于是设计辞颖，脱身北归，至左国城（今山西省方山县境内），自立为汉王，不久又僭称大号。其子刘聪继之，日益猖獗，以至洛京不守，怀、愍二帝蒙尘，而晋室就东移了。

刘渊父子虽是枭雄，然而在武帝时，羽翼未成，诚如郭钦、江统之言，劝告而发遣之，使还他旧土，后虽为患，不过侵犯我边境而已。失去此机会不图，使二百年余孽安处中国，包藏祸心，习知

我虚实强弱，一旦乘隙，相扇而动，千百成群，遂不可制，以成滔天之祸。刘渊之乱，其事情有发端。后世之处降胡者，尚思履霜坚冰之戒，而防其渐啊！

孝怀皇帝，名炽。是武帝第二十五子，惠帝之弟。在位七年，为匈奴刘聪所虏。

石勒杀王衍

怀帝即位之五年，羯胡（羯族，匈奴族的一个分支，匈奴造反的时候，羯人强大，最后消灭了匈奴政权，称霸中国北方，成为北方游牧民族政权之一）石勒，举兵入寇，逼进京师。东海王越此时为太傅，不护守京师，却领兵出镇许昌。怀帝恶其专擅，密诏大将军苟晞讨越。越因此忧愤成疾而死，临死时，把后事托与太尉王衍（西晋末年重臣，玄学清谈领袖，专门谈论《老子》《庄子》，崇尚浮华放诞，又被许多人赞同，因此成为世间风气）。

王衍奉其丧柩回东海国中安葬，被石勒率领轻骑追至苦县地方，围住晋兵，将士十余万人尽被擒获，无一人得脱者。石勒拿住王衍，叫他坐于帐下，问以晋家变乱的缘故。王衍备细陈说晋室祸败都由宗室争权、骨肉相残，以致宗社倾危，朝廷坏乱，实不干我等大臣之故。且我少时宦情甚薄，不愿做官，所以一切世事懒得干预。

王衍这样说话，只是惧怕石勒杀他，要推罪免祸的意思。又劝石勒早称帝号，以逢迎其意，希望免于死，其非常不忠。勒见衍言辞虚妄，因训斥他说道："世间有那不爱名位的人，方可说得无宦情，你自少登朝，名盖四海，位至三公，负这等大名，居这等重任，如何说道无宦情呢！今天下事全是你这种人败坏了，所以致此祸败者，不是你却是谁？"因命左右牵出，至夜间，使人推墙将他压死。

人臣之义，食其禄则当任其事。王衍为晋大臣，义同休戚，当国家多难，固宜效忠尽力，死生以共。但他却于平时崇尚虚谈，废弃国事，及至临难则甘心媚虏，俯首乞怜。虚名无实之士，其误人国家如此。人君于任人之际，不可不谨慎选择啊！

晋室东渡，贤人王导

晋怀帝永嘉五年，匈奴刘聪的军马攻陷洛阳，怀帝被执，又向西攻占了长安。此时，海内大乱，独有琅琊王睿镇守建业（今江苏南京），江东稍安。

于是，中州（指洛阳）名士周𫖮奔江东，来投琅琊王睿，睿就收用他做军咨祭酒（官名，军政首席参谋）。又有前骑都尉（官名）桓彝，也是从中州避乱过江，因见琅琊王兵力微弱，恐难倚赖，私下对周𫖮说："我本为中州兵乱，特来这里避乱全身，不料江东事势单弱如此，将何以存济而得免于祸！"心下疑虑。

后来得见王导，与他共论时事。

今评

晋怀帝司马炽是一个可怜的皇帝。他当上皇帝是偶然，称帝后又没有实权，后被捕受害而死，没有什么大的功迹，也没有什么暴行。作为皇帝，他是才不配位的。而诸名士垂泪，说明内部人心涣散，缺乏兴国信心和激情，这是造成怀帝时期政治困危的主要原因。俗话说：人心齐，泰山移。其实，无论是帝王治国还是个人做事业，在进行团队管理的时候，不论遭遇怎样的困局，千万不能让人心散了，更不能让大家失去信心。有时，信心比黄金更重要。

王导是琅琊王睿的谋臣，先劝琅琊王潜图兴复，收人望，振法度，别名器，凡所施为，都有次第，言论风旨，慷慨动人。桓彝不觉敬服，既退，与周遂说："当时齐国只得一个管仲，便能攘夷狄、兴周室，向见王导，即今日之管仲。江东虽微弱，有这人在，我们又有何忧？"

诸名士于闲暇日相邀登新亭（今江苏省南京市江宁县），临江游宴。周遂到半道时，感叹说道："昔洛都游宴，多在河滨，今新亭乃临江渚，风景都是一般，只举目之间，未免有江、河之异，故国丘墟，胡尘阻绝，使人对景伤怀。"于是彼此相顾，不觉泪下。

王导

王导是东晋开国元勋，政治家、书法家。

那时王导独愀然变色，说道："诸名士在此，正当并力一心，共扶王室，削平祸乱，克复神州，才是大丈夫的事业。何至区区似楚囚一般，羁旅无聊，相对涕泣，徒悲何益啊！"诸名士乃猛然警醒，都收泪而谢之。这也是王导激励人心的一个机会。

可见国势之强弱，只在贤才之有无。晋元帝当丧败之余，收乌合之众，只得一王导，遂能系属人心，立国江左，而延晋室百年之命脉。何况以天下之大，而驱策一时之英杰，将何事不可为，何功不可立啊！

元帝名睿，宣帝司马懿之曾孙，琅琊王觐之子。怀、愍二帝蒙尘，晋室无主，睿从琅琊起兵，兴复晋室，即位于建康，是为东晋。在位六年。

晋元帝

司马睿是东晋王朝的建立者，统治长江中下游和珠江流域。

闻鸡起舞

愍帝之时，有范阳人祖逖（东晋杰出的军事家，河北涿州人，北伐主将，曾收复黄河以南大片领土，使石勒不敢南侵。后受到朝廷的忌惮，削弱他的势力，处处牵制他，祖逖郁郁而终，北伐大业功败垂成）者，从少时即慷慨大度，有担当世事的大志，素与刘琨（东晋政治家、文学家、军事家）相厚，两人同做司州的主簿。

一夕，二人同处歇卧，到半夜时分，忽然听见鸡叫，祖逖此时正思量着天下的大事，睡不着，就用脚把刘琨踢醒，与他说道："半夜鸡鸣，虽不是时候，然唤人早起，不致失觉，也于人有益，非不祥之声也。"因披衣起舞，有不胜踊跃奋发的意思。后来祖逖避乱过江，元帝以逖为军咨祭酒。逖住在京师，专一纠集那骁健的勇士，加意抚恤，欲得其用。

一日，祖逖劝元帝说道："举大事者，全在人心，我观晋室之乱，不是在上的行政无道，而在下的怨叛离心。只因那宗室诸王树党专权，骨肉分争，自相鱼肉，遂使戎狄之人，若刘聪、石勒辈，乘此衅隙纷纷并起，侵扰中土，荼毒生灵。即今晋室遗民，自遭残害以来，各为其父兄子弟之仇抱恨积怨，欲奋身讨贼，只是没人倡率之。大王诚能遣命将帅，兴发师旅，使勇敢忠义如我这样的人统领前去，恢复中原，那郡国的豪杰，一闻此举，必然望风而来，随声而应。何乱之不可克呢？"

祖逖此言，深有远见。无奈元帝素性优柔，只想保守江东，无志北伐，乃命逖为奋威将军、豫州刺史，让他自募兵马而行，竟不能出师以图大举。于此，便见元帝立国规模本来狭小，原无远略，所以终其身仅能偏安一方，而长江、淮河以北，尽委胡人，寸土尺疆，不能收复，忘社稷宗庙之恨，寒豪杰向义之心，岂不让人感慨啊！

陶侃之志

陶侃（东晋时期名将，曾作为联军主帅平定多次叛乱，为稳定东晋政权，立下赫赫战功。性节俭，精勤于事，有大志，不喜饮酒、赌博、游玩，为时人所称道。其曾孙为著名田园诗人陶渊明）先在荆州，功勋卓越，为王敦所忌，左迁（降职）广州刺史。

陶侃在广州，破杜弘，诛王机，擒温邵，叛乱悉平。威名既立，州中无事，然陶侃却有远志，不以无事自安，每退居私室，早晨自家运砖百块于斋（退居的去处）外，晚间又运将进来。人见他每日如此，

陶侃

史称陶侃「机神明鉴似魏武，忠顺勤劳似武侯」，其功业及品行志节为后人所推崇。

不知其故，从而问之。

陶侃答说："今王室失陷，盗贼群起，中原多事，我要替朝廷出些气力，平定天下。若州郡无事，便过于偷安，任意恣情，优游逸乐，一向自在惯了，却恐精力懈弛，不复堪任劳苦的事，所以早晚运砖，不放此身安闲，以习劳苦尔。"

大抵人之志意，能兢惕，则日明；好偷惰，则日昏。人之精力，常练习，则愈强；务安逸，则愈弱。《易经》曰："天行健，君子以自强不息。"陶侃之运砖，也欲警惕其意志，而练习其精力，大有《易经》自强不息之义。当时人士，崇尚清谈，遗弃世事，以衔杯为高致，以勤事为俗流，而陶侃独不安于闲逸如此，可谓卓尔不群的人。

明帝

肃宗明皇帝，名绍，是元帝长子，在位四年。

陶侃勤敏务实，王衍虚谈浮夸

晋明帝太宁三年五月，以陶侃为征西大将军，都督荆、湘、雍、梁四州（今湖北、湖南、广东、四川接境一带地方）军事，领荆州刺史。前时，陶侃曾有功德于荆州，百姓们都感戴他，愿得他管领这地方，及至重来荆州，士民儿女无不欢庆，其得人心如此。

陶侃生性聪察警敏，谦恭勤劳，终日衣冠，敛膝危坐，纵在闲居，绝无惰容。而军府中事无大小，一日之中，都简摄无遗，绝无一件废阁。精勤职务，未尝少闲。晋时风俗，率以游宴醉酒为高，他独不然，尝对人说："昔大禹圣人，克勤于邦，一寸光阴，尚且爱惜。何况今日之人，万万不及大禹，就是一分，也该爱惜。百年之内，能够几何？岂可逸游荒醉，把这光阴虚度了！自家身上，全不理会，生无益于时，死无闻于后，枉过一世，分毫事业不能成就，岂不是自弃吗？"

陶侃尝造船只，剩下的木屑竹头，都让人记了数目，收掌在官，不肯抛弃。人都不晓得他的意思，只说这零碎物件，收藏它有何用处？到后来正月元旦，府中官僚都聚会称贺，那厅事前残雪沾湿，就把这木屑铺在地上才好接见宾客，此时木屑也有用了。及穆帝永和中，桓温造船伐蜀，就把陶侃所藏的竹头做丁装船，此时竹头也有用了。其经理诸事，精微细密，都是这样，不可悉举，即此亦可想见其为政。

王衍诸人，高旷清远，不屑世事，固以陶侃为鄙琐；陶侃勤敏微密，不遗小物，也以王衍等人为虚浮。二者正相反，然而天下最终败坏于王衍，而兴复于陶侃，可见虚谈者不适于用，而勤事者才能有成。人君取人之际，当知所审择。

穆帝

孝宗穆皇帝，名聃，是康帝之子，在位十七年。

魏晋清谈之祸

魏晋以来，士大夫崇尚清虚，儒者诗书六艺之学，久废不讲。可是，新野人有范宁（东晋大儒、经学家，《后汉书》作者范晔的祖父。范宁反对魏晋玄学，所撰《春秋穀梁传集解》，是今存最早的《穀梁传》注解）者，独能考究经籍，专心儒学，而性又质直，不委曲随时，曾批评首倡清谈起自王弼、何晏（二人为魏晋玄学的代表人物）两人，因说这两人的罪恶比之桀、纣尤为深重。

或有人说："桀、纣暴虐无道，身弑国亡，古今称为凶恶之人，今把王弼、何晏比他，莫不贬之太过些。"

范宁答说："圣贤垂世立教，全凭那典谟文章、仁义礼乐，以为维持世道之具，不可一日而缺者。王、何二人，把典谟文章当作古人的糟粕而轻弃之，把仁义礼乐当作道德的渣滓而泯没之，专一祖述老、庄的言语，高谈虚无，其游漫之辞、浮诞之说，使那后生每心志摇荡，随波逐流。朝廷士大夫亦皆幡然变其旧辙，务以放旷为高，把世事理乱兴衰全不经管，以致纲纪崩坏，礼法缺失，遂有五胡乱华、中原倾覆之祸。其遗风余俗，传至于今，百姓每视听习熟，安然不以为非。将来之患，从不考虑。其风俗败坏，人心陷溺，都由王、何二人倡之。若桀、纣虽是暴虐无道，然不过纵恶于一时，其丧身亡国之祸，传之后世，适足以为作恶的鉴戒，岂能蛊惑百姓们的耳目，而混其视听如此啊！所以我说桀、纣之祸，只害得一世，其祸犹轻；王、何之祸，历代犹受其害，其患为尤重也。桀、纣之恶，只丧得他自家一身，其恶犹小；王、何之恶，众人皆被他迷惑，其罪为尤大也。"

> 魏晋清谈之祸，虽起自王、何两人提倡，然亦由当时纪纲不振、教化不明，所以邪说易行，人心易惑。诚使朝廷之上纪纲振肃，而国无异政，学校之间，教化修明，而士无异学，则道德以一，风俗以同，邪说何由而得放肆啊！有君师政教之责者，当鉴于此。

孝武帝名曜，是元帝之孙，简文帝第三子，在位二十四年。

谢安举贤，淝水之战

晋自元帝以来，偏安江左，中原地方，尽为苻秦所据。

秦王苻坚（氐族，前秦第三位国王。任用汉人王猛辅政，劝课农桑，提倡儒学，经济文化得以发展。先后攻灭前燕、前凉、代国，统一北方大部。王猛死后，失去辅佐，也因胜生骄，调动数十万大军，进攻东晋。淝水之战惨败后，前秦统治瓦解，为羌族首领姚苌所杀），既东平慕容，西取蜀汉，北克凉、代，九州之地，已有其七，恃其

谢安

谢安多才多艺，善行书，通音乐。性情闲雅温和，处事公允明断，不专权树私，不居功自傲，有非凡的气度。他治国以儒、道互补；作为高门士族，能顾全大局，以谢氏家族利益服从于晋室利益。齐人王俭称其为"江左风流宰相"。

强盛，有并吞江左之意。此时，晋室兵力微弱，边境数被侵扰，朝廷上下，方以秦寇为忧。于是下诏，遍求文武全才的好将帅，可以镇守备御北方、抵敌秦寇者，付托他以兵事。

当时，谢安为宰相，就举他的侄儿谢玄以应诏命。遂拜谢玄为建武将军，监江北诸军事。中书郎郗超，素与谢玄不和，然曾因共事，知其才能，听得谢安荐举他，因叹说："知人固难，能任所知亦不易。况至亲之间，人多畏避嫌疑，不敢推举。今谢安之明，乃能不徇众情，独举其侄，不以私亲为嫌；谢玄虽是年少，未曾经事，然他的才能足以胜此重任，异日必能成功，不负谢安之荐举。"

今评

对于推荐人才有一个规则：举贤避亲。因为一般人都有私心，如果大家都举用亲人，就遗漏了真正的有才之人。这是不公平的。并且，一旦出现违法乱纪或玩忽职守时，因为都是亲人关系，就容易互相包庇，不能公正处理，无法进行有效管理，国家政治能清明吗？但是，如果亲人中其实有德才者，要不要举用？这就是谢安举贤的另外一个标准："外举不避仇，内举不避亲"。唯才是用，这也是公平原则。

观郗超心服谢安之举如此，则其得人可知了。

其后，谢玄屡立边功，及苻坚大举入寇，玄以五千骑破秦兵数十万于淝水之上，超所谓不负所举者，岂不可信啊！

大抵人臣有体国之公心，则形迹有所不必拘，嫌疑有所不必避，然后能为国家得人于爱憎毁誉之外。自古昔日名臣，有举其子者，祁奚（春秋时晋国大夫，因儿子祁午有才而举荐）之推举祁午是也；有举其仇者，解狐（春秋时晋国贤臣，与荆伯柳有仇怨，却毅然举荐）之推举荆伯柳是也。所以说内举不避亲，外举不避仇，可谓至公。近世若吕蒙正之荐夷简、文彦博之荐唐介，也得古人遗意，推此可以为荐举之法。

谢安书法

后人评其字：『纵任自在，若螭盘虎之势，要当人能品也。』谢安云墨，有开行书新天地之气魄。

孝武帝崇佛，不务政事

孝武帝即位初年，褚太后临朝摄政，及帝既冠，开始亲理政事，总揽威权，爵赏刑罚，都自己决定，又委任谢安、王彪之等，外平寇乱，内理国事，甚有人君的度量，可为贤主。及到后来耽溺酒色，恣意荒淫，遂不亲理政事，把朝政都委于琅琊王司马道子（晋宗室，封为琅琊王），着他管理。

这道子为人性也好酒，不能管理政务，日里夜间，只是与帝纵酒，以酣饮狂歌为事而已。帝又听信邪说，崇尚佛教，在内殿之处，修建精舍（出家人修炼的场所），招引僧人，住居其中，倾竭资财，奢侈费用，从不顾惜。左右近习之人，遂得以操弄权柄，擅作威福，由此政出私门，托关系，走门路，凡那营求官员办事的，明白用钱馈送，贿赂公行即可。遂使无才者得以冒官，无功者得以冒赏，而官赏泛滥；有罪者能逃法网，无辜者反被诛杀，而刑狱谬乱。国事大坏，人心怨恨，晋室之亡，实决如此。

孝武帝开始亲政时，何等精勤；一旦溺于酒色，委政道子，遂致迷乱荒唐。可见人君一心，难于清明，而易于蛊惑。因此，大禹以旨酒垂戒，成汤以女谒（通过女人的关系请托升迁）省躬，皆所以防情欲之流而绝祸乱之本也。君天下者，不能不戒啊！

宋纪（南朝）

刘宋年表（420年—479年）

帝号	姓名	年号	在位时间
宋武帝	刘裕	永初	420年—422年
宋少帝	刘义符	景平	423年—424年
宋文帝	刘义隆	元嘉	424年—453年
宋孝武帝	刘骏	孝建 大明	454年—464年
宋前废帝	刘子业	永光 景和	465年
宋明帝	刘彧	泰始 泰豫	465年—472年
宋后废帝	刘昱	元徽	473年—477年
宋顺帝	刘準	昇明	477年—479年

　　南朝宋是中国南北朝时期南朝的第一个朝代，也是南朝四个朝代中存在时间最久、疆域最大、国力最强的朝代。因国君姓刘，为与后来赵匡胤建立的宋朝相区别，故又称刘宋。刘裕即位前后，政治和社会状况有一定的改善。刘裕死后，宋文帝刘义隆继续实行刘裕的治国方略，元嘉年间一片繁荣，史称"元嘉之治"。

武帝

高祖武帝，姓刘，名裕，彭城人。初起布衣，为刘牢之参军，从破孙恩有功。后倡义平桓玄之乱，威名日盛。因灭南燕并秦，遂封宋公。进爵为王，而受晋禅，国号宋。在位三年。

刘裕专权，恭帝让位

当初，刘裕既平桓玄之乱，复兴晋室，立琅琊王德文为晋恭帝。恭帝立二年，此时刘裕自立为宋王，虽出镇寿阳，实专擅威福，朝廷徒拥虚位而已。

刘裕久蓄代晋之意，要恭帝把天位让与他，却自家难于发言，就先遣中书令傅亮到京谋事，亮劝晋征裕辅政。六月，刘裕被征至建康（今江苏南京），傅亮就劝晓恭帝以当禅位的意思。因具一诏稿，呈与帝看，使帝亲写发下施行。

恭帝知道事势已去，无可奈何，只得听从，遂欣然执笔，对左右说："昔安帝时，桓玄为乱，晋氏已失了天下，赖得刘公倡义起兵，诛桓玄，复晋室，延至于今，将二十载。这都是刘公之功，今日就把天子之位让他，本是心甘情愿，不须逼迫。"便亲书赤纸为诏，禅位于宋，自家逊避，出居琅琊府第。

于是，刘裕乃筑坛于南郊，告祭天地，即皇帝位，立太子义符为皇太子，而晋家一百五十年之祚，遂移于宋了。

篡逆大恶，天道好还，晋司马氏本篡魏而有天下，乃假托于禅受之名，所以其后世，强臣篡夺，亦复如此。今观刘裕之所以取德文，即往日司马炎之所以取曹奂者也。先后一辙，报施不爽，可以为永鉴。

历宋而齐、梁、陈、隋，朝君臣，日暮仇敌，君如弈棋，国如旅馆，才得便失，远者五六十年，近者二三十年，皆由君德不纲，强臣擅命所致。然则国之权纲，人主岂可一日不揽，而使下移于强臣，以成陵替之渐啊！

太祖文皇帝，名义隆，是高祖第三子。在位三十年，为太子劭（shào）所弑。

文帝治国，百姓称赞

文帝天性仁厚恭俭，勤于为政。谨守法度，虽是严明，却不伤于峻急；含容待物，虽是宽厚，却不失于纵弛。又行久任之法，百官皆久于其职，外面郡守县宰，尤生民所寄，必历两考，定以六年为限，限满然后迁转。官吏迁转不常，则民心无所系属，今日皆久任，没有视做官如旅馆，而敷衍了事以希望迅速迁转者。那百姓每知其任职长久，也倾心服从，专一听信，不再散漫松懈。

所以，文帝即位以来，三十年间，虽海内分裂，兵戈扰攘，而江左四境之内，独能保境息民，平安无事，休养生息，户口繁多。民间出租税、供徭役，只是每年常额，并无不时征派，琐碎扰民。百姓每晨出暮归，都只办理自家的生计，更无他事。所以衣食富足，礼义自兴，乡里之内，家习诗书，讲诵之声，达于街巷。为士的都崇尚操守，以品行为先；居乡的都渐被忠厚，以轻薄为耻。魏晋以来，江左风俗，为之一变，足称淳美。自此后谈说政治者，都以文帝元嘉（宋文帝的年号）之际为称首。

> 江左经六朝之乱，当百战之余，社稷递迁，人民离散，仅一宋文帝躬行节俭，留心民事，而其效遂如此。追究根本原因，只缘太守长官久任一方，所以政治可观。可见天下无不可行之法，也无不可为之时，何况遇太平而能守法任人，有何太平之不可达到啊！

北魏太武帝治军，刚断有余，宽仁不足

此时晋、宋相承，立国江左，长江、淮河以北，皆没于夷（鲜卑部落及其他胡族），天下中分，称南北朝。南则宋、齐、梁、陈，北则魏拓跋氏，后分为宇文周、高齐，至隋代才再度统一。

魏本鲜卑部落，其太祖拓跋珪起代地，子明元帝嗣，孙太武帝焘。太武北伐柔然（北方少数民族，为鲜卑别部的一支），西伐夏主赫连昌（匈奴铁弗部人，胡夏第二位皇帝），所向皆克，声威大振。

说魏主为人躯体壮健，生性猛勇。每行军用兵，攻打城池，或两军对阵，他亲自出战，冒犯矢石而不畏，左右的将士，或为矢石所中，相继死伤，他神色也只照常，从不慌惧。将士每见他这等胆略，都输心畏服，各个拼死，与他出力，因此所向无不成功。

魏主又明于知人，凡智谋勇略之士，或从行伍中简拔出来任用，只是论其才能所长，因材使用，至于出身始末来历、高低贵贱，从来不论。其听察下情，详审精微，臣下每一言一动，分毫不能欺隐。凡有功当赏的，便是微贱的人，也不肯遗落；有罪当罚的，便是尊贵的人，也不容避免。不但贵人，即使平素所亲爱的人，一旦有罪，亦必尽法处之，到底不饶。常说道："这法，不是我一人的法，乃我

与天下人公立的法，若徇了我一人的私情，便违了天下人的公论，我何敢以私情而轻纵之啊！"其至公无私如此。

但魏主生性残忍，诛戮太暴，遇人有罪过，不复推问情实，即时拿去杀了，每到既杀之后，又察知冤枉，方才追悔。

古代圣王用刑，虽罪在必诛，犹必三奏五复，不厌其详，诚以人命至重，不可不慎。今观魏太武知人能用，信赏必罚，亦可谓识治体者。只是过于杀戮，未免伤于残忍刻毒之私心，岂非刚断有余，而宽仁不足者啊！

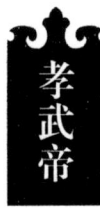

世祖孝武帝，名骏，文帝第三子。初封武陵王，起兵诛太子劭，遂即帝位。在位十一年。

孝武帝骄奢无度

孝武帝为人，机智警敏，处事刚断，其学问广博圆融，无所不通。作文章，词既华藻，才又敏捷。每读书史，或省览章奏，一目之间，七行俱下。其聪明才辩如此。又有武略，善骑射，可谓英主。但意志骄奢，纵欲无度。

建康，自晋元帝渡江以来建都于此，其宫室规模，一时草创，不太恢宏。宋高祖受禅而兴，也只仍其旧制，无所增益更改。至孝武帝时，嫌其狭小，就大兴土木工役，拆毁旧时宫室，从新盖造，墙壁栋宇，都用锦绣妆饰，十分壮丽，大异昔时。侍中袁尝见高祖时传留的葛布灯笼、麻结绳拂之类，因盛称高祖节俭朴素之德，贻谋子孙之善，欲以感悟宋主。

宋主反嘲笑他说："高祖起自田野，本是个庄家佬。有这等受用，已为过分了。今日之事，岂可同日而语啊！"

自古创业之君，身经艰难，而知其成事不易，所以常常以俭用厚积教育后人，其为思虑深远也。为予孙者，不能孝思先德而敬守之，乃至讽刺其祖为田舍翁，极是悖逆。是以传及予业，即有篡弑之祸，岂不是荒废堕落、自取灭亡者啊！

齐纪

齐朝年表（479年—502年）

帝 号	姓 名	年 号	在位时间
齐高帝	萧道成	建 元	479年—482年
齐武帝	萧 赜	永 明	483年—493年
齐郁林王	萧昭业	隆 昌	494年
齐海陵王	萧昭文	延 兴	494年
齐明帝	萧 鸾	建 武	494年—498年
齐东昏侯	萧宝卷	永 元	499年—501年
齐和帝	萧宝融	中 兴	501年—502年

　　齐在中国历史上以政治极端黑暗著称。鲜卑勋贵凶残腐败，阶级矛盾和民族矛盾都十分尖锐。当时，战争频繁，社会矛盾复杂。

明帝

高宗明帝，名鸾，是高帝兄道生之子，在位五年。

拓跋宏迁都洛阳

齐明帝元年九月，魏主（魏主名宏，献文皇帝之子）以北人不知向学，欲迁都洛阳，以变其风俗。

一日，与恒州刺史陆睿说道："人性不甚相远，今北人常说北方土俗，质朴愚鲁，无由通晓诗书。朕闻此言，甚是怃然不乐。即今天下之人，知书者甚多，岂皆聪明通达，生来就是圣人！只在学习与不学习而已。学，则质朴鲁直者可变为聪明伶俐；不学，则聪明伶俐者亦流为质朴鲁直。朕今辨名定分，整顿百官，考古证今，制作礼乐，因欲改移北土质朴鲁直之风，变为中原文明之俗。所以今日急切地要迁都洛阳，原因在此，非为朕自己一身。朕既已为天子，何必入居中原而后为尊，只要汝等子孙渐染美俗，以变化其气质，广闻博见，以开扩其心胸，其意为此缘故。假设世世住恒山之北，又遇着为人主者不好文学，耳不闻诗书之言，目不接礼义之事，譬如面墙而立，一窍不通，一物无见，质朴鲁直之俗，从何时才能自变啊！"

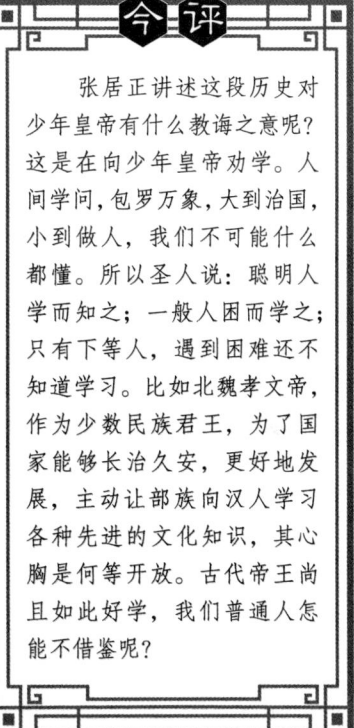

今评

张居正讲述这段历史对少年皇帝有什么教诲之意呢？这是在向少年皇帝劝学。人间学问，包罗万象，大到治国，小到做人，我们不可能什么都懂。所以圣人说：聪明人学而知之；一般人困而学之；只有下等人，遇到困难还不知道学习。比如北魏孝文帝，作为少数民族君王，为了国家能够长治久安，更好地发展，主动让部族向汉人学习各种先进的文化知识，其心胸是何等开放。古代帝王尚且如此好学，我们普通人怎能不借鉴呢？

魏主本以戎狄之君，僻处荒野，其于礼乐教化，本非具备，事不习闻。却能慨然修古帝王之业，据鞍马论道，遣使者求书，禁胡服胡言，立太学小学，最终能用夏变夷，化民成俗。何况安抚一统之规，承安乐和睦之运，而能修文德以养太平，其致治之美，又如何不能做到啊！

梁纪

梁朝年表（502年—557年）

帝 号	姓 名	年 号	在位时间
梁武帝	萧衍	天监 普通 大通 中大通 大同 中大同 太清	502年—549年
梁简文帝	萧纲	大宝	550年—551年
梁元帝	萧绎	承圣	552年—554年
梁敬帝	萧方智	承圣 绍泰 太平	555年—557年

　　南朝梁由雍州刺史萧衍取代南齐称帝，又称萧梁。梁武帝在南朝各帝中，算得上一个励精图治的皇帝，即位后，所实行的政策大都对梁的政治的安定、经济的复苏发展有益。

武帝

高祖武皇帝,姓萧,名衍,是汉萧何之后,曾为雍州刺史。齐主宝卷无道,信任群小,诛杀大臣。衍遂举兵内向,废宝卷,立和帝。于是加衍大司马,封梁公,进爵为王,而受齐禅,国号梁。在位四十八年。

梁武帝笃信佛教

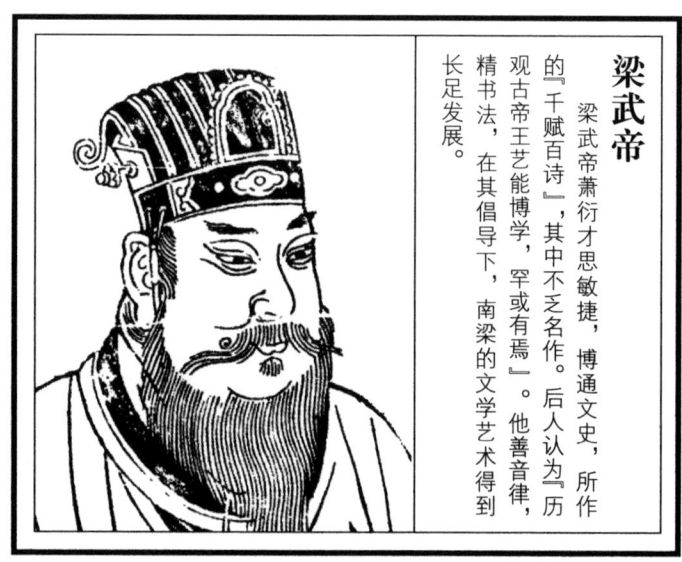

梁武帝

梁武帝萧衍才思敏捷,博通文史,所作的『千赋百诗』,其中不乏名作。后人认为『历观古帝王艺能博学,罕或有焉』。他善音律,精书法,在其倡导下,南梁的文学艺术得到长足发展。

梁武帝信奉佛教,倾心侍奉,亲自出家同泰寺,建设斋坛,祈祷神佛,聚集僧俗人众,叫作四部无遮大会。后来,武帝脱去帝王衮服,穿了僧衣,受清净戒行,把自家身子,舍在寺中。卧的是素床,用的是瓦器,屏去了天子的奉养,修斋持素,件件与出家人一般。又亲升讲堂法座,为僧俗大众讲《涅槃经》。佛家说,人死去精神常存,但示寂灭而已,叫作涅槃,所以有《涅槃经》。武帝信之,所以亲自讲与众人听。

文武群臣，见武帝迷惑，舍身在寺里，无可奈何，乃共出钱十万，献在佛前，赎出武帝来，上表请帝还宫听政。武帝初时不肯，恳请三次，然后才许可。

人主一身，天地祖宗之所付托，社稷生民之所倚赖。虽战战兢兢以保护之，犹恐有伤害；虽恭恭敬敬以奉持之，犹恐亵渎轻慢。何况人主为万乘之尊，从夷狄之教，弃其身如卖僮，或舍弃，或赎买，如同儿戏，好像不是自己的身躯一般，此为自身四体且不能保，而何以保天下人民呢！最终侯景构乱，饿死台城，奉佛者可以为永鉴。

大德有亏，小行何补

梁散骑常侍（古代官名，入则规谏过失，备皇帝顾问，出则骑马散从）贺琛上书，条陈四事：一件是牧守贪婪，使臣骚扰；一件是风俗奢靡；一件是百司奏事，不正当求进；一件是兴造非急，征求可缓。大略都是说那时用度奢侈、赋役繁重的弊病。梁武帝听后大怒，下诏严切责怪，为其触犯忌讳的缘故。

武帝为人，孝慈恭俭，博学能文，又通晓各样技艺，如阴阳避忌、卜龟筮卦、驰马射箭、声音乐律、草书隶字、围棋，无不精妙，是个聪明的人。且勤于政务，虽在寒冬时节，每日四更时便起来做事，执笔批复奏章，触冒寒气，手皮冻破了，也不休息。其勤如此。

自天监年间，信仰佛法，长持斋素，断绝鱼肉，日止一膳，只是菜羹粗饭而已。或遇事繁，不暇进膳，日已过中，但用净水漱口便了。所尚袍服，只用布素，不御丝帛；所设帏帐，只用绵布，染成黑色，不尚华采。一顶冠帽，可戴三载；一件衾被，可盖两年。后宫贵妃以下，衣不拖地。其俭如此。又性不喜饮酒，自非宗庙祭祀、大飨礼宴及设斋供佛等事，未尝动用音乐。就是独处暗室中，也常常整理衣冠，绝无懒惰之容；暂时休息，即使盛暑之际，也不曾揭衣露臂，以取凉快。对宫内宦官、外边小臣，也如遇大宾，不敢轻忽。其淡泊恭敬如此。

武帝有这许多好处，应该能身致太平而为一代明主。只缘他崇尚佛教，专主慈悲，其待士人极其优厚，宽容太过，有罪不问，以致外面州牧郡守有司官，多侵扰鱼肉百姓，肆无忌惮。公差出去的官员，所过地方，需索供应，扰动郡县。所以贺琛说，牧守贪残，使臣骚扰。又喜亲任小人，论奏纷纷，吹毛求疵，争为苛察，以希望信用。所以贺琛说，百司奏事，不正当求进。又广用资财，多造塔庙，以供奉佛，官民钱谷，费用耗损极多。所以贺琛说，兴造非急，征求可缓。又江南数十年间，地方无事，上下偷安，渐成奢侈之风。所以贺琛说，风俗奢靡。

这四件事，深中武帝之病。帝不能用，反加诘问责怪，如讳疾忌医，卒至于国家危亡而不救，岂不可惜啊！

> 看这一段，可见帝王之治天下，有大德，有小行。正朝廷以正百官，正百官以正万民，亲贤远佞，纳谏听言，振纪纲，明赏罚，节财用，爱百姓，执事理之要而坐运天下，此大德也。粗衣淡食，勤事修容，此小行也。细行虽不可以不谨，而天下所以治乱安危，实不全系于此。若大德有亏，则小行何补？且为治有体，日出视朝，日中听政，岂必四更即起，裂手执笔而后为勤？膳食有节，服御有度，岂必终

日一食，三年一冠而后为俭？且自身日用，所省几何？而塔庙岁兴，靡费无极。若使邪恶竞进，官员贪残，风俗奢侈，则人主虽布衣粗饭，适足自苦，无益于人民啊！至于占卜、骑射、书法、围棋之类，又为方术小技，即使是士人之有大志者，犹不屑为之，何况于帝王呢？今观梁武帝之所长者，通是细行，而大德全亏。所以虽劳心苦形，至于白首，而终无救于台城之祸。所以人主之学，务必要识其大体啊！

宽纵过度，终成祸乱

这一段，是记载梁武帝慈爱弛刑，致生祸乱的事。武帝素好书史，敦尚文雅，而于刑名法律之事，都疏简阔略，一意宽纵。自公卿大臣而下，都承顺风旨，务为宽大，把审查狱囚的事，尽行停阁，漫不为意。遂使奸吏得以操窃权柄，舞弄文法。有罪者用钱买免，而贿赂成市；无辜者牵连诬害，而枉滥众多。王侯子弟，倚恃贵势，多骄纵淫逸，不循礼法。

武帝年既衰老，怠于政事。又信奉佛戒，慈悲不杀，每断死罪重囚，常尽日不乐。或谋反叛逆重情，事既发觉，亦哀怜涕泣，赦而宽恕。由是王侯无所忌惮，愈益骄横，或白昼在于都市，持刃杀人；或暮夜聚众劫财，公行掠夺。犯罪在逃的人，藏在窝主家里，有司踪迹至门，也不敢搜寻捕捉。豪强骄横，一至于此。

武帝明知其弊由宽纵所致，而溺于慈爱，不忍加刑，终究不能禁止。

古之帝王，若舜之怜悯、禹之泣罪，何尝不以好生之心啊！然舜诛四凶，禹杀防风，则其好生之心，却以怜惜平民，非以恩惠奸人也。武帝溺于佛教，欲戒杀以造福，遂至叛逆大恶，也宽而不诛，杀人重罪，一概置之不问。宽纵如此，天下安得而不乱呢？其后侯景之乱，大江南北，积尸遍野，所造者是福是祸？明主当以此明辨！

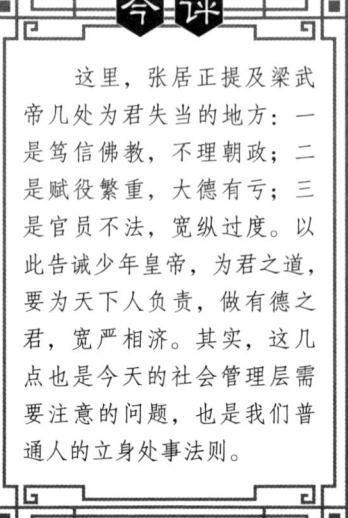

今评

这里，张居正提及梁武帝几处为君失当的地方：一是笃信佛教，不理朝政；二是赋役繁重，大德有亏；三是官员不法，宽纵过度。以此告诫少年皇帝，为君之道，要为天下人负责，做有德之君，宽严相济。其实，这几点也是今天的社会管理层需要注意的问题，也是我们普通人的立身处事法则。

陈 纪

陈朝年表（557年—589年）

帝 号	姓 名	年 号	在位时间
陈武帝	陈霸先	永 定	557年—559年
陈文帝	陈 蒨	天 嘉 天 康	560年—566年
陈废帝	陈伯宗	光 大	567年—568年
陈宣帝	陈 顼	太 建	569年—582年
陈后主	陈叔宝	至 德 祯 明	583年—589年

　　陈朝史称南陈或南朝陈，是中国南北朝时期的南朝最后一个朝代，为陈霸先于永定元年代南梁所建立。陈霸先为政主张勤俭，使得南方经济逐渐从侯景之乱的破坏中复原，对南方的发展贡献巨大。随后的几位君主，都重视奖励流民垦荒，减轻农民租役负担，发展农业生产。经多年的治理，遭受梁宋战争破坏的南方经济又得到了恢复和发展。

后主

　　后主名叔宝，高宗长子。在位七年，荒淫无度，为隋所灭。

南朝文风，华而不实

　　隋主杨坚，性尚敦厚朴实，不喜文辞华丽。既代周而有天下，

诏告天下，凡朝廷表章，官府公文，士人撰述，一应公私文书，都着从实叙录，不得徒逞浮词艳句。

那时有个治书侍御史，叫作李谔，也见当时文章体制崇尚轻薄，宜痛革其弊。乃上书说道："昔魏之三祖，武帝曹操、文帝曹丕、明帝曹叡都崇尚文词，专攻诗赋，君人为治的大道，却不知留心，只好那雕虫小艺。上之所好，下必从之。始于朝廷，达于里巷，波荡风靡，遂以成俗。"

"晋宋以来，立国江左，历齐及梁，其弊愈甚。排比声律，竞一韵之奇；剪裁对偶，争一字之巧。制作繁多，连篇累牍，积案盈箱，其中所言，不过是描写那月露的形容，妆点那风云的状态而已，于身心何与？于道理何关？沿习既久，世俗以此相高，朝廷以此取士，止据浮词，选擢在位，加以爵禄。此路既开，人见这几句浮词可以得富贵，越发爱尚，好之愈笃。"

"于是乡里间童幼年老之人，贵宦家游闲总角之子（总角，指未成年的儿童，古时少男未冠、少女未笄时的发型），年方幼稚，未曾通晓六甲名目（即今六十甲子，古时八岁入小学，学六甲书记之事），便去操笔学作五言诗句。所以浮华荡心，浑朴尽散。其文日繁，其政日乱。此无其他缘故，因其废弃古先大圣之轨模，凡羲皇舜禹之典，伊傅周孔之说，不复关心，别造一种无用之词，拿来当作实用。父兄以是期望，师友以是传习，在下的以为才用，在上的以此取人，这就是政治日渐混乱的开始。近日，朝廷虽有诏书，谕天下公私文翰，并宜实录，然未必就能改观易听。如闻外州远县，都效仿

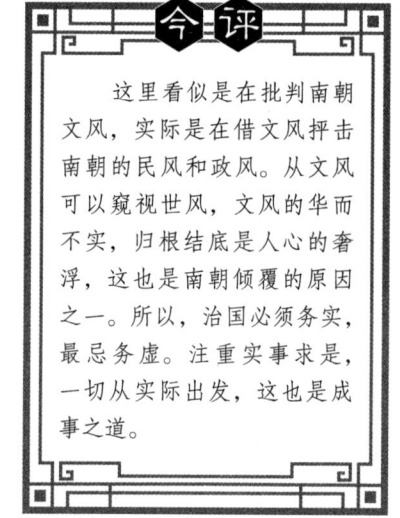

今评

这里看似是在批判南朝文风，实际是在借文风抨击南朝的民风和政风。从文风可以窥视世风，文风的华而不实，归根结底是人心的奢浮，这也是南朝倾覆的原因之一。所以，治国必须务实，最忌务虚。注重实事求是，一切从实际出发，这也是成事之道。

这种不正之风。有司官未必着实施行，仍举浮辞，不先实行。宜加核察，令法司纠劾然后可行。"

隋主表彰接纳之，诏以李谔所奏，颁示四方。然习俗已成，终究不能变革。

大抵朝廷有教化，然后士人有风俗。隋主虽有美意，而不学无术，何以转移士风。汉董仲舒尝劝武帝罢黜百家，推尊孔氏，故武帝表章六经。西汉文章，遂称温文尔雅，几乎与三代同风，至今犹赖之。此可见崇经术而罢词赋，诚有国家者之急务。

隋主伐陈，胜算有四

陈后主叔宝（南朝陈国末代皇帝，在位期间，荒废朝政，耽于酒色，醉心诗文和音乐，造诣颇高，有《玉树后庭花》传世）祯明二年十二月，隋主举兵伐陈，命晋王广、秦王俊、清河公杨素、元帅韩擒虎等统兵五十余万，分道并进。

前临大江，长史高颎与郎中薛道衡计议说："用兵之道，贵在万全，今番大举人马，去伐江东，可保必胜吗？"

道衡答说："必然胜之。我尝闻得郭璞推算历数说，江东地方，分据为王三百年，当复与中国合而为一。今建康自晋元帝渡江立国，历宋、齐、梁以至于陈，三百年之数已将尽。以气运推之，知我必取胜，一也。我主恭俭勤劳，务修德政，有道则宜兴；陈叔宝溺于声色，荒淫骄侈，无道则宜亡。以君德论之，知我必取胜，二也。国事安危，系于所倚任的大臣，倚任得人则安，不得其人则危。彼以江总（南朝陈国宰相，荒于政务，每天和后主在后宫饮酒作诗取乐，因此朝政混乱，国家衰败，以至灭亡）为相，依任的是狎邪小人，唯令侍宴后庭，赋诗饮酒，不理政务。以国政度之,知我必胜,三也。我既有道,又是大国;彼既无德,又是小邦。量彼战士,不过十万,我以五十余万之众,西起巫峡,东至沧海,阵势联络,数千余里。彼欲分兵拒战,则势悬力弱,众寡不支;欲并力守城,则顾此失彼,缓急不救。以兵力较之,知我必取胜,四也。以此观之,我件件当胜,彼件件当败。今日之举,乘胜直前,可以席卷江东,尽为我有,事在必克,更有何疑?"

高颎闻其言大喜,乃欣然说:"兵家胜负,难以预期,得汝之言,将彼己之情、成败之理,说得件件透彻,使我心下豁然,洞知胜算,便当决策渡江,无容别虑!"

其后,隋兵渡江,陈人望风瓦解。建康既破,陈后主逃于枯井之中,隋兵出而执之,国遂以亡,终不出乎薛道衡之所料。

自古伐人之国者,往往待时机而举,窥敌人间隙而动,所以国有衰弱昏乱之形,未有不为敌所乘者。叔宝承偏安之末运,抚散亡之余卒,其衰弱之形,不待智者而后见。而君臣方且溺志于宴游安乐,纵情于诗歌酒食,弃长江之险而无备,迫枯井之祸而不知。孟子谓"不仁之君安其危,利其灾,乐其所以亡",其叔宝之谓,覆辙之鉴,有国者所宜深省啊!

资治通鉴简史

中国历史精神

资治通鉴简史

中国历史精神 3

雷子 ◎ 编著

天津出版传媒集团

天津人民美术出版社

图书在版编目（CIP）数据

资治通鉴简史：中国历史精神. 3 / 雷子编著. --
天津：天津人民美术出版社，2021.12
　ISBN 978-7-5729-0353-3

Ⅰ. ①资… Ⅱ. ①雷… Ⅲ. ①中国历史－古代史－编
年体②《资治通鉴》－通俗读物 Ⅳ. ①K204.3-49

中国版本图书馆CIP数据核字(2021)第260227号

资治通鉴简史：中国历史精神（1—4册）
ZIZHITONGJIAN JIANSHI:ZHONGGUO LISHI JINGSHEN(1—4CE)

出 版 人：杨惠东

责任编辑：刁子勇
助理编辑：孙　悦
技术编辑：何国起　姚德旺
出版发行：天津人民美术出版社
社　　址：天津市和平区马场道150号
邮　　编：300050
电　　话：(022)58352900
网　　址：http://www.tjrm.cn
经　　销：全国新华书店
印　　刷：大厂回族自治县德诚印务有限公司
开　　本：787毫米×1092毫米　1/16
版　　次：2021年12月第1版　第1次印刷
印　　张：47.25
定　　价：168.00元

版权所有　侵权必究

前言

读历史，能提高我们对社会的分析能力，让我们清楚地判断历史发展的趋势，帮助我们把握时代的脉搏，启迪我们生命的智慧，让我们获得精神的安定和事业的成功。所以唐太宗说：以史为鉴，可以知兴替。

在中国史学中，有这样一部史书：历史上对其称誉极高，认为除《史记》外，没有任何一部史学名著可与之媲美。宋末史学大家胡三省高度评价说："为人君不读此书，则欲治天下而不知自治之源，厌恶混乱而不知防乱之术；为人臣不读此书，则上不知如何事君，下不知如何安民；为人子不读此书，则谋身必至于辱没先人，做事不足以垂示后人。"

所以，这部书被称为"帝王之书""将相之书""治要之书"，自成书之后被历代帝王将相、文人骚客、各界要人及企事业领导们引为经典，争读不止。毛泽东一生读此书十七遍，他曾对吴晗说："这部书写得好。叙事有章法，历代兴衰治乱，本末毕具，读这部书，我们可以熟悉历史事件，从中吸取经验教训。"柏杨也曾说："细读此书，可以了解中国，了解中国人，了解中国政治，以及展望中国前途。"

这部书就是北宋史学家司马光主编的《资治通鉴》，它是我国第一部编年体通史。其书以各朝各代治乱兴衰为线索，在记录历史的同时，分析帝王将相的品德善恶、治国理念及政策得失，总结王朝更替的经验教训。明鉴的同时，又不乏文学之美与哲理光辉，其中无数惊世醒人的历史故事与振聋发聩的名言警句，使人过目难忘，品味不尽。怡养性情，修身培德，借鉴经验，增加智慧，了解文化风俗，掌握历史兴亡规律，可以说，《资治通鉴》是一部经典智慧书。

今天，面对这部三百多万字的历史巨著，我们该怎么去读？怎么读才能快速而深刻地领悟其中的真谛呢？我们不妨以古人为师，以专家为师，听听他们如何讲《资治通鉴》。在这点上，明朝大政治家、改革家、内阁首辅张居正，就是我们读《资治通鉴》最好的导师。

张居正学识渊博，熟读经史子集，在任两朝帝师期间，为皇家子弟们量身定做了通俗历史读本《资治通鉴直解》，内容以《资治通鉴》

古本《资治通鉴》

司马光曾患历代史籍浩繁，学者难以遍览，因欲撮取其要，撰纪传体史。初成《通志》八卷，起战国，至秦二世，表进于朝，引起宋英宗的重视。治平三年（一零六六），诏置书局于崇文院，继续编纂。宋神宗即位，赐书名为《资治通鉴》，并序以奖之。

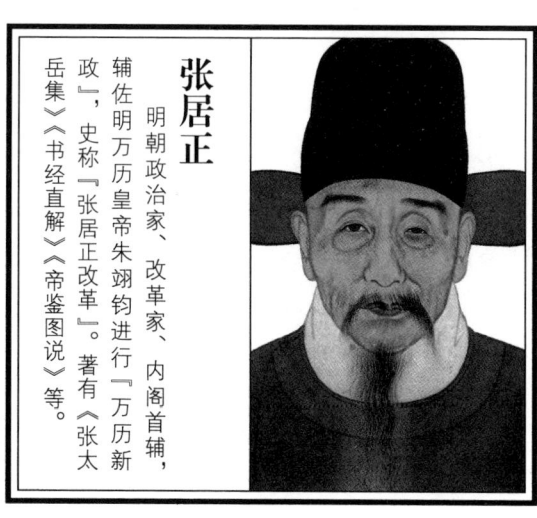

张居正

明朝政治家、改革家、内阁首辅,辅佐明万历皇帝朱翊钧进行"万历新政",史称"张居正改革"。著有《张太岳集》《书经直解》《帝鉴图说》等。

为主,又以其他史书作为补充,如《史记》《通鉴外纪》《续资治通鉴》《宋元通鉴》等,将中国史以重要事件加以讲解,不仅通俗易懂,篇幅简短而精练,还融入张居正对历代王朝兴衰的高度总结,对历史教训的独特见解。毫不夸张地说,张居正是解析《资治通鉴》的权威,是讲述《资治通鉴》的专家,是政治实践中的集大成者。这也是张居正为何能成为中国历史上非常著名的读书人,能从社会基层,靠个人奋斗攀上权力巅峰,并成为游刃有余的政坛高手和大名鼎鼎的改革家,实现自己伟大的抱负。这一切,要归功于他"以史为鉴",归功于他参悟一生的《资治通鉴》。

为此,我们特别打造了这套《资治通鉴简史:中国历史精神》。本书在张居正给万历皇帝讲解的版本基础上,进行重新编写,与其他版本又有着明显的不同:一、上起三皇五帝,下至北宋灭亡;二、选材更加精练,主题更加鲜明,能帮助读者快速了解历史兴亡规律,特别适合现代人快读;三、对历史上特别重要的人物及事件,加入新的点评,以适应现代读者需要;四、对原书每段史材,添加标题,提纲挈领,让读者快速了解故事主题;五、增加历史年

表，让读者准确掌握历代王朝及帝王在位时间，增强宏观意识；六、对晦涩难懂的词句进行译注，让读者阅读无障碍；七、插入历代名家精美白描图，增加欣赏性、趣味性及时代美感；八、突出中国文化及历史精神，让读者全面了解中国传统政治、社会、学术、教育、经济、军事、舆论等核心精神及价值取向，这也是我们古人非常看重的"经史同参""义理结合"的高度体现，即"六经皆史""史皆六经"的妙用。

  不一样的《资治通鉴》，不一样的阅读体验。让我们跟随张居正，快乐阅读中国历史兴亡书，从《资治通鉴简史：中国历史精神》中，参悟华夏民族的大智慧。由于作者水平所限，不当之处，恳请读者批评指正。

雷 子
于北京天通苑
2021年7月28日

目录

隋纪

文帝
- 文帝多疑，不喜问学……〇二
- 独孤性妒，文帝惧内……〇四
- 废太子，立杨广……〇五
- 弑父，杀兄……〇七

炀帝
- 奢游无度，大兴土木……〇九
- 隋炀帝无道，高德儒逢迎……一一
- 虞世基欺骗炀帝……一二
- 李渊太原起兵……一三
- 高祖入关破隋……一四

唐纪

高祖
- 唐高祖纳谏……一九
- 听谏为难，知人尤难……二〇
- 太宗识人，敬德救驾……二一
- 唐太宗与十八学士……二三
- 太宗用人，唯贤与不肖……二四
- 引之卧内，以得忠言……二六

太宗
- 文武之道，不可偏废……二七
- 治国之要，首在得贤……二八
- 国之祥瑞，在于贤才……二九

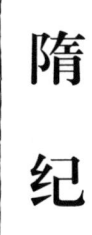

·001·

水之清浊，都在源头 030

周、秦兴亡之由 031

天下为公，天下为私 033

以诚信待夷狄 034

突厥来附，一喜一惧 035

和颜悦色，方纳谏言 036

兼听则明，偏信则暗 036

君臣相警戒 038

民为邦本，本固邦宁 039

宰相之职，莫大于进贤 040

房谋杜断 040

权力制衡：中书省与门下省 042

唐初名臣马周 043

兴王赏谏臣 044

王珪评品诸臣 045

长孙皇后之贤 047

心存敬畏，慎终如始 048

外不避仇，内不避亲 049

进谏之言，容有过当 050

为君之道，不在诗文章句间 051

创业难，守业亦难 052

数日不见，想闻其言 053

太宗深信功臣 054

明君有容人之量 055

逸言止于智者 056

慎始易，慎终难 057

自夸其才，非为君之道 059

太宗晚年，好大喜功 060

太宗欲观起居注 061

房玄龄：鞠躬尽瘁，死而后已 063

高宗

养民之道：赐一国之饥寒 064

武后擅权之由 065

唐时选举之法 067

政治清明，言路畅通 068

中宗

武则天任用酷吏，安金藏剖心救驾 070

反周为唐，狄仁杰之功 072

贤相娄师德 074

模棱宰相苏味道 074

狄仁杰推荐贤才 076

诛杀二张兄弟，重立唐家社稷 077

斩草除根：未能远虑，必有近忧 079

睿宗

事有权变，立贤不立长 080

玄宗

玄宗即位，姚崇为相 082

除军国大事外，任贤相为之 ·········· 〇八四
五王帐：玄宗悌爱，不改初心 ·········· 〇八五
五王宅：兄弟相好，府邸相连 ·········· 〇八六
宋璟为相，择才为主 ·········· 〇八七
亲核县令，量才任用 ·········· 〇八八
痛革其弊，身先施行 ·········· 〇八九
姚崇明达尚通，宋璟刚直尚法 ·········· 〇九〇
府兵废坏之由 ·········· 〇九一
以古为鉴，可知兴替 ·········· 〇九三
韩休为相，守正不阿 ·········· 〇九三
九龄谏杀安禄山：今日不诛，明日祸随 ·········· 〇九五
林甫为相，小人环绕 ·········· 〇九六
玄宗用聚敛之臣，快己欲而失民心 ·········· 〇九七
安禄山之乱，李林甫养之 ·········· 〇九九
杨国忠欺瞒朝廷，高力士进谏真言 ·········· 一〇〇

安禄山叛乱 ·········· 一〇一
忠义千秋颜真卿 ·········· 一〇二

肃宗

玄宗仓皇西逃，从谨镇定 ·········· 一〇四
上谏 ·········· 一〇六
太子即位灵武 ·········· 一〇七
肃宗重用李泌 ·········· 一〇九
君主贵择相，择相贵识人 ·········· 一一〇

代宗

刘晏经营漕运 ·········· 一一二
藩镇跋扈之根由 ·········· 一一三
纲纪废弛，威福倒置 ·········· 一一四
杨绾为相，人所畏服 ·········· 一一五

德宗

德宗初年，锐意太平 ·········· 一一六
名器爵赏：可授，不可轻授 ·········· 一一七
忠诚孚于人心，万世人臣矩范 ·········· 一一八
中兴名臣郭子仪 ·········· 一二五
设制两税赋法缘由 ·········· 一二四
刘晏理财，谋远虑大 ·········· 一二三
刘晏理财，养民为先 ·········· 一二一
刘晏理财，首在识人 ·········· 一二〇
刘晏理财，公私两便 ·········· 一一九
刘晏理财，国富民安 ·········· 一一八
陆贽谏言：将兵之权，足兵之道 ·········· 一二八
王者建都之地，乃四方根本 ·········· 一二九
君子易识，小人难防 ·········· 一三一
国难失邦，国难兴邦 ·········· 一三〇
陆贽上书：君臣上下不通之缘由 ·········· 一三三
陆贽直言，以道事君 ·········· 一三五
陆贽论治道·宽宏容物，诚实感人 ·········· 一三六

李晟克复神京 ……… 一三七

深识时务：招抚为上，攻伐为下 ……… 一三八

百姓为何安乐 ……… 一四〇

不取一言之偶合，不责一事之偶差 ……… 一四一

宪宗

宪宗即位，励精图治 ……… 一四二

帝王为政之要 ……… 一四三

宰相为政之要 ……… 一四四

裁制藩镇，不事姑息 ……… 一四四

法祖致治，修身用贤 ……… 一四五

裴垍为相，至公无私 ……… 一四七

君民本同一体 ……… 一四八

老成谋国，事有权宜 ……… 一四九

先易后难，徐徐图之 ……… 一五一

为政当纳谏，兼得观人之术 ……… 一五二

军国之需，财政为基 ……… 一五二

裁减冗官冗吏 ……… 一五三

李绛为相，不计毁誉 ……… 一五四

真宰相：人主常忧患天下 ……… 一五五

忠臣事君之道 ……… 一五七

用人不避亲疏，唯才是举 ……… 一五八

勿以「朋党」而坏国 ……… 一五九

宪宗讨淮西，不惑群言 ……… 一六〇

欲安国家，勿弃任事之臣 ……… 一六一

处大事者，不以一将失利而罢兵 ……… 一六二

裴度出，众将勇 ……… 一六三

李愬克蔡州、擒元济 ……… 一六五

御众当推诚，安民以宽大 ……… 一六五

为政之忌：意得志满，骄奢相随 ……… 一六六

有始无终，功败垂成 ……… 一六七

韩愈谏佛骨表 ……… 一六九

亲君子，任贤相，远小人，除奸臣 ……… 一七一

治于勤勉，乱于逸乐 ……… 一七二

穆宗

轻议销兵，不合时宜 ……… 一七四

柳公绰严惩舞文乱法者 ……… 一七五

志意怠荒，往事不鉴 ……… 一七五

敬宗

嗜好寝卧，耽乐女色 ……… 一七七

德裕讽谏，敬宗不悟 ……… 一七八

文宗

帝王大德，节俭次之 ……… 一七九

李德裕论正邪之人 ……… 一八一

君臣相离，不可治国 ……… 一八二

武宗

君臣同心，同谋断金 ……… 一八四

宣宗

宣宗即位，励精图治，访贤任贤，适时提用……一八六

昭宗

唐代治乱兴亡之迹一：高祖与太宗……一八八

唐代治乱兴亡之迹二：高宗至玄宗……一八九

唐代治乱兴亡之迹三：肃、代二宗……一九一

唐代治乱兴亡之迹四：德、顺、宪宗三朝……一九二

唐代治乱兴亡之迹五：穆宗、敬宗至武宗……一九三

唐代治乱兴亡之迹六：宣宗至昭宗各朝……一九四

隋代至唐代

隋 纪

隋朝年表（581年—618年）

帝　号	姓　名	年　号	在位时间
隋文帝	杨　坚	开皇 仁寿	581年—604年
隋炀帝	杨　广	大业	605年—618年
隋恭帝	杨　侑	义宁	617年—618年

　　隋朝是上承南北朝、下启唐朝的大一统王朝。隋朝统一中国后，结束了自西晋末年以来长达近三百年的分裂局面。隋文帝在位年间，社会民生富庶，人民安居乐业，政治安定，开创了"开皇之治"的繁荣局面。但为什么隋炀帝即位七年天下就出现大乱，隋朝仅仅建国三十八年，就亡国了呢？这是我们应该深思的问题。

文帝

　　高祖文皇帝，姓杨，名坚，弘农华阴（今陕西省华阴市）人，周之国舅，初封隋公。周宣帝暴虐，传位于太子阐，坚因乘其孤危，篡而取之，国号隋。在位二十四年。

文帝多疑，不喜问学

　　隋文帝开皇十年，此时陈国既平，天下混一。然隋主起自武将之家，生性猜疑，妒忌刻薄，不喜问学以讲究古帝王行事，昧于人

隋文帝

杨坚励精图治，开创了辉煌的「开皇之治」，结束了西魏鲜卑化政策，使被改成鲜卑姓的汉人大臣以及府兵将领恢复汉姓。

君大体。当初，既然用智巧诈术，以篡周而得大位，因此谓智巧诈术可恃，刑狱之事可以师法。遂以玩弄法律而自以为喜，任其所长，以聪明苛察临驭部下之人。常派遣左右近侍，窥视内外诸大臣，但有过失差池，就揭发其阴私，不论大小，便加以重罪。又怕各省衙门官吏，贪赃舞弊，私下里故意使人拿钱财去行贿，若是官吏受贿，立时杀之。隋文帝时常在殿廷之中杖打大臣，一日之间，或至数起，不可谏止，又经常大发脾气，在殿廷中直接杀人。

殿廷固非杀人之地，何况古帝王但遇死刑，必三复奏审，岂可如此造次轻率？兵部侍郎冯基极力进谏，隋主不听，竟将他于殿廷杀之。少顷怒消，又复追悔莫及，责怪当时在廷诸大臣，不曾谏诤他。不知反求自己而徒责他人，虽然后悔，却已经来不及了啊！

隋主急于殿廷打人、杀人，都是暴怒所致。然而其多怒由于多疑，多疑又由于不学。向使隋主留意诗书以广其识，讲明义理以养其心性，则猜疑尽释，暴怒渐消。躬身俭素以先天下，谁敢不廉？明察法度以示天下，谁敢不惧？推诚以照物，何待窥视而后知？虚心以纳谏，何待过失而后悔？此可见为学的益处很大。而隋主开国之初，乃不务学问而专任法术，其行事如此，其社稷岂能长久？

独孤性妒，文帝惧内

独孤皇后性妒，后宫不敢有宠。尉迟迥（北周时期将领）孙女，有美色，先入宫中，文帝于仁寿宫见而悦之，因而得幸。独孤皇后窥伺文帝听朝，偷偷杀之。文帝因此大怒，单骑从皇宫中出走，不由径路，入山谷间二十余里。高颎（隋朝著名宰相、政治家、军事家，史称其有文武才略，明达世务，为相近二十年，举荐贤才，竭诚尽职，功绩卓著。炀帝登基，奢靡无道，高颎甚为忧虑，多有议论批评，被告诽谤朝廷，与大臣贺若弼同时被杀害）、杨素（隋朝军事家、权臣，曾帮助杨广夺取太子之位）等追赶上，扣马苦谏。文帝仰天长叹说："我贵为天子，竟然如此不得自由！"高颎说："陛下岂以一妇人而轻天下！"帝意少解，驻马良久，深夜时方还宫。

杨素

曾国藩曾说："古来如李斯、董卓、杨素，其智力横绝一世，而其祸败亦迥异寻常。"

独孤皇后等候于内宫，及文帝至，独孤皇后流涕拜谢，高颎、杨素等人尽力和解，置酒设宴欢乐。起先，独孤皇后因高颎是父亲独孤信的家客，所以对他甚是亲近礼敬，至此，闻其谓己为"一妇人"，遂深恨之。

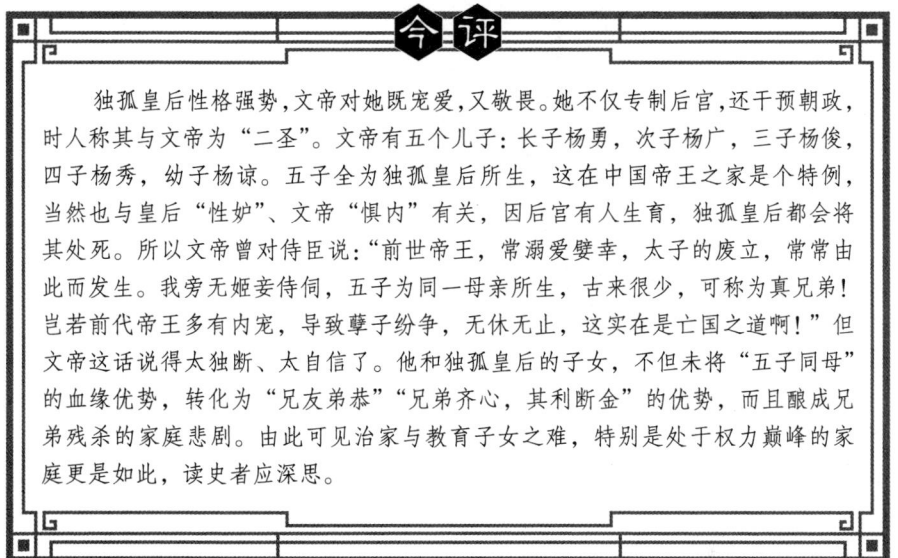

今评

独孤皇后性格强势，文帝对她既宠爱，又敬畏。她不仅专制后宫，还干预朝政，时人称其与文帝为"二圣"。文帝有五个儿子：长子杨勇，次子杨广，三子杨俊，四子杨秀，幼子杨谅。五子全为独孤皇后所生，这在中国帝王之家是个特例，当然也与皇后"性妒"、文帝"惧内"有关，因后宫有人生育，独孤皇后都会将其处死。所以文帝曾对侍臣说："前世帝王，常溺爱嬖幸，太子的废立，常常由此而发生。我旁无姬妾侍伺，五子为同一母亲所生，古来很少，可称为真兄弟！岂若前代帝王多有内宠，导致孽子纷争，无休无止，这实在是亡国之道啊！"但文帝这话说得太独断、太自信了。他和独孤皇后的子女，不但未将"五子同母"的血缘优势，转化为"兄友弟恭""兄弟齐心，其利断金"的优势，而且酿成兄弟残杀的家庭悲剧。由此可见治家与教育子女之难，特别是处于权力巅峰的家庭更是如此，读史者应深思。

废太子，立杨广

当初，文帝使太子杨勇参决军国政事，杨勇时常提出意见，文帝皆纳之。杨勇性宽厚，直率而热情，毫无造作掩饰之行。文帝性节俭，杨勇尝装饰蜀地所产的精美铠甲，帝见而不悦。后来遇冬至，百官皆拜贺太子（隋代百官于冬至日有拜贺太子之礼），杨勇大张旗鼓受贺。文帝知之，下诏停止。自此，杨勇恩宠始衰，父子二人渐生猜疑。

杨勇多妃妾，昭训（太子妾的封号）云氏尤幸。其太子妃元氏（独孤皇后选定的正妻）无宠，偶遇心疾，二日而亡，独孤皇后怀疑有其他缘故，深责杨勇。自此，云氏专宠，生长宁王杨俨，平原王杨裕，安成王

杨广

杨广在位期间开创科举，修建大运河，对后世有积极的影响，然而遗憾的是，他频繁发动战争，加之滥用民力，致使天下大乱，直接导致隋朝灭亡。

杨筠，诸妃又生多子。独孤皇后更加不平，经常遣人伺察，寻求杨勇的过错。

晋王杨广知此后愈加伪装，唯与萧妃（正妻）居处，后庭妃妾有子者皆不让抚育，独孤皇后因此数称杨广贤德。文帝与独孤皇后一次幸临其府第，杨广悉将美姬藏于别室，唯留老丑者，衣着无纹饰，屏帐改用素色，乐器弦上的尘埃也不让拂去。文帝见之喜，因此爱他特异于其他诸子。

司马张衡又为杨广筹划夺太子之策。杨广问计于宇文述，宇文述曰："废立大事，不易谋划。能移主上意者，唯有杨素。"杨广于是深结杨素之弟杨约，使杨约劝杨素。杨素入宫侍宴，微微试探说："晋王孝悌恭俭，有类至尊。"独孤皇后说："公言是。"杨素于是盛称太子不才。独孤皇后遂赏金杨素，使他极力赞帝废勇立广。

十一月戊子（初三），文帝立晋王杨广为皇太子。

今评

　　纳谏，是帝王防止国策失误的第一德。文帝杨坚是中国历史上赫赫有名的君王，对人性、人情有深刻的洞察力。但他晚年喜怒无常，不纳谏言，听信独孤皇后之偏爱，又为杨广所蒙蔽，所以废太子杨勇，重新安排接班人，这是隋朝快速亡国的主要原因。宰相高颎与大将军元旻、文林郎杨孝政、洗马李纲、大理卿梁毗等朝中大臣，都反对废长立幼，竭力劝说，全被拒绝。为打击反对者，文帝又将高颎免职，元旻和梁毗被投入监狱，杨孝政在朝堂遭到鞭打。所以天下言路被堵，谗言蜂至，最后文帝落得自己惨遭弑杀、子孙被诛的可悲下场。当然，太子杨勇率意任情，生活不检点，政治不成熟，也起到了推波助澜的作用，所以李纲曾谏言文帝："太子是性情中人，可以为善，可以为恶。如果陛下为其选择正直的大臣辅佐他，足以守护伟业。今以唐令则、邹文腾等小人为辅臣，二人唯以弦歌、鹰犬娱乐太子，安能不如此？这都是陛下之过，非太子之过啊！"文帝不悦，罢朝，终立杨广。有志天下者应深鉴之。

弑父，杀兄

　　文帝性严厉，令行禁止。每日清晨听朝，日落时都不知疲倦。虽然他吝啬财物，至有功者，也能赏赐；将士战死，也加优赏，并遣使者劳问其家。文帝爱养百姓，劝课农桑，轻徭薄税。其自奉贡养，务为俭素，乘舆御物，坏弊者随时修补使用；不是宴饮，所食不过一肉；后宫皆服浣洗之衣。天下化之，开皇、仁寿（文帝年号）之间，大夫衣着朴素，不着绫罗绸缎，装带不过铜铁骨角，无金玉之装饰。所以衣食滋生，仓库盈溢。文帝受禅之初，民户不满四百万，文帝末年，逾八百九十万（约五千万人），独冀州已一百万户。然而，文帝性格猜疑，苛刻严察，喜怒无常，信受谗言，功臣故旧，无始终保全者。即使子弟，也都如仇敌一般，此是他的缺点。

　　当初，独孤皇后既崩，宣华夫人陈氏有宠。及文帝有疾卧床，仆射杨素、兵部尚书柳述、黄门侍郎元岩皆入宫侍疾，召皇太子入居大宝殿。太子杨广虑有不测，须预先防拟，亲自手书，封出问杨素。杨素条录事状，以报太子。宫人误送文帝处，帝观看而怒。天亮时，陈夫人出去更衣，为太子所逼迫，因极力拒绝才得免辱。回到文帝处，帝怪其神色有异，问其缘故。夫人潸然泪下："太子无礼！"文帝大怒，双手捶着床说："其何足以付大事！独孤误我！"于是呼柳述、元岩说："召我儿！"柳述等将唤太子，帝大呼："勇也。"柳述、元岩出宫传诏书。

杨素听闻后，立即告之于太子，矫诏逮捕柳述、元岩，

隋文帝

隋文帝甚重文治，优礼学者，"诏购求遗书于天下"，又尊佛教为国教，还制定了保护佛教的法律条文。

下大理狱；急调东宫兵士入宫宿卫，戒严门禁出入，并派宇文述、郭衍节度指挥；令右庶子张衡入寝殿侍疾，尽遣后宫迁居别室。顷刻而文帝崩。所以中外人士多有异论，议杨广弑杀君父（汉王杨谅为此起兵造反，被杨素击败，囚禁至死）。陈夫人与后宫闻变，相顾战栗失色。傍晚时，太子遣使者送小金盒，贴纸封，太子杨广亲署封字，以赐夫人。夫人见之，惶惧不安，以为鸩毒，不敢开启。使者催促再三，夫人才开，盒中有同心结数枚。宫人喜悦，相谓而言："可以免死了！"陈氏怒而坐，不肯致谢。诸宫人共逼之，乃拜使者。

次日，发丧，杨广即位。矫称文帝之诏，赐故太子杨勇死，缢杀之。

隋文帝疑所不当疑,而加以谋逆之名,信所不当信,而被其弑杀之祸,亦可为疏忽国之重器者永鉴。柳述、元岩亲身经历宫中之事,当告之于文帝,并诏杨广、杨勇进宫,质问陈夫人,正明其罪而废杨广,审议故太子可立则诏,不可立则诏子孙贤者立。杨素此时若不从,立即降旨,以军法处置,安定社稷。何用出宫下诏,受制于贼,顷刻之间,转福为祸。柳述、元岩不智啊!

炀皇帝,名广,文皇帝第二子,在位十四年,为宇文化及等所弑。以其好内远礼,所以谥为炀帝。

奢游无度,大兴土木

炀帝杨广(隋朝亡国之君,即位后巡游无度,大兴土木,建大运河,开永济渠、通济渠,加修邗沟、江南运河,建东都,造离宫,伐吐谷浑,三征高句丽等,兴师动众,劳民伤财,使天下大乱)即位四年,天下承平,民物殷盛。炀帝恃其富强,恣意奢侈,乃大兴土木之役,修治宫室,经年累岁,没有停止之日。其于西京长安营仙林宫,于东京洛阳造显仁宫,于江都(今扬州)建迷楼及毗陵等宫,其林苑园囿,亭台殿阁,所在皆有。

虽然所建宫殿很多,炀帝却只是初看时欢喜,到后来就厌倦了,不以为美。每遇游幸的时节,炀帝左右观看,都不得其意。炀帝不知走向何处,才可以适意取乐,乃尽索天下山川图画,一一亲览,择个山环水绕的胜地,可以盖造宫室,筑治苑园。独有汾州之北,汾河之源,其地川面宽平,山水清胜,堪以建宫,又下诏于此地,再营建离宫一所，叫作汾阳宫，以备游幸之用。

炀帝以一君之身，其所急切于自奉者，不过居处游玩观赏之娱乐而已。乃至积数年之经营，览九州之形胜，不足以供他一时快意。西起秦宫，东开洛苑，朝泛江渚，暮筑汾阳。遂使海内骚然，百姓疲敝，所以工役未息而盗贼群起。于此可见，人君一心，其奢侈享乐之端则甚微，而怠慢放纵之祸则甚大。故帝尧堂高三尺而不修饰，汉文帝台费百金而不为，不是他财力不足，是真不忍以万民之苦，而供自己一日之乐。有天下者，应以之为鉴啊！

炀帝出游图·运河示意图

炀帝修大运河，主要还是为了加强对南方的政治和经济控制，并不是以出游为唯一目的。

隋炀帝无道，高德儒逢迎

隋炀帝无道，好人谄谀，偶有两只孔雀从西苑里飞来，栖息于宝城朝堂之前。孔雀乃人间常有，不足为异。鹰扬府（骠骑将军府）亲卫校尉高德儒看见了，便奏说是鸾凤出现。那时孔雀既已飞去，无可证验，于是百官们便迎合朝廷的意思，都说真的是鸾鸟，一齐称贺。

炀帝甚喜，下诏说这祥瑞之物，众人都不曾看见，却是高德儒一念至诚，默然与吉祥会遇，前此未有，今始见之，遂超升德儒四级，拜为朝散大夫。

> 国家官爵，本以待人臣之有德有功者，今德儒指野鸟为鸾，与指鹿为马何异？炀帝以官爵赏之，是赞赏谄谀，那些希望富贵者，还有何恐惧而不为谄谀？于是菌菇可指为灵芝，妖气可指为庆云，彗星出，可说是除旧布新。甚至以是为非，以非为是，以贤为否，以否为贤，国家欲不亡可也？所以后来唐太宗破西河郡时，捉住高德儒，即指此事数其罪而斩之。邪佞小人，昏主之所褒赏，明主之所诛杀者。观此可以识国家兴亡之机。

虞世基欺骗炀帝

炀帝自即位以来，巡游征伐，岁无虚日，百姓怨叛，盗贼群起。而炀帝却自以为太平无事，纵欲偷安，厌恶听闻寇乱之事。于是，内史郎（即中书省长官，专典机密，参掌朝政）虞世基，揣摩帝意，曲意迎合，欲以此取悦炀帝，凡遇盗贼生发，拒敌官兵，攻围郡县，诸将及各有司有遣人告败求救者，世基则先使人迎至中途，邀取表章，将所奏报的贼数，减多为少，不以实闻。及到帝前，但掩饰说："今之盗贼，不过鼠窃狗偷，何能为患？有司捕捉驱逐，不久当歼灭无遗，陛下幸宽圣怀，无须介意。"

炀帝迷惑于其言，不再追问审察，深以为然，反杖责遣来的使者，以为虚张贼势，无实妄言。因此上下互相欺蒙，盗贼得志。李密起河南，杜伏威起山东，林士弘起江南，刘武周起代北，薛举起天水，萧铣起江陵。干戈纷纷，遍于海内，所至郡县，尽都失陷。天下破坏如此，而世基蒙蔽于内，无由上闻，炀帝不得而知。其后，宇文化及引兵犯御，帝尚不知变乱原因，犹怀疑其子齐王杨暕所为。海内之乱，至死都不明白，蒙蔽之祸，其真可畏啊！

大抵奸臣能蒙蔽人主之聪明者，也是人主之意向，先有所迷惑于心中。昔秦二世时，盗起关东，请事者留司马门三日，而赵高不见，及对二世时，则言"此小寇，无能为也"。世基之欺炀帝，亦赵高之故智。然二世可欺以鹿马，故赵高之计得行；炀帝可欺以鸾雀，故世基之奸得遂。诚使为人君者，秉承虚明之鉴，不昏似乱真，持正大之情，不好谄谀而喜直言，则臣下何所容其蒙蔽之奸？

李渊太原起兵

唐高祖李渊出自陇西世家，隋时袭父封为唐公。唐高祖娶窦氏生四男子，长子建成，次子即太宗，叫作世民，三子玄霸，少子元吉。

这四子中独有太宗聪明睿智，勇敢决断，识见度量，远过常人。

炀帝时，土木繁兴，巡游无度，征伐不息，盗贼并起。太宗因见隋室方乱，私下图谋，有济世安民的大志。思量要起义兵，兴帝业，必以延揽英雄为本，乃倾身谦下，以礼接贤士，分散家财，以结纳宾客，但有四方来的贤俊，各个得其欢心。

唐高祖

李渊出身豪门贵族，其祖父李虎，西魏时官至太尉，父李昺（bǐng），袭封唐国公，李渊的母亲是隋文帝独孤皇后的姐姐。

当那时，唐高祖李渊留守太原，此地是晋阳所辖之地，炀帝置有行宫，设监官以守之。其宫监裴寂，与晋阳令刘文静相好，夜间同宿，见城上举烽火，传报声息，裴寂叹说："我辈做这等官，禄薄位卑，又遇着这等时节，世乱民离，将何以自我救济？"文静笑说："如今的世事，已是看见了，天下将乱，正是豪杰奋起之时。我与你二人相识，彼此同心同德，审察选择，人生所向，互相推引，何患不富贵？"

后来文静既从唐高祖，因见太宗龙姿天表，意气超常，不觉惊异，遂委心托命，深自结交，故对裴寂说："这不是寻常的人。观其豁达大度，推诚不疑，恰似汉高祖；其神谋武略，算无遗策，又似魏武帝。年纪虽小，却是命世之才，是真英主，我等可以依归了。"

其后唐高祖起义晋阳，太宗削平群盗，遂有天下，皆刘文静、裴寂二人启之。然亦由当时隋政不纲,百姓愁苦,故英雄豪杰,得借以为资。若使朝廷之上,德政修举,乡里之间,民生乐业,则虽有十太宗,百刘文静、裴寂,不过驱使为吾用耳,何能大作为?所以人君制治保邦之道,在安民而已。

> **今评**
>
> 风从虎,云从龙,自古英雄惜英雄。刘文静少有英名,姿仪俊伟,才干突出,生性倜傥而有权谋。当时天下将乱,刘文静看出李渊胸怀大志,便与其结交。他见到李渊次子李世民后,更是大加赞赏。历史上很多有作为的人,其言谈举止非凡。而非凡的气度,是需要内外双修的,所谓内有学养、胆识、武略等,才能有外在的气度和素质。

高祖入关破隋

此时隋炀帝幸江都,四方盗起,关中无主。

唐高祖李渊自太原起兵,既克河西,下霍邑,乃亲率众军渡河而西,以向关中。那关中士民,苦隋之虐政,思得真主,见高祖来,都争先归附,就如到市上去一般。其子太宗世民,分军攻打渭水之北,所到地方,官吏百姓们与结聚为盗的,也都归附如水之流,止遏不住,其得人心如此。太宗看其中有豪杰好汉,便收取他以备僚佐属官之用,资其谋略,以济事功。

高祖有女李氏,嫁与柴绍为妻,从鄠县分散家财,聚集徒众,得精兵一万多人,亲自率领,与太宗会于渭北。其夫柴绍,先从高祖,李氏却不与他合在一处,乃各自领兵开府,叫作娘子军,此为以李氏为将的缘故。临淄人房玄龄（唐朝开国功臣，参与玄武门之变，与杜如晦、长孙无忌、尉迟敬德、侯君集五人并功第一。因房玄龄善谋，而杜如晦处事果断，因此人称"房谋杜断"，为中国良相的典范，合称"房杜"），仕隋为隰（xí）城（今山西省汾阳市）尉，及太宗攻打渭北，玄龄来至军门求见。太宗一见，知其为豪俊之士，与他情投意合，恰如旧时曾相熟识一般。因此，让他在幕下做记室参军，掌管文书，出谋划策。凡军中事，太宗都与他商议，极其信任。后来，遂用他为宰相，平定天下。玄龄此时也自以为遭遇知己之主，尽心竭力，但凡知道的，都着实去做，无一毫推避。其君臣相得如此。

太宗引渭北军，驻扎在阿房宫城（今陕西省渭南县），其精壮人马，有十三万。收集兵马既多，而号令约束越加严肃整齐，经过之处各守纪律，无有丝毫侵犯百姓者。其行军有法如此，所以深得人心之归附。

> 大抵高祖之有天下，由太宗为之子；而太宗之取天下，由房玄龄为之臣。观太宗每下城邑，玄龄独先收聚人物，请之幕府，及有谋臣猛将，皆与之深度接交，各尽其死力，可谓得大臣以事君之道。此所以为贞观之贤相啊！

唐 纪

唐朝年表（618年—907年）

帝 号	姓 名	年 号	在位时间
唐高祖	李 渊	武德	618年—626年
唐太宗	李世民	贞观	627年—649年
唐高宗	李 治	永徽 显庆 龙朔 麟德 乾封 总章 咸亨 上元 仪凤 调露 永隆 开耀 永淳 弘道	650年—683年
武周则天皇帝	武 曌	天授 如意 长寿 延载 证圣	690年—705年

续表

帝号	姓名	年号	在位时间
武周则天皇帝	武曌	天册万岁 万岁登封 万岁通天 神功 圣历 久视 大足 长安 神龙	690年—705年
唐中宗	李显	嗣圣 神龙 景龙	684年—710年
唐睿宗	李旦	文明 光宅 垂拱 永昌 载初 景云 太极 延和	684年—712年
唐玄宗	李隆基	先天 开元 天宝	712年—756年
唐肃宗	李亨	至德 乾元 上元 宝应	756年—762年
唐代宗	李豫	宝应 广德 永泰 大历	762年—779年

续表

帝　号	姓　名	年　号	在位时间
唐德宗	李　适	建中 兴元 贞元	780年—805年
唐顺宗	李　诵	永　贞	805年
唐宪宗	李　纯	元　和	806年—820年
唐穆宗	李　恒	长　庆	821年—824年
唐敬宗	李　湛	宝　历	825年—826年
唐文宗	李　昂	大和 开成	827年—840年
唐武宗	李　炎	会　昌	841年—846年
唐宣宗	李　忱	大　中	847年—860年
唐懿宗	李　漼	咸　通	860年—874年
唐僖宗	李　儇	乾符 广明 中和 光启 文德	874年—888年
唐昭宗	李　晔	龙纪 大顺 景福 乾宁 光化 天复 天祐	889年—904年
唐哀帝	李　柷	天　祐	904年—907年

唐朝是中国历史上统一时间长、国力强盛的朝代之一。唐朝由李渊建立,李世民登基后开创了"贞观之治",唐玄宗李隆基即位后,开创了全盛的"开元盛世"。唐朝声誉远及海外,与南亚、西亚和欧洲国家均有往来。唐朝以后海外多称中国人为"唐人"。唐朝经济、科技、文化、艺术极其繁盛,具有多元化的特点。

高祖初封唐王,其后遂以为有天下之号。本部分记唐家一代的事,故称唐纪。

高祖皇帝,姓李氏,名渊,陇西成纪人。其父李昺,以战功封唐国公,渊袭封爵为太原留守,乘隋之乱,举兵进克关中,遂代隋而有天下,在位九年。谥为神尧,庙号高祖。

唐高祖纳谏

唐高祖初即位,颇有失政。

万年县法曹(县尉长官)孙伏伽首先上表,进谏道:"人君得天下易,保天下难,试观隋家天下,何等全盛,只因炀帝骄矜刚愎,饰非文过,恶闻直言,遂致积恶日深,丛怨日甚,所以失了天下。陛下应兴王之运,龙飞晋阳,义师一举,远近归心,群起响应,攻下汾霍,进克长安,未及一年,遂登帝位,只见得取天下这等容易,却不知隋之失天下亦不难也。若知隋所以失天下,又复效其所为,这便是蹈其覆辙,同归

唐高祖

唐朝建立之初,疆土只限于关中和河东一带,尚未完全统治全国,各地割据势力依旧存在,威胁初唐的政权稳固。

于乱而已。以愚臣之见，谓宜鉴于亡隋之弊，改途易辙，凡君德有过错，朝政有缺失，务广开言路，使人人得以进谏，事事得以上闻，庶民下情上通，为上恩泽下究，而保天下则不难。"

表中又指陈高祖失政三事："一件不宜受民间私献，一件不宜开百戏散乐于玄武门，一件太子诸王左右不宜滥用行为不端之人。"

高祖览表大悦，乃下诏褒奖，称道他至诚慷慨，据义直言，因不按次序超拔，升为治书侍御史，着他专掌法令，并赏以绢帛三百匹，以表彰他的忠直。

> 自隋以来，言事者轻则斥，重则诛，以致忠臣闭口而不敢尽直，士丧真气而不获伸张久矣。高祖即位之初，首纳伏伽之谏，至不吝高爵厚赏以宠异之，不唯有受善之诚，而因有以作敢言之气，士怀忠抱义者，孰不感激而思奋？此唐所以能延揽贤杰，而开三百年之基业。

听谏为难，知人尤难

唐高祖欲激劝臣下，使之进谏，尝考校群臣的优劣，分别等第，以太子詹事李纲、治书侍御史孙伏伽为第一。

一日置酒殿上，高祖大会群臣，与尚书右仆射裴寂说道："隋家天下，只因为君者志意骄盈，不肯听谏，为臣者甘心卑谄，不肯尽忠，所以上下相蒙，养成祸乱，遂致灭亡。朕自即位以来，惩隋之弊，凡百举动，不敢自以为是，每虚心求谏，希望闻听直言。然群臣之中，止是李纲能随事箴规，颇尽忠心；孙伏伽论事慷慨，可谓诚直。除此二人，其余诸臣诡谀顾忌，犹延续亡隋之弊风，凡遇事有当言者，都只低头默语,俯眉而已,无有吐一词、建一议者,这岂是朕虚心求谏之意啊!你们自今起,必须以李纲、孙伏伽为榜样,方不负朕之所厚望也。"

人君听谏为难,知人为尤难。切直之谏,虽庸主犹或勉从,而人品邪正之分,非至明者不能洞察也。唐高祖虚心尽下,不唯有听谏之诚,而某也忠直,某也依可,又能因迹考心,甄别不爽,则君子既得以自见,小人又无以自容,听言之道,莫善于此,人主所宜取法也。

太宗识人,敬德救驾

唐太宗既破刘武周,他部下的大将尉迟敬德(唐朝名将,凌烟阁二十四功臣之一。为人忠勇无敌,屡立战功,被后世尊为民间驱鬼辟邪、祈福求安的门神)与寻相等都来降,其后寻相等又逃叛,只有敬德未去。诸将恐他也要逃叛,把他囚系在军中。屈突通、殷开山二人向太宗乘机进逸言说:"敬德为人骁勇绝伦,今既被囚系,心里必然怨望,留着他在此,恐生歹意,将来为祸不小,不如杀了他,永绝后患。"

太宗说:"诸将差矣,敬德若有叛意,便当与寻相一同去了,

尉迟敬德

传说尉迟敬德面如黑炭,擅使铁鞭,骑乌骓马。尉迟敬德与秦琼后来成为两位道教传统门神。

屈突通（左）、殷开山（右）

屈突通是北周到唐朝时的名将，北周邛州刺史屈突长卿的儿子。殷开山擅长写作和书法。两人都为凌烟阁功臣。

岂肯留到今日，坐以待毙？我看他绝无反意。"随即传令，释放了敬德，引他到卧房内，取些金银赏他，说："丈夫处世，当磊磊落落，以意气相期许，莫把小小嫌隙放在意下。我素知你是个忠良之臣，无有二心，纵是众人要谗害你，我终不听信而加害也。你当体谅我的心，勠力同心，匡济时事，共成大业，不可自生疑虑。你若必要去，我也不敢强留，就把这金银资助你做路费，以表一时共事之情。"

由此，敬德感激，誓死相从。一日，太宗征郑主王世充于洛阳，领五百马军出去观看交战地方，适登北魏宣武帝陵上，远览形势。不期王世充率领步卒马军一万多人，忽然奔到，把太宗围住了。世充有一骁将，姓单名雄信，手持丈八长枪，径奔太宗。事势危急，敬德策马大呼，从旁一枪，刺雄信落马。世充兵见雄信被刺，稍稍引退。敬德以身遮蔽太宗，杀出重围。既出之后，又复与太宗领着马军杀入世充阵中，如此往来数次，并无敢有阻挡之者。

少顷之间，大将屈突通统领大军继至，把世充的军马杀得大败奔溃，世充仅得单身脱走。斩获千余首级，得胜而回，这是敬德单身救主的第一功。于是，太宗对敬德说："公之报恩何其速也！"遂赏敬德金银一箱，以酬其劳，自此恩礼眷顾，日盛一日，而敬德因得展尽才略，以树功名，后来遂为佐命功臣，封鄂国公，以此见太宗之善用人也。

> 大抵人君御下，最好是善于推诚，不能蓄疑。推诚者，虽其寇仇，亦将归心；蓄疑者，虽其亲信，亦将解体。陈平楚之降将，汉高祖一日得之，遂以为护军，赏金四万斤，不问其出入；光武推赤心置人腹中，铜马群盗来降，单骑按行诸部，示以不疑，所以能驾驭豪雄，兴建大业；项羽以盖世之才，拔山之力，却意忌信谗，虽其骨鲠之臣，如钟离昧、范增之辈，皆以谗言而疏远，所以终以取败。观高祖、光武、唐太宗之所以兴，项羽之所以亡，则推诚之与蓄疑，其得失之效，相差远了。

唐太宗与十八学士

唐武德四年，此时太宗尚为秦王，高祖以太宗首建大谋，削平海内，其功勋甚大，前代官爵都不足以称其功，特为他置一官，叫作天策上将，其位加于诸王公一等。乃于冬十月，拜太宗为天策上将，开天策府，于府中设置官属。

太宗既受此官，见得海内渐次平定，当亲近儒臣，乃开馆于宫西，延引四方有文学之士，使他们居住其中，亲出教令，以王府属官杜如晦，记室官房玄龄、虞世南，文学官褚亮、姚思廉，主簿李玄道，参军蔡允恭、薛元敬、颜相时，咨议典签苏勖(xù)，天策府从事中郎于志宁，军咨祭酒苏世长，记室薛收，仓曹李守素，国子助教陆德明、孔颖达及信都县人盖文达、宋州总管府户曹许敬宗，共十八人，皆以各人本官兼文学馆学士，分为三番，每日六人，轮流值宿，供给珍食美膳，恩礼极其优厚。

太宗每日朝拜完毕，公事闲暇，则来到馆中，引见诸学士，互相讨论文籍，讲明义理，或至半夜方才就寝，其亲密如此。又使库直官阎立本图画诸学士的相貌，使褚亮题写像赞，号称十八学士。士大夫得预此选者，时人谓之"登瀛州"（瀛州，海外山名，神仙所居，以此比诸学士荣遇，如登仙山）。

十八学士图（局部）

唐太宗为秦王时建文学馆，收聘贤才，以房玄龄、杜如晦为首的贤才有十八人，并封为学士。

太宗当天下安定之初，即开馆延贤，讲论经籍，真可谓一代令主！所以当时夸之以为盛事，后世传之以为美谈。

太宗用人，唯贤与不肖

太宗初封秦王，所以称秦府。其兄建成先为太子，称前宫。弟元吉封齐王，称齐府。太宗从秦王立为天子，旧时在秦府中服侍的人，都指望他即帝王之后，超升官职，却不料后来并未得升，心中不免抱怨。

于是，中书令房玄龄说："这秦府旧人未得升迁的，都在背后埋怨道：'我等幸在藩邸中奉事主上，日侍左右，至今多少年岁，枉自受了许多辛苦，不曾沾一些恩典。今日授官职，反居前太子宫中及齐王府中人之后。我等旧人，倒不如那新来的，为何？'"

太宗说："为人君，凡事须一秉至公，无一毫偏私，方才服得天下之心。况朕与卿等每日穿的、吃的，都是民间赋税，件件取于百姓。今日设官分职，正是为着百姓，要使他得所，必须选择那有德有才的去做，天下始受其福。用之先后，乃在贤与不肖，不在新与旧，岂能以新旧为先后？若必新的真贤，有益于百姓，就是前宫、齐府人，也该用；若旧的不肖，无益于百姓，就是我秦府人，也不该用。又怎可只论新旧，舍贤而取不肖？今你不论其贤与不肖，只说旧的责怨，要加意于他，以满其望，便是任情轻重，偏私不公。为政之体，岂宜如此？所以，我才不敢把朝廷的官职，私厚我秦府旧人。"

太宗此言，真可谓知为政之体啊！

> 朝廷为官择人，不为人择官，因此能称其职，虽仇不可弃，不能称其职，虽亲不可私。如魏征、王珪，原来都是太子府中人，如果弃而不用，何以成贞观之治？至于房玄龄，实秦府旧人，却首升以为宰相，天下人不得议其私。可见王道至公，有意任旧而不择贤人，固不可，有意避嫌而故弃旧人，也不可。诸葛亮曰："吾心如秤，不能为人作轻重。"此可为用人之法。

引之卧内，以得忠言

太宗鉴于隋朝以厌恶闻听其过失而亡天下，于是奋励精神，勤求治理，兢兢业业，常恐所行或不当于人心，就时常召引谏议大夫魏征（唐朝政治家、思想家、文学家和史学家）进入卧房内，私下问他朝廷近日所行，哪件停当，哪件差失。魏征在内殿，可以从容尽言，有事关机密、不敢显言的，也得以密切上陈。

魏征是个忠直的大臣，对太宗亲信他非常感激，于是一切政事只要是自己知道的，无不尽言。其行得对的，便说对，以将顺其美；行得不对的，便说不对，以匡救其失。一切无有隐讳，无有避忌。太宗都欣然同意，不觉逆耳，一一嘉奖而接纳。

魏征

魏征因直言进谏，辅佐唐太宗共同创建"贞观之治"的大业，被后人称为"一代名相"。

大抵人君挟居崇高之势，虽言行有得失，而过错每难于上闻；人臣怀畏惧之情，虽意欲箴规，而言语每难于自尽。所以明圣之主，务必开导，使他大胆言说，引之卧房之内，以示对他亲近，表彰他的谏言，以行动接纳其说，然后忠直之臣，得以自行其意，过失日有闻听，而人主越见其明圣。若太宗者，可以为后世效仿。

> **今评**
>
> 这几段讲的是太宗在继位之前如何识人和用人，如何收揽人才。以此向少年皇帝阐述这样一个事实：但凡有为之君，都注重人才建设。太宗之所以能成为中国历史上少有的有为之君，关键就在于此。其实，在任何时代，人才都是第一位的，只有尊重人才，重用人才，事业才能快速发展，国家才能走向富强。有志者或欲有作为的人，一定要提前了解人才，储备人才，不可急用时才想到需要、寻找人才，以致失去先机。

太宗

太宗皇帝，名世民，高祖第二子。年十八劝高祖起义晋阳，削平群盗，代隋而有天下。初封为秦王，后高祖以其功大，遂立为太子，因传位焉。在位二十三年，庙号太宗。

文武之道，不可偏废

此时，高祖自称太上皇，传位太宗。太宗即位，改年号为贞观。

贞观元年正月，太宗大宴群臣，乐工承应，奏《秦王破阵之乐》。太宗与群臣说道："朕往时为秦王，蒙父皇委任我，得以征伐各地，往往以身先士卒，摧破强敌，所以民间有秦王破阵的歌曲。今因而润色，以为乐章，用一百二十人，被甲执戟而舞，虽发扬武威风，不似文德之雍容，然实用此以取天下，今日功业由此成就，何敢忘其所自。所以制为乐舞，欲使后世观看者，知道朕创业之艰难。"

那时，尚书右仆射封德彝进说："陛下以神武定海内，削平祸乱，弘济苍生，区区文德，岂足比拟。"太宗当面批评他说："天下大乱，平定固须用武，王业既成，持守尤当用文，文武不可偏废，而时变不同，所以或用武，或用文，各随其时，非有轻重于其间。卿乃谓文不及武，天下岂可以独以武治啊！"于是，封德彝自知失言，叩头谢罪。

自古说文武并用乃长久之术，如天道阴阳一般。春夏虽阳气用事，然而未尝无阴；秋冬虽阴气用事，然而未尝无阳。二者相济而后不偏。所以陆贾对汉高帝说："马上得之，岂可以马上治之。"战乱之时，固然宜用武，也必济之以文；守成之时，固然宜用文，也必济之以武。

唐太宗

李敖说："唐太宗是历史上最有'奇情'气质的英雄人物，柔情侠骨，一应俱全。在打天下的政治斗争中，当然他有和别人一样的霹雳手段，但在这些政治性的'俗情'以外，他有许多'奇情'，使江山多彩，为人类增辉。"

治国之要，首在得贤

太宗致治在得贤，而贤人或潜伏在下级官员中，或遗落在民间。朝廷不能尽知，乃诏告朝臣各举所知，以备任用。经常命右仆射封德彝举荐贤才，但其只应承，终无所举。

太宗问其原因，德彝对曰："臣非不尽心访求，但一时未有奇才可应诏命者。"太宗责怪他说："人的才能，各有所长。君子用人，就如用器皿一般，大的大用，小的小用，岂可苛求责备？且天之生贤，何代无之！一世之才，自足以供一世之用。古来致治之主，都赖贤臣，岂是从异代借来用吗？也只取于当世而已。今正患自家识见浅陋，不能知贤，何可尽诬说一世之人，以为无贤可举啊！"于是德彝羞愧而退。

尝观贤才、不肖之相引、相斥各以其类聚，所以唯贤才然后能知贤，亦唯贤才而后能举贤。德彝本邪佞小人，怎可乐此举贤之道？小人不乐进贤，其情有三：忌其形己之短，是一件；恶其不为己之党，是二件；恐其以正直冒犯人主，为己之累，是三件。至于不知而不举，此其罪犹薄也。然则知人之难，又何以责于封德彝啊！可见人主之明，尤在辨奸，奸之远而贤者自进。

国之祥瑞，在于贤才

太宗说："近见群臣屡上表章，称贺祥瑞，见一稀有之物，遂以为盛世之征兆。然而治世莫如尧舜，乱世莫如桀纣。若为君者能寡欲省费，使天下百姓们饱暖安乐，就是那时无一件祥瑞，也不妨为尧舜；若纵欲广费，使天下百姓们忧愁怨恨，就是那时遍天下尽皆祥瑞，也不免为桀纣。且如后魏之世，处处都产连理木（两株树其干与枝连合为一，叫作连理木）与白色雉鸡，瑞物极多，当时官民只把连理木当柴焚烧，烹煮那白雉鸡而食之，其瑞物之多如此。然那时天下纷争，生灵涂炭，岂是致治之世？可见世之治乱，不系于祥瑞之有无，则今日纵有祥瑞，何必称贺？"

那时曾有白鹊结构窝巢在寝殿上，其巢两个合而为一，有合欢之形，两头大，中间小，恰似那乐器中腰鼓的模样，左右侍臣都说道："世间少有白鹊，又少有合欢之巢，今在寝殿，实为祥瑞，理当称贺。"

太宗说："我常笑隋炀帝酷好祥瑞，其时卫尉高德儒遂指野鸟为鸾以欺之，君愚臣谄，卒以亡国。国之祥瑞，在于得贤。尧舜得岳牧、元凯，所以成唐虞之治；桀纣有龙逄、比干而不能用，所以丧夏、商之业。人君得贤，才是可贺的事。若一鹊之奇、一巢之异，何关于国运而称贺啊！"遂令撤毁其巢，放飞那鹊于野外，以示不尚祥瑞之意。

太宗祥瑞在得贤一言，可谓超世之见。天之生贤不数，君之求贤甚难。得，则政事理，百姓安，而天下治平；不得，则政事崩毁，百姓困，而天下扰乱。贤才之得不得，关天下之治乱，这才是真正的祥瑞。然非人主有知人之明，则得者未必贤，贤者未必得，譬如指菌菇为灵芝，视麒麟为怪物，其错失远，此又不可不知。

水之清浊，都在源头

太宗时有一人上书，请罢去朝臣之邪佞者。

太宗问："今朝臣邪佞的是谁？"其人对说："臣伏在草泽，岂能明知朝臣中哪个是邪佞？只在陛下自察。愿陛下与群臣谈论间，或假作恼怒，试看众人如何。那执守理法，不屈意以顺从君上的愤怒者，便是直臣；若畏惧雷霆之威，不敢直言执奏，而阿顺旨意者，便是佞臣。这样辨之也不难。"

太宗说道："譬之流水，君是源头，臣是流派。水之清浊，都在源头出处，若本源浑浊，却要末流清澈，不可得。今假装发怒以试群臣，是君自先为诈，又何以责怪臣下，使去诈佞而求正直呢？朕要推赤心置人腹中，以至诚治天下，彼此都无猜疑才好。常观前代帝王，如魏武帝之流，好用权谋诡诈、小小术数接遇臣下。朕以为此非王道，常窃羞耻而不为。今你这试佞的计策，虽是巧妙，朕却自有个坦坦荡荡的道理，不依此行。"

按太宗此言，深得为君之大体。君德贵明不贵察。明生于诚，其效至于不忍欺。察生于疑，其弊至于无所容。其相去远矣。

周、秦兴亡之由

太宗尝与侍臣评论前代兴亡之由，说道："周家享国八百余年，秦传至二世而亡。国运长短，为何如此不同？"

太子少师（太子老师，与太子少傅、太子少保，合称"三少"，是天子或太子最亲近的人）萧瑀（yǔ）回答说："国运之修短，系于人心之得失。周之时，商纣无道，毒害四海，武王吊民伐罪，为天下除害，所以人心归之。秦之时，周命未改，六国相安，本无可灭之罪，始皇恃其强暴，因而消灭宗周，吞并六国，大失人心。其得天下虽同，人心则异，所以周享国之长，而秦享国之短。"

太宗说："公但知其一，未知其二。周与秦虽同以征伐得天下，然周得天下之后，却能增修仁义，而德泽有加；秦得天下之后，更加崇尚诈力，而残刻愈甚。是其得天下虽同，其守天下则异，所以运有长短不同，实由于此。守天下与取天下不同，取天下者时当平定祸乱，容可兼用智力，稍违事理；及得天下而守之时，当整饬太平，宜纯用仁义。于道理不可不顺，周逆取而顺守之，所以其享国也长；秦既以逆取之，又以逆守之，欲享国之长，岂可得之？"

萧瑀闻言大服，顿首称谢，自谓识见不能如此深刻。

萧瑀

萧瑀，初唐名相，善于学习和书写，个性正直，为人刚正不阿，光明磊落。李世民为他作诗《赐萧瑀》："疾风知劲草，板荡识忠臣。勇夫安知义，智者必怀仁。"

周秦国运长短之论，萧瑀固然有失，太宗也未为得也。周武王顺天应人，固不可谓之逆取，而始皇以不道取天下，也岂能以顺守之？二说都有偏失。窃以为，周之立国，谋略与功业并重，所以保佑启发者深远；累世追求功德，所以继述者仁善。文王求四友，武王诛十乱之臣，所以辅佐者良多。因此祖孙一德，臣主一心，享国长久，是有缘由的。秦尚法律而弃诗书，疏远扶苏而宠信胡亥，放逐忠义之士而任李斯、赵高。父子君臣，同恶相济如此，岂能长久呢？

天下为公，天下为私

太宗尝对公卿大臣说道："昔日大禹为司空时，用许多人力，凿山通道，以疏治洪水，劳民也甚，然而民皆欢欣趋事，无有毁谤怨言者，因其知那时洪水滔天，必须疏凿然后民得安居而食，禹要与百姓们同其利，所以人都知道劳我乃是利我，所以虽劳而不怨。秦始皇营造阿房等宫，其用民力，也不过是凿山治水这等劳苦，然而民皆怨愤离叛者，秦皇不是为百姓，只为自己要广大宫室，乃至竭民财力，不恤天下之困穷，以侈一人之居处，所以民不堪命而怨叛。"

"宫室、衣服，件件要靡丽珍奇，谁不愿如此？但一人之身，居处用度，所需几何？但取适体便可。若纵其情欲而不知止极，为琼宫瑶台，则必为锦衣玉食。为锦衣玉食，则必极声色玩好。内放荡其心志，外竭尽其财力，民心怨叛，而危亡立至，此秦之往事可鉴者也。朕尝欲营造一殿，估计财用，都已完备，便可兴工，因鉴于秦事，不欲启此祸端，即时停止。凡尔王侯公卿以下，各宜体悉朕这防患的意思，务要杜绝奢靡，斥远珍奇，以赞成节俭之治，不可相与骄奢而自纵。"

太宗谕告公卿如此，自此以后，君臣上下，悉事俭约，二十年间，海内风俗尽变为素朴。所穿衣服，唯用布帛，绝无锦绣，民知节省，物力自然有余，那官府库藏与民间私蓄，公私所在，无有不丰富给足者，正是节俭倡率的效果。

昔汉文帝惜十家之产，台基地址既成，而一台不筑。今日太宗亦鉴秦人之敝，财用既具，而一殿不营，节省于一身者甚小，而功利天下及一世者甚大，阻止一时之欲者甚微，而培养数百年之根本者甚巨。愿为治之主，宜知所务根本。

以诚信待夷狄

此时，北虏突厥衰乱，十五部皆叛，又值饥荒。鸿胪卿郑元出使突厥后返回，对太宗说道："戎狄之俗，不食五谷，专恃羊马为生，故其兴衰，只看那羊马如何。羊马繁盛，是他兴的时候；羊马消耗，是他衰的时候。今见突厥国中，人民饥饿，羊马瘦损，这正是他衰弱将亡的证验，算来不过三年，必为我擒。"太宗道他说得是。

朝中群臣，因此多劝太宗趁这时候，出兵击破突厥。

太宗说："王者之待夷狄，当以至诚，不可见小利而失大信。今我初与突厥盟誓，不相攻击，他既不来犯我，就无故兴兵，背了盟约，便是不信；他国中人饥畜瘦，这是天灾，所当悯恤，今乃幸其如此，遂因以为利，便是不仁；他有将亡之兆，这等危急，朕乃乘其危而击之，纵能取胜，不过欺他衰弱，非我兵力能制其死命也，便是不武。今莫以他羊马一时稍损，便谓可击，就使种类部落都已离叛，羊马等畜，无复存留，朕终不出兵击他。王者之师，声罪致讨，今突厥不曾犯边，有何罪恶可指为名？必待其背盟侵犯，自取灭亡，然后兴师以讨其罪，名正言顺，堂堂乎为帝王之义举啊！"

太宗此言，深得中国之大体，使外夷闻之，亦当心服。边将知之，不敢邀功。此所以终能雪耻除凶，致后来颉利率部归顺，而赠给边境无穷之利了。

突厥来附，一喜一惧

此时，突厥颉（jié）利可汗以部落多叛，要内迁归附中国，乃上表请求入朝。

太宗与侍臣说道："往日突厥强盛的时节，他部下挽弓骑射之卒，约有一百万人，凭恃其众，欺凌我中原，意得志满，因此骄纵，残害十五部落，大失众心。今自求归附，非其众叛亲离，力困势穷，安肯降顺如此？朕闻此事，又且欢喜，又且警惧。所以欢喜为何？边境不安，全是此虏为害。今突厥衰弱，不来侵犯，则边境小民，得以安宁，岂不可喜？所以警惧为何？突厥失民，由于骄恣无道所致，朕或行政失道，他日民心背叛，国势衰微，也将与突厥今日一般，岂不甚为可惧？卿等宜体朕此意，凡朕有识见不周、举动不一的去处，须要苦言极谏，以助朕之不及，不可默语自全，陷朕于失道之地。"

大抵人主抚有天下，莫不喜盛强而惧衰弱。然而衰弱之形，每伏于盛强之日，所以常人能惧祸于已发生之事，而不能惧祸于未发生之事。唯圣王忧深而虑远，早见而豫图，当盛即忧其衰，处强即虑其弱，所以兢业常存，而盛强可常保也。《易经》有示危者，保其安者也，乱者有其治者也。太宗因突厥入朝而惧，其意实本于此。

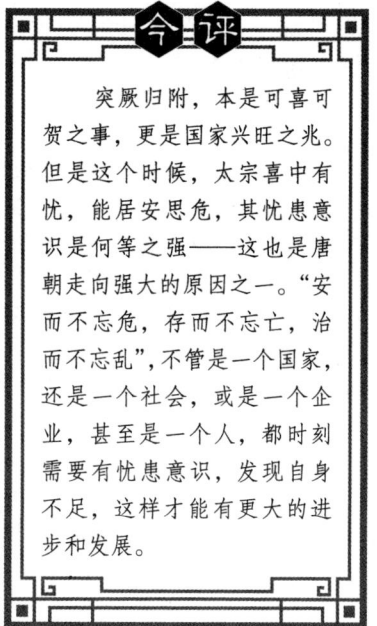

今评

突厥归附，本是可喜可贺之事，更是国家兴旺之兆。但是这个时候，太宗喜中有忧，能居安思危，其忧患意识是何等之强——这也是唐朝走向强大的原因之一。"安而不忘危，存而不忘亡，治而不忘乱"，不管是一个国家，还是一个社会，或是一个企业，甚至是一个人，都时刻需要有忧患意识，发现自身不足，这样才能有更大的进步和发展。

和颜悦色，方纳谏言

太宗为人，神采英毅可畏，群臣有事入奏，望见他颜色者，都恐怖仓皇，举止失措。

太宗晓得如此，后来每见人奏事，必和颜悦色，屈意容忍，并开导引诱，求闻规谏之言，其务尽下情如此。尝与公卿大臣说道："人之面貌不能自见，必资明镜，乃见其形；君之过失，不能自知，必待忠臣，乃知其过。假使为君者，自矜才智，不纳忠言，为臣者，阿意逢迎，唯知顺从，将现主骄国乱，为君者必不能保其社稷，君既失国，为臣者岂能独保其身家？以隋家观之，如内史侍郎虞世基等，因炀帝厌恶闻听直言，曲意奉承，极其卑谄，只图谀悦取容，保全富贵，及宇文化及作乱，炀帝被弑，世基等一并就诛，此时身且不保，富贵安在？公等在今日莫说朝廷清明，可以相安无事，宜以隋之君臣为鉴，凡朕所行的政事，某件停当，某件差错，务要一一尽言，无所吝惜，尽力做到在朕得知其过，在公等得尽其忠，君臣始相保，岂不美哉！"

人臣莫不愿忠，而言每难于自尽者，唯恐犯颜色、触忌讳而已。今日既假之以辞色，而导之使谏，又申之以鉴戒，而劝之使忠，则小臣不萌畏罪之心，而大臣不怀持禄之念，国家之福，莫大于此。

若太宗者，真可以为万世人君效仿。

兼听则明，偏信则暗

贞观二年，太宗问魏征："自古帝王有明哲者，有昏暗者，何为而明，何为而暗？"

魏征答说："君德之昏明，系于下情之通塞。明君寄耳目于天下，而兼听众人之言，所以闻见广博，而日进于聪明；昏君寄耳目于宠幸，而偏信一人之言，所以聪明蒙蔽，而遂流于昏暗。昔者帝尧虚怀访治，下问小民，故当时恃险不服，如有苗那样的叛国，随即上闻，而不能逃征讨之师；舜明四方之目，达四方之聪，所以当时害国害民，如共工、鲧、兜那样的凶人，随即败露，而不能免放诛之罪。这是兼听则明的证验。秦二世偏信赵高，群臣莫

魏征

魏征一生，效力过多位主上，是历史上少有的良臣、谏臣。

敢言事，遂成望夷宫弑逆之祸；梁武帝偏信朱异，纳东魏叛臣侯景，自取台城饥死之辱；隋炀帝偏信虞世基，以为盗贼不足忧，后来宇文化及引兵犯御，尚自不知，卒死于彭城西阁之下。这是偏信则暗的证验。以此观之，人君之患，全在偏听，若能兼听群言，广纳众善，则耳目众多，那宠幸之臣，不得专权擅宠，以蒙蔽人主之聪明，而凡民情休戚、国事安危，件件得以上闻。"太宗以其所言深切治体，遂称赞而嘉纳。

大抵君德固以兼听为明，而兼听尤以虚心为本。所谓虚者，高明广大，无一物以遮隔之，如太虚然，乃所谓虚也。间之以嗜欲则非虚，自以为是则非虚。人君平日，必须讲学穷理，诚意正心，以

预养其静虚之体，然后本源澄澈，而视听不淆。不然，心中无受善之地，而外饰兼听之名，虽发言盈庭，何益于治道？此明主所当留意也。

君臣相警戒

太宗一日对侍从等官说："常人只说为天子的，以一人居天下之上，极其尊崇，凡事皆得自由，无所畏惧忌惮。朕的意思却不是这等，天子上奉皇天，下临群臣，顶戴的便是皇天，无一处不鉴临，我何敢不畏惧？环列的便是群臣，无一人不瞻仰，我何敢不敬惮？每次思量君德或未尽修，政务或未尽举，上莫逃于鉴观，下莫掩于瞻视，兢兢业业，戒谨恐惧，如临深渊，如履薄冰，尚恐怕所行或悖天理，不合皇天之意，或拂人情，获罪于上下而不自知，怎能无所畏惮呢？"

魏征对曰："人君为治，最患恃其尊贵，上不畏惧天之谴责，下不敬惮人之非议，以致骄奢纵逸无所不为。今陛下上畏皇天，下惮群臣，如此敬慎，天下自然太平，诚致治之要。但人情靡不有初，鲜克有终，臣愿陛下常存兢兢业业之心，日慎一日，到久后时，也如今日，则天常眷佑，人常爱戴，这等才好。毋使倦心一萌，渐不克终，以负今日之言。"

太宗这段话，与大禹告帝舜儆（使人警醒，不犯过错）戒之道相同，不独寻常人主，当置于座右，自古聪明圣哲之君，也益多儆惧忧危之意。其德愈盛，其心愈下，其业愈广，其意愈谦，其时虽无虞，其自视常若天怒人怨，而危亡之立至者，此二帝三王所以长治久安，而万世称隆也。若桀纣狂愚，谓人莫己若，谓天不足畏，遂以一人纵于民上，自取灭亡，为后世笑。有天下者，不可不以之为戒！

民为邦本，本固邦宁

太宗说："国以民为本，为朕惠养百民，使之得以安生乐业者，唯在各路都督（唐时各路军政长官或总管）与各州刺史（唐时各州监察官）。这两样官，职责为宣布朝廷恩德，督察官员，最为紧要，所以朕尝记录其姓名于便殿屏风上，坐卧观览，时加察访，得其在官任上所行的事迹，或善或恶，都各填注于本官名下以备将来考察，恶者罢黜之，善者升用之，使有所劝戒。至于县令之职，于百姓尤为亲近，得其人，则一县百姓都受其福，不得其人，则一县百姓都受其害，尤不可不慎加选择。"

于是，命内外五品以上官员，各将平日所知，其才力操守堪为县令的，俱列其名，奏闻朝廷，以备选授。

《书》曰："德唯善政，政在养民。"又曰："民为邦本，本固邦宁。"然天子端居九重深宫之中，爱民虽切，其势不能独治，须要各方面守令之官，宣德布化，然后治功可成。太宗深察治本，用心于选贤养民如此，又定为制度，凡都督、刺史，皆天子亲自选授，受命之日对便殿，赐衣物，所以宠任责成者，都做得很好。贞观之治不是偶然的。

宰相之职，莫大于进贤

贞观三年三月，太宗谓房玄龄、杜如晦："宰相之职，莫大于进贤，卿等为仆射（宰相），事当急其大者，必广询博访，求得真贤，随其才能，授以职任，乃为称职。近闻卿等身亲细务，听受辞讼，至于每日勤劳，应接不暇，怎么能从容咨访，助朕求贤呢？"于是，太宗下令，六部尚书，凡一切琐细事务，俱属左右丞分理，唯军国大事，应当奏闻的，禀告仆射，听其处分。

太宗之意，欲使房、杜二人，事简而心专，才能求贤以图治。

百官之职，在于任事，宰相之职，在于任人，故人君择一相，相择百官，而后天下之事可不劳而举。不然，一人之才力有限，天下之事务无穷，虽日劳心焦思，身亲辞讼而遍听之，何益于治？太宗可谓知治体。

房谋杜断

房玄龄之为人，才学兼备，既明达百官庶吏之事，又能以文学济之，昼夜勤勉，尽心为国，唯恐天下或有一物不得其所。所以用法则宽厚而和平，待人又虚心而能恕。闻人有善，便如自己有的一般。其不以求全责备之心取人，而苛责其所不能；不以一己之长处拒人，而断绝其所可用。每与杜如晦引拔士类，使人之同升，其心急切，常如有所不及。至于台阁中政事规模，也都是二人共同裁定，成为一代之章程。

此时，太宗每与玄龄谋议政事，必说："所谋虽善，然非如晦，

杜如晦（左）和房玄龄（右）

"笙磬无徵帝宠犹，家声并陨士林羞。当年参佐弘文馆，多少功名出射钩。"这是清代名臣张之洞创作的一首七言绝句《房玄龄杜如晦》，可见后人对两人的评价非常高。

不能断决。"及如晦到来，相与裁议，又最终采取玄龄所谋之策。这是玄龄性资明敏，善于图谋，如晦性资刚果，善于断决的缘故。二人谋断，彼此相资，契合无间，同心协力，能以死殉国，所以能举贤任能，辅佐唐太宗成贞观之治。唐时称贤相者，必推重于房、杜二人。

古语说：中臣以身事君，上臣以人事君。以身事君者，所及有限；以人事君者，所及无穷。今观房玄龄、杜如晦之所为，保其子孙黎民。然而，如果不是太宗亲信之笃，委任之专，何以得行其志？所以太宗任相，不以躬亲细务为能，而唯以求贤为先。房玄龄、杜如晦为相，不以同心殉国为足，而尤以进贤为务。此万世为君、为相者所效仿。

权力制衡：中书省与门下省

贞观三年四月，太宗到太极殿，谕告侍臣："国家建立宰相，设中书省，辅佐天子执掌大政，凡制册诏敕，都由他申请、审核。设门下省主管帝王命令的上传下达，凡国家之事务，都有中书省参与。此两省乃国家机务紧要官员，诏敕如有不稳便处，都该辩论、争执、奏明方为称职。近来两省官员，唯见阿谀顺从，不闻一言违异，宰相只是奉行诏敕文书而已，此凡人谁不能做？何必选择贤才而任之？"于是，中书令房玄龄等皆顿首谢罪。

中书、门下两省相传事务，凡遇军国大事，有关系复杂、难以裁决的，则中书省先令舍人（中书省属官）各执所见，以判断之，并各人签署其名于所判断之后，谓之五花判事，以证明其言之者非一人，参错而不齐也。众舍人判断完毕，中书侍郎（中书省副官）至中书令都省览审察一遍过后，斟酌其是非以为取舍，犹恐中间还有差失，仍传递到门下省，令给事中（门下省属官）至黄门侍郎（门下省副官）再次参考审详驳正，然后施行。这规矩已久废，太宗开始申明这个程序，使一一都照当初设计时执行，因此事都停当，少有差错者。

今评

这段历史，主要讲权力分配的制衡和必要性。同时，也是在国家领导层阐述"民主议事"的优越性，从侧面提醒明君兼听，昏君独行，千万不要独断专权，否则弊端太多。特别是在重大决策面前，应该征求多方意见，这样形成的决断才不容易出错，有过错时也容易及时纠正，这是制度设计和历史经验总结。毕竟，集体的智慧会更加全面、理性。所以，三省六部制初创于隋，完善、成熟于唐，与唐太宗的治国之道和气度是分不开的。

天下之事，非一人智力所能办周全，所以天子委托宰相，宰相

参考僚属，不以来往、反复为烦琐，不以反对、赞同为弊端，然后集思广益，众思汇集，而重大事务才能中和公正。后世庸暗之主，命令唯主上必行，奸佞之臣，心思唯在保位，所以只有顺从而无匡正，忌讳过失而害怕更改，怎能不败坏天下之事呢？太宗此举，可谓深识治体啊！

唐初名臣马周

贞观三年六月，太宗因旱灾，诏令文武百官各上本极言时政的得失，以图反省修正。常何是位武官，平日未尝学问，不知有何事可说，乃央托马周（唐代名臣，有奇才，初以贫贱不修细行，为人所轻，后客游于京师，谋事于中郎将常何家中）代笔。马周就替他写了本稿，条陈时政便宜，可以消灾者凡二十余件，都是当世举措，切实可行的。

太宗看后，疑道："常何怎么会做得这本？必有人代笔。"乃面问常何。常何如实说道："这本非臣所能作，是臣之门客马周替臣具稿的。"

太宗即时宣马周入见，未到时，连差几起人去催促他，其欲见之急如此。及来到朝见，太宗亲与之谈论，见他应对明敏，甚喜其才，就命他直宿于门下省，以待顾问。不久马周便升任监察御史，太宗差他出去巡行郡县。马周果然能激浊扬清，除奸革弊，非常称合上旨。太宗越发喜他，恩眷日厚。以常何能荐马周，为有知人之明，乃赐绢三百匹以赏之。其后竟用马周为宰相，为唐初名臣，其遇合之奇如此。

贤才之在天下，何代无之？但或阻于疏贱，而无左右之容，或失于放荡，而乏乡曲之誉，往往困穷堵塞，莫能自见。唯明主旁搜博访，拔之于正常程序之外，然后可以搜罗遗佚，兴起事功。马周以一布衣，太宗偶览其文，即召见升用，首置禁地，参与机密，虽古之求贤于版筑（商武丁求贤傅说事）、取士于屠钓（周文王求贤姜子牙事）者，又何以超之？此所以能得天下之才，而成贞观之治也。

兴王赏谏臣

贞观四年六月，太宗命令调发徒卒，修治洛阳旧宫（隋代旧宫），以备他日巡幸。

当时有给事中张玄素，上书进谏说："洛阳去京都数百里，圣驾无故必不轻出，今巡幸尚未有日期，乃预先修治此宫，恐非今日要紧的事务。窃见陛下当初平定洛阳时，恶隋氏以奢侈亡国，凡洛阳宫室宏壮侈丽者，都下令拆毁，以垂后人鉴戒。到今曾未有十年之久，乃又重新修理起来，为何前日这等恶他，而今日反效其所为也？且今日财用民力，正在困穷，如何比得隋家那样富贵？陛下不思节约爱养，却役此疲敝疮痍之民（兵戈之后，百姓犹带伤残，所以叫作疮痍之人），而重蹈袭亡隋的弊政，恐怕百姓财力困竭，祸乱将作又甚于炀帝之时啊！"

太宗遂问玄素："卿说我不如隋炀帝，却比夏桀、商纣二君何如？"玄素说："桀、纣也只因不爱百姓，不听忠言，以至于乱，若此工役不肯停息，劳民致怨，也将与桀、纣同归于乱！"太宗闻此言，叹说："我一时思虑不熟，乃至于此，是我的过失。"因此，回顾宰相房玄龄说：

"朕以洛阳居天下之中，四方入朝进贡的人，道路均平，意欲居之，取民方便，所以下令营造宫室，以备巡幸。今闻玄素的言语，诚为有理，当即为之停罢工役，后日或有事要到洛阳，就在露地暂居，也无伤。"仍赐玄素彩帛二百匹，以赏其敢言之忠。

魏征闻之，叹息道："这修造事已有成命，主上闻张公一言，即为停止，是其论事实有回天之力，因此省了许多民财，宽了许多民力，天下人谁不受福？真可谓仁人之言啊！"

魏征谏主之心，与玄素相同，所以不觉他就赞叹而称之。

玄素肯犯颜直谏，固是忠臣，而太宗能虚己受言，尤见盛德。观其诏令已发，工役已兴，一闻正论，即时停止，且以桀、纣、炀帝比之，不怒其言过直，而复加以厚赏。其纳谏如流，一至于此，则忠言岂有不竭，政令岂有不善者？传曰："兴王赏谏臣。"太宗就是这样，所以国家兴盛。

王珪评品诸臣

太宗一日宴请群臣于丹霄殿，众宰相都在侍宴。太宗与侍中（门下省的长官）王珪说道："卿平日识见鉴别精明通达，有知人之哲，且又善于谈论，符合人情，如今房玄龄以下诸臣都在此侍宴，你可将他们每人所长，悉加点评品鉴，并说你自己的才能，比他们众人何如？"

王珪对曰："臣观今日执政诸臣，各有所长，绝非愚臣所能及者。若心情急切，勤勉不懈，一心只为奉公报国，凡有所知者，无不竭尽心力而为之，这等公正忠心，臣不及左仆射房玄龄。若才兼文武，出可以管理三军，安定四方，入可以协助天子，治理天下，这等的才略，臣不及右仆射李靖。若陈述奏章，详细明白，上传下达命令，准确允当，这等详慎，臣不如尚书令温彦博。处烦难之事，治匆忙急促之事务，料理有方，事

王珪

王珪，初唐四大名相之一，不仅政绩卓越，其诗词和书法也有一定的造诣，世人对其评价是「天地建树」。

事推行，这等的干才，臣不及吏部尚书戴胄。若以道事君，唯耻其君主不及尧舜，劝善改过，以直言谏诤为自己的责任，这等责难陈善之事，臣不及尚书右丞魏征。至于推激那污浊之流，扬显那清白之士，疾恶如仇寇，好善如不及，想要振兴纪纲、导正风俗，这等的去处，以臣比之诸臣，也似乎微有所长，不敢多谦让啊。"

太宗见王珪评品诸臣，各个停当，深以其言为是。一时同列诸臣，也心服其言，以为至当精确之论。

君臣相遇，自古为难，观王珪所论房、魏诸臣，皆极一时妙选，唐之得人，于斯为盛。然诸臣者不是隋室遗才，就是建成旧党，若非遇太宗英主提拔而重用之，不过逃亡戴罪之人罢了，岂能各尽所长而建成不世之功？所以，天下不患无才，患不遇明主，有太宗之君，则房玄龄、魏征等诸臣，将接踵而至。千古称赞贞观政治之美，几

乎与成康之治相媲美，这都是太宗知人善任之效果啊！

长孙皇后之贤

魏征在朝，每竭忠尽言，无所忌讳，甚至有人主所不堪处。一日，太宗罢朝还宫，心里恼怒不已，不觉形于辞色说："这庄稼佬（如说乡巴佬，言其如山村乡民粗野直憨）好生无礼，少停片刻一定要杀了他。"长孙皇后说："是谁？"太宗说："魏征，他经常在朝会众臣僚面前数说朕的过失，当面折辱朕，朕已经忍受不了他了，因此要杀之。"

长孙皇后平日闻得魏征是位忠直大臣，想要救他，思量太宗这时正恼怒，若说不该杀，便越发激起怒来。于是暂且退去，换了朝服，站立在宫庭下。太宗看见，惊问："你何故穿这朝贺的衣服？"皇后答说："妾闻古语说，人主明圣，才能容受直言，然后臣下乃敢直言无忌。今闻魏征冒犯天威，耿直憨厚如此，乃是由于陛下明圣，能听谏言，他才知道言之无罪。人主明圣，天下之福，敢不称贺？"于是，太宗方才欢喜，消释了刚才的恼怒，而于忠直之言，愈加听用。

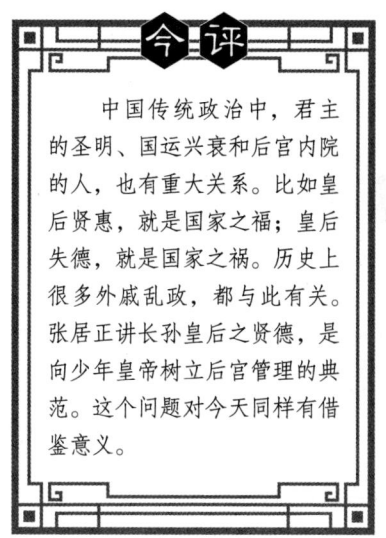

今评

中国传统政治中，君主的圣明、国运兴衰和后宫内院的人，也有重大关系。比如皇后贤惠，就是国家之福；皇后失德，就是国家之祸。历史上很多外戚乱政，都与此有关。张居正讲长孙皇后之贤德，是向少年皇帝树立后宫管理的典范。这个问题对今天同样有借鉴意义。

当此时，外有魏征之直，以补救疏漏，内有长孙皇后之贤，以保护忠直敢言之臣，此太宗所以益成其明圣也。然而面折廷诤，中主所不堪受，太宗既能尽量容受于殿廷，又能克己从善于宫禁，此为他不废劝人改过的良言，能扩大圆转之海量，更为后世人主所不能及。

心存敬畏，慎终如始

太宗一日与近侍之臣论及天下安危的根本。

中书令温彦博说道："天下安危，其本在人君之心，若此心常存敬畏，慎终如始，便是治安之本。假如一有不能敬畏，有初无终之心，便是危乱之本。今日之治，不必远有所法，只愿陛下常以贞观初年那等励精图治，即可以永享太平，而为尽善之道。"

太宗闻温彦博之言，心中警惕，因问道："据这等说，想是我近来怠于为政，不如贞观之初吗？"

魏征对曰："陛下今日志意，确实与当时不同。贞观之初，陛下鉴隋朝之奢侈，志在节俭，唯恐劳民伤财；鉴隋朝之偏听，求谏言不倦，唯恐臣下不肯尽直言。近年以来，营造宫室，稍觉过多，节俭不如当初；群臣进谏者，颇有违忤旨意，以致得罪，是求谏不如当初。即此两事，皆不似前时，此其所以与以前不同耳。彦博所言，有见于此。"

太宗见魏征说得是，遂拊掌大笑道："真是这回事。"自言应该常闻听其过。

大抵为治之道，只在节省财用，好纳直言。节用，则可以养天下之财力，而不至于虚耗；受言，则可以尽天下之人情，而不至于闭蔽，二者诚安危之所关也。太宗当贞观之初，欲构一殿，财用已具，因鉴奏而止,是何等节用。因孙伏伽直言,以公主田园赏之,是何等纳谏。及其太平逸豫,而戒慎之念稍弛,遂不自觉其骄侈之萌,可见保治之难。然能因二臣之言而自知其非,则改过不吝之风,也足以令后世效仿!

外不避仇,内不避亲

贞观七年十一月,太宗以开府仪同三司长孙无忌为司空(唐时为三公的尊位),无忌固辞不敢当,说道:"臣是皇后之弟,愧为外戚,若处以三公尊位,恐天下人议论,说陛下私心厚待亲戚。"

太宗不许其辞,说道:"司空大臣,未易称职,我只要替其选择个好人,有这样大才的,就与他做,不论亲戚。假如不才,纵是亲戚也不用,如襄邑王李神符,本是朕的叔父,只因他无功劳,但封为王,不任他以官职,所谓虽亲不用。若是有才能的,虽平

长孙无忌

长孙无忌主持修订了《唐律疏议》,奠定了唐朝近三百年的法律基础。

日所仇恨也不轻弃,如魏征等诸人,先事隐太子,同谋害朕,本是仇人,只因他有才能,所以倾心委任,忘其旧恨,所谓虽仇不弃。今日,举卿为司空,因卿有才德,能称职此官,故以此位处之,不是因为

是皇后的亲戚而用之。"

从这一段，可见唐太宗用人至公。长孙无忌随太宗定天下，本是开国功臣，与其他外戚不同，若论国家待亲戚的道理，还是不要他干预政事，才得常保富贵，又不可借口太宗之言，以私厚其亲而误国家。

进谏之言，容有过当

太宗时，有位中牟县丞，叫作皇甫德参，上本条陈时政，说道："朝廷修盖洛阳宫殿，用许多丁夫，劳了人力；有司收地亩租粮，收税太重，厚敛百姓；民间风俗，妇人好梳高髻，因宫女髻（jì，盘在头顶或脑后的发结）高而仿效之。"其大意如此，不过欲朝廷轻徭薄赋，表正风俗而已。

太宗看后震怒，对宰相房玄龄等说道："我才修一宫，便说是劳民，才收些地租，便说厚敛，至于民间髻高，也说是宫中所致。凭他说起来，必欲使朝廷不役民间一夫，不收百姓一斗米，宫人都无发可梳，方才可称他意吗？这等妄言诽谤，应该加罪。"

魏征劝说："人臣进谏之言，容有过当。如贾谊当汉文帝时，是何等治平，他上《治安策》，还说当时事势，可为痛哭者一件，可为流涕者两件。可见自古以来，上书建言者，若词不激切，则不能耸动人主之心，所以宁为过激之言，而不敢忌讳也。古人曾说：'狂夫之言，本无足信，圣人恐其或有一得，犹加选择。'今德参固是狂愚，未必有心诽谤，望陛下裁度鉴察，不可深责加罪。"

太宗一闻征言，当时省悟，说道："朕方虚怀下问，嘉纳直言，若因此人之言，遽加罪责怪，以后大小群臣，谁还敢再谏？"随即赦德参之罪，仍赏绢二十匹以表彰其忠直。

皇甫德参乃一郡邑小臣，却能抗疏宫廷，规切时政，虽其言语识见，未必能知大体，而其一念为国之心，不以卑贱而推托，真有错也应该宽恕。太宗开始因其言辞过激，而欲以罪加之。一闻魏征之言，而洞然开悟，不唯不罪，又从而赏之。虽谤木谏鼓之设，不过如此也。

为君之道，不在诗文章句间

贞观十二年三月，著作佐郎（秘书省属官，以撰集文章为职）邓世隆，见太宗在闲暇之时曾撰写文章作品，恐其散失，请将平日御制的文章集成一部，传示天下后世。

太宗说："文章不贵虚词，在补实用。朕平日所撰的辞令诏敕等类，其关系国体、有益民生的，史臣都已采而书之，载于国史，不至磨灭，何须再集？若其他一时感触，因事漫言，诗文等类，非关国体、无益民生的，即使集成，将何所用？若近代梁武帝，与其太子萧统最好文章，再如陈后主、隋炀帝这二君，都有文集刊行于世，然而武帝身遭侯景之乱，陈、隋二主同为亡国之君，虽有文集，何救于乱亡？可见为人主的，只怕无大德实政，足以覆被生民流传后世者耳。区区文章，乃雕虫小技，何足为轻重？"遂不准所奏。

太宗此言，可谓识其大者。人主留意文章，虽贤于声色逸游之好，但所以仰承天地祖宗，永保子孙黎民，固然自有其大者，不在文章、绘画、词句之间。自古帝王以经天纬地为文，以法祖安民为务，岂能与文人学士争一字一句之长短？如唐太宗虽无文集，而其善政善言，至今尚在史册，万世称圣明。君主要知道政务的根本啊！

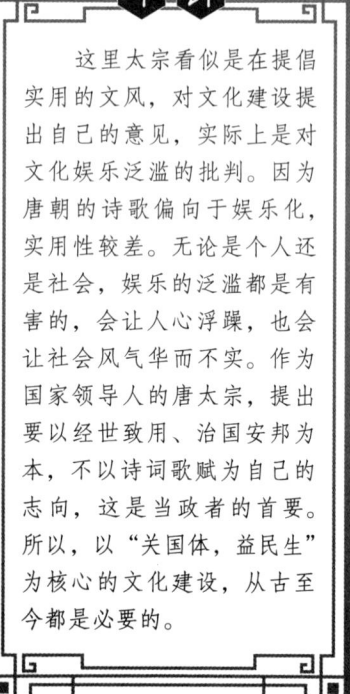

今评

这里太宗看似是在提倡实用的文风，对文化建设提出自己的意见，实际上是对文化娱乐泛滥的批判。因为唐朝的诗歌偏向于娱乐化，实用性较差。无论是个人还是社会，娱乐的泛滥都是有害的，会让人心浮躁，也会让社会风气华而不实。作为国家领导人的唐太宗，提出要以经世致用、治国安邦为本，不以诗词歌赋为自己的志向，这是当政者的首要。所以，以"关国体，益民生"为核心的文化建设，从古至今都是必要的。

创业难，守业亦难

太宗问侍臣："帝王开创基业与保守成业，这两件何者为难？"

房玄龄说："开创之始，英雄并起，各以才力斗争，战胜攻取，费尽心力，然后得之，可见创业为难。"

魏征说："天下之事，每成于勤苦，而坏于怠荒，而人之常情，每谨于有初，而忽于成事。观自古帝王得天下，都从艰难勤苦，即成大业，后来失天下，只因安逸骄肆遂至乱亡，可见守成为难。"

太宗说："玄龄与我共取天下，亲见我出入百死得一生，所以晓得创业之难。魏征与我共安天下，常恐我安享富贵，或至骄纵奢侈，一时一事，忽略不留心，祸乱必从此生，所以晓得守成之难。二人之言，皆有所见。然创业之难，既已往，固不必言；守成之难，正是今日君臣该警戒的事,方当与诸公谨慎而保守之。"

玄龄等拜说:"陛下肯念守成之难,命臣等同加谨慎,言及于此,必不肯恃富贵而起骄奢,必不肯因安逸而忘祸乱,或许太平可以常保,苍生有所利赖,真四海之福啊!"

这里记录了太宗与群臣相警戒谨守成业的话。自古以来,帝王保自己新创的基业,谨守者多;享受祖宗现成的基业,谨守者少。因不曾见前人开创之艰难,所以不信天命人心之可畏,既无深远之虑,又无劝诫之人,所以祖宗得之甚难,后人失之甚易。太宗身兼创业与守业,君臣相警如此,其垂戒后世,亦为深切!假使唐之子孙,能留心谨守,常如太宗之治,则乱亡之祸,何从而起?有天下者,当知所鉴戒也。

房玄龄

后世史学家评论唐代宰相时,无不首推房玄龄,说"唐代贤相,前有房杜,后有姚宋"。

数日不见,想闻其言

魏征有疾,于私宅调理,不能上朝参政,太宗心甚想念,即降手敕,差人往问其疾,因说:"自卿请假,已数日不见,朕之所行,无人规正,过失必多。今欲亲自临幸，与卿一言，只恐越增劳扰。所以特遣中官往问，卿若有闻见朕行不是处，可封本进来，以便省改。"

魏征回奏说："陛下临朝与群臣议论，常说为政要至公无私，及退朝之后，行出来之事，未免有偏私颇僻的去处。或有时自觉其非怕人窥见，却又横加威怒，以震慑其心，殊不知人心至愚而神，上之意向所在，无有不知，欲要遮盖，越发彰显，究有何益？总不如无偏无党，以大公至正之心行之，方是人君之体。"其疏中大意如此。

此时，魏征寝疾已笃，所住的私宅中尚未有厅堂，太宗知之，方欲构一小殿，材用已具，即命撤去，与魏征起盖厅堂，只五日便完成了。又知魏征素性俭朴，室中所需器物，都赐以素屏风、素褥，及几、杖等物，以遂其所好，正以表彰其贤也。

太宗之待魏征，数日不见，则想闻其言，其信之专如此；私第无堂，至毁己殿以营建之，其待遇之厚如此，真可谓恩礼兼尽啊！为之臣者，安得不鞠躬尽瘁，忘身报主？而天下之治，又怎么能不成呢？

太宗深信功臣

那时，李世勣忽然得了病症，甚是危急，医方上说用人须烧灰，可治此病。太宗想要李世勣的病好，就将自己的胡须剪与他和药。李世勣病愈，感谢太宗这等恩眷，叩头出血，涕泣谢恩。

太宗说："朕赖卿以安社稷，卿安则社稷安，今剪须以治卿病，乃是为着社稷，非是为卿一身，何用叩谢？"

一日，李世勣侍太宗饮宴，情意欢洽，太宗从容地对李世勣说：

"朕在位久,太子幼弱,朕为社稷远虑,遍求群臣,可付托以幼孤的,莫过于卿。记卿往时在李密部下,那时李密败降,卿据守其地,尚念这土地人民原是李密的,虽决计来降,然不欲邀功,必启李密自献,不负他一时恩德。何况今日朕之待卿,忘形迹,披腹心,义虽君臣,恩同父子,卿岂能不尽忠于朕所托之幼孤,而负朕之恩德?"

李世勣见太宗这等信任他,不胜感激,既感知遇,又怕不能胜任,遂流涕辞谢,乃自啮其手指,至于出血,以见此身可捐、此恩不可负的意思。因忘分尽欢,无复疑忌,饮至沉醉,昏卧殿上,太宗解脱自己所穿的袍服,为他覆盖。一时君臣之遇,真如同家人父子之亲。君之待臣如此,人臣有不感戴上恩,而誓死图报者,此岂有人心啊!

明君有容人之量

太宗在三代以后,可谓稀世贤君。但其末年,征伐并兴,土木继作,以此稍失人心。

那时,齐州(山东济南)狂人段志冲,上本说太宗在位日久,厌倦政事,莫若自家退闲,及早把这天下传与皇太子。

太子闻得这话,甚不自安,心切忧惧,形于颜色,每一发言,辄为流涕。国舅长孙无忌等,请太宗诛杀此人以正典刑,太宗不听,手诏答曰:"五岳为群山之宗,陵逼霄汉,何等高峻;四海为众水之会,横亘地脉,何等深广。这五岳四海,既容纳那污浊的,也包藏那疾恶的,然山岳常自高,大海常自深,何曾有纤毫亏损。今志冲乃一介匹夫,就要朕解去大位,使天子退闲,此不必论其言之是非,但当自省朕之罪过。若朕果有罪,天心弃之,民心厌之,正是他正直敢言,固不当诛;使朕果无罪,上不负天,下不负民,便是他癫狂妄言，也不必诛。天下后世，自有公论，区区狂言，岂足为轻重。譬如天被尺雾障蔽，依旧是这等广大，不因此而少亏；日被寸云点缀，依旧是这等光明，不因此而少损。今只当置之不问便了，何用诛杀？"

段志冲狂言，不但不足以累太宗，天下后世，因此益见太宗度量之大，识见之明，能容人所不能容，忍人所不能忍，出于寻常世主万倍也。

谗言止于智者

萧瑀天性狷洁孤介，独行己意，不能谐俗，与同僚共处，多不相合。

一日，奏太宗说："陛下以房玄龄为勋旧，信任不疑，却不知他与中书门下诸臣结成朋党，不肯尽忠朝廷，执掌大权，私意胶固，其所行之事，陛下不得详知。看他专擅之状，已非常明了，但未至于反而已。"

太宗闻萧瑀之言，心甚不悦，面斥他道："卿之所言，岂不太过？人君选择贤才，置之辅弼，托以为股肱心膂（lǚ，脊梁骨），当推一片诚心去委任他，方肯尽忠为国，无所顾忌。若一心以用之，又一心以疑之，人臣谁不解体？且人之才行，本不能全，有所长，必有所短，用人者岂可求全责备？只宜略其所短，取其所长，然后人人得以自效。若将那好处不说，只就其一事之短，以概人之平生，则天下无可用之人了。朕因玄龄忠谨，所以倾心委任，你却说他朋党不忠，是朕之用人贤否混淆、邪正颠倒了。朕虽不能聪明，无帝王知人之哲，也岂是顿迷不贤否，至于如此吗？"

玄龄奉公体国，知无不为，诚一代之贤相，萧瑀乃以素不相合而极力攻之，这种情况下，人君假使不如太宗之明哲，很少有不为所惑的。自古以来，攻任事之臣者，大率有二：非诬之以专擅，以动人主之心，则指摘其一言一行之失，以掩其所长。所以任人之道，莫善于推诚，莫不善于求备，能推诚而器使，则二者之言，无由而入。太宗数语，真可为万世之法也。

慎始易，慎终难

太宗宴五品以上官于东宫，因从容问魏征说道："朕近日的政事，比之往年如何？"

魏征对曰："近日吐谷浑既破，突厥来降，吐蕃、朱俱波（古西域国名）、甘棠等国，都遣使入贡，陛下神威圣德，不但平定海内，且加于四夷，比之贞观初年，所及更远。若论天下的人，心悦诚服，则不及贞观之初。"

太宗说："远方蛮夷不可以力制，唯是畏惧我之威，悦慕我之德，所以来输服，若人心悦服，不及初年，何以能致远人畏慕如此？"

魏征对曰："臣所谓不及者，正为陛下之心恃此而骄，比前不同。贞观初年，天下初定，四夷未服，陛下方以未治为忧，兢兢业业，唯恐失坠，故一举一动不敢纵逸，一施一措不敢苟且，而德义日新，天下改观易听，自然心服。到如今天下太平，四夷宾服，陛下遂以既治为安，志得意满，骄纵自大，自我满足，再没有意外之虑，天下的人，口虽不敢言而心实不满，所以虽勉强服从，终不及初年之悦服。"

太宗因问说："朕自家省察，如今所为与往时一般，为何不同？"

魏征对曰："陛下在贞观初，唯恐自己有过差，人不肯谏正，所以常委曲开导使之尽言，群臣谏诤，中间有可采者每欢喜听受，无所勉强。今则不然，外面虽勉强听受，心中实不喜欢，尚有苦难之意，显现于颜色，是陛下虚心受善不及往时，所以不同。"

太宗说："此言如果不假，必有事实可指证，愿闻其详。"

魏征对曰："往时元律师犯法，陛下要杀他，孙伏伽执奏说：'此人所犯，论以律法，罪不至死。'陛下即听从其言，又重赏之，将兰陵公主的园地价值百万者赏赐与他。或云一言而赐百万，恐过于厚，陛下说：'朕自即位以来，每事岂能尽善，未闻臣下有敢谏正者，今伏伽独能直谏，是以赏之。'这是明示臣下以虚心纳谏之意，开导之，使人人得以尽言无隐瞒。又如司户柳雄，妄诉隋时出仕的资级，以假冒升转。那时方有明诏，令诈冒者自首，不首者罪死。柳雄既犯此令，陛下欲诛之以示众，戴胄执法谏诤，言雄罪只应流，陛下嘉纳，遂止不诛。这是悦而从之，不是勉强。近日，中牟县丞皇甫德参，上疏谏修洛阳宫，言不当劳民。陛下赫然震怒，欲加之罪，虽因臣言得免，其实出于勉强，不是悦从。此时治功已成，所以陛下志骄意满，不复虚心受善，以此人心悦服不及往时。"

太宗感悟说："非卿忠直，不能为此言。人情常苦不自知，须时时得人规谏，或许可以省过改正啊！"

魏征这段话，乃万世人主之药石。致治非难，保治为难；立志非难，持志为难。人主之志，每能励精于多难之时，而不免忽意于功成之后。所以忧其未治，乃所以成治，而恃其已治，此所以毁治也。比如驾驭骏马者，历经九折之险阻，执马的缰绳非常谨慎，不曾失足，待到驰骋于康庄大道，自以为无患，就放松了执马的缰绳，不知不觉他就纵逸而失坠马下。图治者一定要借鉴啊！

自夸其才，非为君之道

太宗一日临朝，与侍臣说道："朕虽贵为天子，深居九重，然内而裁决庶政，巨细必亲，外而统驭三军，所向无敌，是以朕常兼行将相之事啊！"太宗此言，自夸其才，以为群臣莫能及己。

当时有给事中张行成，闻听此言，退朝之后，即上一疏谏说："自古帝王功德，莫盛于禹，观其治水大功，万世永赖，是何等事业！然禹未尝自矜其功，而天下莫与之争功；禹未尝自夸其能，而天下莫与之争能。使禹而自矜自伐，与臣下较量，则禹亦为小人。今陛下拨转乱世，反之于正，雄才大略，振古无前，一时群臣诚不足以仰望清光。然帝王之体，与臣下不同，纵使功烈过人，都是他分内之事，也不必临朝对众，自言所长。至以万乘之尊，而与将相群臣较一日之功，争一艺之能，似非圣人不矜不伐之道。臣之私心，认为不可取。"太宗览奏，深以为善，自觉其非。

常说人君之道如天，天不自夸其功，而四时五行之序，皆天之功也。君不自以为能，而群臣百官之事，皆君之能也。尧舜之治天下，垂衣拱手，恭己南面，而皋、夔、稷、契之流，敬奉他如上天，共成和乐之教化，万世之内，何尝不以为尧舜之功？太宗以将相之才自负，喋喋不休，也就昧于为君大体，有骄傲之心了。

太宗欲观起居注

贞观十六年,太宗问谏议大夫褚遂良:"卿还兼知起居注(史官所记天子言行,其以他官兼者,叫作知起居注)之事,所记录的史书,朕可以观看吗?"

遂良对曰:"史官之职,凡人君一言一动皆当书之,或善或恶,都要详细记载,或许为君者,有所警惧,恐后人讥笑,不敢为非。若是人主自家要看,则史官不敢从实直书,何以取信后世?从前未闻人主自观史书者。"

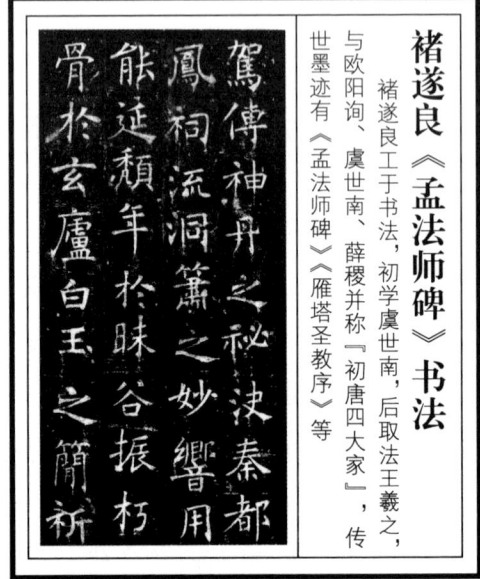

褚遂良《孟法师碑》书法

褚遂良工于书法,初学虞世南,后取法王羲之,与欧阳询、虞世南、薛稷并称「初唐四大家」,传世墨迹有《孟法师碑》《雁塔圣教序》等

太宗问:"朕所行或有不善,卿也记录吗?"

遂良对曰:"臣之职掌,在秉笔直书以记事,若隐讳不书,便是废职,臣岂敢不记。"

黄门侍郎刘洎奏说:"人君的举动,天下人所观望,或善或恶,远近传布,绝不能掩。纵使遂良要隐讳那不善之事,不肯记载,天下人既都知之,也都私记之,岂能使他隐讳不书?"

太宗说:"朕平日所行有三:一是看前代古人的行事,以历史为借鉴,取其善者为法,鉴其恶者为戒;二是进用善人君子,与他共成治道;三是斥远谗邪小人,不听他巧言,被他欺蔽。朕能谨守这三件事,不敢差失,正要史官从实记载,朕无有不好的事,他自然不能书朕之恶。"

太宗这三件事，真乃万世为君之法。欲监观前代，必然日亲经史，日接儒臣，古人的善恶才能通晓；欲进用善人，必然亲信委任，谏行言听，治道才能共存；欲斥远群小，必然察之极真，断之极决，邪党才能消灭。果能如此，则君德日进，治道日隆，史官书之以为美谈，万代仰之以为准则。有天下者，岂可一日不留心于此？

太宗晚年，好大喜功

贞观十八年，太宗将征高丽（今朝鲜半岛中北部），先与群臣商议说："今高丽乱臣苏文，弑其君高武，残虐其国中百姓，又无故兴兵，侵扰新罗的疆界。朕特遣使谕使罢兵，苏文抗违诏命，不肯听从。这等凶狠残暴、顽固不化之人，法不可容。朕为华夷之主，岂可不声罪讨伐？"

古籍中的高丽国人

高丽是统一新罗之后朝鲜半岛历史上又一统一的国家，"高丽人"也成为全球朝鲜民族的别称。

高麗國古名鮮甲周名朝鮮武王封箕子於其國中國之禮樂詩書醫藥卜筮皆流于此衙門官制衣服悉隨中國有各朝制度俗尚儒仁柔惡殺刑無慘酷但禮貌與中國有差如見王親貴戚則扯嗟跪滕在地如小見大則蹲身僾首為禮如中國人見賊寇不敢仰視之類此夷狄之風俗習以為常焉地不產良馬自石可作燈具墨麻可織夏布其國治東西二千里南北千五百里王居開州號曰開城府

褚遂良谏说："陛下初起晋阳，平定海内，但一举手挥旗，中原便清肃晏安，一举目顾盼，四夷便恐惧畏服，这是何等威望，震古耀今，盛大无比。今区区东夷，限隔辽海，乃劳王师渡海远征，冒风涛之险，以问罪于小夷，若能指期克捷，似无不可，或有不测，万分之中，一有挫折，彼小夷得以借口，说大唐天子也无奈我何，岂不伤损了威望。到那时节，罢休不得，更起忿兵，兵忿者败，臣恐胜负安危，难以预料，非万全之计。"

彼时，朝臣皆以征辽为不可，独李世勣劝太宗发兵讨之。李世勣武人，识见不足，太宗以其意与己合，遂决计亲征。

褚遂良退而上疏说："天下譬如一身，四夷乃身外之物，高丽诚有罪，必要征他，只消发四五万兵，遣一二员将帅便了，何至劳御驾亲行？"然此时太宗之意已决，终不能听从。

太宗平生，百战百胜，当时群雄如李密、王世充等，与其角力者，今皆削平，四夷如突厥、吐蕃等，为其借资者，今日都已臣服。独高丽僻处东隅，隋炀帝竭天下之力以征伐于此，而不能克。今幸当其危乱之时，又恃大唐富强之力，以为取之若秋风扫落叶，可以

今 评

太宗晚年好大喜功，没有听取褚遂良的意见，亲自征讨高丽，最终以失败告终。所以，再伟大的帝王，都不能忽视忠谏之言；再强大的国家，都不能穷兵黩武。要以和平思维处理冲突，寻找彼此都能接受的解决办法，不能自恃其强而采取极端的做法。同时，善始不难，善终为难。越是在事业顺利、如日中天时，越容易生起骄傲之心，越听不得逆耳之言。所以古语说"盛极必衰，阳极必阴"。越是成功之人，越要谦虚谨慎，能听谏言。

震动四方，夸耀千古也。所以虽在位既久，而雄心未忘，至于劳万乘而不辞，违群议而自用，最后辽左无功，竟以天下之众困于小夷，终其身忧郁追悔，皆一念好大喜功之心为之也。有天下者，不可不以之为戒啊！

房玄龄：鞠躬尽瘁，死而后已

太宗晚年，征讨高丽，不能成功，又选将练兵，欲图再次攻伐，海内为之骚然。

那时，宰相房玄龄病重，因与诸子说："我奉事主上，三十余年，承蒙厚恩，不能图报。如今天下已定，无事可言，只是东征辽左，不肯休兵，在廷群臣，唯恐违背皇帝旨意，不敢进谏。我既知其不可，若是终于无言，虽死亦有余责。"

房玄龄因上一表谏说："陛下盛德宽仁，每决一重囚定要三复五审，始命行刑，且为之进素膳，止音乐，怜悯人性命。今辽左之役，兴师不已，驱迫那无罪的士卒委弃在锋刃之下，任他身死草野，肝脑涂地，这许多性命，却不可怜悯吗？不忍一囚之死，而忍三军之命，陛下之心，必有不能安者。然天下之事，亦有出于不得已者。向使高丽违失臣节，不肯奉顺朝廷，诛其罪可也；或是侵犯边境，扰害百姓，灭其国可也；或是他兵势强盛，他日能为中国之害，及早除之可也。今高丽既不曾失了臣节，又不曾侵扰百姓，尔等小国，又不能为我患害，三者无一于此，而让中国之民陷入烦恼，以事无用之地，内则因隋朝不能平定，而为之雪耻，外则因新罗被其侵伐，而为之报仇，岂非所存者小，所损者大？愿陛下因高丽服罪，计其自新，休兵息民，以固根本，自然华夷庆赖，远近得安。臣临终之言，倘蒙录用，虽死也不朽！"

表上，太宗闻知玄龄病重，遂临幸其所居之地，亲握其手，与之为别，悲痛之怀，不能自胜。玄龄遂亡。然辽左之师，自此也不再出征了。

房玄龄以济世之才，遇不世出之主，佐成帝业，遂致升平。三十余年，帷幄机密之中，所以经纬天下、匡正辅佐者，世人都不得而闻听，所以号为贤相，而无迹可寻。至于一息尚存，而犹忧念国家，希望以垂绝之言，动人主之听，可谓鞠躬尽瘁，死而后已，岂非万世人臣之典范？

名治，太宗第九子，在位三十四年。

养民之道：赐一国之饥寒

显庆元年，高宗谕侍臣道："朕为天下之主，常思惠养人民，使之各得其所，但不得其要点，卿等宜为我出谋划策。"

中书令来济对曰："养民之道无他，唯在不打扰而已。昔者齐桓公出游郊外，见一个年老的人，饥寒可悯，桓公命赐之以食。那老人说：'国中之人，不独我一人受饥，愿赐一国之饥者。'桓公又赐之以衣。那老人说：'国中之人，亦不独我一人受寒，愿赐一国之寒者。'桓公说：

'寡人仓库中，所积财物有限，安能接济遍一国之饥寒？'那老人说：'所谓赐之以食者，不必分君之粟米，以济人之饥；所谓赐之以衣者，不必分君之布帛，以济人之寒也。只想那百姓受饥，因不得尽力务农的缘故。为民上者，但能不夺其务农之时，使得尽力于耕亩，则五谷丰登，而国人皆有余食，这就是君赐予他食，何必人人而食之？百姓为何受寒？因不得养蚕织布的缘故。为民上者，但能不夺其蚕桑之时，使得尽力于纺织，则布帛充足，而国人皆有余衣，这就是君赐予他衣，何必人人而衣之？'"

"观老人之言如此，可见人君欲养天下之民，不在于家赐而人给之，只是体恤下民，善立法治，减其税赋，使民财不竭于暴敛，省其徭役，使民力不困于公家，则民皆乐业安生，而衣食自足，所谓养民之道，不过如此。"

> 济民以少征役为养民之要，其言虽然合理，但并非省费用则不能征税赋，并非省工作则不能征徭役。必须将用度之过当者，皆为节省，然后支出有法则，而征求可薄；工作之不急者，一切停罢，然后征调有度，而徭役可轻。此又济之所未及也。

武后擅权之由

高宗麟德元年，武后〔十四岁入后宫为唐太宗的才人，赐号"武媚"。唐高宗时纳为昭仪，后封为皇后，尊号天后，与高宗并称"二圣"。中宗、睿宗时以皇太后临朝称制，后篡唐为周，帝号武周皇帝（690—705年在位），晚年退位。去世后与高宗合葬乾陵，留无字碑〕裁决政事，权力与高宗相同。

起初时，武后以太宗才人（妃嫔）废弃为尼姑。因高宗皇后王氏与萧淑妃争宠，荐引武后入宫。武后巧慧，有机权，能自甘卑屈，忍受耻辱，委曲奉顺人主，得其欢心。因此高宗被她迷惑，大加宠幸，拜为昭仪（古代后宫嫔御的一种，位号仅次于皇后），欲废王皇后、萧淑妃，立武氏为皇后。

长孙无忌、褚遂良、韩瑗极力谏止，高宗不听，最终排斥众议，册立武氏为皇后。武后既已得志，肆无忌惮，乘高宗之昏弱，窃弄权柄，私安党羽，内杀王皇后、萧淑妃，外杀长孙无忌、褚遂良、韩瑗，作威作福。高宗要做的事，动辄为武后所牵制，不得自由。高宗怒其专横放纵，尝命近臣上官仪草拟诏书，欲废之，终为武后所胁迫阻止，反诛上官仪。自此以后，高宗每次临朝视事，武后便随出垂帘坐于其后，外廷政事，不论大小，皆得干预闻听。

高宗昏庸懦弱，凡事都委武后裁决，以此天下大权悉归中宫，凡官员之黜陟、刑狱之生杀，都决断于武后之口，天子不能做主，但拱手听命，傀儡而已。于是中宫之尊，与天子并立，内外臣民称为"二圣"，而威福之权柄，不自天子出。

武后

武则天作为中国历史上唯一的女皇帝，执掌大唐天下多年。执政期间，不计出身，唯贤是用，出现了众多名留千古的大臣，如狄仁杰、魏元忠等，故其执政有"贞观遗风"的美誉。

唐自武后专政，遂以女主临朝，革唐为周，实夏商以来所未有之大变，然追其根源，则高宗一念之宠爱过甚也。是以人君，必清心寡欲，贵德贱色，修身齐家，严谨于静寂孤独之中，内宫不得干预外政，君权不旁落，而祖宗社稷可常保也。

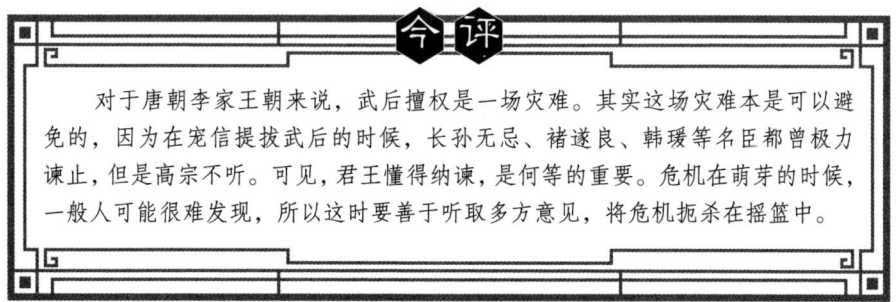

对于唐朝李家王朝来说，武后擅权是一场灾难。其实这场灾难本是可以避免的，因为在宠信提拔武后的时候，长孙无忌、褚遂良、韩瑗等名臣都曾极力谏止，但是高宗不听。可见，君王懂得纳谏，是何等的重要。危机在萌芽的时候，一般人可能很难发现，所以这时要善于听取多方意见，将危机扼杀在摇篮中。

唐时选举之法

唐初承兵革之余风，人不乐于考试为官，候选者很少。到高宗时，天下承平日久，入仕之途渐广，每年应选的人数，比旧日有所增多。是岁，吏部侍郎裴行俭与吏部员外郎张仁祎，见人才滞塞，乃调停斟酌，创立长名姓历榜法（根据考试成绩，编写官员替补名单，当时叫"长名榜"），以决定其留放，对官吏的考选登录之法，定为选举规格。又将州县大小分为八等，按官吏的资历威望任命官职，如资望高者，授以上等州县，资望低者，授以下等州县。自二人修订，此选举之法甚为便利，以后吏部铨选，遂守以为定制，无有能变之者。

大抵唐之选举法，其取人有四种：一曰身，观其仪容形状如何；二曰言，听其应对政事之法；三曰书，试其书写能力水平；四曰判，考其批判社会的利弊。合于此四种者，又审计他资俸的深浅，考量他效劳的多少，之后才授任官职。每年十月以里，天下候选人员，都汇集于吏部，选至三月而尽。初集则先考试，所谓观其书、判如何；考试通过后铨录选择，所谓察其身、言如何；已经铨选而后填注，当面询问其地方相宜、官资相当与否，以注其空缺；已填注而后点名，使选者都汇集于此，各以其官职告之，于是上问下省审定，请旨奉行，各给任命诏书，以为符验证明，叫作告身。其选举之详明细节如此。

辨官论才，是朝廷第一要务，固贵处得其当，犹须任得其人。当时裴行俭有知人之明，其详品士类，必以器识为先，而浮华浅躁之流，虽才不取。所以唐初以来，掌铨者以为称首，固不专恃立法之善而已。自此以后，铨总之法益密，而伪滥之途益增，至于糊名易书、假手代进，而所谓身、言、书、判者，亦不过条文而已，则任法之不如任人可见。

政治清明，言路畅通

此时，高宗仿秦汉封禅之仪，既临幸泰山，加土于山上以祭天，因欲并封嵩山、霍山（今衡山）、华山、恒山所有五岳，遂于嵩山之南，营造奉天宫，以为驻跸之所（帝王出巡时，沿途停留暂住的宫室）。

监察御史里行（资历浅的官员任监察御史，加"里行"，即非正式御史）李善感上疏谏说："封禅之举，本以天下太平告成功也。今数年以来，天下凶荒，五谷不熟，饿死的人举目皆是，四夷都来侵犯，我中国兵车岁岁驾行，不得休息，这等景象，岂是太平？意者天降灾谴，以为言戒。陛下正宜深居内省，恭敬庄重，默言肃立，思量治道，以消灾灭祸，或许天变可回，人心可慰。今乃更事巡游，广营宫室，劳役百姓，消耗百姓之财力，天下骚然，民不堪命，岂不大失天下仰望之意？"

这疏内所言，高宗虽未听纳，却也宽容，不加罪于他。自高宗初年，褚遂良、韩瑗二人谏立武后，得罪贬死，因此内外群臣，以言政事为忌讳，虽心知其非，未有敢违逆上意而直言极谏者，天下几乎二十年不闻谏疏。至此善感始有此疏，天下闻之，莫不欢喜庆祝，比于"凤鸣朝阳"。凤凰之鸣，旷世而一见，善感之谏，亦数十年而始闻，诚悲其稀缺，庆幸其仅有，又深叹其难得啊！

韩瑗

韩瑗出身于南阳韩氏，历任兵部侍郎、黄门侍郎、同中书门下三品、侍中，袭封颍川县公。他在废后之争时，支持长孙无忌、褚遂良，反对武则天，引起武则天的嫉恨。

谏言之路，国家之血脉也。血脉流通，则身体舒畅；血脉壅塞，则疾病横生。今以言官之常职，比于世所稀有之物，此岂是盛世之事？所以唯明主不罪逆耳之言，然后人臣敢陈苦口之说，假使言路常通，则政事可无阙失而天下治。

中宗

中宗皇帝,名显,高宗第七子。即位之后,太后武氏废为卢陵王,后复正位,前后在位七年。

武则天任用酷吏,安金藏剖心救驾

昔武后生四子:长太子弘,次雍王贤,皆为武后所杀;又次中宗,即位之后,也为武后所废;只有少子豫王旦,因立为皇帝,是为睿宗。后来武后改唐为周,自称帝号,又以睿宗为皇嗣,使之退处东宫。

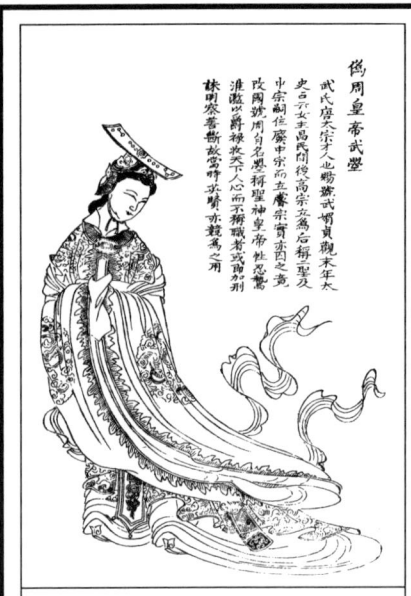

武则天

武则天执政时期,能知人善任,重用一批中兴名臣,使国家政策稳定,百姓富裕,对历史做出了一定的贡献。

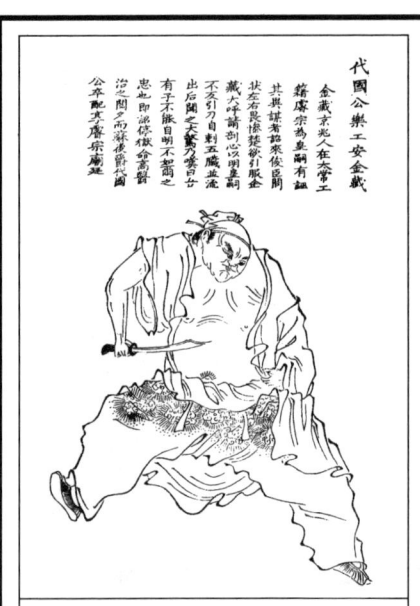

安金藏

安金藏为人不仅忠肝义胆,而且非常孝敬父母。传说他母亲去世后,由于安金藏精心安排后事,一心守孝,东山涌出泉水,山上的李树也在冬天开出了花朵。

此时，武后任用酷吏来俊臣（武周时期著名酷吏，无赖出身，以善于告密闻名，深得武则天宠信，与朱南山撰写《罗织经》，制造各种残刑，采取刑讯逼供手段，任意捏造罪状致人于死地，遭到枉杀灭族者达数千家）等，大兴罗织之狱，将唐家宗室、大臣诛灭殆尽，仍欲立其侄武承嗣为太子，皇嗣不能自保。有人揣摩武后私意，上本告发皇嗣暗怀别心，图谋争位，欲假此陷害睿宗，以绝唐家社稷。武后听信其言，命来俊臣将皇嗣左右的人带去拷问。俊臣用酷刑拷问，皇嗣左右人受苦不过，都要招认。

此时，太常寺（掌管礼乐的最高行政机关）工匠安金藏（祖籍西域安息国，即今伊朗，精通音乐和医学，被选为太常寺乐工和医工，因剖心证太子清白而扬名，被称为天下第一义人。睿宗复位后，追赠安金藏兵部尚书，谥号忠，配享唐室宗庙）也是东宫的人，独自奋力保救皇嗣，大声呼叫，向来俊臣说道："皇嗣实无异谋，公既不信金藏之言，情愿将我的心剖出以明皇嗣不反。"随即拔出所带的刀，自己剖破胸腹，血流满地而死。

太后闻之，方信皇嗣受到诬陷，为之震动，感叹不已，立即命令来俊臣停止对东宫左右的审问，睿宗由此得免于祸。这都是安金藏的功劳。

> 武后悄悄转移李氏社稷，唐室宗族，枝连蔓引，横遭屠杀，虽其子也不能免，如线之绪，只有中宗、睿宗二人而已。假使当时有动摇，则高宗、太宗之基业将自此倾覆。安金藏一区区工匠，却能不惜其身，剖心为主，上感武后之心，下消觊觎之望，可谓有功于社稷者。可见忠义在人心，不以贵贱而有异，也可见人心思唐室，武后之虐焰不能加于匹夫。

反周为唐，狄仁杰之功

武承嗣、武三思都是武后的侄儿。当年武后既僭帝位，废中宗为庐陵王，徙居房州，至十五年春三月，才召还东都。中宗所以废而复立，李家社稷危而复安，都是狄仁杰（唐代政治家，武周朝宰相，为人清廉刚正，智勇双全，疾恶如仇，民间有"狄神探"之美称。后犯颜直谏，力劝武则天复立庐陵王李显为太子，使得唐朝社稷得以延续）之功。

当初，武后二侄武承嗣、武三思，听信小人拨置，以武后既为天子，改唐为周，不可复用李姓为嗣，于是百计营求武后立其为皇太子。武后犹豫未决。

狄仁杰此时为宰相，每逢闲暇时，便从容以天理人情切要求处，开悟武后，说道："今日天下，原是太宗文皇帝及大帝高宗的天下。昔文皇帝开创之初，历了许多辛苦，昼夜暴露，与群雄战争。头不暇梳，风为之梳，面不暇洗，雨为之洗，亲身冒犯刀刃箭击，艰难险阻，行军列阵，出百死得一生，方能剪除群雄，平定海内，创造基业，传与子孙。此乃天之所授，岂是容易。大帝高宗，兢兢嗣守，临崩之际，亲把其二子庐陵王及豫王付托与太后。以太后国母，可以托孤，必不负平生之言也。今乃欲立武氏为嗣，灭绝李家社稷，这岂不是违背上天眷顾李氏之意？违天者不祥，虽夺之，恐怕也不能有。"

"并且，武承嗣、武三思是太后之侄，太后乃为姑；庐陵王、豫王是太后之子，太后乃为母。姑侄与子母，哪个最亲？妇人从夫，以父母家为外家，侄是外人，母子是天性之爱。太后若立子为嗣，则子有天下，太后千秋万岁后，配食高宗，永享太庙之祭，子子孙孙，永继无穷。若立侄为嗣，则自古以来，未闻有侄为天子，而其姑得以配享太庙者。为太后远计，也不当舍子而立侄啊！今庐陵王现在房州，莫若召还以为皇嗣，则人心安，天意得，而太后亦永有所托了。"

狄仁杰

狄仁杰担任并州法曹时，同僚称赞狄仁杰道："狄公之贤，北斗以南，一人而已。"比喻天下绝无仅有的人才。后世遂用"斗南一人"

太后以狄仁杰言辞肯切，稍稍开悟。因此，遣职方员外郎徐彦伯，宣召庐陵王还东都。是年九月，立庐陵王为皇太子，中宗之位始定。而武承嗣等不敢再萌发侥幸之心。其后张柬之等，因得奉中宗以正大位，反周为唐，都是狄仁杰之力啊！

大抵人心蔽锢，不是以从容开导之，则不入；不是以至情感动之，则不从。姑侄母子之说，始发于李昭德，狄仁杰不过申明其意。然而武后不悟于昭德，而悟于仁杰，则仁杰之重望至诚，又是太后所深信之人的缘故。所以人臣谏君，必以积诚养望为本，又能寻伺机会而不骤为，切实中肯而不泛言，则天下无不可悟之君，无不可成之事。为人臣者当深悟之！

模棱宰相苏味道

武后临朝，升天官侍郎苏味道为凤阁侍郎，与凤阁鸾台长官一同为平章政事（宰相）。史臣因记说，味道前后再入相位，共有数年，其任不为不重，却只依附阿私，以取容悦，不能奉公守法，有所匡正。味道曾与人说道："大凡处天下事，不要十分明白，恐惹嫌怨，但只摸着边棱，在是非可否之间，两下里都占些分数。使其事行之而有利，我固可以安享其成功；使其事行之而有害，我亦可以苟免于罪责。"

味道此言，都是全身远害的意思，其人品心术，因此可大概见得。所以当时之人，闻其言者笑之，呼他为"苏模棱"，其鄙视之意如此。

> 大抵人臣之事君，只当论义理可否，不当顾一身利害。事苟有益于国，虽众人皆以为非，亦应断然行之而不疑；事苟有害于国，虽众人皆以为是，亦应决然止之而不为。至于成败得失，又未尝期必于其间，这才是为国为民之心。岂能身为宰相，而以模棱为计？苏味道之言，不唯一时之所鄙视，也为后世之深戒。

贤相娄师德

武后僭位之时，宰相娄师德（唐朝宰相、名将，为人谦让厚重，有长者之风，天下人多礼敬之）去世。史臣叙说，师德之为人，性资深沉厚重，待人宽恕有容，有恩不使人闻知，有仇不与人计较。

当初，武后用狄仁杰为相，实为师德疏荐其贤，而师德从未与人言说。仁杰不知，意颇轻忽师德，以为不堪宰辅，屡屡要排挤他出为外任。武后觉得仁杰不能容师德,是由于不知其荐引之缘故,因此问仁杰:"宰相以知人为先,师德也可谓知人吗?"

仁杰答说:"知人甚难,臣尝与师德为同僚,相处最熟,未尝闻他有知人之明。"

武后说:"我所以知卿之贤,而用为宰相者,实由师德荐引之故。他能知卿之贤而举之,不可谓不知人。"

仁杰闻武后之言,大惊,才知自己由师德荐引,所以至宰相。既出,不觉叹服道:"娄公盛德长者,于我有荐举之恩,我却薄待之,而娄公终不以为言,我在其包容之中非一日也。其度量宽广,真如沧海一般,我不得窥其岸边啊!"

那时,武后开告密之门,任酷吏周兴、来俊臣等罗织人罪,纷纭多事,文武大臣动辄为人所告,指为谋反,或下狱,或贬死,虽仁杰亦不能免。而师德在朝最久,出将入相,独保全功名终其身,绝无人间隙,是以其盛德长者,上下信之,不为世所疑忌的缘故,人莫不以此敬重他。

大抵宰相荐贤,本以为国,不是为私,所以荐人而人不知,才谓之公。若一求人知,则不免有市恩买好之心。有市恩买好之心,则不免有望报之意,而其弊将至于借公事,以树私人之德,为害极多而不可胜言。狄仁杰若知娄师德之荐己,怎肯以薄待?娄师德终身不言,断无他求,可见其喜乐正道,心怀宽容,气魄宏大。此可为相天下者之法。

狄仁杰推荐贤才

武后晚年，以梁文惠公（封梁国公）狄仁杰素有德望，因升为宰相，甚是信任敬重他，在朝群臣都不能及。每见仁杰奏对，只称为国老，而不呼其名，其信重之如此。仁杰也感激知遇，尽心辅理，遇有所行不当，则直面廷争，无所顾忌。

武后虽天性暴虐，然谅其忠恳，每每屈意从之。武后曾问仁杰："朕要得一贤士用之，今群臣中谁可为？"仁杰说："不知陛下欲用为何官？"太后说："要任为将相之人。"仁杰对说："今群臣之中，若论文章学识，宽和

姚崇

姚崇提出《十事要说》，力主实行新政，推行社会改革，为"开元盛世"的出现奠定了政治和经济基础。

涵养，则凤阁侍郎苏味道、成均祭酒李峤，一时人望所推，无出其右，只用此二人就可以。若必欲求卓越出格的奇才，可以担当大事者，目前却不多得，只有荆州长史张柬之，此人年纪虽老，观其器略，却是个宰相之材，不可不及时而用之。"武后闻仁杰之言，升柬之做京畿洛州司马，尚未决意大用。

数日之后，武后又问仁杰访求贤士，仁杰对曰："臣前荐张柬之，陛下尚不曾用，何必他求？"武后说："张柬之因卿之荐，已迁为洛州司马。"仁杰说："臣荐柬之，是说他可为宰相，非司马也。若只以司马处之，怎可尽其才？"武后见仁杰之荐，遂升柬之为刑部侍郎，

久之，卒用为宰相。

仁杰又曾荐夏官侍郎姚元崇（即姚崇，唐代著名政治家、宰相，"开元盛世"的重要奠基人。司马光在《资治通鉴》中称："唐时贤相，前有房玄龄、杜如晦，后有姚崇、宋璟，他人莫道焉。"）、监察御史桓彦范、太州刺史敬晖等，共有数十人，都是当时贤士，武后一一任用，其后都建功立业，为唐室名臣。

武后对仁杰说："方今天下贤才，皆为公所引进，一似种了许多桃李在门墙之下，不也是很兴盛吗？"仁杰答说："引荐人才，只是要同心共济，为国家谋划宣力，岂是树私恩于人，以图一己之私心？若有一毫自私之心，虽汲引无遗，也非为国之公，我的心会因此而不安。"

> 自古以来，名臣贤相，未有不以举荐贤才为首务者，然心之公私少有差异，而其功业就有悬殊之别。武后虽为猜忌之主，而于仁杰所荐，用之如恐不及，不少致疑者，更是体谅其一心为国的缘故。若一有树恩好名、徇情为己之心，则虽以太宗英明之君，不能不疑魏征之为党，何况其他？可见为宰相者，不仅贵于能荐贤，也贵于至公。

诛杀二张兄弟，重立唐家社稷

神龙（中宗复位年号）元年春正月，武后病势沉重。此时中宗为皇太子，不得进见，武后宠臣张易之、张昌宗，朝夕在里面用事。这两人自知罪过深重，人心不平，恐武后一旦不讳，自己为朝臣所诛，因潜谋倾陷太子，势甚危急。

宰相张柬之、崔玄与中台右丞敬晖、司刑少卿桓彦范、相王府司马袁恕已五人同心商量，要诛杀二贼，以安社稷，只少一个管领禁兵的人，为之内应。有右羽林卫大将军（皇宫直宿卫官）李多祚是高宗的旧臣，柬之等要引他共事，只不知他心事何如，先用一句言语去打动他，柬之说道："将军，你今日这富贵，是谁与你的？"

多祚因想起高宗来，不觉垂泣说："我今日这富贵，都是先帝的恩。"

柬之因说："如今皇太子是大帝之子，被易之兄弟二贼谋害，且夕不保，将军既知追感先帝之恩，为什么不想如何去报答呢？如今若能除了二贼，保全得皇太子，则先帝之恩报，而将军之富贵，可以长保。"

多祚遂感奋说道："当今事体，苟有可以利国家者，随相公如何处置，我无有不从。"

张柬之见多祚忠义，遂与定谋。又恐他一人不能独济，再用桓彦范、敬晖及右散骑侍郎李湛皆为左右羽林将军，将宿卫禁兵委之管领。后来，同谋举兵，诛杀二张，迎中宗于东宫，复正大位。重立李家社稷，都是五人之功劳。

武后改易唐室数十载，晏用狄仁杰之言，立中宗为太子，以系属天下人心，然内有二张（张易之、张昌宗）之流，盘据禁苑，外有诸武（武三思等）之党，布列朝廷，瞬息之间，事不可测。张柬之等人能协力同心，使唐之宗社绝而复兴，其功可谓之大。然张柬之等人皆为狄仁杰荐用，所以后世论功者，不称柬之等人的定难之功，而称仁杰之能举荐贤才。

斩草除根：未能远虑，必有近忧

当初，张柬之与中台右丞敬晖、司刑少卿桓彦范等，既诛张昌宗、张易之，而迎中宗复位，那时武氏族人，尚有武三思在。

洛州长史薛季昶忧之，对张柬之、敬晖说："今昌宗、易之二凶虽诛，而武三思尚在，就如汉时吕产、吕禄（吕产、吕禄是汉吕太后的侄子，吕后称制时，并封为王，及后崩，二人领南北军，欲为乱，为太尉周勃所诛）一般，使其居中用事，为祸不浅。譬如去草不去其根，这根在土，终当复生，至于滋蔓，便难图啊！"

张柬之、敬晖二人无远虑，不把武三思放在心上，不从其言，说道："今反周为唐，大事已定，区区一个三思，其生死在吾辈手中，就如案上的肉，要割便割，要切便切。且二张之党，一时诛杀已多，岂可又加杀戮？"

季昶见计不从，知祸乱且及己，叹息说："留此祸根未能除灭，我不知此身当死在何处！"又有朝邑尉刘幽求，也知三思必能为祸，也对桓彦范、敬晖说："武三思尚在，公等必为所害，终无葬身之地；若不及今早图，其一旦得志，悔之晚矣！虽复自啮腹脐求免，将来也来不及啊！"彦范等也不能听。

后来，韦后专权，三思与之私通，依旧如武后时，中宗暗弱不复能制，将柬之等五王尽都杀之，为武氏报仇，而唐之社稷几乎再乱，果然如季昶、

> **今评**
>
> 古人云："为之于未有，治之于未乱。"意思是说：做事情要在它尚未发生之时就处理妥当，治国理政要在祸乱产生以前就化解于无形。为政之道和治理单位，都是这个道理，要做到见微知著，防微杜渐。祸乱不会突然发生，在其发生之前早已有所征兆。有远见的人，能够看见祸乱的隐患并将其消灭在萌芽状态。要有"斩草除根"的刚毅，优柔寡断会带来更大的祸乱。我们应该借鉴"人无远虑，必有近忧"的历史教训。

幽求之言。

古语云:"树德务滋,除恶务本。"由此观之,败乱常生于所忽视,时机常失于不果断,祸事常潜伏于不足畏惧,大功常崩毁于无远图。有天下者深鉴。

睿宗皇帝,名旦,高宗第八子。初封相王,中宗末年举兵诛杀韦后而即位,前后在位八年。

事有权变,立贤不立长

中宗复位之后,皇后韦氏乱政,鸩毒中宗,诸韦之党,布列朝廷左右。

此时,李家社稷,再次陷入危机。睿宗未即位时,其子隆基与太平公主同谋,举兵诛杀韦氏,拥立睿宗即位。

睿宗即位,欲立太子,以宋王成器是嫡长子当立,而平王(即玄宗隆基,睿宗第三子)有匡复社稷之功,因此心下狐疑,不能决断。成器也知平王功大,内心不自安,因向睿宗力辞说:"天下之事,有经有权,假如国家无事,固当先立嫡长以正本宗;若是国家多难,幸有非常之才,出而平定之,当此之时,社稷事重,须要以功为先,不必论长。若平定大难的人不享其报,却只以长幼之序,使无功享其成,则此事不妥当,岂不失四海臣民仰望之心?今日之事,必立平王为是。臣宁死决不敢居平王之上。"因此涕泣坚决辞让,多日不止。

唐睿宗书《孔子颜子赞残刻》
因为武则天干政，李旦成了一个傀儡皇帝。但他谦恭好学，精通书法，只是生不逢时。

那时，在朝大臣也都说："平王有大功，当立为太子。"中书令刘幽求亦奏说："臣闻天位至重，不可虚享，必是能除得祸乱的人，为天命人心所归，方当享受天下之福。近日女主临朝，国家不幸，陛下在危疑之地，也不能自保，实依赖平王仗义讨贼，拯济社稷之危，救护君亲之难，其功甚大。且平王孝友闻名，在诸王又为最贤。功德兼隆如此，正当立为太子，无可疑者。"睿宗见成器谦让，人心有归，因此从诸臣之请，立平王为太子。

古之立后者，均以嫡长，长均以贤，此不易之常道。但是，或遇有非常之功，如太宗之创业，玄宗之中兴，则不可以例论。高祖不能舍建成而立太宗，所以建成不保身首，而太宗亦贻万世之讥讽；睿宗能舍成器而立玄宗，所以成器得享富贵，而玄宗也全友爱之名。二事相类，而得失之效果一目了然。

玄宗明皇帝，名隆基，睿宗第三子。平韦后之乱，奉睿宗即位，以功立为皇太子，寻受禅，在位四十三年。

唐玄宗
玄宗在位前期，唐朝达到空前的繁荣与昌盛，进入全盛时期，中国的封建社会也达到顶峰，史称「开元盛世」。

玄宗即位，姚崇为相

按照唐代的制度及程序，所有朝廷政务，由中书省负责裁决，门下省负责审验，尚书省负责施行，这三省长官通称为宰相。后来，以他官作相，或品级稍低，则令同侍中中书令视事，给三品禄秩，叫作同中书门下三品。

姚元之，即姚崇，当初为武后宰相，再为睿宗宰相，以计谋罢黜太平公主而遭贬职。玄宗素知其才，欲用他为相。此时，姚元之做同州刺史，在畿辅近郡，玄宗猎于渭川，遣中使召来，即拜兵部尚书、同中书门下三品。初玄宗即位，承韦武大乱之后，乃励精求治，既任元之为相，凡朝廷政务，事事咨询于他。元之素有干济才略，于天下事无不经心，随问随答，如响应声，更无疑滞之处，其余同

唐玄宗的书法《鹡鸰颂》

《鹡鸰颂》是唐玄宗书法作品中的经典之作，行文丰厚肥美，给人淳厚之感。世人称"玄宗书斑斑有祖父之风"。

僚在政府者，都只唯诺承顺而已。以此元之独称上意，玄宗专一委任，即使亲信也无法间离。

姚元之初拜相时，也尝以"十事要说"献于玄宗。玄宗看过后认为可行，然后颁布命令。其中紧要的在于劝玄宗裁抑权幸之臣，使不得干预法禁；爱惜朝廷爵赏，不至于滥及小人；中外群臣皆得触犯忌讳，以容纳谏诤；罢除外戚的进贡礼俗，以堵塞媚悦之门；不与群臣轻慢，以肃立朝廷之礼。这都是关系国体、切中时弊之法，玄宗一一称赞接纳。

尝观玄宗之任姚崇，诚千载一时之遇。君之任相，提拔于闲散之余，用之众忌群猜之日，可谓独断于心。臣之为相，本以识机应变之才，济以量时救弊之略，可谓不负所任。因此其君臣相得树立可观，而开元之治，几近贞观之风。

除军国大事外，任贤相为之

玄宗即位之初，以姚元之为宰相，倾心信任。

一日，元之将升转郎官名次，面奏请旨，玄宗不答，只仰面看殿屋。元之又再三奏请，玄宗终不答应。元之只说玄宗怪他，恐有得罪，不敢再奏，快步而出。及朝会结束，内侍高力士谏说："陛下新即大位，总理万机，宰相奏事，正宜面定可否，何故只仰看殿屋，通不察省？"玄宗说："朕以元之为相，将国家政务都付托与他，委任至重，唯有军国大事，不能自决者，方当奏闻，朕与他商议。今郎吏小官，只可便宜处置补录，却也来一一奏请，使朕裁决，岂朕所以任元之之心耶？"这是玄宗专任宰相的意思，元之却不知，心怀疑惧。

适遇高力士以传奉旨意到中书省，因将玄宗的言语完整详细地说与元之。元之心上方安，不胜欣喜。群臣闻知，都说玄宗不亲细事，而委任贤相，得为君之体。此时，左拾遗（谏诤机构，负责审查皇帝诏书遗漏之处）张九龄（唐朝名相、诗人，有胆识，有远见，尽忠职守，秉公执法，直言敢谏，选贤任能，

> **今评**
>
> 开元盛世，是唐玄宗统治前期出现的盛世。此时，唐玄宗励精图治，任用贤能，社会安定，文化繁荣，经济迅速发展，使得天下大治，唐朝进入全盛时期，并成为当时世界上最强盛的国家。唐玄宗任用了宰相姚崇、宋璟、张九龄等一大批贤才，都是历史上有名的忠臣。可见，治国之道，首在选贤，贤相兴国，奸相乱国。治理国家如此，经营事业也是如此，对高层人员的选用，关乎整个团队的兴衰，所以要十分谨慎，马虎不得。

不趋炎附势，敢与恶势力斗争，为"开元之治"做出了积极贡献，深为时人所敬仰）以元之负天下重望，为玄宗所信任，正是可以有为之时，只恐他所用非人，无补治道，乃上一书与元之，劝其屏斥谄谀浮躁之流，奖进纯谨忠厚之士。谄躁之人，凡可以阿意求容者，无所不至，必至大坏风俗，为国家之害；若是那纯厚之人，一心唯知奉公守法，必不至纷纷造作，以长事端。

元之见他说得是，称赞接纳其言。自此，一时所用都是贤人君子，而开元之治成。

人主劳于求贤，而逸于任人。玄宗之任姚元之，可谓知大体。然而，也须是真知宰相之贤，才可以委任责成，不劳而治；若不择其人，而轻授以用舍之柄，将至于威权下移，奸邪得志，其危害岂浅？所以以玄宗论之，开元之中专任姚元之、宋璟而治，天宝之中专任杨国忠、李林甫而乱。委任非不同，而治乱之效如此，岂非万世之明鉴？

五王帐：玄宗悌爱，不改初心

玄宗平日与众兄弟们极相友爱，及即大位，也不改变，很多帝王都不及他。

玄宗初登宝位，立即制作长枕大被，与众兄弟们一处宿歇。又于便殿中安设五个幄帐，与兄宋王成器、申王成义，弟岐王范、薛王业，从兄豳王守礼，每日更递居处其间，饮食行坐，都不相离，这五个幄帐被称为五王帐。

一日，薛王业患病，玄宗自己替他煎药，偶被旋风吹起药炉中的火来，误烧着玄宗的胡须，左右侍人惊慌上前扑救。玄宗说："但愿薛王服了这药，病得痊可，我胡须虽焚，何足爱惜？"其友爱恳切如此。

> 兄弟至亲，本同一气，然而常情多以其势分之逼，而生猜忌之心。所以亲之欲其贵，爱之欲其富，一忧一喜，莫不与共，唯舜能之。玄宗之友爱，近世莫及，非虚语呀！考之唐史，叙长枕大被，继以睿宗闻知喜甚。此玄宗不独全兄弟之爱，也能顺父母之心也。彼以兄弟相残，父母忧愁，而祸延国家，如晋、隋之世者，怎能忍心？

五王宅：兄弟相好，府邸相连

当初，玄宗在藩邸与宋王成器等五兄弟同居兴庆宫，号五王宅。等到玄宗为天子，成器等以潜龙旧邸，不敢复居，请献兴庆坊宅为天子离宫（天子所御宫殿外，别有临幸处所，叫作离宫）。诏从宋王等所请，始就其处盖造宫殿，名为兴庆宫，仍各赐成器等别宅一区，环列于兴庆宫之旁。

玄宗又于宫之西南，置高楼二座，各题匾额。西边的题作"花萼相辉之楼"，取《诗经》上"棠棣之华，鄂不韡韡"二句，以隶花相映比兄弟相好；南边的题作"勤政务本之楼"，言于此察民俗、采风谣、观稼穑、劝农功的意思。

玄宗空闲时登楼眺望，偶闻楼下诸王宅中奏乐，立即遣侍臣宣召登楼与之宴饮，兄弟同乐，或车驾亲幸其宅，酌酒赋诗，从容尽欢，赏赐金帛，富足优厚，近古以来，从来没有。

> 考之玄宗事势，与太宗不同。宋王成器能让，所以终身享其荣；

元·任仁发《五王醉归图卷》

《五王醉归图卷》刻画了唐玄宗五兄弟的故事。唐玄宗少年时与四位兄弟感情和睦,经常相从宴饮,斗鸡击球,外出打猎。

太子建成不能让,所以转瞬受其祸。由此可见,兄弟之际,让则福成,而彼此俱荣;争则祸成,而彼此俱辱。不能独保其身,并且祸延国家,不可不察啊!

痛革其弊,身先施行

玄宗初年,见当时风俗奢侈华靡,心甚厌恶,欲痛革其弊。于是下诏,凡上用服御器玩,系是金银妆饰打造的,让有司尽行销毁,将这些金银充当朝廷军国的费用。其内府(王室的仓库)所积珠玉锦绣,都取在殿前用火烧了,以示不用。

玄宗又担心后宫不先禁止，外面人未免效尤，于是下诏后妃以下，不得用珠玉锦绣为服饰。又下诏天下官民人等，再不许采取珠玉，织造锦绣等物。两京旧日有织锦坊，玄宗也命

宋徽宗《明皇训储图》中的唐玄宗

唐玄宗李隆基生于神都洛阳，英明果断，多才多艺，知晓音律，擅长书法，仪表雄伟俊丽。

撤去，不复织造。珠玉锦绣，徒取观美，其实是无益之物。

人君喜好一萌，必至征求四方，劳民伤财，无所不至。君主为天下风化之源，习尚奢侈，渐至民穷财尽，贻害不小。玄宗初年，心志精明，能刻励节俭如此，所以开元之治大有可观。后来玄宗溺于女宠，心志迷惑，穷尽奢侈华丽，竭尽天下之财，不足以供之，至于倾覆而后已。可见治乱之机，唯系于人主之一念而已。有天下者尚鉴之。

亲核县令，量才任用

玄宗时，有人建言："今年吏部铨选叙用官员，大为冒滥，各处县令，皆非其才，全不简择，朝廷宜察之。"及新选官入朝谢恩，玄宗乃尽召在宣政殿丹墀中，亲自出题考试，问其治理百姓当如何设施，

各对策一篇。

那时县令所对的策，唯有鄄城（今山东鄄城县）令韦济，词理都好，取居第一，玄宗就升用他做京兆府醴泉县令（唐时都西安，醴泉为京师大县），量才优处之。其余二百余人，文不中第，考居中等，姑且令其赴任，以观其政绩何如。又四十五人，考居下等，放回原籍读书学问，以其学问未成，则道理不明，事体不熟，恐怕不堪做父母官的缘故。

县令是亲民之官，县令不好，则一方百姓都受其害。所以愿图治之主，每加意此官。观玄宗初政，励精如此，那为县令的，谁敢不尽职？吏部选官的，谁敢不尽心？此所以成开元之治。

宋璟为相，择才为主

开元四年十二月，宰相姚崇、源干曜罢政，遂以刑部尚书宋璟（唐代政治家）、紫微侍郎苏颋同平章事。

宋璟为相，专以选择人才为主，每有选补官员，必随其材器所宜而授以职任，使大小臣工各尽所长，以修职业，无有不称其官者。且有罪必刑，有功必赏，皆秉公道而行，无所偏私。又遇政事有失，敢犯颜色正谏，不肯阿谀顺旨，以取容悦。玄宗见他这等正直，非常敬惮他，虽有时所言不合意旨，也常委曲从之，其忠诚感动人主如此。

突厥可汗默啜（chuò，唐朝时期东突厥国王，曾归附武周，后来叛乱，屡扰唐朝边境），在北虏中最为雄武，自武后时即侵扰边境，为国患害三十年。朝廷设谋备御，常至日晏不食，倾尽天下财力，竟不能制。开元三年间，有大武军子将郝灵荃，奉使突厥，因得默啜之首，献于朝廷，自谓建了不世奇功,必有破格升赏。时遇宋璟当事,思量玄宗亲平内乱,本好武功,灵荃之功虽奇,若是骤加重赏,恐有干宠喜事之人,争欲生心侥幸,图立奇功,致开边患,因痛抑灵荃之赏,等候一年,才授他右武卫郎将之职。灵荃见功大赏薄,心怀忧愤,恸哭而死。

宋璟是唐时贤相,所以记其大略如此。其抑制郝灵荃之赏,以防人主未萌之欲,虽一夫抱愤而有所不恤。后来天宝年间,玄宗果然好尚边功,宠任蕃将,致有安禄山之乱,方知宋璟之深谋远虑,非常人所可及。然考默啜之死,本为别族胡夷所杀,适遇灵荃奉送,遂传首至京师,不过因人成事而已,所以虽裁抑其赏,也不为过。向使灵荃果然能身履行阵,得虏酋之首,而朝廷曾没有以此功激励之,则赏功之典不信于天下,此宋璟必不为。

宋璟

宋璟历仕武后、唐中宗、唐睿宗、唐殇帝、唐玄宗五朝,一生为振兴大唐励精图治,与姚崇同心协力,辅佐唐玄宗开创"开元盛世",与房玄龄、杜如晦、姚崇并称唐朝四大贤相。宋代的"法医学之父"宋慈为宋璟的后人。

姚崇明达尚通,宋璟刚直尚法

玄宗开元初年,姚崇、宋璟继为宰相。姚崇资性明达,善应事机,于人所难处的,能委曲通变以成国家之务;宋璟资性刚直,善守法度,于所迁就的,能执持坚定,不失事理之正。这二人志向操行,虽不相同,然皆忘私徇国,协力同心,彼此相资,先后共济,辅佐玄宗,经理天下,使赋役宽平,刑戮减省,百姓们都财产饶足,户口繁多,而天下治安。

所以李家三百年贤能宰相,前在太宗时只称房玄龄、杜如晦,后在玄宗时只称姚崇、宋璟。玄龄善谋,如晦善断,共成贞观之治;姚崇尚通,宋璟尚法,共成开元之治。他人为相者,都不得相比。

姚崇、宋璟这两人为相,玄宗甚加优礼,每进见时,玄宗在御座上站起来接待,及事毕退去,必出至屋檐下亲临送之,似宾客一般,其礼遇之重如此。后来李林甫为相,虽是玄宗爱幸的人,宠眷信任过于姚、宋,然心里轻忽他,不加敬重,礼貌接遇甚是卑贱鄙薄,远不及姚、宋。

此可见人主之心,其于忠佞,未尝不明。但佞臣每顺人主之欲,而人主亲狎之;忠臣每拂人主之欲,而人主敬惮之。狎者易亲,惮者易疏,其势如此。然而玄宗任用姚、宋则成开元之治,任用林甫则成天宝之乱,敬贤狎佞,只在一念之间,而治乱遂有天地之别。任相者可以深鉴。

府兵废坏之由

开元十年,开始募兵(地方政府出钱招募士兵。募兵制的优点是招募到的人为职业军人,专业训练,战斗力强。其主要缺点,一是费用高,二是"谁出钱就听谁的话",这也是作为节度使的安禄山能调动数十万大军发动"安史之乱"的重要原因)充值守卫。

当初,太宗既定天下,内设十二卫,分领诸府,外设六百三十四府,分隶诸卫，凡民六家共出一兵，无事则散耕于野，农闲时讲习武事，每月量地远近，轮番上京，以备宿卫，粮饷资金衣装，六家共备。有事征伐，则以鱼书（纸张出现以前，书信多写在白色丝绢上，为使传递过程中不致损毁，人们常把书信扎在两片竹木简中，竹简多刻成鱼形，所以称鱼书）下府征发，而命一卫将统行；战事结束则将归于朝，兵散于野。国无养兵之费，兵无失业之患，将无握兵之权，而京师又得居重之意，本是良法。但其定制，民自二十岁成丁，即简选为军，至六十岁衰老才免役回籍，中间四十年在官，而其家隶于有司，庸调之类一概征派，又不免其杂徭，因此府兵渐至贫穷削弱，宿卫之士，逃亡殆尽，百姓被累，甚病苦之。

因此，宰相张说建议："请出榜召募壮士，以补充宿卫之缺，不必追问他是何色人役，既招募为军，一切杂徭，量行优免，着为定制。逃亡的府兵，必争出应募，杂徭很容易就充足了。"

玄宗从其所请，下诏募兵，未及半月，便得兵十三万，以分隶于十二卫，谓之"骑"，定为六番，轮流守备，自此长年宿卫，不免税民以供军，而兵农之分，就是自此开始的。这是府兵制的一大变化。

自古有国家者，其祖宗立法，虽至精至当，然经历数世之后，也未有不坏者。所以善守法者，补其偏，救其弊，期望不失立法之初意即可。若一举而更新之，则不可。唐之府兵，虽为良法，然至于中唐后，乡里贫困，宿卫单弱，则其法已生弊端，也有不容不变者。但尽改府兵之制（兵农合一），**而用召募充之，兵不土著**（世代居住本地的人），**类似市人游民，徒有虚名，不胜战斗，其后宿卫之兵渐弱，而方镇之势益强，此为不善变之过也。**

唐·韩干《明皇试马图》

大唐对马的喜爱是其他朝代无法比拟的。唐朝开国后,为了巩固国防,十分重视骑兵的力量,开辟了专门的牧马区,并设立专门管马养马的机构。

韩休为相,守正不阿

开元二十一年三月甲寅日,玄宗用尚书右丞韩休为黄门侍郎、同平章事,为宰相之职。

韩休为人,严峻刚直,未尝阿意皇帝以希宠信,以谋求荣贵利达,时人敬重,因此拜相,威望极高。宰相萧嵩,初时只说韩休性格柔顺平和,容易控制,所以引荐他。等到与韩休同在政府议论国事,韩休守正不阿,事有不当,每每坚执己见,不肯曲意附和,萧嵩渐不能平,心中颇憎恶他。

尽心于国事,而不徇私恩,尽言于官长,而不为私党,这正是韩休的优点。宋璟此时罢相在京,闻知叹说:"不意韩休为相,却能持正如此!"玄宗有时在宫中宴乐,及后苑游猎,或举动非礼,稍有过差,怕韩休知道,就问左右:"韩休可曾知道?"刚才说完,韩休的谏疏已到御前,其知无不言,为人主所敬畏如此。

玄宗一日临镜,照见貌瘦,默然不乐。左右揣知其意,便逢迎说:"自韩休为相,凡事固执,违拂上意,以致陛下圣容比于往时甚是消瘦,何不逐去他,以自快乐?"玄宗叹说:"韩休乃贤相,每事规正我以礼,我得他为辅佐,百姓们都受其福,朕容消瘦,天下必然充肥,岂可爱一身而忘天下?他与萧嵩共事,萧嵩每来奏事,事有不可,常顺我的私意,委曲承奉,朕心非不欢喜,及退而思省,这等行去,甚有害于百姓,自其终夜睡卧不安。韩休每来奏事,事有不可,却极力谏诤,不肯顺从,朕心虽不欢喜,及退而思省,这等行去,甚有益于百姓,自觉终夜睡卧得安,可见韩休是社稷之臣。朕用韩休以为社稷,非为一身,岂可忘社稷之安危,而计一身之肥瘠?"

由此观之,韩休守己之正、事君之忠,玄宗知人之明、任贤之笃,皆可见的。至于敬畏韩休一节,尤为盛德。

韩休是玄宗朝有名的宰相,以刚正不阿著称。一次,万年县尉李美玉获罪,唐玄宗特命将其流放岭南。韩休谏道:"李美玉只是一个小官,所犯的也不是大罪。如今朝廷有大奸臣,尚且未被惩处,怎能流放这么一个小官。金吾大将军程伯献依恃皇帝恩宠,贪图财利,住宅车马,多有僭越。臣请先惩处程伯献,再治李美玉之罪。"唐玄宗不同意。韩休坚持道:"李美玉这样的小官都不能容,像程伯献这样的巨猾怎能不问!陛下如不惩处程伯献,臣便不会流放李美玉。"唐玄宗为韩休的恳切耿直所感动,便同意了他的请求。由此可见,有纳谏之明君,才有刚正不阿之部下。有志用人者当铭记。

自常情言之,人主尊无二上,势莫违背,何况外廷临御天下,劳心于万机。而皇帝宫中行乐,虽稍有过失,似亦无大害。人臣于此,岂宜与闻,就使得闻,何须苦谏。而玄宗乃兢兢然若严师在前,唯恐其见知,能使他常持此心,岂有一念之纵肆,一事之过差?可惜韩休离去,而李林甫进用,玄宗敬贤之心,终不胜其悦佞之意,而开元之治,遂转而为天宝之乱了。

以古为鉴,可知兴替

开元二十四年秋八月初五是玄宗生辰,此日玄宗受群臣朝贺,故为千秋节。

朝中群臣都献宝镜以祝圣寿,寓圆明久照之意,独宰相张九龄说:"古时镜铭上两句道得好,以镜自照见形容,以人自照见吉凶。把镜来照面不过见自己的形容而已,若把他人行过的事来反观内照,便知哪件合道理,是吉祥的事,当以为法;哪件悖道理,是凶祸的事,当以为戒。岂不尤切于君身,有关于治理。"于是乃备述前代帝王行事,起初兴创必有所以兴创之由,后来废败必有所以废败之故,如水有源而流之清浊皆出于此。张九龄作事鉴十章,分为五卷,以备法戒,叫作《千秋金鉴录》,献上玄宗,于祝颂之中,致规讽之意。

玄宗览其书甚喜,特赐御札褒答称美焉。当初太宗尝说:"以铜为

清·禹之鼎《明皇求教图》

早期唐玄宗任用贤良,能虚心向大臣求教,开创了开元盛世。

鉴，可正衣冠；以古为鉴，可知兴替。"这《千秋金鉴录》，便是此意。贤相之良谋，即烈祖之成法，所当置之座右，以备观省也。

> 若非人主留心体验，加意推行，则也是徒具虚文，留存故事而已，于事何补？玄宗徒能赐书褒美于献纳之时，而不能体验推行于政事之实，所以天宝以后，渐不克终，质之录中所载前代事迹，往往违背其所以兴，覆蹈其所以废。当时九龄虽去，而《千秋金鉴录》犹存，玄宗却未能从中吸取教训。

九龄谏杀安禄山：今日不诛，明日祸随

开元二十四年，适有奚、契丹二族胡人反叛，张守珪（幽州节度使）遣部将安禄山追讨。禄山恃勇率兵轻进，遂为虏所败。守珪奏闻朝廷，请将禄山依军法处斩，有旨允奏。禄山临刑大呼说："大夫不要平灭奚、契丹二虏耶？若要平灭二虏，如何将禄山杀了，何不留我以责后效？"

守珪见他辞壮，惜其骁勇，欲全活之，但已奉有明旨，不敢自专，乃执送京师，听朝廷处断。奏至中书省，宰相张九龄不从所请，遂引古事批说："昔楚景公以司马穰苴（春秋时名将）为将，使宠臣庄贾监军，那庄贾素日骄贵，穰苴与他约定日午会于军门，庄贾至日夕方至，穰苴遂对众斩之，以令三军，由是军威大振。可见君之宠臣，若犯了军法，尚不可赦，更何况其他人呢！吴王阖庐，曾出宫中美女，令孙武（春秋时名将）试阵法，以宠姬二人为左右队长，约束已定，鸣

鼓进兵,那宠姬大笑,孙武即将这二姬斩首,另外用两个妇人为队长,鼓声一振,那妇人左右前后跪起,皆中规矩,于是吴王知孙武善用兵,任以为将。可见君之宠姬,即试以军法尚难假借,何况其他呢？今守珪为大将,军令若果能行,禄山既犯军法,即当处死,不宜轻免。"

玄宗见禄山有才,不忍即杀,下旨革其官职,只让他以白衣领兵,立功赎罪。九龄坚持说道:"禄山失了纪律,丧败师徒,于法不可不诛。且臣见他状貌有谋反之相,今日若不早杀,后来必为国家之患。"

玄宗说:"卿要学王夷甫（晋人王衍的字）识石勒（胡人,称帝秦陇,国号后赵）吗？石勒卑微时,曾随人行贩洛阳,王夷甫见而异之,说：'这胡雏有奇志,将来必为天下患。'即遣人追之,不及而返。后果然扰乱中原,为晋室之祸,这是王夷甫有识见处。但禄山本是忠良之臣,如何比得石勒？卿却以军律斩之,岂不枉害了他？"禄山终被赦免,仍加宠任。

后来禄山果然反叛,玄宗方思九龄之言,后悔也来不及了。

禄山失律丧师,罪本当死,即使其无反相,也不可赦,何况骁雄黠狡之人,必有过人之才,足以竦动人主,而其奸猾不可测之情状,也必有不可掩者。九龄之断,非常正确。玄宗不能行法,反从而崇养之,才造成后来的国祸。

林甫为相，小人环绕

吏部侍郎李林甫（唐朝有名的奸相。他能察言观色,口蜜腹剑,打击异己,所以专任宰相十九年。任相期间,蔽塞言路,排斥贤才,导致纲纪紊乱。他还建议重用胡将,使得安禄山坐大,是唐朝由盛转衰的关键人物之一）,为人柔佞奸猾,能迎合上意,玄宗甚宠爱之，要用为宰相。访问于中书令张九龄，九龄知林甫是奸臣，即说："宰相之职，辅佐人主，统率百官，关系国家安危。若用得其人，则政事清明，而天下安；若用非其人，则纲纪紊乱，而天下危。林甫乃邪佞之臣，陛下若以他为相，臣恐其误国殃民，异日为宗庙社稷之忧，悔之无及。"

玄宗正喜林甫，不信九龄之言，终以林甫为礼部尚书、同中书门下三品。

那时，九龄方以文章学术为玄宗所重，宠遇甚隆，林甫闻其言，心虽怀恨，表面曲意奉承，不敢显露。当时有侍中裴耀卿，与九龄相厚，林甫因恨九龄，遂连耀卿也疾恶，谋欲并伤之，只是不得时机。

适逢当时，玄宗在位年久，见天下治平，心志懈惰，渐肆奢欲，国家政事，怠而不理。九龄却不肯阿顺，遇事无大小，都要正言力争，玄宗心里已有些不快。那李林甫善于窥测伺候，揣知上意，每日寻思要暗害九龄，见有一二事忤旨，遂日夜在玄宗面前谮毁九龄之短。玄宗不知林甫之奸，只以所言为实，待九龄渐觉疏慢。因此以耀卿、九龄为党羽，一起罢免政事，即令林甫兼中书令以代九龄。又朔方节度使牛仙客，曾被九龄阻遏抑制，因拜为工部尚书，同中书门下三品，与林甫并相，林甫欲引九龄所不悦之人，以巩固其党耳。

玄宗即位以来，所用宰相如姚崇、宋璟、卢怀慎、韩休、张说、张九龄，都是正人君子，各尽所长，同心匡辅，所以二十四年之间，海内宴然，乡里富庶，治平之效，直与贞观比隆。只因用一李林甫，以他甜言蜜语，谄媚佞辞，逢迎为悦，外面却专权乱政，蒙蔽朝廷，以致政事日非，人民受害，终于酿成天宝之乱。所以君子小人进退之间，乃治乱安危之关键，不可不慎啊！

玄宗用聚敛之臣，快己欲而失民心

天宝四年，玄宗用户部郎中王为户口色役使（即管理民间户口及杂色徭役之官）。王为是个邪媚小人，他的意向只在聚敛钱帛以供人主之费，全不顾百姓的穷苦。且如旧制抽丁戍边，六年一换，这六年中都免纳粮当差，后来只因那戍边死者，边将多不申报，以致原籍未与开豁，空有籍贯，本无人丁。王为就按据户籍，逐一查出戍边死亡者，只除六年不征外，其余不拘年月久近，一概都问他家追征粮差。其最久的，有连征三十年者，这都是里中百姓赔偿，家家被累，无处告诉。只举这一件，别事可知。

此时，玄宗在位日久，心志荒怠迷惑，御前用度日渐奢侈，后宫赏赐滥费无节，不想将花费告知官员，就在左藏右藏（国库，唐设左、右藏，以收贮每年天下征收的钱帛。其取民只有三件：有田则有租，如税粮；有身则有庸，如差徭；有家则有调，如绢布）里面取给。王为探知玄宗这等意思，就于每年租庸调正额外，再贡献钱帛百数十万，别贮于内廷库藏，专以供给宫中宴乐赏赐，奏说："这钱帛不出于租庸调三件里面，不关系正经钱粮，无损于人民。"

玄宗只道王为会设法生钱，以富足国家，是个有才干的人，愈加宠任，礼遇优厚。王为也自以为得计，专一额外巧取，刻剥小民，以媚悦主上。民不能堪，内而京师，外而郡国，无有不嗟叹怨恨者。

玄宗初政清明，足称唐代英主，末年却信用聚敛之臣，渐致大乱而不悟，为何？是内害于多欲、外惑于巧佞的缘故。

天地生财，只有此数，不在民，则在官，安得常赋之外，又有百亿万之收入？巧佞之臣借言不加赋而国用足，其实都是刻剥小民取来的。人主但见眼前充足，便喜其才能，而不知乡里号啼之声、困苦之状，有耳目所不忍闻见也。所以，如果为人主者清心寡欲，节用爱人，断绝无益处之玩好，裁减无名之赏赐，则虽有聚敛之徒，工为巧佞，何至于用其术？此治乱安危之几，不可不深念也。

安禄山之乱，李林甫养之

天宝十一载十一月，宰相李林甫去世。

史臣因记林甫为相，大略以着其奸邪之状：玄宗自开元以来，励精图治，海内太平。及至天宝年间，自恃天下承平，以为治功已定，无复可忧，遂只深居宫中，专以音乐女宠自取娱乐，将国家政事都委托于林甫，任其所为。

于是，林甫独掌大权，威福由己，日唯曲己谄媚，以奉事左右，探知玄宗心所欲为，每每先意迎合，奉承得主上欢喜，以固结其宠眷；又恐臣下进言发其奸状，于是杜绝言路，使大小群臣都不敢上疏建言，以掩蔽朝廷耳目，因而自遂其奸；又且妒忌贤能，不使进用，若有才望功业胜过自己的，必百般排挤抑制，以保其禄位；这等专权用事，又恐天下人心不服，于是用一帮苛刻之人，屡起大狱，将朝廷贵臣牵连罗织，诛杀贬远，以扩张自家的权势，使人人惧怕。其平日所为，虽不能尽述，不出此四者。

那时，自皇太子以下，贵戚大臣莫不畏其倾陷，侧足而行，其权势熏灼，至于如此。凡在相位专任十九年，致海内骚然，人心离叛；

天下之乱，虽由禄山等发之，其实是林甫养成，而玄宗终不醒悟。

> 自古人主若明知臣下之奸，必不肯用；唯不知其奸，而终以为贤，所以信任而不疑。然而，假使其将大小政事，件件自家留心，则虽有奸臣，也不能蒙蔽；唯有安于逸乐，而不亲政务，所以塞蔽而不知。所以明于知人之道，固然当求，而逸于任人之说，尤不可不深察。

杨国忠欺瞒朝廷，高力士进谏真言

玄宗末年，因宰相杨国忠用其故人鲜于仲通为剑南节度使，处置不当，将南诏（唐朝藩国，今云南地方，自高宗以来，世入中国朝贡）激反，后遂连兵不解。为此国忠遥领剑南节度使，以侍御史李宓为留后（代理），领兵七万进讨南诏。那夷王阁罗凤故意引诱官军深入重地，举国攻围，李宓遂为所擒，全军皆没，无一人生还。

杨国忠以开启挑衅由己，失事地方又是自家所管，遂将这军情隐瞒下，反报功奏捷，欺蒙朝廷，又大发中国之兵，分道讨之。云南在万里之外，又多瘴疠之地，师老财费，不能取胜，前后死者近二十万人。朝中群臣明知此事，只畏国忠之威，无人敢说。

玄宗不知，只道天下无事，曾向内侍高力士说道："朕在位四十余年，今已老了，看来天下承平，不必劳心，今只将朝廷政事托付与宰相使之办理，边上军情托付与诸将使之防御，朕只是恭己无为而已，还有何事可忧？"

力士对曰："陛下深居禁中，不知外面之事。臣闻云南自用兵以来，虽屡有捷报，其实丧了许多人马，都隐匿不报，又各边节度使专制一方，坐拥强兵，威权太盛，陛下将何以制之？臣恐养成祸乱，一旦窃发,将至不可复救,何谓无忧也!"

力士此言,明指杨国忠、安禄山二人。玄宗心里似有觉悟,因说:"你且莫言,待朕慢慢思量,再作裁决。"玄宗也知其不可,但自己年老偷安,不能决断。

古人有言:"堂上远于百里,堂下远于千里。"这是说蒙蔽之害很深。明皇以朝事付之杨国忠,至于丧师二十万而不知;以边事付之安禄山辈,至于逆谋已成而不悟。当其祸机之伏,力士知之,咸阳父老也知其必败,而玄宗自以为泰山之安。蒙蔽之祸至于如此,岂可不戒?

安禄山叛乱

天宝十四载十一月甲子日,安禄山反。

当初,安禄山以平卢节度使兼河北、河东,专制三道,久蓄异志。宰相杨国忠又数以边事激之。至是遂假密诏,尽发其部下兵共十五万众,反于范阳(今河北保定以北,北京以南地区),引兵而南。

此时,天下承平日久,百姓安乐,累世以来不识兵革,一旦闻范阳兵起,远近震骇。河北

杜甫

安禄山叛乱,诗人杜甫为避难逃到四川,在成都西城浣花溪居住,据说就是现在杜甫草堂的位置。

地方，又在禄山统属之内，威令素行，但凡是贼兵所过之处，大州小县都望风瓦解，不能抵挡。郡守县令，或开门迎降，或弃城逃避，或稍稍出战便被擒缚诛杀，无有敢拒敌者。于是东京不守，而贼势日逼，天子幸蜀，祖宗社稷几乎灭亡。

推究其所以至此，非禄山能乱唐，乃是唐自乱。玄宗末年，溺于声色，用度奢侈，信任小人，专意聚敛，剥民膏血，天下人心久失，法令不行，武备废弛。而禄山本胡族异类，乃引为腹心，宠任太过，养成骄悍。又使之专制三道，委以重兵，听选番夷以代汉将，是启其异志，而让其横行。虽欲不乱，又怎能做到呢？人主察此，则所以固人心，振武备，慎威福，节宠幸者，不可一日不用心去做。

今评

这几段历史，讲的都是奸相的危害，从反面说明了任用忠贤的重要性。当然，与其说奸相害国，不如说是帝王自害，因为归根结底，奸相是帝王任用的。可是，为什么唐玄宗要重用这些奸臣呢？唐玄宗可是中国历史上有作为的帝王，他在开元盛世时是一代明君，并且任用的都是贤相。为什么唐玄宗先明后昏呢？可见历史是复杂的，人性也是复杂的，人才之忠奸更不是那么黑白易辨的。玄宗晚年好大喜功，奢侈享乐，心志懈惰，荒于政事，又爱听顺己之言，而李林甫每每先意迎合，得其欢心，又欺蒙上下，收买谏官，打压异己势力，使玄宗不视其奸，反以为忠。这才是问题的核心。所以独立的监察体制，特别是对高官的权力制衡和监督系统，是需要完善的。读史及图志者当深鉴之。

忠义千秋颜真卿

安禄山未反时,平原太守颜真卿(唐代名臣、书法家、文学家。为人忠义刚烈,有节操,被叛臣李希烈派部将所杀,天下人痛哭之。其书法精妙绝伦,擅长行、楷。正楷端庄雄伟,行书气势道劲,创"颜体"楷书,对后世影响很大。与赵孟頫、柳公权、欧阳询并称为"楷书四大家",与柳公权并称"颜柳",又被称为"颜筋柳骨"),因在河北统内,与范阳相近,见禄山阴蓄异志,知其将反,要预先防备,恐他知觉,适遇大雨积水,因假以为名,修筑城垣,深挖濠沟。又增补民间丁壮,以备选兵;积蓄仓廪粟米,以储粮饷。

禄山只道颜真卿是个书生,没有什么作为,心里轻视他,没把

颜真卿及其书法

颜真卿是唐代名臣、书法家。他秉性正直,笃实纯厚,以义烈闻名于时,最终以死明志。

他当回事。及禄山已反,发兵南下,河北郡县都是所属地方,大半降附,因行文牒与真卿,着他领平原、博平二郡兵七千人,防守黄河渡口,以备官军。

真卿拒而不从,即遣平原司兵参军李平,由小路潜入京师奏报。玄宗初闻禄山反,河北郡县都望风而靡,因叹息说:"河北地方共有二十四郡,这许多官员都是朝廷臣子,就没一个忠义之士替国家出力吗?"及李平奏报至京,方知平原一郡不肯从贼,玄宗大喜说:"朕平昔不知颜真卿是什么模样,却能如此尽忠为国!"真卿又遣所厚宾客密怀文牒"悬购贼赏格",分诣邻近各郡。

各郡守臣见真卿如此忠义,也都感奋而相率起兵,推真卿为盟主,同心讨贼。真卿乃常山太守杲卿从弟。常山在河北统内,杲卿仗义勤王,与真卿声势相倚,遂为禄山所攻,力不能支,骂贼而死。后来,真卿官至太师,奉使贼臣李希烈军中,不屈而死。这是颜真卿兄弟始末。

唐太宗有言:"疾风知劲草,板荡识忠臣。"人臣平居之时,俱享朝廷爵禄,一旦国家有难,往往全躯自保,甚至甘心从贼,而真卿兄弟独能以二郡之兵,纠合忠义,同奖王室,至于先后节死,若合符契。其芳名大节,直与日月争光,万世人臣所当效法。

肃宗皇帝,名亨,玄宗第三子。开元中,立为皇太子。安禄山之乱,玄宗幸蜀,太子分兵北行,至灵武为诸将所拥立,在位七年。

玄宗仓皇西逃，从谨镇定上谏

初，安禄山既反，宰相杨国忠尚以为不足忧，及潼关失守，玄宗方才畏惧，乃召宰相商议计策。

杨国忠（杨贵妃堂兄，以外戚任宰相。任相期间，两次攻打南诏，损兵折将。专权误国，败坏朝纲。与安禄山争权夺利，引发安史之乱。鼓动玄宗逃往蜀郡，在马嵬驿哗变中，被乱兵所杀）独先提倡请皇帝车驾幸蜀地，以避贼兵。那时玄宗仓皇失措，便道他说得是。六月乙未日黎明，玄宗带领宫眷、皇子、皇孙直接出延秋门，西行四十里，至咸阳县（今陕西咸阳）。所过地方，官吏逃窜，供给缺乏，日过中午，玄宗尚未进膳，杨国忠自往民家买得些蒸饼，献上充饥。于是百姓们知道御前不择美恶，争献粗饭。皇孙辈以手掬食，片刻而尽，其途中困苦饥寒如此。

有个年老的百姓，叫作郭从谨，因进前说道："安禄山恃宠眷，拥强兵，阴怀反意，要倾危社稷，已非一日。人皆知其谋，也曾有亲到阙下，告他谋反者，陛下往往不信。遂使安禄山肆无忌惮，得逞其奸逆，以致今日帝王流亡，道路颠沛，皆蒙蔽之为祸也。因此古先帝王，不敢偏信独任，务在延访忠良，以天下为耳目，广开聪明，使上下之间无有间隔，为此缘故。臣犹记开元之初，宋璟为相，凡朝政得失，四方利病，往往直言无隐，所以主上聪明日广，天下赖以治平。近年以来，在廷诸臣，唯恐直言得罪，以为忌讳，每事只阿顺谄谀，徒取容悦而已。所以人主深居禁中，耳目有限，宫门之外，都不得知，上下隔绝，奸贼恣行。臣在草野，必知国家有此祸乱，不待今日。但君门远于万里，下情不得上通，向使事不至此，则陛下高拱九重，无机会与百姓相接，臣也不能仰睹天颜，而诉此是非衷曲啊！"

玄宗说："此朕往时昏蔽不明，致有今日，实其自取，虽复追悔，也来不及啊！"因慰谕郭从谨而遣之，以谢其殷勤忠诚之意。

由此观之，治天下如治一身。当君主清明时，直臣在朝，民情无所蔽则治；当君主昏惑，佞臣在朝，民情无所诉则乱。君主方治，端居九重，玉食万方而有余；及其乱时，道路险阻，粝食充饥而不足。治乱安危之关键在一身，可畏呀！何况幸蜀之举，非常失策，为天下主者，岂能舍弃宗庙社稷、九族百官于乱贼，而苟图自身安全呢？并且蜀地虽险，偏安一隅，可以退守，不可以进取。若非天意祚唐，百姓拥留太子，收兵灵武，克服两京，唐朝就结束了。可见人君守社稷，即有急难，国都不可轻弃啊！

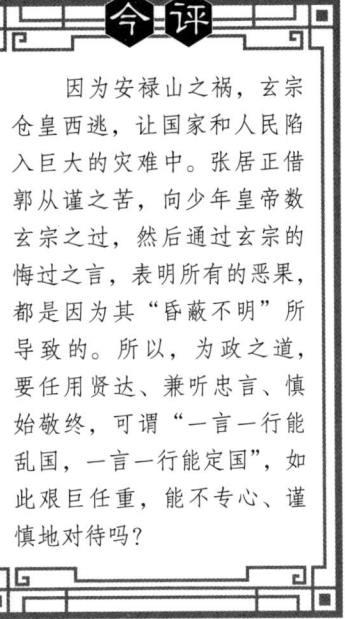

今评

因为安禄山之祸，玄宗仓皇西逃，让国家和人民陷入巨大的灾难中。张居正借郭从谨之苦，向少年皇帝数玄宗之过，然后通过玄宗的悔过之言，表明所有的恶果，都是因为其"昏蔽不明"所导致的。所以，为政之道，要任用贤达、兼听忠言、慎始敬终，可谓"一言一行能乱国，一言一行能定国"，如此艰巨任重，能不专心、谨慎地对待吗？

太子即位灵武

安禄山攻破潼关，玄宗出奔幸蜀，行至马嵬驿（驿名，在今陕西省兴平县），父老百姓都遮道请留。玄宗无法前行，就命太子在后面宣慰。父老百姓遂拥往太子处，恳请回兵兴复长安。

玄宗因此宣旨传位，太子不受。于是，车驾西幸，太子领兵北行，至平凉（今甘肃平凉），屯驻数日。此时有朔方留后（朔方，又称灵州，唐代镇名，为玄宗时边防十节度使之一，治所在今宁夏吴忠市北。代理节度使叫作留后）杜鸿渐闻太子此来，欲请至朔方共图匡复。于是，杜鸿渐令人整顿资储，亲自迎接太子，至平凉北境，对太子说道："朔方一镇，士马精强，四方无比，乃天下劲兵处也。西面则吐蕃请和，北面则回纥内附，皆可以借兵入援。内而四方郡县虽被贼攻掠，然大率都为国家坚守拒贼，以待大兵东讨，兴复社稷，可见天下大势未至动摇。今殿下只驻扎灵

唐·李昭道《明皇幸蜀图》

所谓"幸"，就是古代君王驾临某地。《明皇幸蜀图》描绘了唐玄宗在安史之乱时，逃往四川避难的情景。

武，整兵蓄锐，按辔（pèi，驾驭牲口的嚼子和缰绳）徐行，长驱而进，传布檄文于四方，收揽忠臣义士，以为己用。将见四方人心，闻风响应，出兵勤王，唯恐或后。这样逆贼怎么会不被屠灭呢？"

太子从其言。秋七月，遂至灵武（今宁夏灵武）。此时，河西司马裴冕也在灵武，与鸿渐图谋，因见玄宗入蜀，恐人心离散，遂上笺太子请遵马嵬传位之命，即皇帝位，以系属人心。太子以未经请命，不肯允许。

冕等因说："殿下不即大位，固是孝行。但这些从行将士都是关中人，离家远来，日夜思归。所以不惧崎岖艰难，跟随殿下远行到这沙漠穷边，无非欲乘时讨贼，希望立尺寸之功，以求爵赏。今若不正位号，则人心失望，倘或一旦解散，恐再不可收集，凭何恢复？

愿殿下勉强曲徇众心，为社稷大计。"

笺凡五上，太子方允其请。这日甲子，肃宗即位于灵武城南楼，遥尊玄宗为"上皇天帝"，大赦天下，改元至德。

肃宗重用李泌

当初肃宗为太子时，曾以京兆处士李泌（唐朝中期政治家、谋臣、奇士，七岁能文，幼时就粗通黄老、列庄学说，有"天下神童"的美誉。李泌一生崇尚老庄无为之道，视功名富贵如敝屣，曾长年隐居于衡山。他是肃宗、代宗、德宗三朝重要人物，收复二京，平定叛乱，其功大矣）为宾友。及自马嵬北行，遣使召至灵武，与之图议大政，旦夕不离。肃宗尝欲以为宰相，李泌不受。

清·康涛《华清出浴图》
安禄山兵变，和唐玄宗宠幸杨贵妃、荒废政事有很大的关系。

恰逢一日，肃宗与李泌同出巡视军营，军中一时不能分辨，军士们指着肃宗、李泌，私相告之："那穿黄袍的，是圣上；那穿白衣的，就是山人李泌。"肃宗要授李泌以官，正无方略，忽闻此言，因与李泌说："方今军旅艰难之际，卿既不受官职，朕也不敢相屈，但将士耳目所属，若只服山人之衣，恐人心疑惑，可且穿一件紫袍（唐制，三品以上官，衣紫袍），以便出入。"

李泌不得已拜受，因衣紫袍入谢。肃宗即笑说："卿既穿了这样的服色，岂可无官职名号？"因此，从怀中取出一道敕命，以李泌为侍谋军国、元帅府行军长史。此时，皇子广平王俶为天下兵马元帅，肃宗以李泌辅佐之，让他朝夕参谋军国大事。这是肃宗计用李泌。

李泌原是隐士，不愿做官，仍固辞不拜。肃宗乃说："卿志在物外，本是布衣之交，朕非敢以官爵相臣。但今宗社未复，国家艰难，欲暂劳弘济，不得不假以职名。待逆贼既平，天下无事，那时任你辞职归山，以行高志，不再强求。"

李泌见肃宗如此说，才肯受职。后来两京平复，车驾还朝，李泌果然归隐，肃宗也不苦留了。

> 肃宗在羁旅之中，而能屈己下贤，委曲任用如此，所以能扫荡胡尘，光复神器。得贤者昌，信非虚语。至于李泌以奇谋大略，历事三朝，运筹帷幄，再襄大难，而又翱翔物外，不贪荣宠。考其平生出处，与汉之子房（张良）颇有相类，固一时之间气运如此。

君主贵择相，择相贵识人

此时房琯（安史之乱爆发后，护送唐玄宗进入蜀郡，拜吏部尚书、宰相。唐肃宗即位后，奉命前往辅佐，深受器重，委以平叛重任，但因不通兵事，用人多有失误）自蜀奉册宝至灵武，肃宗见其仪度庄整，言语明畅，又闻他素有重名，遂倾心信任，委以政事。房琯平日喜接宾客，延揽豪俊，又好与人谈论，引拔当世知名的士人，而轻视鄙薄那寻常庸俗之人，过于分别，不能包容，所以被他轻鄙的人都怨恨他。

那时，有北海太守姓贺兰、名进明者，素与房琯有间隙，偶至行营朝见，遂对肃宗说道："晋家只为轻徇虚名，任用王衍以为三公，秉执朝政。王衍祖尚老庄，崇事浮虚，专以清谈为事，不在意国家

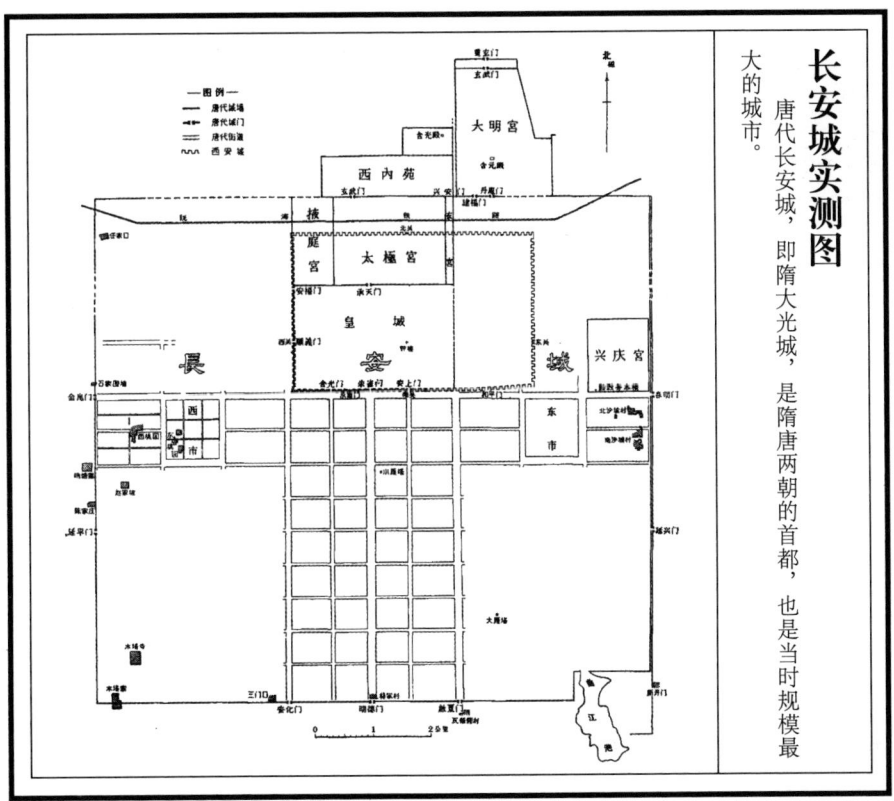

长安城实测图

唐代长安城,即隋大光城,是隋唐两朝的首都,也是当时规模最大的城市。

政务,以致人心邪僻,法度废弛,中国丧乱,沦于夷狄,其祸如此。今房琯平日也只好谈老子浮屠(佛教),遗落世事,多为迂阔大言,以清高自称许,窃取天下虚名。他所引用的也都是这样的人,浮薄虚华,言过其实,无补世用。琯在今日,正是王衍之流,若重用之,必误天下。"

肃宗因贺兰进明之言,自是遂疏房琯,不甚亲信。然进明之言,实中房琯之病。

可见延揽人才,讲求政务,虽是宰相之职,也必综核精审,体验真切,循名而责实,察言而观行,使浮华之人,不得受其欺蒙,迂阔不实之言,不得混淆其视听。不然,是蹈房琯之覆辙,而蹈王衍之祸机。万世而下,君主之择相,与宰相之择人,皆不可不知。

代宗

代宗名豫,肃宗长子,在位十八年。

——刘晏经营漕运

自天宝以来,经安禄山、史思明之乱,中原扰乱,汴水堵塞废绝,漕运粮米,都由江、汉二水绕从湖广地,以至梁州、洋州,迂远险阻,劳费数倍。广德二年三月,以太子宾客(东宫官名)刘晏(唐代经济改革家、名臣,任职期间,实施了一系列的财政改革措施,为安史之乱后唐朝的经济发展,做出了重要的贡献,对后世也产生了深远影响,因而被称为"唐代理财第一人")素有心计,代宗便让他做河南、江淮以东转运使,兼领三道漕运。

那时,兵火之后田地荒废,年岁不登,京师内外米价腾贵,米一斗值钱千文。朝廷催税又急,百姓每耕种不及其熟,便将那才结实的禾穗拔取出来,用手搓挪取米,以供给禁卫之军。宫中庖厨御膳及六宫支用,也只够得目前取用,更无多余积蓄,其匮乏如此。

刘晏思量这一匮乏,实由汴水堵塞、漕运艰阻的缘故。于是,

今 评

漕运是我国历史上一项重要的经济措施,被统治者称为"安社稷之奇策",关乎国运民生,意义十分巨大。刘晏是中国历史上非常有名的理财家,曾采取一系列措施改革漕运及国家财政经济,为中唐社会的恢复和振兴做出了重要贡献。张居正为什么特别推崇刘晏的理财方法呢?首先,刘晏理财"以爱民为先",提出了"因民所急而税之,则国用足"的思想,反对"与民争利"的理财观。然后,刘晏理财,首重选人。这也是张居正看重的。刘晏知人善任,所用官吏大多廉洁奉公,忠于职守,虽远在千里之外,"奉教令如在目前"。而这些思想正是儒家推崇的治国之道。

将汴河故道疏通挑浚，依旧接淮达河，以便转输省劳费。又念此时元载为相，居中用事，若不禀告，恐有牵制，乃投书政府，备细陈说漕运的利病，使其事理晓然明白，庶不惑于浮言，中外同心，彼此相应，然后疏浚之功可成。自此汴渠复通，每岁运东南之米数十万石以给关中，上下依赖之。

唐代称漕运之能者，推刘晏为第一，后来为转运使的，都遵守他的法度而行，无所改变。

藩镇跋扈之根由

这一段是史臣叙藩镇跋扈事迹，见天子威命所以不行于河北的根由，以为后戒。

代宗时，成德节度使李宝臣，魏博节度使田承嗣，相卫节度使薛嵩，卢龙节度使李怀仙，这几人原是安禄山、史思明的将领，后来安史败灭，归顺了朝廷。

代宗未有远略，苟幸无事，就把他们分授为河北诸镇节度使。这几人原是背叛朝廷的人，见天子柔弱，便强梁放肆，不守法度，收拾旧日安禄山、史思明余党，每人拥健卒数万，整治甲兵，修筑城墙。凡文武将吏都由他们自家私授，不请命天子；地方贡赋都由自家私享，不供奉公家。朝廷既惧于振作，又畏其强悍，只是听其所为，专事姑息他们，不能以法度制止。这几人虽为藩臣，实不用其命令，不过寄一名分而已。

代宗即位之初，河北诸州都已降服，若乘战胜之威，图经远之略，处置得宜，无人不兢兢奉命。何况薛嵩辈残贼遗孽，方喘息虑死之不暇，怎敢有他念？然而代宗却惧于仆固怀恩（唐代将领）之邪说，分建贼帅，互相援助，遂成藩镇之祸。河北之土地人民，迄于唐亡不复为国家所有。失在苟一时之安，而不知流患如此之深远。可见审定国家谋略，收揽威柄，是明主所当时时加意者啊！

纲纪废弛，威福倒置

李正己原是平卢（即平卢节度使，治所营州，今辽宁朝阳）的副将，旧名怀玉，因与军士逐杀了节度使侯希逸，代宗就让他做节度使，赐名李正己。当时，各镇皆挟持重兵，而李正己军力最盛，拥兵十万，雄踞一方。诸镇与其邻近的，恐被他侵害，无不畏惧。

李正己又与魏博田承嗣、成德李宝臣、山南梁崇义结为婚姻，相与党助，如同大树的根，据地蟠结，彼此纠缠，牢不可破，声势日盛，越发纵肆。虽说奉事朝廷，却不用其法令，凡官爵之升迁，甲兵之攻战，租赋之出纳，刑杀之重轻，件件自己专权，不请命于朝廷。代宗是宽仁之君，一概听他们所为，不与计较。因此，他们虽名为中国藩臣，其实如蛮夷外国一般，不再知有朝廷。这一段是记唐时藩镇之专横。

人君之所以制驭臣下，使不敢窥伺者，唯有纲纪而已。李正己以偏将逐主帅，彻底乱坏法纪，代宗不能讨其专擅之罪，又授之兵柄，赐以美名，因此各镇士卒逐主帅，主帅凌天子，纪纲堕夷，威福倒置，而唐室遂不振，都是肃宗、代宗姑息为之。所以，发现事物有苗头，就要对它有所警戒，不可不谨慎。

杨绾为相，人所畏服

大历十二年四月，代宗以太常卿杨绾（wǎn）为中书侍郎，礼部侍郎常衮为门下侍郎，并同平章事。杨绾为人清介简静，不嗜荣利，自奉俭素，能甘淡薄，以清德重望，为时人所推仰。等到他拜相命下之日，人们都互相庆贺，以为得人。

勋臣郭子仪素颇奢侈，当时正大宴宾客，盛张声乐，闻杨绾拜相，即将座中音乐五分中减了四分。京兆尹黎干，平日仪卫甚盛，出入常用百余名随从，至是即日减除，只留十骑。御史中丞崔宽，宅舍宏侈，有逾常制，因此也立即拆毁。

因为杨绾素有清俭之名，今日居宰相之位，所以一时大臣之奢侈者，都惕然严惧，改其所为，而相率效法之，其为人所畏服如此。代宗乘多难之后，用杨绾为相，方倚赖他将各衙门弊政，一一厘革，以复旧制。但不幸的是，杨绾患痼疾，至七月中就去世了。代宗非常痛悼，对群臣说："想天不欲使朕致太平，若欲使朕致太平，何夺我杨绾之速啊！"

当时在朝之臣，多贪婪纵肆，各处藩镇因而效尤，贪婪奢侈无度，一时风俗纲纪败坏极了。一闻宰相杨绾，人心回响，恪守礼法，不唯风俗移易，而纲纪亦得振兴。可见政本重地，所用得人，其效果之快于如此。任人者不可不慎啊！

德宗

代宗长子，在位二十五年。

德宗初年，锐意太平

德宗即位之初，锐意太平，不似代宗姑息，一时藩镇闻风震悚。

平卢节度使李正己，自来专制一方，不供贡赋，因畏惧德宗之威，乃上表献钱三十万缗（古代穿铜钱的绳子），先以货财窥视朝廷的意向。德宗欲受之，恐谓朝廷好利，反见其欺侮；欲却之，又恐显示拒绝，难于措辞。

德宗与宰相崔佑甫商议，佑甫对曰："朝廷举动为四方所观，今固不可受之以堕其计，也不可直却之以疑其心。请遣一使臣，

唐德宗

唐德宗执政期间，以强明自任，坚持信用文武百官，严禁宦官干政，颇有一番中兴气象。

往淄青慰劳正己部下将士，将正己所献之钱赐之，使彼中将士人人感上恩德。又使各藩镇闻之，知朝廷不重货财。一以破奸雄之计，一以收天下之心，计莫便于此！"德宗悦佑甫之言，即行其计。

正己知朝廷有人，乃大惭服。是时，天下闻之，都说德宗英明果断，将大有为，太平之治庶几可望啊！

佑甫此言，能通达国体，曲中几宜，使强臣悍将帖然心服，可谓善于谋国者。然而，德宗初志清明，能虚心任贤，推诚尽下，所以佑甫得行其言如此。其后信用卢杞，一致朱泚之变，再激李怀光之逆，帝位流亡，宗社几乎危亡。所以此一德宗，任佑甫则几以兴，任卢杞则几以亡。人君用人听言，不可不慎啊！

名器爵赏：可授，不可轻授

自肃宗至德宗以来，天下用兵，诸将皆争论功绩以邀爵赏，往往如市井佣工商贩，一立军功，即授金紫，官爵冒滥。

及常衮为相，欲革其弊，爱惜名器，杜绝侥幸，凡四方使职衙门有所奏请论荐，一概停止，不肯轻与，却不就中间分别品第，致使贤人愚人一同淹没滞塞。及到崔佑甫代之，欲矫常衮之弊，多推举一时有名望的人为朝廷用，推荐引拔，常无虚日。为相未满二百日，所荐人才、授官职者就达八百人。

常衮为官冗滥，矫之于前，却失于太刻；佑甫为贤愚同滞，矫之于后，又失于太宽。所以用人之法，终不得停当。佑甫引荐太多，中间或有相知，致人谤议。德宗问佑甫说："人多说卿所用之人，都是亲戚故旧，此言因何而出？"佑甫对说："臣待罪宰相，为陛下选择百官，要得贤才称职，不得不详悉谨慎。若是平日不相识的人，何以熟知其才行而用之？必是知之素真，方敢荐用，所以不免涉于亲故。"德宗以其言为是。

佑甫所言，不为无见。可见宰相用人，只要有至公无私之心，真诚为国,则晏不避亲故,也称公平。若其心一涉于私,则晏举所不知,也不免于私,何况于亲故?所以开诚心,布公道,是相天下者之要图。

刘晏理财,国富民安

代宗时,用吏部尚书刘晏为转运使,户部侍郎韩滉为判度支(主管国家财政的官员),分掌天下财赋。自关中以东,河南、山南(今湖广地区)、江淮(今江浙地区)、岭南(今广东地区)各路漕运钱粮,都属刘晏分管。其关内、河东(今山西地区)、剑南(今四川地区)各路属韩滉分管。至此以韩滉为太常卿,用刘晏兼判度支,连关内三路都属他管辖。德宗

古代漕运图

　　刘晏以宰相衔领河南江淮转运、度支、盐铁、铸钱、租庸、常平使,治所在广陵。刘晏上任后的首要任务,是解决关中的缺粮问题。

素闻韩滉聚敛民财，搜刮太甚，所以嗣位之初，即罢其利权，仍出为晋州刺史，而专任刘晏，使之总领天下财赋。

刘晏有心计，治理钱谷最为得法。肃宗至德初年，以第五琦（唐朝中期政治家、财政学家。创立"榷盐法"〔即"盐专卖法"〕，改革货币制度，为安史之乱后的唐朝经济发展做出了重要的贡献）为转运使，始征税各处食盐以佐行军之用。及刘晏代之，盐法益加精密。起初行盐法，一岁中所入官钱不过六十万缗，及其末年，比之旧额增多十倍。然而处置有法，未尝搜刮小民，所以人民相安，无有厌苦。

代宗大历末年，总计一岁各项征税所入共一千二百万缗，而盐利逾六百万，居其大半，都是刘晏所致。刘晏又见盐法内钱粮有余，即补贴为漕运脚力价格，以省民间之费。自江淮起运至渭桥入仓，大率每粮一万斛用脚价七千缗，俱在征盐税内取给，用度饶足，而民不知劳。又自淮以北，于沿河地方列置巡察衙门，选择有才干的能吏为知院官，专管漕运。漕舟所至，未尝烦扰州县百姓，而事无不集。其谋划之善如此。

唐朝理财之臣，以刘晏为称首，后世盐法漕运之详，也都是他所创遗。国家生财自有大道，唯是躬行俭德，戒奢靡，节赏赐，生之众而食之寡，为之疾而用之舒，则唯正之供，自足以充有经之费，公私俱利，而上下相安，是不必为巧术以夺民。

刘晏理财，公私两便

德宗时，刘晏为转运使，专理财赋。当初，安禄山、史思明作乱，数年之间，兵戈扰乱，百姓死亡逃窜不可胜数，天下户口十减其八九,税粮无从出办。州县多为藩镇所据,贡赋都自占用,不供给朝廷,所以府库之财,日加耗竭。且中国多事,每有征讨,又戎狄岁岁犯边,各处调重兵屯宿防御,军饷都仰给于朝廷,所费不可限量,凡一应军国之费,都只靠着转运使刘晏一人经理。

然而刘晏素有精神,能理烦治急,又多机识,能随机应变,凡天下财货,有无通融都设法处理,曲尽其妙。常谓公私所以不足,只是物价未平,或甚贱甚贵,莫能流通之缘故。于是,刘晏多用工食雇募善走之人,沿途设递相望不绝,使窥探四方物价,星夜传报,虽在远方,数日便达转运使司。一应粮食货物,如某处多余则官为之疏通,使不至太贱;某处缺少则官为之接济,使不至太贵。一轻一重之权,皆在其掌握之中。自是利归于官,既可以佐国家之用,而物价常平,天下亦无甚贱甚贵之忧,公私俱便。

刘晏理财,首在识人

刘晏为转运使时,常以为办集众事,在于得人,所以其经理财赋,必选择通达敏捷、精力强悍又廉洁勤励的人,方肯委用。至于查理文书、收放钱粮有干系要紧处,事虽至小,必委那读书出身的士人掌管。其左右胥吏只令书写文牒,不许轻出一言,有所干预。

为何如此呢?晏常说:"士人所志远大,爱惜名节,一陷赃私贿赂,犯了清议,即沦弃终身,不为时用。他看得名重似利,故多务清修,纵使居财货之地,不肯便去干染。吏胥资革原卑,虽苦行廉洁,也终不得显荣。他看得利重似名,故多有贪污,若使掌管钱粮簿书,定是有弊。所以只用士人,不用吏胥。"

其理财之法,只有刘晏能推行,他人效之者终莫能及。其船场、巡院要紧繁剧之官,刘晏俱加以拣择,必尽一时之选,不肯轻授一人。

所以自刘晏之后，但凡是掌管财赋有名的人，多是他旧日属官，其能用人如此。

> 刘晏用人之法，不只可施于理财，帝王治天下之道，也不外此道。然而，士人多为名，也由上人爱重，所以不肯苟且；吏胥多为利，也由上人轻贱，所以无所顾惜。如两汉之时，经术吏治相兼进用，往往有起自刀笔吏（掌文案的官吏，也可指讼师）为名臣者。可见人才之用无常，全在上之人所以鼓舞作兴者如何。此又是用人者所当知。

刘晏理财，养民为先

刘晏理财，不聚敛民财以足国用。其以为，财用不足皆户口消耗之故，若户口滋多，则生之者众，赋税自广，何患不足？故其理财常以养民为先。刘晏于诸道各设知院之官（各道掌巡察的官），使时时巡察州县利病，每旬月，必开具州县雨雪丰歉之状告诉官吏。如丰处谷米有余则增价而籴（买谷米叫作籴），使不积于无用；歉处谷米不足则减价而粜（卖谷米叫作粜），使不苦于艰食。歉处多杂货，就将谷米易买之彼中，以供官用；丰处少杂货，就将所易的于彼处卖之。其有无相济，变通不滞如此。

又以民之饥荒，朝夕待哺，若待其申请而后接济，则辗转废时，民不沾惠，所以令知院官先时巡察，才见某州某县有凶荒不熟的苗头，便预先酌量分数申报使司，某处须免除几何，某处须救助几何，晏即预为经理。至期，不待州县申请，就奏行蠲免救助，应民之急未尝后时，不待其困弊、流亡、饿殍，然后才赈恤。

自此，人民安居乐业，无流离死徙之患；户口日益蕃息，比初时增了三分之一，赋税渐广，国用充足。

自古言利之臣，莫不以聚敛为富国，以蠲免救助为病国，最终国与民两受其病。刘晏独以养民为先，通其有无，时其免助，使天下人均沾实惠，而国亦未尝不足，可谓知理财之要。有天下者，慎以剥民富国。

古代街市全景

唐代宗识人善用，选贤举能，并锐意改革漕运、盐价、粮价等，实行「以名为先」的财政方针，为当时的社会创造了诸多福利，也为社会的安定和可持续发展做出了不可小觑的贡献。

刘晏理财，谋远虑大

刘晏为转运使时，于江、汴、河、渭各造运船，在扬子（今浙江省吴兴县）地方置十处官场造船，每船一只给予料价钱千缗。或曰："造船所用实不及五百缗，恐虚费太多。"

刘晏说："不然，费用固当节省，然论大计者不惜小费，人凡举一事，必须为永久之虑，不要只算当前。今日创立船场，执事人役众多，必先使他私用宽裕，不至窘急，则所造官物自然坚固完实。若屑屑计较于一分一文之微，使之无所利赖，必不乐就，且弊端定不能革除，徒使官物不得坚好，安能久行？后日掌漕运的必有患。吾所给太多而减之者，若但减得一半以下犹可支持，若过一半则不能运行了。"

刘晏去世后五十年，有司果然将造船之费减了一半，至懿宗咸

古代繁荣的街市景象

刘晏实施了一系列的财政改革措施，为安史之乱后的唐朝经济发展做出了重要的贡献。

通年间，有司估价犹以为多，乃计算他造船一只实费多少，照数给予，没有多余。由此所造之船，越发脆薄易坏，不能行远，而漕运之法遂废止，果然如刘晏之言。

刘晏为人勤敏强力，掌管天下钱粮，事务丛集，他不论事之优闲繁剧，必于当日决断，不使留至明日。文移上下绝无停滞，吏胥人等无由作弊。因他才力过人，万事处置得法，一时国税充足，公私两便，后来言财利者皆不能及也。

唐时善理财者莫过于刘晏，所以史臣记其事独详。至于论大计不惜小费之语，真经国之远谋，万世所不可废也。

天下之事，要图谋经营艰难久远之业，财必不可省，只图目前节省，事必不能久。世有动大众，兴大役，而以费半功倍，炫一时之功者，而不知其成易坏，则其费愈多，不仅无益而且有损者也。为国者不可不察啊！

设制两税赋法缘由

唐初，赋敛之法叫作租、庸、调。每丁（以十六岁为中男，二十一岁为成丁）授田百亩，计亩起科，上纳田粮，谓之租，即今之地粮也。每人一丁一年有二十日在官差使，若免了差使，每日折绢三尺，谓之庸，即今之丁银也。每户各随其所出，上纳绫、绢等项，谓之调，即今之门银也。当时粮差只有这三样，再无别项科税，行之百余年。

至玄宗之末，法久弊生，户籍渐渐坏了，所载田地户口，多非实数。及至肃宗至德年间，兵戈纷扰，用度烦费，各处追征钱粮，催督紧急，当时取办又无一定之法，添设许多钱粮衙门，如盐铁度支、转运等使，都不相统摄，各人任意征税，自立名目，旧管衙门派了一番，新衙门又派一番，新旧相仍再无休息，非复唐初租庸调之制。

宰相杨炎建议，改为两税之法，先计算各州各县每年应该存留费用若干，又算起运上供钱粮该用若干，而后取之于民，量其出之多寡，以为入之轻重。户不分土著（常住人口）、流寓（流动人口），只查见居何州县，即上册寄籍；人不分成丁、中男，只审其家之贫富以为差等；为行商者，所在州县估其货物，三十分中抽取一分，使与居民一样应役，不得侥幸便利。至于居民赋税，分为秋、夏两季追征，故谓之两税。其租、庸、调旧法，并后来加派杂徭，尽为罢革。天下财赋，都着度支总领，别项添设使职不得征派科税，其所议如此。

德宗以为便民，即于登极改元赦令中，将此条开载，布告天下，命各处守臣查核百姓丁产等级，通行此法。由此两税定赋，遂为历代相沿通制。

中兴名臣郭子仪

唐自安史之乱，祖宗社稷几乎灭亡，实赖郭子仪（唐代政治家、军事家，武状元出身，其征服叛乱，克复二京，抵御吐蕃，说服回纥，威收叛将，平定河东，可谓戎

今评

《三字经》上有"唐刘晏，方七岁。举神童，作正字"之语。刘晏不仅是历史上有名的神童，还是唐代第一理财高手，史书上说："安史之乱，天下户口十亡八九，所在宿重兵，其费不资，皆倚办于晏，晏有精力，多机智，变通有无，曲尽其妙。"所以后世常常把刘晏与管仲、萧何之才相提并论。张居正对刘晏理财的历史讲述得非常详细，不仅让少年皇帝学习国家的财税管理，关心天下民生，同时，也传达治国的变易之道，如针对财税政策，不能一成不变，要趋利避害，不断调整，才能利国利民。这种改革思想对张居正后来辅佐神宗时实施"一条鞭法"的税制及徭役制度改革，应该有很大的关系。

马一生，功勋卓著，因而被后世称为"中兴第一名将""千古名臣"。郭子仪不但武功厥伟，还善于从政治角度思考、处理问题，文武俱备，忠义笃诚，深得人心，所以功高盖世而不震主，奢侈享乐而不造妒，以全功保其终身）克服两京，再造唐室。

郭子仪

人称郭子仪"再造王室，勋高一代"，他能"天下以其身为安危者殆三十年，功盖天下而主不疑，位极人臣而众不嫉，穷奢极欲而人不非之"，称得上奇迹。

那时，大盗虽除，中外多事，子仪身为大将，总统兵马，功烈既高，声势又重，权幸小人如程元振、鱼朝恩等，平素嫌他不来附己，嫉妒他的功业，早晚在天子面前百般谮毁，说他强梁难制，恐为国患，天子心中不能无疑。

然而，郭子仪忠顺小心，朝廷但有片纸召他，无不即日起程，不敢时刻推迟延缓，与其余将帅拥兵倨傲者不同。由此，天子知子仪纯心为国，无有他念，程元振、鱼朝恩虽终日谗谤，并不听信。

此时，藩镇跋扈，魏博节度使田承嗣最称强悍，子仪尝遣使至承嗣处，承嗣西望之，指其膝谓使者说："此膝不屈于人久矣，今日特为令公下拜！"又汴宋留后李灵曜，窃据汴州（今河南开封府地方）作乱，凡公私财货经由汴梁过者，都强夺留下，不肯放行，唯有子仪的物货乃不敢近，且遣兵护送出境，以防他盗。因为其忠诚之至，无感不通。所以上为主所信，而谗间者不得其谋；下为众望所归，而强暴者服其功德，不徒以其功绩之强盛。

忠诚孚于人心，万世人臣矩范

郭子仪历事三朝，为中书令极品官，凡经二十四考，其久如此。其官高禄厚，每月俸钱所入多至二万缗，田庄房产所入还不在此数内，所以府库中珍货堆积如山。子仪家中人口多至三千，有八子、七婿，都为朝廷显官。诸孙数十人，每至子仪处问安，人多不能尽辨，只点头而已。

当时，领兵大将如仆固怀恩、李怀光、浑瑊辈，起初都在子仪麾下为偏裨小校，后来由子仪任用提拔，各以才能树立功业，皆为节度使、副元帅，封户数百，贵为王公。虽是这等贵盛，子仪

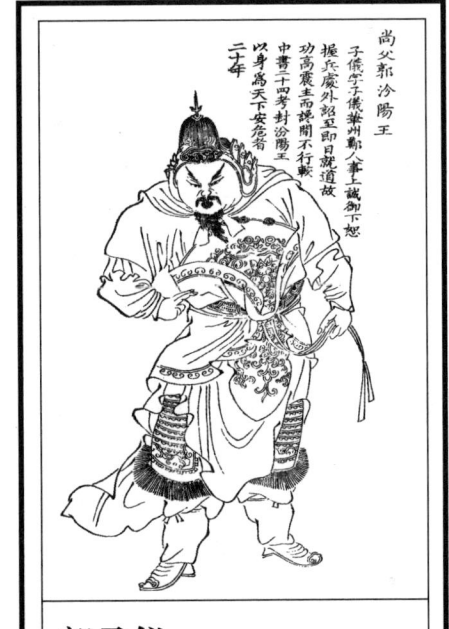

郭子仪

郭子仪被尊为"尚父"，进位太尉、中书令，去世后，追赠太师，谥号忠武。

还照先日颐指役使，令奔走趋命于前，如仆隶一般。即家人见此三人，也以寻常仆隶视之，不觉其为王公也。

此时，子仪忠诚孚于人心，勋业盖乎宇宙，天下之势，悬衡在他一个人身上，有他则天下安，无他则天下危，如此者将至三十年。唐祚所危而复安不至中绝者，子仪之力也。凡人勇略震主者身危，子仪则功盖天下而主不疑；凡人处高位者多惧，子仪则位极人臣而众不疾。晚年勋爵崇隆，子孙贵盛，其所自奉虽若穷奢极欲，人也都视为当然，不以为非。年至八十五，究以令终。其麾下将佐后来相继立功，至大官为名臣者甚众，不特浑瑊等数人而已。

自古人臣建大功于国，苟非遇明昌之代，鲜有不蹈危疑之灾者。

唐之中叶，肃宗、代宗及德宗，暗陋多忌，一时建功之臣，若建宁（即建宁王李倓，肃宗之子，平定安史之乱时有大功）之与定大计，李光弼之荡除巨恶，都是鲜克令终，甚至父子不保，其时代可知。然郭子仪忠义天职，一心至诚而无不二之心，始终不渝，最终见信，并且伴猜忌之主，安定国家，完名令终，可为万世人臣之矩范。

陆贽谏言：将兵之权，足兵之道

德宗初为太子在东宫时，即闻监察御史陆贽（唐朝著名政治家、文学家、政论家，中唐贤相，其学养才能、品德风范，深得当时及后世称赞，并被后人誉为"王佐""帝师"之才，与西汉谋臣张良比肩）的才名。及即位，召为翰林学士，在禁中侍直，常常访问他以朝政得失。

那时，两河藩镇朱滔、王武俊、田悦、李纳连兵拒命，朝廷调各路兵马讨之，相持数年，胜负不决。军饷之费每月至一百余万，赋税差役日日滋多，民间不胜其苦。

陆贽见师老财匮，人心不安，恐生内变，乃上疏陈奏，其大略为："国家用兵，欲克敌制胜，不在兵之多寡，要紧在将得其人；朝廷驾驭将帅之方，又在操得赏罚之柄，以鼓舞激劝之。将非其人，则调练无法，调度失宜，兵虽多亦不足赖；操失其柄，则赏不当功，罪不当罚，将虽才亦不为用。"

又说："主将若不能驱使兵士，朝廷若不能驾驭将帅，必至旷日持久，不能成功，不但虚费钱粮，养成危乱，且恐法度不行，终为大害。就如火一般，若不收敛戢灭，光焰一起反自焚烧，其灾非小。"

又说："当今事体，不要只益兵讨贼，图解眼前的近忧，还恐或兴起意外的祸患。百姓是国家的根本，必百姓安然后国安。财货是百姓的心，必轻徭薄赋，然后得民心之归向也。若征税太急，剥削太甚，则必伤民之心。民心既伤，则邦本不固，卒有异外之变，必土崩瓦解，不可收拾。譬如树木，其根本既伤，其枝条必皆颠瘁，无复生意。然则欲固邦本，不可不救人心，欲救人心，不可不轻赋役啊！"

陆贽此言，极为切要。将兵之权，由于将将；足兵之道，本于足民。二者内修外攘之大关键。德宗当强臣跋扈之时，以猜忌待群下，既无御将之权，而横征暴赋，竭泽以渔，又敛万民之怨，最终致播迁（指天子逃离京都）之患。可以为永鉴呀。

王者建都之地，乃四方根本

陆贽又与德宗论关中形势，说道："王者虽以尚德为要，然必积蓄威力使人心詟伏，然后恩德可以宣布。若专用恩惠，偏废了威，则纲纪不振，而国势危。王者虽以四海为家，然必自居于重，以驭其轻，使天下之势在己，就如持着刀剑，把柄在手，才得宰割方便。若轻重倒持，则必受制于人，而事势逆。王者建都所在，乃四方根本，必根本坚固，乃可以控制四方。

"所以天下大势，当使王畿重，四方轻。昔太宗既定大业，于各路设置折冲诸府统率官兵，分属京师禁卫，总计天下诸府共有八百余所，而在关中畿辅之地者乃有五百。举天下之兵不及关中一半，使京畿之势常重，四方之势常轻，其居重驭轻之意明。自后承平渐久，武备浸微，虽府卫之名犹存旧制，而兵马缺乏，不复练习。至于玄宗崇尚边功，强兵劲卒尽在北边，于是天下大势偏重在外，京师反轻，就如倒持刀剑，以把柄递与人一般。

"于是，安禄山窃倒持之柄，乘外重之资，一旦举兵叛逆，其势汹涌，恰如洪水滔天，东西两京相继失守。所以致此者，皆因畿辅空虚，禁兵单弱，失居重驭轻之权，忘深根固本之虑。故意外之变起于仓促，征兵四方急不能救，前事不远可为明鉴。陛下若追思及此，岂不为寒心？

"今拱护京畿只有朔方、太原诸镇，守卫宫阙只有神策六军，自两河用兵以来，先后调遣马燧、李怀光统率朔方、太原之众，远在山东；李晟、哥舒曜统神策六军之兵，继出关外。关辅之间，征发兵粮，搜括太甚；宫苑之内，禁军尽出，守卫多缺。腹心之地空虚至此，万一各镇将帅中，有如朱滔、李希烈之辈，心生不轨，或是负固于边垒，诱引蕃夷，合谋入寇，或是窃发于郊畿，乘虚作乱，惊犯城阙，那时京畿无出征之师，仓促又不能入援，不知陛下将何以备之？祸机所伏，真可谓寒心啊！

"陛下倘误听臣之愚计，所遣神策六军将士李晟等，并近日节将子弟召遣东征者，尽数取回，以守卫宫阙。明诏泾原、陇右、邠宁三镇只着严备封守，再勿调发，使知各保安居，皆有固志。又降恩诏，将京师及畿内各县近日所添间架等项杂税，尽为停罢，庶乎民之已输纳者可消怨望，兵之未调发者又得宁居。人心不摇，则根本牢固。

> **今评**
>
> 建都所在，是古代帝王特别重视的事情。王都所在地的选择，要遵循"险、富、便、美"的原则，即军事上固若金汤、易守难攻，要有山川险要等屏障可依；经济上要非常富裕，有坚厚的物质后盾；交通上非常便利，要有粮草车马等供给之便；环境优美，山川秀丽。同时，建都所在之地，还要另外考虑其他因素：如何有效"控制四方"，包括处理与邻国的关系。不利于王都安定和控制四方的地方，不是理想的建都所在。

四方例僭乱从容图之,当渐次可平。"

陆贽此言,于当时事势甚为切当。德宗方锐意用兵,终不能用。

居重驭轻之势,在王都近郊固所当先,而防微虑患之机,在禁地尤为至要。百姓之家,门户堂室犹当严谨,何况人主九重之居,守卫不全,不可不深虑啊!可是当时所谓禁兵,自调征外虽列名尺籍(书写军令、军功等的簿籍),日给官饷,其实身居市井,自不知兵,虚名而已。因此之故泾原叛卒,称兵皇宫近地,召禁军无一人至者,皇帝车驾出奔。假使早从陆贽之言,以根本为计,何至于此啊!

国难失邦,国难兴邦

陆贽奏德宗曰:"治乱之机,每相为倚伏。故有当治平之时,不期于乱,而或以生乱者;有遭危乱之祸,不期于治,而或以资治者;有因国家无难,而反失其守者;有因国家多难,而反以兴邦者。太平无事之时,君心懈怠放纵,人事多不能修,所以天降之祸,致生乱而失守;艰难多事之时,君心警惕谨慎,人事不得不修,所以天降之福,致资理而兴邦。其机在人而不在天,此无足疑者。今日之患,正坐生乱失守之弊,其事已往,不可复追。其资理兴邦之业,则在陛下惕然自奋,以天命为必可回,以治平为必可复,兢兢业业,克励而谨修之,则转祸为福,捷于影响。寇兵虽盛,寻机伏诛,何忧乎乱人;大运虽危,寻当复泰,何畏惧厄运。且自此而益加勤励,勉勉不息,所以资理者在是,所以兴邦在是,升平之业,致之有余,岂但荡除邪秽,旋复宫室,仅仅守其故常而已。此臣所以断然谓天命由人,而重望在于陛下的原因啊!"

德宗迷惑于术士之言,谓人不可胜天,而陆贽疏中专以克修人事为主,诚不易之论。然而人君当患难在前,其克修也易;当太平无事,其克修也难。所以资理兴邦之业,在中主亦可成功,而生乱失守之事,虽英君犹或不免。此君道倾危之戒,日中之忧,所以必惧于丰泰之时。有志治国保邦之责者,应深鉴于此。

君子易识,小人难防

德宗以朱泚之乱,出幸奉天,贼兵攻围经月,城已将陷,那时得朔方节度使李怀光领兵入援,大败贼兵,奉天围解。

怀光自山东来赴难时,思量这祸乱之由,都因卢杞(唐朝宰相,任相期间,嫉妒贤能,打击异己,稍有不顺从自己的人,必致其于死地。先后陷害杨炎、颜真卿等名臣。为了筹集军饷,又横征暴敛,搜刮民财,增加很多税种,致使长安罢市交易,痛怨之声,喧嚣遍及天下,为千夫所指)为宰相,处置乖方,赵赞领度支,赋敛繁重,白志贞掌宿卫,卖放禁军,遂使贼徒倡乱,车驾蒙尘,都是这三人所致。怀光恨其欺君误国,心甚不平,途中常与人说:"这三个是奸佞小人,我这一去,若见了天子,必然奏请诛之。"

等到解奉天之围,怀光自矜其功,指望朝廷召入行在,待以殊礼,却不知已有人将他路上的言语说与卢杞。卢杞大惧,即设一计,对德宗说:"怀光功业乃社稷所倚赖,贼徒为怀光所败,已惊惧破胆,虽逃入长安,也都无固守之心,若使乘胜进取长安,则一举可以灭贼,而神都克复在即。今若听其入朝,须当赐宴犒劳,留连累日,使贼入京城，得以从容设备，恐难图之。"

卢杞之言，虽似有理，其实是怕怀光入朝说他罪过，所以假此疏远之。德宗不悟其诈，只道他说得是，即下诏怀光不必入城朝见，直引军进屯长安城外便桥地方，与各镇节度使李建徽、李晟连兵讨贼，刻期共取长安。

怀光自以从数千里外竭忠远来赴难，破了朱泚，解了重围，如此劳苦有功，而离行宫咫尺之近，不得一见天子，心中怏怏不乐，说："我今已为奸臣所排陷，自此以后必不见信于朝廷，事可知了。"遂引兵去，至奉天东南鲁店地方，逗留二日方行，已无心为国了。

> 当时奉天之围，真危急存亡之秋，怀光间关破贼，保车驾于围城之中，其功可谓大矣。德宗以卢杞之言，不使李怀光一见，竟至于激反，岂不误啊！然卢杞之奸佞阴险，不独于怀光为然，如忌张镒之忠直，欲出之于边镇，则曰"凤翔将校品级已高，非宰相重臣不能镇抚"；忌颜真卿之德望，欲陷之于贼营，则曰"真卿三朝旧臣，名重海内，人所信服"。可见小人欲倾陷君子，若直指以为恶，人主未必肯信，必是阳称其美，以阴行排陷之计，然后听者不觉而堕中其计。此人主所当审察也。

陆贽上书：君臣上下不通之缘由

陆贽在奉天城中，对德宗说道："君臣之情不通，固由于九弊之不去，然所谓九弊者，上之人有其六，下之人有其三。何谓上之六弊？一是好胜而不肯下于人，二是耻于闻过而忌于直谏，三是爱辩给而折人颜面，四是自以聪明而玩弄权诈，五是厉威严而不能降情以接物，六是争强而不能引过以受规。这六件是君上的弊。何谓下之三弊？一是谄谀以阿君之好，二是顾虑以希君之宠，三是畏惧怯弱以避君之威。这三件是臣下的弊。

"君有此六弊，则日尊于上而不肯顾其下；臣有此三弊，则日卑于下而不敢通于上。君臣之间，交相疑忌，两情何由而通，天下何由而理？然则欲求治者，必通两情，欲通两情，必去九弊而后可也。

"人君纳谏不违，并非以彰显自己过错，恰恰增加自己美德。故谏者之多，由我乐谏以来之也，岂不表我之能好；谏者之直，由我奖谏以励之也，岂不示我之能贤；谏者之不实，至于狂诬，由我能容之也，岂不明我之能恕；谏者之不密，至于漏泄，由我能用之也，岂不彰我之能从。四者有一于此，皆为盛德之事，传之天下，载之史册，人君所以继成汤之改过，绍周宣之补阙，而显令名于无穷者，皆自此而得之。然则谏言为何亏于圣德，是顾虑太多担心忌讳啊！"

此疏既上，德宗感其言，颇采用之。

> **今评**
>
> 君臣之间，如果缺乏沟通和了解，君王的纳谏之路就会不畅，甚至会堵塞，忠君之言也就不能上达。君臣之间缺乏信任，君主也不会接受所谏之言。所以，建立良好的君臣关系，才是君主纳谏、忠臣谏言的前提。在今天看来，要想获得对方的忠言，或者要让对方接受你的忠言，都要建立在彼此有良好沟通和信任的基础上。所以孔子说："君子信而后谏，未信，人以为谤己也！"

陆贽此疏，所以救德宗猜疑之失，而广其纳谏之路者，可谓恳切而明了。至所谓两情、九弊、四盛德之说，又可为万世之药石，不独为德宗发也。《易》曰:"上下交而志同。"《书》曰:"后从谏则圣。"自古及今,未有君臣乖疑,言路滞塞而可以致治者。后世人君能以诚信感人,使臣下得志尽言而无所疑惧,则两情通,九弊去,而盛德之事全,如此,何太平之不可致?

陆贽直言,以道事君

德宗在艰难危急之中,全仗陆贽谋划,虽有刘从一等为宰相,及遇军国大小事务,德宗必与陆贽商议。当时中书、门下两省,有宰相佐理万机,而陆贽以学士入直禁中,参与密谋,其任与宰相等,所以当时人称他为"内相"。虽是这等信用,

陆贽

陆贽人称『陆九』,其学养才能和品德风范,深得当时及后世称赞。

然陆贽以道事君,不肯阿谀,遇事有不可,每每直言匡谏,时常忤逆上意。

卢杞为宰相专事容悦,为主上所喜,后虽因李怀光上表迫胁,不得已贬其官,然德宗心里依旧庇护他。陆贽极言卢杞奸邪不忠,酿成祸乱,德宗外面虽勉强依从,心颇不悦,道他说得不是。所以刘从一以吏部郎中,姜公辅以翰林学士,皆自下僚登用为宰相,陆贽恩眷礼遇虽隆于二人,而未得为相,以其直谏忤旨的缘故。

德宗在艰难之中，事事倚仗陆贽，非不知其忠，但以其直言违拂而惮之，遂忘其忠。见中外人心淘淘，都说是卢杞乱政，岂不知他奸佞？但以其言甘美承顺而悦之，也就不觉得卢杞奸佞了。

可见任贤勿二，去邪勿疑，信非圣人不能也。要之直臣之事君，譬如药石，一时虽觉苦口，终赖之以保身；佞臣之事君，譬如美味，一时虽觉爽口，终因之以致病。所以古之帝王舍己从人，虚心任下，不拒逆耳之言，不罪拂意之谏，正是为此。若德宗者，真可为明戒。

陆贽论治道：宽宏容物，诚实感人

陆贽见德宗欲追寻贼党，防虑太深，因其问及，所以又上疏谏之。其大略为："今车驾蒙尘，人心未定，凡有涉险远来者，正宜开诚优待，不复猜疑，方是君人之道。若欲以一人之聪明而穷宇宙间之变态，以一人之防范而胜亿兆人之奸欺，则其势必不可穷，其力必不可胜。用智愈精，失道愈大，甚非所以收拾人心也。臣请以往事喻之：昔楚霸王项籍与汉高祖共起兵灭秦，项籍是个多疑的人，未到关中接收了秦卒二十万，恐其怀诈复叛，乃于新安城南一举而尽坑之，其防患如此之密。汉高祖是个明爽远量的人，凡天下士来归者，皆纳用之而不疑，其备虑如此之疏。

"然项籍卒败于乌江，汉高祖卒代秦而有天下，这是何故呢？项氏蓄疑而不能任人，人也以疑应之，安得不灭？高祖推诚而善任人，人也以诚应之，安得不昌？其效自不同。又有秦始皇为人严肃雄猜，以刀锯火鼎油锅待天下之士，使人之不敢犯。然燕太子使荆轲假说献燕图籍，直到秦廷行刺，秦皇几不能免。汉光武为人宽容博厚，无所猜防，宜人之易欺。然隗嚣使马援来谒光武，观其动静，援见光武度量恢宏，即知帝王有真，倾心献其诚款。若此者，岂不以光武开虚心以待人，所以人都愿为依附，秦皇任术数以御物，所以物终不敢相亲，也是自然之效。观高祖、光武之所以兴，秦皇、项籍之所以亡，则陛下今日当推诚虚纳以收人心，不可过于防虑，蹈秦项之覆辙啊！"

陆贽此言，非特救德宗之失，实万世人君之要道。四海至广，人君以一身临之，非宽宏不能容物，非诚实不能感人。何况虚怀者，也未尝不察天下之隐；推诚者，也未尝不照天下之奸。不必事事猜防，而后可以得天下之情伪。古之帝王，所以效法一世者，皆不出此，不独汉高、光武为然。君天下者，可以知所务。

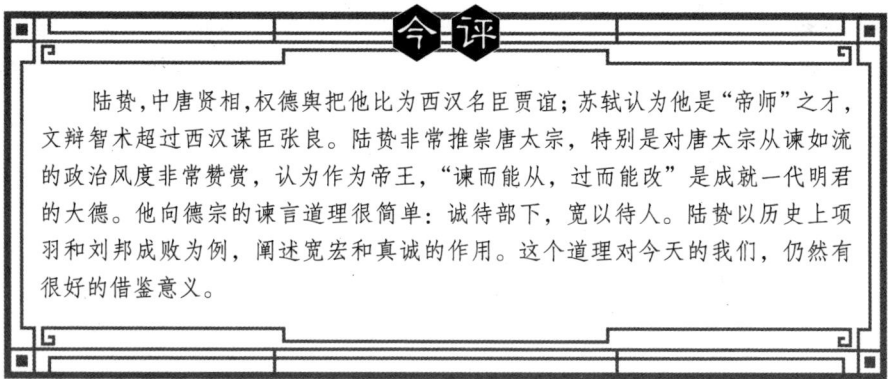

今评

陆贽，中唐贤相，权德舆把他比为西汉名臣贾谊；苏轼认为他是"帝师"之才，文辩智术超过西汉谋臣张良。陆贽非常推崇唐太宗，特别是对唐太宗从谏如流的政治风度非常赞赏，认为作为帝王，"谏而能从，过而能改"是成就一代明君的大德。他向德宗的谏言道理很简单：诚待部下，宽以待人。陆贽以历史上项羽和刘邦成败为例，阐述宽宏和真诚的作用。这个道理对今天的我们，仍然有很好的借鉴意义。

李晟克复神京

兴元元年，德宗以李晟为副元帅进讨朱泚，屯兵长安城外。至五月庚寅日，李晟大陈兵马，传布号令要刻日收复京城，遂调集各路官军，进至通化门（长安城门）外。

朱泚之兵前来迎敌，李晟纵兵击之，贼遂败走，官兵乘胜追至光泰门，与之再战，又大破之，贼众大溃。朱泚与其将姚令言率败残之兵，出长安西走。李晟遂屯兵于含元殿前，传令诸军："晟赖众将士之力，收复京城，扫清皇宫，想这长安士庶久陷贼庭，幸得复圣朝，人人有乐生之望，若官军不知收敛，稍有震惊，便非朝廷吊民伐罪之意。"李晟以此戒谕将士，使之遵守。

适其部下大将高明曜取贼兵中妓女，商州节度使尚可孤军士擅取贼马，李晟便都将其斩首示众。于是军中畏其威令，莫不战栗。官府民居安然如故，秋毫无犯。远坊居民有经一宿方知官军入城者，其纪律严正如此。

六月中，李晟命掌书记官作露布表文（报捷的表文，不用实封，露布于外，要使人都看见），报捷于天子行宫，中间叙说："臣已扫荡贼氛，肃清宫禁，敬谒祖宗陵寝，宗庙之中钟虡（jù，钟虡，一种悬钟的格架，上有猛兽为饰）不移，列圣庙貌犹如旧日。"这几句话是铺张恢复之功，以慰安朝廷。德宗正在梁州，见了这露布，且喜且悲，因泣下说："天生李晟，乃是为再造我唐家社稷，非为朕啊。"因此德宗驾还长安，天下遂定。

深识时务：招抚为上，攻伐为下

贞元元年，李怀光既平，那时还有贼臣李希烈占据淮西（今河南汝南地方），未归王化。陆贽恐有生事之人，请乘胜讨之者，将使各镇自疑，激成他变，乃上疏论奏。

其大略为："方今朱泚、怀光相继诛灭，中外人心无不称贺，殊不知战胜乃社稷大福，只可偶一得之，不可屡屡徼求。用兵本有大幸，只是适然而遇，不可常常觊望。若由此不已，别生事端，使蓄

古代农业耕作图

在以农业为主要经济来源的古代社会,"衣食不乏"是人民安居乐业最基本的保障,而"赋役轻省",又极大地减轻了人民的负担。

疑负罪之人，不信朝廷诏令，兵连祸结，其害方深。臣且以生祸为忧，未敢以获福为贺。"

又说："往时河、朔、青、齐同谋拒命，朝廷曾征讨数年，愈不能屈。及降奉天赦文，一释其罪，即皆去其伪号，纳款归降。往时以百万之兵，力尽而不能服，今日以咫尺之诏，化行而不敢外，可见圣王之敷布治道，怀服暴人，唯当以德为先，而不当以兵为尚。今大难既平，正是群凶观望之时，只当乘此施惠以安其心。彼淮西穷寇，可不讨而定，何用纷纷多事为啊！"

此奏既上，德宗即从其言，乃诏诸道节度使与淮西地方境界连接者，都只各守封疆，彼如不敢侵犯，不须进讨。李希烈若能悔罪求降，朝廷当以不死待之，其部将士百姓并系胁从，皆当一体宽恕，无所追问。德宗能用陆贽之言，果然各镇藩臣安心向化，李希烈孤立无与，兵势日衰，遂为其部下所杀，而淮西亦平。

大抵人君治天下，有威有惠。王纲不振时，所以整肃之者，利用威；及国势强盛，所以怀柔之者，利用惠。如天道春生秋杀，各随其时，相济而非相背也。陆贽之言，可谓深识时务者也。

百姓为何安乐

贞元三年十二月庚戌日，德宗偶出打猎，至长安城外新店地方，至百姓赵光奇家内，问光奇说："如今百姓们安乐不安乐？"光奇说："不乐。"德宗说："今年各处丰收，想民间衣食不乏，为何不乐？"

光奇对曰："乡里之间，赋役轻省，百姓才得乐生。今朝廷诏令不信于民，差赋繁重，百姓如何得安乐？且如前日诏书中一款说，自秋夏两税之外，再无别项差徭，今非两税正额，而分外诛求者比之两税其数反多。又一款说，今年丰收，令各处行和籴之法，收买民间粟麦，及至和籴时被官吏人等作弊，只是强取于民，不曾有一文钱到手。起初说，所籴粟麦都只随便纳于沿途仓次，今又着自备车牛解送京西行营，动辄数百里，车摧牛毙，将产业破尽不能支持，愁苦无聊至于如此，纵稍有收成，亦不得实用，何乐之有？每次降下诏书，开载优恤条件，有司全不奉行，不过成一空文而已，百姓何由得沾实惠？恐圣主深居九重之中，此等情弊皆不得知之也。"

德宗闻光奇之言，为之感动，命将光奇本家徭役尽为除免，以示体恤之意。

不取一言之偶合，不责一事之偶差

德宗性多猜疑忌刻，唯恐臣下欺之，不肯倾心委任。凡官员迁除，不问大小，必自择其当意者而用之。宰相有所推举，少有称意许可者。至于群臣稍有过失，一被贬黜，则终身不复收用。因此，人才淹没停滞，上下互相交疑。

陆贽乃上奏谏之，其大略为："人主进用一人，当论其平生，而不可取其一言之偶合；罢黜一人，当推其心术，而不宜责其一事之偶差。今一言称旨便以为能而任用之，曾不核其虚实；一事违忤便以为咎而摈弃之，曾不考其忠邪。则彼见用者，付任必至于逾职，而官吏之矛盾日多，安得有成功？见黜者，罪责必至于过当，而君臣之嫌怨日深，安得有定分？其于理乱之故，关系不小，不可不谨慎。"德宗终不能听。

人君耳目有限，聪明易蔽，若非简任宰相，付以进退人才之责，而欲自选而用之，则不唯真才遗佚，且争进称意之言，以希宠用，而幸进之门大开。至于以罪见罢黜者，也当论其所犯如何。若为明知故犯，罪固难赦。若出于过误及有功罪相准者，也宜清除过失，许令自新。若一概弃用，则悔过者无由自补，而用人之途则会变得狭窄。德宗只因性多猜忌，所以犯此二病，终身不改，而国家也几乎不保。后世人君宜痛鉴之。

宪宗皇帝，名纯，德宗之孙。德宗崩，子顺宗立。顺宗即位之时，已病不能言，遂传位于纯，自称太上皇。纯在位十五年，庙号宪宗。

宪宗即位，励精图治

宪宗即位之初，励精图治，见各处藩镇拥兵拒命，心甚不平，因与宰相杜黄裳计议，思有以处之。

黄裳对曰："人主制驭天下之大柄有二：威、福而已。威福之柄在上则治，在下则乱。德宗初年，承肃、代之后，也有意振作，只因经奉天之乱，忧患未除，恐一有处分，或生他变，于是务为姑息之政。各镇节度使见任在生前，并不别有除授更换，只待他有事故乃遣中使往彼军中访察众情，要立何人为帅，即因而授之。中使或受大将贿赂，归而称道之，说其人得众心可为主帅，朝廷即不问可否，降旨军权与之，未尝有出自朝廷本意者。如此，则威福之柄皆在于下，朝廷不能主张，纲纪安得不堕，藩镇安得不横？陛下必欲振举纲纪，宜及今日人心观望之时，稍立法度，裁制藩镇，使天下悚然知明主在上，无敢僭越，然后耳目新而心志定，天下可得而治也。"宪宗深以其言为是。

当时，西蜀刘辟正阻兵拒命，宪宗欲讨之，而群议未定，及闻黄裳之言，始决意用兵讨伐，终于平蜀，而淮、蔡、淄、青、河南、河北诸镇也先后威服，这都是宪宗受黄裳之言启发的缘故。

> 姑息之政，不独德宗，节度使由军士废立，自代宗就是这样。当时建议之臣也有言者，而二君皆不能听。宪宗一闻黄裳之言，即断然排群议而用之，其后淮、蔡诸镇用兵又专委裴度，卒收成功。然则用谋善断，信非明主不能也。

帝王为政之要

宪宗初年，锐于有为，因与宰相论说："自古帝王所务不同，或不惧勤劳，亲理庶政，或端身于上，无所作为，其劳逸不同如此。然这两者之间也各有得失，未能尽善，不知为何不同？"

杜黄裳对曰："王者一身，上则承天地宗庙之重，下则抚百姓四夷之广，一日万机，固当早夜忧勤，不可自图闲暇安逸。然君上臣下自有定分，大纲小纪自有次序，人君操居上之体，总其大纲而已。诚能虚心鉴别，慎选天下贤才分任其职，而又随事考核，于称职而有功的，则加之以赏，不称职而有罪的，则加之以刑。选用既公，赏刑又信，则人有所劝惩，谁不各尽其力，凡君所欲为者，又有何不得者？因此，明主始而求贤则甚劳，终而得人则甚逸。虞舜所以任用五臣，无为而天下治者，正是此原因。若朝廷的财物出入，以至刑狱市井，一应烦细之事，所司各有任其责者，不是人主所宜亲理。

昔者，秦始皇每日省览文书都有课程，以衡石称之，限以斤数，若课程未完，不肯止息。魏明帝亲至尚书省按行其事。隋文帝临朝每至日落，卫士不得休息，往往传餐而食。此三君者或乱或亡，皆无益于当时，见讥于后世。其耳目形神非不勤且劳也，正因不能用人而喜于自用，失上下之分，昧纲纪之序，所务非其道故也。且夫人主不患事之不理，患不能推诚以任人；人臣不患不任事，患不能竭忠以事君。苟上不推诚而疑其下，下不竭忠而欺其上，则君臣上下不相和，政事岂能修举？纵每日勤劳于上，也是徒敝精神，将以求治不亦难？"宪宗深深赞同其言。

黄裳知宪宗锐于求治，恐不得其要，所以以任贤之道告之。又欲其鉴德宗之猜疑，所以终之以推诚之说为要。帝王致治之道，实不外此。

宰相为政之要

元和二年，宪宗以户部侍郎武元衡为门下侍郎，翰林学士李吉甫为中书侍郎，并同平章事。

吉甫一闻简命，感而泣下，与中书舍人裴垍（jì，唐朝中后期名相，唐德宗贞元年间，朝廷制举贤良极谏科，裴垍对策第一。拜相之后，改革税收弊政，减轻百姓负担。裴垍推荐韦贯之、裴度，擢拔李夷简等贤才，知人善任，贬抑庸劣，让国家再次出现政治清明，史称"元和中兴"）说："吉甫自贞元七年以罪贬谪，流落江、淮之间，今十六年了。自谓弃捐，无所再复希望，乃一旦遭际圣明拔之罪废之中，升居宰相之位，蒙恩至此，无可报称。思所以仰答知遇者，唯在进用贤才，使众职毕举，或许尽职尽责以报答万一耳。然而久居疏远，于朝廷后进之士相知者少,无凭荐举。君素留意人才,见识精确,愿举所知,尽为我言之。"

坰因取笔书三十余人,吉甫皆藏记之,以次推举,数月之间,三十余人选用殆尽,当时人一致称颂吉甫所用为得人。

人主为天下择宰相,宰相为天下择百官。《大学》称:"大臣之休休,能保子孙黎民者,亦唯在荐贤而已。"吉甫为相,首以此为急务,虚心访用,不猜防吝惜,知人之明虽在裴坰,得人之誉却归吉甫,可谓知为相之体。

裁制藩镇,不事姑息

宪宗初年,裁制藩镇,不事姑息。其时杨惠林反于夏绥,兵马使斩之。刘辟反于蜀,高崇文擒之。两镇既平,朝廷威令才开始施行。各藩镇平素飞扬跋扈,抗拒朝命的,始知危惧,都上表请求入朝。

镇海(今江苏镇江)节度使李锜最称强梁,也不自

武元衡(左)

武元衡是中唐有名的诗人,也是中国历史上少有的诗人宰相。

安,请求入朝,宪宗许之,遣中使抚慰,而令王澹代理军务。然李锜本无行意,见朝廷解其军务,心益不平,乃屡次上表称疾,请至岁终入朝。

宪宗与宰相计议，武元衡说："陛下行政之初，四海观望所系，若使锜求朝便入朝，求止便得止，则行止皆在于锜，朝廷不能主张，将何以号令四海？"宪宗以其言为是，乃下诏宣李锜入朝。李锜前此本无行意，只是说谎，至此情见计穷，遂令军士杀王澹以胁中使，因发兵谋反。冬，十月，锜部将张子良等人，知锜必败，所以举兵缚捆锜，械送京师。有司没收锜家财，一起输解来京。

翰林学士裴垍、李绛上疏说："李锜僭侈无度，剥削浙西等处六州百姓之财，以富其家。陛下恶其害民，所以讨而诛之。今将其金帛以输京师，是徒利其所有，非朝廷振肃纲纪之意，恐远近从此失望。愿立即以逆人资财，还赐浙西百姓，当今年租赋，使天下知朝廷不重货财，且以慰百姓之望。"宪宗见其疏，称叹久之，即从其言。

今评

说到唐朝，大多数人会想到"盛唐"气象，想到唐诗的绚丽多彩，想到唐人的自由浪漫，想到唐朝的文治武功，想到盛唐是当时世界文化、政治的中心。但唐朝又有它特殊的一面，甚至有它耻辱的一面。本段历史中提到的"藩镇之乱"与"裁制藩镇"，就是中晚唐的政治常态。唐朝的藩镇之乱是空前绝后的，比如唐朝首都共沦陷九次，其中有七次是被藩镇攻破的。可见当时武人掌权、拥兵自重的社会乱象有多么严重。所以赵匡胤黄袍加身、登上帝位后，鉴于晚唐武人之乱象，就采纳赵普的建议，将"重文轻武""强干弱枝"作为基本国策。

唐自代宗、德宗以来，尚姑息而悦货财，威不行于节帅，惠不及于穷民。宪宗鉴于覆辙，一听武元衡之言，则李锜就缚，再从裴垍、李绛之请，则六州复苏，中兴事业，以此为开端。

法祖致治，修身用贤

宪宗一日问于翰林学士李绛："朕祖宗时如太宗贞观之治、玄宗开元之治，可谓极盛，朕非常羡慕。今欲庶几比隆于二祖之道德风烈，不知如何才可以至此呢？"此宪宗有志于振兴国家，法祖致治也。

绛对曰："二祖所以开创鸿业者，只有两端：修身、用贤而已。陛下诚能正身励己，不溺于怠荒，体道尚德，不杂于功利。修身既如此之纯，又鉴别贤否，于邪佞者远之，忠直者进之。与大臣讲求理道，敬而且信，不使小人参其间；与贤者朝夕游处，亲而有礼，不使不肖者于其侧。用贤又如此之专，则所行无非正道，所闻无非正言，所游无非正人，道德风烈便可配合祖宗，号称中兴之主。去贞观、开元之盛，何远之有？"

宪宗感其言，乃叹说："美哉斯言！真致治之要道，朕将书之于绅（束在腰间的大带子，下垂部分叫绅），佩服不忘也。"

宪宗志在法祖，而李绛以修身用贤告之，可谓切至之语。所以自古圣帝明主创业守成，致太平之盛者，不外此道。图治者所当留意也。

裴垍为相，至公无私

宪宗之时，裴垍为相，至公无私。垍为人禀性刚方，其器量格局严峻整齐，不为世俗依阿之态，所以人见之莫不敬惧，无敢以私意请托于前者。

曾有一故旧，特从远方来拜访。垍念其平生，凡资助供给都从优厚，与之从容款曲，不失故人之情。其人见裴垍待之厚，遂乘间求为京兆判司（京府佐贰官）之官。

垍回答说："京兆判司，乃是朝廷的官，不是宰相可私与人的，所以必才干相称乃可居之。今公之才称不得这个官，我为宰相当为官择人，不敢以故人私情伤了朝廷公道。倘后日有等瞎宰相，认不得人的，或有曲意怜公者，公他日不妨得此官。若垍今在位，断然不可能。"

宰相之职全在用人，而心之公私，则关系用人之当否。所以理乱之所关也。诚能至公无私，唯才是使，虽不避亲故，无害于公。若一从干请，则幸门遂启，虽公亦私。如裴垍者，真可谓有唐之贤相。

君民本同一体

元和四年春正月，南方久旱，百姓大饥。宪宗闻而悯之，命左司郎中（唐制尚书省设左右司郎中，校勘文书，分理省事）郑敬等为江、淮、二浙（浙江之东西）、荆、湖、襄、鄂等道宣慰使（宣扬国恩、安慰百姓的官），分道赈济。

郑敬等将行，宪宗特召至御前面戒，谕之说："朕性本俭约，凡宫中自奉，就是用一匹绢，也都登记其数，以便查考，不敢妄费。唯周济百姓，则费用虽多，在所不计。自奉唯恐其过侈，惠民唯恐其不周。卿等须要体朕之意，悉心处置，使百姓们困于饥馑的，都得以均沾实惠，如朕亲去赈济一般，或许不负任职使命，慎勿学那盐铁转运副使潘孟阳（宪宗朝官二代，因父荫而做盐铁转运副使。当时，孟阳以气豪权重，出行随从三四百人，所过州府，专意游赏，携美女夜饮。每至盐铁转运院，受贿成风，

遣使赈恤

唐宪宗继位不久,南方旱灾严重,宪宗命左司郎中去灾区赈灾,并告之郑敬花费多少都没关系,要不惜代价做好赈灾工作。

卖官补爵而已。及至归朝,大失人望,被降职为大理卿),昔年宣慰江淮,只是饮酒游山,全不以民命为念。"

> 君民本同一体,民之困苦,譬如疾痛在身,人君未有不欲救济者。唯有奉行之人,或苟且行事,因而侵夺百姓财物,或牵制文法,担心多费生事,所以虽蠲免体恤之诏累下,慰抚之使屡出,而民众不被其恩泽。宪宗戒谕敬等,可谓深知民苦。而于潘孟阳辈不加处罚,则亦何足以示警?为君上者,应特别注意。

老成谋国,事有权宜

唐自代、德以来,河北诸镇恃强结党,蔑视朝廷,节度使亡故,其子就继承总领军务,因而形成世袭,朝廷并不得自除一人,其弊久矣。宪宗思裁制藩镇，以为必革此弊，才可振肃纲纪。

恰好此时，成德节度使王士真去世，朝廷欲乘此机会自除节帅，不许其子承宗替袭，若不从命，即兴兵讨之。宪宗与大臣商议，裴垍谏说："今之藩镇虽均为强梗，然其间也有功罪不同，朝廷宜稍加分别，以服其心。昔淄青节度使李纳拒命称王，最是跋扈不恭。王士真之父王武俊，曾与李抱真破朱滔，可谓有功于国。论罪则淄青当削，论功则成德可原。然陛下前已许纳子师道承袭，今独夺了承宗，是赦有罪而诛有功，阻顺劝逆，背违常理，他们必执此为辞不肯心服，反伤了朝廷威重，不可不慎啊。"因此，久议不决。

宪宗又与翰林诸学士计议，李绛对曰："河北久肆强梁，不遵朝廷声教，有人心者谁不愤叹？思一举而灭之。然臣熟思今日时势，恐取之亦未必容易。成德军自王武俊传与士真，父子相继四十余年，人情习惯以为当然，不知这样做是不对的。况承宗父死之后，业已总领军务，为士心所戴，一旦夺而易之，恐未必便肯奉诏，那时国体所关，不得不调兵征讨。而范阳、魏博、易定、淄青诸镇，都以地相传，与成德一体。彼见成德另除节帅，必恶伤其类，内不自安，外假讨罪之名，以费爵赏，而实则按兵不动，阴为党助，胜负未定，而劳费之病，尽归国家。军旅之事，不可轻议啊！"

裴垍、李绛之论，皆老成谋国，曲线救事。然而以朝廷将帅之臣，数十年不得罢黜一人，虽英明如宪宗，犹变动多掣肘如此，岂为一朝一夕之故。代宗、德宗之姑息，所以才会这样。有天下者，勿拘泥于目前之安，而贻子孙以难制之患啊！

先易后难,徐徐图之

宪宗前欲用兵河北以讨承宗,因大臣谏阻,议尚未决。此时淮西(河南汝南)节度使吴少诚病甚,李绛等见河北难图,不如先取淮西为便,乃上疏,说:"少诚病甚,势必不起。臣观淮西事体与河北诸镇不同,河北四镇都是贼境,结为婚姻,互相党助,所以未可轻议。若淮西则四旁都是我国家州县,不与贼为邻,其势孤立,无党援相助,以前特忌少诚之强罢了。今少诚已不起,朝廷乘其子之未袭,命一将帅往镇之,正在此时。万一不从,即可声其拒命之罪,兴师征讨。彼势孤力弱,克之必易,不若河北之难。愿陛下舍成德难图之策,曲赦承宗以收镇、冀(即成德王承宗所据地方)之心,就淮西易成之谋,坐行机宜,必得申、蔡(淮西吴少诚所据地方)之利,计无便于此者。不然,舍易图难,势既不可,二役并举,力又不能,岂不两失之吗?"

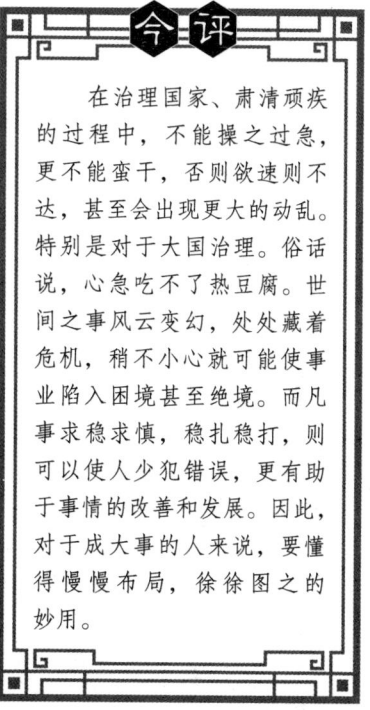

今评

在治理国家、肃清顽疾的过程中,不能操之过急,更不能蛮干,否则欲速则不达,甚至会出现更大的动乱。特别是对于大国治理。俗话说,心急吃不了热豆腐。世间之事风云变幻,处处藏着危机,稍不小心就可能使事业陷入困境甚至绝境。而凡事求稳求慎,稳扎稳打,则可以使人少犯错误,更有助于事情的改善和发展。因此,对于成大事的人来说,要懂得慢慢布局,徐徐图之的妙用。

藩镇之患,河北为甚,而李绛等欲先取淮西者,以为淮西一定,则河北破胆,可不烦兵而服定。最终元济就擒,而承宗也献地质子,归命恐后。李绛等人之言,无不应验。老成之谋国,固是如此。

为政当纳谏，兼得观人之术

元和五年，此时宪宗留心治理，每遇军国重大事情，必召见翰林众学士与之谋议，以此国事得失，皆得上闻。一次中间尝经过一月，不赐召对学士，李绛恐上下从此间隔，因奏说："朝政或有关失，为大臣的但知保守禄位，不敢直谏；为小臣的但知畏避罪责，不敢进言。若此者甚非国家之福。昔管仲佐齐桓公图霸，曾有这两句话，以为妨害霸业莫此为甚。今臣等享朝廷大俸大禄，饱食终日，不出一言，自为一身之计则诚得，其与塞蔽聪明、耽误国事有何不同？"

宪宗闻说感悟，随有诏旨，宣翰林众学士于次日赴便殿奏对，令其指陈军国大事，一如平时。

> 持禄、畏罪二言，人臣不忠之病，全在于此。忠臣心在国家，
> 所以义所当言，虽万钟不顾，九死不回，不肯持禄畏罪，以误朝廷。
> 奸佞小人，富贵身家之念重，所以缄默苟容，一言不敢发，其弊至
> 于欺君误国，皆由此一念所致也。明主知其然，能于犯颜敢谏者，
> 体谅其忠君爱国之诚而尊信之；于阿意顺旨者，察其持禄、畏罪之
> 状而黜远之。在纳谏之中，兼得观人之术。

军国之需，财政为基

此时，宪宗见得府库空虚，颇务蓄聚财货。翰林学士李绛只道宪宗取供私用，尝从容规谏，劝上莫要积财。

宪宗说："朕今日聚财不为私用，但念国家重镇如两河、河湟都

是祖宗疆宇，今河东、河北数十州郡都为强臣所据，朝廷政令久不奉行，河、湟（即今陕西、甘肃等处地方）一带地方，连接数千里都为吐蕃国所侵，中国衣冠尽陷左衽（夷狄之俗，其衣襟向左掩，故叫左衽）。疆宇分崩一至于此，祖宗在天之灵，也以为羞。朕因此昼夜思虑，要为祖宗除凶雪耻。怎奈仓库匮乏，财力不充，所以不得不多积钱粮，预备兵食，其意原是为此。不然，朕宫中饮膳服御一切用度，极其俭薄，分毫不敢华奢，多藏财货，要他何用？"

<u>大抵人主所不宜聚财者，只嫌于重敛而妄费。若征输有额，制用有经，下不病民，上不损国，这就没有什么害处。宪宗俭于宫中之费，急于军国之需，可谓知用财之大计。</u>

裁减冗官冗吏

此时，政府官员冗多冒滥。宰相李吉甫奏言："自汉以来，历魏晋南北朝，以至于隋，凡一十三代，若论设官众多，都不如我唐朝者。自天宝以后，中原盗起，处处屯兵，见今日实在可以数计的，有八十余万人，其余有做商贾的，有做僧道的，总计不耕而食的人，十分之中有其五六，那吃受辛苦、种地纳租的人，才三分而已。因此，常以三分劳苦筋骨的人，去奉养那七分不耕不种、坐待衣食之辈。即今日在京在外官员，以租钱供给俸禄的，不下一万人。天下只有二百余县，其间又有那地方窄狭去处，只可做一县之地，或即升而为州，有那人民稀少去处，只够得一乡之民，或即建而为县。如此者甚多。以这二百余县供给那一万余官，租税安得不增，小民安得不困？请下诏敕天下有司，将今日内外官员某项该减省，某项该存留，一一参详更订废置。如吏员冗滥，可以裁省的则裁省之；州县狭小，可以归并的则归并之；那杂流异道，非正途入仕的，可减革者则减革之，或许官无冗员，民不重困。"

于是，宪宗依从其言，命给事中段平仲、中书舍人韦贯之与户部侍郎李绛，共同参详定拟其废置之法。

> 唐太宗时，与房玄龄等议定文武职官，总计六百四十员，以宪宗时较之不啻增多十倍。国初吏能其官，百废修举，所以事少而官也少。后来吏怠其职，百弊丛生，所以事多而官也多。所以，欲省费莫若省官，欲省官莫若省事。然事无难省，能随事考成，则事皆奏效，而自不烦。官也无难省者，能为官择才，则官皆得人，而自不冗。此又切要之论，李吉甫所未详论也。

李绛无私，不计毁誉

元和七年，京兆尹元义方见内侍吐突承璀为宪宗所宠用，遂屈节事之，极其谄媚。李绛厌恶元义方为人，不想和他在朝同列，就辞职请外调为鄜坊（鄜，今陕西鄜州。坊，即鄜州所属中部县）观察以远之。

元义方入朝谢恩，因在宪宗面前谮言，说："李绛私厚同年（同榜进士）许季同，除京兆少尹，出臣鄜坊，专作威福，欺罔圣聪。"宪宗说："朕素知李绛公正，必不如此。"

明日，宪宗诘问李绛："人于同年，固有情分吗？"绛对曰："人必平阶交深而后有情。同年乃四海九州之人，素非知识，一旦偶同科第，登科而后识之，何情之有？且陛下不以臣愚，备位宰相，宰相之职在于用人，必量其才之短长授以任之大小。若其人果才，足以办天下之事，虽在兄弟子侄之中，犹将不避嫌疑而用之，况同年之疏远者？若知其才有可用，徒以迹涉亲故避嫌而弃之，使在己幸逃于物议，而国家不免于乏才，是乃私便其身图，而昧于徇公之大义，臣不敢。"于是，宪宗益信绛之无私，乃说："卿言甚善。"遂去义方之官。

大抵人才甚难，幸有之，常患宰相之不知。宰相幸知之，又以避嫌之故而不用，则天下事谁当为者？此古人所以不避亲也。然必如李绛之无私，而后能不计毁誉，必如宪宗之信绛，而后能不惑谗言，此亦一时君臣之盛。

真宰相：人主常忧患天下

元和七年三月，宪宗退朝，御延英便殿，宰相随侍，李吉甫从容奏说："人主常患天下不得太平，以为忧虑。今国家西平刘辟，东擒李锜，干戈宁靖。天下既已太平，陛下宜及时行乐，不必过为忧劳。"

李绛面折吉甫说道："如今天下比汉文帝时如何？昔文帝时，匈奴和亲，休兵罢战，兵不带血，刀剑之类皆以木为之，不施锋刃，百姓安乐，家家给于资财，人人足于衣食，是何等治安。当时其臣贾谊尚以为忧，比说天下事势，如人堆积柴薪放置火旁，而寝卧其上，火未及燃，遂谓之安，有时而发，则祸不可救，至为之恸哭流涕。忧治世而危明主，忠臣之设心固宜如此也。当今河南、河北一带地方，多为强臣所据，朝廷法度号令所不能制者，不下五十余州。又西戎、吐蕃之族，与我泾、陇二州（泾、陇，二州名，在今甘肃平凉地区）接近，屡次传报烽火，惊扰边疆。又加以水旱为灾，年年饥馑，仓廪积蓄空虚，较之汉文帝时不及甚远。臣窃谓此时，陛下正当未明求衣，日晏忘食，与臣等兢兢业业，思量修举法令，整顿兵马，储积钱粮，以振中兴之业，岂得谓之太平无事，而遽为逸乐之事啊！"

宪宗闻李绛之言，欣然而喜说："朕意原是如此，卿所言者正与朕意相合。"退还宫中因谕左右："李吉甫每在朕前言事，专要奉承朕意，取朕喜悦，甚非宰相之体。如李绛者，事事尽言，忠诚正直，乃真宰相也。"

李绛

李绛不仅有谋略，熟悉天下藩镇形势，还刚正不阿，直言敢谏，凡朝臣对李纯进谗言，陷害忠良，他都加以辩解，匡正了李纯的不少过失。

自古人君任相，患在不能知人。宪宗鄙吉甫之谄媚，鉴李绛之忠诚，可谓有知人之明。然于李吉甫则狎昵之，而不加黜逐，于李绛虽敬礼之，而信任不终，则岂能尽用舍之道者啊？所以明君见贤要在能用，见不贤要在能退，不独贵于知之而已。

忠臣事君之道

宪宗之时，吉甫与李绛并为宰相。

吉甫尝在上前奏说："为人臣者遇君上有过，固不可不谏，若谏之不从，也不可再三强谏。强谏君既不喜，臣也不得自安，何益之有？宜且顺从君意，使君心喜悦，臣心也安。臣主之间情意和同，岂非至美之事？"

李绛辩说："不然，人臣之于君休戚相关，情犹一体，所以，遇君上有过即当谏，谏而不从，也当冒犯颜色，反复开导，如良药苦口，期于攻拔其病，凡朝政某事为得，某事为失，一一指陈，无所隐讳，必求其从而后已，这才是尽心为国的忠臣。若只图谀悦取容，自求安便，使主德日损，国事日非，分明是陷君于有过之地，怎么能称为忠诚呢？"

于是宪宗称说："李绛说得是，如吉甫所言，只务面从，非引君当道之义啊！"

今评

这里，张居正用实例阐述什么才是忠臣事君之道：休戚相关，情犹一体；进谏忠言，不要顾及君王的悲喜，要敢于进谏，直到君主接受为止。其实，虽然我们敬佩这样"蛮谏"的忠义之士，但这样做未必能达到理想效果。如果忠诚之士再能做到"巧谏"，君王是否更容易接受谏言，达到利国利民的实际功用呢？君不闻"触龙说赵太后"之事吗？读史者应该明辨。

忠臣爱君，本欲上下相安，岂是好为强谏。但国事利害，安危所系，有不容不激切直言者。人主能谅其忠爱之心，略其激切之迹，听之若流水，从之若转圜，则上无拒谏之失，下无能谏之名，主圣臣直，相得益彰，国家就可以安稳了。若如吉甫之言，君骄臣谄，丧亡无日，虽欲安，可能吗？

用人不避亲疏，唯才是举

宪宗尝御延英殿，面谕众宰相："朝廷官爵所宜慎重，卿等当为朕爱惜官爵，选授贤才，切不可假此偏厚亲戚故旧，以市私恩。"于时，李吉甫、权德舆都谢说："臣等不敢徇私。"

李绛独奏说："大臣用人，辨别贵审，举错贵公，固不可以亲故而私厚，亦不可因亲故而避嫌。臣闻先朝宰相崔佑甫，因德宗说他用人有私，他辩说：'用人之道，须是知其才之可用而后用之，若不是亲不是故，安能审知其才。'审知其才的尚不敢把官与他，那非亲非故、平素不相识的人，又何敢轻与之官？佑甫之言如此，可见选用官员不必论他是亲是故，只看他的才气与其官职相称否。其才能不称者断不可用；若才称其官本属可用，却仍拘泥亲故，避嫌不用，使堂堂圣朝遗弃贤才，亏损多士之美，此乃苟偷安便、自私自利之臣，非荡荡平平、至公无私之道也。若臣等果有徇私情弊，任用非人，则朝廷自有常刑。圣明在上，人臣不敢逃死，一听朝廷处治耳。但因此远避嫌疑，以致贤才屈抑而不得用，则负国家不忠，且罪尤大，臣不敢。"

宪宗深然其言，说："大臣用人之道只在秉公，不在避嫌，正如卿所论。"

李绛之言，虽大公无我之论，但自古人臣，公忠者少，偏私者多。奸邪小人，招权纳贿，贤否倒植者，固不足论，虽名为君子，而其好恶爱憎，一有所偏则用舍举错之间，也有拂人心而违公论者。宪宗之戒，为人臣者皆当以之自省也。然人主之职，唯在于择相。相得其人，则一君子用而群贤类进，公道自尔其昭明；相非其人，则一小人用,而群邪满朝,私党渐从而盘踞。所以周公居冢宰,在位皆蔼蔼吉人;皇父为卿士,所用皆琐琐姻亲。忠臣不私,私臣不忠,自古如此。任相者当辨之。

勿以"朋党"而坏国

宪宗时,有小人欲害君子,因在宪宗面前说:"近来朋党(多为争夺权力、排斥异己、互相勾结而成党)甚盛,宜加禁治。"宪宗疑之,乃问于宰相:"人言外边朝臣都结成朋党,其势甚盛,这是什么缘故?"

李绛对曰:"自古人君,只要人臣奉公忘私,其所甚恶者,是交结朋党,紊乱朝政之人。所以小人谮害君子者,动则必曰朋党,以触人君之所甚恶而中伤之,为何?谓之朋党,则是彼此要结,相济为非,以坏国家之事。言之殊可痛恶,足以动人主之听。及寻问其实,则又无迹可求,易于罗织。此所以必指朋党以害之,正小人之巧于为计者。昔日东汉桓、灵之世,凡天下贤人君子,如李膺、杜密(东汉名臣)辈,曹节、王甫(宦官)等皆指为党人而禁锢之,相继死徙者数百人,遂使朝政荒废,人心离散,黄巾诸贼一时并起,而国亡也。往事昭昭,可为明鉴。所以凡为朋党之言者,都是小人欲害善人之语。愿陛下以东汉时为戒,深加体察,勿宜轻信,以免于蹈亡国之辙。且君子与小人,各以类聚,所以君子与君子,心一道同,自然相合,原不谓之党,岂可必使之与小人合,然后谓之非党?"

自古盛时,必借君子满朝同心共济而天下治。及其衰时,小人用事,非尽去君子,不足以便其私图,而快其心志,所以往往借朋党之名以尽除之。不知君子既去,则国亦随灭,小人未有不受其祸者,亦何益?东汉之主,不能深察以及于亡。其后唐又不能鉴汉,宋又不能鉴唐,皆以朋党二字,失人心而迫国祚,若出一辙。此万世人君,所当时时加察也!

宪宗讨淮西,不惑群言

宪宗讨淮西,久未有功,各处盗贼窃发,人情危惧,群臣多言罢兵为便。

考功员外、知制诰韩愈(唐代杰出的思想家、政治家、文学家、名臣,古文运动的倡导者,批佛尊儒,推崇"师说",提倡"道统论",对后世产生了巨大影响,被苏轼誉为"文起八代之衰,而道济天下之溺;忠犯人主之怒,而勇夺三军之帅"),恐宪宗惑于人言,而弃垂成之功,乃上疏说:"臣观淮西一镇总其所据之地,不过申、光、蔡三小州,其力甚微,兼之连年用兵,民穷财尽。以残弊困剧之余,而当诸道合攻之力,势必不能久支,其破败可立而待。然未可知者,在陛下之心,断与不断而已。诚能断自圣衷,不动摇群议,则指日可以收功;若狐疑不断,使将士阻气,逗留观望,则事之成败也未可知。"

韩愈

韩愈作为唐代古文运动的倡导者,名列"唐宋八大家"之首,有"文章巨公"和"百代文宗"之名。

此时，宪宗锐意讨贼，已知愈言为是，又李光颜适差人奏捷说，大败淮西兵于时曲（今河南省商水县）。宪宗因裴度独许光颜成功，于是深以裴度为知人，而讨贼之意益决。

淮西之役，外则李师道辈恶伤其类，多方阻挠，内则韩弘等欲倚贼自重，不愿速平，所以使垂成之功，几乎中途废止。若非宪宗独断于上，专倚裴度，则腹心之疾，何时而除？韩愈断之一言，系于国体甚大，真救时之药石。

欲安国家，勿弃任事之臣

宪宗前用裴度（唐代中期杰出的政治家、文学家。辅佐宪宗，坚持削藩，因宰相武元衡遇刺，裴度代宰相。后亲自出镇，督统诸将平定淮西之乱。裴度为将相二十余年，荐引李德裕、李宗闵、韩愈等名士，重用李光颜、李愬等名将）之言，增兵淮西征讨吴元济时，恒州藩镇王承宗、郓州藩镇李师道与元济事同一体，因而内不自安，互相煽乱。于是，人情汹惧，议论纷纭，或有请罢去裴度的官职，以安恒、郓反侧之心者。

宪宗怒道："今强藩拒命，蔑视朝廷，所忌者唯裴度一人而已。若听其胁制，罢去度官，则奸计得成，大权旁落，从此朝廷之上，用舍进退，皆当受制于彼，无复纲纪之存。朕今专用裴度一人，足破恒、郓二贼，岂可罢黜忠良，反为二贼报怨？"

乃于此年十二月乙丑，进裴度为中书侍郎、同平章事，以示委任之意。裴度因上言："淮西乃中原重地，今元济反叛，譬如人有腹心之疾，势不得不除其患。且朝廷既已发兵讨贼，两河诸镇，平素强梁不服的，都看朝廷这番举动以为向背。若平得淮西，则诸镇群然慑服；平不得淮西，则诸镇将益加放肆，无复忌惮。此其关系不小，不可畏难而中止。"于是，宪宗以裴度之言为然，将用兵之事尽委裴度，令其悉心区处。自此，大议始统一，而发兵讨贼，愈加严急。

> 尝考汉景帝时晁错议削七国，七国反因以诛错为名；今裴度议讨淮西，淮西构兵遂以罢度官为请。强宗悍将，迫胁君父，仇害谋臣，往往如此。然景帝听人言以诛错，而七国之势愈张，宪宗不听人言罢度，而三镇之祸随息，则二君之识量大小，相去很远。人主欲计安国家，慎毋弃任事之臣，以快奸人之愤啊！

处大事者，不以一将失利而罢兵

元和十一年六月，唐、邓节度使高霞寓，领兵攻讨淮西，与吴元济战于铁城（今河南省遂平县）。霞寓大败，官军杀伤殆尽，霞寓脱走，仅免其一身而已。

那时朝廷议论，皆以淮西为不可取。中外人心方在危疑，及闻霞寓军败，莫不惊骇错愕，争欲息兵。只有宪宗与裴度之见相合，决意讨贼，不为群议所挠。会宰相李逢吉等入见宪宗，将劝上暂罢征讨，以安人心。

宪宗说："输赢胜败是兵家常事，只要我这里庙谋审定，将士用命，何愁贼不能平。岂得以一将失利，便仓皇失措遽议罢兵？"于是独用裴度之言，讨贼愈急。群臣知宪宗意不可回，言罢兵者才稍息。

> 大抵议天下之事者，相其时之权宜，审其势之缓急，而主之以

果断之志，则事无不成。宪宗之讨淮西，群臣阻之，宰相阻之，又以大将之挫败，中外人情之汹汹，而宪宗持之愈坚，略而不为动，则所筹于时势者甚熟，而其志甚果断也。此可为处大事者之法。

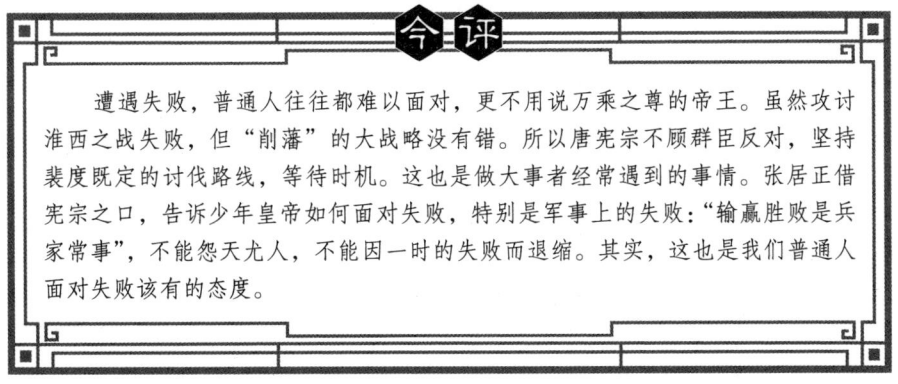

今评

遭遇失败，普通人往往都难以面对，更不用说万乘之尊的帝王。虽然攻讨淮西之战失败，但"削藩"的大战略没有错。所以唐宪宗不顾群臣反对，坚持裴度既定的讨伐路线，等待时机。这也是做大事者经常遇到的事情。张居正借宪宗之口，告诉少年皇帝如何面对失败，特别是军事上的失败："输赢胜败是兵家常事"，不能怨天尤人，不能因一时的失败而退缩。其实，这也是我们普通人面对失败该有的态度。

裴度出，众将勇

淮西之乱，自元和九年发诸军征讨，至是四年，尚未能克。百姓经年运粮，不胜疲劳，甚至牛不得耕，用驴去耕田者。宪宗见得久妨农事，也颇患之，因问计于宰相。于是李逢吉等争言，大兵久顿于外，财用困竭，意欲暂且罢兵，休息百姓。

唯有裴度默然无言。宪宗怪问其缘故，裴度对曰："吴元济背叛君父，乃臣子不共戴天之仇，讨之不克，不可中止。臣请自往战，一决胜负，宁与此贼俱死，誓不与此贼并生。臣观此贼兵力寡弱，势实穷尽，一战可擒。但诸将互相观望，心志不一，不肯并力向前，故彼此相持，未即降服。若臣亲至行营，身自督战，诸将恐臣夺其功，必然并力争进，破贼不难矣。"宪宗喜悦，乃于此年六月，加升裴度为门下侍郎、同平章事、兼彰义节度使，仍充淮西宣慰招讨处置使，令其前去总督军务。

裴度受命将行，面辞宪宗曰："臣此行若擒得元济，则班师奏凯，有朝天之期；若元济尚存，则委命捐躯，终无归阙之日。"宪宗因其言辞激烈，不觉恻然动念，为之流涕。于此可见，当时君臣相与之情，臣不忍负君，君也不忍舍臣。

裴度 史称裴度"其出入中外，以身系国之安危，时之轻重者二十年"。

当时，诸将闻裴度出朝，都奋勇争先。唐、邓节度使李愬以吴房（今河南省遂平县）系蔡州的要路，将进兵攻之，众将劝止，说今日乃往亡之日（不吉利的日辰），不利进兵。李愬说："兵法有常有变，我今日兵少，不足以战，当出其不意，攻其无备。彼以今日往亡，道是兵家忌讳之日，定不防我，我却乘其不意而击之，定可取胜。"遂率兵径进，吴房果然不设防备，因攻破其外城，斩首一千余级而还。

诸将顿兵淮西，四载无功，裴度一出，即有吴房之捷。于此可见，天下之事，不倡率则众力不前，不振作则众心不奋，而其机又在人主委任责成于上，然后计议得毕其忠，攻取得收其效。若宪宗之于裴度，可为万世榜样。

李愬克蔡州、擒元济

李愬见淮、蔡精兵都在外拒守，州城空虚，就乘雪夜袭之，引兵直抵城下，破了蔡州城。元济犹坚守内城以拒敌官兵。淮西宿将董重质，是元济的谋主，统精兵万余在洄曲（今河南沙河与澧河交汇处）拒守。

李愬说："元济势已穷尽，独守孤城，他只指望董重质来救耳。"于是访重质家属在州城者，厚抚恤之。因作一书与重质，开示祸福，遣重质之子传道持往谕之。重质见书，知州城已破，即弃兵甲，单骑赴李愬投降。元济外救已绝，乃于城上叩首请罪乞哀。李愬着他用梯子下来，以槛车囚之，解送京师。

此日，申、光二州及诸镇兵，相继来降，李愬皆慰抚之，官吏尽复其职，不杀一人，屯兵鞠场（球场），以待裴度。此时，裴度为主帅，愬执军中之礼，戎服披执带弓箭出迎，拜于路左。裴度以李愬功高，不欲当此礼，将引车避之。

愬说："蔡人自叛乱以来，习俗顽劣无礼，不识上下名分数十年。愬今日所行，正是上下相接之礼。愿公因此而亲身示范，使他们知朝廷体统，不可推脱，益见朝廷之尊。"度以其言有理，就接受了。

淮西恃强跋扈已数十年，其风俗犷戾甚于蛮夷，所以以三州之众，举天下之兵，环而攻之，四年而后克。人知裴度、李愬诸人同心勠力之所致，而不知宪宗之刚毅独断，也是大将之所以成功的原因。

御众当推诚，安民以宽大

裴度既平淮、蔡，因将蔡州降卒收在帐下用为亲兵。

或有人谏裴度："蔡人虽云降服，其间阴怀异志反侧不安者，尚多有之，当加意提备以防不然，不可遂置之左右，待以心腹。"

裴度笑说："疑人莫用，用人莫疑。我为彰义军节度使，讨平淮、蔡有罪者，唯首恶吴元济一人而已。首恶既擒，其余胁从之人，归服于我者，就是我部下的人，我自当待之如一家，亲之如一体，又何必分别彼此而过生猜疑？"于是，蔡人闻度此言，无不感泣。

当此时，蔡人新附，未知裴度意思如何，正放心不下，一闻其言，众心始得安宁，所以感激而至于垂泣。又前此吴元济父子悖逆相承，拥兵拒命，禁止蔡人日间聚谈，夜里举烛，或有备办酒食相过往追随者，其罪至死。数十年间，蔡人摇首动足唯恐犯法，一向不得安生。裴度既至，除去烦苛，更下宽令，但只禁止盗贼行劫，及斗殴杀人重犯，其余一切罪过，悉置不理。百姓每有相往来的，聚散早晚各随其便，不限昼夜，于是蔡人始知人生世间有此安乐，感戴裴度真如父母。

由此二事而观，可见御众莫要于推诚，安民莫先于宽大。众志方危，我猜疑则彼益摇惑；民生方紧迫，上严急则下益愁苦。唯当其摇惑之际，而推诚以镇之，则众人必坚定归附我；乘其愁苦之余，而宽大以抚之，则众人必以厚德报我。《书》曰："临下以简，御众以宽。"即帝王之治亦是如此，岂但为将相者所当知？

为政之忌：意得志满，骄奢相随

宪宗即位以来，日夜忧勤，思雪祖宗之耻，颇为励精。及到淮西既平，便觉志意盈满，日渐矜骄奢侈，好兴土木，无复昔时勤俭之意。

当时，有户部侍郎判度支皇甫镈、卫尉卿盐铁转运使程异，两人都是管钱粮的官，晓得宪宗意思，欲有所逞，而用度不足。于是专事搜刮，时时进奉银两，以充其费，欲以巴结于上。宪宗见两人投其所欲，果然非常喜悦，由此大有宠幸。八月，调升镈以户部侍郎、异升工部侍郎，并同平章事，判度支转运使。诏下之日，满朝百官及四野的小民，见两人素望极轻，一旦用作宰相，无不骇愕不已。至于街市上负贩做小买卖的人，也都嗤笑之，其不乐意于众论如此。

古之明君，所以长治久安者，唯其功愈盛而志愈惕，小人不得乘间而窃用的缘故。宪宗穷四年之力，仅平三小州，不思河北之未臣，吐蕃之寇掠，尚属可虑，而逸欲一生，使小人遂得窥见其意而入之。十年之忧勤，而不胜其一念之骄侈，众贤之合力，而不胜两小人之逢迎，卒使前功尽弃，身且不保，可慨良多已。处四海无忧之日者，其深鉴之。

有始无终，功败垂成

此时，宪宗用皇甫镈、程异为相，这两人都是邪佞小人，裴度羞与同在相位，因进谏不从，上表求自退避。

宪宗不许，裴度乃复上疏，奏曰："天下治乱，其本全系朝廷，朝廷轻重又在辅相，辅相得人则朝廷增重而天下治，辅相非人则朝廷轻辱而天下乱，治乱之机所关甚重，诚不可不慎。今陛下用皇甫镈、程异为相，轻辱朝廷，此何足惜。所可惜者，强藩悍将，如两河诸镇为患已久。今吴元济就擒，淮西幸已平定；田弘正等相继归服，河北幸已安宁；王承宗上表献德棣二州，拱手纳地；韩弘奉诏讨李师道，扶病出兵。似这等奉顺朝廷，岂是朝廷之上徒以威力压服，能制其死，而使之不敢违背？诚以生杀予夺，正大公平，一切处置事理咸中机宜，能使强者畏威，弱者感德，有以深服其心。陛下劳心焦思，建此升平之业，以大势而论，十已八九，正当兢兢业业，尽善尽美，图维有终，何忍宠昵小人，将垂成大业旋自败坏，使四方将吏，见朝廷举措如此，离心解体，不复有臂指相使之势，岂不可为痛惜者？"

疏上，宪宗反以裴度为朋党，不览其奏。因此，皇甫镈愈益恣肆，无所忌惮。程异自知不为众论所容，颇能廉谨谦退，为相月余，不敢知印秉笔，干预事权，所以后来皇甫镈贬为崖州司户而死，而程异免于其祸，但已经无救于国家之败。

宪宗晚年喜好神仙，诏天下访求方士通晓仙术者。宗正卿李道古欲谄媚求容，乃荐举山人柳泌，说他能合长生药，服之可以延年益寿。宪宗信以为然，诏柳泌居兴唐观中烧炼药饵。其后，宪宗服其金丹，躁渴举发而崩亡，柳泌杖杀，诸方士流放岭表，可也不能赎其罔上之罪。

> 国事至重大者，莫如任相，而宪宗轻用匪人，自甘堕落而不知；异端至虚诞者，莫如求仙，而宪宗轻信邪术，残害大命而不疑。并非皇甫镈、程异之奸，柳泌之妄能迷惑宪宗，而是宪宗之迷惑于利欲。假使他能养德于虚明，持志于静定，虽有奸妄之徒，从何而入？此明主所当知。

韩愈谏佛骨表

宪宗末年，崇信邪术，小人希宠者争以异端迎合上意。于是，有言陕西凤翔府（今宝鸡市凤翔区）法门寺塔中有佛指骨，二十年一开，开则岁丰民安。

宪宗听信其言，遣内使往迎其骨，至十四年正月迎至京师。宪宗留在宫中供养三日，乃遍送

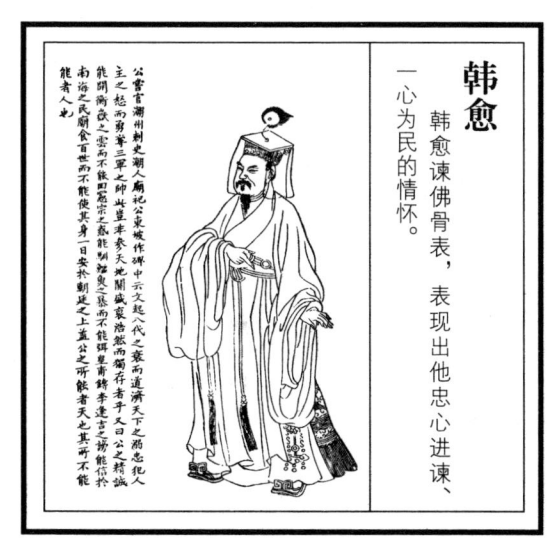

韩愈

韩愈谏佛骨表，表现出他忠心进谏、一心为民的情怀。

诸寺，令其转相顶礼。于是，上自王公，下至士民，都去争先瞻奉，舍施钱财，唯恐不及，甚至有倾竭资产以充布施者，有燃香于臂膊及顶上供养者。

刑部侍郎韩愈见得害财惑众，乃上表切谏，说道："我中华地方，以礼乐教化为俗，本无有佛。佛者乃是夷狄教门中之一法，其大意多以祸福之说，怂动愚俗。臣尝考之上古，自黄帝、尧、舜，以至大禹、成汤、文王、武王，许多圣帝明王都享有寿考，多者百数十岁，其次百余岁，国运久长，百姓安乐。当此之时，尚未有佛，不是因奉佛而得福啊！

"汉明帝时始听信邪说，遣人到天竺迎取佛书，于是佛教始入中国。然汉自明帝而后，乱亡相继，运祚不长，奉佛而反不得福。宋、齐、梁、陈、元魏而下，奉佛之礼渐加恭谨，计其享国多者十数年，少则三五载，年代转益短促。唯梁武帝在位颇久，然四十八年之间前后舍身三次，以天子之贵为寺家奴，卑辱已甚，其后竟为贼臣侯景所逼，断其饮食，饿死台城，国亦随灭。原其奉佛之心，本为求福，

福不可得，乃反得祸，以此看来，作祸造福，全不由佛，佛教虚妄不足凭信，其理明晰可知。

"但百姓愚下懵懂，其心易于煽惑，而难于晓悟。彼但见陛下敬信佛教如此，都说天子是大圣人，尚且一心奉佛，况我等微贱小人，尤当加敬顶礼，岂可更爱惜身命，所以弃却本等生理，都去瞻奉舍施，以至竭资产、燃臂顶而不顾也。惑乱愚俗，以此为甚。

"乞将此骨，付之有司，投诸水火，永绝根本。庶令人知其幻妄，可以断除一世之疑，后代无所流传，可以杜绝将来之惑，使天下之人知大圣人之所举动，远配古圣帝明王，而迥出汉魏六朝庸主万万倍，岂非至盛美之事？设使佛有神灵，能作祸福，臣今日排诋其妄，凡有灾难，宜加臣身，臣请自当其祸。"

表上，宪宗览之大怒，出其表以示宰相，欲加至极刑，置之于死。宰相裴度、崔群在上前力争说："愈言虽狂，发自忠恳，心则无他，宜姑示宽容，以开进言之路。"于是从轻发落，贬愈为潮州刺史。

佛教虚无，先儒辟之甚详，而深切明了无如此表。佛教所以能惑众者，以人情莫不喜慕富寿而厌恶贫苦。彼以祸福之说动之，所以群起而信奉，而自不暇察其理之有无。韩愈此表历征古之帝王年寿修短，国运久促，全不系于奉佛与否，以见其本无神灵，本不能作祸福。此说出，则彼之虚无立见，而无所挟以惑众，其有功于世教，岂能不大？明君以正心穷理为学，当三复于此言。

亲君子，任贤相，远小人，除奸臣

宪宗一日问宰相："先朝玄宗皇帝在位四十余年，初时朝政清明，天下治安，后来祸乱遽起，破国亡家，这是何故？"

宰相崔群说："玄宗初年所用之臣，是姚崇、宋璟、卢怀慎、苏颋、韩休、张九龄，都是忠直君子，专以正道辅佐玄宗，使励精勤俭，所以国家理治；后来所用之臣，是宇文融、李林甫、杨国忠，都是奸邪小人，专以谄佞诱引玄宗，使纵情奢侈，所以国家危乱。可见人君用人，或得或失，治乱随之，所系极重，非可轻忽也。今人都说天宝十四年安禄山反，玄宗避寇幸蜀，为乱之始；臣独以为从开元二十四年，玄宗罢张九龄，专用李林甫，自此小人得进，君子皆退，朝廷不闻直言，不行善政，是乃治乱之所由分也。臣愿陛下以开元初年的事为法，选用贤臣如姚崇等诸人，必信任之，与共图治理；以天宝末年的事为戒，辨别小人如李林甫等诸人，必黜远之，以防其乱，则可保久安长治，乃社稷无疆之福。"

当时，朝臣中皇甫镈正是个邪佞小人，闻崔群所对，切中其病，遂深恨之。

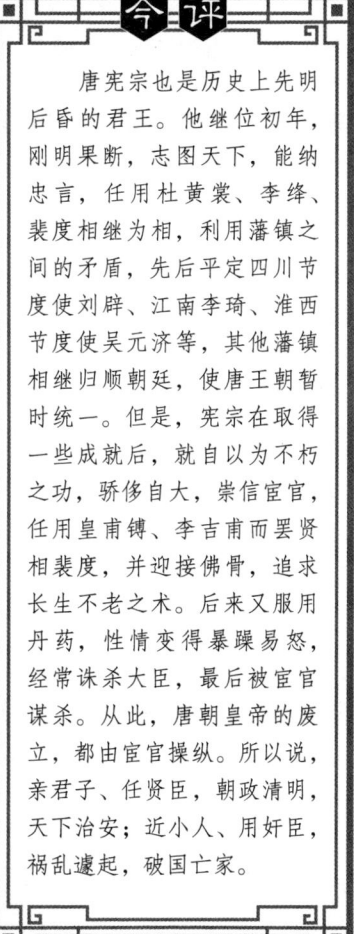

今评

唐宪宗也是历史上先明后昏的君王。他继位初年，刚明果断，志图天下，能纳忠言，任用杜黄裳、李绛、裴度相继为相，利用藩镇之间的矛盾，先后平定四川节度使刘辟、江南李琦、淮西节度使吴元济等，其他藩镇相继归顺朝廷，使唐王朝暂时统一。但是，宪宗在取得一些成就后，就自以为不朽之功，骄傲自大，崇信宦官，任用皇甫镈、李吉甫而罢贤相裴度，并迎接佛骨，追求长生不老之术。后来又服用丹药，性情变得暴躁易怒，经常诛杀大臣，最后被宦官谋杀。从此，唐朝皇帝的废立，都由宦官操纵。所以说，亲君子、任贤臣，朝政清明，天下治安；近小人、用奸臣，祸乱遽起，破国亡家。

> 古之英君，开始未尝不用君子。然而，多不能保其终者，由于天下已治，每厌勤劳而喜逸乐。厌勤劳，则但见君子之拘捡，而势必见疏；喜逸乐，则但见小人之可狎，而情必相契。所以开始治而最终乱，皆出于此，不独玄宗、宪宗如此。欲任贤臣以成无疆之君者，应该深鉴之。

治于勤勉，乱于逸乐

宪宗一日问宰相李绛："玄宗开元时政事修举，天下太平，到天宝以后，盗起兵兴，宗社几于不保，一君之身而前后治乱相反，是什么缘故呢？"

李绛对曰："治乱无一定之数，有一定之理。治不生于治，而生于一念之忧勤；乱不生于乱，而生于一念之侈肆。玄宗在藩邸时，典领州郡，历试官守，深知民情疾苦、时事艰危，所以即位之初，任用姚崇、宋璟为相，励精治理，心志清明，听纳忠言，耳目无塞，所以他当时前后左右，无一个不是正人，相导辅翼者无一件不是正事，天下安得不治？到天宝以后，奸臣李林甫、杨国忠蛊惑上心，操弄国柄，排抑正直之士，使无所容，而专引倾邪险诐之人，令其分布要区，总领繁剧。由此朝廷之耳目敝塞，忠言不得上闻，君心之嗜欲日长，声色从而杂进，内则盗臣王等搜括缗钱，劝以兴利，外则武将高仙芝等邀求功赏，诱以开边，以致百姓困于科求，三军疲于征战，怨声四起，天下骚然。所以贼臣安禄山乘此衅隙，顿生祸心，一旦变起渔阳，而大驾蒙尘，两京失守。此都是由小人欲希图宠幸，专以荒淫侈肆之事，启导君心，使之纵耳目之娱，穷心志之乐，其骄逸如此，国事安得而不坏，天下安得而不乱？由此观之，治乱系人主所行，行得其道则治，行失其道则乱。恃其治而萌侈肆之心，则治将变而为乱；惧其乱而厉忧危之念，则乱可变而为治。治乱之道就是如此。"

李绛以忧危放肆，分别开元、天宝之治乱，而不知天宝之乱，正开元之治有以启之。艰难之际虽庸主皆知勉图，而治平之时，即贤君不免骄奢淫逸。开元年间海内富庶，兵革不兴，玄宗自谓天下治安，所以侈心渐肆。假如知有天宝之乱，怎么会这样做呢？所以圣人处极盛之时，而愈切怠荒之戒，谋虑深远啊！

李绛

李绛潜心匡时救世，屡屡上书，劝谏宪宗选贤举能。李绛在任华州刺史时，还禁止猎捕鸟兽，以保护自然生态。

穆宗

穆宗名恒,宪宗第三子,在位四年。

轻议销兵,不合时宜

长庆二年春。当初,穆宗新即位之时,河南、河北之乱,才得平定,人心尚未服帖,正该养威蓄众,图维善后事宜,以防反侧。宰相萧俛(fǔ)、段文昌虑不及远,便说天下已太平无事,议欲以渐销兵用省军费,乃请密下诏书,令天下军镇有兵的所在,每年百人之中,限八人或以逃或以死除其籍,为渐次销减之法。

那时,穆宗方溺于荒淫宴乐,不以国事为意,遂不论可否,即从其奏。由此,军士除籍者日众,无所归着,使去山泽中聚而为盗。不久,动乱果然复作。

幽州军士囚禁节度使张弘靖,推朱克融为留后(代理节度使),成德兵马使王庭凑杀了节度使田弘正,自称留后。两人同时作反,一呼而士卒皆往从之。朝廷下诏调各道兵讨贼,各道兵在籍者既少,一时仓促,召募乌合之众。平素既无恩威,又未加训练,无人肯用命,所以每战多败,这都是轻议销兵之过啊!

祸乱初定之时,如疾病方痊,恃其已安而遂废药石,则病将复生而不可救。唐之销兵与此何异?何况兵非土著,散之最难。萧俛等不思如何驭之、安之之法,而轻去其籍,是驱赶坐待衣食之辈,而责之归农,不通人情如此。其后为寇兵之源,没什么可奇怪的。

柳公绰严惩舞文乱法者

长庆三年五月，穆宗以尚书左丞柳公绰为山南东道（今湖广襄阳）节度使。

公绰巡行所属，过邓县（今河南邓州）审录囚犯，适有两个犯罪吏，一个是要钱贪赃的，一个是作弊舞文（吏书作弊，舞弄文法）的。众人私拟公绰素性廉介，赃吏罪重，必然杀犯赃者。

公绰判断其案说道："赃吏贪财，自干法纪，其于国家之法只是犯之而已，却不曾变坏了法度，是法犹在。若奸吏舞文，则增损律例，改易公私轻重，皆出其手，虚实无从而稽，把国家之法全然变乱了，是法因之而亡。"于是，公绰最后诛杀了舞文者，众人都服其明智。

国家所以纲纪天下，成划一之治者，依恃有法存在。奸胥猾吏，欺公罔上，奸弊百端，主司者或受其愚弄而不能察，或被其把持而不能禁，甚且曲为隐护，以自盖其疏忽，于是奸吏接迹，不可胜诛，而法律荡灭。可是，奸吏之所以敢于乱法者，都是贪心所使，则诛赃吏也能弭灭奸吏。欲澄清天下者，宜加意此处。

志意怠荒，往事不鉴

宪宗因服方士柳泌之药，致疾而崩，穆宗即位后将柳泌等杖杀。至长庆四年，诸方士又因左右近幸之人干求进用。穆宗志意怠荒，不能惩戒往事，却又服其金石之药，欲求长生。

有处士（指有才德而隐居不仕的人）张皋上疏，谏说："人禀血气以生，贵于和平，而忌偏胜。澄神定虑，使本原之地，宁静淡泊，不为情欲所扰，则血气自然和平，而百病不侵。设使恣情纵欲，或耽于声色，或荒于游宴，嗜欲既胜，则血气必致损耗，而疾病发作。人唯致有疾病，所以必须用药攻治，是药本为攻疾而设。若本无疾病而轻服药饵，反使药力有所偏助，其患立见。君身所系至重，岂可如此？昔先帝听信柳泌妄言，谓服药可得长生，以致躁渴举发，暴病而崩。此陛下所亲见者，正宜惩其既往之失，永为鉴戒，岂得再蹈其覆辙？"穆宗徒称善其言，终不能用。

今评

生老病死是自然规律，古今中外，谁能避免？但历史上很多帝王将相，想以一国之权力和富有，求仙拜佛，服食丹药，去追求长生不老之术，却往往深受其害。秦始皇、汉武帝、唐宪宗……谁人长生不死？张居正借用张皋之言陈述其危害，希望少年皇帝能有所悟。这对当下人也是一个提醒：可以注重科学养生，注重形体养护，注重精神的调养，但不能迷信，更不能走歪门邪道。否则不仅不能起到延年益寿的养生作用，反而会残害自己的身体健康。

神虑淡泊之言，最得养生之理。人君一心，众欲交攻，必须爱惜精神，减省思虑，于凡可喜可好之事，泊然如水，一无所动其中，才能培养寿命之原，永保和平之福。而其要又在讲学勤政，使志意既有所专，然后神虑斯无所杂。未有无所事事而心能淡然者。明主宜留意。

敬宗

敬宗名湛,穆宗长子,在位两年。

嗜好寝卧,耽乐女色

穆宗在位四年而崩,其子敬宗即位,昏迷不德,视朝甚迟,百官伺候朝参,废时失事。

于是,左拾遗刘栖楚进谏说:"陛下嗣位之初,上承宗庙,下抚万邦,海内人心方肃静望治之日,正宜兢兢业业,无闲暇之日,虽

张居正《帝鉴图说》:便殿击球

敬宗初即帝位,先帝还在殡,敬宗不知哀思,只好游戏。因沉迷游戏,政事都荒废了,其后遭弑杀之祸。

在夜间犹当披衣待旦，以求治理可行。今日却溺于宴安，嗜好寝卧，耽乐女色，至日午而后起，甚非励精图治之意。何况先帝梓宫在殡，尤人子闻乐不乐之时，而鼓吹日喧，略不为念。美誉未彰于天下，恶声已布于四方，臣恐如此怠荒，福祚必不久远，关系非细小之故。臣位居谏职，不能补阙救过，无颜立于朝廷，请碎首玉阶以谢旷职之罪。"遂以额叩于龙阶，出血不止。

敬宗见其恳切，命中使宣旨慰谕，劝之使归，可是最终也不悟。卒之敬宗以逸豫灭德，在位两年而亡，福祚不长之言，这就应验了。

可见人君勤政，不唯可以理万机，且使志气清明，精神会聚，一切纵欲伤身之事，自不暇为，亦所以养寿命之原。周公作《无逸》以励成王，而拳拳以享国修短为言，正是此意。人主宜三复之。

德裕讽谏，敬宗不悟

宝历元年正月，时敬宗即位之初，不知保身勤政，每微服出外，游戏行幸，举动无常，所宠昵亲近的都是狎邪小人。小人蛊惑上心，无所不至。敬宗每月视朝不过三两次，公卿大臣罕得进见其面者。

二月，浙西观察使李德裕（唐代中后期名相，杰出的政治家、文学家，历朝历代对其评价甚高）因作《丹扆六箴》以献，言人君负扆（yǐ，屏风）临朝，所当箴警者有六件事：一曰《宵衣》，说人君于天未明时，就当起来着衣，待旦视朝，因敬宗视朝太稀，日晏始出，所以以此讽谏；其二曰《正服》，说人君所尚袍服，自有定制，不可崇尚奇丽之饰，因敬宗服御乖异，有亵威仪，所以以此讽谏；其三曰《罢献》，说人君所受贡献，自有常额，不可于常额外受人贡献，因敬宗征求玩好，有损俭德,所以以此讽谏;其四曰《纳诲》,说人君于直言正论当委曲听纳,以示优容,因敬宗侮慢忠言,拒而不听,所以以此讽谏;其五曰《辨邪》,说人君于谗谄奸佞当详审辨别,以防蒙蔽,因敬宗亲信群小,任之不疑,所以以此讽谏;其六曰《防微》,说人君一身所关甚重,出入举动,当时加戒慎以防不虞,因敬宗轻生游幸,履危蹈险,不知戒惧,所以以此讽谏。

六箴进上,敬宗优诏褒答,却终不能从其言。

此六箴虽均切治理,而《辨邪》一言尤要。敬宗以幼年即位,使能尊礼师傅,亲近老成,则心志有所维持,而起居出入自然有常,服御玩好自不及侈;唯其有群小之狎,无师保之助,此所以童昏失德,过日积而不自知也。明主当深省于斯。

文宗名昂,穆宗第二子,在位十四年。

帝王大德,节俭次之

开成二年夏四月,文宗召翰林学士柳公权(唐朝中晚期著名书法家、诗人,官至太子少师,故世称"柳少师"。柳公权的书法以楷书著称,初学王羲之,后来遍观唐代名家书法,吸取了颜真卿、欧阳询之长,融会新意,自创独树一帜的"柳体",以骨力劲健见长,后世有"颜筋柳骨"的美誉)等,入对于便殿。文宗言及汉文帝恭俭,因举自家袍袖以示众学士说:"朕这袍服已经浣洗多次了,今犹服之,不欲丢弃。"众学士都称美文宗的俭德,以为过于汉文帝,独柳公权默而无言。

文宗问其故，公权对曰："节俭固是美德，可是帝王治天下，尚有大道理。陛下贵为天子，富有四海之内，所重者不在财帛，当思官职贵于得人，于贤者则进之，不肖者则退之。忠言不可轻弃，于谏诤之当者从之，有不当者容之。恩威不可滥施，于有功者赏之，有非者罚之，则朝廷之上大本克端，天下自然理治，和乐升平之盛可不劳而致。这才是帝王的盛节。若区区服浣洗之衣，不过细小末务而已，治天下的大经大法，不系于此，岂可遽以为美而自足？"

节俭，美行也，而柳公权犹以为非帝王之大德。若恣情纵欲，奢侈败德者，又当何如？为人上者可以鉴之。

柳公权的小楷

柳公权自创独树一帜的"柳体"楷书，骨力遒劲，结构严谨，是唐代书法的突出代表。

李德裕论正邪之人

开成四年九月,文宗崩,武宗即位。武宗首先召还袁州长史李德裕为门下侍郎、同平章事。

德裕入见谢恩,因奏说:"人君致治之要,不必他求,只有审察群臣,辨其孰为邪人,孰为正人而已。人之邪正不同,其存心制行亦每相反,若使同朝而立,其势必不相容。正人疾恶邪人,固指邪人为邪;邪人妒忌正人,亦反指正人为邪,邪正相攻,名实混乱,人主欲从而辨别之,的确很难。然以臣言之,正人持身孤介,譬如木中松柏一般,其节操刚劲,无所倚靠,而挺然独立;邪人则柔佞卑鄙,譬如草中藤萝一般,若非依附他物,必不能引拔而振起也。故正人独行己志,一心事上,耻为和同;而邪人背公植私,互相交引,争为朋党。其人品较然不同,宜无难辨。

"先帝深知朋党之患,每恨其难去,而所用者若李训、郑注等,又皆为朋党之人,良由其辨别不真,持心不定,乍疑乍信,所以奸

李德裕

李德裕是唐代杰出的政治家、文学家,中书侍郎李吉甫的次子。李德裕胸怀大志,饱读经史,历朝历代对其评价甚高,李商隐《会昌一品集》作序时,誉之为「万古良相」。近代梁启超将他与管仲、商鞅、诸葛亮、王安石、张居正并列,并称为封建时代的六大政治家。

邪得乘间而入，以构逸启祸，人主卒被其误而不知也。为宰相者固不能人人忠良，其中或有一二心怀欺罔者，人主之心始不能无疑。疑心一生，不能自决，乃又旁问左右之人，以伺察执政贤否。如先朝德宗末年，人主不信宰相而信群小，所听任者唯逸佞裴延龄等，专权用事，至于宰相反而不得预政，但署名于敕，主行文书而已。体统废坏，纲纪陵夷，因此政事所以日乱而不能治理。

"陛下诚能于择相之始，其难其慎，务选择贤才而任之，固不因之以滥用小人。其有欺君罔上、罪过昭彰者力行罢斥，也不因之以概疑君子。常使朝廷政事都出自中书，决于宰相，推心置腹，委任责成，志坚意定，不为毁誉所间，爱憎所迁，则臣主一心，政事毕举，何忧天下之不治？"

> 大凡人君择相，未尝不欲得正人而任之，而任之未必专者，其知之犹未深。心诚相知，则信之必笃，任之必专，自非邪人所能离间。古人所以比君相于元首股肱，明其有一体之义，岂有一体而可使间隔者？后之任相者，以一人誉之而用，既不能辨别于开始，以一人毁之而弃，又不能信任于最终。明主宜知此道并重视。

君臣相离，不可治国

李德裕又对武宗说："昔先帝文宗御下多疑，其待大臣不肯开心见诚，每每好为形迹以全体面。大臣小有过失，心里虽是不喜，却强忍包容，不让显言于外。自此日积月累，下之罪过益深，而上之猜疑益甚，小人乘机中伤，不觉信之深而发之暴，以致大臣继去，人人自危，而国之祸败随之。此一事，乃先帝大错误处。

"陛下今日始临群臣，愿深以为戒，勿蹈其辙。臣等若有罪过，陛下但有所闻，即当面赐诘问。事苟不实，则臣等得以一一辨明，不致为人诬陷；若其有实，则词屈理穷，自然输服，也可得其真情，就中分别。小过姑容其改正，使之自新；若犯大罪，即加以诛谴，无所宽贷。如此，则君臣之间，肝胆相照，形迹俱忘，不但君不疑臣，臣也不疑君。所以保全大臣，而遏制群小陷害之端者，皆在于此，祸败从何而生呢？"

武宗以其言为是，深表赞扬并接纳之。

君臣之分本严，所恃以成上下之交者，唯心之相信而已。若君心一有所疑，蓄而不发，则积疑销金，积毁销骨，臣下之心迹无由自明，而上下之交离。父子相离，不可以治家；君臣相离，怎可以治国？所以上推诚以待下，下积诚以感上，各宜尽其道。

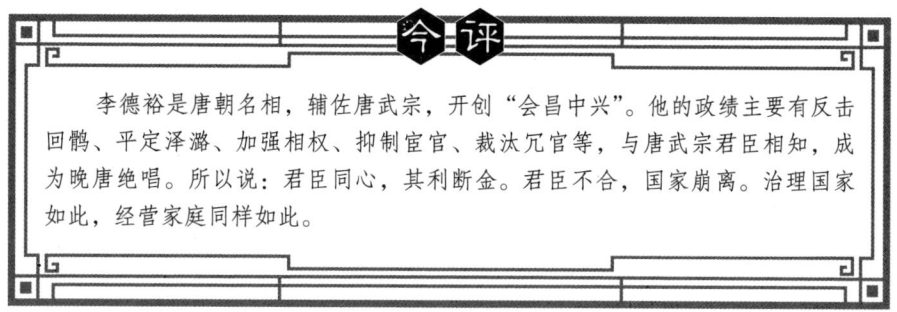

李德裕是唐朝名相，辅佐唐武宗，开创"会昌中兴"。他的政绩主要有反击回鹘、平定泽潞、加强相权、抑制宦官、裁汰冗官等，与唐武宗君臣相知，成为晚唐绝唱。所以说：君臣同心，其利断金。君臣不合，国家崩离。治理国家如此，经营家庭同样如此。

名炎，穆宗第五子，在位六年。

唐武宗

欧阳修：「臣见唐武宗英武之主，所任宰相李德裕最号有材，当时用兵征伐，指挥将帅，处置事宜，动以诏书约束劝厉，故终成功业。」

君臣同心，同谋断金

当初，昭义（古称上党，今山西霍山以东及河北涉县地方）节度使刘从谏去世，其子刘稹自为留后。武宗用宰相李德裕之谋，诏镇州节帅王元逵、魏博节帅何弘敬发兵讨之，先攻其邢（今河北邢台地区）、洺（今河北邯郸及邢台地区）、磁（今河南安阳西北及河北磁县地方）三州，三州守将都相继请降，于是镇、魏二帅以其辖区状况申报于朝廷。

宰相入贺，李德裕奏说："昭义一军所恃以为根本者，正以其有邢、洺、磁三州在于山东，其士马可以进援，险阻可以退守。今三州来降，则根本既拔，以势度之，上党（今山西长治一带）孤悬无助，难以独存，不日之间必有内变。"

武宗说:"彼中若有变,必起于郭谊,郭谊是刘稹的谋主,见事不成,恐怕祸及自己,必杀刘稹以自赎其罪。"德裕说:"刘稹必死于郭谊手,诚如圣算。"

未过多久,郭谊果然杀了刘稹,并将刘稹宗族尽数杀之,将刘稹首级用匣子盛了,献上求降。于是,宰相入朝称贺,武宗问:"郭谊本是贼党,法当诛杀,今能杀稹来降,功又当赏,该如何处置啊?"

德裕对曰:"刘稹就是一痴孺子,何知叛逆,所以教之阻兵拒命者,都是郭谊为之谋主。当初依势附力,引导稹以为乱,等到势孤力屈,不能自存,又以稹为奇货,卖之以求赏,其反侧如此,真奸人之雄也。若释此不诛,何以惩恶?应该等镇、魏诸军尚在境内,连郭谊等人俱诛之,以为党恶之戒。"武宗深然其言,说:"朕意亦是如此。"于是下诏令郭谊等送至京师,斩首以正法,于是泽、潞始平。

自古谋国之臣,多计算而少成事,非但其谋之不审,也由君相异心,任之者不专。今观武宗之与德裕,同心相谋,同谋相信,君所言是,相则曰"诚如圣料",相所言是,君则曰"朕意亦然",其计议投合如此,令何所不行,威何所不克?此所以使镇、魏如臂指,取上党如拾草芥也。在相者宜以为法则。

宣宗名忱，宪宗第十三子，在位十四年。

宣宗

宣宗在位期间，国家相对繁荣，历史上把这一时期称为『大中之治』。

宣宗即位，励精图治

大中二年二月，宣宗以知制诰令狐绹为翰林学士。此时，宣宗励精图治，志欲法祖。

一日，尝以太宗所作《金镜录》授予令狐绹，使在御前读之。《金镜录》中有两句为："国家之乱都由小人导引之，未有不任不肖而乱者。国家之治都由君子辅佐之，未有不任忠贤而治者。"

令狐绹读到这两句，宣宗大有感悟，命绹且住，因说人君用人得失，非常有关于治乱，凡欲求致太平者，当以此言为首务，使不肖者不得幸进，忠贤者不致遗佚，则有治无乱，何患太平之难致？

宣宗又以史臣所记太宗《贞观政要》事事切于理道，欲时时加以省览，于是书于御座屏风上，每正色拱手，致敬而读之。

> 太宗用此以致太平，嘉言懿行，具载此书，所以敬慕之如此。《书经》上说："王懋乃德，视乃烈祖，无时豫怠。"太宗是唐之烈祖。宣宗即位之初，志念若此，可谓无所豫怠。因此虽当末世，而犹能整齐法纪，维系人心，人称"小太宗"。何况于功绩相继、累世升平之时，法祖德行者，其治功当以此为榜样啊！

访贤任贤，适时提用

大中八年秋九月，宣宗出猎于苑北，偶遇打柴的樵夫，便问他是何县人。樵夫说自己是泾阳县人。宣宗问他："县里正官是谁？"樵夫说："是李行言。"宣宗因问此人做官如何。樵夫说："此人性刚，执法不能容奸。县中有强盗数人，打劫人家事发，藏匿一军家（唐时有南北军，其部下的人，叫作军家。当时军家强势，多飞扬跋扈，地方官员多远而避之），他差人捕捉，那窝主竟不肯交出。李行言遂将强盗与窝主一并拿来，尽数杀之。其执法不挠如此。"

宣宗默记其言，回至宫中，便写李行言姓名，贴于寝殿之柱，以备任用。到冬十月，就除授李行言为海州（今江苏淮安地区）刺史。行言入朝谢恩，宣宗特赐以金带紫袍以宠异之。宣宗因问行言："卿知今日所以腰金衣紫的原因吗？"行言对曰："不知。"宣宗就命左右取殿柱上帖子的姓名示之，以见行言自为县令时，已受知于朝廷。

> 县令之贤否，生民之休戚相系，人君知以为重的很少。虽检举

揭发于案上，书写铭记于殿前，某贤，某不肖，尚有不能辨认其人是何者也。宣宗出猎之际，拳拳吏治，问之唯恐不详，一得其人，手记心存，用之唯恐不速。明主能法其意，以察贤否、行黜陟，守令岂有不劝，百姓岂有不安？

昭宗皇帝，初名杰，即位后改名敏，后又改名晔。懿宗第七子，在位十六年。为朱温所弑。

唐代治乱兴亡之迹一：高祖与太宗

宋臣司马光纂集诸史，每一代为一图，历叙其治乱兴亡之迹，谓之《历年图》。本篇总叙唐朝之事，从高祖起，说唐祖李渊在隋时，原封为唐国公，留守晋阳。因见炀帝无道，民穷盗起，遂举晋阳精兵，承亡隋之弊，州县空虚，攻下汾、霍诸郡，席卷长驱，直抵西京，尽有关中之地以为根本。于是，遣将出兵，扫除群盗，遂降李密于洛口，系窦建德于虎牢，擒王世充于洛阳，除刘武周于马邑，剪刘黑闼于山东，夷萧铣于江陵，不出六年之间，天下悉平，海内咸服，何其成功之速，一至于此？

因有太宗世民为之子的缘故。假使无太宗，则高祖原无大志，岂能创业垂统，开有唐一代之治？太宗具文武全才，聪明勇略，高出前代人主之上；又能驱策一世之英雄，使皆效其死力；网罗四方之俊义，使皆竭其才能；群策毕举，凡善谋忠计皆嘉纳而不遗；言路大开，虽直言极谏，也乐闻而不厌；拯救万民于水火之中，而安

张居正《帝鉴图说》：宠幸番将

唐玄宗十分宠幸安禄山，为其专设一座榻，命安禄山特坐于群臣之上，以彰其荣宠。

置之于卧席之上；使昔之相聚而为盗贼者，都化为善良之君子；昔之愁苦而呻吟者，都转为太平之讴歌；男耕女织，衣食有余；狱讼稀少，政事清闲，民心淳朴，刑措不用；威德日隆，虽强如突厥之长，也系颈于阙庭；土宇日广，虽远如北海之滨，都设立为州县。自三代以来，中国之强盛，未有如此，可谓不世出之明主。

可惜其好尚功名，徒以智勇创造基业，而不能修礼乐以化民。且胁迫父亲臣事突厥，不可以言孝；弑兄杀弟，不可以言友。父子兄弟之间，惭德愧行也很多。帝王之治，未有不自修身齐家以推及天下者。太宗之内行不修如此，岂能完全称得上帝王之治？

唐代治乱兴亡之迹二：高宗至玄宗

《历年图》又叙说，高宗承平之时，沉溺宴游安乐，怠荒无度，即其依向不忍虽似仁慈，而柔懦不振，全无威武。其最得罪于宗庙社稷者，在立武氏为后，使其专权窃柄，斫丧元气，杀害李氏子孙，诛逐忠直之臣，改唐为周，酷烈无比。

究其本源，都因高宗昏弱无为，酿成此恶，其祸有自来也。至于中宗初时为武后所废，居房州十三年，每欲自杀，遭忧辱如此之久，受险阻如此之多，宜其知所警惕。一旦复原帝位，仍不鉴武氏之祸，宠信韦后，荒淫不改，致国事日非，身且不保，是其天性昏庸，难以匡弼。即孔子所谓粪土之墙，不可加以粉饰者也。

睿宗鉴前代祸乱，欲早立太子，因次子隆基有诛韦氏之功，遂舍长子成器而立隆基，以绝祸本，是为玄宗。舍嫡立功，虽非经礼，也可谓能行权达之变。玄宗为人，多谋略，有刚断，初诛韦氏之乱，后平太平公主之谋，凡两清内难，皆以谋断成之。开元之初，忧勤庶政，所用的都是正人，有好贤乐善之诚；所行的都是惠政，有爱民利物之泽。二十年间，海内富庶，四夷宾服，内宁外静，很快就有太宗贞观之风。

及至天宝以后，玄宗见天下太平无事，自以为功成治定，无复后患。于是志欲既满，侈心遂生；恶谏诤而忠直渐疏，狎群小而谀谀并进；耽逸乐，则不念万机，而以游娱为良谋，以声色为急务；任将相，则不辨忠邪，而以奸臣李林甫、杨国忠为周公、召公，以番将安禄山、哥舒翰为方叔、召虎。奸佞在朝，譬如痈疽生于心腹，将要溃裂犹且不悟；强胡当道，譬如豺狼近在藩篱，将要吞噬尚且不知。一旦安禄山发兵十五万，反于范阳，变生所忽，兵起边隅，庙堂之上，平素不曾设武备，宰相执着传的檄书，吓得痴呆如醉，无计可施。一时猛将平素不曾习战，望见贼的烟尘，都束手就缚，无兵可调，遂使贼众横行，两京（长安、洛阳）失陷，腥膻之气污秽于伊洛（伊水、洛水），杀人之血流染于河潼，车驾西迁，仓皇入蜀，所在生民，尽遭屠杀，而祸乱并兴，不可救药。

后来，两京虽然收复，然国势自此日衰，兵端自此日起，使数百年之间，干戈漫延而不息者，都是明皇造的祸端，令人叹息。《诗经》上说："靡不有初、鲜克有终。"所以，前功尽弃，说的正是明皇啊。安定之中，即危险所伏，不可常恃；治理之中，即祸乱所基，不可常保。其机如此，处治安之时者，可为永鉴。

唐代治乱兴亡之迹三：肃、代二宗

《历年图》又叙说，唐天宝之末，安禄山反叛，破了两京，玄宗幸蜀，宗社不守。幸得肃宗为太子，至马嵬驿前，为百姓父老所拥，收兵于灵武地方，转战向东，克复两京，不失旧物。代宗继之，分命诸将，剪除贼党，诛史朝义于莫州，使大河南北还为唐朝方镇之臣，论其功业不小。然此两君者都是庸才，武不足以断决疑事，明不足以照察物理。当时，赖有大将郭子仪之精忠，李光弼之勇略，又因仆固怀恩借兵于回纥，所以得以收复两京，平定叛乱。若使当时无此三人，则天下已非李家之有了。

以肃宗之天性孝慈，宜能保全父子之恩，然外制于李辅国之奸，逼迁上皇于西内而不得养，内惑于张后之谮，杀其子建宁王倓而不能庇护，因此能说他们武以决疑吗？以代宗之天性宽仁，宜能保全君臣之义，却听信谗臣程元振之言，使李光弼忧畏而不敢入朝，至于惭愧发愤而死。又听信谗臣辛云京之言，使仆固怀恩怨望不平，招引吐蕃、回纥，几至于再亡其国，因此能说他们明以烛理吗？

并且，肃、代二宗又不思经常久远之谋，专为目前姑息之政。民间盗贼窃据州郡者，并非不能讨，却又用之而为本处正官；各镇士卒杀逐主帅者，并非不能制，却又授以名位而为节度使。法纪不张，威权丧失，遂使强暴纵横，公然无所忌惮，下凌上替，名分为之荡然。转相效习,遂成风俗,恬不为怪,莫有知其非者!所以终唐之世,士卒凌将帅,将帅凌天子,纲纪大坏,不可复振,以至于亡国,则是肃、代二宗渐渐开启的。所以,二宗虽有中兴之功,实乃基祸之主,岂能全称他们为贤君?

唐代治乱兴亡之迹四:德、顺、宪宗三朝

《历年图》又叙说,德宗为太子时,见肃宗以来,各镇强臣跋扈,朝廷纲纪不振,愤积世之败落,悯王室之衰微,即位之初,赫然有拨乱反正之志。但其议度既昏,暗而褊浅,性格猜疑而刚愎。所用的是卢杞、杨炎之辈,多非正人。所行的是残忍忌刻之事,不由正道。

德宗立两税之法,赋税日加烦重。枉杀忠臣刘晏等,诛杀及于无辜。以此怨谤并兴,叛逆继起。李希烈反于关外,朝廷召泾原兵马讨之。关外未平,而泾卒奉朱泚先作乱于都城。于是,车驾出奔奉天,极其困辱,几乎遇难。又为李怀光所逼,逃避山南。那时,朝臣被执,公卿任职贼庭,宫阙失守,刀剑集于皇宫,天下大势几不可支了。

尚赖名臣陆贽,知无不言,尽心匡救于内;李晟、浑瑊不顾私家,毕力捍御于外。所以能使诸将用命,荡灭元凶,两京复完,还奉宗社,都是诸臣之力啊!自此以后,德宗志气消沮,刚者化而为柔,方者削而为圆,无复有昔时振作之意。及其晚年,事事姑息,以求旦夕之安,偷安软弱之政,又甚于肃、代二朝,无怪乎国之不兴。

顺宗本是贤明之君,可惜他即位不久,不幸得了风疾,奸邪王叔文等遂弄权放肆,社稷几乎危亡。顺宗心里明白,把国家政事尽付与皇太子宪宗监管,随又传位宪宗,以安社稷,不贤而能。宪宗资性甚美,聪明果断得于天授,慨然以振纲纪、平僭乱为务。选任

杜黄裳、裴度、李光颜、李愬等为将相，凡有善谋无不接纳。

当其讨淮、蔡时，师老财尽，满朝都要罢兵，异论纷然汇集，而宪宗不为之疑。又有贼臣李师道，厌恶宰相武元衡专主用兵，使人潜入京师杀害元衡，人情汹汹，不能自保，而宪宗也不为之惧。其明决如此，所以有谋必成，有战必克，卒能取杨惠琳于灵夏，讨刘辟于剑南，诛李铸于浙西，俘卢从史于泽潞。入蔡州擒吴元济，而淮右遂平；取淄青诛李师道，而齐鲁克复。于是，天下强臣悍将，以地相传、根深蒂固而不可动者，皆惶恐悚惧，如狼之远遁，以求自全，如鼠之拱洞，殷勤诚挚，以求归顺，质子献地，稽首入朝，而国家百年之忧，一旦廓然平定。然而，宪宗志欲易满，怠于防微，致大业未终，而弑逆祸乱发生于亲近之处，良可悲也。

唐代治乱兴亡之迹五：穆宗、敬宗至武宗

《历年图》又叙说，唐自宪宗平定淮、蔡，朝廷纲纪大振，诸藩镇皆畏威敛手，不敢再放肆专权，天下号为治安。穆宗蒙受已成的功业，继承既平的统绪，使其稍知理道，便可以坐享太平。穆宗却委任非才，当时的宰相如萧俛、段文昌辈，皆庸暗之徒，为谋不善，轻议销兵，遂使朱克融、王庭凑两人相继复反。譬如虎已在柙，又使其肆暴于原野，鱼已入网，又使其脱逃于深渊，将宪宗元和十五年的功劳，一旦废坠，深可痛惜。

敬宗嗣位，改元宝历。敬宗为人轻易不检，常与群小为伍，荒纵无度，只以游戏为事，身被颠覆之祸，实乃自取。文宗性度优游，柔而不断，受制于王守澄等，而不能振。虽有好贤乐善之心，文雅诗词之美，然大纲不振，虽有小善，又如何相称？武宗天资英明敏给，通达非常，又知李德裕之贤能，委任为相，言听计从。所以刘稹据上党，

自为留后，朝廷命镇、魏诸将讨而克之，易如拾芥。杨弁作乱于太原，河东兵缚送京师，易如反掌。武宗也可谓有为之君。然天命不永，在位六年而崩，使其功业未得尽展，实在可惜啊！"

唐代治乱兴亡之迹六：宣宗至昭宗各朝

《历年图》又叙说，宣宗是宪宗庶出第十三子，当穆宗、文宗、武宗之时，未及帝位，韬晦如愚。少年时历经艰苦，深知民间之事。及到登极，年已三十八岁。阅历既久，于人之诚实的、奸伪的，无不周知，所以能尽心民事，精勤为治之道。有功当赏的，必精简而停当，绝无冒滥之弊；有罪当罚的，必严峻而果决，略无轻纵之私。威福不移，劝惩具备。故天下之内，莫不安生而乐业，四夷之人，也都向风而顺轨。求之汉朝，其可与汉孝宣皇帝相为上下者。

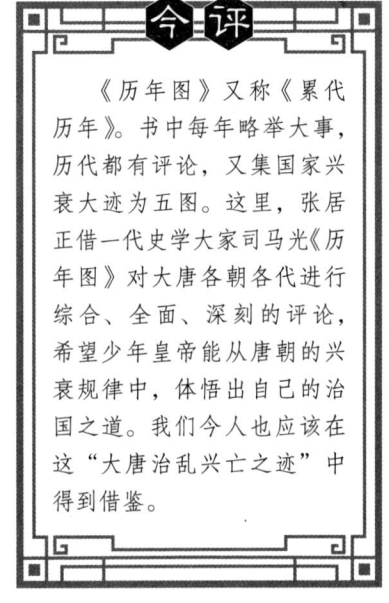

今评

《历年图》又称《累代历年》。书中每年略举大事，历代都有评论，又集国家兴衰大迹为五图。这里，张居正借一代史学大家司马光《历年图》对大唐各朝各代进行综合、全面、深刻的评论，希望少年皇帝能从唐朝的兴衰规律中，体悟出自己的治国之道。我们今人也应该在这"大唐治乱兴亡之迹"中得到借鉴。

懿宗骄纵奢侈而无节度，贼害暴虐而无忌惮。不为朝廷惜名器，将辅弼重任，委寄于嬖幸之人；不为国家惜财用，将四海膏脂，匮竭于淫乐之费，以致民怨于下而已不知，神怒于上而已不恤。李氏宗社之亡，就这样定了。并且，唐自肃宗至德宗以来，近习用事于内，藩镇跳梁于外，元气凋丧已尽，虽以恩德抚慰，犹恐不支，何况以懿宗之暴虐继之，岂有不亡之理？譬如久病羸瘦的人，虽以糜粥调养，犹恐不济，却又以毒烈之酒暴饮，其为速死无疑。

及僖宗、昭宗嗣位之日，天命已去而不可复留，民心已离而不可复合。黄巢倡乱，盗贼满于四海之中；两京陷没，野草塞于皇城之内。以天子之尊而不能自保其一身，漂泊无依，侮辱不振，而寄命于诸侯。当此之时，虽有善者，也不知原因何在。将欲救之，也做不到。唐于此时遂亡。

有唐一代，传位二十余，历年近三百，其间可称者，唯太宗一君，而犹多惭德，其他如玄宗、宪宗皆不免于鲜终，由此也可见为君之难。昔宋臣孙觌（dí）辈，常请进读《唐鉴》，取其殷鉴不远之意。明主诚熟察其兴亡之故，其于治道，岂不深有裨益？

资治通鉴
简史
中国历史精神

资治通鉴简史

简史

中国历史精神 <4

雷 子 ◎编著

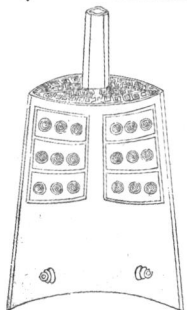

天津出版传媒集团

天津人民美术出版社

图书在版编目（CIP）数据

资治通鉴简史：中国历史精神. 4 / 雷子编著. -- 天津：天津人民美术出版社，2021.12
 ISBN 978-7-5729-0353-3

Ⅰ. ①资… Ⅱ. ①雷… Ⅲ. ①中国历史－古代史－编年体②《资治通鉴》－通俗读物 Ⅳ. ①K204.3-49

中国版本图书馆CIP数据核字(2021)第262910号

资治通鉴简史：中国历史精神（1—4册）
ZIZHITONGJIAN JIANSHI:ZHONGGUO LISHI JINGSHEN(1—4CE)

出 版 人：	杨惠东
责任编辑：	刁子勇
助理编辑：	孙　悦
技术编辑：	何国起　姚德旺
出版发行：	天津人民美术出版社
社　　址：	天津市和平区马场道150号
邮　　编：	300050
电　　话：	(022)58352900
网　　址：	http://www.tjrm.cn
经　　销：	全国新华书店
印　　刷：	大厂回族自治县德诚印务有限公司
开　　本：	787毫米×1092毫米　1/16
版　　次：	2021年12月第1版　第1次印刷
印　　张：	47.25
定　　价：	168.00元

版权所有　侵权必究

前言

读历史,能提高我们对社会的分析能力,让我们清楚地判断历史发展的趋势,帮助我们把握时代的脉搏,启迪我们生命的智慧,让我们获得精神的安定和事业的成功。所以唐太宗说:以史为鉴,可以知兴替。

在中国史学中,有这样一部史书:历史上对其称誉极高,认为除《史记》外,没有任何一部史学名著可与之媲美。宋末史学大家胡三省高度评价说:"为人君不读此书,则欲治天下而不知自治之源,厌恶混乱而不知防乱之术;为人臣不读此书,则上不知如何事君,下不知如何安民;为人子不读此书,则谋身必至于辱没先人,做事不足以垂示后人。"

所以,这部书被称为"帝王之书""将相之书""治要之书",自成书之后被历代帝王将相、文人骚客、各界要人及企事业领导们引为经典,争读不止。毛泽东一生读此书十七遍,他曾对吴晗说:"这部书写得好。叙事有章法,历代兴衰治乱,本末毕具,读这部书,我们可以熟悉历史事件,从中吸取经验教训。"柏杨也曾说:"细读此书,可以了解中国,了解中国人,了解中国政治,以及展望中国前途。"

这部书就是北宋史学家司马光主编的《资治通鉴》,它是我国第一部编年体通史。其书以各朝各代治乱兴衰为线索,在记录历史的

同时，分析帝王将相的品德善恶、治国理念及政策得失，总结王朝更替的经验教训。明鉴的同时，又不乏文学之美与哲理光辉，其中无数惊世醒人的历史故事与振聋发聩的名言警句，使人过目难忘，品味不尽。怡养性情，修身培德，借鉴经验，增加智慧，了解文化风俗，掌握历史兴亡规律，可以说，《资治通鉴》是一部经典智慧书。

今天，面对这部三百多万字的历史巨著，我们该怎么去读？怎么读才能快速而深刻地领悟其中的真谛呢？我们不妨以古人为师，以专家为师，听听他们如何讲《资治通鉴》。在这点上，明朝大政治家、改革家、内阁首辅张居正，就是我们读《资治通鉴》最好的导师。

张居正学识渊博，熟读经史子集，在任两朝帝师期间，为皇家子弟们量身定做了通俗历史读本《资治通鉴直解》，内容以《资治通鉴》

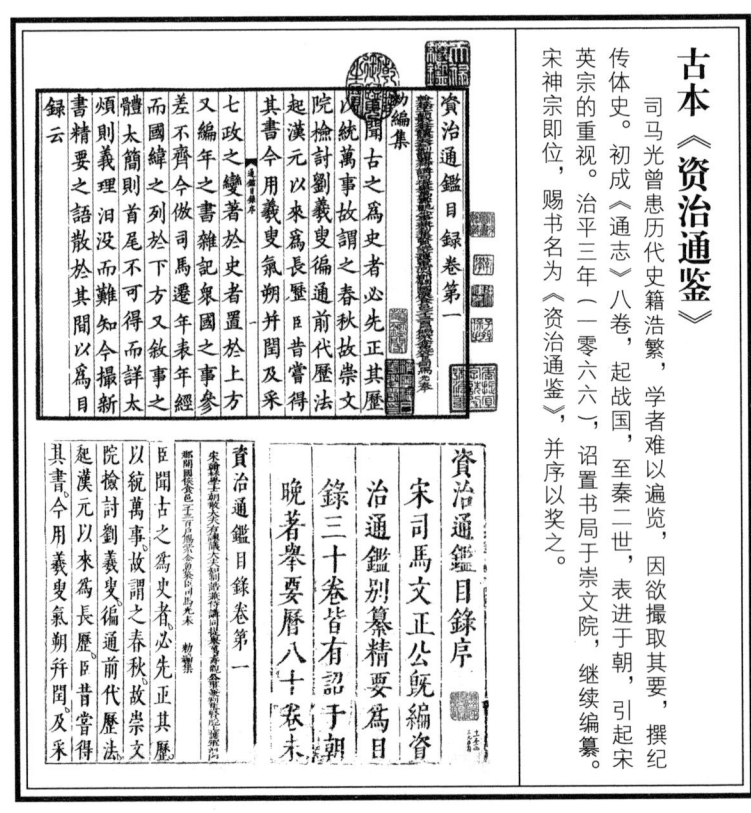

古本《资治通鉴》

司马光曾患历代史籍浩繁，学者难以遍览，因欲撮取其要，撰纪传体史。初成《通志》八卷，起战国，至秦二世，表进于朝，引起宋英宗的重视。治平三年（一零六六），诏置书局于崇文院，继续编纂。宋神宗即位，赐书名为《资治通鉴》，并序以奖之。

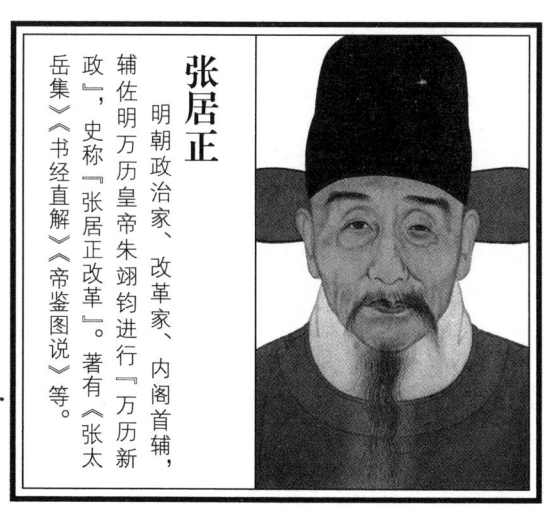

张居正 明朝政治家、改革家、内阁首辅,辅佐明万历皇帝朱翊钧进行"万历新政",史称"张居正改革"。著有《张太岳集》《书经直解》《帝鉴图说》等。

为主,又以其他史书作为补充,如《史记》《通鉴外纪》《续资治通鉴》《宋元通鉴》等,将中国史以重要事件加以讲解,不仅通俗易懂,篇幅简短而精练,还融入张居正对历代王朝兴衰的高度总结,对历史教训的独特见解。毫不夸张地说,张居正是解析《资治通鉴》的权威,是讲述《资治通鉴》的专家,是政治实践中的集大成者。这也是张居正为何能成为中国历史上非常著名的读书人,能从社会基层,靠个人奋斗攀上权力巅峰,并成为游刃有余的政坛高手和大名鼎鼎的改革家,实现自己伟大的抱负。这一切,要归功于他"以史为鉴",归功于他参悟一生的《资治通鉴》。

为此,我们特别打造了这套《资治通鉴简史:中国历史精神》。本书在张居正给万历皇帝讲解的版本基础上,进行重新编写,与其他版本又有着明显的不同:一、上起三皇五帝,下至北宋灭亡;二、选材更加精练,主题更加鲜明,能帮助读者快速了解历史兴亡规律,特别适合现代人快读;三、对历史上特别重要的人物及事件,加入新的点评,以适应现代读者需要;四、对原书每段史材,添加标题,提纲挈领,让读者快速了解故事主题;五、增加历史年

表，让读者准确掌握历代王朝及帝王在位时间，增强宏观意识；六、对晦涩难懂的词句进行译注，让读者阅读无障碍；七、插入历代名家精美白描图，增加欣赏性、趣味性及时代美感；八、突出中国文化及历史精神，让读者全面了解中国传统政治、社会、学术、教育、经济、军事、舆论等核心精神及价值取向，这也是我们古人非常看重的"经史同参""义理结合"的高度体现，即"六经皆史""史皆六经"的妙用。

不一样的《资治通鉴》，不一样的阅读体验。让我们跟随张居正，快乐阅读中国历史兴亡书，从《资治通鉴简史：中国历史精神》中，参悟华夏民族的大智慧。由于作者水平所限，不当之处，恳请读者批评指正。

雷 子

于北京天通苑

2021年7月28日

目录

后梁纪

太祖
- 全忠篡唐，国号为梁……003
- 钱镠自保，吴越为王……004
- 养儿当如李存勖……005

末帝
- 张承业有大节，国亡而忠不改……006
- 晋王称帝，承业忧死……008

后唐纪

庄宗
- 郭崇韬权比帝王……009
- 上下为己，君臣斗计……010
- 上下交伐，将士无主……011

明宗
- 冯道为相……012
- 冯道谈农事之辛细……013
- 为民主者，以民事留心……015

闵帝
- 唐主出奔，冯道劝进……016

后晋纪

高祖
- 儿皇帝石敬瑭，割让燕云十六州……017
- 刘知远居功，冯道复为相……019

出帝
- 契丹举兵入寇，远兵失约不至……020

后汉纪

高祖
- 刘知远即位……022

隐帝
- 郭威问政，冯道献策……023
- 郭威旗袍加身……024

后周纪

太祖
- 郭威即位，李谷拜相……026

世宗
- 匡胤迁升，匡胤救驾……027
- 周主孤危，广交贤才……028

宋纪（北宋）

太祖
- 皇太后贤德，事事有家法……032
- 遵崇礼法，以示天下……034
- 赵普为相……035
- 天下刑赏，非一人之刑赏……036
- 太祖将将之法……037
- 亡国之君，兴王之君……038
- 仁厚宽恕，奖罚分明……039
- 治世莫如爱民，养身莫如寡欲……040
- 惜物爱民，身先示行……041
- 太祖仁恩，不须妄杀一人……043
- 一事轻率处之，终日悔之不乐……044
- 君心是万化之源，修治先正其心……045

太宗

开科取士，选举人才 ……………………○四六

张齐贤献策，条陈十事 …………………○四八

吴越王来归 ………………………………○四九

太宗伐辽未果，齐贤审势 ………………○五一

上疏

太宗勤学，每日三卷 ……………………○五二

收天下古今逸书，开一代文运
之盛 ………………………………………○五四

选贤任能，谆谆教导 ……………………○五五

寇准扯龙袍，纳谏而止 …………………○五六

钱若水论上臣之道 ………………………○五七

吕蒙正为相，以诚直事君 ………………○五八

真宗

老成谋国，如良医治疾，先固
元气 ………………………………………○五九

真宗御札封妃，李沆持正
烧之 ………………………………………○六一

忠臣爱君防其渐，明君自治当
谨微 ………………………………………○六二

得安乐则肆志，遇忧勤则
小心 ………………………………………○六三

宰相李沆：为国谋忠，知人
之明 ………………………………………○六四

宋代贤相，李沆第一 ……………………○六六

寇准力谏，劝君亲征 ……………………○六八

君子谋国，小人为己 ……………………○六八

寇准勇断，真宗渡河 ……………………○七○

审势度时，识量宏远 ……………………○七一

澶渊之盟 …………………………………○七二

小人逸言：援《春秋》以愧之，
举孤注以危之 ……………………………○七四

钦若邪说，真宗封禅 ……………………○七五

君主假造天书，群臣相率
附和 ………………………………………○七六

王旦为相，简默廉洁 ……………………○七七

抑奔竞，正士风，安民
富民 ………………………………………○七八

仁宗

雷火毁天书，以畏天戒 …………………○八○

宰相统领政府，政权军权
合一 ………………………………………○八一

欧阳修作《朋党论》……………………○八二

杜衍守正不阿，数驳仁宗 ………………○八四

听谏易，纳谏难，行谏更难
圣旨 ………………………………………○八六

仁宗拒献祥瑞 ……………………………○八七

举文彦博、富弼为相 ……………………○八八

铁面无私包青天 …………………………○八九

司马光上书三札之一：论为君
之德 ………………………………………○九一

司马光上书三札之二：君主临御
臣下之道 …………………………………○九三

司马光上书三札之三：论拣选
军士之道 …………………………………○九五

司马光上书五事之一：论保业
守成 ………………………………………○九六

司马光上书五事之二：论惜时
审势 ………………………………………○九七

司马光上书五事之三：论深谋远虑……097
司马光上书五事之四：论严谨慎微……098
司马光上书五事之五：论务实敦本……099
仁宗之仁德……101
尊崇儒学，弘扬文教……102

神宗

司马光推崇惠民，王安石重视国富……104
富弼上书，谴责安石……105
神宗重用安石，天下论议纷纷……107
政见不合，富弼辞相……108
程颢为政之德……110
司马光辞职……112
文彦博罢职……113
郑侠上流民图……114
韩维上书新法之弊、开边之害……116
直臣吕公著……118
曹太皇太后贤德……119
司马光拜相……120

哲宗

苏轼论旧法、新法之利弊……123
为政在顺人情……126
司马光病逝，天下人哀之……127
程颐论讲：师道高于君道……128
范祖禹上疏：学与不学，事关治乱……130
苏辙上书：自古正邪不同……131
哲宗亲政，新党窜动……132
范祖禹再次上书……133
吕大防论宋代家法……134

徽宗

徽宗无道，宠幸奸佞……136
花石纲也能乱国……137
蔡京为相……138
用兵西夏，轻启战端……141
徽宗倾信道教……142
宋昭忠言切谏，徽宗不纳亡国……143

后梁纪

后梁年表（907年—923年）

帝　号	姓　名	年　号	在位时间
后梁太祖	朱　温	开平 乾化	907年—912年
后梁末帝	朱友贞	乾化 贞明 龙德	913年—923年

  后梁即梁朝，梁王朱温篡唐称帝，唐朝正式灭亡，中国历史进入五代十国时期。后梁的疆域是五代中最小的，北部约以黄河为界，东至大海，南抵秦岭淮河，西至关中，且疆界不稳，战乱频繁。

朱温初为黄巢所署同州防御使，举州降唐，僖宗赐名全忠。全忠后弑昭宗于椒殿，立李柷为太子，即位为哀帝。朱全忠进封梁王，加九锡，吞噬诸镇，最后灭唐室。

太祖 名温，姓朱氏。最初参加黄巢的农民起义军，既而降唐，赐名全忠，封梁王，挟天子以号令天下诸侯，竟移了唐祚。居帝位六年，为太子友珪所弑。

全忠篡唐，国号为梁

朱全忠得了唐哀帝君位，改换了旧名字，重命其名晃，居皇帝九重之位，定国号为梁。把唐哀帝封为侯国，做济阴王。

张蔚手捧着册立君位诏书，率领文武百官，尽舞蹈之礼以进贺，全忠便赐百官宴酒，亲

朱全忠（右）

朱全忠是五代十国早期最强的枭雄。朱全忠原本是黄巢手下的将军，他在黄巢进入长安时，向朝廷投降，并在随后摧毁黄巢的战斗中表现突出。最后，他在河南站稳了脚跟，有了自己的根基。

自举酒杯慰劳张蔚，说："今日我居君位，都是诸公推重爱戴之功也。"

观全忠矫托口气，绝无揖让讨伐气象，而王莽、曹操奸君窃位之恶全部显露了。

> **今评**
>
> 朱温不仅因篡唐而闻名史书，还因滥杀、荒淫而臭名昭著。第一，滥杀战俘。如唐乾宁二年十一月，朱温在钜野之南大败朱瑄部万余人，下令把俘虏全部杀死。又如天复三年五月，朱友宁攻青州，月余未下，朱温大怒，遣刘捍督战。攻陷城池后，尽屠其邑人，清河为之不流。第二，滥杀部属。朱温治军严峻残酷，战场上如将军战死，所部士兵退还后全部斩首。因此一旦主将战死，士兵也就逃亡不敢归。第三，荒淫乱伦。《资治通鉴》记载："诸子虽在外，常征其妇入侍，帝往往乱之。朱友文妇王氏色美，帝尤宠之。"所以，现代历史学家白寿彝评论说：朱温的滥杀是历史上罕见的。朱温的荒淫，行同禽兽，即使在封建帝王中也罕有其匹。但天道轮回，滥杀、荒淫的朱温，后来被儿子朱友珪派兵杀死，夺取帝位。

钱镠自保，吴越为王

钱镠（liú，吴越开国国君。占据以杭州为首的两浙十三州，在位期间，采取保境安民的政策，经济繁荣，渔盐桑蚕之利甲于江南；文士荟萃，人才济济；治理钱塘江，使百姓富庶东南。所以吴越人称其为"海龙王"）自保一方，历四主不受兵乱。

罗隐见朱全忠僭窃唐室，因以钱镠为吴越王，劝说之："君若起义兵讨伐全忠，兴问罪之师，伸大义于天下，上也；或许事业未可成功，自固守杭越（今杭州一带），为东都一帝，人无敢攻扰我者，次也。为何如臣子一般归附之，同声以服事全忠之贼叛呢？"

镠当初意以罗隐先年不受唐室重用，必有怨恨唐而服梁者，今听其一腔义气所发，镠虽不能如隐之言，奋其一怒，使乱贼授首，一复唐室，而隐之眷念旧主，也是举世不一二见者。

养儿当如李存勖

李克用，沙陀（族名，原是西突厥十姓部落以外的一部，游牧于今新疆准噶尔盆

唐僖宗李儇（左）**与晋王李克用**（右）

李克用骁勇善骑射，十五岁从军，征战沙场，军中称之为"飞虎子"。

地西南一带，隶属轮台，因其地有大沙丘，故而得名）兵马李昌国之子，杀大同防御使段文楚，自称留后，官仆射。唐僖宗召李克用诛黄巢，收复长安，功为第一。克用一目微瞎，人呼独眼龙，后封晋王。

克用去世，子李存勖继为晋王。当克用临终将死，对存勖说道："这儿子志气远大，凡我平生未了事，必能代我成就。"那时就交他三支箭，说："梁朱全忠，与我夙有仇怨，燕王是我所立，契丹背前盟降于梁。我有此三恨在心，未雪而死，你知道吗？我付你三支箭，勿以父言为乱命而

今评

这里，李存勖之所以被标为人子的榜样，就是为父亲李克用"平生未了事，必能代我成就"而已。李存勖后来成为后唐的开国皇帝，在这方面其实让父亲欣慰。李存勖自幼便善于骑射，胆略过人，心性豁达，深得父亲宠爱。他爱读《春秋》，略通大义，而且精擅音律，可谓文武双全。这也是给少年皇帝一个启发：兴父志，振主业，既是孝子之行，也是家业之福，父亲自然喜欢这样的儿子，让这样的儿子继承大统也安心。

忘之。"

梁李思等攻潞州，久不下。晋王李存勖对众将说道："上党（今山西省长治市一带）、潞州（今山西长治部分及河北涉县）两路，是河东极冲要地所在。若是上党失去，是河东没了藩篱，不失犹失。且朱温所畏惧的只有我先王克用一人。今既听得我新嗣王位，朱温有妄自尊大，藐视我的意思。我若选用精兵，速速袭之，朱温必然败走。立威天下，创霸域中，正在此机会，不可错过了。"

当时，晋王李存勖领兵直到夹塞地方，大破梁兵，胜之。那李思安久围潞州，就解散而退。全忠惊骇说道："人若是养儿，必如得李克用儿一样方好。今李克用虽死犹不死啊。"

末帝

初名友贞，太祖第四子。初，太子友珪弑太祖。均王友贞起兵讨贼，友珪伏诛，友贞立于大梁。

张承业有大节，国亡而忠不改

晋王李存勖每年领兵出征，凡军中政事，件件靠着张承业（唐末五代宦官，为人忠诚，有节义，执法严明，深得晋王李克用器重，并接受遗命，辅佐李存勖，执掌军政。为李存勖灭梁建国，建立大功。因李存勖执意称帝，劝谏不被采纳，以致郁郁而终）。承业劝勉、督促百姓，兴农事，种桑麻，藏蓄积聚金银五谷。军中民心肃清，军士粮饷，能接续不缺。晋王有时支些银钱，赏赐那奏乐度曲的伶人、乐工，承业都不轻与他。晋王就设酒钱谷库中，教儿继岌为承业戏舞，作衍戏模样，指着所积银钱之类赏赐承业用之。

承业正色说道："这些钱是你父大王留他以养征战军士，我不敢以为私情礼物而擅自受的。"晋王不喜。承业气愤说道："仆为宦官，没有子孙。今日我不轻放钱物，不是留他付与子孙，正是要资助大王成霸天下事业。大王若是不要成霸天下事业，竟自用之，那用得我？"晋王发怒，问取剑来，要杀承业于剑下。

承业起身牵住晋王衣服，哭泣着说道："我记得先王临终，付托几多话，付箭三支，勿忘了你父之志，誓要替国家诛灭汴地国贼。若是我为爱惜库内钱物，必要留以养战士，资助大王成霸天下事业，所以我死于大王剑下，我到九泉之下，相见先王，也无有过失可愧于心！"

那时，晋王母亲太夫人听知了此事，非常生气。晋王就于太夫人面前惶恐叩头，承认其过失，以求太夫人息怒。又请承业把酒痛饮，以作酒失。承业不从他。太夫人差人致意道："是晋王有罪，勿必记怀。"不多时，晋王立制授承业开府仪同三司（高级官员，位同三公之尊）、左卫上将军、燕国公。

承业不肯受职，但称旧唐朝之官以终身。张承业是宦官中之不多见者，国亡而忠不改，后世人主尽得如此若干人，国家长治则可。

唐监军张承业

承业唐中官也，鸟河东监军后事晋王及庄宗凡蓄积金粟多其功庄宗尝须钱滥博而承业主藏钱不可得以臣老慳惜此钱欲佐王定天下而後唐主弒稷耳後以粟米灭而庄宗稱皇帝承業知不可諫不食而卒

张承业

张承业辅佐李存勖开疆拓土，成为一个完人，被后人评价为"诸葛亮式的人物"。他是中国历史上著名的以敢于直谏人君、秉公办事见长的贤臣，与魏征并称。他是后唐开国第一功臣，同时，他也因忠于唐室，反对后唐的篡建，付出了死谏的代价，从而名垂青史。

晋王称帝，承业忧死

此时，经常有人以书致晋王，劝他称帝，机不可失，晋王不听。后来将佐藩镇劝进不休，就使有司官买玉一块，镌造法物。又得魏州僧人所献传国宝者，是帝王君临天下，御极符玺也。

张承业知之，谏晋王道："吾王与先王世代尽忠唐室，凡有患难，无不力为救援，所以老奴三十余年，为王或抢或拾些财钱赋物，召补兵马，指天誓日，要诛灭逆贼，兴复本朝宗庙社稷。今河北地方稍安定，朱温子孙尚有遗留未灭，而大王遽居天位，不是向来锄逆讨叛之本意，天下人心，哪个不离心离德呢？王何不先灭了朱氏，复李氏屡代之深仇，方去访求唐氏子孙，而中兴之。南边取吴杨渥（吴王杨渥据淮南），西边取蜀王建（蜀王王建据西川），扫清天下，并合为一家。当此时就使唐高祖、唐太宗再生，谁有能居王之上者。逊让愈长久，则得之愈坚牢。老奴之志，别无他意，但以受先王大恩，要替大王立万年不朽之基业。"

晋王说："这不是我要如此，当不起群臣众心。"

承业晓得晋王不可挽回，仰天大哭，说道："诸侯血战，为唐家，不是为己。今日大王自取天位，称帝背唐，老奴事大王向来指望复唐室，不意竟为自有。"承业于是邑邑不乐，遂成病而死。

> **今评**
>
> 张承业是晚唐五代时期一著名人物。近代历史学家蔡东藩这样评论："自来国家之患，莫如女色，尤莫如宦官。但宦官中亦非无贤者，如张承业之忠心唐室，始终不渝，洵足为庸中佼佼，铁中铮铮之特色。观其谏阻晋王，沥肝披胆，无非为复唐起见。及力谏不从，恸哭而返，遂至悒悒不起，彼其悔所辅之非人乎？笃于效忠，而短于料事，承业亦不得为智。但略迹原心，固足告无愧于天下！"

后唐纪

后唐年表（923年—936年）

帝　号	姓　名	年　号	在位时间
后唐庄宗	李存勖	同　光	923年—926年
后唐明宗	李　亶	天　成 长　兴	926年—933年
后唐闵帝	李从厚	应　顺	934年
后唐末帝	李从珂	清　泰	934年—936年

　　后唐是李存勖所建，盛时疆域约为今河南、山东、山西三省，河北、陕西的大部及甘肃、安徽、宁夏、湖北、江苏的一部分，并占有四川十年，是五代十国时疆域最大的国家。后唐是中国五代十国时期的一个政权和朝代，它取代了后梁，而后又为后晋所取代。后唐实现了对中国北方的统一，对中原王朝最终统一全国具有历史推动意义。

庄宗

　　名存勖，姓朱邪。先世事唐，赐姓李。父克用，平黄巢功，封晋王。存勖袭封，灭梁。在位四年，因中流矢而死。

郭崇韬权比帝王

　　时唐主（指李存勖）居帝位的第二年，行郊天之礼，大赦天下。郭崇韬第一献赏军士钱财十万缗。唐主宫中库内积钱似山一般，竟不肯把些来赏出战军士。军士初指望把钱分给与他，那时都失所望，

后唐庄宗

李存勖是李克用的长子,是李克用与侧妃曹氏所生,小名亚子,幼时相貌出众,聪慧而且忠厚沉稳。他十一岁时便跟随父亲出征作战,得胜后便随父亲进见唐昭宗,因为昭宗对李存勖说了一句"此子可亚其父",意思是说使他的父亲成为亚军,超过其父,因而得名为"亚子"。

岂有不离心离德者。

藩镇郭崇韬,当时出将入相,其权之重,比并帝王,尝自家道:"我原是汾阳王郭子仪子孙,以珍馐肥美之物,做家常饭受用。"

其用人于同辈中,选择的都是虚浮不根、外面华饰动人以愚耳目者,超拔在高位显职。所以,朝内的有宦寺伶人、唐主宠任者,人人衔恨;朝外的有战功勋戚、唐主倚重者,人人抱愤。他既居出将入相之位,只图穷奢极欲,引用非类,废弃勋旧,无一善政。哪比郭子仪爵封王位,穷奢极欲而人不怨,位极人臣而主不疑,怎么敢称是他的后人呢?

上下为己,君臣斗计

当时,唐王要迁郭崇韬做汴州(今河南省开封市)藩镇。

崇韬也有算计,心上道:位极尊者,恐祸亦大。辞不敢当。说道:

"臣由将入相，富贵极尊，于臣下为无二！何必又领受藩镇之职。况且朝中众官，也有经血战百次，建大勋劳，封邑不过一州一县之地。若臣从没有汗马的战功，反得享此大位，臣方心不自安。比之百战的所赐，反为过当。今日之下，正当选择有功劳贤才者用之。使臣解去符印，放归田里，受恩终身，乃大望也。"

唐主听了说道："卿替朕尽心筹划良策，使河津保守得坚固，直向大梁进发，获梁主，遂成帝王规模，岂比得战马之功呢？"崇韬力辞，唐主无奈许之。

上下交伐，将士无主

蜀王建听韦庄之谋，即皇帝位。时郭崇韬领兵伐而灭之。不几时，唐主诏到，让他自杀。此时，就封孟知祥为王，以继蜀王建后。知祥后来自家称帝，子昶嗣为帝。

唐主命其父养子李嗣源领兵讨其罪。嗣源一到邺（今河南安阳地区及河北临漳一带）地方，军将士卒，造反起来，领众军士大乱呼叫，逼迫中军大将说道："吾辈将士，随主上血战几百次，以除梁贼而有天下。今主上把有恩者摈弃之，威权在手，杀戮任意。"又说道："这回得胜，克了城邑，这些魏博之兵，用他不着了，必要把来尽坑杀之。掘大地潭，坑他在内。这等说激怒众军士，要杀退诸镇军，

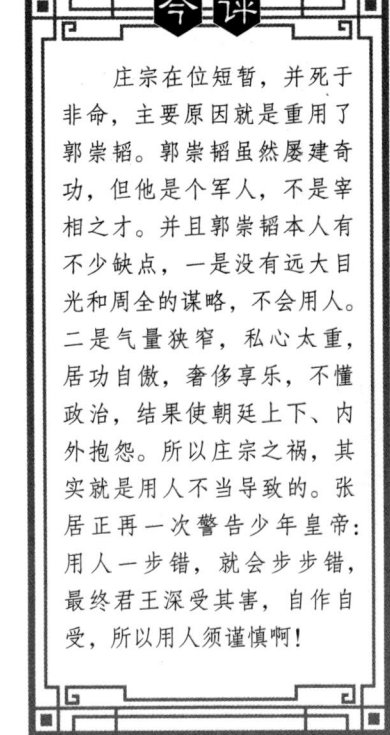

今评

庄宗在位短暂，并死于非命，主要原因就是重用了郭崇韬。郭崇韬虽然屡建奇功，但他是个军人，不是宰相之才。并且郭崇韬本人有不少缺点，一是没有远大目光和周全的谋略，不会用人。二是气量狭窄，私心太重，居功自傲，奢侈享乐，不懂政治，结果使朝廷上下、内外抱怨。所以庄宗之祸，其实就是用人不当导致的。张居正再一次警告少年皇帝：用人一步错，就会步步错，最终君王深受其害，自作自受，所以用人须谨慎啊！

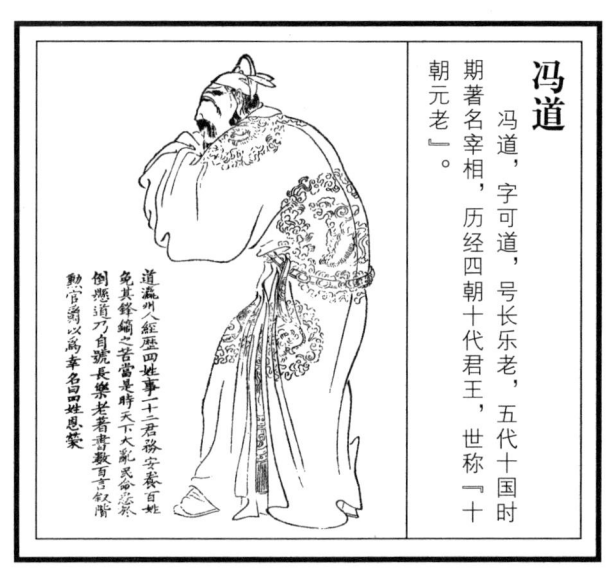

冯道

冯道，字可道，号长乐老，历经四朝十代君王，五代十国时期著名宰相，世称"十朝元老"。

请主上（指李存勖）为帝河南地方，请明公（指李嗣源）为帝河北地方。两处立为军民之主，此是众军士的本意。"

李嗣源涕泣晓谕之，军士不听。嗣源不得已，乃使安重诲（沙陀人，后唐大臣）移文檄约会兵士。唐主就驾幸到关中地方。不想有招抚次官马直同指挥使郭从谦造反，不奉唐主命令，唐主与他对敌，被流矢射中而死。嗣源收军士进洛阳城中，于唐主灵柩前即帝位。

明宗帝，本胡人，李克用养子，名嗣源（称帝后更名李亶）。庄宗遇弑，诸将立之，在位八年崩。

冯道为相

唐主（指李嗣源）是个武人，不曾识得书籍文理，每臣下奏事，都着安重诲侍读于前。可是重诲于文理也未尽通晓，乃特置端明殿学士，以冯道、赵凤为之。

当时，唐主用冯道、崔协拜相，同平章事。先是朝中议立宰相，孔循荐举郑珏、崔协二人，而任圜（yuán）要用李琪。但是郑珏平素极怪李琪，所以与孔循合力阻抑他，对安重诲说道："李琪不是说他没有文才学术，只是他不廉洁，贪财耗国必然者。若是升用宰相，必得镇重严肃，器量风度可以作法天下士民的方好。"

至他日朝中议置相，唐主说道："我以前在河东时，尝见冯道掌职书记，才思也多，学问也博，其交人接物，并不存计较竞争之心。这样人可立为宰相了。"

另一日，安重诲对任圜说道："今天下正少有才有学的人，崔协聊以备官员数叵否？"圜对道："明公择相，不用李琪，而用崔协，这就是弃撤苏合丸之贵重有益于养生，而取蜣螂所弄之丸（蜣螂为秽虫，在桑树下把人屎弄成丸，如弹子光润圆转，人力不及。丸成，脱壳成蝉飞去。此蝉蜕乃医家用之，为贵重之药，譬喻李琪，有益于天下国家也）。"以无用之绝譬喻崔协，无补于天下国家。任圜说得如此关系，而唐主竟任冯道、崔协为相。

冯道谈农事之辛细

唐主同平章事冯道闲谈及农工辈种田："几年来秋收，米谷多有收成，军民食足，四方无灾荒寇贼之患，朕心上颇安。"

冯道因事进规，借那先王李克用事，说道："臣向年在先王军府中，遣臣出使中山路，经历井陉之危险地方，途路崎岖难行，只得紧紧持着鞭缰，甚是小心谨慎，所以一路无倾跌失措。及至过了险危地方，到那平坦所在，鞭绳可以稍宽，自家也要安逸少顷，不想反遭倾跌绊倒。这不止乘马行路若此，就是人君治天下，也是这个道理。只在治天下谨守，如驭六马委缰，为人上者不可不谨也。"唐主甚道是

犁田

插秧

收割

入仓

农耕图
　　农耕文化是人们在长期农业生产中形成的一种风俗文化，它是世界上早期的文化之一，也是对人类影响非常大的文化之一。

他说得当理，谈丰歉，说太平，便虑到致治未乱，保邦未危，甚可铭心者。

　　唐主又说道："今年小民田中有丰收，想是风调雨顺，百姓都有收成，粮食必无匮乏了。"

　　冯道又进说："今年之事，看似丰豫，实则不能全收。臣看今年农家就是那唐时进士聂夷中者，赐观灯宴上，命各赋诗为盛典，夷中颂诗云：二月卖新丝，五月粜新谷。医得眼前疮，剜却心头肉。新丝出则卖，新谷收即粜，都为还债去。农民只是宽得目前之急耳。丝、谷都卖了，下半年何以聊生？就如目前，疮虽已治，而心头肉已先剜去，想求再生吗？农家困苦之光景，于士农工商四类中极为勤苦。凡播种耕耘，收敛水旱虫害，哪样不是时时刻刻在心，件件种种尽力。人主居九重之位，崇高富贵，焉知民间之勤苦至于如此。人虽说道年岁丰登，不知到收成日子，那补得一年辛苦之报。人主知，则民受赐；不知，则民受虐。君无忘聂夷中之诗，尝为省念之。斯驭民如驭马，无灾荒外侮之侵，而国治。"

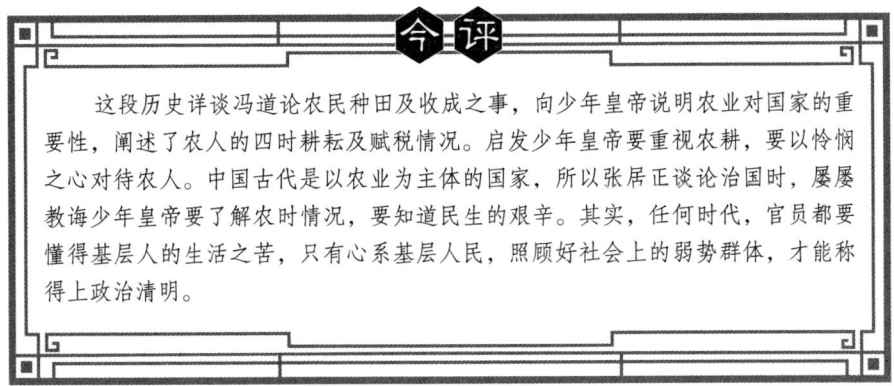

今评

　　这段历史详谈冯道论农民种田及收成之事，向少年皇帝说明农业对国家的重要性，阐述了农人的四时耕耘及赋税情况。启发少年皇帝要重视农耕，要以怜悯之心对待农人。中国古代是以农业为主体的国家，所以张居正谈论治国时，屡屡教诲少年皇帝要了解农时情况，要知道民生的艰辛。其实，任何时代，官员都要懂得基层人的生活之苦，只有心系基层人民，照顾好社会上的弱势群体，才能称得上政治清明。

为民主者，以民事留心

　　唐主每夜退朝之后，到禁中焚香，对天祝颂说道："我李嗣源本是沙陀兵马李昌国子，李克用养子，原不是中国人，为乱世被众军士所勉强推立为主。唯愿天心思治，早早生出圣人来，为天下万民之主，天其勿缓啊！"

　　唐主在君位，止历八年，不能永久。但是，每年丰谷熟，民乐有年，敌国罕侵，束兵息马，人无争夺，据五代之君，比之如明宗之世，虽非汉文、景之盛，亦小小平安世也。彼嗣源一胡人，每以国泰民安留意，天意遂以丰安应之。今日堂堂天朝，顺天应人，以为万生民主者，可不以民事留心，国计系念啊！

闵帝

名从厚，明宗之子，在位四月，为潞王从珂所废。

唐主出奔，冯道劝进

唐主（指李从厚）升康义诚做招讨使之职，率兵拒敌。从珂（李从珂，李嗣源养子，封潞王，起兵于凤翔）到陕西，义诚同将官投降了，唐主只得出奔。

从珂领兵将到，冯道替中书舍人（掌管诏令起草，参议政事及侍从、宣旨等事）卢导说："从厚既出奔，主位不可虚。今潞王既到，就该定劝进君位。诏书先已具草完毕，等待君来，即位就可。"

卢导说："潞王入朝时，文武百官随班迎之。设使废一君，又立一君，当待太后令旨，岂有骤然劝进之理。"冯道说："事势到此，从实做而已。"

卢导说："那有天子蒙尘在外，为臣子者，轻易以主君大位又劝他人居呢？"

李愚在旁说："卢舍人这话如金石之言。我辈之人罪过，把头发逐根拔去，其多犹不足以尽之啊！"

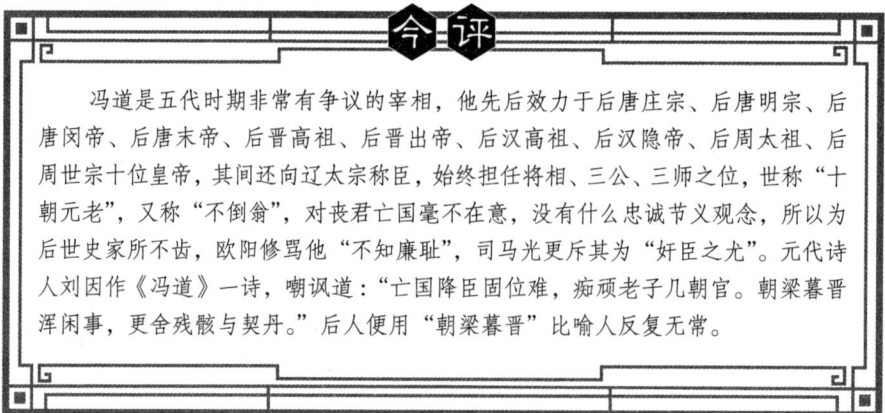

今评

冯道是五代时期非常有争议的宰相，他先后效力于后唐庄宗、后唐明宗、后唐闵帝、后唐末帝、后晋高祖、后晋出帝、后汉高祖、后汉隐帝、后周太祖、后周世宗十位皇帝，其间还向辽太宗称臣，始终担任将相、三公、三师之位，世称"十朝元老"，又称"不倒翁"，对丧君亡国毫不在意，没有什么忠诚节义观念，所以为后世史家所不齿，欧阳修骂他"不知廉耻"，司马光更斥其为"奸臣之尤"。元代诗人刘因作《冯道》一诗，嘲讽道："亡国降臣固位难，痴顽老子几朝官。朝梁暮晋浑闲事，更舍残骸与契丹。"后人便用"朝梁暮晋"比喻人反复无常。

后晋纪

后晋年表（936年—947年）

帝　号	姓　名	年　号	在位时间
晋高祖	石敬瑭	天福	936年—942年
晋出帝	石重贵	天福 开运	942年—947年

　　后晋的建立造成了燕云十六州大片领土的丢失，为日后北宋边患埋下了祸根。后晋盛时疆域约为今河南、山东两省全部，山西、陕西的大部，河北、宁夏、湖北、江苏、安徽的一部分。

高祖　　名敬瑭，姓石氏，后唐明宗女婿，与潞王素有间隙，就借契丹兵以灭唐，在位七年。

儿皇帝石敬瑭，割让燕云十六州

　　明宗（指李嗣源）时，晋国公主千春节（唐主庆贺节，此日设酒宴）要辞归国。从珂酒醉，说："何不再住几日？急归欲要同石郎敬瑭谋反吗？"当时，敬瑭移镇郓州地方。不几日，又调任他为天平节度使。
　　敬瑭疑虑，对部下将领说："我今重到河东，主上面约终身不调换。

后晋高祖石敬瑭

石敬瑭这种认贼作父、卖国求荣的行径，将自己永远钉在「儿皇帝」的耻辱柱上，成为中国历史上臭名昭著的「卖国贼」。

今日之命，或者合千春节与公主这句话否？"

都押衙官刘知远说："明公将兵，平素极得军士心。今拥据险要胜地，兵勇马壮，若起兵传檄天下，帝王之业可坐而成。怎么能以一纸移镇制书，把自身投入虎口呢？"

管书札桑维翰说："主上始初即帝位，明公入朝觐，岂不晓得蛟龙不可放入深渊，入深渊，便不可制御。今以河东授公，此是天授公之大物也。昔年明宗之遗爱在于人心，而主上以异姓养子代立，万民不服。明公，明宗之嫡婿，契丹平素替明宗结为兄弟，公卑身事之，朝若请之，晚即来到，

今评

纵观石敬瑭一生，起初靠骁勇善战发迹，继而因廉政而扬名。在战乱频繁之际，他借助契丹之兵，问鼎中原，灭唐建立后晋，并且甘当"儿皇帝"，将燕云十六州割让给了外族，以换取契丹人对自己皇位的支持，遭到当世及后人的严重批判。同时，割让燕云十六州，直接导致中原王朝的整个北方，失去了一条阻击"胡人铁骑"的天然军事屏障，南下千里再无险可守，直至黄河岸边，一马平川，门户大开，为后来四百余年间契丹、女真、蒙古族南下入侵，创造了极为便利的条件。

契丹人

石敬瑭称为千古罪人、大汉奸、卖国贼等,主要与三件事有关,其一是割让幽云十六州(燕云十六州);其二是向契丹称臣,认比自己年轻的耶律德光为父,当时石敬瑭四十五岁,耶律德光只有三十四岁;其三是向契丹借兵灭了后唐。

何虑不成事?"

那时,从珂发兵讨敬瑭,敬瑭使桑维翰书表称臣于契丹,且事以父礼,约事若有成,割地奉报。契丹见敬瑭表文心喜,亲领兵五万助力,唐兵遂败,说石郎敬瑭使我心惊胆落在地呀。契丹册命敬瑭为大晋皇帝。敬瑭割让幽州、蓟州等十六处以献契丹,又约年年献金玉币帛,尽为儿子之道。从珂自焚,死于玄武楼上。

刘知远居功,冯道复为相

晋刘知远、杜重威同为宰相,但刘知远自道是有拥立君位功劳,其官爵之尊,必然无比,怎与杜重威同受诏制。制颁下了数日,知远竟闭门不出,往来俱绝。

晋王闻,发怒,要革去知远军权兵柄,着归私第。当时,赵莹在旁拜请说:"陛下当时在晋阳,为唐兵攻伐,知远不是心若金石坚定,陛下岂能成帝王事业呢?"晋主提起前因,怒意稍解,令之受命。

晋以冯道为司徒兼侍中(宰相)。晋主尝问冯道以军旅之策,道对说:"征叛伐敌大事,此在圣心独自剖断。臣道者,主掌书记,书生而已,只晓历朝法制,谨谨奉行,其余不知。"晋主听之,宠厚礼遇愈至。

出帝

名重贵,高祖侄。晋主亡,重贵即位。高祖无嗣,大臣迎立之。重贵致书契丹,称孙不称臣。契丹怒。重贵在位五年,契丹执之以归,封为负义侯而国亡。

契丹举兵入寇,远兵失约不至

契丹怪罪出帝称孙不称臣,背父约,举兵南下。晋主召刘知远领兵,齐到山东地方同会。知远失约不至,晋主(指刘知远)怀疑他有

辽墓壁画契丹人地居图 传说契丹人最先是由一个以白马为图腾的氏族与一个以青牛为图腾的氏族相互通婚繁衍,联合组成的部落。

反叛之谋，不可知也。

那时，郭威见知远有忧惧不安之色，对知远说："河东山如磨刀石，黄河如衣带，险要坚固，风土习俗都重武艺。军士强，战马习，无事则勤劳力作于农功，有事则或守或战，见寇敌无退缩之气。此图王定霸之地，何必忧虑呢？"

后汉纪

后汉年表（947年—950年）

帝号	姓名	年号	在位时间
汉高祖	刘暠	天福 乾祐	947年—948年
汉隐帝	刘承祐	乾祐	948年—950年

后汉是五代十国时期由沙陀族建立的中原王朝，都城在今河南开封。后汉是一个充满杀戮的政权，五代史记述："五代乱世，本无刑章，视人命如草芥，动以族诛为事。"所以，从建立到灭亡仅三年，是中国历史上最短命的"中央政权"。

高祖

名暠，本名知远，姓刘氏，其先祖沙陀人。仕晋，以功封北平王。及重贵被虏，暠乃即位于晋阳，建国号后汉，改年号为乾祐，不久后过世。

刘知远即位

刘知远拥兵河东地方，富足强盛，在诸镇以上。因此闻得契丹兵深入为寇，知远无入救意，止将兵将分开，坚守四境之地，以防备侵扰。自此，将佐辈都劝请知远称尊号为帝，以号令天下。知远久有此念，遂从之，居皇帝位，自家亦不忍背晋号，又怪出帝开运

刘知远

开运四年（九四七）刘知远称帝。统治期间，各地割据成势而朝廷难控，并且手下贪婪好财成风，日益形成弊政，一时敛赋成灾。

之号不嘉，仍从前天福（晋年号）。

晋主被契丹虏去，知远领兵至大梁，即皇帝位，乃改国号为汉，改年号为乾祐。

隐帝 名承，高祖太子。初即位，狎昵嬖幸，诛杀大臣。及郭威举兵反，群下归附，帝为乱兵所杀，在位三年而汉亡。

郭威问政，冯道献策

当时，冯道为晋首相。郭威为西路招慰按抚使之职，问治国之策于道。冯道说："今国库中官物众多，军士都饥饿难耐，嗷嗷待哺，应该思得以救军需。公不必爱恤此物，以充主上纵欲之费，出以分赐士卒，则人人感恩效力。"

郭威

郭威建立周朝，史称后周。在他的精心治理下，中国长期战乱的局面开始转向统一，开始显露出民富国强的迹象，为周世宗柴荣和宋太祖赵匡胤的统一事业打下了坚实的基础。

郭威从其说，将国库官物都分给士卒，自己无所留，不为吝惜，因此众将士以威不私官物，人心尽归。

郭威旗袍加身

汉主无道，谋杀大臣总机政杨邠、典宿卫史弘肇、掌财赋王章于东首宫殿台阶下。又差供奉承应官孟业捧密诏，到澶州（今河南濮阳地区）及邺都地方，欲杀王殷、郭威、王峻三人。三人先知凶信，郭威乃留养子郭荣镇守邺都，自统大军至封丘地面。汉遣慕容彦超等将兵拒战，败还，归大梁。汉主亲出劳赏战士，军众竟争钱物，乱军竟弑杀汉主。

此时，冯道领文武百官来，见郭威。威犹自以武臣下拜宰相。冯道受威拜如平日。冯道徐徐说："侍中此举不易，得之机会。"威自迎春门领兵入，领百官问安太后，就请立新君。太后诏旨迎汉主嫡弟即君位。

恰巧辽兵南下，太后着郭威伐之。威到澶州地面，将士鼓噪起来，大声说："天子既死，今日新天子必侍中自为，别立君，不服也。"军前所建大黄旗在，众以立天子，不备黄袍，竟裂旗作袍，权覆威体，随拥逼郭威停止北上，南行归京。太后废赟为公，乃命郭威监国。

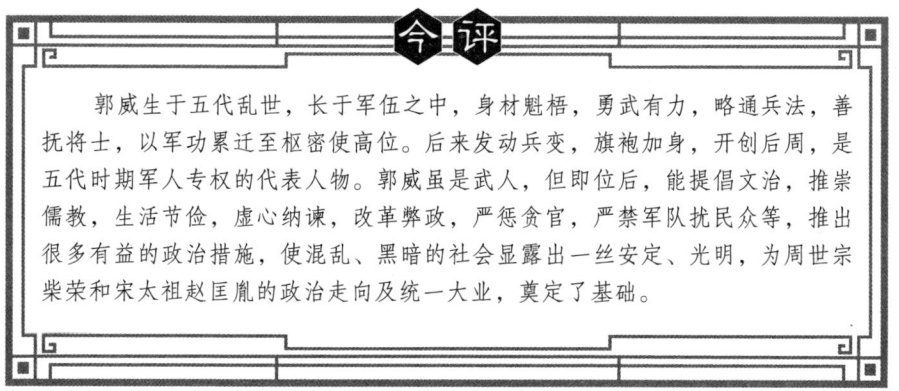

今 评

郭威生于五代乱世，长于军伍之中，身材魁梧，勇武有力，略通兵法，善抚将士，以军功累迁至枢密使高位。后来发动兵变，旗袍加身，开创后周，是五代时期军人专权的代表人物。郭威虽是武人，但即位后，能提倡文治，推崇儒教，生活节俭，虚心纳谏，改革弊政，严惩贪官，严禁军队扰民众等，推出很多有益的政治措施，使混乱、黑暗的社会显露出一丝安定、光明，为周世宗柴荣和宋太祖赵匡胤的政治走向及统一大业，奠定了基础。

后周纪

后周年表（951年—960年）

帝 号	姓 名	年 号	在位时间
后周太祖	郭威	广顺 显德	951年—954年
后周世宗	柴荣	显德	954年—959年
后周恭帝	柴宗训	显德	959年—960年

　　郭威建立后周，进行改革，减轻刑罚，废止苛税，在一定程度上减轻了对人民的压迫剥削，后周的郭威、柴荣都是五代时期难得的好皇帝。后周实力逐渐强大后，重创北汉、南唐，为以后北宋结束十国的分裂局面打下了良好基础。

太祖

　　姓郭名威，邢州尧山（今河北隆尧）人，仕后汉为枢密副使。及隐帝遇害，将士拥而立之。建国号后周，在位四年而崩。

郭威即位，李谷拜相

　　太祖始初，太后下诏以为监国，众军士就推拥郭威即皇帝位，改国号后周，取前周武王"卜世三十，卜年八百"的意思。

　　周主（指郭威）性疏财，不比李存勖钱财山积，不肯给军士。至汉宫中积聚宝器，必是古来贵重之物，周主不以为贵重而珍藏之，反尽出毁碎于殿庭。这不是钓誉沽名念头，只是不贵异物的意思，他说道："凡为帝王者，治世驭民为急，这宝器积于宫，有何关系。"立即毁碎，没有一丝爱惜。周主此举，犹唐太宗焚珠玉锦绣殿前一样，重本轻末的道理。

周主起兵，以河东富强冠诸镇，先讨之。此时，人心已有归意。其李谷正为转运使，转运钱粮，周主于言语间微露监国就该即帝位了，有时有势不失却机会。李谷只以为臣之道，君安则竭忠以事，君危则尽节以报，这是公所当为。周主听其语，愈信其为忠贤。因此即帝位后，首推李谷为宰相。

名荣，姓柴。太祖无嗣，养以为太子。太祖崩，乃承大号，在位六年。

周主孤危，匡胤救驾

当初，隐帝（刘承祐）被杀，太后迎河东节度使刘崇子赟（yūn）嗣位。

世宗

柴荣出身邢州望族，自少"器貌英奇"，擅长骑射，略通书史及黄老之术，且为人谨慎笃厚，因而被姑父郭威收为养子。郭威驾崩后，柴荣按照遗诏，在枢前即皇帝位。

及赟废位，郭威监国，即帝位，遂弑赟。

北汉刘崇，结好辽主，领兵入寇。周主亲统大兵敌之，在高平南方交战，尚胜负未分。将军樊爱能、何徽率先逃遁，令周主孤危。幸有宿卫近身之将，姓赵名匡胤者，竭力交战，救护世宗出阵无伤，且又杀败了他。周主兵胜后爱能、徽复返回营中。

临敌而逃，失机误国，罪不胜诛。周主唤至，责之说："你等不是不善战，只内有叛意。所以临敌而逃，要把朕作为一件货物，卖与刘崇那厮吗？"军法该斩，俱命斩杀。

匡胤迁升，广交贤才

当初，后唐闵帝为潞王所弑，潞王又被石敬瑭借契丹兵灭之。此时李氏尚有人，不尽降汉。周主遣赵匡胤统兵伐之，遂得了滁州（今安徽滁州）地方。

周主遣翰林学士窦仪，接管滁州库中钱粮。匡胤遣亲近官吏取库中绢用。窦仪说："公当初得滁州时，尽库中物都取之无妨。今既已登簿籍，为朝廷官物，非朝廷诏书来，取之不动的。"匡胤因此非常敬重窦仪。

范质是周主信任的人，一日推荐赵普（北宋著名政治家，开国元勋，名相。与赵匡胤发动陈桥兵变，黄袍加身，推翻后周，建立宋朝。任相期间，与太祖计谋削藩，罢禁将权，实行更戍法，改革官制，制定守边防辽等重大政治措施。平日喜读《论语》，有"半部《论语》治天下"之名言。对宋代儒学治国产生巨大影响）为滁州判官。当时，滁州刚刚平定，没有设官员。匡胤同他议论甚喜。适间获寇盗数十多人，均当论死。赵普说："必先究问详细，方可就刑。"普审问之，十中有七八宜赦免者。匡胤愈加重视他。此时匡胤威名显著，远近敬服，每出战，必繁缨以装饰马首。有进言恐为敌寇所觉。匡胤说："我正要他认识我。"

周主以匡胤为定国节度使，兼殿前都指挥使。匡胤就推荐赵普为幕僚之职，以商议军政。这是因为匡胤从尘埃中与赵普相识的缘故。

今评

"有奶便是娘"是五代十国时期一个很明显的社会特点，故而政权寿命都不长，战乱不断，民不聊生，道德沦丧。表现在政治上，就是对政权的效忠度大为降低，各政治团体内部互相倾轧，互相警惕，互相利用，互相背叛，互相诛杀，层出不穷。张居正讲这段历史还有另外一层意思，那就是皇权失落，武人乱政，文臣败德，大家都利欲熏心，国家安能太平？所以北宋开国后，朝廷要深刻反省这些弊端，扭转这种世风，张居正也以此警示少年皇帝。

宋纪（北宋）

北宋年表（960年—1127年）

称谓	姓名	年号	在位时间
宋太祖	赵匡胤	建隆 乾德 开宝	960年—976年
宋太宗	赵炅 （本名匡义，又名光义）	太平兴国 雍熙 端拱 淳化 至道	976年—997年
宋真宗	赵恒	咸平 景德 大中祥符 天禧 乾兴	998年—1022年
宋仁宗	赵祯	天圣 明道 景祐 宝元 康定 庆历 皇祐 至和 嘉祐	1023年—1063年

称谓	姓名	年号	在位时间
宋英宗	赵曙	治平	1064年—1067年
宋神宗	赵顼	熙宁 元丰	1068年—1085年
宋哲宗	赵煦	元佑 绍圣 元符	1086年—1100年
宋徽宗	赵佶	建中靖国 崇宁 大观 政和 重和 宣和	1101年—1125年
宋钦宗	赵桓	靖康	1126年—1127年

宋朝是中国历史上经济、文化、教育繁荣的时代。著名史学家陈寅恪说过:"华夏民族之文化,历数千载之演进,造极于赵宋之世。"宋朝是当时世界著名的文化、经济、艺术、政治中心,其繁荣程度,后世难以企及。特别是11世纪和12世纪,中国无疑是世界上经济最先进的地区,在工业化、商业化、货币化和城市化方面远远超过世界其他地方。

唐之后为五代,曰梁、唐、晋、汉、周,递兴递亡,总计不过五十余年。当此时,干戈日寻,海内分裂,称帝建国者,有十余姓,而皆窃据僭号,非大命真主,至宋太祖始有统一之势。

太祖

姓赵氏,名匡胤,涿郡人,生于洛阳之夹马营,有紫云黑龙之瑞。周世宗时,为殿前都点检,屡立大功,人心归服。及恭帝嗣位,为众军所拥立,遂受周禅而有天下。

在位十七年，庙号太祖。

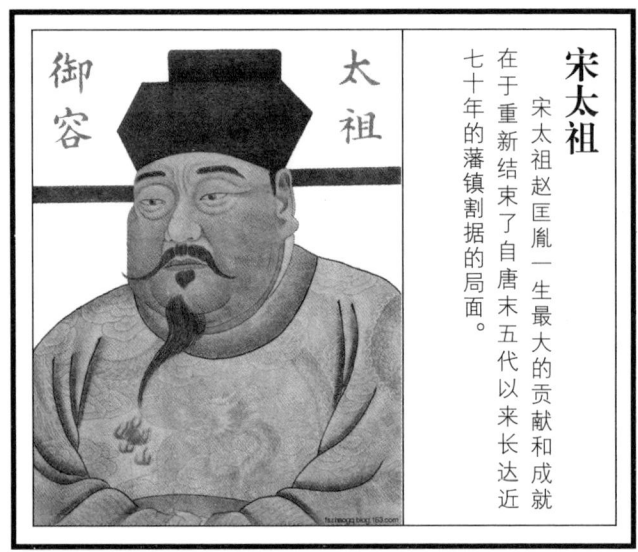

宋太祖

宋太祖赵匡胤一生最大的贡献和成就在于重新结束了自唐末五代以来长达近七十年的藩镇割据的局面。

皇太后贤德，事事有家法

《宋史》记建隆元年二月，太祖既立太庙，追崇祖考，即尊奉他母亲南郡夫人杜氏为皇太后。史臣因叙说，太后乃定州安喜县（今河北定县东南）人，有贤德，治家严正，事事都有家法。生五子，长曰匡济，次匡胤，即太祖，次光义，即太宗，次光美，次匡赞。匡济、匡赞早卒。太祖为都点检时，领兵出御汉寇，行至陈桥驿，诸将士拥立为天子，把黄袍加在身上。太祖不得已而从之。那时，家眷都在汴梁（今河南开封）。太祖先遣麾下楚昭辅入汴，慰问安顿家人。

母后闻之说道："我儿见天下久乱，素有济世安民的大志，今日果然为天子，不负其志。"及是尊为皇太后，太祖拜于殿上，群臣称贺，满朝无不欣跃。太后独闷闷不乐，忧形于色。左右因进说："臣闻母以子贵，今子做了天子，尊为太后，似这等极贵，为何反有不乐？"

太后答说:"我闻听古语,为君最难。天子以一身处于四海兆民之上,任大责重,若兢兢业业,治理得有道,则兆民开怀,此位可以久居,才是尊贵。假如稍少有忽略,失其制驭之道,则民心离散,争夺并起,求为匹夫而不可得,何尊之有?此我所以忧之也。"

太祖闻其言,深有警戒感悟,乃再拜说:"谨受母后教诲。"

人君受命而兴,以弘太平之业,必有贤母生而时时教导。太后受册之日,不以得位为乐,而深以失驭为忧,叮咛恳切,有古警戒之风,可谓贤也!所以成太祖之仁明,而培宋家之元气者,其本源深远。

杜太后

杜太后又称『照宪太后』『杜夫人』『杜四娘』『杜四娘子』,以治家有道、重礼法著称。

杜太后真容

遵崇礼法，以示天下

太祖用窦仪为翰林院学士。先是翰林学士王着，以醉酒乱性，致有过失，贬为刑部员外郎。太祖与宰相范质等说："翰林学士职掌制诰，宿直禁中。禁中是深严之地，不宜滥用浮薄少年，当选老成的儒者处之。"

范质等对说："原任学士窦仪，清修廉介，持重敦厚，最为称职。但其资望既深，已从翰林升端明殿学士（皇帝顾问）了。今复用为翰林学士，恰似降了他官阶一般。"太祖说："翰林职任清要，非此人不可。"当日命下，还入翰林，虽若落其端明，实则加以宠任。

家法整肃

窦仪学问渊博，治学严谨，五个孩子都考中进士，冯道赠诗说："灵椿一株老，丹桂五枝芳。""五子登科"说的就是窦仪。

一日，太祖要降制书，召仪起草。仪到内苑门边，看见太祖挺冠露额，赤脚而坐，因此退立不肯进去。太祖知其意，就立即讨索冠带，整理威仪而后召入。

窦仪因奏说："陛下新得天下，创业垂统，一定要继承所取礼法，为四方民众所瞻仰，言行动听遵守礼仪，以示天下。假如轻慢威仪，侮慢贤士，臣恐豪杰闻之，以为陛下不能尊德乐道，不足与有为，将解体而散去。"

太祖深纳其言，肃然敛容谢之。自此之后，虽面对亲近、卑微之臣，必是容貌端庄、衣帽整齐。

所以有宋一代之君，待士大夫最有礼，都是太祖之家法也。

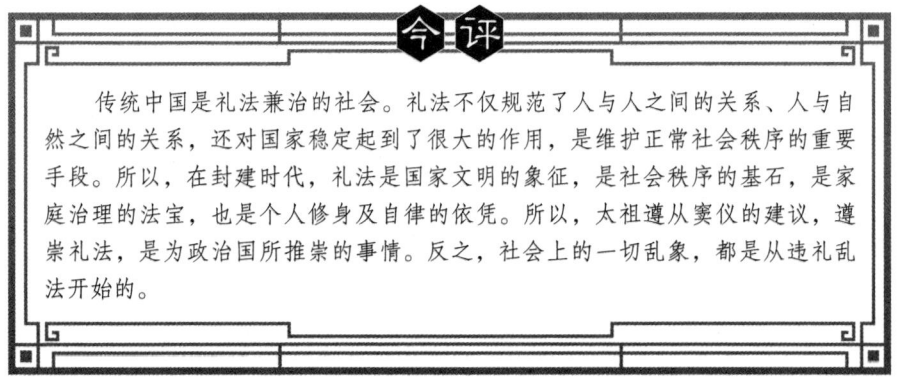

今评

　　传统中国是礼法兼治的社会。礼法不仅规范了人与人之间的关系、人与自然之间的关系，还对国家稳定起到了很大的作用，是维护正常社会秩序的重要手段。所以，在封建时代，礼法是国家文明的象征，是社会秩序的基石，是家庭治理的法宝，也是个人修身及自律的依凭。所以，太祖遵从窦仪的建议，遵崇礼法，是为政治国所推崇的事情。反之，社会上的一切乱象，都是从违礼乱法开始的。

赵普为相

　　太祖即位之时，幽燕（今北京地区）之地，尚属契丹。太祖急欲取之。
　　一日，尝以幽燕地图示宰相赵普，计议进兵的方略。普以幽燕之地，为契丹所据已经很久了，彼国无有挑衅，恐攻之未必能取，即使取得，也未必能守。而蔡州团练使曹翰，往往喜立功名，怀疑他邀宠君王之意而为之，乃先问道："这地图必出于曹翰之手吧！"太祖说："果然。"因问道："朕今就用曹翰为将，卿料他取得幽燕否？"普对说："论翰才力，或亦可取，但此地取之固难，守之尤难。不知既取之后，谁可守之。"太祖说："就让曹翰守之。"
　　普对说："假如翰死，谁可替他？"太祖默然无言，思之良久，乃悟，说："卿为国忠谋，可谓忧深虑远！"
　　普曾在太祖前，荐举某人为某官，太祖不许。明日普复奏其人，太祖亦不许。明日，普又以其人奏。太祖见其违旨奏扰，大怒，把

赵普

赵普是宋朝的开国功臣,为了国家,他鞠躬尽瘁,死而后已。在北宋建立、统一、发展的过程中,他都发挥了重要的作用。这样一位国家的肱骨之臣,先后三次被拜为宰相,深受皇帝的重用,凭借着对国家的贡献而屹立于历史的长河之中。

奏本扯碎,抛掷在地。普颜色不变,跪于地下,将碎纸拾起,怀抱以归。他日也不再写,只将旧本补缀,复奏如初。

太祖始知普为国荐贤,非有私意,卒用其人焉。

大抵忠臣事君,唯论事之可否,而不敢阿谀取容,以负委托。

赵普之于太祖,于其所欲取者,则力阻之而不以为抗旨,于其所不欲用者,则力荐之而不以为嫌疑,可谓忠于谋国。而太祖皆能从之。

君臣之际,相得益彰,所以开一代之太平者,岂是偶然?

天下刑赏,非一人之刑赏

《宋史》又叙赵普事,说赵普为宰相时,推荐一人,又有资历和声望相应,应该升官。太祖素来不喜欢此人,不准推升。普再三执奏说,其人可用。

太祖大怒，说道："朕决定不用此人，卿将我如之何？"普又奏说："刑罚所以惩恶，爵赏所以劝功。此乃古今之常道，不易之定理也。此人有功，岂可不与升赏。且刑赏乃天下之刑赏，非一人之刑赏也。天下以为当刑，虽天子不得以私喜而废法。天下以为当赏，虽天子不得以私怒而斩恩。陛下岂得以私喜私怒专制刑赏之柄，不顾天下之公议吗？"

太祖见赵普不依顺他，越发恼怒，不顾而起。赵普也不退，直接跟随而行。太祖入宫，普立宫门外，良久不去，竟得太祖感悟，准升此官。其刚毅果断，执法不挠，大率如此。

赵普跟从太祖起于卑微，以至宰相，相处最久。及他得志后，又屡以卑微时轻慢自己的人，意图报复旧怨。太祖说："凡人识见短浅，岂能预测未来。若使茫茫尘世之中，可识某人他日当做天子，某人他日当做宰相，则人人都将访求物色，都去结纳他了。大英雄豪杰处穷困之时，被人轻贱，这道理也正常，无足轻怪，区区旧怨，没必要太在意呀！"自此以后，赵普悔悟，不敢再说报怨之言。

> 大抵人心各有所蔽，也各有所明。太祖不用素恶之人，赵普说天下刑赏不可以喜怒专之，此真宰相之言。至于赵普不忘索怨之人，太祖也说尘世中不可识天子宰相，也是天子之量。君臣之间，各以所明，攻其所蔽，所以能成一代之治如此。

太祖将将之法

当初，太祖遣大将王全斌将兵伐蜀之时，恰遇汴京大雪，非常寒冷。

太祖设毡帷于讲武殿,尚着紫貂裘帽,出以视事。忽谓左右说:"朕在毡帷里面,穿了这等温暖的衣服,身上犹觉寒冷。我思那西征的将士,日夜在原野中,冲霜冒雪,不知何以堪处。"说完立即解下所服裘帽,遣中使驰至蜀中,赐与全斌,并慰告众将说:"朝廷深知尔等寒苦,但裘帽有限,势不能遍及也。"全斌拜赐,感激殊恩,至于泣下。诸将士亦人人思奋,愿效死力,所

宋太祖

宋太祖是一位气吞寰宇、矢志一统天下而又处处以民生为本、虚怀若谷的杰出帝王。

以所向披靡,出兵六十日,两川悉定,蜀主孟昶举族来降,皆太祖有以激励之。

将士身冒刀箭,百死一生,常患朝廷不能知之。朝廷一加存恤,则其气自倍而功成。古之英君,所以鼓舞豪杰者类如此。将将者所当法也。

亡国之君,兴王之君

太祖平蜀之后,见孟昶(chǎng,蜀主)一个尿壶的净器,是七样宝珠镶嵌的。太祖大怒,立即命令打碎,说道:"器用贵贱,各有所宜。这尿壶,是器物中至秽至贱者,他却以七宝装饰,不知又用什么样的器皿去盛贮饮食。似他这等暴殄天物,骄奢淫纵,不唯损一己之福,

也尽毁百姓之财，如此而不灭亡，更待何时？"

此可见亡国之主，与兴王之君，其奢俭不同如此。

> 大抵创业之君，生长民间，备尝艰苦，所以能节用爱民，垂法后世。亡国之君，沉溺富贵，不知小民疾苦，纵欲自恣，而邪佞之臣，又往往阿意逢迎，导之以奢侈淫佚之事，最终乐极生悲，民穷财尽，或自促其寿命，或复亡其国家。从古以来，兴亡之迹如出一辙，不可不戒啊！

仁厚宽恕，奖罚分明

当初王全斌等平蜀之后，纵饮贪财，不恤军士，蜀兵因而作乱，两川之民争应之。全斌又诱杀成都降兵三万，众心愈益愤怨，蜀地几不可守。

乾德五年春正月，太祖自闻蜀兵作乱，凡有公差从蜀地中来的，都让他一一陈奏王全斌等不法的事情。所以尽得其罪状，于是皆召还京师。太祖念其初立大功，不欲付法司究治，只教中书省宰相审问他事情的虚实。全斌等不能隐情，将贪污财货、杀戮已降的罪名，都招认了。

太祖因他吐实认罪，又以其有大功，姑且从轻处置，降授全斌为崇义节度，代理副都部署，崔彦进为昭化节度代理都监，王仁瞻为右卫大将军。马步军都部署刘光义、副都部署刘廷让，这两员将官廉洁，升爵以奖之。

又有都监曹彬（北宋开国名将，严于治军，尤重军纪，以不滥杀而闻名，在北宋统一战争中功勋卓越。位兼将相，不以威势自异于人。路遇士大夫，一定引车回避。接见部下，一定先整冠正衣，极其恭敬，不称呼名字。为人仁厚，从不谈别人的过失。做官廉洁，俸禄分给宗族，没有余积。所以后人称他为"北宋第一良将"），平素清介自持。诸将在蜀中多取子女玉帛，彬自蜀还，口袋中唯有图书、衣服而已，且能严格约束部下，所过秋毫无犯，太祖深嘉赞叹之，升为宣徽南院使（掌管内侍的户籍、郊外祭祀、朝廷会议和宴会等事务，为贵近之职）。彬辞说："臣与诸将同功一体，今征西将士皆得罪左迁（降职），臣何敢独受皇上恩赏。"

太祖说："卿有平蜀大功，又不以此矜骄夸伐，与诸将贪污放肆不同。一惩一劝，是国家常典，何必以诸将之故而辞之。"竟不许。其后，曹彬卒为名将。

按征西将士，王全斌为主帅，曹彬等副之，应该是全斌首功。太祖于全斌则贬降而不顾，于曹彬则升用而不疑，岂非以曹彬之廉谨有恤民之惠，而全斌之功不足以赎贪酷之罪啊！《易经》上说："开国承家，小人勿用。"太祖深得其中之理。

治世莫如爱民，养身莫如寡欲

太祖开宝三年春三月，征聘河南处士（隐居有道之士）王昭素为国子监博士。昭素为人，素有文学德行，精通易理，曾撰著《易经论说》三十三篇，一时学者多师事之。

太祖闻其名，召见于便殿。此时昭素年已七十余岁了。太祖命他讲解《易经》中乾卦，至第五爻辞，"九五飞龙在天"。"九"是阳数，"五"是君位，以九居五，是圣人为天子之象，就如龙禀纯阳之气，飞在天上，能兴云致雨、润泽万物一般。昭素讲到此处，就敛容正色而奏，说此爻正当陛下今日为天子之事，乃援引古今之事，以为证据，因而寓讽谏的微意，以见天位至艰，君身至重，不可以不慎。

太祖大喜，就问他治天下与养身的道理。昭素对曰："治世莫如保爱万民，养身莫如寡省嗜欲。民为邦本，治天下者，必轻徭薄赋，布德施惠，使百姓安乐，则邦本宁固，而太平可保。所以治世莫如爱民。欲为身害，养身者，必爱养精神。凡一切伤生伐性之事，皆绝而不为，则身体康健，而寿命延长。故养身莫如寡欲。"

太祖爱他这言语切于实用，书写在屏风及几案上，以时时警省。寡欲爱民，固然都是致治之要，而寡欲一言，又为爱民之本。

自古百姓不安，皆因人主多欲。人主多欲，则奸谀之徒，必巧为进奉。乡里之下，必困于诛求，亏损德业，无甚于此者。所以寡欲一言，不但可以养身，也是爱民治国之要。

惜物爱民，身先示行

开宝五年秋七月，太祖的女儿永宁公主，曾穿一领贴绣铺翠的披氅入宫中。太祖嫌其奢侈，向公主说："你可解此襦与我，自今以后，再不要如此装饰。"公主笑说："此衣用得几多翠羽，却以为过费。"太祖说："我之所惜者，不专为这件衣服。公主既穿此衣，宫中妃嫔及皇亲贵戚们见了，必都相仿效，所用翠羽必多，京城中翠羽之价必贵。百姓每逐利，见此物可以取利，必然都去捕捉那翠鸟贩卖。伤生害命，从此渐广，都是你此衣有以致之，公主罪过多了。你生长富贵，不知艰苦，当思人生福分有限，不可用尽，爱惜节省，长得受用，岂宜造此恶业之端，自损自己的福报啊！"公主乃惶恐谢罪。

又一日，公主侍坐于太祖之侧，与皇后同劝太祖说："官家做天子日久，便受用些也不为过。为何不能用黄金装饰肩舆（出行的轿），乘以出入？"太祖笑说："我为天子，富有四海之内，莫说肩舆，就将宫殿都以金银为饰，财力也可办到。但思这财物，乃是天下万民的膏血，我为天下主，不过为天下守此财物，以备缓急，岂可只顾自己妄费，不顾天下利害！古人有言，人君置身兆民之上，当以一人之勤俭，抚治天下，

宋太祖

宋太祖虽然喜欢用钱财恩施部下，但他在个人生活上非常节俭，是中国少有的几个节俭帝王之一。

不当以天下之财力，供奉一人。苟专以自家奉养为意，则穷奢极欲，无所不至，民力必然耗竭，财藏必然空虚。一旦天灾流行，民穷盗起，天下何所仰赖啊！你等当识此意，不可再说此言。"

宫闱之好尚，系四方之观法，服饰无度，则天下化之，渐以成风，朴散实漓，民穷财尽，皆由于此。其害不止于伤生折福而已。太祖身历艰难，不敢以一身之奉，竭天下之财，所以其训诫于家庭者，最为激切。创业之君，其用心类如此，守成者应当时时警醒。

太祖仁恩，不须妄杀一人

五代之乱，有李昇者，据有江南地方，自称为南唐。传子及孙李煜（南唐最后一位国君，世称南唐后主、李后主。李煜治国平庸，喜好声色，深信佛教，酷爱艺术，精书法，工绘画，通音律，诗文造诣极高，尤以词的成就，独树一帜，空前绝后，特别是亡国后的作品，题材广阔，用情真挚，含意深沉，对后世词坛影响深远），国势日削，贬号为江南国主。开宝七年九月，太祖命曹彬统领兵马以伐南唐。先是江南国主李煜禀奉宋朝正朔，太祖多次差人征他入朝，李煜拒命不至。

太祖大怒，乃命曹彬为西南路行营都部署官，潘美为都监官，曹翰为先锋都指挥使官，统兵十万以伐之。彬等辞朝将行，太祖戒谕之说："江南军旅之事，一切都委任于卿，切不可恣为暴虐，杀掠生民，务要广布朝廷威德信义，使其自然归顺，不须急图成功，只务攻击也。"既别，又叮咛说："李煜无道，暴虐其民，我遣你征之，本为救此一方人性命。城破之日，切不可杀戮平民。设使李煜不降，拥兵困斗，罪虽难赦，情亦可怜，则煜一门家口，务要保全，不可杀害。"

李煜

李煜的词，存世共有三十余首，在内容上，可以亡国降宋为界分为前后两期：前期词主要反映宫廷生活和男女情爱，风格绮丽柔靡，虽不脱花间派习气，但在人物、场景的描写上较花间词人有较大的艺术性，在部分词里也流露出了沉重的哀愁（如《清平乐·别来春半》）；后期词反映亡国之痛，哀婉凄凉，意境深远，极富艺术感染力。

太祖既嘱咐曹彬，又以一口剑授之，说道："大将有权，然后朝廷恩威得行，今以此剑与你，凡副将以下，有不遵号令者，许你先斩后奏。"潘美等正是副将，闻之，皆悚惧失色，无不遵奉号令者。

先是王全斌平蜀之时，纵兵掳掠，多杀生命，太祖每以为恨。以曹彬素性仁厚，所以专任以江南征伐之事。其后曹彬下江南，不妄杀一人，李煜既降，待之极有礼。固彬之能奉行德意，也是太祖之仁恩及于无穷也。

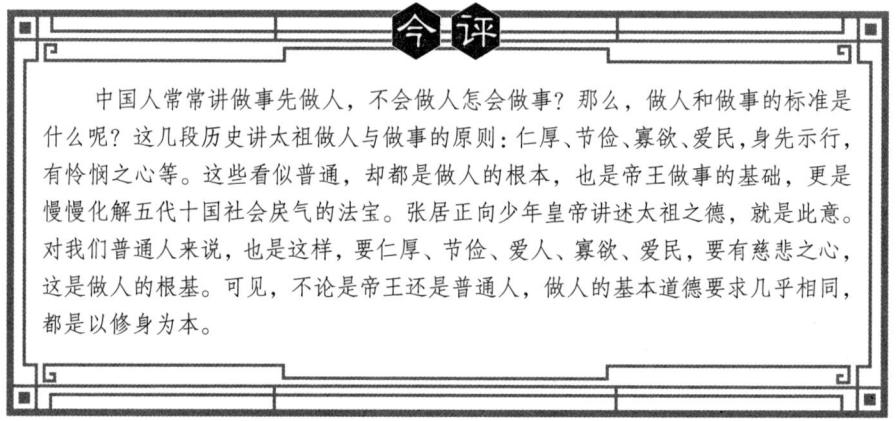

中国人常常讲做事先做人，不会做人怎会做事？那么，做人和做事的标准是什么呢？这几段历史讲太祖做人与做事的原则：仁厚、节俭、寡欲、爱民，身先示行，有怜悯之心等。这些看似普通，却都是做人的根本，也是帝王做事的基础，更是慢慢化解五代十国社会戾气的法宝。张居正向少年皇帝讲述太祖之德，就是此意。对我们普通人来说，也是这样，要仁厚、节俭、爱人、寡欲、爱民，要有慈悲之心，这是做人的根基。可见，不论是帝王还是普通人，做人的基本道德要求几乎相同，都是以修身为本。

一事轻率处之，终日悔之不乐

太祖一日视朝完毕，退坐于便殿中，有闷闷不乐之色，如此者久之。

左右请问其故。太祖说："你等见天子尊荣，只说这皇帝是容易做的，不知为君者日理万机，事事当理，心里才放得下。朕早间临朝，有一事不及深思，乘着一时快意，轻率就处分了，遂致差误，即今悔之无及，是以不乐，可见做天子也非常不易。"

太祖又尝宴近臣于紫云楼下，因论及民间疾苦的事，乃告谕宰相说："那田野小民，虽有愚蠢无知，不能辨菽与麦的，也都是朝廷的赤子。藩侯专制一方，民命所关，若不为朝廷抚育爱养，务行苛虐之政，严刑暴敛，使小民无所控诉，朕决当尽法处之，断不姑容。"

又京城宫殿新成，太祖御正殿坐，令前面洞开诸门，望之皆端直豁朗，无有堵塞遮蔽处。因此对左右说："这门庭正直光明，容不得一些邪曲，恰似我心一般，少有一毫邪曲，人人都得而见之，无所逃避了。"

按太祖创业之初，忧勤惕励，唯恐一事之误，致万几之烦琐，一民之困，贻四海之怨咨，所以其言之恳切如此。至于心无邪曲之一言，尤为知本之论，为事为民，皆由此出，汉唐诸君所不能道也。其身致太平，而开有宋三百年之业，好啊！

君心是万化之源，修治先正其心

太祖又曾与宰相薛居正等说："君心是万化之源，心正而后身修，身修而后天下国家可理。朕观自古为君的，少有能正其心，而自致于无过之地者。朕因为此缘故，早晚不宁，悚然畏惧，唯恐此心一为非僻所侵，则救之不及，必乘其未发时，先防范。恐怕此心一为嗜欲所蔽，则攻之甚难，必及其未行而窒塞之。欲以先正其心，立于无过，或许是古帝王以德化人之义。若唐太宗天性高明，不护己短，受人谏诤之疏，虽然直言相谏毁谤，以彰显其过失，也欣然接受而不愧耻，人都称赞之。然而以朕观之，与其为不善而后更改，怎如防微杜渐而不为不善，使上无失德而下无间言，岂不更好？"

人君一有过失，虽即改之，所损已多。唐太宗虽能改过，而不求无过，故太祖讥之如此。但人非圣贤，不能无过，喜闻其过，则其过越来越少。自谓无过，则其过将越积越多。夏禹悬钟鼓铎磬，以求四方之言而兴；周厉王使卫巫监谤，道路以目而亡。然则唐太宗之乐闻直谏，亦自不可及，此又明主之所当知也。

太宗

名匡义，又名光义，太祖之弟，在位二十二年。

开科取士，选举人才

宋初取士，有进士科，试诗、赋、论、策。有诸科，试九经、五经、开元礼、二史、三礼、三传、学究、明经、明法九件。以其各习一科，所以叫作诸科，皆一年一举。由本州取送礼部，礼部考试中试者，列名发榜，赐及第出身，有官职差遣。

史臣记太宗即位，太平兴国二年春正月，初开科取士，诸贡士中试者，都赐宴于开宝寺中。此时，内外衙门缺官甚多，皆须选补，又恐士子积滞民间，不得进用者，思虑提拔而用之，乃告谕侍臣说："用人之道，求之贵广，选之贵精，然不博求则无以为精选之地。朕欲广收天下才俊美彦之士于科场中，不敢奢望取拔十人，便有五人可用，有一二真才实学替国家干事的人，也足为致治之道了。"

因此，太宗亲自复试举人于讲武殿，阅贡籍，曾经十举至十五举者，得一百二十人，并进士吕蒙正（北宋初年名相。太平兴国二年进士第一名，即文状元）以下一百零九人，诸科二百七人，并赐及第。又诏之部检阅其年深至十五举以上的进士，及诸科共得一百八十四人，并赐同本科出身。又九经中有七人不中试，例该发回，太宗怜其久困考场，老而无成，也都收录，特赐同三传出身。前代进士诸科，每一举总不过百人，这次所举共有五百余人，皆赐名爵，赐宴于开宝寺。太宗又亲自作诗二章以赐之。恩礼之盛，前时所未有。

太宗

正值壮年的大宋开国皇帝突然暴毙，"烛影斧声"成为千古疑案。第二天，赵匡义登基称帝，下令当年直接改元太平兴国。太宗在位期间，改变了唐末以来重武轻文的倾向。

此时为开国之初，在野贤才，未得尽用。所以太宗广收博取，特加恩赐以宠异之，以网罗豪杰，开其进用之路。若承平日久，士习已定，则又当慎选举，精鉴别，以网罗真材。倘若进士不中者，都以开恩见收，则滥进之门开启，侥幸之途增多，论材取士之法典就轻慢了！此为用人者所当知。

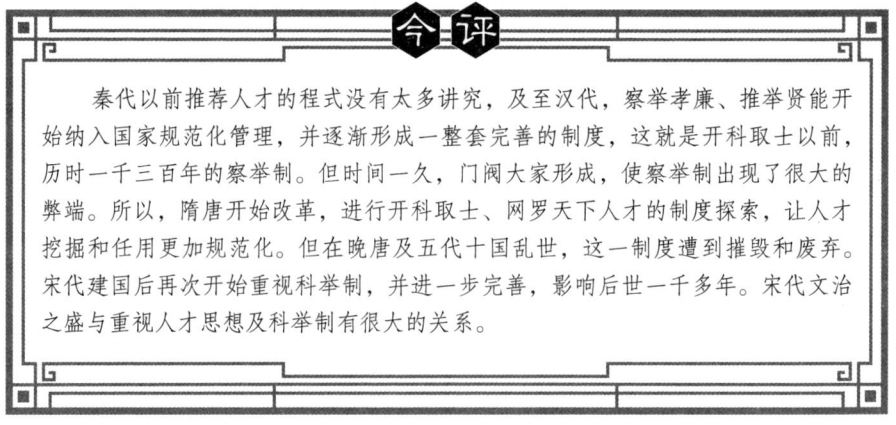

> **今评**
>
> 秦代以前推荐人才的程式没有太多讲究，及至汉代，察举孝廉、推举贤能开始纳入国家规范化管理，并逐渐形成一整套完善的制度，这就是开科取士以前，历时一千三百年的察举制。但时间一久，门阀大家形成，使察举制出现了很大的弊端。所以，隋唐开始改革，进行开科取士、网罗天下人才的制度探索，让人才挖掘和任用更加规范化。但在晚唐及五代十国乱世，这一制度遭到摧毁和废弃。宋代建国后再次开始重视科举制，并进一步完善，影响后世一千多年。宋代文治之盛与重视人才思想及科举制有很大的关系。

张齐贤献策，条陈十事

当初太祖行幸洛阳（宋时为西都），有个布衣（没有官职的读书人）之士，叫作张齐贤（北宋名臣。为相前后二十一年，对北宋初期政治、军事、外交等方面，贡献极大），献策于太祖。条陈十件事：一件伐北汉，以取并、汾二州；一件富百姓，以固国本；一件广封建，以培本延支；一件敦孝行，以推广至德；一件举贤能，以备任使；一件兴太学，以养人才；一件亲籍田，以劝农桑；一件选良吏，以兴教化；一件惩奸恶，以正风俗；一件谨刑罚，以重民命。

十事之中，太祖只取他四件事以为可行。齐贤固执，说他十事件件都好。太祖怒其不逊，令武士扯出去。及回到京城，与太宗说："朕昨日行幸西都，别无所得，但得一个贤士，叫作张齐贤。此人有经济大才，但我要摧折他的英气，不与之官，留待他日，使他做宰相，可致太平。"太宗牢记在心。

到太宗这年开科选士，齐贤也来应举。考官一时选择不慎，将他名列于下等，不在取中人数。太宗见之不悦，特命一榜里面，不分上下，尽赐及第，所以齐贤也得入选，又特与他做大理评事，以京官职衔通判衡州。宋时通判（州府副长官，掌管粮运、家田、水利和诉讼等事项，对州府的长官有监察的责任），职任最重。进士及第在高等者，才得授任此官。张齐贤甲第在后，而选授独优。太宗遵记太祖之命，欲大用之。其后齐贤果能慷慨任事，为一代名臣，亦可谓不负所举。

采桑

饲蚕

织丝

古时候，是按各地土地的出产确定贡赋的。当时的兖州、青州、徐州、豫州，东至山东半岛，南到江淮流域都种桑织丝。这些地方的贡赋除了丝之外，还有用竹筐装着的彩绸。在商代的甲骨文中，则早有了"丝""桑""帛"等字样，这表明，丝绸的织造，在那时已具有十分重要的意义。

吴越王来归

太平兴国三年五月，吴越王钱俶（chù）以其地来归。太宗诏封其为淮海国王。

史臣因叙说，钱俶之祖名钱镠（liú），浙江临安人。当五代时，起于贩盐，后有吴越之地，自称吴越王。传至钱俶，遇宋太祖之兴，俶知天命有归，遂称臣奉贡，执礼甚恭。然其土地尚未入于版图。至此来朝京师，适值平海节度使陈洪进以漳、泉二州来

钱镠

钱镠生于临安县石镜乡大官山下的临水里钱坞垒。相传他出生时相貌奇丑，父亲钱宽认为不祥，欲弃于屋后井中，但因祖母怜惜，方得保全性命，因而取乳名「婆留」(「阿婆留其命」之义)。而这口井后来也被称为「婆留井」。钱镠自幼学武，擅长射箭、舞槊，成年后以贩卖私盐为生，对图谶、纬书也有所涉猎。

吴越钱武肃王

名镠字具美临安人火时见溅塘测怒之复以骁勇摧战功蓝有浙东西之地镇闉平时进篤吴越王妃诚于歳以匆总事太鸟言至宋大宗時钱俶入朝盡献其地凡五主共七十有七年五季时吴越不罹兵革之憞者王之澤也

献，俶心中恐惧，于是上表乞罢所封吴越国王，纳其甲兵，求还本土。太宗初不许。俶乃造册开载所管十三州、一军、八十六县，户五十五万六百八十，兵一十一万五千三十六人，尽数献于朝廷。太宗嘉其诚意，特御崇元殿受之。

初时，俶欲纳土归顺，恐他手下的将佐不从，因此不让众人知道，只自以己意献上。及朝退，将佐始知之，皆恸哭，说："吾王已委身于朝，自今不复归国！"太宗既受其献，乃以淮海节度所管地方为淮海国，改封俶为淮海王。俶弟仪、信并授观察使，俶子惟濬、惟治并节度使，惟演、惟灏及族属僚佐各授官有差。又推及其将校孙承祐、沈承礼并授为节度使。凡赏赐物件及接待礼貌都极其隆盛，冠绝于一时。

按此时，宋一统之业初成，顽固者如北汉，犹欲以孤垒自全，使王师累出，诛戮无辜。而钱俶独能保全一方，以归于宋，不致血刃，非但忠顺可嘉，抑亦有仁者之功。此史家所以特书之。

太宗伐辽未果，齐贤审势上疏

太宗既平定天下，要复大宋旧境，自将伐辽，为辽将耶律休哥所扼，不能成功。因此班师还京。一时献议者，都言今日大宋士马方盛，宜及时进兵，急取幽蓟（今北京地区）地方。

张齐贤审时度势，认为未可行，乃上疏谏之。大略说："圣人举事，动必求其万全，不敢侥幸以成功。所以百战而百胜，犹为侥幸，非万全也。不若不战而自胜，先立于不败之地，而坐收其功。此为上策。陛下若能重之谨之，忧勤图治，则国富兵强。在我者有余力，而戎虏不足吞，燕蓟不足取。

张齐贤

张齐贤为相二十一年，在北宋初期政治、军事、外交各方面都做出了极大贡献。

"自古边境之患，岂都起于夷狄。多因边吏骚扰生事，致开挑衅战端。若使沿边一带诸寨选用良吏，抚御有方，只教他高筑墩台，深掘壕沟，休兵息马，畜力养锐，以逸自处，而待敌人之劳，宁我致人，而不为人所致。这正是古人所谓：'拣精兵，不如择良将，靠一己的膂力，不如集众人的谋勇。'能如此，则边境宁静，而河北之民可得休息了。今乃计不出此，而欲与之角力，争胜于疆场，侥幸立功而艰难必至，非所谓不战而胜，万全之策。

"臣又闻之，天子以六合为一家，则当兼容并蓄，以天下为心，岂止于争尺寸之土以为广，角戎狄之势以为强啊！因此，圣人之治天下，以保安人民为本，以制服夷狄为末。以中国为内，而务求安定；以夷狄为外，而听其自生。五帝三王未有不先图根本，爱养生民，而可以建太平之业者。尧舜之道，岂有他术，只是推广此心之仁恩，以及于天下之民而已。其所谓推恩，只在安全而利养之，使无死亡穷苦之患。民既安利，则德之所施者博，而威之所制者远。戎狄之人自将慕德归义，都恭敬地来朝拜。何用兴师动众以伐之？"

齐贤此疏，可谓深知治本。可惜太宗不能从，以致曹彬一败于岐沟，杨业再败于陈家谷。后来虽悔之，也没有办法了。图边事者，宜三复此疏。

太宗勤学，每日三卷

太宗太平兴国八年，以吕文仲为翰林院侍读，王着为侍书。太宗天性好学，勤于读书，每日自巳时（上午9时至11时）朝退之后，即览观书史，直到申时（15时至17时）方才放下书卷。又特诏开馆，命翰林学士李昉等，将前代书籍分类编辑为书，以资博识。书成叫作《太平御览》，总计一千卷。太宗自立读书课程，每日进读三卷。

宰相宋琪恐诵读太勤，圣躬劳累，请少休息。太宗说："朕每一开卷，便觉聪明启发，日有进益，心里喜好在此，自不知其为劳苦。

古版《太平御览》内文

《太平御览》是宋代著名的类书,由李昉、李穆、徐铉等学者奉敕编纂。《太平御览》采以群书类集之,凡分五十五部五百五十门而编为千卷,所以初名为《太平总类》,后更名为《太平御览》。全书以天、地、人、事、物为序,分成五十五部。书中共引用古书一千多种,保存了大量宋代以前的文献资料,但其中十之七八已经亡佚,更使其显得弥足珍贵。《太平御览》是中国传统文化的宝贵遗产。

朕所以每日限读三卷者,欲以周年之力,读遍此千卷书。"其勤学如此。太宗每于日理万机之闲暇,则问吕文仲关于六经中有不通晓的文义,又问王著以真草篆隶等用笔之法,问葛湍以横竖点画声音等字学之法。

大抵人主之情,必有所好。或好酒色,或好狗马,或好田猎,或好游宴,或好财利,皆足以伤生伐性、败德丧身。唯好读书写字,则有益于身心,有补于治道。所以自古英君圣主,莫不留意于此。

宋太宗以创业之主,犹孜孜不倦、勤学好问如此,何况继体守成者,莫不受其勉励。

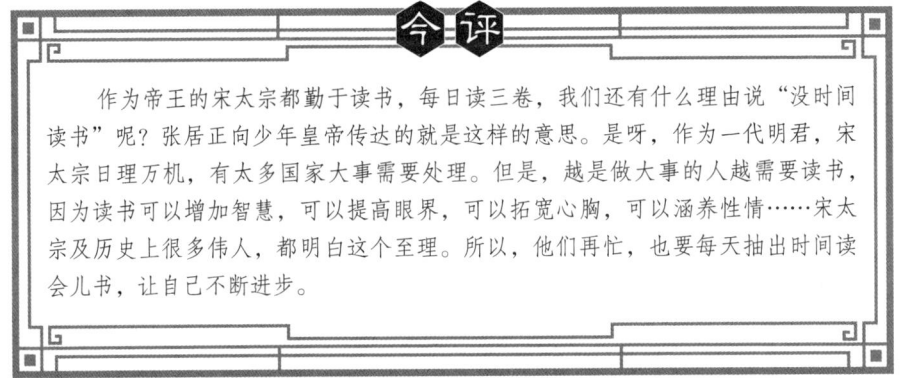

作为帝王的宋太宗都勤于读书,每日读三卷,我们还有什么理由说"没时间读书"呢?张居正向少年皇帝传达的就是这样的意思。是呀,作为一代明君,宋太宗日理万机,有太多国家大事需要处理。但是,越是做大事的人越需要读书,因为读书可以增加智慧,可以提高眼界,可以拓宽心胸,可以涵养性情……宋太宗及历史上很多伟人,都明白这个至理。所以,他们再忙,也要每天抽出时间读会儿书,让自己不断进步。

收天下古今逸书,开一代文运之盛

雍熙元年春正月,太宗性好读书,手不释卷,常以五代兵火之后,书多遗失,乃下诏求遗书于四方,因谓侍臣:"自古及今君天下者非一人是教化所出,必有个根本,治乱所由,必有个原始,人事久远,全靠那书籍上记载得明白,后世才得以稽考,有所取法。若没了书籍,则于百世之下,虽欲知其本原,何从寻讨而取以为法?今三馆(宋时于宫中建昭文馆、史馆、集贤院三馆,相当于国家图书馆)所贮之书,遗失者尚多,不足以备参考。这是国家一阙典。"乃诏募中外士庶之家,有以所藏书来献,多至三百卷者,特议记录旌奖以酬之。其余三百卷以下,量其卷帙之多少,分为等级,优加赏赐。若有爱惜珍藏不愿将书送官者,但借其书抄之,仍以原本发还。

诏下之后,中外人家但有遗书者,都来献上。于是,四方之书间出,而古今载籍尽归四库。

大抵物常聚于所好。人主好珠玉，则珠玉至；好淫巧，则淫巧之物至。太宗好书籍而四方之书聚于册府，于是开一代文运之盛。可谓好得其正！

选贤任能，谆谆教导

太宗既复赵普相位，乃尊加普为太保兼侍中之职。又拜吕蒙正同平章事（宰相），与普共理机务，以王沔为参知政事（副宰相），召成都镇抚使张宏还京，为枢密副使，以翰林学士杨守一签书枢密院事。

太宗谕赵普说："凡人有权势的，不期骄而自骄。卿位极人臣，权势已盛，正宜持正守谦，慎勿以此骄恣。但能谨守国家法度，荐举天下贤能，明赏罚之典以布公道，克爱憎之私以定取否，则相业光明，人心悦服，天下何忧不治？至于朕之所行，或有未当，卿宜即时救正，不可面前曲从，以成朕过。古人爱其君，必欲使之为尧为舜，若其君不如尧舜，则引为己责而耻之。此正是卿今日之事。卿当记念啊！"

此时，吕蒙正同在政府，其为人质朴、诚实、厚重、宽大、简略、寡言，天下时论一致推重。平素以正道自守，不肯阿谀取容君王，遇国家政事，该说的便说，无所避讳。每论时政，或太宗不能听从，即再三执奏，反复明其不可，必求依允而后已。太宗见其无隐，每嘉纳之。

当时，赵普乃开国元老，功大爵高，举朝无与为比。蒙正以后进之士，同居相位，普绝无忌刻，常称他是台辅之器，甚加敬重，有济济相让之风。

唯明君为能择相，唯大臣为能有容。太宗复相赵普，不忘耆旧，而又以蒙正之正直者参之，可谓善择相。赵普以开国元勋，推奖后进，没有嫌疑，有古大臣喜乐正道、心怀宽广之气量。欲致太平者，宜鉴之！

寇准扯龙袍，纳谏而止

淳化二年夏四月，太宗命张齐贤、陈恕为参知政事。张逊、温仲舒、寇准为枢密院副使。

先是寇准为枢密院直学士，一日奏事于殿中，准所言与上意不合。太宗恼怒而起。寇准扯住太宗的袍服，请还御座，将所奏的事裁决停当后，方才退去。太宗乃嘉奖之，说："朕今日得寇准，就如唐太宗得魏征一般。昔日太宗每有缺失，魏征即犯颜苦谏，虽遇太宗发怒而神色不移。今准能直谏，也就是朕的魏征。"

当年，天下遭旱灾、蝗虫。太宗召近臣问以时政得失，众大臣皆阿谀皇帝，不敢正言，都说是天数如此，不关人事。独寇准奏说："《周书·洪范》篇中论天人之际，有感必应，如影之随形，响之应声，无有差错。今岁天下大旱，论其征应，当是刑狱有所不平。匹夫含冤，上返天地之和，所以致此。"此时太宗常留意刑狱，每亲自审录囚犯，见说他刑狱不平，不觉发怒，起身走入禁中。

少顷，太宗又召问准："卿说刑狱不平，有何指实？"准请宣中书省、枢密院官员到场，当面陈述刑狱不平之状。于是太宗以寇准忠实任事，可以大用，所以提拔他为枢密副使。

大凡人臣阿谀苟容者多，刚直敢言者少。此非独人才之难，亦在上之人喜欢甜言而厌恶方正，以致如此。按魏征与寇准论事，常犯人主之怒，然二君皆能屈己以从之，所以功烈垂于二代，俱称太宗，不也相称嘛？愿志治之主，不可疏远骨鲠之臣！

钱若水论上臣之道

淳化四年夏五月，太宗以中书舍人张洎、职方员外郎钱若水为翰林学士。

太宗因谕侍臣说："翰林学士，地居禁近，职在论思，最为清要而贵重，非他官可比。朕今虽贵为天子，然常以不得做这官为恨。卿等须自己爱重，勉励图强，尽职尽责，不可徒取清高显贵，辜负此官。"又说："士在草野之中，与平民无异。一旦应举出仕，遭逢明时，致位通显，穿着朱衣，拖着紫带，前呼后拥，又荫及宗族子弟，深受国恩，书生之荣，已经是极致了，所以一定要真心诚意报答！"

若水对曰："陛下所言，固是臣子之分，然臣之报君，实有不系于此者。那些恬静高洁之士，爵位俸禄不入于心，虽宠之以名位，也不以是为光荣。秉忠守正之士，忠义根于天性，虽所遇有贫困穷通，也不以会变其志向节操。一则不可以爵位俸禄所拘，一则不必以爵位俸禄劝进，可见爵位俸禄者，乃上之所以厚下，而非下之所由以为忠者也。假如以爵位俸禄荣名之原因，然后才能效忠于上，则其心必不纯正，其忠必不坚固，不过中人以下之人所为。不能希望社稷大臣都这样啊！"

太宗深以其言为是。可天性忠义、不因爵位俸禄而后劝进者，上臣也，千百中无一人。

人君之治天下，如必待上臣而后任之，则"王者法天而建官,代天行职事"就荒废得太多了。若水之言虽人臣自勉志立之道，而非明君驭下之术也。明主之所以驭臣，有德而后爵之，有功而后禄之，官不能私下亲近，爵位不及恶德之人。而人臣之事君，量能而后受官，度德而后居位，不以无德而尸位，不以无功而冒赏。此为百王不易之道也。

吕蒙正为相，以诚直事君

史臣记吕蒙正在中书为宰相时，太宗曾要遣人奉旨出使辽国，谕告宰相择群臣中素有才干、可使外国者。蒙正因择一人，以其名奏上。太宗以为不称意，不许。他日三次问蒙正，蒙正三次只将此人奏上，再不改易。

太宗说："卿为何如此固执，没有一点变通！"蒙正说："臣非固执不通,因陛下未体谅臣之心。此人素有才识，完全可以奉使，除了此人，别人都不及他。人臣之义，当以忠诚正直事其君，是

吕蒙正

吕蒙正为北宋初年宰相，为人宽厚正直，对上礼遇而敢言，对下宽容有雅度。他与贾黄中、宋白、李至和苏易简同时拜翰林。

就说是，非就说非，宁可一时违拂上意，不可误了国家大事。若谄媚邪佞，只顺着人主的意思，要用便用，要舍便舍，以求取悦于一时，

万一举措失宜，误国坏事，则其罪愈大，此臣所不敢为也。"

此时同僚官，皆肃立畏惧不敢动。而蒙正慷慨直言，全无曲折婉转之意。太宗退朝，与左右说："蒙正气量凝厚，真有担当，朕也及他不得。"既而竟用此人，果然称职。可见蒙正知人之明，与其谋国之当、事君之诚如此。

及至罢相，以右仆射出判河南府。河南是蒙正祖籍的地方，每日只引亲戚故旧于林园之中，欢宴叙情。为政不务苛细，只尚宽大简易。选择僚属中可用者，委任所有事务，自己则总裁其大纲而已。

> 大抵天下之事，当以天下之心处之，故委任贤臣，所以审图国是。若只以人主之意裁决，必不能尽究天下事理之极，虽揽独断之权，实生意外之虑呀。此吕蒙正不欲妄随人主意，以误国事也。而其治河南，委任僚属，意亦如此。

真宗

名恒，太宗第三子，在位二十五年。

老成谋国，如良医治疾，先固元气

真宗即位之初，召刑部尚书知安州张齐贤还京，与参知政事李沆同平章事。又以同知枢密院事向敏中参知政事，工部侍郎杨砺、给事中宋湜为枢密副使。

齐贤在相位，慷慨任事，有经济大略，每以大臣事君，经常陈述善道，匡救过失，使其君为圣帝明王，方不负他志向。所以经常于奏对之时，从容陈说古时圣王之道，又推本溯源，分析为何如此。如论政事，就推原其为政之本；论治教化，就究极其致教化之由，以为必如此则合于王道，不如此则违背王道。真宗答说："朕以为圣王之道，随时运用，不一定有轨迹，但令事事都合于王道，无有差错失误即可，但不必拘泥陈迹。"

真宗又常问李沆治天下之道，何者最先。沆对曰："天下之治乱，系于用人之得失。而明主之所信任者，似在于老成端厚之士。有些虚浮轻薄、新进喜事的人，本无经国之远识，而好为高论，以猎时名，本无任事之实心，而急于立功，以希速进。人君假如用之，则上伤国体，下坏士风，不到乱天下不止。所以，唯不用此浮薄新进喜事之人，乃第一要紧的事，不可不察也。"

真宗因此问在朝之臣，谁是此辈。沆对说："如户部判官梅询，粗有才辩，屡上书言西北边事，多不可行。户部员外郎曾致尧，性甚刚率，前后论列时政，语皆狂躁。如此辈者非议朝政，排挤老成之士，正是浮薄新进喜事之人，不可用。"

宋真宗

赵恒好文学，善书法。著名谚语"书中自有黄金屋，书中自有颜如玉"即出自他，其目的在于鼓励读书人读书科举，参政治国，让宋朝能够广招贤士，治理好天下。

大抵英武之君多尚功利，而厌闻圣王之道，喜用新进而惮用老成之人。不知圣王之道如五谷养人，不可停废。若功利，则不察正味而徒取适口，所损必多了。老成谋国，如良医之治疾，先固元气。若新进则不辨脉理，而妄投药剂，其效越速，而其害愈烈。古今治乱之迹，皆源于此。张齐贤、李沆二臣之言，真可为万世之榜样啊！

真宗御札封妃，李沆持正烧之

真宗一日又与宰相等论及唐时群臣，专树朋党，如牛僧孺、李德裕等，各相结纳以排除异己，遂使私议横行，王室微弱。正之与邪不容并立。正人指邪人为邪，邪人指正人为邪。奸邪之人，心术诡谲，言语巧诈，最难分辨，所以人主都为之所迷惑，以至于乱。

宋真宗

宋真宗在位二十五年，由于治理有方，社会经济逐渐繁荣，国家强盛，史称"咸平之治"。

李沆对说："凡人诚伪分明者易辨，唯似是而非者难辨。巧佞之言，似忠而非忠，奸邪之言，似信而非信。如唐之卢杞，极是奸邪小人，乃德宗被其蒙蔽，深信不疑。常说人言卢杞奸邪，朕殊不觉。御史李勉奏说：'人皆以为奸邪，而陛下不知，此卢杞之所以为真奸邪也。'由此观之，奸邪益深，则情状益伪。若卢杞者，正所谓佞言似忠，奸言似信者也。"真宗说："奸邪之人，一时固然难分辨，久之自然败露，岂终不可辨啊！"

真宗一天夜间，遣中使（内廷的使者，多为宦官）持御札，要将宠幸的刘美人立为贵妃。李沆就引烛火将诏书直接烧毁，因此吩咐中使口奏说："你只说臣沆，以为此事不可行。"其议遂废止。李沆的持正不屈如此。

真宗又曾以沆无机密奏章，谕告说："他人都有密启，卿独没有，为何？"

李沆对说："臣幸待罪宰相，宰相当秉天下之至公，但有公事，则当于公庭言之，何用密启？凡人臣有密启者，不是逸毁群僚，即是佞谀主上，非至公之言。臣常厌恶此等人所为，怎能效仿他们呢？"

人臣事君之道，莫贵于正直，而罪莫大于奸邪。凡阿意以养人主之欲，私交以结人主之心，既非正直之为，也是邪佞的开始。今观李沆之事，真有正直大臣之风。然真宗能不以闺房之爱（指宠爱刘美人之事）而违背宰辅之言，岂不也是守成之令主吗？所以为史官美谈。

忠臣爱君防其渐，明君自治当谨微

真宗以工部侍郎寇准为三司使（总管盐铁、度支、户部三衙门），命三司使陈恕罢任。史臣因叙说陈恕在太宗时领三司事十余年，阅历既深，经营益密，国家财用都非常依赖他。

真宗即位之初，尝命他开载中外衙门钱粮数目来看。陈恕很久都不呈上账目。真宗屡有旨催促他赶紧进上。恕乃对曰："臣不敢故意违背圣旨，但以陛下年龄正盛，志意或未收敛，德性或未坚定，若知道府库充实，只说这钱粮是容易来的，便不肯省费节用，凡声色、狗马、土木、甲兵，一切奢侈之心都从此而起，伤生伐性，劳民病国，其害有不可胜言者，是以不敢进。"

真宗知其忠爱恳切，深嘉纳之。

> 大抵人主之心，常忧不足，则不期俭而自俭，一恃有余，则不期侈而自侈。侈心一生，如火开始燃烧，难于扑灭。奸邪之臣，又爱从此处引导，不到燎原不停止。真宗初嘉陈恕之言，后为丁谓、林特等争上会计录，而天书、封禅之事，遂纷纷不已，正如陈恕所远虑。可见忠臣爱君，必防其渐，而明君自治，当谨其微。愿治者宜加警醒。

得安乐则肆志，遇忧勤则小心

真宗景德元年秋七月，右仆射平章事（宰相）李沆卒。

史臣记李沆为宰相时，正当契丹南下，西北边境用兵，庙堂之上，调度兵马，处置钱粮，匆忙多事，经常自早朝到日暮时，才得以吃饭。参知政事（副宰相）王旦感叹："我辈生当此时，受这等劳苦，不知何时得坐太平而优游无事？"李沆说："人情处安乐则肆志，遇忧勤则小心。今边境未宁，君臣之间，有些小忧患勤苦之事，足以警戒人心，使不溺于晏游安逸。此正是国家之福。外宁必有内忧，他日若四方宁静，国家无事，朝廷之上，未必不别生事端。那时方以为忧，而未可以为乐。"

王旦闻李沆之论，心中不以为然。李沆又每日将四方水旱盗贼事情，奏于真宗。王旦以为人主总揽天下之大纲，这些琐碎的事不必一一烦渎圣听。

　　李沆答曰："圣人戒于方盛之时，人主当防未萌之欲。今主上年方幼冲，涉历未久，那黎民百姓，或匮于饥寒艰难，或苦于盗贼纵横，或因粮差繁重，不得安居，或被贪官污吏，搜刮剥削，种种苦情，无法上达。我等辅助大臣，正当随事奏闻，使朝廷备知小民的劳苦，而不敢恣为逸乐之计。不然，则春秋正富，血气方刚，不留意于淫声美色，逗留狗马射猎之事，则将起土木之工以广宫室，兴甲兵之役以要边功，迷惑祈祷以信鬼神，无所不至了。我年已老，不及见此，此乃参政他日之忧，不可不深谋远虑。"李沆此言，可谓爱君呀。

　　未过多久，真宗与契丹讲和，天下无事，果然崇奉道教，信惑天书，而土木祷祠之事，纷然并作。王旦于是追思其言，叹说："李沆能见事于未来，真圣人也。"向使真宗能存心于天下，防欲于未然，则沆之言不验，岂非真宗之福啊！

　　人主忌盛满逸乐之日，宜常怀警惧谨慎之心，如朽索之驭马，加志于穷民，如疾苦之在身，然后可免于他日之忧，而长享太平之福也。李沆之言，真千古之明戒？

宰相李沆：为国谋忠，知人之明

　　沆初为宰相时，有知制诰（掌管文书的官员）丁谓者，为奸邪小人。丁谓素与寇准厚善，而准不知其奸，常在李沆前荐举他，说他有才能，可大用。

沆终身不用之。准问其原因。沆答曰："朝廷任用大臣，必先德望，不但取其才而已。若丁谓之为人，可使之居于人上吗？"准心中不以为然，答曰："如谓这等才能，今日虽不用他，后必有用之者。相公终能抑制他久居人下吗？"

沆笑曰："公若用此人，他日败坏国事，必然后悔。那时，当思我言之不虚妄。"

沆又尝自说："我为宰相，当国家重任，无可不报，只是中外群臣上本条陈利害的，一切不报，不曾举行，这样做也可以少报国恩啊！朝廷制度皆由太祖、太宗悉心规划，所以防制天下之利害者，已大体具备，不可随意复加。今日之政，只宜守而勿失。假如轻听人言，纷纷举措改制，则变乱成法，百弊丛生，利未及见，而害已随之，所得者少，所伤者多。这就是我所以少补于朝廷者。"

其后，寇准不听李沆之言，举用丁谓，同居相位。而谓以奸邪误国，准亦被其谗害。而自真宗之后，朝廷之上，议论繁多，人主不能主张。每有一事，甲可乙否，乙可甲否，朝更夕改，以致政事纷乱，国势衰弱而不可复救，都如李沆之言啊！

李沆

李沆以清静无为治国，注重吏事，尤为注意戒除人主骄奢之心，有"圣相"之美誉，史称其为相"光明正大"，王夫之称其为"宋一代柱石之臣"。

丁谓之奸，寇准犹不能识，而李沆独知之，可谓明也。至于祖宗制度，每因喜事者好为条陈，以博声誉，庙堂或不深察而遽行之，又或心知其不当而姑且从之，如此则忽行忽罢，意见不一，争论横出，不到荡灭成法不止。所以，减省议论者，尤第一要义。李沆之言，真可为相天下者之法则。

宋代贤相，李沆第一

《宋史》有记，李沆闲暇时，常诵读《论语》。

有人问说："《论语》乃浅近之书，看他何用？"李沆对曰："我官居宰相，宰相之职，当使朝廷政事件件修举，天下百姓人人有所而后人称赞。且如《论语》中说：'节用而爱人，使民以时。'朝廷之上，冗费尚多，财用缺乏，是我不能节用；乡里之间，差繁赋重，百姓愁苦，是我不能爱人；一切不合时的工作妨害民事者，往往有之，是我不能使民以时。只这句书，

李沆不阿

李沆刚正不阿，向皇帝汇报时，总是光明正大地上报公事，从不遮遮掩掩。

我尚不能行，何况其他。可见圣人之言，看着容易，做着实难，虽终身诵读法之都可以。岂可忽视啊！"

及此年李沆去世，真宗闻之，震惊哀恸，与左右说："沆为国大

臣，心性忠良，器宇纯厚，并且终始如一，不改其节操。朕倚重亲近，正当盛时，岂料不享高寿啊！"其悼惜悲恸之如此。

李沆为人，天性正直，诚信不欺，内行修谨，少有过失。凡事严谨周密，绝无疏漏。所行务实，不求声名。遵祖宗法度，不随意更张。识国家大体，不为苛细。奉公守法，直道而行，人不敢以私事求他。每公事既毕，退回私宅，则终日正容高坐，未尝懈怠而偏倚。曾盖造住宅一所，在封丘门内，规模狭小，厅事前空地，仅可牵马转身而已。

有人言其太过狭小。沆笑答："宅第当传之于子孙，不止为一时之计。若论今日，这是宰相的厅事，诚为窄小。若论传之子孙，他做的官，不过是太祝奉礼（李沆子掌宗庙礼仪官，宋时大臣荫子，多授此官）而已。有此厅事，已是宽大了，岂可以为狭小啊！"其遗子孙以俭朴如此。

大抵古今名臣，所以能建立大功者，只因有真实之心。实心为学，只一部《论语》，而其用无穷，不必记问之博；实心为政，只谨守法度，而其利无穷，不必可喜之功。至于不求声誉，人莫能犯以私，特别是正己格物之本。不徇名，则事皆当理而无违道干誉之病；不受私，则所行至公而无偏党颇僻之过失。宋代贤相当以李沆为第一，后世所当法。

今评

《论语》是孔子及其弟子的言行集，是了解孔子思想及中国儒家文化的重要典籍，是中国传统社会人人必读之书。可以说，不读此书，就不能了解中国人的思想及价值观，包括"仁政"之道。所以历史上有赵普"半部《论语》治天下"之说。而被称为宋代第一贤相的李沆，也是一位"《论语》迷"，闲暇时常常阅读《论语》，他位居宰相时，能仁政爱民，为国谋忠，宽厚培德，诚实不欺，崇尚勤俭，与《论语》有密切的关系。

寇准力谏，劝君亲征

景德元年十一月，北方边境契丹国，入犯澶州。真宗从寇准之谋，亲自将兵以抵御。史臣叙说，当时契丹南下，已败宋军于洺州（今河北省永年县），又攻破德清军于冀州，遂引军深入，屯兵澶渊（今河南濮阳地区）。

北边消息紧急，一夜之间，凡五次飞报至，中外人心俱惊惶震骇，而宰相寇准不将警报传发，饮酒欢笑，无异于平时。真宗闻听后，责怪宰相不以边事为急，因此立即召问寇准。准对曰："臣料契丹此来，其兵易破，陛下若欲剿除契丹，不过五日而已。但须陛下亲幸澶州，或许可以成功。"

同僚官闻听寇准劝皇上御驾亲征，都畏惧不敢赞成，欲退班出朝。准留住同僚，令即等候圣驾兴发。真宗感觉为难，要暂且回宫考虑一下。准奏曰："陛下若入宫，则臣不得进见，而亲征之策不成，天下大事就完了。请万万不要回宫，即刻起行，乃为御敌上策呀。"宰相毕士安也以寇准之言为是，力劝真宗依准所奏。

用兵之道，当以气胜。真宗此时若不亲征，则我师之气不振，而敌人之势愈张。寇准料之已熟，所以决意劝帝亲征。

君子谋国，小人为己

真宗因欲从寇准之言，将议亲征，乃宣召在廷群臣，问以攻战方略。

参知政事王钦若，是临江（今江西新余地区）人，与金陵（今江苏南京）

寇准

寇准，字平仲，北宋政治家、诗人。后人多称「寇忠愍」或「寇莱公」。寇准善诗能文，七绝尤有韵味，有《寇忠愍诗集》三卷传世。寇准与白居易、张仁愿并称渭南「三贤」。

相近，因请真宗幸金陵以避敌。署枢密院事陈尧叟，是阆州（今四川阆州）人，与成都相近，因请真宗幸成都以避敌。这两人都顾念私家，不论朝廷利害。真宗心里疑惑，就以其事谋问于寇准。

寇准心知是王钦若、陈尧叟二人之谋，只装作不知，对曰："这是谁人为陛下出此计策，据其误国之罪，真可斩杀。陛下以神武驭世，将臣同心协和，愿效死力。若大驾一出亲征，敌人必畏惧威灵，自然远遁。若不远遁去，我就随机应变，或用奇兵，出其不意，以攻其谋，或坚守城郭，不与之战，以逸待劳。战守皆由于我，彼处其劳，我处其逸，以逸待劳，我们已有胜算。为何舍弃宗庙社稷，欲幸楚蜀远地，大驾一动，则各处人心，都慌张无主，崩离溃散。敌人若于此时乘势长驱，深入内地，天下如何能保呢？"真宗见其说得明切自信，乃决定御驾澶州。

王钦若、陈尧叟因不得行其谋，深怨寇准。

庚午日，真宗驾发京师，寇准命令在朝官员有才力者，出守诸州要害，都到殿廊领命，戒谕说："你等莫愁无兵，百姓们都是兵，任你选练。也莫愁无财,府库中都是财,任你支使。朝廷只要保守地方,不责你出兵浪战。但如果失了一城一壁,即以军法处治,绝不轻饶。"钦若为人诡诈多智,寇准恐其在朝廷后方胡言乱语,坏了大事,乃让钦若率天雄军,守土卫城。契丹军马至天雄城下,钦若闭门束手,无计可施,只是修斋诵经,祈祷上天保佑而已。小人遇事不能担当如此。

寇准勇断,真宗渡河

真宗从寇准之策,亲临澶州,遂与契丹讲和。

真宗既发京师之师,在中途偶寒冷,左右进貂裘。真宗不用,说道:"今从征将士都冒寒远行,朕安可独尚此裘耶?"其体恤将士如此。壬申,契丹兵恃其强,直犯前军,排列阵势。尚未交战,契丹统军使萧挞凛(辽国名将),出马看视地形,当时威武军头张瑰管守床子弩(弩箭武器的登峰造极之作,依靠几张弓的合力将一支箭射出,往往要几十人转动轮轴才可拉开,射程可达五百米以上,是当时的远程武器),见挞凛来,发弩放箭,正好射中挞凛而死。挞凛机勇,契丹国主非常倚赖他,见其死,极为震惧,欲退兵北归。而宋朝各处兵马数十万方至。彼气既夺,我势益张。因此契丹决定求和之议。丙子,众请皇上暂且途中休息。

寇准再三奏请说:"陛下亲帅六师,而畏敌之盛,不敢过河,则人心益危,敌气未慑,非所以取威名而决胜之策也。"众人皆惧,莫敢劝行。准尽力争之,不能决,出遇殿前都指挥使高琼到屏前,与他说:"高太尉,你受国厚恩,享此高爵,今日事势紧急如此,你是否思考过有朝一日如何报答国家？"高琼对说："琼一介武夫，唯愿捐躯效死，以报国家。"

准乃又入内奏请。琼即随入，立于庭下。寇准大声说："陛下若不以臣言为是，何不试问老将高琼，当过河否。"琼随即仰奏，说："准所言极是，陛下若不过河，则将士之战不力，百姓无所归命，如丧父母一般。"签书枢密院事冯拯在旁，以琼言为非，遽呵止之。高琼怒道："你等平日不过会做些文章，以此致位两府。今敌人铁骑入侵，君何不赋诗一首以退虏骑？今日当用武之时，文章何用？高琼保任寇准之策，定不会有差错。"于是真宗之意才决。高琼指麾护卫军士，进车渡河。

此时若非寇准决策，高琼力赞，真宗未必就肯渡河，天下事尚未可知。

审势度时，识量宏远

真宗既至澶州，因高琼力赞寇准之议，遂进军渡河，御驾北城门楼上。远近望见乘舆伞盖，知天子果然亲征，诸军皆踊跃震动，士气大振，欢呼万岁，声闻数十里，契丹为之惧而夺气。

真宗把军中一切事务，尽付与寇准，准承皇制得以专决所有机务。凡发号施令，都明爽严肃，士卒无不畏惧悦服者。既而契丹遣数千骑来逼近城下，看我军动静。准令出军迎击之，斩获其大半。贼遭挫败，乃引兵退去。

真宗还行宫，留准居北城上，镇守调度从容。真宗使人到准处观察，看他做些什么事情。准正与知制诰杨亿饮酒博戏，歌谑欢呼，如无事一般。真宗听后大喜，说："准在两军对垒之时，尚能如此安然从容，谋划必有万全之策。朕还有何担忧？"

盖准审势度时,已有胜算,且欲慰主上之心,安三军之志,而阴夺敌人之魄,所以处之泰然如此。

澶渊之盟

真宗遣崇仪副使曹利用,奉国书往报契丹军中议和。

至十一月戊寅,利用回朝,说契丹要得关南地(瀛、莫二州,即今河北沧州、任丘地方。晋石敬瑭割与契丹,至周世宗伐契丹,夺取二州。契丹入侵,正是为此地)以和。真宗说:"这地是祖宗所传之地,岂可弃割。他欲得之,极为无名。若必邀求不已,朕只有决战而已。若欲得些货财,昔汉文帝尝以玉帛赐单于,有此故事,或许可以考虑。"

寇准以为,契丹敌气已夺,我军战守之力有余,岂可给予货财,示之以弱。"他若欲求和,就该称臣于我,并献还我中国幽州、蓟州

北宋·佚名《契丹使朝聘》
《契丹使朝聘》大致反映了真宗时,契丹使入宋朝见皇帝的情形。

等地，方可许之。"因计划以攻为守之策，寇准说："必如此而后，方可保国家百年无有边患。不然，则今日虽和，不过数十年之后，契丹又变心，窥伺我动静。"

此时，契丹军深入我地，食尽兵疲，而我兵四集，士气正旺，寇准欲合兵击之，尽歼其众，使其只来不返。而真宗素无雄才远略，且厌恶兵革之苦，乃谕告说："但保今日无事，数十年后，另有人出来打御他。朕不忍心驱民于战，使生灵被困，且许他和议，方可。"然寇准之意尚未批准。

十二月庚辰朔，契丹遣其飞龙使韩杞，持书来求盟。寇准不从。适有谗言诋毁寇准，说他高兴国家用兵，以专权取重者。准恐获罪，不得已，才许其和。又遣曹利用往契丹军中，定议每岁币帛之数。真宗谕告说："若契丹贪求无厌，你不得已，百万可以做主答应。"

寇准闻听后，私下召利用到自己帐房中，与之说："你虽奉有圣旨，许他百万。然契丹性情无厌，事当慎始。你须加意思量，若所许过三十万，我斩你人头！"利用奉命而往，竟许他绢二十万匹，银十万两，而定和议。称宋朝为兄，契丹为弟，交写誓约文书，各罢兵而息。自此之后，南北兵息，天下无事，是寇准劝上亲征之力。

按当时寇准之意，专主于战，真宗之意，专主于和。寇准岂不知战为危事。战胜而后与之和，则制和在我，而和可久长。可惜呀！真宗仁而不武，遽许之和。其后岁币日增，而国势愈弱，至于靖康，竟有北狩（避讳语，指二帝及皇族和满朝大臣被掳去北国之事）之祸，一如寇准之所料。所以御敌者，必以和好为权宜，以战守为长策，此为不易之论。

小人谗言：援《春秋》以愧之，举孤注以危之

景德三年春二月，寇准被罢相位。

史臣叙说，寇准为宰相，其用人只论才品，不拘资格次第。同僚以为非旧规，颇不喜。一日推升官员，同僚将眼窥视着该吏，教他将升官例簿（升官的资格簿）送看。寇准说："宰相以进退人才为职。知其贤，即当进之，知其不肖，即当退之，何必拘例。若不论贤否，只照旧例，挨次进用，则不过一掌案书吏之职事，又安用宰相呢？"

寇准澶渊回还，自以为有退敌之功，颇露骄傲自夸之意。真宗也因澶渊之功，对寇准眷顾隆重。一日朝罢，准先退，真宗以目送之。钦若在旁，心生嫉妒，因进谗言说："陛下敬重寇准，将谓其有安社稷之功吧？"真宗说："是。"钦若奏曰："陛下但知准有退敌之功，不知准有辱国之罪。昔春秋之时，楚人伐绞，兵临其国，绞人降服。楚人与之盟于城下而舍之。《春秋》以绞人不能御敌，特书以耻之。澶渊之举，正所谓城下之盟。小国之于大国，势力不敌，所以为此乞哀求和之举。今日以堂堂天朝，却亲屈万乘之尊，与契丹盟于城下，是《春秋》之所深耻啊！而陛下却以为功？"于是，真宗愀然变色不乐。

钦若又乘机进言说："陛下可曾听闻赌博的事吗？赌博者，输钱将尽，无计可施，则尽其所有之钱，出与之博，以侥幸于一掷，这叫作孤注，为其输赢只此一举，更无第二着。今澶渊之举，准不能别出方略，遽欲圣驾亲征，万一不测，臣不知准还有何法可支。是准以陛下万乘之主，作一孤注，真是危险啊！"

真宗中王钦若的谗言，竟罢寇准相位，为刑部尚书，出知陕州。

大抵君子小人，势不两立。何况功高则忌者愈深，宠盛则间者

愈容,自古非明君,鲜有不为所迷惑者。钦若之于真宗,既援《春秋》之义以愧之,又举孤注之喻以危之,其言若切于事情,使听者不觉其易入。此小人之所以可畏之处。真宗不能深察,而轻弃社稷之臣,这太不明智了。

钦若邪说,真宗封禅

大中祥符元年春正月,有天书降于承天门房屋上装饰的兽头上。于是,真宗大赦天下,改年号为大中祥符。

真宗听信王钦若谗害寇准之言,深以澶州城下之盟为耻,经常闷闷不乐。王钦若欲逢迎取宠,揣知真宗厌兵,却故意进说:"陛下既追悔澶渊之盟,何不用兵攻取幽蓟地方,以洗雪前耻?"

真宗说:"河北生灵自讲和以来,才免于兵革之苦,朕安能再用兵呢?卿可改思一策。"钦若于是进说:"今唯有修举古帝王封禅泰山之礼(指中国古代帝王在太平盛世或天降祥瑞之时祭祀天地的大型典礼,是古代帝王的最高大典,一般帝王不可以封禅天地),见得上天恩眷,天下太平,用以镇服四海,夸示外国,而洗雪澶渊之耻。但自古封禅者,必得天降祥瑞,希世绝伦不易有之事,乃可举行此礼。然上天祥瑞,岂可必得。前代人君也有将人力假做出来的。唯在人主先自深信而尊奉之,以明告天下,则天下的人,便认为真是天降的祥瑞了。"

真宗心知其非,而不能自断,沉思久之,乃说:"王旦每事持正,他能认可吗?"钦若又说:"臣请喻以圣意,旦宜无不可。"钦若乃乘旦空闲,详细说明其事。王旦知上意难回,遂不敢谏,而勉强从之。由此天书封禅之事便成了。

按当时澶渊之盟，也未为失策。真宗若能修德自强，选将练兵以待敌人之衅，则故地可复，契丹可图，岂止雪澶渊之辱而已？不知出此，而听小人之邪说，为假托君命，诬陷无辜，垂之史书，遗笑千古，岂非后世之永鉴啊！

君主假造天书，群臣相率附和

大中祥符元年正月乙丑日，真宗既用王钦若之言假造天书，欲以夸示天下，乃对群臣说："朕去年十一月二十七日，夜将半时，方欲就寝，忽然宫中光曜满室，见一神人，戴着星冠，穿着绛衣（星冠绛衣，是道教的冠服），对朕说：'上帝见今日治化隆盛，将降下天书大中祥符三篇，以示眷异。'此神人传上帝之命以告我。今日果见皇城司奏说'左承天门屋之南角有黄绢一段，系于鸱鹰尾之上'，必是天所降之书。"

王旦等都迎合上意，遂率群臣称贺。真宗即步行到承天门，瞻望再拜。遣二内臣登屋取天书，恭奉以下，王旦遂跪捧而进。真宗再拜受之，付陈尧叟拆封。其黄绢上写着，"赵受命，兴于宋"，是说太祖姓赵，起于宋地。"付于眘（shèn），居其器，守于正"，是说以天下神器付于后人，当守之以正。"世七百，九九定"，是说国祚绵远，传之无穷。其书缄封谨密，书上有黄字三幅，词语似老子所著《道德经》。初一段，说真宗能以至孝至道绍述先世之业。次一段，教真宗清净无为，简默俭约，以崇尚老子之术。末一段，述宋家世祥久远之意。此即所谓天书三篇。

陈尧叟宣读完毕，真宗又跪捧尊藏，仍将绢帛包裹，以金柜盛之。

天书既成，钦若之计得行。陈尧叟等又援引经书所载祥瑞之事，附和其说，以阿奉上意，于是中外臣民揣知朝廷之意，争言祥瑞。

独有龙图阁待制（皇帝出入侍从顾问）孙奭（shì）上奏，说："祥瑞之事，本不可信。何况天书尤为无据。以愚臣所闻，孔子有言，天何言哉？既不能言，岂有书也？"真宗不能答，为之默然。

自古言祥瑞，未有若天书之妄诞者。此事虽庸愚之人，莫不窃笑，而在廷群臣，相率附和，无一能救其失者，独孙奭能言之。可见人臣容悦者多，正直者少。君心一有所惑，则谄谀四至，日陷于非而不自觉。岂非明主所宜深省者啊！

王旦为相，简默廉洁

太尉侍中王旦病卒。史臣叙说，旦为首相，遇天下承平无事，谨守祖宗法度，未尝以己意变更。真宗任用既久，愈益敬信。旦之所言，无不听从。大臣欲行一事，有所奏请，真宗必问："此事王旦以为如何？"其信重如此。

王旦性简默，与人相处，不轻发言笑，及至奏事，或群臣意见不合，议论异同，旦从容出一言以断之，即无不定。其操守廉洁，虽居相位，其家甚贫。宾客

王旦

　　王旦为相十多年，一直严于律己，生活俭朴，是真宗最值得信赖的大臣之一。

常至满堂，且未尝拒之，而也不轻与之接。察其中有才识过人，可与议天下之事，及素有名望者，数日后召见与之语，咨访四方利弊，或口不能尽，使之书写其言而献之，观其才之所长，果然可任用，即密记其名，自此后不再与之相见。遇有升迁罢免时，必提起将所记者，开具三四人姓名，密请于上。

真宗择其可用者，以笔点之。同僚不知，却各以己见争欲荐用，多不合真宗之意。唯旦奏入，无不依允。丁谓因此嫉妒，时时在真宗前谮他专权，不知旦已经预先奏请得旨，非出于自己之意。

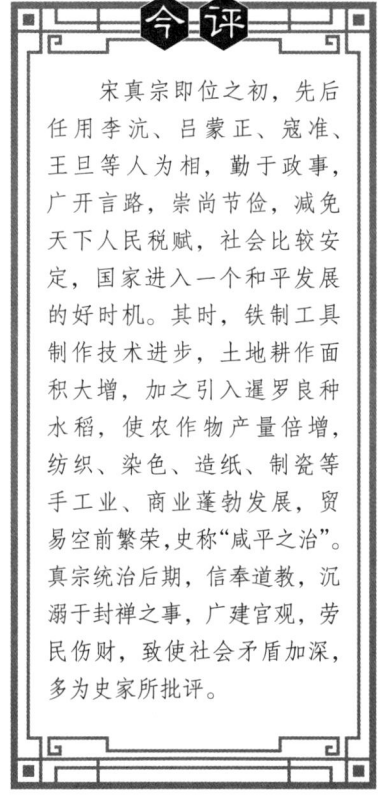

今评

宋真宗即位之初，先后任用李沆、吕蒙正、寇准、王旦等人为相，勤于政事，广开言路，崇尚节俭，减免天下人民税赋，社会比较安定，国家进入一个和平发展的好时机。其时，铁制工具制作技术进步，土地耕作面积大增，加之引入暹罗良种水稻，使农作物产量倍增，纺织、染色、造纸、制瓷等手工业、商业蓬勃发展，贸易空前繁荣，史称"咸平之治"。真宗统治后期，信奉道教，沉溺于封禅之事，广建宫观，劳民伤财，致使社会矛盾加深，多为史家所批评。

王旦在宋为贤相，其事之可记者固多，至于不妄言笑，而一言足以决大疑，不市私恩（不以出卖个人的"恩典"来换取别人的谢意），而群才悉为所收用，尤得大臣之体。此史臣所以特书之。

抑奔竞，正士风，安民富民

王旦每凡荐引人才，对方都不知道是他推荐的。王旦不以朝廷官爵出卖私恩。谏议大夫张师德（真宗大中祥符四年进士第一，即文状元）曾两次求见，王旦没有接见，师德以为被人谗毁，所以为旦所拒绝。告于向敏中，敏中从容与旦言之。

王旦答："旦处安有人谗毁人者。但是张师德是后进之士，习于浮薄，不以厚道待我啊！"等到知制诰（掌管文书的官）缺官，议定要用人。王旦叹说："可惜张师德是名家之子，素有才行可用。不意他两次到我门求见，希图荐举。师德以状元及第，荣进早已素定，但以安静守之，何患不做美官，而是急于进用。状元犹且奔竞，孤寒之士，无阶而入者，又当如何啊？是其人才器可取，而不自爱为可惜。"这是王旦裁抑奔竞、以正士风的意思。

张士逊为江西转运使（掌管钱粮的官），拜见王旦并请教。王旦对他说："朝廷征求财利之法，太极端了！不可再为搜括，以困吾民。"于是，张士逊遵守其言，并不加求羡余银两。时人果然称之，以为识大体。此为王旦教之。

薛奎为江淮发运使，辞行。王旦无他语，只说："东南民力已竭尽了！怎可不思虑如何安抚？"奎退而叹曰："宰相上佐天子，保国安民，且惓惓以百姓为忧，真宰相之言。"

> 大抵辨论人才之法，当以平淡为上，躁竞为下。师德虽才，即其躁进一念，何所不至？因此为王旦所抑。及王旦每论理财，则以民力为言。民者财之所自出。民富则财充，上下皆益；民穷则财尽，上下皆损。王旦之言若为民，实所以为国。《大学》论用人理财而思休养之大臣，若王旦者则无愧。

五代十国至北宋

仁宗

名祯，真宗之子，在位四十一年。

一 雷火毁天书，以畏天戒

天圣七年六月，京师大雨雷震，玉清昭应宫（真宗所建，以尊藏天书之处）被雷火烧毁。皇帝下诏，将看守宿卫人员全部送司法问罪。此时，仁宗嫡母刘太后临朝，见此宫被毁，痛哭流涕，对大臣说："先帝尊事上天，敬奉道教，所以不惜大费，尽心竭力以建此宫。今日守卫者不严谨，一夕之间，延烧殆尽。只留下长生、崇寿二小殿而已。如何对得起先帝的遗意啊！"

枢密副使范雍直言："以臣愚见，不如将这两所偏殿，尽数烧了更好。先朝因建此宫，至于竭尽天下财力，今一旦烧为灰烬，

宋仁宗

宋仁宗赵祯在位期间，国家经济繁荣，科技和文化也得到了很大的发展。《宋史》赞曰："《传》曰：'为人君，止于仁。'帝诚无愧焉。"史家将其在位及亲政治理国家的时期概括为"仁宗盛治"。赵祯善书法，尤擅飞白书，有《御制集》一百卷。《全宋诗》录有其诗。

出于人所不意，乃是上天以此警示。若因其所存，又将修建，则民力益竭而愈不堪命，非所以上畏天帝的警戒。"

平章事王曾（北宋大臣，官至宰相。真宗咸平五年，参加乡试、会试、廷试，是连夺三元、皆为第一的文状元）、吕夷简（北宋名相，杰出的政治家。北宋名相吕蒙正的侄儿）都称赞雍言说的极是。中丞王曙也说："玉清昭应宫之建，乃崇尚异端，与圣经之义不合。天降灾异，正示警戒。愿扫除其地，不再营建，罢诸祭祀，不再举行，以顺应天变。"

右司谏范讽又奏曰："这是天灾，非因守卫不谨慎的缘故，不当置守卫于狱中拷问。"太后与仁宗闻诸臣之言，都有所感悟，遂减免守卫者之罪，下诏：已烧毁的不再修治，留下的长生、崇寿二殿，改为万寿观，以奉香火。

人主继体守成，唯当谨守先朝之善政，而不当因循先朝之失德。若玉清昭应宫之建，正真宗之失德。即无天灾，犹当毁之，何况天灾呢？仁宗之时，君子满朝，所以一闻听谏言就接纳。而严尊天戒，宽待民力，罢黜异端，推明典礼，且补先帝之阙失，而有继述之善图，所得太多了。非明主，哪个能做到呢？

宰相统领政府，政权军权合一

仁宗以宰相吕夷简、章得象兼任枢密使。

宋初，枢密院专领兵政，事权与中书省相抗衡，号为二府。等到西北边境用兵，知谏院张方平（北宋名臣，为人慷慨大度，有气节，见识深远，洞如龟鉴，为时人所称道）以边事重大，不当专委枢密，乃上疏说："宰相在机密之地，职责重大，朝廷一政一令，不论文武军民，都从中书省出，其事权自古重之。若枢密院，则古代没有。此职位起于后唐时，庄宗改崇政院为枢密，以腹心大臣领其事，乃一时权宜之制，不可为法则。相沿至今，事权日盛，遂与中书省职责相等。凡中书所行，有关军机武职者必报枢密；枢密所行，有关民情文职者，必报中书。是军与民，分为二体，文与武，别为两途。宰相之外，复有宰相；政府之外，复有政府。所谓政出多门，甚非事体。自古乱亡之患，未有不由于此者。自今希望复古制，裁革枢密院，或将本院所管职掌，并入中书省为便。"仁宗从其言，所以有宰相兼枢密之命。

> 百官政务，各有专职，不可相互兼任。唯朝廷统领众官，而宰相实际辅佐治理。有所分，则事权不一；有所参，则朝廷不尊。所以百司政务之事，都当总领之。何况军国重务，必依庙堂谋算，怎可使宰相不知兵事？方平之言，可谓深识治体。

听谏易，纳谏难，行谏更难

庆历三年三月，以馆阁校勘蔡襄、集贤校理欧阳修（北宋政治家、文学家、史学家，文坛领袖，领导北宋文化革新运动，为新儒学复兴奠定基础。后人将其与韩愈、柳宗元和苏轼合称"千古文章四大家"，又称"唐宋八大家"之一。与宋祁同修《新唐书》，又独修《新五代史》）、知鄂州王素（北宋名臣，名相王旦之子，以直言敢谏著称于世）并为知谏院官，同知礼院余靖（北宋政治家，名臣，与范仲淹、欧阳修、尹洙被尊称为"北宋四贤"）为右正言官（谏官）。此时，仁宗励精求治，增置谏官。

蔡襄既拜命，欢喜朝廷清明，言路大开，而又恐直道难容，正人不能久立于朝,乃上疏曰:"人君委任忠谏之人不为难,唯虚心听谏为难;听信忠谏之言也不为难,唯实用其谏为难。今欧阳修、王素、余靖等三人皆忠诚不欺、刚正执法之臣,必能尽言极谏,补益国家。臣不患其不能谏,只恐在朝邪人,不利正谏,必将说出沮抑他的话来。其沮抑之说,不过三样,一说他沽名卖直,一说他结知求进,一说他居下讥上,以彰显君主的过错而已。忠臣危言激论,身死且不避,何暇顾及区区身后之名声,与身外之富贵呢?可见说好名好进者,不足信矣。人君若能受谏,则有改过不吝之美,而天下享无穷之福,乃所以增其善,岂所以彰显其过呢?可见说彰显君主过错者,不足信。愿陛下明察之,毋使邪人之言得以逸害离间正人方可。"仁宗嘉纳其言。

其后,欧阳修每次入对,仁宗必以其言问于宰相,咨访其可行者行之。于是,革弊整奸,多所进退,小人失意不满,肆意诽谤,以为不便。欧阳修恐善人不能战胜小人,数次与仁宗分别言说此事。

蔡襄

北宋名臣,书法家、文学家。蔡襄为官清正廉洁,有政绩。其书法浑厚端庄,自成一体,为"宋四家"之一。

大抵好治之主,唯恐人之不言,言路既开,则君子因得尽其忠,而小人亦将肆其说。一不加察,则巧佞者进,而忠直者疏,此蔡襄所以虑用谏之难,而欧阳修汲汲于君子小人之别。然君子小人岂难辨?唯明主清心寡欲,无隙可投,则小人自不能入。

欧阳修作《朋党论》

当初，范仲淹（北宋政治家、军事家、文学家。范仲淹文武兼备，智谋过人，无论是巩固西北边防，还是发起"庆历新政"，还是创建流传千年的慈善机构——范氏义庄，均系国之安危，是他"先忧后乐"思想和仁人志士襟怀的高度体现,所以后世人们的评价"宋朝人物，当以范文正为第一"）任开封府时，上疏讥切时政，吕夷简厌恶，谪贬仲淹于饶州（今江西鄱阳地区）。那时欧阳修与尹洙、余靖等，皆以仲淹之言为是，各相论救，也被一起罢免。于是，群邪小人韩渎等请书仲淹等为党人，揭之朝堂，而朋党之论遂起，士君子被取祸者有很多。

等到仲淹受到仁宗知遇，日受眷恋，天下公道日渐昭明。欧阳修作《朋党论》一篇，进于仁宗。其大略说：君子小人，势不并立。君子但知有道，道同则相与为朋；小人但知有利，利同则相与为朋。此皆自然之势也。然小人虽有所同,其实无朋,唯君子则有之。何也？小人所喜好的是利禄，所贪慕的是财货。当其同利之时，暂相交结，党助援引以为朋者，都是假意。及其见利，则争先取之，不肯少让。或利尽则交绝，反相倾害，虽兄弟至亲亦不能保，何况他人？所以

欧阳修

欧阳修于宋仁宗天圣八年（一〇三〇）进士及第，历仕仁宗、英宗、神宗三朝，官至翰林学士、枢密副使、参知政事。死后累赠太师，楚国公，谥号「文忠」，故世称欧阳修文忠公。欧阳修是在宋代文学史上最早开创一代文风的文坛领袖。在史学方面，欧阳修也有较高成就，他曾主修《新唐书》，并独撰《新五代史》,另有《欧阳文忠集》传世。欧阳修在书法方面也有着很深厚的功力。

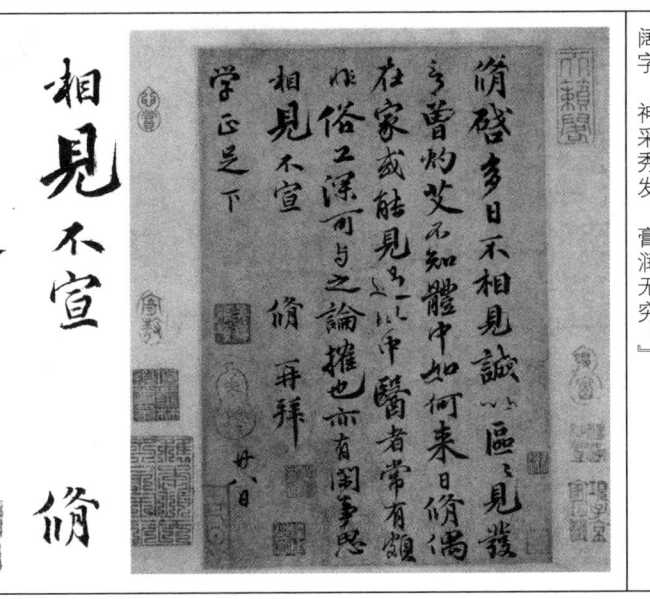

欧阳修书法

苏东坡评价欧阳修的书法：「用尖笔干墨作方阔字，神采秀发，膏润无穷。」

说小人无朋。若君子则不然，所操守者在道义，所践行者在忠信，所爱惜者在名节。以此修身，则彼此切磨，同道而相益；以此事君，则日夜不懈怠，同心而共济。且自始至终，真切无二，这才叫作朋友。所以说唯君子有朋。为君者，但当虚心鉴别，孰为小人之伪朋，则退远之，孰为君子之真朋，则进用之，天下就太平了。何必以朋党为疑，使小人得以借口，而君子不能自保？修凡论事，俱恳切正直，无所隐讳，人都恨他，视之如仇敌，思欲害之。

今评

韩非子说"朋党比周以弊主"。在我们的印象中，结党后面总连着"营私"二字，"朋党"一词在传统上属于贬义词。但欧阳修不愧是唐宋八大家之一、文坛领袖，他大胆地突破世俗的传统观念，明确承认"朋党"，并赋予其新义——君子有党、小人无党，提出了新的见解——君子团结而齐心国事、互相帮衬，小人结合而勾心逐利、互相残害，显示了变革理论的勇气，也对夏竦等人为首的反对派予以坚决的回击。

五代十国至北宋

〇八五

只有仁宗知道欧阳修敢于直言，特加称赞奖励，环顾群臣说："人臣正直者少，阿随者多。如欧阳修者，何处得来？"赞叹其不可多得。

按朋党之论，欲人主退小人，用君子，其言甚切。然正人指邪人为邪，邪人亦指正人为邪，难以辨别。何况小人之言，依附众人，敷衍逢迎而容易入耳；君子之言，公正直切而难相容。自非明主先正其心，以端正好恶之源，没有不为小人所迷惑者。仁宗能用范仲淹等于弃逐之后，奖励欧阳修于众恶之中，君子满朝，一时称盛，也可谓宋之明主。

杜衍守正不阿，数驳仁宗圣旨

庆历四年九月，宰相晏殊罢任。仁宗以枢密使杜衍（北宋名臣，为人刚正，执法严明，以善辨狱闻名，对法律条文多有革新，屡著政绩）任宰相兼枢密使，参知政事贾昌朝为枢密使，召工部侍郎知青州陈执中为参知政事（副宰相）。

杜衍在枢密院守正不阿，未尝以朝廷官爵轻易与人，每有内旨（皇帝私人旨意，非宰相府正式议定的官员）传达升迁官员，衍都停止办理，不与政府行文和手续，压下皇帝诏旨至十数通，然后退还皇帝，竟不许传出。仁宗知道他忠诚国事，正直无私，愈加信任重用。

一日，仁宗对欧阳修说："杜衍退还朕的圣旨，外部官员也知道这件事吗？与此当事人或许知之。至于他人在朕前求官谋进者，朕每每告诉他们，有杜衍在朝，必然行不通，因而遂放弃者，比退还之数还多。这些事外人不知道，而朕明白啊！"

> 古者爵人于朝，与众共之，虽天子不得私以与人。若使私自请求进用者皆从内旨，则是以天下名器为人主私自买卖之物。杜衍封还内旨，最为忠直。然仁宗不以为忤其意，反称赞之，也是贤君啊！

仁宗拒献祥瑞

仁宗皇祐三年夏六月，下诏天下州郡，自今以后，毋得贡献祥瑞等物。此时无为军（地方武官。无为，今安徽省无为县）茹孝标献芝草三百五十本于朝，希图恩宠。

仁宗不悦，拒绝之。因而下诏："天子职养万民，明王不宝异物。朕无有所好，只以丰年为瑞，贤臣为宝。时和物平，五谷丰登，则百姓安乐，而国本安于泰山，岂不是祥瑞；贤俊登台，君子满朝，朝廷有人，而国势重于九鼎，岂不是国宝。至于草木虫鱼之异，饥不可食，寒不可衣，有之不足为重，无之不足为轻，徒惑人耳目，荡人心志而已，有何崇尚！茹孝标妄献瑞物，本当治罪，姑且从宽免，不欲追究。其布告天下，自今勿得贡献瑞物。"

> 大抵人主好尚，关系甚大，不可不谨。除天下税收外，凡有不时进献者，即系谄邪小人，败坏圣德，以为希宠谋求仕进者，所宜重加诛绝者。然小人百计钻营，为术甚工，而人主一念不谨，即为所惑，若非真以亲贤乐善、保国爱民为心，未有不为嗜欲引去者。

所以丰年为瑞，贤臣为宝，真治天下之药石也。明主其深念之。

举文彦博、富弼为相

仁宗召忠武军节度使文彦博、宣徽南院使富弼（北宋名相，文学家。

富弼

富弼，字彦国。北宋名相，文学家。富弼多次出使辽国，对西夏情形也十分关注。他利用自己对宋、辽、西夏三国关系的透彻了解，帮助宋朝撬开辽夏同盟，使宋、辽、西夏三足鼎立的格局逐渐稳定。

为人温良宽厚，及临大节，慷慨莫屈。与韩琦、范仲淹、欧阳修并称"北宋四杰"）还朝，同平章事（宰相）。

史臣叙说，当初文彦博与富弼同召至国门外，仁宗因两人都是前朝大臣，德高望重，特召文武百官都到郊外迎接，以示尊礼之意。知谏院范镇（北宋政治家、文学家、史学家。仁宗宝元元年举进士第一，即文状元。以直言敢谏闻名，生平不信佛事。尝请立太子，面陈恳切，至泣下）奏曰："人君之于大臣，固当有致敬之仪文，尤贵有倚重之实意。若外貌隆重，只以虚礼加之，不若推至诚恻怛之意，专心委任，始终如一，尤为得任贤之实吗？"

等到传宣制书，以文彦博、富弼为相，满朝士大夫莫不私相庆幸，以为老成秉政，社稷之福。仁宗密遣小黄门出外探听众论如何。

及知朝臣相庆，仁宗甚喜，乃谓翰林学士欧阳修："古之明君，其命相或得之于梦，如高宗之于傅说，或得之于占卜，如文王之于太公，都不是偶然。今朕用文彦博、富弼二人为相，虽不假于梦卜，而人情欢悦如此，可谓得贤，岂不更胜于梦卜？"欧阳修于是顿首称贺。

当时，恰巧有契丹使臣耶律防至京城，枢密使王德用与他在玉津园中射箭。耶律防因此对德用说："南朝天子，以文公掌枢密院，任将帅之事，而又用富公为相，将相皆得其人啊！"

人君用一宰相，得其人，则朝野相庆，而四夷皆畏之。不得其人，则不唯朝野失望，彼四夷则窥见朝廷之无人，而侵侮之。仁宗召用二相，深得中外之心，其后韩、范诸臣亦相继柄用，有宋得人之盛，莫过于此，其称一代之令主，非常合适。

铁面无私包青天

仁宗以龙图阁直学士知瀛州包拯，权知（代掌）开封府（京都首府）事，重用之。

包拯（北宋名臣。后世将他奉为神明崇拜，认为他是奎星转世）为人严厉正直，刚毅不挠，深恶当时官吏以苛细刻薄为务。其为政专尚敦笃仁厚，不事苛刻，见了为恶的人，虽是深加嫉恶，如冤仇一般，然待之未尝不以至诚忠恕，情意恳切，未尝弃人于恶。与人相交，必择正人端士，不为苟合，必以诚心直道相与，不为假言语，虚体面，以求悦于人。奉公守法，平生绝不与人通私书。

等到知开封府命下，一时贵戚宦官，皆为之肃然敛手，不敢犯法。吏民畏其严明，不敢欺瞒。下至儿童妇女也都晓得他的声名，因其

包拯

包拯廉洁公正,立朝刚毅,不附权贵,铁面无私,且决断英明,敢于替百姓申不平,故有「包青天」及「包公」之名,京师有「关节不到,有阎罗包老」之语。后世将他奉为神明崇拜,认为他是奎星转世,由于民间传其黑面形象,亦被称为「包黑子」。

曾为龙图阁待制,所以人称他作包待制。京师中有两句戏言说:"关节不到,有阎罗包老。"说别的官都通得关节,可以谋求仕进请托,只有包待制就如阎罗王一般,通不得关节,言其公直无私如神明。又以其赋性严毅不轻喜笑,将他的笑容比作黄河清一般,实属难得。

大抵朝廷之事,自有公正之法,人臣之节,难于无私之心。无私则法行,而天下并受其恩赐。若包拯者,真可谓执法之臣,所以流传至今儿童妇女还称道之,更何况当时呢!然其敦厚忠恕,又其立身行己之本,所以虽执法严明而人民不以为残害。人主得此类人而用之,则可以振纪纲,正风俗,其于治道非小补。

司马光上书三札之一：论为君之德

司马光既主管谏院（舆论机关，负责在朝廷中搜集建议和评论。分设谏官和御史，通称台谏。御史负责组织各种官员收集民间的意见；谏官议论施政的得失，供皇帝参考，包括纠正皇帝的错误），入对之后，又条陈三事，上殿奏之。其一论君德说道："臣深切思虑人君之德，大者有三：一件是仁，一件是明，一件是武。

"所谓仁，不是和颜悦色的姑息，沾沾自喜于私恩小惠以悦人，才叫仁。必须兴教化以正人心，修政治以安民生，兼利万物，使天下百姓各个都蒙被他的福泽，如天地之无所不容，这才是人君之仁。

"所谓明，不是苛刻伺察，特意在小事上见私智以惊人，才叫明。必须明白道义行为是否合宜，识别安危而不失其事机，辨别贤愚使人品无所混淆，辨明是非使国是无所摇乱，如日月之无所不照，这才是人君之明。

"所谓武，不是强亢暴戾，刚愎自用，敢作敢为而不顾，才叫武。必须凡做任何事，都以道理衡量，道之所在，即断然行之而不疑。虽有奸邪之人，不能为之迷惑；虽有谀佞之言，不能为之移动。如

司马光

司马光，字君实，号迂叟，世称涑水先生。北宋政治家、史学家、文学家，自称西晋安平献王司马孚之后代。历仕仁宗、英宗、神宗、哲宗四朝，官至尚书左仆射兼门下侍郎。为人温良谦恭、刚正不阿；做事用功，刻苦勤奋。以"日力不足，继之以夜"自诩，堪称儒学教化下的典范。

雷霆之无所不服，这才是人君之武。

"这三件不可缺一。仁而不明，则虽有仁心仁闻，而人民不被其福泽。如有良田，而不能种作的一般。明而不武，则见善而不能任用，见不善而不能弃去。如看着田苗被杂草荒芜，而不能耕耘的一般。武而不仁，则但知威严以察下，而无慈爱以润物。如但知收获，而不知种作的一般。三者兼备，然后威福并行，刚柔相济，万事和平，而国家治平强盛。少了一件，则德有所偏，事有所失，而国以衰弱。少了两件，则其偏愈甚，其失愈大，而国以危险。三件通无，则君德全亏，天命去，人心离，国家就败亡了。所以人主务必修养三德，这是治国安民的根本啊！"

司马光既论人主当用三德，遂直指仁宗说："臣真切看见，陛下天性慈祥温惠，处帝业而能谨察细微，居崇高而能接遇臣下。乡里小民，育之如子，群生庶类，泛爱不遗，虽古先圣王之仁，这就最好了。然而登极近四十年，而朝廷纪纲尚有亏缺废坠之处，乡里穷民尚有怨咨愁叹之声，这是为何？我私下认为，这是群臣不肖，不能仰承德意，以张扬圣化；或许陛下于仁、明、武之三德，还有万分之一没有完备？臣伏见陛下之待群臣，推诚相待，从无猜疑，并且端正无为，默言不发。群臣各以其意见，有所陈奏时，陛下不再咨询访问他所奏之事的利病，深入考察他所言之事的得失，一切都允许实行。假使陛下左右前后、股肱耳目之臣，都是忠实不欺、守正无私之士，则如此对待，可谓至善。假设或有一奸邪参于其间，陛下从不反对，一切听其所为，必至祸国害民，危亡立见，岂可不为之寒心？

"陛下仁则有余，而明、武尚有所不足。臣愚，伏望陛下以此天性之至仁，培养国脉，而扩大日月之融光，加强鉴别能力，提升刚强之明断威武，以收揽王权纲纪。使善者得以发扬，虽微而必录；

恶者不能逃遁，虽细而必诛。则明与武，足以济其仁之所不及，而三德齐备，才能叫帝王的全德。以此为治，虽唐虞三代之隆，也没有多远！人君父母天下，使可以仁厚治之，何乐于明察，亦何乐于威武？只是人情之隐伏无尽，事物之变幻无常，一不明则受其蒙蔽，一不武则至于废弛。自古昏懦之害比严察苛刻更明显，所以必须以仁为根本，而济之以明武，然后为帝王的全德。"司马光之言，切中仁宗为人处事的病根，愿有志治理者深深省察。

> 按司马光所谓仁、明、武三大德，即孔子告鲁哀公所谓知、仁、勇三大德也。三德人所同具，但为私心欲望所屏蔽，其开始时虽然非常微小，而其后遂至于昏愚残暴而不自觉危亡之祸，皆由于此，不可不畏啊！孔子说："好学近乎知，力行近乎仁，知耻近乎勇。"此人君修德之要务也。

司马光上书三札之二：君主临御臣下之道

司马光上书第二札是论人主临御臣下之道，说："人主治天下之道，固然是万绪多端，然其大者，只有三件而已。一件，选任官职，必当其才；一件，有功必赏，而赏当其功；一件，有罪必罚，而罚当其罪。

"自古明君，未有舍此道而能治理天下者。今国家御群臣之道则不然。吏部凡有升迁，只算他任职时间长短而进升官职；凡有官吏考选登录，只照他出身资格而授以职位任事。若他年资已深，则不问其人之贤愚，虽日常平庸恶劣者，也能获得高位；若他资历仕途相当，则不问其人之才能否，虽不堪职责者，都得以滥竽充数。这岂是任官之道？还不仅这些事情。今日国家凡有升赏，只采访人之虚名，而不核察其实际行为；凡有罢黜处罚，只在那文移案牍上责其罪状，而不审察其本意之所在。以名行赏，则天下之人都将旷废本业，崇尚虚名，以求功绩；以文行罚，则天下之人都将隐匿真情，玩弄文法，以逃避罪责。这岂是信赏必罚之道。

"陛下诚能博选在位之臣，务必令有德行者，使之主管教化以表正风俗；有文学者，使之待顾问以辅养圣德；有才能者，使之为郡守长官以安理百姓；有勇略者，使之为将帅以镇抚四夷。不论为官年资之长短，而论人品之贤愚，不论出身之资格，而论才能之称否。有功则增俸升官，或加赏，使之久任而不迁他地；无功则或降职罢黜，或废弃不用，更求有才能者以代其职，有罪则或流窜，或刑诛，必论之法律，而不能姑息宽待以至于养恶容奸。这等治理部下，然后人人各善其能，事事各得其理。如此而朝廷有不尊，万事有不治，百姓有不安，四夷有不服，则是为臣诈妄不忠，请诛杀我伏面欺君之罪。"

按司马光此疏，不是说资格可废。用人以资格，虽有贤愚同滞之叹，而可以抑奔竞，防奸私，定才品，其法终不可改。但是，当以资格待常流，以超升待异才。然而，非人主明目达聪于上，安得异才而升用之？所以，司马光以此希望仁宗，真得知人官人之意，而明主所宜深念。

司马光上书三札之三：论拣选军士之道

司马光上书第三札专论拣选军士，大略说："养兵之法，贵精不贵多。精则一可当十，百可当千，何贵于多？若多而不精，虽有百万之众，亦徒寄虚名，费粮饷而已。"仁宗以其第一札论仁、明、武三德，留皇宫中自我反省观览；第二札论任官赏罚的，送中书省（皇帝直属的中枢官署，负责发布皇帝诏书、中央政令的最高机构）综核庶职；第三札论选兵的，送枢密院戒谕拣军官。

司马光又奏曰："朝廷每年降赦书（颁布赦免罪犯的文告），免除释放罪人，虽是与民死而复生之意，其实害处多，利处少。法以布信，犯者罪必不免，然后人不敢犯。若一赦之，则为恶者无所惩，而犯法者愈众，非国家之善政也。昔日汉臣吴汉临终对光武说：'臣死无所言，唯愿陛下法必行于奸人，慎无轻赦而已。'又汉隐士王符作《述赦篇》亦说：'为国者，必先知民之所苦，祸之所起而禁之。'今日贼人害良民的甚多，使被害而不得伸，见仇而不得讨者，莫大于数赦。恶人昌则善人伤。诸葛亮治蜀，蜀人称其贤，也说军旅屡兴而赦书不妄下。由此观之，则古之明君贤臣皆未尝以赦为美，正以其害多而利少的缘故。岂非今日所宜慎！"

> **今评**
>
> "嘉祐三札"堪称司马光毕生的政治精华。在这三札之中，司马光分别从皇帝、官僚和军队三个方面简论了当时宋朝存在的问题，并提出"天子仁、明、武""官需度材而授任，量能而施职"和"精简无能军队"的三条大改革方向和措施，充分显示出司马光高瞻远瞩的全局观、为政方针的稳健性及改革措施的务实性。所以，司马光不仅是历史家，也是政治家，还是改革家。只不过，他反对王安石急功近利的改革，反对利国而不利民的改革罢了。这也是他向皇帝反复阐述为君之仁、为君之明、为君之武的深意。

国家养兵之费皆取于民，若多而不精，则以民之膏血养无用之兵，无救缓急而反为民所累。至于威奸惩恶，正是除民害。数赦天下有罪之人，则恩惠奸轨而贼害良民，非先王五刑五用之义。何况奸猾之党有知赦书之必下而故犯者，其风气岂可助长？司马光之言，切中时弊，明主宜慎思之。

司马光上书五事之一：论保业守成

司马光既进三札之后，又上书五事，叫作五规。

其一是保业，大略为："天下是重器。其开创而得之者，固为至难，其继世而守之者，也非容易。何以见之？王者初受天命，起于草莽之时，天下之人都与我比肩共事，素无统属。一旦与他每斗智较力而争天下，直到百战之后，彼智竭而不能抗，力屈而不能支，然后降心服气，稽颡（古代一种跪拜礼，屈膝下拜，以额触地，表示极度的虔诚）而臣服于我。当此之时，若有一人的智与我相偶，则天下便中分而为二，有两人的力与我相参，则天下便鼎足而为三。有智力者愈多，则海宇瓜分，疆土割裂就更严重了。自非真命天子，智同鬼神，力夺造化，首出于一世之上，则天下不可得而混一。这岂不是得之艰难吗？

"等到开国继世之后，群雄已服，众心已定，天下之势归于一家。为之子孙者，自以为传之万世，可以长享富贵，如泰山之不可动摇。于是，骄侈惰慢之情生。骄心既生，则必至于玩兵黩武，勤远略以事四夷，穷泰极侈，竭民力以供耳目。至于神怒于上而不恤，民怨于下而不知，一旦众心离散，涣然不收，瓦解土崩，四方糜烂，如秦二世、隋炀帝是也。皆因一念之骄，以至于杀身亡国而不知，这岂不是守之艰难？"

> 然创业之难，人所皆知，守成之难，人所易忽。创业之难，难于智力之不足；守成之难，难于富贵之有余。继世之君，若不深思创业之难，则以骄惰失之者多。可不戒哉？可不惧哉？

司马光上书五事之二：论惜时审势

司马光进五规，其二为惜时。大略为："隆盛之时，难得易失。《易经》上天地交为泰卦。泰之极，则变而为否（pǐ，卦名）。天地不交为否卦，否之极，又转而为泰。治乱相生，乃天运之自然，有不可常恃其治者。所以丰卦民物通达，若可无忧，而又谓王者至此，宜戒于日中。孔子《象传》解释说：'天地之数，自盛必有衰，如日到中天，其势必昃（zè，太阳偏西），月到盈满，其体必亏。'人君处丰大之世，虽若无虞，而不知盛极当衰，实有大可忧者在啊！因此，圣人当国家隆盛之时，常存日中之虑，戒谨恐惧，日甚一日，所以能挽回天运，保令名于不坠，延国运于无疆。若失此不为，使颓败之势已成，后来虽顿足扼腕而恨之，也不能改变了，怎可不惜时？"

司马光上书五事之三：论深谋远虑

司马光进五规，其三为远谋。大略为："天下之患，有隐于幽远而不在目前者，人君当思虑忧患而预备之。《诗经》中的《豳风·鸱鸮》说：鸟之为巢，及天未下雨之时，取那桑根的皮，修补巢之牖（yǒu）户（鸟之窠巢通气出入的去处）以防患害。所谓'迨天之未阴雨'者，比喻国家当承平之时，上下安闲，无水旱盗贼之警，如天气晴明，阴雨未施之日。所谓'彻彼桑土'者，说贤才隐居于卑微处，当急切求之，以待国家之用，如鸟之取桑根皮。所谓'绸缪牖户'者，说资借贤才之力，以修明其纪纲，整饬其政教，如鸟之绸缪牖户，而不使倾覆。"天下之事，谋之于目前，则仓卒苟且，而无救于败。谋之于久远，则从容周密，而不至于败。所以孔子说"人无远虑，必有近忧"。

古之圣王，方暑而忧寒，方食而备饥，惕然远览，不敢荒宁，正为此意。愿治者宜永念之。

司马光上书五事之四：论严谨慎微

司马光进五规，其四为谨微。大略为："天下之患，每起于至微，不可不谨。且如宴饮安逸怠惰，暂且任意，不过此心之少懈怠些。然而，由此不已，必至于沉湎酒色，以穷极心意之娱，却是开启荒淫之根源。奇巧珍玩，偶然好之，不过此心之少奢侈些。然而，由此不已，必至于穷极靡丽，以供耳目之欲，却是启发奢侈贪欲之开端。或为亲近崇信之人，甜言美语，为悲哀可怜之辞，有所求乞，而遽听许之，则必然至升迁赏赐纷纷，侥幸之途自此而开始了。或为阴暗私心之辈，附耳而言，屏人而语，专为诡秘，而不早斥之，则必至于颠倒是非，逸害之门从此而开了。爵赏乃朝廷之名器，不可不惜，一不加惜而轻与人，则位愈高而势愈逼，而僭逼之源，就是自己导致的。赏罚乃天子之威福，不可下移，一日下移，则王权日去而帝势日卑。而侵凌劫夺之柄，也是自己送授的呀！凡此六者，方其初起之时，端倪甚微，常以为无害而不谨慎注意。然日滋月益，渐增渐长，遂

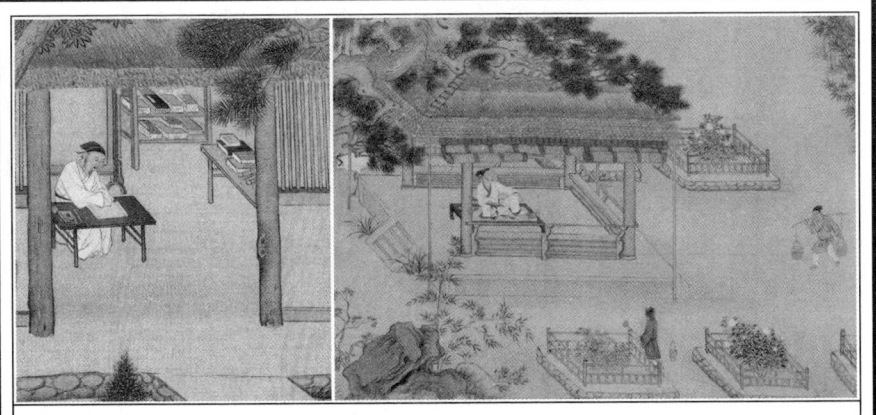

司马光"独乐园（部分）"

"独乐园"中有"弄水轩""读书堂""钓鱼庵""采药圃""种竹斋""见山台""浇花亭"七景。仇英以此为题，用青绿法依次绘成，整幅图精工中见秀丽，有宋元工笔之遗韵。

至于深根固蒂而不可救。至于知其为害而后改图，则用力非常艰难，要百倍之力于前。岂如禁于未发之前，为之也易吗？"

《周书》有言："勿谓胡害，其祸将大；勿谓胡伤，其祸将长。"古语说："涓涓不塞，流为江河；萌芽不折，将寻斧柯。"古之圣王，所以为大事于其细，图难事于其易者，就是此缘故。明主应谨慎。

司马光上书五事之五：论务实敦本

司马光进五规，其五为务实。大略为："为国家者，不宜崇饰虚文，须要敦尚本实。如君道莫大于仁。然而，屡赦有罪，沿门散钱，这是姑息之仁。唯义安国家，普利百姓，使天下穷民，各个都受实惠，才是仁之实啊！

"君德莫先于孝，然而建立宫庙，修正御容，这只是孝的一小细节。唯保守祖宗之绪业，传之子孙，使先祖之美德，世世可以遵行，才是孝之实。礼，不是繁缛之称谓，恭敬和谐有序，才是礼之实。乐，不是器数之称谓，必和气通于上下，亲爱行于远近，风俗和乐，不相离怨，才是乐之实。查考文书，不是政之要领，唯辨别黑白是非，审定好恶，使万事各当于理，才是政之实。苛责法律条文，不是刑之本务。唯深究奸邪，禁止暴乱，使威令必行于下，才是刑之实。求贤，不在文词之间，察之以言行，试之以政事，取有益，罢无用，才是求贤之实。审官，不在出身资序之间，量其才能之大小，考其功状之上下，进有功，退不职，才是审官之实。纳谏之道，不贵于从，而贵于审，必问其安危之缘故，咨访其治乱之缘由，略浅近之言，而图久大之计，才是纳谏之实。治兵之道，不贵于多，而贵于精，必选勇敢果断之士，演习战斗之方略，入可以守，而出可以战，才是治兵之实。凡此十者，皆务实之道。实存，则不求文而自文。若实之不存，虽有文采之饰、歌颂之声，也终必败亡，有何益处？"

仁宗见其疏，深表赞赏并接纳。

司马光之五规，事事恳切。至于务实之言，尤中时弊。天下所以不治者，只缘本实不存，虚文日盛。方其无事时，就称为太平盛世，迷惑耳目。一旦有事，则百孔千疮，杂然并出。所以象龙不足以致雨，画饼不足以充饥，虚文不足以致治，欲久安长治者，要崇尚务实之风啊！

仁宗之仁德

这一段是新安胡一桂（南宋易学大家，治朱熹易学，世称双湖先生）总叙仁宗的事，以赞美他的话。宋仁宗可谓一代至仁之主，恩德隆厚。凡死罪囚犯，少有可疑处，必令司法官员拟议上请，多从宽宥，所全活每岁以千计。尝说："朕以好生之心，不曾将死字骂人。骂且不敢，何况敢滥刑而置之死地呢？"

又曾谕告左右："朕昨夜因不睡而饥，偶思烧羊吃。"左右说："何不传旨取讨？"仁宗说："我今取讨一次，以后该衙门便日日准备，遂为永例。朕岂可不少忍一夜之饥，而开他日无穷之杀吗？"

有人献蛤蜊（海鲜，其肉质鲜美无比，被称为"天下第一鲜""百味之冠"）二十八枚，每一枚值钱千文。仁宗说："一枚千钱，二十八枚，直二十八千，一下箸之间，而费钱至二万八千。暴殄天物，我不为此啊！"

契丹使臣来说："高丽国职贡（按时上缴的贡纳）疏慢，今欲加兵伐之。"仁宗谕告说："高丽不贡，这只是他王子的罪，与百姓何干？今若加兵，他必悉力拒命。王子未必能诛，而百姓受到杀戮就很惨了。"契丹闻听后，竟然为此罢兵。

京师中疫病流行，太医进方救疗。内库出犀角二枝制药，其一乃通天宝犀。或请留下以供上位服御。仁宗说："明主不贵异物，而以爱民为先。朕岂以一犀为贵，而轻贱民命，不以拯救啊！"

即此五事，可见仁宗之心，无所不用其仁。有罪之人尚不忍，何况于良民；蠢动之物尚不忍，何况于同类；异国之民尚不忍，何况于本国；服御之珍尚可舍以救民，何况于他物。此心即天地生物之心。仁宗享四十一年之太平，而为宋之称首，是应得的。

尊崇儒学，弘扬文教

胡氏又赞仁宗说，当初，端明殿学士苏辙（北宋宰相、文学家，"唐宋八大家"之一，与父亲苏洵、兄长苏轼齐名，合称"三苏"）应举之时，制策中极言得失，且于禁廷之事尤切。考官胡宿以为不逊，请罢免之。仁宗说："设科策士，本求直言。今却以直而摈弃，是外务求言之名，而阴实阻之。朝廷诏令，先自背驰，如何取信天下人？"竟不罢免。

仁宗平生好学不倦，崇重儒臣，常与诸臣讲明治理，以维持斯道于不坠。上承太祖、太宗、真宗维护此道之心，下开濂洛（周敦颐讲学于濂溪，程颢、程颐讲学于洛阳，后世以濂学、洛学称之）诸儒道学之嘉言懿行，尤为盛美而莫及者。仁宗一日御经筵（专门为帝王讲论经史而特设的御前讲席。宋代始称经筵，讲官多以翰林学士充任，或以有名望的学者或官员兼任），对侍臣说："朕每听诸臣讲解经史，真觉意味深长，虽盛暑未尝少有厌倦之意。朕殊不为劳累，但恐怕卿等劳累啊！"

苏辙

苏辙与父亲苏洵、兄长苏轼齐名，合称"三苏"。其生平学问深受其父兄影响，以散文著称，擅长政论和史论，苏轼称其散文"汪洋淡泊，有一唱三叹之声，而其秀杰之气终不可没"。其诗力图追步苏轼，风格淳朴无华，文采少逊。苏辙亦善书，其书法潇洒自如，工整有序。

苏辙的书法

苏辙的书法潇洒自如，工整有序，有较高造诣。

仁宗以教化之本在于学校，诏告天下州县皆立儒学，仍亲定太学生员，以名儒孙复、石介、胡瑗（北宋初年三大儒，世称"宋初三先生"，他们以组建书院、传道讲学为终生职业，为宋代学术兴盛和新儒学的发展做出了卓越贡献）为国子直讲训诲之。王尧臣及第，则赐《中庸》篇。吕臻及第，则赐《大学》篇。这两篇书载在戴记（汉儒戴德、戴圣所定的《礼记》）中，向来没有表彰者。仁宗独以《中庸》一书树"中和位育"之教化，《大学》一书立"修齐治平"之准则，所以特表而出之，以风气激励儒臣，使家藏而户习。

此时，还没有"四书"之名，而《大学》《中庸》二篇盛行于世。后来与《论语》《孟子》列为"四书"，是从仁宗开端的。

按三代以后，世不乏英明之主，然而，不是习于功利，就拘于词章，未有究心于圣贤之学者。而仁宗却能崇儒重道，表彰微言，使濂、洛诸儒得以延展其道统于不坠，其功大也。其日御经筵，盛暑不倦，所以心志无所分，聪明无所眩，而义理自为之融通。有志于圣学者，尚念之啊！

神宗

名顼，英宗长子。昔仁宗无子，养濮王允让之子于宫中，后即位为英宗皇帝，在位四年崩。顼即位，在位十八年，庙号神宗。

—— 司马光推崇惠民，王安石重视国富 ——

熙宁元年冬十一月，神宗初即位，亲自祭祀上天于南郊，大赦天下。此时，宰相以河北旱伤，方议免税济灾之事，而国用不足，乃辞免南郊所赐金帛（宋时天子每一行郊礼，即恩赐满朝大臣及子女金帛，费以百余万计。故人主虽在位久者，其亲郊亦不过一二次而已），以佐国用。神宗下诏让学士议论。

司马光奏说："救灾是国家急务，节用为理财良法。若欲节用，宜从贵近大臣开始。宰相既辞，即宜听从。"王安石奏说："昔唐时宰相常衮，辞免堂馔（唐时宰相有日赐御馔，可食十人，叫作堂馔），当时人讥之，以为衮若自知不堪相位，

宋神宗

赵顼由于对疲弱的政治深感不满，且素来欣赏王安石的才干，故即位后立即命王安石推行变法，以期振兴北宋王朝。

便当辞职。既居其职，则常禄乃朝廷之所以养廉，何必辞呢？今南郊恩赐，乃国家常典，宰相也不必辞。若国用所以不足，不是无财，是无善理财之法。"

司马光驳之说："你所言善理财之法，不过是秦始皇时头会箕敛（秦始皇时赋税繁苛，计人头出谷以箕敛之，故称头会箕敛），加赋小民而已。"王安石说："不然。善理财者，不必加派于常赋之外，而国用自足。"

司马光说："天下安有此理？天地所生的财货百物，止有此数，不是散之而在民，即是敛之而在官。彼设为巧法以夺民财，其害无穷，乃甚于加赋。所谓不加赋而自足，是汉时奸臣桑弘羊（西汉御史大夫，先后推行盐铁官营、均输、平准、酒榷等经济政策，增加国库收入。但其政策也被称为"与民争利"，屡被上下批评。霍光执政时召开"盐铁会议"，部分经济政策被废除，以缓和矛盾，顺应民心）欺罔武帝之言。司马迁作《史记》，特书之以讥武帝之昏愚，垂戒后世。"

两人争议不止，神宗说："朕意也与光同。宰相辞赏，可以许从。然而，暂且以不允许答复，以见朕优礼大臣之意。"于是，命安石草诏。安石遂引常衮辞堂馔故事，以责备中书、枢密两府，令其必受赏赐。两府官遂不敢再辞赏。

《大学》说："生财有大道，只是务本节用，此外更无别法。"人主若能节用，则四方所入，自然有余，何用巧取于民呢？司马光之言，诚万世不易之论。

富弼上书，谴责安石

此时，神宗因各处灾荒，天变屡见，乃避正殿而不御，减省常膳，撤去音乐，以示修省之意。王安石面奏神宗说："凡灾异都是天时流行，气数使然，不关人事得失。人主但当尽其所当为者，不必拘泥灾祥之说，穿凿附会以求合上天之意。"

当时，富弼才自汝州召还，路途中闻王安石之言，乃叹曰："人君处崇高之位，他无可畏，只有天鉴于上，一举一动，祸福随之，为可畏。若谓天不足畏，则骄奢淫虐，何事不可为？此必是奸人欲进其邪说以乱天下，恐廷臣排斥其非，所以倡为此言以摇惑上心，使辅弼谏诤之臣无所施其救正之力。此治乱之机，关系不小，不可以不速救。"

富弼立即于途中上书数千言，极论天人相应之理，且杂引《春秋》灾异之事，《洪范》五行五事，灾祸应验之说，古今传记，人情物理，确实不爽者为证，见其说之必不对。

等到进京入对，又言："为治不难，难于用人。君子进而小人退，则王道日长；小人进而君子退，则王道日消。愿陛下深加辨察。听言必虚其心，勿以同于我者为喜，异于我者为怒；用人必考于众，勿以我所喜者用之，我所怒者舍之。并且，陛下好使人探察外事，意欲自广其聪明，而不知奸险之人，得因此而行其毁誉，适为蒙蔽之地。另外，今日中外政务，渐有更改，此必小人献其邪说，而陛下不及深思的缘故。大抵小人之情状，唯喜朝廷动作生事，则其间可以邀功希宠，有所图望。若朝廷守静无为，则事事都有成法，无功可见，无宠可希，小人何所望？所以，凡为更改之说者，必是小人欲逞其私意，尤愿陛下深烛其奸而早日罢黜之，无使后日有败事之悔。"

富弼此言，是厌恶王安石之纷更多事，所以于天人感应之理，王道消长之机，辩之不遗余力，至于说小人唯喜动作生事，则又深烛其微，而预防其变法之渐。老成之忠于谋国如此。

神宗重用安石，天下论议纷纷

熙宁二年二月，神宗以翰林学士王安石为参知政事（副宰相），预闻朝廷机要事务。此时，神宗欲用安石为相。曾公亮（北宋政治家、文学家，曾为三朝元老，影响力极大）以安石素有才名，因力荐之。

参知政事唐介（北宋著名谏臣。其为人深明大义，德行高尚，幼时父亲卒于漳州任上，州人知其贫困，集资相助，他谢绝不取。为官清正廉明，不畏权贵，与包拯一样刚正不阿，深得民心，士大夫称"真御史必曰唐子方"）上奏王安石不可大用。神宗问其缘故。介对曰："安石虽好学，多读古书，但执泥不通。凡有议论，多迂阔难行。若使为政，必且取祖宗成法多所变更，非国家之福。"介退朝，与曾公亮说："安石假若大用，天下必从此困扰多事，诸公当自知之，恐他日悔之无及。"

神宗见人情不平，又问于侍读（陪侍皇帝及皇子读书论学的官员）孙固（北宋大臣，官至宰相，以切谏闻名）。孙固对曰："安石文章品行，卓尔不群，使之居侍从献策之职，则可以。又如宰相，当有休休容人之度。而

王安石

王安石自幼勤奋好学，博览群书，年轻时就立下"矫世变俗"之志，故进入仕途后力推变法。

安石性格偏急而狭隘，缺少包容气度，并且与人多有矛盾，天下贤才岂乐意为他所用？必欲求贤相而用之，如翰林学士吕公著、司马光，龙图阁直学士韩维，此三人皆时望所归，真宰相也。何必重用安石？"

神宗不以诸臣之言为然，竟用安石。拜相之后，神宗谕之："他人都不知卿，言卿只会读古书，知经术，不晓得经世之务。"安石对曰："经术、世务原非二途，古先圣王之道，句句都可施行，经术正所以能经营世务。"

神宗又说："朕今日用卿，卿所施行政令，当以何者为先？"安石对曰："今日天下风俗颓靡，法度纵弛，上下务为姑息，不可以兴治。必须变风俗以去顽习之弊，直法度以定经久之规，此是今日急切要务。"神宗深纳其言。

大抵天下之事，久则不能无弊，固然宜通变。然而，也需合乎人情，宜乎风俗，从容改图，循序渐进，而后天下蒙其福。宋至神宗，国势逐渐有衰退之象。安石所谓变风俗，立法度，未为不是。但其不达事理，不识时宜，直任己见而专务更改，遂使天下扰攘不宁，丧其乐生之心，而君子为之一空，有才而无识，可惜啊！明主当以此为鉴，审察治体，因革制宜，则可永保大业。

程颢为政之德

神宗以晋城（今山西晋城）令程颢权监察御史里行（代理御史）。

程颢为河南人，当初举进士、任晋城县令时，其为政之道，专以化民善俗为要务。民有事到县，必告以孝亲弟长、忠信不败的道理。量度乡村远近，立为保甲之法，使之力役则彼此相恤，而不至偏累，奸伪则昼夜相追，而不得容留。凡地方有孤寡茕独，及残疾废弃之人，责令亲戚乡党，接济帮助，使其不至于流离失所。行旅之人路过，或有疾病，提供药食以养之。

每乡必设有小学，教其子弟。空暇时亲到学中，召父老与之言语，访问民间利弊。儿童所读之书，程颢亲自为正其句读。教者或不善则更易之。又于其中择子弟之秀敏者，聚而教之，以责其成才。乡民有作社会者，程颢替他立下条约，为善的众共场所称道之，为恶的众共场所教诲之，使善者有所劝，而恶者有所耻。在县三年，民爱之如父母。

因此，御史中丞吕公著推荐

程颢

程颢曾和其弟程颐学于周敦颐，世称"二程"，二人同为北宋理学的奠基者。"二程"学说在理学发展史上占有重要地位，后来为朱熹所继承和发展，世称"程朱学派"。

程颢为御史。神宗素知其名，时常召见，问以朝政得失。每于颢将退之时，必吩咐说："卿可频来求对，朕欲常常见卿。"

一日，神宗与颢从容咨询访问，自早上入对，不觉到正午时分。颢闻报午时，方才趋出。宫廷中人问："御史奏对许久，难道不知皇上犹未进食吗？"颢前后进说甚多，大要欲神宗正心克己遏欲，以端正教化之原，求贤育才，以资治理。每进对，务积诚意，以感悟人主。尝谓人主处富贵之极，欲心一萌，难于禁制，骄心一生，易轻视贤士大夫，所以每劝神宗以道御情，预防未萌发之私欲，以及勿轻慢天下贤士，使他们乐为我用。

神宗感其言，于是俯身致敬而答之，说："卿言非常真切，朕躬身践行，当为卿戒之。"

> **今评**
>
> 程颢，学者称明道先生，是我国宋明理学的开创者和奠基人之一。他不仅在学术上有辉煌成就，在为政与做人等方面，均表现出了高尚的道德风范。如他任御史期间，多次上书宋神宗，指出变法不能成功的理由。因为反对变法者太多，且都是当朝名臣，还有充分的反对理由，天下没有反对者过多而能成功改革的例子。再如王安石与大臣们讨论变法时，一遇不合己意，必声色俱厉，暴跳如雷。某次，恰好程颢在场，他不慌不忙地劝道："天下事非一家私议，愿平气以听。"王安石见程颢所言温柔敦厚，又道理俱在，颇具君子之风，所以对他也心存尊敬。

城有贤令，则民行修而一方治；朝有贤士，则君德修而天下治。观程颢所以为令、为御史者，皆可为治民事君之法，神宗有大儒而不能用，岂不是喜悦而不善行的原因吗？

——政见不合，富弼辞相

熙宁二年冬十月，左仆射门下侍郎平章事富弼罢解相职。此时，参知政事王安石方受知神宗，柄权用事，议论偏执，素与富弼不合。弼自度难以救正，告病求去。

奏疏至数十次进上。神宗将许之，因问说："卿若去，谁可以代卿者？"富弼荐侍中文彦博,久历将相,老成持重,堪以托用。神宗方喜于有为,轻视彦博清静无为,以为无能,默然不答,良久方说:"王安石才识甚高,卿以为如何？"弼知上意难回,默然不对,微示不足之意。

富弼遂罢相,出任亳州。弼常说:"国之盛衰,系于君子小人之进退。君子若与小人同朝而处,则君子必败！为何？君子以正道自处,如道有不合,即奉身而退,乐天知命,遁世无闷而已。

富弼

富弼是一位有胆识的士大夫,他反对王安石变法,这是他认清事实之后的理性判断,不是官僚间权力的争斗。

小人心怀邪媚,若有不胜,则交结朋党,挑拨煽动凶恶之徒,千岐万辙,变幻不测,必至战胜君子而后已。等到其一旦得志,遂为罗织构罪,以肆意毒害于善良。所以,朝廷正人如果逃亡,邦国困危,求天下不乱,不可得。君子小人之进退,岂可忽视啊！"

按富弼此言,可谓深知人情。知人则哲,自古难之,岂独小人难辨,虽君子亦有不易知者。王安石其初不可谓非君子,然而因他性格固执而少容,好学而泥古,遂至引用小人,基宋室之祸。可见人之才不能无偏,用其所偏,也足以招乱,而与小人同归。唯人主以至公至明,用天下之才,则无此弊端。

司马光辞职

神宗以司马光为枢密副使司马光上疏力辞，神宗许可。

史臣叙说，时神宗御临迩英阁（宋代禁苑宫殿名）听讲经史。光读汉臣曹参代萧何为相，凡事一遵萧何所行的，无所变更。神宗因问光："假使汉常守萧何所定之法，世世不变，也可以为治吗？"光对曰："岂独汉守祖法可以常治，假使三代继体之君，常能守其祖禹、汤、文、武之法，则政教岂得废坠，国本岂得动摇，虽至今犹可存。只因他后世子孙，自作聪明，轻改成法，以至于败亡。如汉武帝凭其雄才，把高帝裁定的约束，纷纷更乱，致使民穷财尽，盗贼半于天下。汉元帝任用儒生，把宣帝整理的政事渐次变革，致吏民无所信守，汉业自此而衰。由此言之，祖宗之法皆从创业时熟思审处，至当不易，不可随意而变。"

司马光因反对王安石创立新法，所以为此言以感悟神宗。

时崇政殿说书（为皇室讲解文书的官员）吕惠卿为阿意逢迎安石者，乃进言说："法，哪有常守不变的呢？先王之法有一年一变者，如周官正月之吉，天气始和，县法象于魏阙（宫阙之名，古者悬法象于阙门，其状巍然高大，所以叫作象魏），使万民观刑象，是一年一变其刑象。有五年一变者，如天子五年一巡狩侯国，考较其制度，是五年一变其制度。有三十年一变者，如《周书·吕刑》，谓刑罚世轻世重。三十年为一世，而刑罚之轻重随之，是三十年一变其刑罚。今日如司马光言，则祖宗之法虽百世不可易，其究将使天下坐守其弊不去改变。司马光之意借汉事以讥讽朝廷罢了。"

神宗以惠卿之言诘问司马光，光对曰："如惠卿所称，妄引经义，尤为不当。所谓布法象魏者，谓张布旧法，使民知所守，非新立一法。所谓巡狩考制度者，谓诸侯有不守制度变礼易业者，为不从王者巡狩则诛之，是诛其变法者，不自变。所谓刑罚世轻世重者，谓新立之国，民未习于教，则用轻法以治之，叛乱之国，民化于恶，则用重法以治之。此为世轻世重，非变而为轻重。且人君承祖宗之业，其智虑未必有加于前人，法有不便处，只宜补其偏而救其弊，不可轻有更改。譬如住房子一般，有弊坏处则修理之，非至于大坏时，不可轻言重新更造。重新更造则费多而力倍，未必胜于前，而家业自此则废。今惠卿之言，所谓不务修理而务更造者。岂国家之利？"

司马光前后论辩可谓切直，然神宗不用其言，而徒置之要地，所以固辞不拜。其后，宋业竟以新法而敝，守成业者，可为永鉴。

文彦博罢职

熙宁六年三月，枢密使文彦博罢职，不预朝政。

此时，文彦博久管枢密府事，以宰相王安石多变祖宗旧典，天下不便，乃上疏神宗曰："朝廷四方之极，凡有行事，务须合于人心，广询博采，使众论一致赞同，以静重为先，勿蹈轻举妄动之弊。今陛下励精求治，宜致太平，而反令人心兀兀不安者，更改太过，轻变祖宗之法的缘故。太祖太宗之法皆至精至密，其法于今日，难道都不可行吗？但时代不同，形势变异，就会出现一些偏弊。只宜救偏补弊，以求可行即可，怎能一概而论，彻底更改呢？

"及其最可卑鄙者，如市井上买卖生理，宜从民便，却也设市易司（国家设立商品收买、批发机构，实施商品专卖制度，以赚取利润，补充国库收入，是王安石推行的新法之一），官员为之监督，下至果品微物，也都经官员监卖，岂不伤损国体？市易是商贾之事，凡缙绅士大夫之家，若有经商贩卖、罔利于市者，尚不为清议所容。岂有堂堂大国，匆忙求利不已，而不被四方非笑、公论鄙薄呢？陛下为何不务大体，而着意于小事呢？"

疏上，留中不报（指皇帝把臣下的奏章留于禁官，既不批示，也不交宰相府议论）。于是，文彦博更加力求辞去，遂以原官司空，出判河阳府。然彦博以宿德众望，身虽在外，而神宗之眷念依依不舍，此可见神宗对于文彦博知之未尝不深，尊之未尝不至。然而不能用其言、安其身者，正以追求治理太急，偏听王安石的深故啊！

> 治天下的人，当以天下之贤，共成天下之治。今神宗之所贤者，独安石一人，而老成耆德纷纷隐去，尚可以为治吗？虽加之眷礼，也是虚文而已。

郑侠上流民图

当初，光州司法参军（断理刑狱的官）郑侠（字介夫，号"一拂居士"，英宗治平四年进士。一生为民请命，关心弱势群体，不诱于利禄，不动于私情，虽屡遭打击，而矢志不移。官职虽小，却能以俭素清廉自持，让苏轼"魂梦之间，未尝或忘"，后人尊称其为"西塘先生"），负责监督看守安上门。

此时，久旱岁饥，民不聊生，而执法人员奉行新法，征敛愈急。百姓每四散逃移。东北一带的流民，每遇风沙霾蔽之时，扶老携幼，塞满道路，病疾愁苦，身无完衣。其傍城居民买麻籽、麦麸为粥而食之。或有采木实、掘草根以充饥者。又被官府强征钱粮税，只得拆卸房屋，甚至身被枷锁而负瓦揭木，卖以还官。如此者累累不绝。

郑侠在安上门看守时，见了许多如此情状，心中非常不忍，思量小民这等穷苦，朝廷如何知道？于是，将每日所见，画成图本，叫作《流民图》，又写成《论新法进流民图疏》，连本奏上。上级政府不肯接收，郑侠就假称有紧急事情，发驿马走快递，进呈银台司（门下省所辖官署，掌管天下奏状公文），直接送达皇帝御前。

　　本中说道："陛下近来南征交址（今越南），北伐熙河（今甘肃临洮、临夏等地，又称"熙河开边"），人都以战胜克捷之势，画图来献。至于天下忧苦，父母妻子不相保，迁移困顿，遑遑不给之状，料无一人为图以献者。臣谨将安上门一带逐日所见，画成一图，中间困苦流离之状，百分中画不尽一分。然而，只此一经圣眼，也可伤心流涕了。安上门一处，近在京城附近，尚且如此，何况于千万里之外啊！所以有这样的事情，只因新法不善，贻百姓之害，伤天地之和，所以久旱不雨。今日欲挽回天意，须急罢新法。陛下观臣之图，行臣之言，若十日之内不雨，乞斩臣以正欺君之罪。"

　　疏奏，神宗将此图反复省览，才晓得新法之害如此，长叹数声，一夜不能安寝。第二日传旨，让开封府官罢除免行钱（在京商贾小贩，输钱于官府，就让其正常营业，而免其当行，叫作免行钱）。令三司官审察市易（朝廷出钱购买帛丝货物，然后与民交易，叫作市易），禁革奸弊。司农发常平仓，赈济饥民。兵部三卫（负责熙河开边的部队）上报熙河开边所用兵马及费用，以听裁减。诏告天下诸路（诸省府），各上奏言论百姓流散的原因。青苗钱（当禾苗发青未熟、在田地之时，把官钱借与人户，待收成后加利还官，叫作青苗钱）、免役钱（当役人户，以门第等级状况定出钱多少，免其差役，叫作免役钱）暂且停止。方田（以东西南北各千步为一方，根据土质肥瘠分等定税，叫作方田）、保甲（京畿及河北诸路，各立保甲法，令百姓自费置办弓箭，有战出征，无战训练，叫作保甲）等一起罢行。一时，革去新法共有一十八件。天下百姓欢呼相庆，有再生之希望。

小民穷苦之状，无处不有。但人君深居九重，无由得见，而执法官员又不以时闻上奏。此下情所以不通，德泽所以不达。神宗有感于郑侠之图，而惑于安石之说，以致民心离叛，国本摇动，岂非塞蔽之习已成，而忧危之言难入？此古之帝王所以贵勤问下民，而先知小人之依托。明主宜深监于此。

韩维上书新法之弊、开边之害

神宗未罢新法之时，曾谕翰林学士承旨韩维（北宋大臣、文学家）说："方今久旱不雨，朕闵念小民，日夜焦劳，当如何处之？"韩维对曰："陛下忧旱灾，损膳避殿，意非不诚，但此只是沿袭旧规，举行故事而已，恐不足以上应天变，感动天心。当痛自责己，广求直言，百姓隐苦不塞于上闻，而朝廷得改其缺失，才有益。"

韩维因此上疏，极言青苗与熙河开边（指熙州、河州等六州，五代十国时为西夏、吐蕃所占。北宋熙宁年间，在王安石的支持下，由王韶率兵，先后收复了"汉唐故地"两千余里。北宋虽占领该地区，但需要耗费巨大的人力、物力，每年军费竟达四百万缗（mín），占当年全国财政总收入的十五分之一。而当地人反抗不断，北宋被迫投入更多兵力维护统治。后西夏发兵攻之，灵州、永乐之战，宋军、义保、丁夫死亡六十万，天下震动，神宗临朝痛哭。这也是造成北宋后来灭亡的主要原因之一）之害，于是神宗感悟，即日命维草下诏罪己。诏书一出，人情无不欢悦。适逢郑侠流民图疏也至，所以神宗才慨然独断于心，罢除新法十八事。是日，天降大雨，远近充足，于是辅臣入贺，神宗将郑侠所进图状出以示之，且责其变法扰民。辅臣都再拜谢罪。

王安石因不自安，上疏求去。起初，诏书从宫中传出罢新法，

王安石

神宗因"流民图"罢免王安石的宰相职务，让他去江宁休养。王安石变法运动遭到第一次重大的挫折。

外边人莫知其故，至此知道是郑侠上流民图的原因。安石党中切齿痛恨，遂锻炼其罪（指官吏枉法陷人于罪），拿郑侠付御史狱。因疏中难以指摘，就说他不合程序，擅发驿马快递，以此治罪。翰林学士吕惠卿、御史中丞邓绾共奏说："陛下数年以来忘寝与食，讲求经书，以成美政。天下方才得被恩赐，一旦闻狂夫之言，便轻信之，罢废几尽，岂不可惜啊！"因相与环泣于皇上面前，以蛊惑悚动之。

于是，神宗又失了主张，将一切新法仍都照旧施行。只方田一法，暂且停止，天下再次深受其害。

新法之行，举朝以为不可，神宗不听。等到民害已深，天变示异，方始知惧，而韩维之言、郑侠之图得以感动之。假使能由此省悟，尽复祖制以与民更始，宋祚未可量也。神宗却惑于群奸，甘蹈欺天之罪，竟为有宋基祸之主，岂非万世之永鉴？

直臣吕公著

神宗以端明殿学士吕公著（北宋名相、学者。吕公著讲说以治心养性为本，语约而理尽。在宋代学术史上，吕公著开启了吕学端绪）、工部侍郎薛向同知枢密院事。

公著平生以忠直事主，不肯阿旨取容。在翰林尝至御前读《后汉书》，读毕，神宗偶言及释老（佛教、道教）之事。公著即问神宗："陛下取法尧舜，而谈及释老，不知尧舜当时知此道否？"神宗答说："尧舜是圣人，岂不知此道。"公著说："尧舜虽知此道，然其心之所汲汲者，唯曰知人则哲，安民则惠，以此为难，而不敢空暇放逸，未尝为释老遗世绝俗之事。此所以为尧舜也。"神宗默然不答。

神宗又尝与公著评论前代帝王，谓："汉高祖及武帝俱有雄才大略，非庸君世主可及。高祖尝叙取天下之功，谓镇抚百姓，粮饷不绝，我不如萧何。连百万之众，战胜攻取，我不如韩信。二人皆称名，至论张良，独说运筹帷幄，决胜千里，我不如子房。以子房道高而尊之，所以称其字而不名。"公著对曰："诚如圣谕。"

神宗又说："汉武帝时，汲黯屡好直谏。武帝虽怪他愚直鲁莽，然心敬重之，不戴冠则不相见。后来，汲黯虽犯小法免官，没多久，再召用他为淮阳太守，竟以二千石终其身，恩礼不薄。"公著对曰："所贵乎敬礼贤臣者，为其能用之。武帝之于汲黯，每以切谏不令出入宫廷，是但能不杀之而已，岂真能用之？"

神宗又论及唐太宗。公著说："太宗所以能成其业者，无他法，只是屈己从谏，不以势位骄人，不以才能自以为是，所以人乐为用，而王业遂成。"

此时，神宗临御日久，群臣都畏其威严，莫敢以规讽之言进者。至闻听公著之言，句句都是规讽，神宗知公著是个忠直之臣，竦然敬纳之。所以公著有同知枢密之命。

古语说："千人之诺诺，不如一士之谔谔。"吕公著当群臣畏避缄默之时，独能因事纳忠，尽言不讳，可谓直亮之臣。

曹太皇太后贤德

太皇太后曹氏（即慈圣光献皇后，出身于高门世家"真定曹氏"，是当时的世家大族之一。其熟读经史，善于飞白，以贤德、慈爱、宽厚、严谨闻名于世），是仁宗继后，神宗之祖母，武惠王曹彬孙女。元丰二年十月崩。史臣记神宗事太后，敬养尊崇，极其诚孝。太后慈爱笃至，出于天性，非由勉强。

旧制，外家男子不许入宫朝见。神宗以太后年事已高，心中必思念至亲骨肉，屡请召太后弟曹佾入见，欲以承顺其意。太后初间不许，及后来神宗请之不已，日久方许。等到宣曹佾入见，才得少顷，太后便与佾说："这宫禁之地，非你外人所当久留。我岂可徒徇私情，不顾祖宗家法。"即时遣令出宫。其内治之严如此。

曹太后

曹太后慈善节俭，常在宫苑中养蚕。但她反对王安石改革，称"祖宗法度，不宜轻改"。

燕、蓟本为中国地方，自石晋时陷入契丹，神宗欲兴兵取之。与大臣计议已定，奏知太后。太后说："这事情关系甚大。大凡吉凶悔吝，由动而生。唯安静无事，可以获福。今取得燕蓟，不过南向而坐，受百官朝贺而已，更何加益。万一不成，则兵连祸结，仇杀无已，此乃生灵性命所系，岂可轻言。若这燕蓟地方，可以容易取得，昔太祖、太宗时节，兵精将猛，所向克捷，那时必已收复，何待今日。况今日钱粮兵马大非太祖、太宗之时可比，而欲取其所不能取，不也难矣？"

于是神宗感悟，奏说："敢不谨受教训。"自此不言取燕蓟了。

太后以一妇人而知天下之大计，神宗受命，其不妄兴，可谓了不起。不然，宋室之祸将不待靖康而始烈。史称太后性慈俭，常于禁苑种谷亲蚕，左右臣仆毫分不假借，宫省肃然。其母仪纯备，可以为万世宫闱之法。

司马光拜相

司马光居洛阳十五年，及神宗崩，哲宗即位，遂以司马光为门下侍郎，同平章事。

天下闻司马光入相，无不欢呼相庆。适有知登州苏轼（北宋名臣，著名文学家、书法家。北宋中期文坛领袖，"唐宋八大家"之一，在诗词、散文、书画等方面均取得巨大成就，故被后人称为"全才式的艺术巨匠"）被召还京，沿路之人相聚号呼，向苏轼说："朝廷用司马相公，实天下生灵之幸。为我寄谢司马相公，慎勿轻去朝廷。愿厚自爱护，相天子以全活我等。"此时，天下之民憔悴困苦，皆引领拭目，愿观新政。其系天下之望如此。

苏轼

苏轼是北宋中期的文坛领袖,在诗、词、散文、书、画等方面取得了很高的成就。其文纵横恣肆;诗题材广阔,清新豪健,善用夸张比喻,独具风格,与黄庭坚并称"苏黄";词开豪放一派,与辛弃疾同是豪放派代表,并称"苏辛";散文著述宏富,豪放自如,与欧阳修并称"欧苏",为"唐宋八大家"之一。苏轼善书,擅长文人画,尤擅墨竹、怪石、枯木等。

司马光既入京,即上疏极论新法之弊,且言:"为治当顺人心。陛下近来小小改易新法,远近便举手加额,交相庆贺。人心望治,有如饥渴。陛下急宜俯顺人心,不可拘泥三年无改父道之说,致失民望。"

当时,进言者谓神宗初崩,不宜遽反其所为,犹执三年无改父道之说,欲稍稍去其太甚者。司马光毅然争之说:"先帝之意本欲爱养斯民,其法出自先帝者,未常不善,虽百世不可易。若王安石、吕惠卿所立,元非先帝本意者,改之当如救焚拯溺,出民于水火之中,岂可缓。何况,今日太皇太后主持于上,就使有所改革,也是以母改子,而非以子改父,何得拘三年无改之说。"于是,众议乃定,遂尽罢保甲诸法。

按司马光历事先朝,忠谋直论,始终不渝,其系天下之望久矣。

所以其居洛阳，天下唯恐其不为宰相。及其既相，天下唯恐其去朝廷。而外夷之人亦且谓中国相司马，慎毋生事。贤相之为国家重如此。

名煦，神宗之子，在位十五年。

宋哲宗

宋哲宗赵煦执政后，在新政中重用章惇、曾布等革新派，恢复王安石变法中的保甲法、免役法、青苗法等，减轻农民负担，使国势有所起色。

苏轼论旧法、新法之利弊

哲宗初即位，以司马光为相，凡熙宁新法不便于民的，渐次罢黜。

元祐元年闰二月，诏资政殿大学士韩维等，详定役法所宜因革。中书舍人苏轼与司马光说："差役、免役（宋初役法，全国丁壮之人，轮流到官府应役，叫作差役；及王安石变法，令全民计丁出钱，官府再雇人当差，叫作免役）这两样法，各有利有害，都不能无弊。差役之害，在于拘民在官，常用供役，不得专力务农，更兼贪官猾吏，因缘为奸，勒索剥削，困辱卖放，无所不至。免役之害，在于敛财太重，以至十室九空，财聚于官，而民间匮乏，有钱荒之患。这两者之害，轻重略同，所宜审加选择，便宜行事。"

司马光问："于君之意，应当如何？"

苏轼回答："大凡立法，因旧而为之，则事势便而易成，以渐而改之，则民情安而不惊。且如三代之法，不分兵农，无事则散而为农，有事则起而为兵，兵无坐食之患，农无养兵之费。岂非善制？至秦并天下，始分兵农为二。历两汉、魏晋、六朝都遵行之。至唐太宗乃立府兵之法，以仿古者寓兵于农之意。然行之未久，府兵废坏。比及玄宗时复募民为兵，叫作长征卒，仍用秦法。自此以来，民不习兵革战斗之事，兵不知稼穑耕获之事。然而，农得一意耕作，出谷帛以养兵。兵得一意战守，出性命以卫农。天下也以为便，虽三代圣人复起，不能更改。今免役之法，乡户人出了钱，得一意于耕作，官府有钱雇役，也不缺人差使，正与兵制相类。公欲骤然罢免役，而行差役，正如要罢长征而复民兵，反致惊扰而无益于事，不要再变易了。"司马光不认可苏轼的言论。

苏轼又到宰相政事堂言之，说："雇役便民，不必更改，但不当于实费之外多取民财，民所不便，只是这一节。若严为禁令，使执

苏轼笠屐

据说苏轼被贬海南时，曾在访友途中遇雨，向农人借来斗笠与木屐穿戴，被农人争相笑看。

法官员，量入为出，不许于实费外多取分毫，则民力易供，自然不至于十室九空，无钱荒之患了，何必纷纷用更改法的办法去做呢？"

大抵法无古今，要在因时宜民而已。时势既改，民所不宜，虽圣王之法，安得不变？如果合时宜，顺民情，虽非贤圣所立，其法也不可改。王安石轻变宋朝祖宗之法，百姓纷纷患苦，如青苗、方田等法，诚当急罢之以利民。至于免役、保甲之类，却又民之所便，岂可概以其人而废之？苏轼之言，可为议法之准，保治者所当深思呀。

今评

兼听为明，偏信为暗。以上几段多为大臣反对新法的事情。王安石是历史上争议极大的人物，特别是他的变法措施。赞誉者认为他是"十一世纪中国最伟大的改革家"，批判者认为"乱北宋者，安石也"，甚至宋高宗还将北宋灭亡的责任推给王安石："今日之祸，人徒知蔡京、王黼之罪，而不知天下之乱，生于安石。"这些评论都有所偏颇。其实，王安石为人清廉，为国谋忠，仁民爱物，千古人杰。其改革政制的背后，拥有高远的理想，方田、青苗、均输、市易制度等，欲造就一个裁抑兼并、上下俱足的社会。兴学校、改科举制度等，则欲造就一个开明合理、教育普及的社会。但为什么改革最终失败，且遭到当世很多贤相名臣的反对和批评呢？主要原因是：第一，理想过高，不切合社会现状；第二，急功速效，加意聚敛，而忽略了为国百年的长计；第三，用人失当，改革派多为小人，如吕惠卿、章惇、蔡确、蔡京等；第四，理论设计在实际施行中错位，很多良法变弊法，使上下怨之；第五，王安石性格孤傲耿介，刚愎自用，不听谏言，不能及时修正，也不能团结当世有影响的名臣。有志于天下治理及读史者当明辨之。

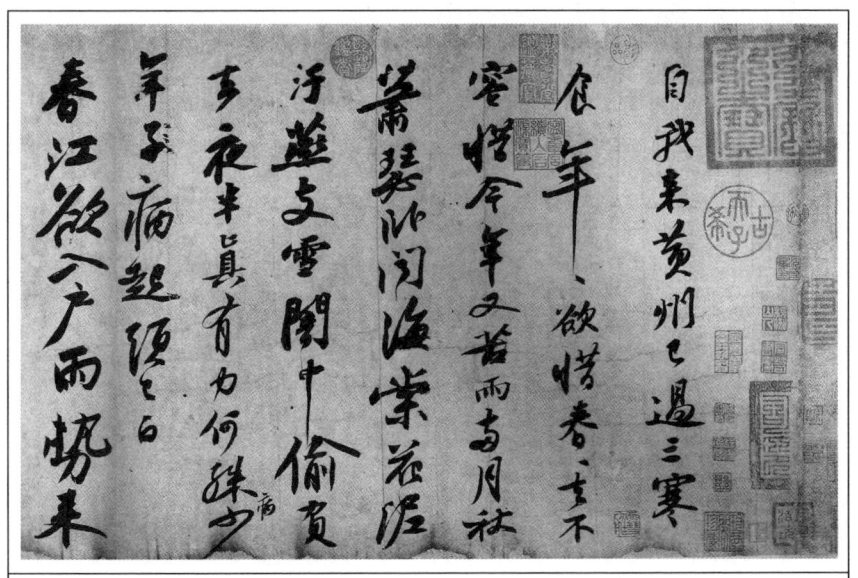

苏轼《黄州寒食诗帖》

《黄州寒食诗帖》在书法史上影响很大，被称为"天下第三行书"，也是苏轼书法作品中的上乘。正如黄庭坚在此诗后所跋："此书兼颜鲁公、杨少师、李西台笔意，试使东坡复为之，未必及此。"

苏轼的书法

作为欧阳修的学生，苏轼为老师的《醉翁亭记》写了大字楷书，成为苏轼书法的代表作之一。

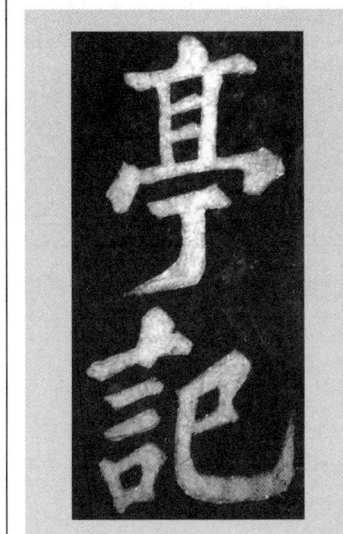

为政在顺人情

元祐元年五月，哲宗以韩维为门下侍郎。

史臣叙说，初，神宗崩时，维以提举嵩山崇福宫赴京哀临。太皇太后因韩维是先朝旧臣，特加慰劳，且问以当今政务，何者为先。

维对曰："为政在顺人情。今日之切务，唯察人情之所思者为之处置而已。彼人情当贫窭之时，则思财富；当疾苦之时，则思快乐；当劳困之时，则思安息；当怫郁之时，则思通畅。此自然之情。今天下民情有所思而不得久矣。诚能知民之思富，为之薄其税敛，常以利民为本，则财不在官而在民，民自富。知民之思乐也，为之御其灾患，常以忧民为心，则忧以一人，而乐以天下，民自乐。知民之思息，凡赋役之重，非人力所堪者，悉罢去之，则不尽人之力，而劳困者得息。知民之思通，凡法禁之苛，非人情所便者，悉免除之，则不尽人之情，而郁塞者得通。即此数者而推广之。

"凡人情有所思而无以自遂者，莫不为之经营，而又以实心行之，不徒以虚文塞责，则不唯天下穷民如解倒悬，而圣子神孙观感陛下之德者，也都是约己裕民，无敢侈然肆于民上，不待教而自成。岂非今日之切务？"

欲富、欲乐、欲息、欲通，乃人之常情，君民之所同。唯在上者，但知遂己之欲，而不复体民之情，剥下以奉上，拂民以从欲，至于人心怨叛而上不知，覆亡之祸，率由于此。诚能以己之心，度民之心，所欲与聚，所恶勿施，则民心悦而邦本固，君之所欲者，也未尝都称心。此又是君天下者所当知。

司马光病逝，天下人哀之

元祐元年九月，宰相尚书左仆射兼门下侍郎司马光卒，年止六十八岁。

此时，哲宗年幼，太皇太后高氏临朝，以司马光名德宿望，用以为相，虚心委任，凡朝廷政事，一切听司马光安排，毫无疑沮。光也见己之所言必行，所谋必从，感激知遇，誓欲委身致命，以为社稷，凡一应机务，虽至纤细之事也都身亲经理，不肯放过，以夜继日，未尝休息。

宾客见其形体渐渐衰弱羸瘦，举汉时丞相诸葛亮的故事，劝他节劳："诸葛亮为相，自较簿书，夙兴夜寐，罚二十以上都亲览，所食不过数升。司马懿言其食少事烦，岂能久活，果然不久而死。今日，公当以此为戒啊！"

司马光答说："人之死生有命，非关劳佚，我岂可自爱其身，而不为国家尽力呢？"于是为之益力。及到病危之日，精神昏愦，不复自觉，口里犹谆谆说话，不甚明白，如梦中语，却都是朝廷天下的事。其精诚为国，至死不休如此。

及卒，太皇太后因失贤相，不胜哀恸，即日与哲宗亲到他家哭临，赠官为太师温国公，谥文正，一应恩数，尊隆无比。京师人争去吊丧，常日市井人多的去处，也都空虚无人交易，至于典卖衣服以供祭奠，丧车过时，合巷聚哭。

及归葬陕中（今山西夏县），送丧的人，如哭其私亲一般。至于岭南封州（今广东新会地区）极边远去处的父老，也相率祭祀。京中及四方人，都画他形象，朝夕祭献，一饮一食必告祝焉。

按司马光自元丰八年五月入相，至此一年有余，而身死之日，天下痛惜之如此,为何?史称光生平不欺,诚心自然,虽儿童妇女皆知其名,唯至诚故能动物,不期月而化成,真是有本原啊!若司马光者,可为万世人臣之榜样呀!

程颐论讲:师道高于君道

元祐二年三月,崇政殿说书(官名,为皇帝讲经书义理)程颐(北宋著名思想家、哲学家、教育家,新儒学的"五子"之一,理学开创人,世称伊川先生。其思想被南宋朱子吸收并发扬,成为国家主流学术思想,世称"程朱理学"),请哲宗每日讲读,移就崇政、延和二殿。

程颐上疏说:"臣近言迩英阁渐热,只乞就崇政、延和殿者,恐圣躬临幸未便之缘故。今闻听给事中顾临,以延和殿讲读为不可。臣料临之意无他,不过谓延和殿乃天子临御朝群臣之所,不可使讲官坐于殿上,以尊君为说。臣以为,此非真正尊其君。臣不暇引用远古异代,只以本朝故事言之。太祖皇帝尝召布衣王昭素讲《易经》,

程颐
程颐与胞兄程颢共创"洛学",世称"二程"。

真宗尝令直讲崔颐正讲《尚书》，邢昺讲《春秋》，皆在殿上。当时都是坐讲。立讲之仪起于仁宗时明肃皇太后之意，不是祖制。由此可见，祖宗尊儒重道，不以权势分为拘泥，诚旷古之盛节，昭代之美事，岂独子孙所当遵守，实万世帝王所当法则。今日世俗之人，见人主稍自谦损，便以为亵尊，是徒能为尊君之言，而不知所以遵之道义也。

"天下至尊者——道，至贵者——德，人君唯讲学亲贤，使道德益高，则其尊益至，所以以道德责成于君，才为尊君之极致。若只以权势地位论之，则其崇高已到极处，尊严已到致处，不可复有加了。区区朝廷之仪节，是其名分所固有，何足以尊其君？"

程颐又说："天下至重之任有两件：一是宰相之任，一是经筵之任。宰相辅佐天子日理万机，得其职则天下治，失其职则天下乱。所以天下之治乱，系于宰相。经筵是辅养君德之地，养之善，则君德日就，养之不善，则君德日非。所以君德之成就，责任在经筵。"

> 经筵之任，与宰相并重如此，则虽坐而讲读，岂为逾礼？然君德虽责经筵，而朝夕纳诲，未尝不系于宰相；治乱虽系宰相，而端养化原，未尝不系于君德。人君知此而亲贤讲学，与躬行实践并行而不偏废，则道德有于身，而至尊至贵，又有出于势位之上了。如此万世太平之业可至。

> **今评**
> 程颐主张教育目的在于培养圣人，"圣人之志，只欲老者安之，朋友信之，少者怀之""圣人以天地为心"，因此，教育必须以培养圣人为职志。政治学上，程颐推崇师道高于君道，道统高于政统的思想，这也是孔孟思想的延续与发展。"二程"所开创的理学，被朱熹加以继承和发展，形成了一个庞大的、逻辑严密的体系学说，对中国传统社会及东亚文化产生了重大的影响。

范祖禹上疏：学与不学，事关治乱

史臣记哲宗在位时，适因夏天暑热，传旨暂停讲筵。

著作佐郎兼侍讲范祖禹（北宋大臣、著名史学家。与司马光同编《资治通鉴》，独自撰写《唐鉴》《帝学》《仁皇政典》，特别是《唐鉴》十二卷，深明唐三百年治乱。学者尊之，称其为"唐鉴公"）上疏说："天下之治乱在君德，君德之成否在讲筵。今陛下停讲，必谓暂时悠闲，未为大害。然而，今日之学与不学，乃他日之治乱所关，非细小之事。陛下若好学，则圣志清明，君德日进，天下之贤人君子，都欢然欣慕，以为圣君在上，无不愿立于朝，或敷陈正言，或修举正事，皆以直道事陛下，而辅佐德业以致太平，天下自此大治。

"陛下若不学，则无义理养心之助，无贤人夹辅之功，天下之小人，都谓有隙可投，而动其不肖之心，务为邪佞谄谀以干富贵，也可以蛊惑君心，浊乱朝政者也无所不至，而天下自此乱矣。且学者，难进而易退，时机者，难得而易失。人之进学，莫不在于少年之时，以情欲未开、志虑专一的缘故。今日圣上日长，正当汲汲学问之时，

《唐鉴》内页

《唐鉴》纵论唐三百年间的治乱兴衰，上起唐高祖起兵反隋，下迄昭宣帝被迫禅让帝位给朱全忠，共三百零六篇评论，是被誉为"深明唐三百年间治乱"的史学名著。

岂可一日放过？若失今不学，臣恐数年之后，情欲渐广，志虑渐分，必为他事所夺，不得如今日之专心致志。臣私下认为，陛下当珍惜此光阴，须及时勉学啊！"

> 范祖禹此言，明白痛切，至于虑数年之后，恐不得如今日之专心，尤当深省。人方年少，未尝不谓将来之日尚多；至于长大，未尝不以少年失学为悔。如有远虑，则所以爱惜光阴者，宜无不至呀。

苏辙上书：自古正邪不同

哲宗以翰林学士苏辙为御史中丞。

此时，正人在朝，新法尽革，把熙宁、元丰年间神宗所用的旧臣，一概摈斥不用。于是失志之人怨入骨髓，捏造不根之言，以离间朝廷，摇惑在位之士。宰相吕大防（北宋政治家、名相、著名学者，曾撰写《乡约》并推及社会，是中国最早的社会自治蓝本，对后世乡村自治产生重大影响）、刘挚恐激成大变，心甚忧之，因奏请太皇太后，欲稍稍引用一二旧人，以平夙怨，使两下和解，此为调停之法。太皇太后心中疑虑不决。

苏辙深以宰相之议为不可，乃于太后前面斥其非。

苏辙退朝后又上疏说："君子小人，道各不同，其势如冰与炭，不相容入。若同处一朝必至争竞。一争之后，小人必胜，君子必败。为何？小人贪着利禄，忍得耻辱，虽被人排挤，不肯便去；君子洁己不污，守义不屈，少或沮之，即引身而退。今日君子所以得安其位者，幸不与小人同处。此辈若重返旧位，必将乘机肆毒，戕害守正之人，渐复熙宁之法，以快其私忿。如此，小人安得不胜，君子安得不败？

"人臣被祸害止一身，犹不足言，所可惜者祖宗之基业，朝廷之法度，一旦为小人所坏，可为寒心啊！愿陛下为祖宗朝廷万世之虑，断自圣心，勿为流言所惑，勿使小人一进，致后来击之不去，救之不能，有极大损失而后悔不及，则天下幸甚。"

疏入，太皇太后深自感悟，谓丞相说："苏辙疏中，怀疑我君臣兼用邪正。邪正岂可兼用，其言极有理。"于是，宰相都同声和之，调停之说，遂罢不行。

国家之有小人，犹田之有莠苗，除之尚恐不尽，况复引用，则蔓延之势益难图呀。汉时陈蕃、窦武同心协力而不免党锢之祸。张柬之等方中兴唐室，而武三思一得志，即相继窜移，皆除恶未尽之缘故。苏辙之言，深鉴于此。然哲宗不悟，卒致群邪害正，而汉唐之祸复见于绍圣、元符之间，可为永鉴。

哲宗亲政，新党窜动

元祐八年十月，太皇太后高氏既崩，哲宗初亲政事，旧朝乱政的小人，久被斥逐，望风而动，人情汹汹。

翰林学士范祖禹上疏，大略为："陛下临御以来，赖太皇太后主持调护，得以坐享太平。今太皇太后宾天，陛下初揽政务，延见群臣，访求治理。今日不是寻常的时候，乃宋室隆替之本原，社稷安危之时机，生民休戚之端倪，君子小人进退消长之界限。上而天命之去就，下而人心之离合，都在此时。一念正，则延无疆之休；一念偏，则贻无穷之祸。陛下可要兢兢业业、深加敬畏啊！

"昔先帝晏驾之时，中外危疑，赖太皇太后以至公之心，决定大策，拥立陛下，又斥退奸邪以正朝廷，裁抑侥幸以清左右，九年之间兴利除害，海宇清宁，德泽之被于天下者深，先朝小人失职怨望者也多。臣料定今日，必有小人捏造邪说以惑圣听，说：'先帝孜孜图治，所行的都是正事，所用的都是正人。太皇太后只宜件件遵守，不当更改先帝之政，斥逐先帝之臣。'说这等话的都非忠言，乃欲离间陛下，构起衅端，以开群邪进用之门。陛下宜审察之，不可轻听轻信。"

大抵小人心怀不测，舌辩难穷。苟欲遂其私，则离间人之骨肉而不顾；苟欲行其说，则倾败人之国家而不惜。其为害有不可胜言者。祖禹此言，至为直切，而哲宗不悟，卒至奸邪并用，国事日非，谗间之说一行，则祸乱之关已启，岂非万世之鉴？

范祖禹再次上书

范祖禹疏中又说："陛下初即位时，中外臣民上书，言新法之不便者至有万数。太皇太后因人心之所欲改，与陛下同改之。出于天下之至公，非一人之私意。既以新法害民而改之，则当时立法之人，与附和而行其法者，自然有罪当逐。太皇太后也因天下人心之共愤而逐之。此辈皆诬上行私，误国害民，上负先帝知遇之恩，下负天下仰望之意，罪不容诛者。太皇太后岂以私意逐之啊！愿陛下清心察理，鉴太皇太后忧勤保国之心，烛照群小挟私兴谤之故，敢有以离间之言进者，重处一人以警群邪，则小人自知慑服，朝廷安然无事。

"若陛下一不主持，稍入其言，则奸言望风而兴，凡可以上诬太皇太后而阴间陛下者，必相继而进。万一陛下追报太皇太后之礼少有未至，于太皇太后圣德固无所损，而于陛下孝道则大有亏缺，所关系岂小啊！今陛下初揽政权，人怀观望，正是小人乘间伺隙之时，不可不谨慎防备。此辈昔日既上误先帝，今又结党窥伺，将复误陛下。天下事被此辈破坏得很糟了。以太皇太后十年之培养尚未全复，岂堪小人再坏之？"

哲宗以幼年登位，赖太后同政，信用诸贤，所以元祐之政近似仁宗。及太后一崩而群奸窥伺者，望风而至，虽以祖禹辈之极谏，而不能阻章惇诸人之频进，议论纷纭，国是不定，以致国家破坏，不可收拾，岂非万世之明鉴？

吕大防论宋代家法

元祐年间，一日哲宗御临迩英殿，宰相吕大防等侍侧，因奏说："本朝祖宗家法极多，立的规矩最好。前代（指汉唐）人主事母后，朝见有定期，情礼疏简。祖宗以来事母后皆朝夕朝见，以尽昏定晨省之礼，此事亲之家法。前代大长公主入宫则行臣妾之礼，是以姑拜侄。我朝仁宗皇帝以侄礼事姑，不敢少慢，此事长之家法。"

哲宗说："今宫中姑侄之间，见行家人礼，尊仁宗故事。"

大防等又奏说："前代宫闱之内，多不严肃，致多秽德；我朝宫禁严密，内外肃清，此治内之家法。前代皇亲外戚，多干预政事，致有擅权乱政、害国亡家之祸；我朝母后之族，但荣之以爵禄，并不委任政事，此待外戚之家法。前代宫室多尚华侈，竭民财力以作无益；我朝宫殿止用赤白二色，并无五彩辉煌之制，此尚俭之家法。

前代人君虽在宫禁近地，出入必乘舆辇；我朝祖宗皆从内庭步行出到后殿，宫中无乘舆之制，此勤身之家法。前代人主在宫禁中适情自便，冠服多苟简非礼；我朝祖宗以来，闲居独处，必正衣冠，尊瞻视，依礼而行，此尚礼之家法。此等都是祖宗以来世守之家法，所以家齐国治，累世安享太平，皆由于此。陛下不须远法前代之君，但尽行祖宗家法，即为守文之令主，而足以治天下。"

哲宗深纳其言。

宋之立国规模不及汉唐，而家法则远过之。若吕大防等之所宣述，皆修身齐家要务，诚其子孙所当世恪守。

徽宗

名佶，神宗第十一子。哲宗无子，佶以端王继统，在位二十五年。

宋徽宗

宋徽宗自创的一种书法字体被后人称为「瘦金体」。他热爱画花鸟画，自成「院体」。宋徽宗赵佶是古代少有的艺术天才与全才。

徽宗无道，宠幸奸佞

下文记录了宋徽宗宠信奸臣、纵欲害民的事。

崇宁四年十一月，徽宗新设应奉局（供皇帝专用的衙门）于苏州，以朱勔（miǎn）领之，命他兼管解运花石的领头。史臣因叙花石纲根由及朱勔所以进用的缘故。

当初，蔡京（北宋宰相、书法家，王安石变法的坚决拥护者和得力干将。先后为相达十七年之久，任相期间，欺君罔上，专权擅福，排除异己，用兵边事，争启祸端，贪婪奢侈，大兴花石纲之役等乱政，与童贯、王黼（fǔ）、梁师成、李彦、朱勔被称"六贼"，蔡京为"六贼之首"，是历史上妇孺皆知的奸臣）未入相之时，曾过苏州，要于僧寺建一佛阁，该支费用钱巨万。寺僧说这工力艰大，非得本郡人朱冲主办不可。蔡京随即唤朱冲来，以此事托之。数日之间，朱冲便请蔡京到寺，审看建阁的地基。及蔡京到寺，已有大木数千株堆积庭下，可以建阁。于是，蔡京认为朱冲干济敏给，才力过人，堪备委用。次年，蔡京被命还朝，遂将朱冲并他儿子朱勔，一同带到京中。

当时，童贯为熙河等处经略使（边防军事长官），用兵于西北边境。蔡京就将朱冲、朱勔父子姓名、户籍篡改，加入童贯军籍中，后来二人皆冒滥军功，得授官职。是时，徽宗怠于政事，颇留意于花木山石之好。蔡京乃教朱冲密地采取浙中所产珍异之物以进献。初间只进黄杨树三株，以窥探上意。徽宗果然非常喜爱。朱冲之后便年年进贡，加增至五六样。

因为所进益多，用大船装载，前后连续不绝，以百千计，从淮河入汴水，运到京师，号为花石纲。徽宗因此设置应奉局于苏州地方，命朱勔总管其事。此应奉局花石纲，都是自古所未有之事。史臣叙之，见宋之所以败亡。

大抵小人欲盗君主之权，必先中君主之欲，使其心流连于玩乐，而无忧危之远图，使其身痴迷于玩好，而无清明之空暇日，然后得以纵其恶而无忌。蔡京之于徽宗，正用此术。所以明主必清心寡欲，以端正治源，小人则不能投其间隙。

花石纲也能乱国

朱勔既奉朝廷命令，总领应奉局，遂恣意购求花石，指供奉为名，动支内库钱粮，如同囊中取物一般。每一取，辄以数十百万计。

于是，岩穴湖泽之中，无不搜剔，幽深隐僻去处，也不放过。凡士民之家有一块石、一根木，稍稍可玩者，即带领兵卒直接入其家，用黄巾帕盖上，加以封识，指为朝廷御用之物。又不立即取去，让本家早晚看守。一不谨慎，小有损伤，便加以大不敬之罪。等到发行时，必撤毁房屋，破墙毁壁以出。人家不幸有一物小异，都指为不祥，唯恐去除不速，致受其连累。百姓每为这差使，中等人家破荡产业，或至变卖子女以供其费。如山上有奇石，则令人凿山取之，用车搬运，催督工匠，极其苛刻，虽在江湖不测之渊，也千方百计取之，务要得了才肯罢休。及装载入京，船只众多，甚至将各道粮船都截住，不准通行。又四散捉拿商船，将贡物安放暴露于上。篙工舵师（驾船的人），因而恃势贪横，欺凌所过州县。道路观望者，不敢出一言，只以目相视而已。

人主以四海之富，垂意一花石，似无甚害。乃其弊至于耗国用，竭民财，敛天下之怨，为何？人主一有所好，则小人争致奇美以中其欲，而取用义多，征求义广，其势义至极处。昔魏明帝起土山于芳林，正与徽宗之事相类。然两君都立致丧乱，曾不得终享花石之乐。人主推此而观其嗜好，不可不慎啊！

蔡京为相

徽宗崇宁五年二月，宰相、司空、右仆射蔡京有罪罢免。

蔡京在朝，心怀奸恶，广植私党，窃弄国家刑赏之柄，作威作福。以绍述、熙宁、元符之政为名，将朝廷制度纷纷更改。凡一时贤人君子，目为党人，贬斥流窜，死亡略尽。增修聚敛财利之政，务在剥民媚上，以淫侈华靡之事迷惑人主。每常将《周礼》中"惟王不会"一句借为口实。《周礼》中载周时制度，凡诸司费用钱粮，每岁终则会计其多少，唯王之所费则不会计，不敢以有司之法来限制帝王。可是，虽不会计，却自有九式定制，不是全然无节制。

蔡京要阿奉徽宗，乃妄引圣经以恣其欲。又每论及前朝圣帝明王惜财省费之事，则曲加诋毁嘲笑，以为鄙陋，不能以天下自奉。至于土木营造之工，都要极其宏丽，超越前人的规制，而震耸后人的观瞻。此时，天下太平日久，冗官冗吏泛滥。如各路节度使，多至八十余员，留后、观察及刺史，多至数千员。兼学士与待制衔的官，在京在外至一百五十员。其耗财扰民、无有纲纪者如此。

蔡京因见库藏充溢，遂倡为"丰亨豫大"之说，说王者当这等极盛之世，百官规模都宜恢宏阔大，以明示得意。所以其视官爵财物，从不爱惜，如粪土一般。不但百计巧取的四方物货浪费尽绝，并将累朝祖宗所有储蓄都败光了。等到彗星出见，徽宗始悟蔡京之奸，于是下诏，凡蔡京之所建置如诸州供奉之物、方田之法、党人之禁（徽

蔡京的书法

蔡京虽然是权臣奸相，但对于蔡京的书法，我们仍旧应当给予客观的评价。

圣製圖賦義畫道運奎文藻煥非騶人娛世憤懣之詞真聖人孝友格物之義以俟觀者

章之美伏蒙宣示真蹟其書札詞語焔七日首言不諱曰

無涯風雅閒乞中葉巍為趙店西遺風餘烈無可稽考世梅明皇脊令頌最為翰墨文

彼方此以今觀普其事則同其德其言則異猶曰月之揭雲壤之殊非日敢私

也政和五年四月望本師魯國公蔡京謹題

宗崇宁元年间，蔡京拜相后，为推动新法，打击政敌，将司马光、文彦博、吕公著、吕大防、刘挚、范纯仁、范纯礼、韩维、韩忠彦、苏辙、苏轼、刘安世、范祖禹、秦观、黄庭坚、晁补之、程颐、孙固、郑侠等三百零九人的所谓罪行刻碑为记，立于端礼门，称为元祐党人碑，颁之天下，相关人员全部流放，禁止录用，子孙也不许参加科考。由此，朝廷名臣义士、正人君子为之一空。蔡京罢相时才解禁，然国家元气大伤，离灭亡也不远了），一切都停革，并罢免蔡京宰相职事。

一三九

宋室之乱，始于哲宗之宰相章惇，成于徽宗之宰相蔡京。今日因大变而罢黜蔡京，宋事犹可为。未及一年，蔡京再次入相，迄于颠覆南迁而不悔，为何？徽宗奢侈放纵，宴乐成性，徇私于耳目玩好之事，沉溺于流连荒亡之业，皆为蔡京引诱赞成之。蔡京一去，则承顺无人，徽宗之心必有寂然不乐者。所以徽宗明知其作奸误国、天怒人怨而终身不能去。此可为万世之永鉴。

陈东

陈东，字少阳，北宋元祐元年出生于一个「自五世以来，以儒嗣其业」的家庭。陈东很早就有声名，洒脱不拘，不肯居于人下，不忧惧自己的贫寒。蔡京、王黼当时用事专权，人们不敢指责，只有陈东无所忌讳。他参加宴会集会，在座的客人害怕受到连累，都避开他。后来陈东以贡士进入太学。

太學錄陳東

東丹陽人蔡京等用事東在太學率其徒伏闕上書請誅六賊以謝天下後李綱罷相東又上書乞留綱而罷激黃朴許翰視征還二聖汪黃激怒帝許斬綱之東臨刑如厠吏有難色東笑曰我陳東也畏斧印不言矣

今评

北宋末,太学生陈东上书,称蔡京为"六贼之首"。蔡京天性狡诈,舞弄权术,有才干,能以谋略控制别人,又能时时窥伺人主之意,以巩固自己的专宠。徽宗痴爱书法,独创的瘦金体能独步天下,蔡京也苦练书法,其书法造诣堪称一代大师。徽宗奢侈享乐,蔡京就经常进言,盛世帝位要彰显大国风范。徽宗推崇道教,喜长生不老之术,又担心言官批评,蔡京就劝皇帝不必拘泥流俗,应竭尽四海之财力来追求自己的信仰。宋徽宗精于茶艺,曾多次为臣下点茶,蔡京就亲作《太清楼侍宴记》以歌之颂之……所以,蔡京深得徽宗之宠。蔡京晚年,以家为国府,门庭若市,谋求升官的人只要输钱纳货,即使仆隶之人也可为官,国家纲纪法度如同虚设,最终导致国家祸亡。"上有所好,下必投之。"而投其所好,虽明主不能察其奸。识人用人者当深鉴之。

用兵西夏,轻启战端

徽宗召中太一宫使(主管道观的官员)赵挺之复为尚书右仆射。

赵挺之在朝专务迎合上意。初时,见徽宗喜好边功,遂首先建言用兵西夏之议,致夏人进略镇戎,再攻湟州,兵连数年不息,边民横遭屠掠,财力困竭。至此,徽宗悔悟,临朝对大臣说:"朝廷与四夷,但当以威信服之,不可擅生衅隙。衅隙一开,则兴兵构怨,祸患不解,徒使兵民糜烂,肝脑涂地,岂是人主爱民恤物之意?"

挺之知其意,乃退谓同僚:"主上志在息兵,我等正宜将顺。西方用兵之事,所以应当停止。"

西夏在宋世,自元昊纳款以后,世奉盟约,未有衅端,而挺之与童贯等邀功生事,自启祸端,误国之罪大矣。徽宗因兵连祸结,知四夷不可生隙,乃不能推类观变,而复听邪说,约金灭辽,自挑强敌，唇亡齿寒，以致国破身辱，为何？沉酣于逸乐欲望，内廷鲜有谋议之臣，是以颠倒黑白，迷惑谬误，轻蹈危亡而不顾。

徽宗倾信道教

政和六年正月，徽宗赐方士林灵素道号为通真达灵先生。

灵素原籍温州，少本无赖，出家投僧为师，不守戒律，苦于其师打骂，因逃去为道士。善为妖幻之术，以煽诱愚俗，常往来于淮河、泗水之间，从僧寺中乞讨度日，僧人都非常厌恶他。

此时，徽宗崇奉道教，尊礼道士王老志、王仔昔（蔡京所荐，以迷惑徽宗崇奉道教者）等。及王老志病死，王仔昔术穷宠衰，徽宗乃访求方士于左阶道箓官（道观主管官员）徐知常。知常遂将林灵素姓名奏荐。

徽宗闻听，即时召见。林灵素因妄设无影虚言以耸动徽宗，说："天上有九霄，而神霄是最高的去处，其王者所居，号名为府。其王神霄玉清王，是上帝之长子，主管南方，别号为长生大帝君，因下界无主，所以降生为天子，就是陛下。长生大帝君有个兄弟，号青华帝君，主管东方，今替他代管南方之事。长生大帝君名下，又有左元仙伯，书罚仙吏唤名褚慧等，共有八百余员仙官。今宰相蔡京，就是左元仙伯的化身。学士王黼，是文华吏的化身。盛章、王革就是园苑宝华吏的化身。枢密使郑居中、童贯等都是有名的仙吏。"

林灵素说他本身就是褚慧下降，为长生大帝君出世而来辅佐政治。此时，刘贵妃正得宠，林灵素谄奉徽宗，说贵妃是天上九华玉真安妃。其言诡怪鄙浅，人皆知其妄诞，无不讽笑，而徽宗心为所惑，独喜其事以为真实，甚加宠信，赏赐不可胜算。灵素虽利口狂言，然其实别无本事，只有些小法能呼唤风雷，偶尔使之祷求雨泽，略有小验而已。

> 古语说,国将兴,听于人,国将亡,听于神。圣王之世,有左道乱政者杀无赦,岂有亲奉异端,务为妖幻以惑世者?昔梁武帝舍身佛寺,而终饿死于台城。今宋徽宗倾信道教而亦陷没于虏地。二氏所称祸福报应之谈,不足信。所以孔子说,务民之义,敬鬼神而远之。此治天下者所宜审察。

宋昭忠言切谏,徽宗不纳亡国

宋自太祖以来,与辽人通好,世世不绝。后来金人乘辽国内乱,发兵攻之,辽主败奔。宋遂用王黼、童贯等议,与金人约夹攻辽,以复燕云之地。

宣和四年九月,朝散郎(文官名)宋昭以伐辽为不可,上书切谏。徽宗怒其妄言,命革职编管(罪人迁谪远方,编籍为民,地方收管)于海州(今江苏连云港地区)。

宋昭疏中,极言辽人为中国唇齿,必不可伐。金人如豺狼,必不可亲。"今日金人所以通好于我者,不过欲借我兵力共灭辽国。他日得了辽地,便垂涎大宋,必将背盟为大宋患。此社稷存亡所系,识者无不忧之。而少傅王黼、内侍童贯、秘书丞赵良嗣等方以为得计,力主此议,误国之罪不可胜诛,乞斩此三人,以谢辽主,而阴折金人之心,天下幸运。"

又说:"真宗时与辽结好,两国誓书中有言,违背盟约者祸及九族。列圣相承,世守勿失。陛下以孝治天下,岂忍背此信誓,基九族之

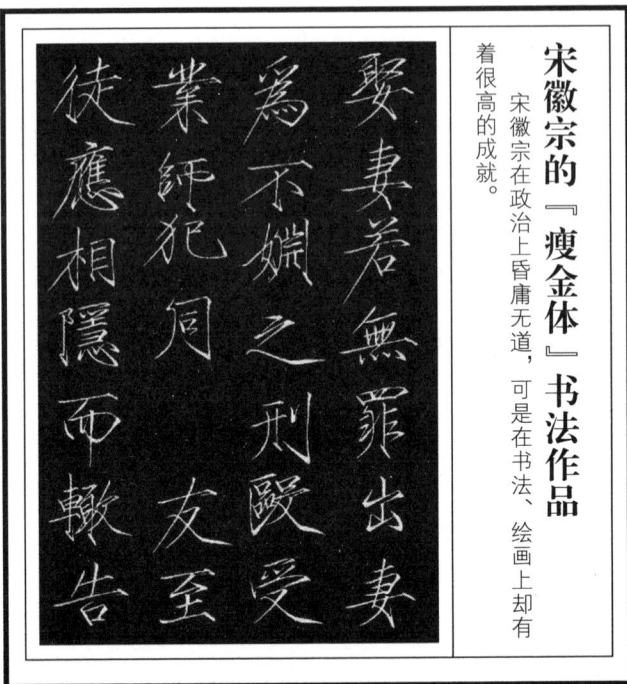

宋徽宗的『瘦金体』书法作品

宋徽宗在政治上昏庸无道，可是在书法、绘画上却有着很高的成就。

祸而忘列圣在天之灵？并且争地以战，杀人盈野。陛下以仁覆天下，河北之民，都是陛下赤子，岂忍驱之战斗，置斯民于涂炭之中，而使肝脑涂地？"

王黼见其疏，大恨之，所以宋昭有海州之贬。

大抵善为国者，在政事之修举，而不在土地之广大。假如宋徽宗能亲贤图治，保境安民，虽无燕云之地，何损于治道？徽宗荒废政事，信用小人，忽视宋昭之忠言，而信用王黼等之谬计，贪一时之小利，而忘万世之远图，即使燕云复得，而金师立至，靖康之祸举族被擒，北宋灭亡，岂不深可恨之？

今评

　　宋徽宗是中国艺术史上的天才,其开创的"瘦金体"和绘画艺术冠绝一时,《宣和画谱》上收藏他的花鸟画就有二千七百八十六件,占全部藏品的百分之四十四。由此可见,宋徽宗对艺术的痴迷之深。但是,作为一国之君,宋徽宗亡国又有着深刻的警示意义。宋徽宗亡国的原因,并非如晋惠帝之愚蠢、孙皓之残暴,而是他的私智小慧,用心不正,排斥忠义之士,亲近奸谀小人。蔡京为相,又阿谀从上,助其骄奢淫逸之志,崇尚书法宴游之乐,致使天下民力日益困蔽,礼仪法纪日益荒废。等到童贯用事,又轻言边事,兵连祸端。唐太宗说:"为君之道,不在诗文章句间。"自古人君玩物而丧志,纵欲而败亡,很少有不败国的。所以史家评论说:"宋徽宗诸事皆能,独不能为君耳!"为君者,当以为民为国为根本事。有志图治者当鉴之!